# ESTRATÉGIA BASEADA em **RECURSOS**

**Daniel Pacheco Lacerda**
Doutor em Engenharia de Produção – COPPE/UFRJ
Pesquisador do Programa de Pós-Graduação em Engenharia de Produção e Sistemas – PPGEPS/UNISINOS
Coordenador Acadêmico do Grupo de Pesquisa em Modelagem para Aprendizagem – GMAP | UNISINOS
Coordenador da Graduação em Engenharia de Produção – EP/UNISINOS
Bolsista de Produtividade em Desenvolvimento Tecnológico e Extensão Inovadora do CNPq
dlacerda@unisinos.br

**Rafael Teixeira**
Ph.D. em Management – Clemson University (EUA)
Pesquisador do Programa de Pós-Graduação em Administração – PPGA/UNISINOS
Editor da BASE – Revista de Administração e Contabilidade da Unisinos
rafaelte@unisinos.br

**Junico Antunes**
Doutor em Administração – PPGA/UFRGS
Pesquisador do Programa de Pós-Graduação em Engenharia de Produção e Sistemas – PPGEPS/UNISINOS
Pesquisador do Programa de Pós-Graduação em Administração – PPGA/UNISINOS
Coordenador Acadêmico do Grupo de Pesquisa em Redes – GEREDES
junico@produttare.com.br

**Secundino Luis Henrique Corcini Neto**
Mestre em Engenharia de Produção e Sistemas – PPGEPS/UNISINOS
Doutorando em Administração– PPGA/PUC-RS
Pesquisador do Grupo de Pesquisa em Modelagem para Aprendizagem – GMAP/UNISINOS
Professor da Graduação em Engenharia de Produção – EP/UNISINOS
secundinoh@unisinos.br

E82  Estratégia baseada em recursos : 15 artigos clássicos para sustentar vantagens competitivas / Daniel Pacheco Lacerda ... [et al.]. – Porto Alegre : Bookman, 2014.
xviii, 454 p. : il. ; 25 cm.

ISBN 978-85-8260-151-8

1. Administração. 2. Recursos. 3. Estratégia. 4. Vantagem competitiva. I. Lacerda, Daniel Pacheco.

CDU 658

Catalogação na publicação: Ana Paula M. Magnus – CRB 10/2052

DANIEL PACHECO LACERDA
RAFAEL TEIXEIRA
JUNICO ANTUNES
SECUNDINO LUIS HENRIQUE CORCINI NETO

UNISINOS

# ESTRATÉGIA BASEADA em RECURSOS

15 ARTIGOS CLÁSSICOS PARA SUSTENTAR
**VANTAGENS COMPETITIVAS**

2014

© Bookman Companhia Editora Ltda., 2014

Gerente editorial: *Arysinha Jacques Affonso*

Colaboraram nesta edição:

Capa: *Paola Manica*

Tradução: *Ayresnede Casarin da Rocha, Jussana Ramos dos Santos* e *Rodrigo Sardenberg*

Editoração: *Techbooks*

Reservados todos os direitos de publicação à
BOOKMAN EDITORA LTDA., uma empresa do GRUPO A EDUCAÇÃO S.A.
Av. Jerônimo de Ornelas, 670 – Santana
90040-340 – Porto Alegre – RS
Fone: (51) 3027-7000   Fax: (51) 3027-7070

É proibida a duplicação ou reprodução deste volume, no todo ou em parte, sob quaisquer formas ou por quaisquer meios (eletrônico, mecânico, gravação, fotocópia, distribuição na Web e outros), sem permissão expressa da Editora.

Unidade São Paulo
Av. Embaixador Macedo Soares, 10.735 – Pavilhão 5 – Cond. Espace Center
Vila Anastácio – 05095-035 – São Paulo – SP
Fone: (11) 3665-1100   Fax: (11) 3667-1333

SAC 0800 703-3444 – www.grupoa.com.br

IMPRESSO NO BRASIL
*PRINTED IN BRAZIL*

# Agradecimentos

**Prof. Daniel Pacheco Lacerda**  A construção deste livro foi viabilizada por um conjunto de pessoas. Dessa forma, concentrarei especificamente nessas pessoas e não no conjunto mais amplo de amigos e colegas. Agradeço aos amados colegas do GMAP | UNISINOS (Grupo de Pesquisa em Modelagem para Aprendizagem) pois o apoio de vocês, no mais amplo sentido da palavra, foi/é/será fundamental. Agradeço também ao Grupo A que acreditou no projeto e o viabilizou, em especial à Sra. Arysinha. Agradeço ao Prof. Junico Antunes e ao Prof. Rafael Teixeira pela parceria na construção do livro desde seus instantes iniciais. Agradeço ao Prof. Astor Hexsel, grande professor da área de estratégia, pois com seu jeito simples e direto nos transmitiu a paixão pela área. Por fim, agradeço à Prof. Ione Bentz, por todos os ensinamentos, principalmente pela visão e paixão pela instituição universidade e pela pesquisa.

**Prof. Rafael Teixeira**  Gostaria de agradecer àquelas pessoas que me ajudaram durante meu crescimento profissional e possibilitaram, indiretamente, a construção deste livro: à minha mulher, Jussana Ramos dos Santos; à minha ex-orientadora de doutorado, Profa. Dra. Aleda V. Roth, pela sua eterna orientação no campo de estratégia de operações; ao meu ex-orientador de mestrado, Prof. Dr. Ely L. Paiva, pelos conselhos e *coaching* que tem me proporcionado; ao meu parceiro de inúmeros trabalhos científicos e estimulador da minha carreira profissional, Prof. Dr. Daniel P. Lacerda, sem o qual este livro não teria existido; aos ex-professores da Texas A&M University, que me estimularam a utilizar a estratégia organizacional, incluindo a perspectiva teórica da visão baseada em recursos, nos temas ligados à gestão de operações e cadeia de suprimentos: Prof. Dr. Michael A. Hitt; Prof. Dr. Xenophon Koufteros; Prof. Dr. Asghar Zardhooki; Prof. Dr. Trevis Certo; e Prof. Dr. Gareth R. Jones.

**Prof. Junico Antunes**  É necessário adquirir conhecimentos e desenvolver recursos para, a partir daí construir métodos robustos, para alavancar a competitividade das empresas gaúchas e brasileiras. Penso que este livro tende a contribuir significativamente neste sentido. A concepção e realização desta obra teve a efetiva contribuição de diversos profissionais. É preciso agradecer em especial ao Prof. Daniel Lacerda, parceiro incial de concepção desta empreitada, ao Prof. Rafael Teixeira, durante o seu desenvolvimento, e ao nosso amigo Prof. Secundino Corcini Neto. Ainda, todas as operações que venho realizando em conjunto com a Bookman, desde 1996, sempre contaram com a efetiva participação da Arysinha Affonso. Neste livro não foi diferente – ela é figura central neste processo. Importante lembrar, também, o nosso colega Astor, que durante significativo período de tempo ensinou estratégia aos nossos alunos e professores tendo como foco o sempre presente Michael Porter. Finalmente, esperamos que as reflexões dos relevantes artigos que constituem o livro possam contribuir para que os profissionais formulem uma visão cada vez mais heterodoxa e pluralista do tema da estratégia – como necessita a complexa e plural realidade das organizações.

**Prof. Secundino Luis Henrique Corcini Neto**  O ofício acadêmico, seja ele de produção, organização e troca de conhecimentos, é para mim algo mágico. Mágico pois possibilita, em muitas ocasiões, tocar no coração e mente de uma grande quantidade de pessoas (alunos, leitores, colegas, etc), bem como ser tocados por estas. Este movimento contribui para que eu melhore continuamente como pessoa e educador, bem como contribua singelamente para a melhoria das organizações, representadas por estas pessoas. Agradeço aos amigos que me iniciaram neste ofício, aos amigos com quem convivo e me ensinam neste ofício, e à minha esposa e ao meu filho, que me motivam neste ofício.

# Apresentação

Entrei em contato pela primeira vez com a Visão Baseada em Recursos em Estratégia Empresarial quando da preparação da minha tese de doutorado, no início dos anos 90. O tema da tese era estratégia de operações, e eu procurava dar curso ao debate então nascente no Programa de Engenharia de Produção da COPPE/UFRJ, sob a liderança do prof. Heitor M. Caulliraux, sobre as abordagens para concepção e desenvolvimento de estratégias de produção competitivas no Brasil[1]. Para além da discussão sobre a implementação de soluções em controle de qualidade total ou de aspectos do Sistema Toyota de Produção, o que nos parecia estar em jogo era o papel da operação concreta da organização na sustentação no presente e para o futuro da competitividade e efetividade do empreendimento em pauta.

Essa perspectiva se alinhava com a produção liderada por Robert Hayes, Steven Wheelwright e Kim Clark, da Harvard Business School, na década de 80, inspirados pelas proposições dos anos 60 e 70 de Wickham Skinner em estratégia de produção, e pela discussão sobre a perda de competitividade americana realizada por William Abernathy. Naquele momento, a discussão em estratégia empresarial estava hegemonizada pela lógica da economia industrial tal como conformada como instrumento analítico por Michael Porter, no contexto da qual a estratégia de operações se limitava a ser o desdobramento de um dado posicionamento competitivo, definido como uma escolha diante de opções colocadas em um dado setor industrial.

Mas e se as "lógicas econômicas" a reger um setor fossem fortemente instáveis e incertas? Foi justamente em um ensaio de Robert Hayes, Strategic Planning: Forward in Reverse?, publicado na *Harvard Business Review* em 1985[2], que encontrei a instigante proposta de retomar, como ponto de partida para reflexão em estratégia empresarial, os meios – em última instância, em minha leitura, a "competência distinta" de Philip Selznick – e não o ambiente. Estimulado por esta ideia, dois vetores de pesquisa teórica se apresentaram: um, a ideia de "estratégias emergentes", ao longo das

---

[1] A tese de doutorado pioneira neste campo no Brasil, em meu conhecimento, foi justamente a de Heitor M. Caulliraux, do PEP/COPPE/UFRJ, defendida no Departamento de Engenharia Elétrica da PUC-RJ, intitulada *"Estratégias de Produção e Automação: Formulação e Análises"*, em 1990.

[2] Hayes, R. "Strategic Planning – Forward in Reverse?", *Harvard Business Review*, Novembro/Dezembro, 1985.

proposições de Henry Mintzberg e James Waters; e, outro, justamente, a Visão Baseada em Recursos (VBR), em particular a partir da discussão de Richard Rumelt sobre "mecanismos de isolamento"[3].

A VBR começava a se tornar popular, à época, pelo impacto provocado pelo artigo de Gary Hamel e C. K. Prahalad, sobre as "Competências Centrais da Corporação", de 1990[4]. Em que pese o efeito amplo e devastador do artigo nas então arraigadas convicções "porterianas" vigentes no ambiente corporativo anglo-saxão, em minha trajetória pessoal o maior impacto veio da publicação de uma edição especial do *Strategic Management Journal*, em dezembro de 1991, onde um conjunto de artigos redefiniu de vez o campo da estratégia empresarial para além do *status quo* dos anos 80[5].

Entre outros, foi nesta edição especial que Porter reenquadrou sua obra no contexto das conclusões de seu livro sobre a vantagem competitiva das nações, de 1990, assinalando os limites da abordagem estática que propusera (sem qualquer desdém de seu poder explicativo quanto ao estado de uma situação competitiva, registre-se, postura com a qual concordamos plenamente), e assumindo uma visão de cunho evolucionário como abordagem superior para o entendimento do sucesso de uma estratégia empresarial ao longo do tempo[6].

Também foi nela que os editores destacaram que, entre outras tentativas de síntese em curso, a VBR deslocava o foco do estudo sobre a origem de retornos anormais nas empresas das barreiras à competição ao nível produto-mercado em direção às barreiras no mercado de fatores para o fluxo de recursos. Em particular, no âmbito da coleção de artigos daquela edição, o de Richard Nelson anunciava que analisar a estratégia de uma empresa pela perspectiva de suas "capacitações dinâmicas" serviria como base para a melhor explicação de por que firmas são diferentes e de por que isso é importante[7]. Esta seria a abordagem com maior potencial de desenvolver uma "teoria da firma" de real poder explicativo e preditivo.

---

[3] Rumelt, R.P. "The Evaluation of Business Strategy", em Glueck, W. E. (ed.) *Business Policy and Strategic Management*, 3a. ed., New York, NY: McGraw-Hill, 1980; e Rumelt, R.P., "Towards a Strategic Theory of the Firm" em Lamb, R.B. (ed.) *Competitive Strategic Management*, Englewood Cliffs, NJ: Prentice Hall, 1984.

[4] Prahalad, C.K. e Hamel, G., "The Core Competence of the Corporation", *Harvard Business Review*, Maio/Junho, 1990.

[5] Rumelt, R.P, Schendel, D. e Teece, D.J. foram os editores deste número especial de 1991. Posteriormente, o volume foi revisto e ampliado para publicação em livro, no monumental *Fundamental Issues in Strategy – a research agenda*, Boston, MA: Harvard Business School Press, 1994, editado pelos mesmos três autores.

[6] Porter, M. E. "Towards a Dynamic Theory of Strategy" em *Strategic Management Journal*, vol. 12, pp. 95-117, Dezembro de 1991.

[7] Nelson, R. R. "Why do firms differ, and How does it matter?" em *Strategic Management Journal*, vol. 12, pp. 61-74, Dezembro de 1991.

Talvez seja difícil para o leitor contemporâneo aquilatar o vendaval de inteligência que o advento da VBR trouxe para o debate em estratégia empresarial. Basicamente, pelo menos desde o artigo de Birger Wernerfelt (1984 – cf. neste livro), abriu-se a porta para que a discussão em estratégia baseada em economia escapasse das amarras neoclássicas da economia industrial e pudesse incorporar tanto os brilhantes *insights* da notável Edith Penrose, como, mais adiante, a perspectiva evolucionária de Joseph Schumpeter[8].

De fato, textos clássicos da VBR presentes neste volume equacionaram esta incorporação de forma substantiva, em particular o de Margaret Peteraf, 1993, e o de David Teece et al, 1997 (confira!). Este último foi particularmente importante para meu trabalho de doutoramento: em visita à Harvard Business School, em 1992, tive o privilégio de receber uma versão em estágio de *working paper* das mãos de um dos autores, o prof. Gary Pisano. O artigo articulava várias questões no âmbito da agenda evolucionária e sua relação com estratégia empresarial. Tomando por base tal suporte conceitual, pude desenvolver uma vinculação consequente entre teoria em estratégia empresarial e a discussão em estratégia de operações, expressa no título da tese, "Gerência de Produção e Competitividade: Premissas da Abordagem por Capacitações Dinâmicas em Estratégia de Produção", defendida em março de 1994[9].

Registro que, do meu ponto de vista, nunca entendi muito bem certa insistência presente na literatura em diferenciar a VBR de uma "visão baseada em conhecimento" ou "em capacitações" ou "em competências". Os critérios quanto ao valor estratégico de um recurso, alinhavados, por exemplo, por Jay Barney (1991 – cf. neste volume), me pareciam valer tanto para ativos tangíveis quanto para habilidades organizacionais. Assumir a VBR como estática poderia eventualmente servir a uma modelagem formal, mas não descreveria a realidade dos dramas vividos em decisões em estratégia empresarial. Pankaj Ghemawat, por exemplo, ao trabalhar o conceito de "comprometimento estratégico", destacou justamente a crucialidade, em estratégia, do dilema inerente a investir em um dado perfil de

---

[8] Neste sentido, beneficiei-me enormemente do convívio com professores e pesquisadores do então Instituto de Economia Industrial da UFRJ, no final dos anos 80, onde a discussão em economia industrial e da tecnologia sobre bases distintas do *mainstream* neoclássico sempre teve acolhida calorosa – e rigorosa.

[9] Proença, A. *Gerência de Produção e Competitividade: Premissas da Abordagem por Capacitações Dinâmicas em Estratégia de Produção*. Rio de Janeiro, RJ: Programa de Engenharia de Produção, COPPE/UFRJ, Março 1994. Esta tese foi orientada pelo saudoso prof. Roger B. Walker. Durante o doutoramento, contei ainda não só com os professores do PEP/COPPE/UFRJ envolvidos na discussão, como também com os lúcidos debates no tema com o prof. Paulo F. Fleury, do Coppead/UFRJ, e com o saudoso prof. Antonio Barros de Castro, do IEI/UFRJ.

recursos em um dado momento no tempo, diante da irredutível incerteza que preside a competição capitalista[10].

Também discordava dos ataques à época ao chamado "olhar apenas para dentro" da VBR, que não pareciam fazer sentido quando um dos critérios para o valor estratégico de um recurso estava na demanda por seus efeitos desde a inserção da empresa em seu ambiente (sobre este aspecto, confira o texto de David Collis e Cynthia Montgomery neste volume). A VBR articulava uma teorização capaz de dar conta do fenômeno da sustentabilidade de determinadas posições competitivas, por determinadas empresas, ao longo do tempo, diante de um dado ambiente competitivo; e, com a consideração das habilidades da empresa em apreender os rumos de evolução do ambiente, e aproveitar oportunidades ou resistir a ameaças, mudando[11], de compreender porque algumas empresas se perenizavam no tempo em meio às borrascas schumpeterianas e da história.

Com todas essas qualidades, não vejo, por outro lado, na VBR em si, uma abordagem capaz de presidir desdobramentos em ação por parte da empresa ou ao seu nível funcional. Aqui a VBR, mesmo tornada dinâmica, encontra seus limites. A VBR parece potente como teoria descritiva do fenômeno da competição capitalista mesmo quando descende a detalhes ao nível da firma – não só nos textos já citados, como também, por exemplo, em Kathleen Eisenhardt e Jeffrey Martin, 2000, e, ainda, em Constance Helfat e Margaret Peteraf, 2003, presentes neste volume. Mas não parece funcionar como abordagem no âmbito de uma ciência de design, em que pese a qualidade instigante da proposição de Robert Grant, 1991, ao buscar explorar a VBR como base para formulação de estratégias (confira neste volume). Se o objetivo for a proposição de *designs* organizacionais superiores, a discussão e o acúmulo de conhecimento sobre soluções de gestão em si – seja de tecnologia, seja de operações, para citar os campos que me são mais familiares – parecem bem mais apropriados.

Mas essa é uma visão pessoal. Certamente, cabe ao leitor deste volume formar sua própria opinião. Não há dúvida de que a literatura no âmbito da VBR merece ser estudada e entendida.

Para o estudioso de estratégia, estudante ou acadêmico, a VBR, combinada com outras abordagens em estratégia – sejam outras de vertente

---

[10] Ghemawat, P. *Commitment: The Dynamic of Strategy*. Nova York, NY: The Free Press, 1991. Esta obra de P. Ghemawat é tipicamente classificada no âmbito da VBR, e explicitamente referida como complementar e muito próxima às proposições sobre "capacitações dinâmicas". Não obstante, a meu juízo, ela traz para o interior dos *frameworks* conceituais da Estratégia Empresarial a dimensão da incerteza estrita, no sentido que F. Knight deu ao termo, e que é essencial no âmbito do pensamento de J. M. Keynes. Nesse sentido, eu costumava dizer que a discussão de Ghemawat nesta obra trouxera Keynes para o mundo da estratégia empresarial.

[11] Ou seja, de suas capacitações dinâmicas.

econômica, sejam aquelas das vertentes organizacional, sociológica e institucional – serve de sólido fundamento teórico para a reflexão substantiva sobre o fenômeno da concorrência capitalista. Este livro tem a virtude de reunir grandes clássicos desta perspectiva teórica, permitindo assim o desenvolvimento e a consolidação da compreensão de base que alicerça a evolução do pensamento em estratégia empresarial.

Do ponto de vista do gestor prático, os *frameworks* conceituais nela apoiados oferecem instrumentos específicos e substantivos para a melhor decisão empresarial. Se, como acuradamente definiu Rumelt, o cerne de uma estratégia é um conjunto coerente indissolúvel de um diagnóstico, uma política-guia e um conjunto definido de ações[12], então a VBR guarda, em sua contribuição para o diagnóstico de uma situação competitiva, um papel essencial a cumprir. O executivo que se debruçar sobre este livro encontrará aqui uma notável fonte de *insights* para o aperfeiçoamento de suas decisões cotidianas, aumentando, talvez dramaticamente, suas chances de sucesso. Como notoriamente observou Kurt Lewin, nada tão prático quanto uma boa teoria! Boa leitura!

**Adriano Proença**
Doutor em Engenharia de Produção, COPPE/UFRJ.
Professor do Departamento de Engenharia Industrial da Escola Politécnica da UFRJ e colaborador dos Programas de Engenharia de Produção e de Engenharia de Nanotecnologia da COPPE/UFRJ.
Professor do Grupo de Produção Integrada da COPPE e EP/UFRJ

---

[12] Rumelt, R.P. *Good Strategy, Bad Strategy*. Nova York, NY: Crown Business, 2011.

# Sumário

**PARTE I** .................................... 1

### Capítulo 1
Teoria e pesquisa de gestão estratégica: oscilações de um pêndulo ... 3
*Robert E. Hoskisson, Michael A. Hitt, William P. Wan e Daphne Yiu*

- 1.1 Panorama histórico ................................................. 5
  - Desenvolvimento precoce ......................................... 8
  - Teorias precoces ..................................................... 9
  - Metodologias precoces ............................................ 10
- 1.2 A oscilação em direção à economia de organização industrial – OI .. 12
  - Teorias intermediárias precoces ............................... 14
  - Metodologias intermediárias precoces ..................... 20
- 1.3 Uma oscilação de volta para a empresa: economia organizacional ... 23
  - Teorias intermediárias ........................................... 24
  - Metodologias intermediárias .................................. 27
- 1.4 De volta ao ponto de partida: a visão baseada em recursos – VBR ... 29
  - Teorias atuais ....................................................... 30
  - Metodologias atuais .............................................. 36
- 1.5 Direções futuras ................................................... 38
  - Teorias ................................................................. 38
  - Metodologias ........................................................ 41
- 1.6 Conclusão ............................................................ 42
- 1.7 Referências .......................................................... 43

### Capítulo 2
A visão baseada em recursos da empresa ..................... 55
*Birger Wernerfelt*

- 2.1 Introdução ........................................................... 55
- 2.2 Recursos e rentabilidade ....................................... 57
  - Efeitos gerais ........................................................ 57
  - Vantagem do primeiro entrante – barreira à propriedade de recursos ... 58
  - Recursos atrativos ................................................. 59
  - Fusões e aquisições ............................................... 60
- 2.3 Gestão dinâmica de recursos: um exemplo .............. 61
  - A matriz de recursos-produto ................................. 62
  - Entrada sequencial em diferentes mercados .......... 62
  - Explorar e desenvolver .......................................... 65
  - Construindo as bases para a expansão .................. 66
- 2.4 Conclusão ............................................................ 66
- 2.5 Referências .......................................................... 67

## Capítulo 3
Recursos da empresa e vantagem competitiva sustentada . . . . . . . . . 69
*Jay Barney*

- 3.1 Definindo conceitos fundamentais . . . . . . . . . . . . . . . . . . . . . . . . . 72
  - Recursos da empresa. . . . . . . . . . . . . . . . . . . . . . . . . . . . . . . . . . . . 72
  - Vantagem competitiva e vantagem competitiva sustentada . . . . . . . . . . . . . 73
- 3.2 Concorrência com recursos homogêneos e perfeitamente móveis. . . 74
  - Homogeneidade e mobilidade dos recursos e vantagem competitiva sustentada . . . . . . . . . . . . . . . . . . . . . . . . . . . . . . . . . . . 75
  - Homogeneidade e mobilidade dos recursos e vantagens do primeiro jogador. . . . . . . . . . . . . . . . . . . . . . . . . . . . . . . . . . . . . 75
  - Homogeneidade e mobilidade dos recursos e barreiras à entrada e à mobilidade. . . . . . . . . . . . . . . . . . . . . . . . . . . . . . . . . . 76
- 3.3 Recursos da empresa e vantagem competitiva sustentada. . . . . . . . 78
  - Recursos valiosos. . . . . . . . . . . . . . . . . . . . . . . . . . . . . . . . . . . . . . . 78
  - Recursos raros. . . . . . . . . . . . . . . . . . . . . . . . . . . . . . . . . . . . . . . . . 79
  - Recursos de difícil imitação . . . . . . . . . . . . . . . . . . . . . . . . . . . . . . . . 80
  - Possibilidade de substituição . . . . . . . . . . . . . . . . . . . . . . . . . . . . . . . 85
- 3.4 Aplicando o modelo. . . . . . . . . . . . . . . . . . . . . . . . . . . . . . . . . . . .86
  - Planejamento estratégico e vantagem competitiva sustentada . . . . . . . . . . . 87
  - Sistemas de processamento de informações e vantagem competitiva sustentada . . . . . . . . . . . . . . . . . . . . . . . . . . . . . . . . . . . 88
  - Reputações positivas e vantagens competitivas sustentadas. . . . . . . . . . . . 90
- 3.5 Discussão. . . . . . . . . . . . . . . . . . . . . . . . . . . . . . . . . . . . . . . . . . .90
  - Vantagem competitiva sustentada e bem-estar social. . . . . . . . . . . . . . . . 91
  - Vantagem competitiva sustentada e teoria da organização e comportamento. . . . . . . . . . . . . . . . . . . . . . . . . . . . . . . . . . . . . . 91
  - Aptidão da empresa e vantagem competitiva sustentada. . . . . . . . . . . . . . 92
- 3.6 Referências. . . . . . . . . . . . . . . . . . . . . . . . . . . . . . . . . . . . . . . . . .93

## Capítulo 4
A teoria baseada em recursos da vantagem competitiva:
implicações para a formulação de estratégia . . . . . . . . . . . . . . . . . . 97
*Robert M. Grant*

- 4.1 Recursos e capacidades como base para a estratégia . . . . . . . . . . . .99
- 4.2 Inventariar os recursos da empresa . . . . . . . . . . . . . . . . . . . . . . . . 102
- 4.3 Identificar e avaliar capacidades . . . . . . . . . . . . . . . . . . . . . . . . . . 104
- 4.4 Avaliar o retorno potencial dos recursos: sustentabilidade. . . . . . . . 107
  - Durabilidade. . . . . . . . . . . . . . . . . . . . . . . . . . . . . . . . . . . . . . . . . 108
  - Transparência . . . . . . . . . . . . . . . . . . . . . . . . . . . . . . . . . . . . . . . . 109
  - Capacidade de transferência . . . . . . . . . . . . . . . . . . . . . . . . . . . . . . 110
  - Replicabilidade . . . . . . . . . . . . . . . . . . . . . . . . . . . . . . . . . . . . . . . 111
- 4.5 Avaliar o potencial de obtenção de lucro: capacidade de apropriação. . . . . . . . . . . . . . . . . . . . . . . . . . . . . . 112
- 4.6 Formular estratégia . . . . . . . . . . . . . . . . . . . . . . . . . . . . . . . . . . 114
- 4.7 Identificar lacunas de recursos e desenvolver a base de recursos . . . 116
- 4.8 Conclusão . . . . . . . . . . . . . . . . . . . . . . . . . . . . . . . . . . . . . . . . . 118
- 4.9 Referências. . . . . . . . . . . . . . . . . . . . . . . . . . . . . . . . . . . . . . . . 119

## Capítulo 5
## Como você cria e sustenta estratégias lucrativas?
## Competindo por recursos: a estratégia dos anos 90............ 122
*David J. Collis e Cynthia A. Montgomery*

    Um breve histórico da estratégia.............................. 123
- 5.1 Recursos de valor competitivo................................127
  - O teste da impossibilidade de imitação: o recurso é difícil de ser copiado?... 127
  - O teste da durabilidade: com que rapidez esse recurso é depreciado?.... 130
  - O teste da adequação: quem capta o valor gerado pelos recursos?...... 130
  - O teste da possibilidade de substituição: pode um recurso de natureza única ser superado por um outro recurso diferente?.......... 131
  - O teste da superioridade competitiva: quais empresas têm os melhores recursos?............................. 131
- 5.2 Implicações estratégicas....................................133
  - Investindo em recursos..................................134
  - O que houve com os quadrantes cachorros e as vacas-leiteiras?........ 135
  - Aprimoramento de recursos..............................137
  - Alavancagem de recursos................................139
- 5.3 Referências...............................................142

## Capítulo 6
## Os pilares das vantagens competitivas: a visão baseada em recursos .................................................. 143
*Margaret A. Peteraf*

- 6.1 Introdução................................................143
- 6.2 Um modelo de vantagens competitivas.......................145
  - A heterogeneidade.....................................145
  - Limites *ex post* para a competição........................148
  - Mobilidade imperfeita..................................151
  - Limites *ex ante* para a competição.......................153
  - Os pilares das vantagens competitivas.....................154
- 6.3 Aplicações do modelo baseado em recursos....................155
  - Estratégia da empresa individual.........................156
  - Estratégia corporativa..................................158
  - Agradecimentos........................................162
- 6.4 Referências...............................................162

# PARTE II ........................................ 165

## Capítulo 7
## Capacidades dinâmicas e gestão estratégica.................. 167
*David J. Teece, Gary Pisano e Amy Shuen*

- 7.1 Introdução................................................167
- 7.2 Modelos de estratégia que enfatizam a exploração do poder de mercado........................................170
  - As forças competitivas..................................170
  - Conflito estratégico....................................171

| | | |
|---|---|---|
| 7.3 | Modelos de estratégia enfatizando a eficiência | 174 |
| | Perspectiva baseada em recursos | 174 |
| | A abordagem das capacidades dinâmicas: uma visão ampla | 177 |
| 7.4 | Em direção a um modelo de capacidades dinâmicas | 179 |
| | Terminologia | 179 |
| | Fatores de produção | 179 |
| | Recursos | 179 |
| | Rotinas organizacionais/competências | 180 |
| | Compentêcias essenciais – *core competence* | 180 |
| | Capacidades dinâmicas | 180 |
| | Produtos | 180 |
| | Capacidades estratégicas e de mercado | 181 |
| | Processos, posições e caminhos | 183 |
| | Replicabilidade e imitabilidade dos processos e posições organizacionais | 195 |
| | Conclusões | 198 |
| | Eficiência *versus* poder de mercado | 198 |
| | Implicações normativas | 201 |
| | Nota | 203 |
| 7.5 | Referências | 204 |

## Capítulo 8
### O que são as capacidades dinâmicas? ........................ 211
*Kathleen M. Eisenhardt e Jefrey A. Martin*

| | | |
|---|---|---|
| 8.1 | Capacidades dinâmicas | 214 |
| | Capacidades dinâmicas como processos específicos e identificáveis | 215 |
| | Semelhanças nas principais características: idiossincrasia em detalhes | 217 |
| | Dinamismo de mercado: moderadamente dinâmico para mercados velozes | 220 |
| | A evolução das capacidades dinâmicas | 227 |
| 8.2 | Discussão | 231 |
| | Em direção a uma nova perspectiva da visão baseada em recursos | 233 |
| | Conclusão | 235 |
| | Agradecimentos | 236 |
| 8.3 | Referências | 236 |

## Capítulo 9
### A visão dinâmica baseada em recursos: ciclos de vida de capacidade ............................................. 241
*Constance E. Helfat e Margaret A. Peteraf*

| | | |
|---|---|---|
| 9.1 | Introdução | 241 |
| 9.2 | Teoria dinâmica baseada em recursos e o CLC | 242 |
| 9.3 | Recursos e capacidades organizacionais | 244 |
| 9.4 | O ciclo de vida da capacidade: visão geral | 246 |
| 9.5 | Estágios de um ciclo de vida inicial da capacidade | 247 |
| | O estágio da fundação | 247 |
| | O estágio do desenvolvimento | 249 |

O estágio da maturidade ................................. 252
O ciclo de vida inicial da capacidade desde a fundação até a maturidade . . 252
Transformação da capacidade e capacidades dinâmicas ............... 253
9.6 Ramificação e transformação da capacidade .................. 254
Ramos do ciclo de vida: seis Rs da transformação
da capacidade ........................................... 255
9.7 Conclusão ............................................... 262
Agradecimentos ......................................... 263
9.8 Referências .............................................. 263

## Capítulo 10
## Será que a "visão" baseada em recursos é uma perspectiva útil para a pesquisa de gestão estratégica? .......... 267
*Richard L. Priem e John E. Butler*

10.1 Definição e difusão da VBR ............................... 268
10.2 Analisando a VBR como teoria ............................ 272
Leis generalizáveis da VBR ............................... 274
A lógica da VBR ......................................... 278
10.3 Uma falácia básica da VBR ................................ 279
10.4 Será que a VBR é adequada para a pesquisa estratégica? ........ 282
Características da estratégia e a VBR ..................... 282
Fronteiras da VBR ...................................... 283
Recursos abrangentes .................................. 284
A caixa preta do processo e a VBR ....................... 285
Abordagens estáticas e dinâmicas à VBR ................. 285
10.5 Discussão ............................................... 287
Formalização da VBR ................................... 288
Respondendo às perguntas do tipo "como" ............... 288
Incorporação do componente temporal .................. 289
Integração da VBR com modelos de heterogeneidade
da demanda ............................................ 290
10.6 Conclusão ............................................... 291
Agradecimentos ........................................ 292
10.7 Referências .............................................. 292

## Capítulo 11
## O gerenciamento de recursos empresariais em ambientes dinâmicos visando à geração de valor: olhando dentro da caixa preta ............................ 299
*David G. Sirmon, Michael A. Hitt e R. Duane Ireland*

11.1 Base teórica ............................................. 301
11.2 O processo de gerenciamento de recursos .................. 303
Estruturação do portfólio de recursos .................... 308
Agrupamento de recursos ............................... 313
Nivelamento das capacidades ........................... 317
11.3 Debate e implicações .................................... 325
Agradecimento ......................................... 328
11.4 Referências .............................................. 328

# PARTE III .................................333

**Capítulo 12**
A visão baseada em recursos da empresa em dois cenários:
os estúdios cinematográficos de Hollywood de 1936 a 1965 ...... 335
*Danny Miller e Jamal Shamsie*

- 12.1 A natureza dos recursos ................................ 336
- 12.2 O quadro conceitual ................................... 338
  - Categorização dos recursos ............................ 338
  - Recursos baseados em propriedade *versus* recursos baseados em conhecimento ................................... 338
- 12.3 Hipóteses ............................................ 341
  - Recursos discretos baseados em propriedade ............. 341
  - Recursos sistêmicos baseados em propriedade ............ 343
  - Recursos discretos baseados em conhecimento ............ 344
  - Recursos sistêmicos baseados em conhecimento ........... 345
- 12.5 Metodologia de pesquisa ............................... 347
  - Amostragem e eras históricas .......................... 347
  - Variáveis ............................................ 351
  - Análises ............................................. 355
- 12.6 Descobertas .......................................... 356
  - Recursos baseados em propriedade ...................... 359
  - Recursos baseados em conhecimento ..................... 360
- 12.7 Discussão e conclusão ................................. 362
- 12.8 Referências .......................................... 364

# PARTE IV .................................367

**Capítulo 13**
A visão baseada em recursos e o marketing: o papel de ativos
baseados no mercado para ganhar vantagem competitiva ........ 369
*Rajendra K. Srivastava, Liam Fahey e H. Kurt Christensen*

- 13.1 Introdução .......................................... 369
- 13.2 Vinculando a VBR com o marketing: um modelo para análise ..... 371
- 13.3 Recursos específicos do marketing ..................... 371
- 13.4 Ativos baseados no mercado .......................... 374
- 13.5 Processos baseados no mercado ....................... 376
- 13.6 Capacidades baseadas no mercado ..................... 377
- 13.7 Valor para o cliente ................................. 377
  - Atributos ........................................... 377
  - Benefícios .......................................... 378
  - Atitudes ............................................ 378
  - Efeitos de Rede ..................................... 378
- 13.8 Gerando valor para o cliente ......................... 379
- 13.9 Oportunidades no mercado: a contribuição do marketing ...... 379
- 13.10 Projetando, percebendo e traduzindo o valor para o cliente: imaginando futuros ................................... 380

| | | |
|---|---|---|
| 13.11 | Capacidades baseadas no mercado | 382 |
| 13.12 | Ativos baseados no mercado: gerenciando a disjunção necessária | 383 |
| 13.13 | Vinculando os ativos e os processos baseados no mercado ao desempenho financeiro | 384 |
| 13.14 | Sustentando o valor para o cliente: vinculando o marketing com a VBR | 385 |
| 13.15 | Raridade | 386 |
| 13.16 | Inimitabilidade | 388 |
| | Capacidade de imitação pelos rivais | 389 |
| | Aprimorando a inimitabilidade dos recursos | 389 |
| 13.17 | Durabilidade | 390 |
| 13.18 | Possibilidade de substituição | 391 |
| 13.19 | Em direção a uma agenda de pesquisa | 393 |
| 13.20 | Referências | 397 |

## Capítulo 14
### Recursos humanos e a visão da empresa baseada em recursos ..... 402
*Patrick M. Wright, Benjamin B. Dunford e Scott A. Snell*

| | | |
|---|---|---|
| 14.1 | Introdução | 402 |
| 14.2 | Aplicação da VBR na GERH | 404 |
| 14.3 | A VBR e a teoria da GERH | 405 |
| | Resumo da literatura conceitual sobre a VBR | 409 |
| 14.4 | A VBR e a pesquisa empírica na área da GERH | 410 |
| 14.5 | A convergência da VBR e da GERH: potencial de contribuições mútuas | 416 |
| 14.6 | Cerne de competências | 417 |
| 14.7 | Capacitações dinâmicas | 419 |
| 14.8 | Teorias da empresa baseadas em conhecimento | 420 |
| 14.9 | Integração da estratégia e da GERH no âmbito da VBR | 422 |
| 14.10 | Conclusão | 425 |
| 14.11 | Referências | 426 |

## Capítulo 15
### A competição baseada em recursos e a estratégia das novas operações ..... 432
*Stéphane Gagnon*

| | | |
|---|---|---|
| 15.1 | Introdução | 432 |
| 15.2 | O papel ativo das operações no âmbito da estratégia | 434 |
| | Novo teor para a estratégia de operações | 435 |
| | Rumo a um processo emergente para a formulação da estratégia de operações | 436 |
| | O desaparecimento dos *trade-offs* na hipercompetição | 438 |
| | A estratégia de operações como potencializadora de recursos | 440 |
| | Implementação de práticas de nível mundial | 441 |
| 15.3 | Conclusão | 444 |
| 15.4 | Referências | 445 |

### Índice ..... 450

# I

Esta seção procura, não necessariamente respeitando a ordem cronológica, apresentar a Visão Baseada em Recursos. Foram selecionados os artigos clássicos sobre o assunto. Esses trabalhos podem ser considerados os principais e seminais desta temática.
O primeiro texto procura posicionar a Visão Baseada em Recursos no que tange à discussão de estratégia mais ampla. Os demais trabalhos são os textos de maior relevância e contribuição para a Visão Baseada em Recursos.

# 1
# Teoria e pesquisa de gestão estratégica: oscilações de um pêndulo*

**Robert E. Hoskisson**
University of Oklahoma

**Michael A. Hitt**
Texas A&M University

**William P. Wan**
University of Oklahoma

**Daphne Yiu**
University of Oklahoma

---

O desenvolvimento do campo de gestão estratégica nas duas últimas décadas foi dramático. Apesar de sua origem ter ocorrido em uma área mais aplicada, geralmente chamada de política empresarial, o campo atual de gestão estratégica baseia-se fortemente na teoria, com quantidade substancial de pesquisa empírica, e sua natureza é eclética. Essa análise do desenvolvimento do campo e da sua posição atual examina o desenvolvimento precoce do campo e as principais bases teóricas e metodológicas ao longo de toda sua história. Os desenvolvimentos precoces incluem Strategy and Structure, de Chandler (1962), e Corporate Strategy, de Ansoff (1965). Essas obras adotaram uma perspectiva de eventualidade (encaixada entre a estratégia e a estrutura) e um modelo baseado em recursos que enfatizava pontos fortes e pontos fracos internos. Talvez uma das contribuições mais significativas para o desenvolvimento da gestão estratégica tenha vindo da economia de organização industrial (OI), especificamente da obra de Michael Porter. O modelo estrutura-conduta-desempenho e a noção de grupos estratégicos, além de proporcionar uma base para a pesquisa sobre dinâmica competitiva, está florescendo. O paradigma de OI também trouxe ferramentas econométricas para a pesquisa sobre gestão estratégica. Desenvolvendo o modelo da economia de OI, a perspectiva da economia organizacional contribuiu com a teoria de economia dos custos de transação e com a teoria da agência para a gestão estratégica. Contribuições teóricas mais recentes concentram-se na visão baseada em recursos – VBR da empresa. Apesar de ter suas origens na obra de Edith Penrose no final da década de 1950, a VBR foi amplamente apresentada à área de gestão estratégica na década de 1980 e tornou-se um modelo dominante na década de 1990. Baseadas na VBR ou em desenvolvimento simultâneo estavam uma pesquisa sobre liderança estratégica, uma teoria de decisão estratégica (pesquisa de processo) e uma visão da empresa baseada no conhecimento. As metodologias de pesquisa estão se tornando cada vez mais sofisticadas e costumam combinar tanto abordagens quantitativas quanto qualitativas e ferramentas estatísticas singulares e novas. Finalmente, essa análise examina as direções futuras, tanto em termos de teoria quanto de metodologias, à medida que o estudo da gestão estratégica se desenvolve.

---

* Artigo originalmente publicado sob o título *Theory and Research in Strategic Management: Swings of a Pendulum*, no Journal of Management, v.25, n.3, p.417-456, 1999.

A evolução do campo da gestão estratégica desde os seus primórdios é impressionante. Desde o seu começo "humilde" como conteúdo limitado de um curso de gestão geral que era o ponto culminante no currículo da faculdade de administração*, agora a gestão estratégica é um campo firmemente estabelecido no estudo da administração e de organizações. Ao longo de um período relativamente curto, o campo já testemunhou um crescimento significativo na diversidade de assuntos e na variedade de métodos de pesquisa empregados. Apesar da proliferação de assuntos e métodos geralmente ser animadora, o que reflete o vigor da área, também compensa analisar neste momento o estado de teoria e pesquisa, examinando realizações e preparando para um progresso continuado no próximo século.

Em função das suas origens como uma área aplicada, a gestão estratégica tradicionalmente se concentrou em conceitos administrativos que afetam o desempenho da empresa. Neste artigo, analisam-se as principais teorias e os principais assuntos de gestão estratégica, junto com os métodos utilizados no seu estudo. A área de gestão estratégica tem natureza eclética, mas com o desenvolvimento recente da VBR (por exemplo, Barney, 1991; Wernerfelt, 1984), ela voltou a aumentar a ênfase nos pontos fortes e nos pontos fracos internos das empresas em relação às suas oportunidades e ameaças externas. Requerimentos para a utilização de métodos qualitativos para a identificação dos recursos de uma empresa estão aumentando à medida que se considera que cada empresa tenha um conjunto distinto de recursos. Esta abordagem costuma valer-se de estudos de casos conforme utilizado pelos primeiros estudiosos de estratégia (por exemplo, Learned, Christensen, Erews, & Guth, 1965, 1969) para analisar as estratégias específicas de empresas ou estrutura setorial. Portanto, fazemos a seguinte pergunta: *Será que a área de gestão estratégica voltou às suas origens de maneira semelhante à oscilação de um pêndulo?* Para explorar essa questão, este artigo identifica e analisa os diversos grandes estágios de desenvolvimento em gestão estratégica como campo de estudo acadêmico ao longo das últimas várias décadas. A ênfase está nas teorias de destaque que se desenvolveram e nas metodologias correspondentes utilizadas na pesquisa de gestão estratégica, tanto no passado quanto atualmente. Além disso, exploramos como o campo continuará a se desenvolver no futuro. Em primeiro lugar, fornece um panorama histórico do desenvolvimento da gestão estratégica, identificando as raízes disciplinares do campo e retratando as diversas oscilações deste pêndulo.

---

* No estudo patrocinado pela Ford Foundation sobre o currículo da faculdade de administração, Gordon e Howell (1959: cf. Porter & McKibbin, 1988; Schendel & Hofer, 1979) recomendaram um curso básico de "política empresarial" que proporcionasse aos estudantes a oportunidade de integrar o que eles aprenderam nos campos de negócios separadamente e utilizarem o conhecimento na análise de problemas empresariais complexos do gestor geral.

## 1.1 PANORAMA HISTÓRICO

O crescente interesse pela VBR (por exemplo, Barney, 1991; Conner, 1991; Wernerfelt, 1984), junto com as duas áreas de conteúdo muito próximas uma da outra: a visão baseada no conhecimento (por exemplo, Kogut & Zeer, 1992; Spender & Grant, 1996) e a liderança estratégica (por exemplo, Cannella & Hambrick, 1993; Finkelstein & Hambrick, 1996; Kesner & Sebora, 1994), está voltado aos aspectos internos da empresa. As características internas da empresa representavam o domínio crucial de pesquisa no início do desenvolvimento desse campo de estudo. Os primeiros pesquisadores da área de estratégia, como Erews e seus colegas (Learned et al., 1965, 1969, e Ansoff, 1965), estavam predominantemente preocupados em identificar as "melhores práticas" das empresas que contribuíam para o sucesso. Esta ênfase em recursos competitivos internos pode ser encontrada já nos primeiros clássicos, como *The Functions of the Executives*, de Chester Barnard (1938), *Leadership in Administration: A Sociological Perspective*, de Philip Selznick (1957) ou *The Theory of the Growth of the Firm*, de Edith Penrose (1959). Pesquisadores nessa corrente compartilham um interesse na ponderação dos motores de crescimento interno ou na "caixa preta" da empresa e argumentam que o sucesso continuado de uma empresa ocorre principalmente em função dos seus recursos competitivos internos e singulares.

No entanto, entre o começo do desenvolvimento do campo na década de 1960 e o aumento da VBR na década de 1980, o pêndulo tinha oscilado para o outro extremo e foi apenas recentemente que ele começou a voltar. Desenvolvimentos no campo a partir da década de 1970 promoveram um movimento em direção à economia de OI (por exemplo, Porter, 1980, 1985), com suas origens teóricas baseadas em Bain (1956, 1968) e Mason (1939). A oscilação desviou a atenção externamente para a estrutura setorial e para a posição competitiva no setor. Por exemplo, a adoção da economia de OI levou ao desenvolvimento de uma pesquisa sobre grupos estratégicos em que as empresas são classificadas em categorias de semelhança estratégica dentro de grupos ou de diferenças entre eles (por exemplo, Hunt, 1972; Newman, 1973; Porter, 1973). A economia de OI considera aspectos estruturais de um setor, enquanto o trabalho em grupos estratégicos se concentra especialmente em agrupamentos da empresa num setor. A pesquisa sobre grupos estratégicos continua a ser um foco, especialmente para os pesquisadores sobre ecologias de população (teoria do nicho) que estão desenvolvendo a obra mencionada anteriormente.

O ressurgimento de características empresariais internas ficou evidente na ênfase em dinâmica competitiva e em relacionamentos limítrofes entre a empresa e seu ambiente (por exemplo, Chen, 1996; Gimeno & Woo, 1996; Karnani & Wernerfelt, 1985). Apesar de o subcampo ter tomado emprestado de maneira mais substancial das teorias de economia de OI, especialmente da concorrência oligopolística (por exemplo, Edwards, 1955) e da teoria dos jogos, a pesquisa de gestão estratégica sobre a dinâmica competitiva utiliza empresas e ambientes de verdade, tanto para a teoria quanto para os dados (D'Aveni, 1994), em vez de simulações abstratas. Em comparação com a economia de OI, ela se aproxima muito mais da empresa e da rivalidade competitiva direta entre empresas específicas no ambiente competitivo (Chen, 1996).

Além disso, com um foco em relacionamentos limítrofes, o campo começou a enfatizar a análise dos custos de transação (Williamson, 1975, 1985), que examina a interface entre empresa e ambiente a partir de uma abordagem baseada em contrato ou em troca. De maneira semelhante, a teoria da agência, que também é contratual ou baseada em troca, sugere que a empresa pode ser vista como um "ponto de conexão de contratos" (Jensen & Meckling, 1976). Tanto a economia dos custos de transação – ECT – quanto a teoria da agência derivam do influente ensaio de Ronald Coase (1937) chamado *The Nature of the Firm*. Especialmente a teoria da agência evoluiu a partir das ideias encontradas em *The Modern Corporation e Private Property* (1932), escrito por Adolf Berle e Gardiner Means. A ECT já promoveu muita pesquisa sobre limites de empresas, mercados *versus* hierarquias. Por exemplo, esta obra deu origem a vários estudos sobre a adoção da estrutura multidivisional (para uma análise, veja Hoskisson, Hill, & Kim, 1993), e integração vertical e alianças estratégicas (Kogut, 1988). Além disso, uma quantidade substancial de estudos sobre governança corporativa foi gerada pela teoria da agência (Eisenhardt, 1989a; Hoskisson & Turk, 1990). As duas perspectivas já foram utilizadas para examinar diversos assuntos, como fusões e aquisições, alienações e reestruturações empresariais (por exemplo, Hitt, Hoskisson, & Irele, 1990; Hoskisson & Hitt, 1994), ameaça de controle de uma empresa por meio da compra massiva de suas ações (por exemplo, Kosnik, 1990), além de compras alavancadas (por exemplo, Wiersema & Liebeskind, 1995).

Metodologicamente, o pêndulo parece ter oscilado de volta em direção ao uso de abordagens mais qualitativas, pelo menos em termos ideais. Os primeiros estudiosos de estratégia preferiam o método do estudo de caso. Havia pouca tentativa de generalizar as descobertas de um caso para o ato de fazer estratégia em geral, exceto para habilidades de solução de problemas. Em grande parte, por causa dessa abordagem, a gestão estratégica não era considerada uma área científica digna de estudo acadêmico. À medida que a área começou a abranger a economia de OI, ela começou a enfatizar generalizações científicas baseadas nos estudos de conjuntos mais amplos de empresas. Além disso, os pesquisadores de estratégia começaram a utilizar cada vez mais ferramentas estatísticas multivariadas (por exemplo, regressão múltipla e análise de grupos), com grandes amostras de dados coletadas principalmente a partir de recursos secundários para testar uma teoria. O desenvolvimento da gestão estratégica para um campo de estudo acadêmico mais "respeitado" foi pelo menos parcialmente um resultado da adoção de métodos "científicos" derivados da economia de OI. O desenvolvimento da VBR, entretanto, gera um grande problema metodológico para os pesquisadores estratégicos (Hitt, Gimeno, & Hoskisson, 1998). Em muitos aspectos, o estudo da VBR requer uma multiplicidade de métodos para identificar, medir e compreender os recursos da empresa, com o objetivo de residir dentro dos seus limites. De maneira mais importante, os defensores da VBR sugerem que cada empresa poderá ter recursos distintos que contribuam para vantagens competitivas sustentadas. O método de pesquisa normalmente utilizado, que é baseado em grandes amostras de dados, fontes de dados secundárias e análises econométricas, parece inadequado, especialmente quando utilizado para examinar recursos empresariais intangíveis, como a cultura corporativa (Barney, 1986b) ou o conhecimento tácito (Kogut & Zeer, 1992). Por causa do foco nos recursos idiossincráticos de uma empresa, a capacidade de generalização do conhecimento empresarial poderá ser questionada. Apesar de a gestão estratégica ter avançado teoricamente por meio da VBR, os métodos que complementam a visão teórica têm menos certeza e precisam de desenvolvimento adicional. A Figura 1.1 ilustra as diversas ênfases históricas no campo utilizando a metáfora de oscilações de um pêndulo. Nas seções seguintes, analisamos os desen-

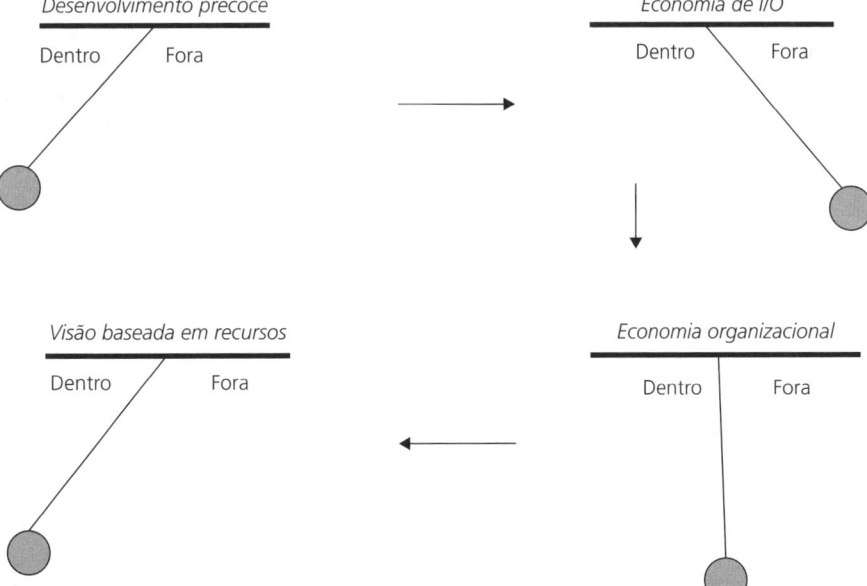

**FIGURA 1.1** Oscilações de um pêndulo: evolução teórica e metodológica da gestão estratégica.

volvimentos passados e atuais da gestão estratégica considerando teorias e metodologias, bem como examinamos como é provável que o campo se desenvolva no futuro.

## Desenvolvimento precoce

Durante o período de desenvolvimento precoce, vários estudiosos contribuíram de maneira significativa para o desenvolvimento posterior da área de gestão estratégica, conhecida, naquela época, como política empresarial. Entre as obras mais importantes estão *Strategy and Structure*, de Chandler (1962), *Corporate Strategy*, de Ansoff (1965) e *Business Policy: Text e Cases*, de Learned et al. (1965, 1969).

Apesar de não se mencionar isso explicitamente na maioria das ocasiões, os vestígios dos clássicos mais antigos sobre gestão podem ser encontrados durante este período precoce de trabalho sobre o precursor da gestão estratégica. Por exemplo, a exposição detalhada de Barnard (1938) da cooperação e da organização em empresas, assim como as funções e processos gerenciais ali contidas, proporcionaram uma base sólida sobre a qual obras subsequentes que tratam da gestão estratégica se desenvolveram. A importância fundamental de "competência distintiva" e liderança enfatizada no estudo de Selznick (1957) sobre organizações administrativas coincidiu bem com o foco dos primeiros estudiosos de estratégia nos pontos fortes internos das empresas e nas suas capacidades de gestão. Penrose (1959) relacionou o crescimento e a diversificação da empresa com os recursos "herdados", especialmente as capacidades de gestão que uma empresa possui. Sua afirmação complementou as descobertas de Chandler (1962) sobre o crescimento da empresa*. De um ponto de vista comportamental, *Administrative Behaviors*, de Herbert Simon (1945) e *A Behavioral Theory of the Firm*, de Cyert e March (1963) também forneceram insumos para o desenvolvimento precoce da gestão estratégica (a obra de Ansoff em 1965, *Corporate Strategy* é um bom exemplo disso). Essas obras enfatizaram as características e os processos internos das organizações como processos de tomada de decisões, limitações no processamento de informações, poder e coalizões e estruturas hierárquicas. Em muitos aspectos, é provável que o desenvolvimento precoce do pensamento sobre gestão estratégica tenha sido influenciado, pelo menos até certo ponto, por estas exposições detalhadas dos processos internos das organizações e pelo foco nos papéis importantes dos gestores, feitas pelos primeiros clássicos.

---

* Chandler observou que apesar de ele não ter lido a obra de Penrose (1959) até depois de completar sua própria obra, uma apoiava a outra. Especialmente relevante foram o Capítulo 5 de Penrose (1959) "Inherited Resources and the Directions of Expansion" e o Capítulo 7 "The Economics of Diversification" (1962: 453).

## Teorias precoces

Um ano importante para o campo da gestão estratégica foi 1962, quando a obra influente de Chandler, *Strategy and Structure*, foi publicada (Rumelt, Schendel, & Teece, 1994). Ela se concentrava principalmente em como grandes empresas desenvolvem novas estruturas administrativas para acomodar o crescimento e em como a mudança estratégica leva à mudança estrutural. De acordo com Chandler, estratégia é "a determinação das metas e dos objetivos básicos de longo prazo de uma empresa e a adoção de procedimentos e alocação de recursos necessários para cumprir estas metas", enquanto estrutura é "o *design* de organização através do qual a empresa é administrada" (1962, p. 13–14). Mudanças de estratégia são principalmente respostas a oportunidades ou necessidades criadas por mudanças no ambiente externo, como a inovação tecnológica. Como consequência da mudança de estratégia, novas estruturas complementares também são desenvolvidas. Além disso, o livro também esclarece de maneira vívida o papel ativo de gestores na busca de mudanças estratégicas e na exploração de novas estruturas administrativas.

No prefácio do seu livro, Ansoff descreve que seu principal foco está em decisões estratégicas, definidas como sendo "decisões sobre em qual tipo de negócio a empresa deve buscar estar" (1965: viii). Ele vê a estratégia como o "ponto em comum" entre as atividades e os mercados de produtos de uma empresa e que tem quatro componentes: âmbito de mercado de produtos, vetor de crescimento (ou as mudanças que uma empresa faz no seu âmbito de mercado de produtos), vantagem competitiva e sinergia.

Erews e seus colegas consideravam a política empresarial como "o estudo das funções e responsabilidades de gestão geral e os problemas que afetam o caráter e o sucesso da empresa total" do ponto de vista "do principal executivo ou do gestor geral, cuja principal responsabilidade é a empresa como um todo" (Learned et al., 1965, 1969, p. 3). De maneira mais importante, eles definem estratégia como "o padrão de objetivos, finalidades ou metas e grandes políticas e planos para alcançar estas metas, afirmada de forma a definir em qual negócio a empresa está, ou deverá estar, e o tipo de empresa que ela é ou deverá ser" (1969, p. 15). Eles também sugerem que a estratégia corporativa é composta de dois aspectos inter-relacionados, mas praticamente separados: formulação e implementação. O desafio na formulação é identificar e reconciliar quatro componentes essenciais da estratégia: (1) oportunidade de mercado; (2) competência e recursos da empresa; (3) valores pessoais e aspirações dos gestores; e (4) obrigações com outros segmentos da sociedade além dos acionistas.

A definição ampla de estratégia está de acordo com a de Chandler, mas incorpora a "competência distintiva" de Selznick (1957) e a noção de um ambiente incerto (Rumelt et al., 1992). Depois da formulação da estratégia, a implementação se preocupa com a maneira pela qual os recursos são mobilizados para realizar a estratégia e requer estrutura organizacional adequada, sistemas de incentivos, controle e liderança. Para Erews e seus colegas, a implementação é "composta de uma série de subatividades principalmente administrativas" (1969, p. 19).

As três obras influentes escritas por Chandler, Ansoff e Erews e seus colegas, respectivamente, fornecem a base para o campo de gestão estratégica (por exemplo, Rumelt et al., 1992). Coletivamente, elas ajudam a definir vários conceitos e proposições críticas para a estratégia, inclusive a maneira pela qual a estratégia afeta o desempenho, a importância tanto de oportunidades externas quanto de capacidades internas, a noção de que a estrutura segue a estratégia, a distinção prática entre formulação e implementação e o papel ativo de gestores na gestão estratégica. Apesar de haver desacordos em relação a esses conceitos que deveriam ser especificados e desenvolvidos depois (Hofer & Schendel, 1978), juntas, essas três obras desenvolveram o domínio da estratégia além do foco tradicional de ser apenas um curso culminante sobre integração funcional. Rumelt et al. fornecem uma descrição apta: "Quase todas as ideias e questões que nos preocupam atualmente podem ser encontradas pelo menos em uma forma embrionária nestes escritos essenciais da década de 1960" (1994, p. 18). No entanto, Rumelt et al. (1994) desdenham as contribuições de Thompson (1967). Ele apresentou pela primeira vez a noção de estratégias cooperativas e competitivas e de formação de coalizão, um precursor de estratégias de rede e de aliança estratégica. Além disso, sua obra contribuiu para a compreensão da implementação da estratégia corporativa a partir da noção de interdependência entre unidades de negócios. As interdependências coligadas, recíprocas e em série estão associadas às estratégias corporativas de diversificação não relacionada, diversificação relacionada e integração vertical, respectivamente. Apesar de esses escritos formarem uma base para a gestão estratégica, eles eram, em sua maioria, voltados para o processo visando a facilitar o exame de caso, a principal ferramenta metodológica de estudo naquela época.

## Metodologias precoces

Obras escritas por Ansoff e Erews, entre outras durante o período, enfatizavam o aspecto normativo do conhecimento empresarial e se interessavam especialmente na identificação e no desenvolvimento de "melhores práticas" úteis para os gestores. O público-alvo das suas obras era composto por gestores e estudantes que pretendiam ser gestores. Sua principal meta era transmitir conhecimento a praticantes, em vez de perseguir o conhecimento para fins de progresso científico. Em *Business Policy: Text and Cases*, Erews e seus colegas descreveram claramente esse ponto de vista. Para eles, é impossível "fazer generalizações úteis sobre a natureza dessas variáveis ou classificar suas possíveis combinações em todas as situações" porque existem muitas variáveis singulares a determinada organização ou situação que orientam a escolha de objetivos e de formulação de política (1969, p. 5). O estudo da política empresarial fornece uma familiaridade com uma abordagem voltada aos problemas e, junto com as habilidades e atitudes, pode-se "combinar essas variáveis em um padrão válido para uma organização" (1969, p. 5). O método mais adequado para alcançar esse objetivo tem caráter indutivo: estudos profundos de casos de empresas únicas ou setores únicos. A generalização é desejável, porém praticamente inviável no nível da população, uma vez que se pressupõe que cada caso seja complexo e singular demais. Além disso, os autores eram céticos em relação às finalidades de outras disciplinas acadêmicas, como engenharia, economia, psicologia, sociologia ou matemática. Essas disciplinas podem não ser adequadas para estudos de estratégia porque "o conhecimento gerado para um conjunto de finalidades não se aplica imediatamente a outro" (Learned et al., 1965, 1969 p. 6). Portanto, eles concluíram que a metodologia mais válida para alcançar seu objetivo era a de estudos de casos, visto que (na época) a pesquisa de estratégia ainda não tinha se desenvolvido o suficiente para capturar uma atenção significativa. Os casos utilizados eram muito detalhados. Na edição de 1969 de *Business Policy*, de Learned et al., existe um conjunto de 12 casos sobre a Olivetti, mais uma nota sobre o Setor de Máquinas para Escritório, totalizando aproximadamente 180 páginas.

Em comparação, o livro *Strategy and Structure*, de Chandler, tem uma natureza menos normativa ou prescritiva, apesar de os métodos de pesquisa empregados ainda serem indutivos (Rumelt et al., 1994). Chandler utilizou principalmente uma abordagem histórica para produzir um relato detalhado de quatro grandes empresas (Du Pont, General Motors, Standard Oil of New Jersey [depois conhecida como Exxon] e Sears Roebuck), consideradas representativas para derivar sua tese e suas proposições. A maior parte das informações sobre as empresas foi reunida a partir de fontes disponíveis publicamente, registros internos das empresas e entrevistas. De maneira interessante, antes dos estudos de casos profundos das quatro empresas, um levantamento abrangente de uma grande quantidade de empresas tinha sido realizado para proporcionar um conhecimento inicial dos padrões de negócios de grandes empresas americanas. Após os estudos de casos, Chandler ampliou o âmbito deste método de pesquisa para realizar uma análise comparativa entre quatro empresas a fim de investigar quais delas adotavam ou rejeitavam a estrutura multidivisional e por quê. Portanto, diferentemente de Erews e Ansoff, Chandler tentou buscar generalizações no que diz respeito à sua tese ao longo de uma população mais ampla de empresas.

Em geral, as finalidades das abordagens utilizadas por estudiosos de estratégia destacados durante esse período de fundação eram principalmente normativas ou prescritivas, com análises de casos profundas como principal ferramenta de pesquisa. Até o ponto em que a generalização é uma das metas, ela é alcançada principalmente por meio da indução (Rumelt, Schendel, & Teece, 1991), talvez facilitada por estudos comparativos de diversos casos semelhantes à abordagem de Chandler. No entanto, em muitas circunstâncias, a generalização não era uma meta e tampouco considerada viável, conforme sustentavam Erews e seus colegas.

Infelizmente, a grande ênfase na abordagem de casos e a falta de generalização não forneciam a base necessária para o progresso continuado do campo. Como tal, o trabalho nesta área não era bem aceito por outros campos acadêmicos. A necessidade de uma base teórica mais forte e de testes empíricos da teoria para permitir a generalização produziu uma oscilação do pêndulo. Além disso, boa parte das obras precoces examinava empresas em grande parte como sistemas fechados. No entanto, as empresas, assim como todas as organizações, são sistemas abertos (Thompson, 1967). Portanto, era necessária uma abordagem de sistemas abertos para maior compreensão da estratégia. Por causa do seu ajuste adequado e do seu desenvolvimento avançado, a oscilação se movimentou em direção à utilização da teoria econômica para examinar fenômenos de gestão estratégica. Schendel e Hatten (1972) defendiam uma visão mais ampla de gestão estratégica que enfatizasse o desenvolvimento da nova teoria da qual se podiam derivar hipóteses e que podiam ser testadas empiricamente. Um exemplo precoce deste trabalho foi o estudo com grande amostra realizado por Rumelt (1974), que examinou o relacionamento entre o tipo de estratégia e estrutura adotada e o desempenho da empresa. Sua pesquisa abriu o caminho para vários estudos posteriores na área utilizando métodos quantitativos.

## 1.2 A OSCILAÇÃO EM DIREÇÃO À ECONOMIA DE ORGANIZAÇÃO INDUSTRIAL – OI

Durante o período de desenvolvimento seguinte, a gestão estratégica afastou-se significativamente do período anterior, tanto em termos teóricos quanto metodológicos. Apesar de Jemison (1981a) defender que a gestão estratégica podia ser um amálgama de marketing (Biggadike, 1981), de comportamento administrativo (Jemison, 1981b) e de economia (Porter, 1981), o campo se deslocou principalmente em direção à economia, tanto na teoria quanto no método. Durante a oscilação, a influência da economia (especialmente a de OI), sobre a pesquisa estratégica foi substancial. Em termos de metodologia, a pesquisa estratégica também passou a ser muito mais "científica". A oscilação mudou a pesquisa estratégica de estudos de casos indutivos, em boa parte em uma única empresa ou em um único setor, para análises estatísticas dedutivas em larga escala buscando validar hipóteses científicas, baseadas em modelos abstraídos do paradigma estrutura-conduta-desempenho – E-C-D, também conhecido como o paradigma de Bain/Mason (Bain 1956, 1968; Mason, 1939). O modelo de OI amplamente mais adotado na gestão estratégica originou o rico corpo de pesquisa sobre "grupos estratégicos".

No prefácio à primeira edição de *Industrial Organization*, Bain afirmou que o livro (ou a economia de OI em geral) se preocupava com "o complexo na economia como um todo de empresas comerciais... com a função delas como fornecedoras, vendedoras ou compradoras de bens e serviços de todo tipo, produzidos pelas empresas" e "com as configurações ambientais dentro das quais as empresas funcionam e com como elas se comportam nestas configurações como produtoras, vendedoras e compradoras". Ele também sugeriu que sua abordagem era basicamente "externa" e que "a principal unidade de análise era o setor ou os grupos de empresas que concorriam uns com os outros, em vez da empresa individual ou do agregado de empresas na economia como um todo" (1968: vii). O princípio central desse paradigma, conforme resumido por Porter (1981), é que o desempenho de uma empresa é sobretudo uma função do ambiente setorial em que ela concorre. E como a estrutura determina a conduta (ou a conduta é simplesmente um reflexo do ambiente setorial), que por sua vez determina o desempenho, a conduta pode ser ignorada e, portanto, o desempenho pode ser explicado pela estrutura. Com efeito, uma pesquisa recente sustenta tal argumento, mas também sugere que o ambiente setorial tem efeitos distintos sobre empresas grandes e pequenas (Dean, Brown, & Bamford, 1998). Nós exploramos essas diferenças em seção posterior. A partir de então, a adoção do paradigma E-C-D na gestão estratégica naturalmente alterou o foco da pesquisa da empresa para a estrutura de mercado.

A dinâmica competitiva (concorrência em múltiplos pontos e ação e reações competitivas), uma área de pesquisa cada vez mais popular no campo atual de gestão estratégica, também se desenvolveu parcialmente a partir da economia de OI. Tal corrente de pesquisa costuma se inspirar muito em obras escritas por economistas de OI, como Edwards (1955) e Berheim e Whinston (1990), que introduziram importantes conceitos como o de "tolerância mútua" e o de "esferas de influência", assim como argumentos da teoria dos jogos (por exemplo, Camerer & Weigelt, 1988; veja Grimm & Smith, 1997 para uma análise desses argumentos).

Em resumo, a oscilação do pêndulo do desenvolvimento precoce do campo para a economia de OI teve um grande efeito sobre o campo tanto em termos de teoria quanto de método.

## Teorias intermediárias precoces

**Modelo estrutura-conduta-desempenho** Porter (1980, 1985) fez a contribuição mais influente para o campo utilizando a lógica da economia de OI. Utilizando uma abordagem de análise estrutural, ele delineou um modelo analítico que pode ser utilizado para compreender a estrutura de um setor. A análise estrutural concentra-se na concorrência além dos rivais imediatos e existentes de uma empresa. Enquanto o conceito de estrutura setorial permanece relativamente obscuro no campo da economia de OI, o Modelo das Cinco Forças proposto por Porter (1980), especifica de maneira clara os diversos aspectos de uma estrutura setorial, bem como fornece uma ferramenta analítica útil para se avaliar a atratividade de um setor e a análise dos concorrentes. A capacidade de uma empresa obter vantagem competitiva, de acordo com Porter (1980, 1985, 1996), depende principalmente de até que ponto ela se posiciona e se diferencia bem em um setor. Os efeitos coletivos das cinco forças determinam a capacidade das empresas de obter lucros em dado setor. Para Porter (1980, 1985), as cinco forças incorporam as regras de concorrência que determinam a atratividade do setor e ajudam a definir uma estratégia competitiva para "lidar com essas regras em favor da empresa e, idealmente, para mudá-las" (1985 p. 4). Portanto, como refinamento do paradigma E-C-D tradicional e também como uma significativa contribuição para o campo de gestão estratégica, o modelo de Porter especifica a estrutura competitiva de um setor de maneira mais tangível, além de reconhecer (ainda que de maneira limitada) o papel de empresas na formulação de uma estratégia competitiva para alcançar um desempenho superior. Porter (1980, 1985) sugeriu estratégias genéricas (liderança de baixo custo, diferenciação e foco) que podem ser utilizadas para combinar focos setoriais específicos e, dessa forma, desenvolver vantagem competitiva.

**Grupos estratégicos** Ao desenvolver a perspectiva da economia de OI, os pesquisadores de estratégia também criaram o conceito de "grupos estratégicos". Em seu estudo do setor de eletrodomésticos, Hunt (1972) apresentou pela primeira vez os grupos estratégicos como um conceito analítico. Até hoje, apesar de ainda não haver uma definição universal de grupos estratégicos na literatura, eles costumam ser definidos como um grupo de empresas no mesmo setor seguindo estratégias iguais ou semelhantes (Porter, 1980 p. 129). Tal linha de pesquisa discorda do pressuposto da economia de OI de que os membros de um setor diferem apenas em termos de participação de mercado e, portanto, sugere que a presença de grupos estratégicos em um setor cause efeito significativo sobre seu desempenho (Newman, 1978). O conceito de grupos estratégicos está proximamente relacionado com barreiras à mobilidade (Caves e Porter, 1977), que isolam empresas em um grupo estratégico da entrada de membros de outro grupo, por meio da economia de escala, da diferenciação de produto ou da rede de distribuição. Além dos fatores estruturais de uma indústria, as barreiras à mobilidade dos recursos de cada empresa, também representam fatores cruciais para as diferenças de performance das empresas dentro de uma indústria. (Caves e Porter, 1977; Porter, 1979). Nesse aspecto, o setor não é mais visto como uma unidade homogênea, na medida em que o conceito de grupos estratégicos expõe a "estrutura dentro de setores" (Porter, 1979).

Apesar da pesquisa realizada por Hunt, Newman e Porter sobre grupos estratégicos ter o objetivo de explicar o desempenho da empresa, na verdade o foco está em grupos, em vez de em empresas. Por exemplo, o estudo realizado por Newman (1973) refere-se a 34 *setores* de "bens de produção", sendo que todos estão relacionados com processos químicos, enquanto o foco de Porter (1973) está em 38 setores de bens de consumo. Uma série de estudos realizados no contexto do setor de cervejaria por Hatten (1974), Hatten e Schendel (1977) e Hatten, Schendel e Cooper (1978) tenta mudar o estudo de grupos estratégicos para o nível da empresa ao enfatizar sua heterogeneidade e sua conduta (estratégia). Como resultado disso, tais estudos concentram-se em grupos estratégicos em um único setor. Além de utilizar variáveis como o tamanho da empresa e o índice de concentração do setor, os estudos sobre cervejarias utilizam variáveis de fabricação (por exemplo, a intensidade de capital das fábricas), de marketing (por exemplo, quantidade de marcas) e financeiras (alavancagem), entre outras, como base para a formação do grupo estratégico. A lucratividade da empresa é considerada como uma função tanto da estrutura setorial quanto da conduta estratégica (Cool & Schendel, 1987; Hatten & Schendel, 1977), posicionando assim a pesquisa de grupos estratégicos da economia de OI perfeitamente na gestão estratégica.

No entanto, apesar da grande quantidade de estudos sobre grupos estratégicos, essa corrente de pesquisa enfrenta algumas questões críticas. Barney e Hoskisson (1990) desafiaram duas afirmações que não tinham sido testadas na teoria: (1) se os grupos estratégicos existem; e (2) se o desempenho de uma empresa depende de ela ser membro de um grupo estratégico ou não. Eles argumentaram que a existência de grupos estratégicos em um setor depende da suposição do pesquisador de que os grupos estratégicos efetivamente existem. Com efeito, os agrupamentos resultantes podem ser simplesmente artefatos estatísticos dos procedimentos analíticos de blocos utilizados para criar grupos. Até hoje, o conceito de grupos estratégicos não tem sustentação teórica. Além disso, o relacionamento entre ser membro de um grupo e o desempenho da empresa depende criticamente da existência de barreiras à mobilidade. Na medida em que essas barreiras à mobilidade existem em um setor, não existe nenhuma teoria para defini-las em um setor específico. Os atributos utilizados para reunir grupos estratégicos são considerados barreiras à mobilidade se o desempenho da empresa for diferente entre os grupos estratégicos. Entretanto, Barney e Hoskisson (1990) mostram que agrupamentos diferentes do mesmo conjunto de empresas podem produzir diferenças significativas no desempenho de uma empresa do grupo. Baseados nestas duas limitações, Barney e Hoskisson (1990) questionam a contribuição da pesquisa de grupos estratégicos para o campo de gestão estratégica. O conceito de grupos estratégicos, desenvolvido em grande parte como um acordo teórico entre economia de OI e gestão estratégica, pode não ter validade teórica. Recentemente, Wiggins e Ruefli (1995) descobriram que os resultados que classificam as empresas em grupos estratégicos é instável, questionando a validade das barreiras à mobilidade e, portanto, a validade preditiva dos grupos estratégicos. A questão fundamental é: as empresas estão precisamente conscientes da sua dependência mútua dentro dos seus grupos estratégicos específicos (Porter, 1979) ou será que esses grupos são uma conveniência analítica utilizada por pesquisadores (Hatten e Hatten, 1987)?

Desenvolvimentos recentes na pesquisa de grupos estratégicos apontam para várias perspectivas. Em primeiro lugar, as características dinâmicas de grupos estratégicos foram examinadas (por exemplo, Mascarenhas, 1989; Oster, 1982). A linha de pesquisa descobriu uma evidência inicial de que existe um baixo nível de movimento de empresas de um grupo estratégico para outro. Por meio de um estudo longitudinal profundo do setor de seguros nos Estados Unidos, Fiegenbaum e Thomas (1995) expandiram essa linha de pesquisa ao se concentrar na influência de grupos estratégicos como ponto de referência para decisões estratégicas competitivas no nível da empresa. Outro desenvolvimento na pesquisa de grupo estratégico baseia-se numa perspectiva cognitiva. Em vez de utilizarem dados secundários, Reger e Huff (1993) contam com classificações cognitivas dos gestores para categorizar grupos estratégicos. Em um estado de espírito relacionado, Porac, Thomas, Wilson, Paton e Kanfer (1995) também utilizam as percepções cognitivas dos gestores para examinar como as empresas definem um grupo de referência de rivais. Peteraf e Shanley (1997) promovem uma pesquisa de grupo estratégico cognitivo ao propor uma teoria de identidade de grupo estratégico e distinguir grupos com identidades fortes daqueles com identidades fracas.

Semelhante à pesquisa sobre grupos estratégicos, recentemente os ecologistas organizacionais enfatizaram uma perspectiva evolucionária em que a população de organizações estrategicamente semelhantes é estudada de maneira longitudinal, considerando tanto seu sucesso quanto seu fracasso (Barnett & Burgelman, 1996). Essa pesquisa pode ser responsável por dinâmicas nos relacionamentos entre empresas. A abordagem permite o exame de como os resultados estratégicos se desenvolvem. Portanto, a teoria desenvolvida prevê padrões, taxas e caminhos alternativos de mudança (Barnett & Burgelman, 1996). Além disso, uma perspectiva evolucionária pressupõe uma variação potencial em estratégias que as empresas buscam ao longo do tempo. Especificamente, de acordo com a perspectiva ecológica, uma abordagem evolucionária examina como os processos de seleção afetam o tipo e a taxa de mudança estratégica e são afetados por eles (Barnett & Burgelman, 1996). Focos empíricos recentes da abordagem evolucionária incluem a evolução de capacidades tecnológicas (Stuart e Podolny, 1996) e os processos repetidos de alocação de recursos (Noda e Bower, 1996). Os estudiosos que adotam tal perspectiva evolucionária argumentam que ela não se baseia em uma única teoria. Ao contrário, ela sintetiza várias perspectivas teóricas, como eficiência econômica, poder de mercado, aprendizagem organizacional, inércia estrutural, custos de transação, entre outros (Barnett e Burgelman, 1996). Eles afirmam que ela fornece um modelo integrativo em que o sucesso e o fracasso da empresa podem ser compreendidos (Schendel, 1996).

**Dinâmica competitiva** Enquanto os estudos de grupos estratégicos representaram a primeira oscilação da pesquisa no nível setorial, outra corrente de pesquisa, a dinâmica competitiva, enfatiza ainda mais o nível da empresa na pesquisa de gestão estratégica. A essência dessa corrente é um reconhecimento explícito de que as estratégias de uma empresa são dinâmicas: ações iniciadas por uma empresa poderão desencadear uma série de ações entre as empresas concorrentes. O novo cenário competitivo em vários setores, conforme descrito por Bettis e Hitt (1995), dá origem a um ritmo implacável de concorrência, enfatizando flexibilidade, velocidade e inovação em resposta ao ambiente que muda rapidamente. D'Aveni (1994) cunhou o termo "hiperconcorrência" para descrever a condição de concorrência que aumenta rapidamente, característica de vários setores. O aumento na pesquisa da dinâmica competitiva significa a consciência profunda do novo cenário competitivo no ambiente pelos pesquisadores de estratégia. Existem várias áreas que podem ser classificadas como uma pesquisa de dinâmica competitiva, sendo que todas são caracterizadas por uma preocupação explícita com a natureza dinâmica da concorrência empresarial. Essas áreas diferentes são conhecidas individualmente como ação e reação competitivas e concorrência multiponto (ou multimercado).

O desenvolvimento da concorrência multiponto identifica sua principal origem teórica na economia de OI (principalmente na teoria do oligopólio). Existem áreas de conteúdo na literatura da economia de OI que tratam da concorrência entre mercados múltiplos (Gimeno, 1994), para incluírem grupos estratégicos (por exemplo, Greening, 1979; Newman,1973, 1978), para tolerância mútua (por exemplo, Edwards, 1955; Bernheim & Whinston, 1990) e para rivalidade de linha de produtos (por exemplo, Breer e Eaton, 1984; Bulow, Geanakoplos & Klemperer, 1985). Enquanto essas três áreas de conteúdo se concentram em mecanismos diferentes, a previsão central é de que a colusão tácita produz a redução da rivalidade, sendo mais provável entre empresas que compartilham um mercado de produtos semelhante, uma vez que cada uma delas percebe que uma rivalidade intensa atrapalhará seu desempenho individual. Porter (1980, 1985) e Karnani e Wernerfelt (1985) foram pioneiros no conceito de concorrência multiponto na literatura sobre estratégia. Ilustrado com casos do setor do café torrado e das máquinas pesadas, Porter (1980) discutiu a análise de condições de "*cross-parry*" em que uma empresa reage a um movimento de um concorrente contra-atacando outro mercado daquele concorrente. Também contando com um estudo de caso indutivo, Karnani e Wernerfelt (1985) desenvolveram dois conceitos: o de "contra-ataque" e o de "equilíbrio mútuo de base", o modelo de concorrência multimercado dos autores enfatiza o papel da retaliação multimercado.

Estudos econométricos de grande escala sobre concorrência multimercado começaram a aparecer na literatura sobre estratégia nos últimos anos. Utilizando dados referentes a mais de 3.000 cidades (origem/destino) no setor aéreo dos Estados Unidos, Gimeno e Woo (1996) examinaram conjuntamente a importância da similaridade estratégica e do contato multimercado na redução da competitividade. Eles descobriram que a semelhança estratégica aumenta, de maneira moderada, a intensidade da rivalidade, enquanto o contato multimercado causa uma grande redução dela. Apesar da literatura anterior ter descoberto que a semelhança estratégica reduz a rivalidade, seu efeito sobre a rivalidade pode ser imparcial se o contato multimercado não for controlado adequadamente. Boeker, Goodstein, Stephan e Murmann (1997), utilizando uma amostra de hospitais localizados na Califórnia, descobriram que o ponto até o qual os concorrentes concorrem em mercados semelhantes tem um efeito negativo sobre a saída do mercado, fornecendo evidência adicional de que a sobreposição do mercado resulta em uma diminuição da rivalidade. Baum e Korn (1996) examinaram como o domínio do mercado se sobrepõe e como o contato multimercado influencia a entrada e a saída do mercado. No contexto do mercado de passageiros aéreos da Califórnia, eles descobriram que a sobreposição do domínio de mercado aumenta as taxas de entrada e saída do mercado, enquanto aumentos no contato multimercado as reduzem. Essa linha de pesquisa fornece uma nova percepção, sugerindo que concorrentes próximos não costumam ser os rivais mais intensos, desafiando assim a pressuposição tradicional de rivalidade empresarial.

Outra linha de pesquisa que também tem ganhado crescente atenção são os estudos da ação e reação do concorrente (ver Grimm & Smith, 1997, para uma análise do trabalho). Em uma série de estudos que utilizaram dados detalhados sobre jogadas competitivas no setor aéreo dos Estados Unidos (por exemplo, Chen e MacMillan, 1992; Chen & Miller,

1994; Smith, Grimm, Chen, & Gannon, 1989), a dinâmica de como as empresas concorrem umas com as outras e a maneira pela qual elas utilizam estratégias para desenvolver vantagens competitivas sobre os concorrentes foram examinadas (Grimm & Smith, 1997; Smith, Grimm, & Gannon, 1992). Dois fatores caracterizam a linha de pesquisa. Em primeiro lugar, foram utilizados vários modelos teóricos. Por exemplo, Smith, Grimm, Gannon e Chen (1991) utilizaram um modelo de processamento de informações organizacionais para explicar o tipo de ação utilizada para reagir às mudanças do mercado e à capacidade das empresas que reagem a essas ações. Chen e MacMillan (1992) utilizaram um modelo baseado na teoria dos jogos para estudar os efeitos da dependência do concorrente e da irreversibilidade da ação sobre as características da reação de uma empresa a jogadas competitivas. Adaptando a teoria da expectativa e valência a partir da literatura sobre psicologia, Chen e Miller (1994) investigaram qual é a melhor maneira para que ataques competitivos minimizem as chances de retaliação. Em segundo lugar, não apenas esses estudos demonstram um foco intenso de pesquisa sobre a concorrência no nível empresarial, mas a unidade de análise é a "ação e reação", que pode retratar melhor a característica da concorrência dinâmica (Smith, Grimm, & Gannon, 1992). Coletivamente, os estudos geram um novo pensamento sobre concorrência empresarial que explica a sua natureza interativa e dinâmica.

Mais recentemente, Chen (1996) sintetizou dois assuntos cruciais para a dinâmica competitiva: a análise do concorrente e a rivalidade entre empresas. Utilizando teorias diferentes, Chen (1996) introduziu dois conceitos específicos de empresas: associação de mercado (a partir da concorrência multimercado) e a semelhança do recurso (a partir da visão baseada em recursos) para ajudar a esclarecer a tensão competitiva antes da batalha entre duas empresas e prever como elas poderão interagir entre si como concorrentes. A abordagem de Chen demonstra a produtividade de integrar a abordagem de Porter baseada em OI ("de fora para dentro") e a abordagem baseada em recursos ("de dentro para fora") para compreender a concorrência entre empresas. Além disso, diferentemente da análise de Porter (1980) do Modelo das Cinco Forças, que se concentra no nível setorial, a análise no modelo de Chen (1996) se concentra na empresa, enfatizando uma análise binária, de pares, produzindo ideias significativas para a pesquisa da dinâmica competitiva.

A influência do paradigma E-C-D tem sido enorme (Rumelt et al., 1994). A partir de uma análise realizada no nível da empresa em que a identificação das "melhores práticas" era considerada como meta, muita pesquisa na área de repente passou a abranger a importância fundamental da estrutura setorial e seus efeitos: estratégia e desempenho. Apesar de a influência de Porter no campo ser considerada substancial (Porter,

1998a), sua visão sobre a relevância do setor não ocorre sem críticas. Rumelt (1991) argumentou que a heterogeneidade entre empresas dentro de setores (efeitos empresariais específicos) explica o desempenho econômico muito mais do que ser membro de um setor. Roquebert, Phillips e Westfall (1996), utilizando um banco de dados diferente, também apoiam a descoberta. Em um ensaio recente, Porter (1996) reafirmou a relevância fundamental do posicionamento estratégico na concorrência empresarial. Um estudo recente realizado por McGahan e Porter (1997), com uma amostra incluindo setores de serviços, descobriu (1) que a indústria representa um fator importante para afetar o desempenho econômico da empresa e, mais especificamente, (2) que os efeitos da indústria são mais importantes na responsabilidade pelo desempenho da empresa no setor de serviços do que no setor de manufatura. Mesmo que muito se tenha aprendido sobre a determinação do desempenho ao longo dos anos, parece que diversas dúvidas pairam sob os pesquisadores de estratégia.

Apesar do efeito do paradigma E-C-D sobre o campo de gestão estratégica, a mudança do nível setorial para o empresarial começou gradualmente com o foco em grupos estratégicos. A concepção original de grupos estratégicos se concentrou principalmente no nível setorial (por exemplo, Newman, 1978; Porter, 1979), mas o desenvolvimento do conceito pelos pesquisadores de estratégia se preocupou predominantemente com a estratégia empresarial dentro de um setor (por exemplo, os estudos da Purdue University sobre o setor cervejeiro). De maneira interessante, a pesquisa sobre grupos estratégicos representa a primeira oscilação no campo de volta para o nível empresarial.

A capacidade da pesquisa sobre estratégia de internalizar e desenvolver diferentes teorias para estudar diversos assuntos talvez tenha permitido que o campo experimentasse um desenvolvimento excepcional na sua curta história. Além dos grupos estratégicos discutidos anteriormente, a pesquisa sobre a dinâmica competitiva demonstra claramente a capacidade do campo de integrar argumentos baseados na economia com teorias e conceitos de gestão, como o processamento de informações e a teoria de expectativa-valência para criar um corpo de pesquisa singular com um forte foco na empresa e na interação competitiva. Assim, apesar de a gestão estratégica no período ter sido fortemente influenciada pela economia, os pesquisadores conseguiram desenvolver teorias novas e singulares para o campo.

## Metodologias intermediárias precoces

Mudanças tremendas na metodologia da pesquisa de gestão estratégica ocorreram durante o período. Schendel e Hatten defenderam intensamente que a gestão estratégica precisava de pesquisa empírica para mostrar relacionamentos entre variáveis uma vez que "o desenvolvimento conceitual do campo superou a pesquisa derivada da evidência disponível para sustentá-lo, negá-lo ou modificá-lo" (1972 p. 101). Além disso, eles indicaram a necessidade de que a pesquisa de estratégia fosse além da abordagem indutiva e que ela realizasse estudos mais dedutivos com "dados confiáveis coletados especificamente para permitirem o desenvolvimento de respostas que possam ser testadas com perguntas estratégicas" (1972 p. 102). Schendel e Hatten (1972) sugeriram que era necessário que o campo construísse modelos, realizasse análises e desenvolvesse teorias. Um evento de referência que serviu para definir o desenvolvimento do campo foi uma conferência realizada em 1979 na Universidade de Pittsburgh, organizada por Dan Schendel e Charles Hofer e que tinha três finalidades: (1) descrever e definir o campo de gestão estratégica; (2) examinar de maneira crítica as metodologias de pesquisa e as fontes de dados em uso atualmente; e (3) sugerir direções produtivas para o futuro (Schendel & Hofer, 1979 p. vi). O empurrão em direção ao novo paradigma de "gestão estratégica" e o afastamento do paradigma mais tradicional de "política empresarial" ficou, portanto, marcadamente evidente durante a época. A adoção do nome "gestão estratégica" significava o deslocamento do campo em direção a um novo paradigma, para se tornar uma disciplina de pesquisa mais "científica", mais voltada para o empiricismo (Schendel & Hofer, 1979). O interesse na construção da teoria e na metodologia de pesquisa começou a se proliferar entre pesquisadores de estratégia, conforme fica evidenciado pela popularidade cada vez maior do livro de Robert Dubin (1969) chamado *Theory Building*.

Apesar de estudos normativos, baseados em casos indutivos terem dominado o começo da história da gestão estratégica, a pesquisa empírica positivista e dedutiva tornou-se dominante durante o período. Portanto, os estudiosos de estratégia defendiam fortemente a preocupação com explicação e previsão, em vez de com prescrição, com o objetivo de elevar o campo a uma disciplina acadêmica mais rigorosa e "científica".

Nesse sentido, a economia de OI tem tido um efeito importante sobre a pesquisa de estratégia além da influência teórica, ao estimular seus pesquisadores a adotar as metodologias utilizadas na economia. Porter (1981 p. 617) sustenta que, como a pesquisa da economia de OI desenvolveu "uma tradição empírica forte construída em torno da análise estatística de populações de empresas e de setores," a pesquisa de estratégia seria capaz de complementar o estudo de caso mais tradicional com métodos estatísticos. A economia de OI, como subcampo da economia, utiliza o modelo metodológico da economia positiva. No livro *Essays in Positive Economics*, Milton Friedman (1953) descreve a economia positiva, diferentemente da economia normativa, como sendo "em princípio independente de quaisquer prescrições éticas ou normativas específicas", enquanto "sua tarefa é proporcionar um sistema de generalizações que possa ser utilizado para se fazer previsões sobre as consequências de qualquer mudança de circunstâncias" e "seu desempenho deverá ser julgado pela precisão, pelo âmbito e pela conformidade com a experiência das previsões que ela produz" (1953 p. 4). Nesse sentido, a economia parece ter uma grande influência tanto sobre o modelo teórico quanto sobre o modelo metodológico de gestão estratégica, à medida que ela mudou para se tornar uma disciplina acadêmica mais "científica" e, portanto, mais respeitável.

Concomitantemente, a disponibilidade de bancos de dados comerciais, como o PIMS e o COMPUSTAT, proporcionou aos pesquisadores de gestão estratégica acesso conveniente a uma grande quantidade de dados no nível da empresa. Ademais, os pesquisadores também fizeram um esforço significativo para desenvolver conjuntos de dados por meio de levantamentos em larga escala ou fontes de arquivo detalhadas. Apesar de o tamanho da amostra na maioria dos estudos geralmente ter sido menor do que 100 no período anterior, agora um estudo típico tem pelo menos centenas de observações, podendo chegar a dezenas de milhares delas (por exemplo, Chen & MacMillan, 1992; Gimeno & Woo, 1996). A utilização de estatísticas mais avançadas com a disponibilidade de pacotes de softwares estatísticos e de computadores também permitiu a utilização de conjuntos grandes de dados. A atenção cada vez maior às questões metodológicas ajudou a desenvolver o rigor de pesquisa no campo da gestão estratégica. Por exemplo, os primeiros defensores de uma abordagem mais científica à pesquisa de estratégia também introduziram análises estatísticas multivariadas nos seus estudos e enfatizaram a utilização de métodos adequados (por exemplo, Hatten, 1974; Hatten & Schendel, 1977; Patton, 1976). A utilização de métodos cada vez mais sofisticados no campo tem sido impressionante [por exemplo, a utilização por Gimeno & Woo (1996) da análise de dados de um painel, a utilização por Keats & Hitt (1988) de uma abordagem de modelagem causal com dados ordenados cronologicamente, a utilização por Chen & MacMillan (1992) da regressão logística], demonstrando a capacidade e a disposição dos pesquisadores de gestão estratégica para desenvolver o campo.

Enquanto a economia de OI enfatiza os fenômenos no nível setorial, a gestão estratégica se preocupa com estratégias no nível da empresa. A aplicação dos paradigmas de OI trouxeram focos novos e importantes à área de gestão estratégica. No entanto, desenvolvendo o trabalho precoce de Ansoff e de outros, ainda faltaram algumas peças no quebra-cabeça. Pesquisas mostraram que algumas empresas têm desempenho melhor do que outras no mesmo setor e/ou dentro do mesmo grupo estratégico. Isso sugere que fenômenos no nível das empresas são importantes. Além disso, o cenário competitivo para muitos setores começou a mudar, especificamente com o desenvolvimento de mercados globais (em oposição a mercados internos) (Hitt, Keats, & DeMarie, 1998). Empresas estrangeiras entraram em mercados internos e, em alguns casos, armadas com novas ideias e estratégias, começaram a conquistar participações significativas de mercado. Assim, os estudiosos de gestão estratégica retreinaram seu foco na empresa.

## 1.3 UMA OSCILAÇÃO DE VOLTA PARA A EMPRESA: ECONOMIA ORGANIZACIONAL

Diferentemente da microeconomia clássica que trata a empresa como uma função de produção (ou "caixa preta"), a economia organizacional é um subcampo da disciplina de economia que se arrisca ao entrar na caixa preta visando a desvendar sua lógica estrutural interna e seu funcionamento. Esse interesse principal na "organização" (ou na "empresa") cria uma forte afinidade com a gestão estratégica. Dois ramos da economia organizacional que se desenvolveram principalmente em meados da década de 1970 geraram desde então o maior interesse (e controvérsia) e estudos na gestão estratégica: a ECT (Williamson, 1975, 1985) e a teoria da agência (Fama, 1980; Jensen & Meckling, 1976). O foco da ECT e da teoria da agência na empresa ajuda a afastar ainda mais a oscilação do pêndulo da gestão estratégica da ênfase no nível setorial do paradigma E-C-D em direção a uma análise no nível da empresa, conforme apresentado na Figura 1.

A ECT se desenvolve em grande parte de acordo com a percepção crítica de Coase (1937) sobre custos de transação conforme contido em seu influente artigo *The Nature of the Firm*. Coase (1937) apresenta uma posição de que organizações existem porque o custo de gerenciar trocas econômicas entre empresas (custos de transação) às vezes é maior do que o de gerenciar trocas dentro de empresas. Em um grau menor, a teoria da agência também desenvolve o conceito de custos de transação, elaborado por Coase (1937). No entanto, a percepção de Berle e Means (1932) sobre separação de propriedade e controle em corporações americanas modernas e o trabalho subsequente sobre direitos de propriedade (Alchian & Demsetz, 1972) forneceram importantes blocos modulares adicionais para a teoria da agência.

Um desenvolvimento rigoroso continuado na economia organizacional forneceu ferramentas importantes para os pesquisadores de gestão estratégica durante o estágio do desenvolvimento do campo. Os argumentos da ECT e da agência têm sido aplicados na pesquisa de gestão estratégica em diversas áreas substantivas.

## Teorias intermediárias

**Economia dos Custos de Transação (ECT)** A formulação da economia dos custos de transação feita por Williamson (1975, 1985) busca explicar por que as organizações existem. A premissa básica da ECT é de que mercados e hierarquias são mecanismos de governança alternativos para completar transações. Até o ponto em que o sistema de preços não proporciona sinais de mercado precisos e confiáveis, as hierarquias tornam-se um mecanismo melhor do que transações frias de mercado. No modelo da ECT, a unidade de análise é a transação binária no nível da empresa, em que o resultado eficiente é a minimização dos custos de transação. A lógica da ECT baseia-se em uma série de pressupostos sobre o comportamento humano e atributos de transações que afetam transações entre duas empresas: racionalidade restrita (desenvolvida por Simon, 1945), oportunismo, incerteza, pequenas quantidades e especificidade dos ativos (Williamson, 1975, 1985). Com o afastamento da pesquisa da economia de OI que se concentrava em grande parte na estrutura setorial que afeta os comportamentos e o desempenho das empresas, a pesquisa baseada na ECT se desenvolve a partir de pressupostos de comportamentos humanos (ou gerenciais) e atributos de transações que afetam modos de transação (por exemplo, mercado *versus* hierarquia) e resultados. Apesar de controvérsias em torno desses pressupostos [por exemplo, veja o debate entre Donaldson (1990) e Barney (1991) ou a crítica de Hill (1990) sobre o oportunismo], os pesquisadores de gestão estratégica aplicaram a lógica dos custos de transação para examinar vários assuntos substantivos [por exemplo, forma multidivisional (forma M), formas híbridas de organização e estratégia internacional] para fornecer percepções significativas para o campo.

O estudo da estrutura da forma M tem uma longa tradição no campo de estratégia que se originou no trabalho influente de Chandler (1962). Entre as pesquisas de gestão estratégica, a ECT de Williamson fornece a lógica teórica predominante para explicar a adoção ampla e cada vez maior da forma M. Uma maioria de estudos empíricos na gestão estratégica encontrou alguma evidência de que a forma M costuma estar associada ao melhor desempenho (por exemplo, Hill, 1985; Hoskisson &Galbraith, 1985; Hoskisson, 1987; Hoskisson, Harrison, & Dubofsky, 1991).

Mais recentemente, os pesquisadores de estratégia forneceram um importante esclarecimento, no que diz respeito à ligação entre a forma M e o desempenho, ao indicarem que a eficiência da forma M depende de contingências internas (Hill & Hoskisson, 1987; Hill, Hitt, & Hoskisson, 1992; Hoskisson & Johnson, 1992). Eles sugerem que a eficiência de diferentes tipos de custos de transação está relacionada a diferentes estratégias (integração vertical, diversificação relacionada e não relacionada). Por exemplo, uma diversificação relacionada está associada às economias de benefícios de âmbito, enquanto a diversificação não relacionada se beneficiam especialmente de economias financeiras do mercado de capital interno. Hill et al. (1992) especificam ainda mais as estruturas nas quais estes tipos de benefícios podem ser alcançados. Para que se desfrute dos benefícios obtidos com a integração vertical ou com a diversificação relacionada, é necessário uma estrutura cooperativa interna. Por outro lado, para que se desfrute dos benefícios obtidos com a diversificação não relacionada, é preciso uma estrutura competitiva interna. Hoskisson, Hill e Kim (1993) analisaram a pesquisa de gestão estratégica da forma M de maneira abrangente.

Outro assunto em que se aplica a ECT de maneira produtiva é a forma híbrida de organização. "Híbridos" referem-se a diversos modos de organizar entre as duas polaridades de mercados e hierarquias, como *joint--ventures*, franquias e licenciamento. Com o aumento recente das formas híbridas de organização, Williamson (1991) tentou incorporá-las ao seu modelo como casos especiais ao longo do espectro de mercados e hierarquias. Kogut (1988) argumenta que existem duas condições internas que caracterizam uma *joint-venture*: propriedade (e controle) conjunta e compromisso mútuo de recursos. Além disso, existem duas características situacionais mais adequadas para as *joint-ventures*: especificidade dos ativos e nível alto de incerteza em termos de especificação e monitoramento do desempenho. As *joint-ventures* proporcionam uma "posição de refém mútuo", em que se pode resolver a incerteza em relação a comportamentos oportunistas. Consistente com argumentos da ECT, Hennart (1988 p. 364) observa que as *joint-ventures* são "um dispositivo para contornar mercados ineficientes para insumos intermediários" porque a presença de ineficiências de mercados intermediários é uma condição necessária para o estabelecimento de *joint-ventures*.

Talvez em função da preocupação transacional adicional em operações internacionais, uma quantidade substancial de trabalho empírico recente, aplicando a ECT à gestão estratégica, concentra-se na entrada no mercado internacional ou envolve um contexto internacional [por exemplo, os estudos de Hennart & Park (1993, 1994) sobre entradas japonesas nos Estados Unidos e os estudos de Dyer (1996, 1997) comparando fabricantes de automóveis do Japão e dos Estados Unidos]. Junto à teoria da internalização, que também utiliza a lógica dos custos de transação e que foi desenvolvida de maneira independente por um grupo de pesquisadores de negócios internacionais (por exemplo, Buckley & Casson, 1981; Rugman, 1981), a utilização da ECT aumentou substancialmente nossa compreensão da escolha de modos internacionais de entrada ou de operações (por exemplo, Hill & Kim, 1988).

**Teoria da agência** A teoria da agência, conforme desenvolvida na literatura da economia financeira (por exemplo, Jensen & Meckling, 1976; Fama & Jensen, 1983), chamou a atenção de muitos pesquisadores de gestão estratégica levando a uma grande quantidade de estudos ao longo das duas últimas décadas. Principalmente de acordo com a literatura dos direitos de propriedade (por exemplo, Alchian & Demsetz, 1972) e da ECT, a teoria da agência argumenta que, em função da "separação entre propriedade e controle" em corporações modernas, há uma divergência de interesses entre acionistas (principais) e gestores (agentes). A teoria da agência pressupõe que os seres humanos são obrigatoriamente racionais, têm interesse próprio e são oportunistas (Eisenhardt, 1989a), e que, portanto, os gestores tentarão maximizar seus próprios interesses até mesmo em detrimento dos acionistas. De acordo com a teoria da agência, uma empresa é um nexo de contratos e, nessas condições, a unidade básica de análise na teoria da agência é o contrato. Aquela ajuda a oscilar o pêndulo de volta para o foco no nível da empresa porque ajuda a entrar na "caixa preta" para examinar causas e consequências de um conflito de agências entre acionistas e gestores e a eficácia de vários dispositivos de governança desenhados para abrandar o conflito. Portanto, a preocupação teórica da teoria da agência localiza-se mais em um nível de análise de empresa do que a ECT.

Pesquisadores de estratégia aplicaram a teoria da agência a vários assuntos substantivos, inclusive inovação, governança corporativa e diversificação. Os resultados são, em geral, consistentes com a previsão. Uma vez que os investimentos em capital humano específicos das empresas feitos pelos gestores não são diversificáveis, eles poderão ter o incentivo para buscar a diversificação da empresa, especialmente a diversificação não relacionada, para diversificar seu risco de emprego – desde que a lucratividade da empresa não sofra de maneira tão excessiva (por exemplo, Hoskisson & Turk, 1990). Uma vez que o tamanho da empresa e a remuneração dos executivos são altamente correlacionados (por exemplo, Tosi & Gomez-Meija, 1989), os gestores também têm um incentivo adicional para aumentar o tamanho da empresa por meio da diversificação para obter níveis mais altos de remuneração pessoal. A análise da pesquisa de diversificação feita por Hoskisson e Hitt (1990) propicia uma discussão detalhada sobre a relação entre teoria da agência e diversificação.

Mecanismos internos de governança, tais como a composição da diretoria (Baysinger & Hoskisson, 1989; Baysinger, Kosnik, & Turk, 1991; Hill & Snell, 1988; Zahra & Pearce, 1989), a estrutura de propriedade (Bethel & Liebeskind, 1993; Hill & Snell, 1988; Hoskisson & Turk, 1990; Kosnik, 1990) e a remuneração dos executivos (Gomez-Meija, 1994; Hoskisson, Hitt, Turk, & Tyler, 1989; Tosi & Gomez-Meija, 1989) podem ser utilizados para ajudar a alinhar os interesses entre acionistas e gestores. Dispositivos externos de governança, como o mercado do controle corporativo, tornam-se mais relevantes (ativos) quando dispositivos internos de governança não conseguem mitigar os custos da agência (Johnson, Hoskisson & Hitt, 1993; Walsh & Kosnik, 1993; Walsh & Seward, 1990). No entanto, não existe nenhum mecanismo perfeito de governança que elimine completamente os conflitos da agência. Acordos poderão influenciar o nível e o tipo de diversificação de uma empresa (Baysinger & Hoskisson, 1989). Além disso, os gestores conseguem conceber meios para reduzir a eficácia dos dispositivos de governança. Por exemplo, a adoção de emendas contra o controle, como pílulas de veneno (por exemplo, Mallette & Fowler, 1992; Sundaramurthy, 1996), poderão reduzir a ameaça do mercado em relação ao controle corporativo.

Os conflitos da agência também poderão afetar a inovação corporativa. Investimentos em P&D criam níveis maiores de risco para os gestores. Consequentemente, os gestores avessos ao risco relutam em se engajar em atividades inovadoras, o que, por sua vez, resulta na perda de competitividade e em desempenho inferior (Hoskisson, Hitt, & Hill, 1993). Baysinger e Hoskisson (1989) encontraram um relacionamento negativo entre a estratégia de diversificação e o investimento em P&D. Outro elemento para sustentar o argumento de que a inovação da empresa é afetada por um oportunismo gerencial, Kochhar e David (1996) descobriram que a propriedade institucional (como dispositivo de governança) está relacionada positivamente com a inovação da empresa. Portanto, os proprietários institucionais asseguram que os gestores fazem investimentos adequados em inovação para manter a competitividade da empresa.

Em vez de variáveis de estrutura setorial, como a concentração de mercado ou economias de escala que determinam comportamentos e o desempenho da empresa, conforme defendido pela pesquisa baseada em OI, os principais condutores da estratégia e do desempenho da empresa na economia organizacional são os motivos gerenciais (oportunismo) e as capacidades (racionalidade restrita), a assimetria de informações, a imposição de contratos, a avaliação do desempenho e o relacionamento da transação entre duas partes (empresas na ECT, e o principal e o agente na teoria da agência). Assim, as principais preocupações da pesquisa de gestão estratégica baseada na economia organizacional são muito diferentes daquelas baseadas na economia de OI. Gradualmente, a pesquisa de estratégia estava voltando à direção de examinar como os mecanismos e os atributos internos das empresas influenciam a estratégia e o desempenho da empresa.

## Metodologias intermediárias

A microeconomia tem sido impulsionada por uma preocupação com o refinamento da sua lógica interna e ficou cada vez mais voltada para a matemática. Apesar de a gestão estratégica ter se esforçado para obter padrões científicos rigorosos, seu domínio de estudo precisa ser relevante para operações de negócios de verdade. Nesse sentido, os pesquisadores de gestão estratégica durante o período foram atraídos para a economia organizacional porque ela se concentrava em detalhes institucionais e na ação humana (gerencial), ao contrário de painéis matemáticos (Rumelt et al., 1994). A escolha é exemplificada pela adoção da teoria da agência positivista por pesquisadores de gestão estratégica (Jensen & Meckling, 1976), em vez da teoria mais matemática e normativa do agente-principal.

Entretanto, uma pesquisa baseada na ECT ou na teoria da agência encontra o problema de não observáveis (Godfrey & Hill, 1995), que impõe desafios significativos para a pesquisa empírica. Conforme Godfrey e Hill (1995) argumentam, algumas das variáveis mais importantes na economia organizacional, como o oportunismo e o grau de interesses divergentes, obviamente apresentam incapacidade de observação de medida. Ao analisar a literatura sobre o relacionamento entre os motivos da agência e a diversificação, Hoskisson e Hitt (1990) também observam que a pesquisa na área tem sido limitada porque (1) os gestores dificilmente admitem que os motivos da agência estejam presentes na tomada de decisões e (2) indicadores inequívocos dos efeitos de mecanismos de governança sobre os comportamentos da empresa são difíceis de isolar. Consequentemente, os pesquisadores precisam contar com "uma teoria mais especulativa e com pesquisa indireta sobre o mecanismo de estrutura da governança", como estrutura de propriedade e remuneração dos executivos (Hoskisson & Hitt, 1990). Esses problemas metodológicos representam desafios significativos a pesquisadores de gestão estratégica e também criam controvérsia entre pesquisadores que se baseiam em pressupostos diferentes sobre a natureza dos motivos humanos (um exemplo excelente é o debate sobre ECT entre Ghoshal & Moran, 1996, Williamson, 1996, e Moran & Ghoshal, 1996).

Houve um aumento da adoção de métodos de pesquisa sofisticados durante o período. Por exemplo, a aplicação da modelagem da equação estrutural em estudos de gestão estratégica tornou-se cada vez mais comum, conforme exemplificado em trabalhos de Hoskisson, Johnson e Moesel (1994) e Hitt, Hoskisson, Johnson e Moesel (1996). A disponibilidade cada vez maior de grandes bancos de dados, assim como o esforço dos pesquisadores para coletar dados de outras fontes de arquivo e de levantamentos em larga escala, contribuíram para o nível cada vez maior de sofisticação metodológica utilizada na pesquisa de gestão estratégica.

Embora a teoria dos custos de transação e a teoria da agência tenham contribuído substancialmente para nossa compreensão da gestão estratégica, ainda faltavam algumas peças no quebra-cabeça. Algumas pessoas argumentaram que havia características idiossincráticas de empresas que contribuíam para sua vantagem competitiva (Barney, 1991; Wernerfelt,

1984). Por exemplo, algumas empresas gerenciam os custos de transação de maneira mais eficaz, enquanto outras são capazes de reagir às ações dos concorrentes de maneira mais eficaz, e assim por diante. A heterogeneidade entre empresas do mesmo setor (ou grupo estratégico), consequentemente, é importante. A principal diferenciação de empresas está nos seus recursos, tanto tangíveis quanto intangíveis. A importância dos recursos, no entanto, não era um conceito novo. Conforme Penrose (1959) argumentava, as empresas eram coleções de recursos produtivos e a heterogeneidade de recursos proporcionam às empresas suas características singulares. Portanto, o campo estava completando seu ciclo, de volta às suas raízes com um foco renovado nos recursos idiossincráticos das empresas. De maneira importante, o foco renovado em recursos foi combinado com trabalhos acadêmicos integrando as características ambientais (economia de OI) e recursos específicos da empresa para examinar e compreender a gestão estratégica (ou seja, Dess, Gupta, Hennart, & Hill, 1995). A integração dessas visões é exemplificada no modelo de evolução organizacional baseado em ação de Grimm e Smith (1997). A seguir, examinamos a ênfase renovada em recursos idiossincráticos da empresa.

## 1.4 DE VOLTA AO PONTO DE PARTIDA: A VISÃO BASEADA EM RECURSOS – VBR

Recentemente, a popularidade da visão baseada em recursos da empresa novamente redirecionou nosso foco para dentro da caixa preta da empresa (ver Figura 1). A importância da VBR foi reconhecida quando "A Resource--based View of the Firm", de Birger Wernerfelt (1984), foi selecionado como o melhor artigo de 1994 publicado no *Strategic Management Journal*. A VBR surgiu como sendo "uma importante e nova conceitualização no campo de gestão estratégica" e "um dos mais importantes redirecionamentos do conteúdo de pesquisa em estratégia nesta década" (Zajac, 1995, p. 169). Teoricamente, a premissa central da VBR aborda a questão fundamental sobre o motivo pelo qual as empresas são diferentes e como elas alcançam e sustentam a vantagem competitiva. As subcorrentes de pesquisa também se concentram em tipos específicos de recursos dentro de uma empresa, como liderança estratégica e conhecimento tácito. Metodologicamente, a VBR também ajudou o campo a introduzir de volta os métodos indutivos, baseados em casos concentrados numa única empresa ou em poucas para a pesquisa para complementar os métodos dedutivos, com grandes amostras. Nesta seção, identificamos como o pêndulo oscila de volta ao ponto de partida.

## Teorias atuais

**Visão baseada em recursos da empresa**   A visão da empresa baseada em recursos não é nova. Seus indícios podem ser encontrados nos primeiros trabalhos sobre gestão. O relacionamento entre as competências especiais de uma empresa (colocando seus recursos em funcionamento) e seu desempenho foram incorporados em alguns tratados clássicos sobre gestão. Por exemplo, a ideia de Selznick (1957) da "competência distintiva" de uma organização está diretamente relacionada com a VBR. Além disso, a noção de Chandler (1962) de que "a estrutura segue a estratégia", assim como a proposta de Erew (1971) de uma "avaliação interna de pontos fortes e fracos, levaram à identificação de competências distintivas". Adicionalmente, a definição de Ansoff (1965) de sinergia como "gerada internamente por uma combinação de capacidades ou competências", está relacionada com a VBR.

No entanto, a ideia fundadora de perceber a empresa como um conjunto de recursos foi apresentada pela primeira vez em 1959 por Penrose em sua teoria do crescimento da empresa. Penrose via a empresa como uma coleção de recursos produtivos. "Uma empresa é mais do que uma unidade administrativa. Ela também é uma coleção de recursos produtivos cuja alienação entre diferentes usos ao longo do tempo é determinada por decisão administrativa" (1959, p. 24). E ela definiu os recursos como "as coisas físicas que uma empresa compra, aluga ou produz para seu uso próprio e as pessoas contratadas de acordo com termos que as tornam efetivamente parte da empresa" (1959, p. 67). Penrose argumentou que é a heterogeneidade, e não a homogeneidade dos serviços produtivos disponíveis ou potencialmente disponíveis, que dá a cada empresa sua característica singular. A noção de que as empresas obtêm uma característica singular em virtude dos seus recursos heterogêneos é a base da VBR. Penrose também associou a interação entre recursos materiais e humanos com o desempenho da empresa. Essa ligação é uma questão saliente na gestão estratégica.

Desde o começo da década de 1980, os pesquisadores desenvolvem e definem conceitos baseados em recursos. Eles tentam relacionar como os recursos podem originar a vantagem competitiva da empresa. Wernerfelt (1984) sugeriu que avaliar as empresas em termos de recursos pode levar a percepções que diferem da perspectiva tradicional. Os recursos de uma empresa são definidos como ativos tangíveis e intangíveis ligados de maneira semipermanente a ela. Em uma analogia com barreiras à entrada, Wernerfelt examinou o relacionamento entre recursos e lucratividade em termos de barreiras de posição de recursos, propondo que uma vantagem do primeiro jogador seja um recurso atraente que deve produzir altos lucros em mercados em que o recurso em questão seja dominante. Ademais, em uma analogia com a matriz crescimento-participação, uma matriz recurso-produto foi utilizada como forma de examinar o equilíbrio entre a exploração de recursos existentes e o desenvolvimento de novos recursos. Ainda que o artigo de Wernerfelt (1984) fosse relativamente abstrato, ele iniciou uma nova base a partir da qual os pesquisadores posteriores desenvolveram (Wernerfelt, 1995).

Ampliando o trabalho de Wernerfelt (1984), os pesquisadores tentaram explicar de maneira mais específica como as diferenças nos recursos das empresas faziam elas terem um desempenho superior. Com base no pressuposto da heterogeneidade dos recursos, Rumelt (1984) explicou que as empresas podem começar como homogêneas, mas que com "mecanismos isolantes", elas se tornam diferenciadas de tal maneira que seus recursos não podem ser imitados perfeitamente. Barney (1986a) sugeriu que fatores de recursos diferem na sua "negociabilidade", na qual um fator negociável é um que possa ser especificamente identificado e seu valor monetário possa ser determinado por meio de "mercado de fator estratégico". Dierickx e Cool (1989) sugeriram que os recursos podem ser diferenciados como fluxos ou como estoques de ativos. Eles explicaram a sustentabilidade do lucro econômico em termos de recursos com capacidade de substituição estratégica limitada por ativos equivalentes e deseconomias de compressão de tempo para empresas tentando imitar os recursos de outra.

Outro grupo de pesquisadores se concentrou no exame de recursos específicos que deram origem a vantagens competitivas sustentáveis. Os recursos que eles examinaram incluíam: atraso de reação (Lippman & Rumelt, 1982), rotinas (Nelson & Winter, 1982), competências distintivas com base funcional (Hitt & Irele, 1985, 1986; Hitt, Irele, & Palia, 1982; Hitt, Irele, & Stadter, 1982; Snow & Hrebiniak, 1980), combinação singular de experiência de negócios (Huff, 1982; Prahalad & Bettis, 1986; Spender, 1989), cultura organizacional (Barney, 1986b; Fiol, 1991), ativos invisíveis que por sua própria natureza são difíceis de imitar (Itami, 1987), aprendizagem organizacional (Teece, Pisano, & Shuen, 1997), empreendedorismo (Nelson, 1991; Rumelt, 1987) e recursos humanos (Amit & Schoemaker, 1993), entre outros.

Em 1991, Barney apresentou um modelo mais concreto e abrangente para identificar as características necessárias de recursos da empresa para gerar vantagens competitivas sustentáveis (Barney, 1991). Quatro critérios foram propostos para avaliar as implicações econômicas dos recursos: valor, raridade, impossibilidade de imitação e possibilidade de substituição. O critério valor refere-se ao entendimento de até que ponto a combinação de recursos da empresa se encaixa com o ambiente externo de tal forma que ela seja capaz de explorar oportunidades e/ou neutralizar ameaças no ambiente competitivo. O critério raridade refere-se à escassez (real ou percebida) dos recursos nos mercados. A impossibilidade de imitação trata da continuação de mercados de fatores imperfeitos por meio da assimetria de informações de tal forma que os recursos não possam ser obtidos ou recriados por outras empresas sem uma desvantagem de custo. Finalmente, o modelo também leva em consideração se as organizações são substituíveis por concorrentes.

Uma das críticas do modelo de Barney é que ele não contabiliza os recursos como conjuntos, mas os trata como fatores singularmente distintos (Black & Boal, 1994). Para remediar isso, alguns pesquisadores propuseram que os recursos sejam tratados a partir de redes de fatores que apresentem inter-relacionamentos específicos (Black & Boal, 1994; Grant, 1991) e que ocorra um exame dos inter-relacionamentos dinâmicos existente entre esses recursos. Robins (1992) argumentou que os relacionamentos específicos da empresa geram quase-renda porque o valor dos fatores negociáveis é comercializado. Amit e Schoemaker (1993) expandiram o modelo ao incluir as subdimensões de uma ligação externa se sobrepondo com fatores do setor estratégico e complementaridade interna. A raridade foi expandida de tal forma a incluir escassez e baixa liquidez. A impossibilidade de imitação foi dividida em impossibilidade de imitação e possibilidade limitada de substituição. A configuração da organização foi especificada como adequação e durabilidade.

Recentemente, a pesquisa sobre VBR tornou-se ainda mais especializada. Em primeiro lugar, os rigores na aquisição de recursos podem ser diferentes dos rigores na sua dispersão (Montgomery, 1995), e alguns recursos podem ter um valor negativo ao criarem rigores-chave (Leonard-Barton, 1992). Em segundo lugar, desenvolveu-se uma controvérsia em relação ao potencial da VBR para ser uma teoria da empresa. Conner (1991) comparou a VBR a cinco abordagens fundamentais utilizadas na economia de organização industrial: modelo de concorrência perfeita, OI do tipo Bain, as Escolas de economia de Schumpeter e Chicago e a economia dos custos de transação. Mahoney e Peian (1992) sugeriram o caráter distintivo da VBR em comparação com os paradigmas da economia organizacional, incluindo a economia evolucionária, a economia dos custos de transação, a teoria dos direitos de propriedade e a teoria positiva da agência. Tanto Conner quanto Mahoney ou Peian concluíram que a VBR pode formar o núcleo de um paradigma unificador para a pesquisa de gestão estratégica. A VBR fornece um modelo para aumentar o diálogo entre acadêmicos de disciplinas diferentes dentro da conversação de gestão estratégica. Isso é demonstrado por Oliver (1997), que tentou ampliar o limite da visão da empresa baseada em recursos incorporando a perspectiva institucional para explicar a variação no desempenho da empresa. Finalmente, subcorrentes estão surgindo a partir da VBR, como a liderança estratégica e a visão da empresa baseada no conhecimento, conforme elaborada abaixo.

**Liderança estratégica e teoria da decisão estratégica** Um recurso potencialmente singular são os líderes estratégicos de uma empresa. Como tal, a liderança estratégica desenvolveu-se para uma corrente significativa de pesquisa de gestão estratégica (Finkelstein & Hambrick, 1996). A pesquisa de liderança estratégica se concentra em indivíduos (CEOs ou gestores gerais de divisões), grupos (equipes dos principais gestores) ou outros órgãos de governança (diretoria).

Estudar o papel dos principais executivos tem sido um assunto histórico de interesse na literatura sobre gestão. Fayol (1949) propôs que as principais ações gerenciais fossem o planejamento, a organização, a coordenação, o comando e o controle. Barnard (1938) e Selznick (1957) sugeriram que o trabalho dos principais gestores é estabelecer e transmitir "significado organizacional" e manter a integridade institucional. No seu livro *The Nature of Managerial Work*, Henry Mintzberg (1973) classificou dez papeis gerenciais em três categorias: interpessoal, informativa e decisória. A descrição geral do trabalho gerencial feita por Mintzberg foi confirmada em estudos posteriores (Kotter, 1982; Tsui, 1984). Conforme proposto por March e Simon (1958), os principais gestores são incorporados em uma situação de ambiguidade, complexidade e muitas vezes eles experimentam uma sobrecarga de informações. Nessas circunstâncias, a estrutura pessoal de referência, de experiências, de educação, de histórico funcional e de outros atributos pessoas do tomador de decisões têm efeitos significativos sobre suas decisões e ações. Portanto, a multiplicidade dos papéis dos principais gestores, assim como sua "racionalidade restrita", serviram como base para uma pesquisa sobre os efeitos dos líderes estratégicos na forma e no destino das suas respectivas organizações.

A obra de Kotter (1982) *The General Managers* ajudou a promover uma corrente formal de pesquisa de liderança estratégica. Kotter postulou que as diferenças no comportamento dos gestores podem ser rastreáveis para diferenças nas suas características pessoais e de formação. Pouco tempo depois, Hambrick e Mason (1984) apresentaram um modelo teórico mais formal baseado na perspectiva do escalão superior, propondo que os executivos sênior façam escolhas estratégicas de acordo com suas percepções e seus valores. Eles argumentaram que uma organização torna-se "um reflexo dos seus principais gestores".

Seguindo Hambrick e Mason, uma grande quantidade de estudos acadêmicos e aplicados sobre os principais gestores e suas organizações foi realizada. A evidência empírica dos efeitos de líderes estratégicos sobre resultados organizacionais é grande.

Descobriu-se que o desempenho organizacional estava associado com: o registro do desempenho dos executivos no passado (Pfeffer & Davis-Blake, 1986; Smith, Carson, & Alexeer, 1984), o tamanho da equipe dos principais gestores, a composição e a estabilidade (Haleblian & Finkelstein,

1993; Murray, 1989; Smith et al., 1994). Além dos efeitos diretos de líderes estratégicos sobre o desempenho da organização, também se descobriu que as características dos principais gestores estavam relacionadas com as estratégias e estruturas da empresa (Helmich & Brown, 1972; Miller & Droge, 1986). Esses efeitos indiretos implicavam que o relacionamento entre líderes estratégicos e o desempenho da organização pode depender de alguns fatores de contingência.

Hambrick e Finkelstein (1987) esboçaram o conceito de "discreção gerencial", que se refere à latitude de ação e é uma função "(1) de até que ponto o ambiente permite variedade e mudança, (2) de até que ponto a organização é receptiva a uma variedade de possíveis ações e dá poderes ao principal executivo para formular e executar essas ações e (3) de até que ponto o principal executivo pessoalmente é capaz de prever ou de criar procedimentos múltiplos" (p. 379). Foram feitas tentativas empíricas para identificar setores muito e pouco discretos (Finkelstein & Hambrick, 1990; Haleblian & Finkelstein, 1993; Hambrick & Abrahamson, 1995). Acredita-se que a discreção gerencial, que relaciona as características individuais de líderes estratégicos com fatores organizacionais e ambientais, seja uma área produtiva para a pesquisa de liderança estratégica no futuro (Finkelstein & Hambrick, 1996).

Um dos principais catalisadores para a pesquisa sobre discreção gerencial foi o trabalho de John Child (1972) sobre escolha estratégica. Na verdade, Child argumentou que os gestores tinham a liberdade para fazer escolhas estratégicas e que os resultados das empresas não eram tão ditados pelas condições ambientais externas. Isso gerou debates de determinismo ambiental *versus* escolha estratégica (Hitt & Tyler, 1991; Hrebiniak & Joyce, 1985). A pesquisa serviu como catalisador para trabalhar no encaixe entre o ambiente e a estratégia da empresa (Miller & Friesen, 1984). Ela também promoveu uma perspectiva mais comportamental ou cognitiva da tomada de decisões estratégica. Essa perspectiva é exemplificada na obra escrita por Huff e outros sobre o mapeamento cognitivo (Barr, Stimpert, & Huff, 1992; Huff, 1990; Markoczy & Goldberg, 1995) e na obra escrita por Hitt e colegas utilizando a captura de política (Hitt, Dacin, Tyler, & Park, 1997; Hitt & Tyler, 1991). A velocidade da tomada de decisões estratégicas foi abordada por Eisenhardt (1989b).

**Visão Baseada no Conhecimento – VBC** A VBC é uma extensão da VBR ao conceitualizar as empresas como entidades heterogêneas produtoras de conhecimento. O ato de ver uma empresa a partir de uma perspectiva baseada no conhecimento foi desencadeado pela afirmação de Polanyi (1966, p.4), "podemos saber mais do que podemos dizer". Polanyi (1966) classificou o conhecimento em duas categorias: o conhecimento explícito ou codificado, que se refere ao conhecimento que pode ser transmitido em uma linguagem formal e sistemática, e o conhecimento que tem uma qualidade pessoal e, portanto, é difícil de formalizar e comunicar. Depois, Zeer e Kogut (1995) operacionalizaram o conceito de conhecimento em cinco dimensões: possibilidade de codificar, possibilidade de ensinar, complexidade, dependência do sistema e observabilidade do produto.

Desenvolvendo a ideia de Polanyi, Kogut e Zeer (1992) apresentaram um contraste entre a perspectiva baseada no conhecimento e a perspectiva de terceirização. Eles argumentaram que os pressupostos de heroísmo não são uma premissa necessária para corpo mole ou desonestidade. Em vez disso, eles consideram as empresas um depósito de capacidades em que a especialização individual e social é transformada em produtos economicamente valiosos. Eles argumentam que "empresas existem porque elas proporcionam uma comunidade social de ação voluntarista estruturada por princípios de organização que não podem ser reduzidos aos indivíduos" (p. 384). Isso significa que devido ao seu caráter tácito e à sua complexidade social, o estoque de conhecimento de uma empresa é um determinante importante na sua vantagem competitiva. Essa conceituação de empresas como portadoras de conhecimento organizacional tácito, social e dependente de um caminho criou um novo paradigma em relação à conceitualização das abordagens contratuais (Foss, 1996).

A noção de que "empresas têm um desempenho melhor do que o mercado" (Kogut & Zeer, 1992) é sustentada por Nonaka (1994), que argumentou que "a teoria de conhecimento organizacional é uma teoria básica para a construção de uma sociedade de conhecimento verdadeiramente "humanista" além da limitação da simples racionalidade econômica" (p. 24). Conner e Prahalad (1996) compararam as previsões de modos organizacionais baseadas no conhecimento com as baseadas no oportunismo. Eles argumentaram que quando o potencial oportunista for pequeno demais para justificar uma empresa, então se seleciona um modo diferente de organização de acordo com a perspectiva baseada no conhecimento. Enquanto a abordagem baseada no oportunismo antecipa uma empresa, a VBC sugere se uma empresa, uma *joint-venture*, ou uma terceirização do mercado será ideal. Kogut e Zeer (1996) elaboraram que a VBC tem um valor econômico sobre transações de mercado quando a identidade origina conhecimento social que sustenta coordenação e comunicação. Isso sugere que a KBV é uma abordagem comportamental que prevê a superioridade de empresas sobre mercados.

A pesquisa sobre a VBC costuma ser voltada para o processo. Por exemplo, Cohen e Levinthal (1990) propuseram uma nova perspectiva sobre aprendizagem e inovação. Eles apresentaram um termo "capacidade de absorção" que se refere à capacidade de uma empresa de reconhecer o valor de informações novas e externas, assimilá-las e aplicá-las para fins comerciais. A capacidade de absorção depende do nível de conhecimento prévio relacionado de uma empresa. Como tal, a facilidade de aprendizagem é afetada por até que ponto uma inovação está relacionada com este conhecimento pré-existente. Pisano (1994) também sugeriu que não existe uma única forma melhor de aprender, mas abordagens diferentes poderão ser exigidas em ambientes de conhecimento diferentes. Nonaka (1994) se concentrou no processo de criação do conhecimento. Ele explicou que a amplificação interativa de conhecimento tácito e explícito a partir da socialização, combinação, externalização e internalização (do conhecimento dos indivíduos, de organizações e de sociedades) pode ser aumentada e enriquecida simultaneamente. Como tal, as empresas têm capacidades, se utilizadas para criar conhecimento, que levam ao valor comercial. Essas capacidades de conhecimento são difíceis de imitar. Finalmente, Lei, Hitt e Bettis (1996) integram a VBR e a VBC argumentando que competências centrais só mantêm o valor por meio do desenvolvimento contínuo. Eles sugerem que as qualidades *dinâmicas* das competências são desenvolvidas a partir da meta-aprendizagem, ou seja, da capacidade de aprender continuamente.

## Metodologias atuais

Como a VBR enfatiza a natureza idiossincrática dos recursos e capacidades de uma empresa, o teste empírico da teoria baseada em recursos enfrenta grandes desafios. Entretanto, a pesquisa empírica sobre o assunto está começando a se desenvolver.

Como os recursos valiosos, raros e impossíveis de imitar costumam ter natureza intangível, e como recursos intangíveis são mais difíceis de medir (Godfrey & Hill, 1995), os pesquisadores da VBR utilizaram substitutos como medidas de conceitos intangíveis. Por exemplo, Kochhar, Hitt e Bierman (1996) utilizaram a alavancagem de capital humano como substituta para habilidades e capacidades dos empregados e para a quantidade de grandes empresas entre as 250 maiores que serviram como clientes dos escritórios de advocacia para substitutos para a reputação da empresa. A medida foi validada por um levantamento que avaliou a reputação dos 100 principais escritórios de advocacia. No estudo sobre os estúdios de cinema, Miller e Shamsie (1996) utilizaram investimentos anteriores em projetos de filmes complexos e grandes como substitutos para o complexo conjunto de recursos de equipe, coordenativos e integrativos, baseados em conhecimento. No entanto, conforme Godfrey e Hill (1995) argumentaram, por construção é impossível avaliar o grau de falta de observação de algo que não se pode observar – por definição, os recursos que não podem ser imitados não podem ser observados. Portanto, a impossibilidade de observação representa um desafio substancial de medida aos pesquisadores da VBR. Os substitutos podem não ser medidas válidas para os conceitos inerentes.

Para complementar os substitutos de conceitos baseados em recursos, Henderson e Cockburn (1994) utilizaram tanto questionários quantitativos quanto entrevistas qualitativas, além de múltiplos informantes, para aumentar a validade e a confiabilidade das medidas de competência organizacional. No estudo que fizeram sobre a evolução de capacidades tecnológicas, Stuart e Podolyny (1996) desenvolveram uma abordagem de análise de rede para quantificar a evolução das posições tecnológicas de empresas. Esse tipo de abordagem permite uma avaliação gráfica e quantitativa do comportamento de busca das empresas e permite que elas sejam posicionadas e agrupadas de acordo com as semelhanças nas suas capacidades inovadoras.

Tanto os estudos multissetoriais (Markides & Williamson, 1994; Robins & Wiersema, 1995) quanto os estudos de um único setor (Almeida, 1996; Kochhar et al., 1996; Miller & Shamsie, 1996) da visão baseada em recursos foram realizados. Os setores únicos fornecem um contexto especialmente importante para examinar recursos essenciais para os setores e os mercados em questão. No entanto, o que os estudos de setores únicos ganham em troca é a possibilidade de generalização das descobertas empíricas (Dess, Irele, & Hitt, 1990).

Estudos de eventos da área das finanças foram utilizados para examinar os efeitos das decisões estratégicas tomadas pelos executivos em uma grande variedade de assuntos. No entanto, McWilliams e Siegel (1997) argumentaram que essa metodologia precisa ser aplicada de maneira adequada com uma teoria que mostre claramente uma ligação com a avaliação do mercado de ações.

Em vez de adotar o método recebido de abordagens de coleta de dados em larga escala, a metodologia do estudo de caso pode ser adequada para a pesquisa da VBR porque pode fornecer informações muito mais ricas sobre as idiossincrasias das empresas. Collis (1991), Doz (1996), Hitt, Harrison, Irele e Best (1998) e Kotha (1995) adotaram metodologias mais sofisticadas de casos, inclusive estudos de casos detalhados com base no campo, coleta tanto de dados de arquivo quanto de entrevistas e estudos de casos profundos, respectivamente.

Em resumo, a visão da empresa baseada em recursos forneceu novas percepções importantes no que diz respeito à estratégia corporativa (Barney, 1991; Peteraf, 1993). Entretanto, a pesquisa empírica para testar a teoria tem sido limitada (Farjoun, 1994). A pesquisa empírica sobre a estratégia corporativa baseada em recursos tem sido especialmente difícil porque conceitos fundamentais, como conhecimento tácito ou capacidades, resistem a uma medida direta (Robins & Wiersema, 1995). Contudo, os pesquisadores já fizeram grandes progressos para superarem tais problemas empíricos. Tentativas de quantificar empiricamente a natureza e os efeitos de conceitos baseados em recursos oferecem uma avenida produtiva para pesquisa futura.

## 1.5 DIREÇÕES FUTURAS

O maior desafio e ao mesmo tempo o aspecto mais interessante da gestão estratégica como disciplina acadêmica é a natureza da sua pesquisa, que está sempre evoluindo. A fluidez de muitas questões estratégicas exige que os pesquisadores de estratégia continuem a desenvolver o corpo de conhecimento existente. À medida que nos aproximamos do novo milênio, o novo cenário competitivo, constituído por mudanças tecnológicas rápidas e globalização cada vez maior, continuará a suscitar diferentes perguntas de pesquisa para os pesquisadores de gestão estratégica (Bettis & Hitt, 1995). Os pesquisadores estratégicos serão cada vez mais desafiados a reagir a mudanças frequentes e interrompidas e a fornecer respostas a novos problemas. De fato, os resultados da pesquisa de gestão estratégica passarão a ser cada vez mais importantes para os executivos atuais e para a educação dos futuros executivos (por exemplo, programas de MBA). Dessa forma, a qualidade desta pesquisa e a sua capacidade de fornecer respostas a perguntas críticas de estratégia passam a ter uma nova urgência com o cenário competitivo muito dinâmico (Hitt et al., 1998).

Uma vez que a natureza de problemas estratégicos não possa se encaixar facilmente dentro de um paradigma fixo, a gestão estratégica é necessariamente uma disciplina multi-paradigmática, exigindo perspectivas e metodologias teóricas variadas. Além disso, conforme argumentaram Rumelt et al., "a gestão estratégica como campo de pesquisa se baseia firmemente na prática e existe por causa da importância do seu assunto" (1994:9). Como resultado, devido à natureza prática do campo, a gestão estratégica provavelmente continuará a se desenvolver utilizando uma grande variedade de perspectivas teóricas e metodologias para ajudar a explicar o desempenho da empresa.

### Teorias

De uma perspectiva da economia de OI, as barreiras à mobilidade ou posições de mercado são as fontes críticas de vantagens competitivas que levam a um desempenho superior. A economia organizacional está mais preocupada em desenvolver mecanismos adequados de governança ou contratos para ajudar a reduzir os custos de transação ou de agência. No entanto, o avanço da VBR refocou o campo de gestão estratégica nas características internas da empresa e percebe seus recursos internos como a fonte de vantagem competitiva. Apesar de todas as três perspectivas teóricas terem desenvolvido significativamente nossa compreensão das fontes de vantagens competitivas e, portanto, do desempenho das empresas, a sustentabilidade das vantagens competitivas das empresas tem se tornado uma questão cada vez mais importante, visto que o novo cenário competitivo obriga as empresas a continuar a avaliar a sustentabilidade das suas posições (Bettis & Hitt, 1995; Hitt, 1998; Porter, 1996). Consequentemente, alguns pesquisadores de gestão estratégica estão defendendo a importância de competências centrais dinâmicas (Lei et al., 1996) ou a compreensão das posições de mercado das empresas a partir de uma perspectiva teórica dinâmica (Porter, 1991). A natureza dinâmica dos recursos das empresas ou, de maneira mais geral, sua flexibilidade estratégica, (Hitt, 1998; Hitt, Keats, & DeMarie, 1998; Sanchez, 1995), torna o estudo das fontes e da sustentabilidade de vantagens competitivas um importante objetivo da pesquisa. À medida que conhecimentos e recursos valiosos tornam-se provisórios, a aprendizagem organizacional (Nonaka, 1991; Nonaka & Takeuchi, 1995), por definição um processo dinâmico, tenderá a ser incorporada a vários modelos teóricos para o estudo da estratégia.

A mudança rápida da tecnologia e o surgimento da era das informações significa que a natureza e o ritmo da concorrência da empresa tendem a ser diferentes (Brown & Eisenhardt, 1995; Hitt, Keats, & DeMarie, 1998; Stimpert & Duhaime, 1997). Muitas vezes, os concorrentes se esforçam para superar as capacidades tecnológicas dos outros, tornando o padrão tecnológico atual obsoleto. As empresas têm uma tendência menor a tentar superar as barreiras à mobilidade do concorrente. Em vez disso, uma quantidade cada vez maior de empresas tenta desenvolver um novo jogo. Interrupções tecnológicas (Tushman & Eersen, 1986) e hiperconcorrência (D'Aveni, 1994) se torna a regra no novo cenário competitivo.

Paralelamente à rápida mudança tecnológica está o aumento do nível de globalização. Enquanto as empresas concorrem no mercado mundial, os recursos competitivos e as posições de empresas tornam-se mais complexos. Portanto, é mais difícil para os pesquisadores de gestão estratégica examinar perguntas de pesquisa utilizando um único modelo teórico. Cada vez mais, os pesquisadores integram múltiplos modelos teóricos para explicar questões estratégicas internacionais complexas (Hitt, Hoskisson, & Kim, 1997). A sustentabilidade de recursos competitivos obtidos a partir do mercado global pode representar uma dimensão diferente para a concorrência entre empresas. Tais recursos podem ser obtidos a partir da aprendizagem no nível global por meio de subsidiárias estrangeiras ou através de alianças estratégicas. Estratégias cooperativas (Osborn & Hagedoorn, 1997), especialmente a estratégia de rede (Gomes-Casseres, 1996) em uma escala internacional, continuam a moldar a trajetória, a natureza e o padrão da concorrência empresarial. Questões desafiadoras como a seleção de um parceiro para uma aliança internacional (Dacin, Hitt, & Levitas, 1997) e a aquisição de um novo conhecimento ou de uma nova tecnologia (Hitt, Irele, & Hoskisson, 1997; Singh, 1995) tenderão a chamar a atenção de muitos pesquisadores de gestão estratégica em um futuro breve.

Relacionada à questão da globalização está a importância do contexto institucional da pesquisa internacional. Não existe nenhum trabalho teórico ou descoberta empírica que sugira que o corpo de conhecimento existente, obtido em grande parte no contexto dos Estados Unidos, seja igualmente aplicável em outros paises. Boyacigiller e Adler (1991) expressaram preocupações semelhantes sobre a aplicabilidade de teorias e pesquisa da ciência da organização em um contexto global. De maneira semelhante, estratégias de empresas, estruturas organizacionais e mecanismos de governança seguidos e implementados com sucesso em um contexto institucional específico poderão não alcançar os mesmos resultados em outro contexto institucional. A universalidade de vantagens competitivas específicas será cada vez mais questionada. Tais questões são exploradas no Fórum de Pesquisa Especial sobre Estratégias em Economias Emergentes do *Academy of Management Journal* (Hoskisson, Eden, Lau, & Wright, no prelo). Certamente, é necessário haver mais pesquisa que contabilize as diferenças institucionais entre ambientes geográficos ou culturais. Por exemplo, Porter (1998b) sugeriu recentemente que agrupamentos geográficos de empresas inter-relacionadas (Silicon Valley; Pouder & St. John, 1996) são ímãs para o investimento estrangeiro.

Contrariamente à teoria da agência, uma nova abordagem para compreender a principal motivação e as principais ações da gestão é a teoria do gerenciamento (Davis, Schoorman, & Donaldson, 1997). A teoria do gerenciamento sugere que os gestores são "comissários" dos ativos de uma empresa e não são motivados por metas individuais. O gestor como comissário acredita que existe maior utilidade no comportamento coletivo (organizacional) e, portanto, busca alcançar as metas da organização. De acordo com Davis et al. (1997), a teoria do gerenciamento não está justaposta à teoria da agência. Ao contrário, ela ajuda a explicar algum comportamento gerencial além da teoria da agência. Portanto, ajuda a fornecer uma compreensão mais completa do comportamento gerencial ao fazer um acréscimo ao nosso conhecimento. No entanto, "como a teoria do gerenciamento é relativamente nova, sua contribuição teórica não foi estabelecida adequadamente" (Davis et al., 1997, p. 21). Portanto, é necessária mais pesquisa teórica e, sobretudo, mais pesquisa empírica para se compreender a contribuição teórica especifica da teoria do gerenciamento para a gestão estratégica e testar suas proposições teóricas através da pesquisa empírica.

Finalmente, Dess et al. (1995) recomendaram mais pesquisa integradora ao longo de dois ou mais níveis de estratégia. Especificamente, eles argumentaram que a maior parte da pesquisa estratégica se concentra em um único nível de estratégia – ou seja, a estratégia internacional, no nível corporativo ou empresarial. No entanto, a maioria das grandes organizações com múltiplos negócios formula e implementa estratégias em todos os três níveis. Nós entendemos pouco sobre a interação de estratégias diferentes em níveis diferentes. Certamente, elas estão ligadas a conjuntos de recursos e podem estar muito inter-relacionadas. Por exemplo, uma empresa que esteja mudando para novos mercados internacionais poderá ter que implementar uma estratégia empresarial integrada de diferenciação de baixo custo para ser competitiva em mercados globais (Hitt, Irele, & Hoskisson, 1997). Dess et al. (1995) sugerem que em pouco tempo essa pesquisa integradora poderá não representar uma escolha, mas ser exigida de estudiosos de gestão estratégica. Tal integração exigirá a análise de múltiplas perspectivas teóricas, junto com o foco em múltiplos níveis. A isso se pode acrescentar a necessidade de examinar os efeitos diferenciais do ambiente em empresas grandes e pequenas, e a variância em ações e respostas competitivas (estratégias empregadas) por tamanho da empresa (Dean et al., 1998). Assim, a pesquisa futura dessa natureza será muito complexa, mas também valiosa.

Portanto, a área de gestão estratégica provavelmente passará por uma integração cada vez maior de múltiplos paradigmas teóricos. Explicações das tendências futuras também sugerem um equilíbrio entre explicações internas e externas dos relacionamentos complexos no novo cenário competitivo. Para atender a esse desafio, os pesquisadores de gestão estratégica deverão continuar a desenvolver as teorias existentes, independentemente da sua complexidade. A produtividade da disciplina depende em grande parte do sucesso em atender esse desafio.

## Metodologias

Diante da complexidade e da variedade futuras das questões que os pesquisadores de gestão estratégica terão que enfrentar, as metodologias utilizadas também refletirão um nível de complexidade semelhante. Dependendo das perguntas da pesquisa que estejam sendo estudadas, nós testemunhamos a utilização de uma grande variedade de ferramentas metodológicas, como estudos de eventos (Wright & Ferris, 1997), análise de história de evento (Blodgett, 1992; Zajac & Westphal, 1996), modelagem de equação estrutural (Hitt et al., 1996; Hoskisson et al., 1994), escala multidimensional (Hitt, Nixon, Hoskisson, & Kochhar, no prelo; Stuart & Podolny, 1996), análise de dados de painel (Gimeno & Woo, 1996), grade de repertório (Ginsberg, 1988, 1989), mapeamento cognitivo (Barr, Stimpert, & Huff, 1992) e captura de política (Hitt & Tyler, 1991; Hitt et al., 1997). Mais recentemente, métodos mais novos, como a análise de rede (Gulati, 1995), modelos de difusão heterogêneos (Greve, 1996) e modelos de seleção de amostras (Barnett, Greve, & Park, 1994) estão sendo utilizados na pesquisa de gestão estratégica. Conforme indicado pela análise recente de Hitt, Gimeno e Hoskisson (1998), é provável que diferentes tipo de métodos de pesquisa sejam adotados por pesquisadores de estratégia lidando com perguntas de pesquisa diferentes.

A escolha de métodos quantitativos ou métodos qualitativos tem sido assunto de controvérsia. A aparente "dominância" de mais ferramentas metodológicas baseadas quantitativamente no desenvolvimento da área não significa que elas sejam aplicáveis a todas as perguntas de pesquisa. O desenvolvimento recente da VBR causou novos desafios relacionados ao uso de métodos quantitativos, apesar de que alguns pesquisadores tentaram utilizar medidas granuladas (Chatterjee & Wernerfelt, 1991; Kochhar et al., 1996; Miller & Shamsie, 1996) ou uma grande amostra de dados (Markides & Williamson, 1994) para testar os seus argumentos. No entanto, devido à natureza intangível de importantes recursos da empresa, os pesquisadores têm usado um estudo detalhado baseado na área, estudos de casos longitudinais, amostras discrepantes e levantamentos de casos (por exemplo, Collis, 1991; Doz, 1996; Hitt et al., 1998; Larsson, 1993) para testar as hipóteses da VBR.

Por causa dos desafios surgidos a partir de novas perguntas de pesquisa, provavelmente veremos o uso continuado de métodos de pesquisa diferentes na área de gestão estratégica. A pergunta de pesquisa e o contexto deverão impor a escolha dos métodos de pesquisa adequados. Muito provavelmente, os resultados obtidos a partir de diferentes métodos tenham o potencial para enriquecer nossa compreensão dos problemas e gerar novas percepções no que diz respeito às questões. Além disso, é provável que a integração de ferramentas metodológicas quantitativas e qualitativas (Hitt, Gimeno, & Hoskisson, 1998; Judge & Zeithaml, 1992) seja um curso produtivo, especialmente por causa de uma nova ênfase em questões dentro da empresa a partir da VBR.

## 1.6 CONCLUSÃO

Olhando de volta para as últimas várias décadas de desenvolvimento em gestão estratégica, observamos que cada oscilação do pêndulo nos levou a novos paradigmas teóricos e abordagens metodológicas. Talvez de maneira mais importante, as oscilações aumentem o domínio da área e nos levem a abordar uma variedade maior de perguntas de pesquisa. Paradigmas de pesquisa posteriores se beneficiaram dos mais antigos, enriquecendo assim o corpo total de conhecimento do campo. Tais oscilações do pêndulo ajudam a acumular teorias e metodologias mais novas.

Apesar de o advento da VBR aparentemente levar o campo de volta ao nosso ponto de partida, o nível de sofisticação teórica e metodológica e a maturidade exibida atualmente enfatizam até que ponto o campo se desenvolveu ao longo das últimas várias décadas. A pesquisa baseada na OI e na economia organizacional continua a se desenvolver, mas ela está na sua maior parte trilhando o caminho da gestão estratégica.

Com cada oscilação do pêndulo, o campo de gestão estratégica teve um desenvolvimento significativo e continuará a florescer no próximo milênio.

## 1.7 REFERÊNCIAS

Alchian, A. A., & Demsetz, H. 1972. Production, information costs and economic organization. *American* Economic Review, 62: 777–795.

Almeida, P. 1996. Knowledge sourcing by foreign multinationals: Patent citation analysis in the U.S. semiconductor industry. *Strategic Management Journal*, 17: 155–165.

Amit, R., & Schoemaker, P. J. H. 1993. Strategic assets and organizational rent. *Strategic Management Journal*, 14: 33–46.

Andrews, K. 1971. *The concepts of corporate strategy*. Homewood, IL: Dow Jones-Irwin.

Ansoff, H. I. 1965. *Corporate strategy*. New York: McGraw Hill.

Bain, J. S. 1956. *Barriers to new competition*. Cambridge: Harvard University Press.

Bain, J. S. 1968. *Industrial organization* (2nd ed.). New York: Wiley.

Barnard, C. I. 1938. *The functions of the executive*. Cambridge, MA: Harvard University Press.

Barnett, W. P. & Burgelman, R. A. 1996. Evolutionary perspectives on strategy. *Strategic Management Journal*, 17 (Special Issue): 5–19.

Barnett, W. P., Greve, H. R., & Park, D. Y. 1994. An evolutionary model of organizational performance. *Strategic Management Journal*, 15 (Special Issue): 11–28.

Barney, J. B. 1986a. Types of competition and the theory of strategy: Toward an integrative framework. Academy of Management Review, 11: 791–800.

Barney, J. B. 1986b. Organizational culture: Can it be a source of sustained competitive advantage? *Academy of Management Review*, 11: 656–665.

Barney, J. B. 1991 Firm resources and sustained competitive advantage. *Journal of Management*, 17: 99–120.

Barney, J. B., & Hoskisson, R. E. 1990. Strategic groups, untested assertions and research proposals. *Managerial and Decision Economics*, 11: 187–198.

Barr, P. S., Stimpert, J. L., & Huff, A. S. 1992. Cognitive change, strategic action and organizational renewal. *Strategic Management Journal*, 13 (Special Issue): 15–36.

Baum, J. A. C., & Korn, H. J. 1996. Competitive dynamics of interfirm rivalry. *Academy of Management Journal*, 39: 255–191.

Baysinger, B., & Hoskisson, R. E. 1989. Diversification strategy and R&D intensity in multiproduct firms. *Academy of Management Journal*, 32: 310–332.

Baysinger, B., Kosnik, R. D., & Turk, T. A. 1991. Effects of board and ownership structure on corporate R&D strategy. *Academy of Management Journal*, 34: 205–214.

Bernheim, D., & Whinston, M. D. 1990. Multimarket contact and collusive behavior. *Rand Journal of Economics*, 21: 1–26.

Bethel, J. E., & Liebeskind, J. 1993. The effects of ownership structure on corporate restructuring. *Strategic management Journal*, 14 (Special Issue): 15–31.

Berle, A. A., & Means, G. C. 1932. *The modern corporation and private property*. New York: MacMillan.

Bettis, R. A., & Hitt, M. A. 1995. The new competitive landscape. *Strategic Management Journal*, 16 (Special Issue): 7–19.

Biggadike, R. 1981. The contributions of marketing to strategic management. *Academy of Management Review*, 6: 621–632.

Black, J. A., & Boal, K. B. 1994. Strategic resources: Traits, configurations and paths to sustainable competitive advantage. *Strategic Management Journal*, 15 (Special Issue): 131–148.

Blodgett, L. L. 1992. Factors in the instability of international joint ventures: An event history analysis. *Strategic Management Journal*, 13: 475–481.

Boeker, W., Goodstein, J., Stephan, J., & Murmann, J. P. 1997. Competition in a multi-market environment: The case of market exit. *Organization Science*, 8: 126–142.

Boyacigiller, N. A., & Adler, N. J. 1991. The parochial dinosaur: Organizational science in a global context. *Academy of Management of Review*, 16: 262–290.

Brander, J. A., & Eaton, J. 1984. Product line rivalry. *American Economic Review*, 74: 323–334.

Brown, S. L., & Eisenhardt, K. M. 1995. Product development: Past research, present findings, and further directions. *Academy of Management Review*, 20: 343–378.

Buckley, P. J., & Casson, M. C. 1981. *The future of multinational enterprise*. London: MacMillan.

Bulow, J. I., Geanakoplos, J. D., & Klemperer, P. D. 1985. Multimarket oligopoly: Strategic substitutes and complements. *Journal of Political Economy*, 93: 488–511.

Camerer, C. F., & Weigelt, K. 1988. Experimental tests of a sequential equilibrium reputation model. *Econometrica*, 56: 1–36.

Cannella, A. A., & Hambrick, D. C. 1993. Effects of executive departures on the performance of acquired firms. *Strategic Management Journal*, 14 (Special Issue): 137–152.

Caves, R. E., & Porter, M. E. 1977. From entry barriers to mobility barriers: Conjectural decisions and contrived deterrence to new competition. *Quarterly Journal of Economics*, 91: 241–261.

Chandler, A. D. 1962. *Strategy and structure*. Cambridge, MA: MIT Press.

Chatterjee, S., & Wernerfelt, B. 1991. The link between resources and type of diversification: Theory and evidence. Strategic Management Journal, 12: 33–48.

Chen, M.-J. 1996. Competitor analysis and interfirm rivalry: Toward a theoretical integration. *Academy of* Management Review, 21: 100–134.

Chen, M.-J., & MacMillan, I. C. 1992. Nonresponse and delayed response to competitive moves: The roles of competitor dependence and action irreversibility. *Academy of Management Journal*, 35: 539–570.

Chen, M.-J., & Miller, D. 1994. Competitive attack, retaliation and performance: An expectancy-valence framework. Strategic Management Journal, 15: 85–102.

Child, J. 1972. Organization structure, environment, and performance: The role of strategic choice. *Sociology*, 6: 1–22.

Coase, R. H. 1937. The nature of the firm. *Economica*, 4: 386–406.

Cohen, W. M., & Levinthal, D. A. 1990. Absorptive capacity: A new perspective on learning an innovation. *Administrative Science Quarterly*, 35: 128–152.

Collis, D. J. 1991. A resource-based analysis of global competition: The case of the bearings industry. *Strategic Management Journal*, 12 (Special Issue): 49–68.

Conner, K. 1991. An historical comparison of resource-based logic and five schools of thought within industrial organization economics: Do we have a new theory of the firm here? *Journal of Management*, 17: 121–154.

Conner, K. R., & Prahalad, C. K. 1996. A resource-based theory of the firm: Knowledge versus opportunism. *Organization Science*, 7 (5): 477–501.

Cool, K., & Schendel, D. E. 1987. Strategic group formation and performance: The case of the U.S. pharmaceutical industry, 1963–1982. *Management Science*, 33: 1102–1124.

Cyert, R. M., & March, J. G. 1963. *A behavioral theory of the firm*. Englewood Cliffs, NJ: Prentice-Hall.

Dacin, M. T., Hitt, M. A., & Levitas, E. 1997. Selecting partners for successful international alliances: Examination of U.S. and Korea firms. *Journal of World Business*, 32: 3–16.

D'Aveni, R. 1994. *Hypercompetition*. New York: Free Press.

Davis, J. H., Schoorman, F. D., & Donaldson, L. 1997. Toward a stewardship theory of management. *Academy of Management Review*, 22 (1): 20–47.

Dean, T. J., Brown, R. L., & Bamford, C. E. 1998. Differences in large and small firm responses to environmental context: Strategic implications from a comparative analysis of business formations. *Strategic Management Journal*, 19 (8): 709–728.

Dess, G. G., Gupta, A., Hennart, J. F., & Hill, C. W. L. 1995. Conducting and integrating strategy research at the international, corporate, and business levels: Issues and directions. *Journal of Management*, 21 (3): 357–393.

Dess, G. G., Ireland, R. D., & Hitt, M. A. 1990. Industry effects and strategic management research. *Journal of Management*, 16: 7–27.

Donaldson, L. 1990. The ethereal hand: Organizational economics and management theory. *Academy of Management Review*, 15: 369–401.

Dierickx, I., & Cool, K. 1989. Asset stock accumulation and sustainability of competitive advantage. *Management Science*, 35: 1504–1511.

Doz, Y. L. 1996. The evolution of cooperation in strategic alliances: Initial conditions or learning processes? *Strategic Management Journal*, 17 (Special issue): 55–84.

Dubin, R. 1969. *Theory building*. New York: Free Press.

Dyer, J. H. 1996. Specialized supplier networks as a source of competitive advantage: Evidence from the auto industry. *Strategic Management Journal*, 17: 271–291.

Dyer, J. H. 1997. Effective interfirm collaboration: How firms minimize transaction costs and maximize transaction value. *Strategic Management Journal*, 18: 535–556.

Edwards, C. D. 1955. Conglomerate bigness as a source of power. In *Business concentration and price policy*: 331–352. A conference of the University-national Bureau Committee for Economic research. Princeton, NJ: Princeton University Press.

Eisenhardt, K. M. 1989a. Agency theory: An assessment and review. *Academy of Management Review*, 14: 57–74.

Eisenhardt, K. M. 1989b. Making fast strategic decisions in high-velocity environments. *Academy of Management Journal*, 39: 543–576.

Fama, E. F. 1980. Agency problems and the theory of the firm. *Journal of Political Economy*, 88: 288–307.

Fama, E. F., & Jensen, M. C. 1983. Separation of ownership and control. *Journal of Law and Economics*, 26: 301–325.

Farjoun, M. 1994. Beyond industry boundaries: Human expertise, diversification and resource-related industry groups. *Organization Science*, 5: 185–199.

Fayol, H. 1949. *General and Industrial management*. New York: Pitman.

Fiegenbaum, A., & Thomas, H. 1995. Strategic groups as referential groups: Theory, modeling and empirical examination of industry and competitive strategy. *Strategic Management Journal*, 16: 461–476.

Finkelstein, S., & Hambrick, D. C. 1990. Top management tenure and organizational outcomes: The moderating role of managerial discretion. *Administrative Science Quarterly*, 35: 84–503.

Finkelstein, S., & Hambrick, D. 1996. *Strategic leadership*. St. Paul: West Educational Publishing.

Fiol, C. M. 1991. Management culture as a competitive resource: An identity-based view of sustained competitive advantage. *Journal of Management*, 17: 191–211.

Foss, N. J. 1996. More critical comments on knowledge-based theories of the firm. *Organization Science*, 7 (5): 51–523.

Friedman, M. 1953. *Essays in positive economics*. Chicago: University of Chicago Press.

Ghoshal, S., & Moran, P. 1996. Bad for practice: A critique of the transaction cost theory. *Academy of Management Review*, 21: 13–47.

Gimeno, J. 1994. Multipoint competition, market rivalry and firm performance: A test of the mutual forbearance hypothesis in the United States airline industry, 1984–1988. Unpublished dissertation, Purdue University.

Gimeno, J., & Woo, C. Y. 1996. Hypercompetition in a multi-market environment: The role of strategic similarity and multi-market contact in competitive de-escalation. *Organization Science*, 7: 322–341.

Ginsberg, A. 1988. Measuring and modeling changes in strategy: Theoretical foundations and empirical directions. Strategic Management Journal, 9: 559–575.

Ginsberg, A. 1989. Construing the business portfolio: A cognitive model of diversification. *Journal of Management Studies*, 26: 417–438.

Godfrey, P. C., & Hill, C. W. L. 1995. The problem of unobservables in strategic management research. *Strategic Management Journal*, 16: 519–533.

Gomes-Casseres, B. 1996. *The alliance revolution: The new shape of business rivalry*. Cambridge, MA: Harvard University Press.

Gomez-Mejia, L. R. 1994. Executive compensation: A reassessment and a future research agenda. *Research in personnel and human resources management*, 12: 161–222.

Gordon, R. A., & Howell, J. E. 1959. Higher education for business. New York: Columbia University Press.

Grant, R. M. 1991. The resource-based theory of competitive advantage. *California Management Review*, 33 (3): 114–135.

Greening, T. 1979. Diversification, strategic groups and the structure-conduct-performance relationship: A synthesis. *Review of Economics and Statistics*, 62: 475–477.

Greve, H. R. 1996. Patterns of competition: the diffusion of a market position in radio broadcasting. *Administrative Science Quarterly*, 41: 29–60.

Grimm, C. M., & Smith, K. G. 1997. *Strategy as action: Industry rivalry and coordination*. Cincinnati: South-Western College Publishing.

Gulati, R. 1995. Social structure and alliance formation patterns: A longitudinal analysis. *Administrative Science Quarterly*, 40: 619–652.

Haleblian, J., & Finkelstein, S. 1993. Top management team size, CEO dominance, and firm performance: The moderating roles of environmental turbulence and discretion. *Academy of Management Journal*, 36: 844–863.

Hambrick, D. C., & Abrahamson, E. 1995. Assessing the amount of managerial discretion in different industries: A multimethod approach. *Academy of Management Journal*, 38: 1427–1441.

Hambrick, D. C., & Finkelstein, S. 1987. Managerial discretion: A bridge between polar views of organizations. In L. L. Cummings & B. M. Staw (Eds.), *Research in organizational behavior*, vol. 9: 369–406. Greenwich, CT: JAI Press.

Hambrick, D. C., & Mason, P. A. 1984. Upper echelons: The organization as a reflection of its to managers. *Academy of Management Review*, 9: 193–206.

Hatten, K. J. 1974. *Strategic models in the brewing industry*. Unpublished Ph.D. dissertation, Purdue University.

Hatten, K. J., & Hatten, M. L. 1987. Strategic groups, asymmetrical mobility barriers and contestability. Strategic Management Journal, 8: 329–342.

Hatten, K. J., & Schendel, D. E. 1977. Heterogeneity within an industry. *Journal of Industrial Economics*, 10: 399–411.

Hatten, K. J., Schendel, D. E., & Cooper, A. C. 1978. A strategic model of the U.S. brewing industry: 1925–1971. Academy of Management Journal, 21: 592–619.

Helmich, D. L., & Brown, W. B. 1972. Successor type and organizational change in the corporate enterprise. *Administrative Science Quarterly*, 17: 371–378.

Henderson, R., & Cockburn, I. 1994. Measuring competence? Exploiting firm effects in pharmaceutical research. *Strategic Management Journal*, 15 (Special Issue): 63–84.

Hennart, J. F. 1988. A transactions costs theory of equity joint ventures. *Strategic Management Journal*, 9: 361–374.

Hennart, J. F., & Park, Y. R. 1993. Greenfield vs. acquisition: The strategy of Japanese investors in the United States. *Management Science*, 39: 1054–1070.

Hennart, J. F., & Park, Y. R. 1994. Location, governance, and strategic determinants of Japanese manufacturing investment in the United States. *Strategic Management Journal*, 15: 419–436.

Hill, C. W. L. 1985. Oliver Williamson and the M-form: A critical review. *Journal of Economic Issues*, 19: 731–751.

Hill, C. W. L. 1990. Cooperation, opportunism, and the invisible hand: Implications for transaction cost theory. *Academy of Management Review*, 15: 500–513.

Hill, C. W. L., & Hoskisson, R. E. 1987. Strategy and structure in the multiproduct firm. *Academy of Management Review*, 12: 331–341.

Hill, C. W. L., Hitt, M. A., & Hoskisson, R. E. 1992. Cooperative versus competitive structures in related and unrelated diversified firms. *Organization Science*, 3: 501–521.

Hill, C. W. L., & Kim, W. C. 1988. Searching for a dynamic theory of the multinational enterprise: A transaction cost model. *Strategic Management Journal*, 9 (Special Issue): 93–104.

Hill, C. W. L., & Snell, S. A. 1988. External control, corporate strategy, and firm performance in research intensive industries. *Strategic Management Journal*, 9: 577–590.

Hitt, M. A. 1998. Twenty-first century organizations: Business firms, business schools, and the Academy. Academy of Management Review, 23: 218–224.

Hitt, M. A., Dacin, M. T., Tyler, B. B., & Park, D. 1997. Understanding the differences in Korean and U.S. executives' strategic orientations. *Strategic Management Journal*, 18: 159–167.

Hitt, M. A., Gimeno, J., & Hoskisson, R. E. 1998. Current and future research methods in strategic management. *Organizational Research Methods*, 1: 6–44.

Hitt, M. A., Harrison, J. S., Ireland, R. D., & Best, A. 1998. Attributes of successful and unsuccessful acquisitions of U.S. firms. *British Journal of Management*, 9: 91–114.

Hitt, M. A., & Hoskisson, R. E., & Ireland, R. D. 1990. Mergers and acquisitions and managerial commitment to innovation in M-form firms. *Strategic Management Journal*, 11 (Special Issue): 29–47.

Hitt, M. A., Hoskisson, R. E., Johnson, R. A., & Moesel, D. D. 1996. The market for corporate control and firm innovation. *Academy of Management Journal*, 39: 1084–1119.

Hitt, M. A., Hoskisson, R. E., & Kim, H. 1997. International diversifications: Effects on innovation and firm performance in product-diversified firms. *Academy of Management Journal*, 40: 767–798.

Hitt, M. A., & Ireland, R. D. 1985. Corporate distinctive competence, strategy, industry and performance. Strategic Management Journal, 6: 273–293.

Hitt, M. A., & Ireland, R. D. 1986. Relationships among corporate-level distinctive competencies, diversification strategy, corporate structure and performance. *Journal of Management Studies*, 23: 401–416.

Hitt, M. A., & Ireland, R. D., & Hoskisson, R. E. 1997. *Strategic management: Competitiveness and globalization*. St. Paul: West Educational Publishing.

Hitt, M. A., Ireland, R. D., & Palia, K. A. 1982. Industrial firms' grand strategy and functional importance: Moderating effects of technology and uncertainty. *Academy of Management Journal*, 25: 265–298.

Hitt, M. A., Ireland, R. D., & Stadter, G. 1982. Functional importance and company performance: Moderating effects of grand strategy and industry type. *Strategic Management Journal*, 3: 315–330.

Hitt, M. A., Keats, B. W., & DeMarie, S. M. 1998. Navigating in the new competitive landscape: Building strategic flexibility and competitive advantage in the twenty-first century. *Academic of Management Executive*, 12 (4): 22–42.

Hitt, M. A., Nixon, R. D., Hoskisson, R. E., & Kochhar, no prelo. Corporate entrepreneurship and cross-functional fertilization: Activation, process and disintegration of a new product design team. Entrepreneurship Theory and Practice.

Hitt, M. A, & Tyler, B. B. 1991. Strategic decision models: integrating different perspectives. *Strategic* Management Journal, 12: 327–351.

Hofer, C. W., & Schendel, D. 1978. *Strategy formulation: Analytical concepts*. St. Paul, MN: West Publishing.

Hoskisson, R. E. 1987. Multidivisional structure and performance: the contingency of diversification strategy. *Academy of Management Journal*, 30: 625–644.

Hoskisson, R. E., Eden, L., Lau, C. M., & Wright, M. no prelo. Enterprise strategies in transitional and emerging economies. *Academy of Management Journal*.

Hoskisson, R. E., & Galbraith, C. S. 1985. The effect of quantum versus incremental M-form reorganization on performance: A time-series exploration of intervention dynamics. *Journal of Management*, 11: 55–70.

Hoskisson, R. E., Harrison, J. S., & Dubofsky, D. A. 1991. Capital market evaluation of M--form implementation and diversification strategy. *Strategic Management Journal*, 12: 271–279.

Hoskisson, R. E., Hill, C. W. L., & Kim, H. 1993. The multidivisional structure: Organizational fossil or source of value? *Journal of Management*, 19: 269–298.

Hoskisson, R. E., & Hitt, M. A. 1990. Antecedents and performance outcomes of diversification: A review and critique of theoretical perspectives. *Journal of Management*, 16: 461–509.

Hoskisson, R. E., & Hitt, M. A. 1994. *Downscoping: How to tame the diversified firm*. New York: Oxford University Press.

Hoskisson, R. E., & Hitt, M. A., & Hill, C. W. L. 1993. Managerial incentives and investment in R&D in large multiproduct firms. *Organization Science*, 4: 325–341.

Hoskisson, R. E., Hitt, M. A., Turk, T. A., & Tyler, B. B. 1989. Balancing corporate strategy and executive compensation: Agency theory and corporate governance. In G. R. Ferris & K. M. Rowland (eds.), *Research in personnel and human resources management*, 7: 25–57. Greenwich, CT: JAI Press.

Hoskisson, R. E., & Johnson, R. A. 1992. Corporate restructuring and strategic change: The effect on diversification strategy and R&D intensity. *Academy of Management Journal*, 13: 625–634.

Hoskisson, R. E., Johnson, R. A., & Moesel, D. D. 1994. Corporate divestiture intensity in restructuring firms: Effects of governance, strategy, and performance. *Academy of Management Journal*, 37: 1207–1251.

Hoskisson, R. E., & Turk, T. A. 1990. Corporate restructuring: Governance and control limits of the internal capital market. *Academy of Management Review*, 15: 459–477.

Hrebiniak, L. G., & Joyce, W. F. 1985. Organizational adaptation: Strategic choice and environmental determinism. *Administrative Science Quarterly*, 30: 336–349.

Huff, A. S. 1982. Industry influence on strategy reformulation. *Strategic Management Journal*, 3: 119–131.

Huff, A. S. 1990. Mapping strategic thought. In A. S. Huff (Ed.), *Mapping strategic thought*: 11–49. Chichester, UK: John Wiley & Sons.

Hunt, M. S. 1972. *Competition in the major home appliance industry, 1960–1970*. Dissertação Inédita de Doutorado, Harvard University.

Itami, H. 1987. *Mobilizing invisible assets*. Cambridge, MA: Harvard University Press.

Jemison, D. B. 1981a. The contributions of administrative behavior to strategic management. *Academy of Management Review*, 6: 633–642.

Jemison, D. B. 1981b. The importance of an integrative approach to strategic management research. *Academy of Management Review*, 6: 601–608.

Jensen, M. C., & Meckling, W. 1976. Theory of the firm: Managerial behavior, agency costs and ownership structure. *Journal of Financial Economics*, 3: 305–360.

Johnson, R. A., Hoskisson, R. E., & Hitt, M. A. 1993. Board of director involvement in restructuring: The effects of board versus managerial controls and characteristics. *Strategic Management Journal*, 14 (Special Issue): 33–50.

Judge, W. Q. Jr., & Zeithaml, C. P. 1992. Institutional and strategic choice perspectives on board involvement in the strategic decision process. *Academy of Management Journal*, 35: 766–794.

Karnani, A., & Wernerfelt, B. 1985. Multiple point competition. *Strategic Management Journal*, 6: 87–96.

Keats, B. W., & Hitt, M. A. 1988. A causal model of linkages among environmental dimensions, macro organizational characteristics, and performance. *Academy of Management Journal*, 31: 570–598.

Kesner, I. F., & Sebora, T. C. 1994. Executive succession: Past, present, & future. *Journal of Management*, 20: 327–372.

Kochhar, R., & David, P. 1996. Institutional investors and firm innovation: A test of competing hypotheses. *Strategic Management Journal*, 17: 73–84.

Kochhar, R., Hitt, M. A., & Bierman, L. 1996. Effects of human capital and reputation on the diversification performance relationship in law firms: A test of the resource-based view. Paper presented at the Strategic Management Society meetings, Phoenix.

Kogut, B. 1988. Joint ventures: Theoretical and empirical perspectives. *Strategic management Journal*, 9: 319–332.

Kogut, B., & Zander, U. 1992. Knowledge of the firm, combinative capabilities, and the replication of technology. *Organization Science*, 3: 383–397.

Kogut, B., & Zander, U. 1996. What firms do? Coordination, identity, and learning. *Organization Science*, 7 (5): 502–518.

Kosnik, R. D. 1990. Effects of board demography and directors' incentives on corporate greenmail decisions. *Academy of Management Journal*, 33: 129–150.

Kotha, S. 1995. Mass customization: Implementing the emerging paradigm for competitive advantage. *Strategic Management Journal*, 16 (Special issue): 21–42.

Kotter, J. P. 1982. *The general managers*. New York: Free Press.

Larsson, R. 1993. Case survey methodology: Quantitative analysis of patterns across case studies. *Academy of Management Journal*, 36: 1515–1546.

Learned, E. P., Christensen, C. R., Andrews, K. R., & Guth, W. D. 1965/1969. *Business Policy: Text and Case* (rev. ed.). Homewood, IL: Richard D. Irwin.

Lei, D., Hitt, M. A., & Bettis, R. A. 1996. Dynamic core competences through meta-learning and strategic context. *Journal of Management*, 22: 549–569.

Leonard-Barton, D. 1992. Core capabilities and core rigidities: A paradox in managing new product development. *Strategic Management Journal*, 13 (Special Issue): 111–125.

Lippman, S., & Rumelt, R. P. 1982. Uncertainty imitability: An analysis of interfirm differences in efficiency under competition. *Bell Journal of Economics*, 13: 418–453.

Mahoney, J. T., & Pandian, J. R. 1992. The resource-based view within the conversation of strategic management. *Strategic Management Journal*, 13: 363–380.

Mallette, P., & Fowler, K. L. 1992. Effects of board composition and stock ownership on the adoption of poison pills. *Academy of Management Journal*, 35: 1010–1035.

March, J. C., & Simon, H. A. 1958. *Organizations*. New York: Wiley.

Markides, C. C., & Williamson, P. J. 1994. Related diversification, core competencies and corporate performance. *Strategic Management Journal*, 15 (Special Issue): 149–166.

Markoczy, L., & Goldberg, J. 1995. A method for eliciting and comparing causal maps. *Journal of Management*, 21: 305–333.

Mascarenhas, B. 1989. Strategic group dynamics. *Strategic Management Journal*, 32: 333–352.

Mason, E. S. 1939. Price and production policies of large scale enterprises. *American Economic Review*, 29: 61–74.

McGahan, A. M., & Porter, M. E. 1997. How much does industry matter, really? *Strategic Management Journal*, 18: 15–30.

McWilliams, A., & Siegel, D. 1997. Event studies in management research: Theoretical and empirical issues. *Academy of Management Journal*, 40: 626–657.

Miller, D., & Droge, C. 1986. Psychological and traditional determinants of structure. *Administrative Science Quarterly*, 31: 539–560.

Miller, D., & Friesen, P. H. 1984. *Organizations: A quantum view*. Englewood Cliffs, NJ: Prentice-Hall.

Miller, D., & Shamsie, J. 1996. The resource-based view of the firm in two environments: The Hollywood film studios from 1936–1965. *Academy of Management Journal*, 39: 519–543.

Mintzberg, H. 1973. *The nature of managerial work*. New York: Harper and Row.

Montgomery, C. A. 1995. Of diamonds and rust: A new look at resources. In C. A. Montgomery (Ed.), *Resources in an evolutionary perspective: A synthesis of evolutionary and resource-based approaches to strategy*. Norwell, MA and Dordrecht: Kluwer Academic.

Moran, P., & Ghoshal, S. 1996. Theories and economic organization: The case for realism and balance. *Academy of Management Review*, 21: 58–72.

Murray, A. I. 1989. Top management group heterogeneity and firm performance. *Strategic Management Journal*, 10: 125–141.

Nelson, R. R. 1991 Why do firms differ and how does it matter? *Strategic Management Journal*, 12 (Special Issue): 61–74.

Nelson, R. R., & Winter, S. G. 1982. *An evolutionary theory of economic change*. Cambridge, MA: Harvard University Press.

Noda, T., & Bower, J. L. 1996. Strategy making as interrated processes of resource allocation. *Strategic Management Journal*, 17 (Special Issue): 159–192.

Nonaka, I. 1991. The knowledge-creating company. *Harvard Business Review*, 69 (6): 96–104.

Nonaka, I. 1994. A dynamic theory of organizational knowledge creation. *Organization Science*, 5: 14–37.

Nonaka, I., & Takeuchi, H. 1995. *The knowledge creating company*. New York: Oxford University Press.

Newman, H. 1973. Strategic groups and the structure-performance relationships: A study with respect to the chemical process industries. Unpublished Ph.D. dissertation, Harvard University.

Newman, H. 1978. Strategic groups and the structure-performance relationship. *Review of Economics and Statistics*, 60: 417–427.

Oliver, C. 1997. Sustainable competitive advantage: Combining institutional and resource-based views. *Strategic Management Journal*, 18: 697–713.

Osborn, R. N., & Hagedoorn, J. 1997. The institutionalization and evolutionary dynamics of interorganizational alliances and networks. *Academic of Management Journal*, 40: 261–278.

Oster, S. 1982. Intraindustry structure and the ease of strategic change. *Review of Economics and Statistics*: 376–384.

Patton, G. R. 1976. A simulation equation model of corporate strategy: The case of the U.S. brewing industry. Dissertação Inédita de Doutorado, Purdue University.

Penrose, E. T. 1959. *The theory of the growth of the firm*. New York: Wiley.

Peteraf, M. A. 1993. The cornerstones of competitive advantage: A resource-based view. *Strategic Management Journal*, 14: 179–191.

Peteraf, M., & Shanley, M. 1997. Getting to know you: A theory of strategic group identity. *Strategic Management Journal*, 18: 165–186.

Pfeffer, J., & Davis-Blake, A. 1986. Administrative succession and organizational performance: How administrator experience mediates the succession effect. *Academy of Management Journal*, 26: 72–83.

Pisano, G. P. 1994. Knowledge, integration, and the locus of learning: An empirical analysis of process development. *Strategic Management Journal*, 15 (Special Issue): 85–100.

Polanyi, M. 1966. *The tacit dimension*. New York: Anchor Day.

Porac, J. F., Thomas, H., Wilson, F., Paton, D., & Kanfer, A. 1995. Rivalry and the industry model of Scottish knitwear producers. *Administrative Science Quarterly*, 40: 203–227.

Porter, M. E. 1973. Retailer power, manufacturer strategy, and performance in consumer goods industry. Dissertação Inédita de Doutorado, Harvard University.

Porter, M. E. 1979. The structure within industries and companies' performance. *Review of Economics and Statistics*, 61: 214–228.

Porter, M. E. 1980. *Competitive strategy*. New York: Free Press.

Porter, M. E. 1981. The contribution of industrial organization to strategic management. *Academy of Management Review*, 6: 609–620.

Porter, M. E. 1985. *Competitive advantage*. New York: Free Press.

Porter, M. E. 1991. Towards a dynamic theory of strategy. *Strategic Management Journal*, 12 (Special Issue): 95–117.

Porter, M. E. 1996. What is strategy? *Harvard Business Review*, 74 (6): 61–78.

Porter, M. E. 1998a. *On competition*. Boston: Harvard Business School Publishing.

Porter, M. E. 1998b. Clusters and the new economics of competition. *Harvard Business Review*, 76 (6): 77–90.

Porter, L. W., & McKibbin, L. E. 1988. *Management education and development: Drift of thrust into the 21$^{st}$ century*. New York: McGraw-Hill.

Pouder, R., & St. John, C. 1996. Hot spots and blind spots: Geographical clusters of firms and innovation. *Academy of Management Review*, 21: 1192–1225.

Prahalad, C. K., & Bettis, R. 1986. The dominant logic: A new linkage between diversity and performance. *Strategic Management Journal*, 7: 485–501.

Prahalad, C. K., & Hamel, G. 1990. The core competence of the corporation. *Harvard Business Review*, 68 (3): 79–91.

Reger, R. K., & Huff, A. S. 1993. Strategic groups: A cognitive perspective. *Strategic Management Journal*, 14: 103–124.

Robins, J. A. 1992. Organizational considerations in the evaluation of capital assets: Toward a resource-based view of strategic investment by firms. *Organization Science*, 3: 522–536.

Robins, J., & Wiersema, M. F. 1995. A resource-based approach to the multibusiness firm: Empirical analysis of portfolio interrelationships and corporate financial performance. *Strategic Management Journal*, 16: 277–299.

Roquebert, J. A., Phillips, R. P., & Westfall, P. A. 1996. Markets vs. management: What 'drives' profitability. *Strategic Management Journal*, 17: 653–664.

Rugman, A. M. 1981. *Inside the multinationals: The economics of internal markets*. New York: Columbia University Press.

Rumelt, R. P. 1974. *Strategy, structure, and economic performance*. Boston, MA: Harvard Business School Press.

Rumelt, R. P. 1984. Toward a strategic theory of the firm. In R. Lamb (Ed.), *Competitive strategic management*: 556–570. Englewood Cliffs: NJ: Prentice-Hall.

Rumelt, R. P. 1987. Theory, strategy, and entrepreneurship. In D. J. Teece (Ed.), *The competitive challenge*: 137–158. Cambridge, MA: Ballinger Publishing.

Rumelt, R. P. 1991. How much does industry matter? *Strategic Management Journal*, 12: 167–185.

Rumelt, R. P., Schendel, D., Teece, D. J. 1991. Strategic management and economics. *Strategic Management Journal*, 12 (Special Issue): 5–29.

Rumelt, R. P., Schendel, D. E., & Teece, D. J. 1994. *Fundamental issues in strategy: A research agenda*. Boston, MA: Harvard Press School Press.

Sanchez, R. 1995. Strategic flexibility and product competition. *Strategic Management Journal*, 16 (Special Issue): 135–159.

Schendel, D. 1996. Evolutionary perspectives on strategy. *Strategic Management Journal*, 17, Summer (Special Issue): 1–4.

Schendel, D., & Hatten, K. J. 1972. Business policy or strategic management: A broader view for an emerging discipline. *Academy of Management Proceedings*, 99–102.

Schendel, D. E., & Hofer, C. W. 1979. *Strategic management: A new view of business policy and planning*. Boston: Little, Brown & Co.

Selznick, P. 1957. *Leadership in administration: A sociological interpretation*. New York: Harper & Row.

Simon, H. A. 1945. *Administrative behavior*. New York: Macmillan.

Singh, K. 1995. The impact of technological complexity and interfirm cooperation on business survival. *Academy of Management Best papers Proceedings*: 67–72.

Smith, J. E., Carson, K. P., & Alexander, R. A. 1984. Leadership: It can make a difference. *Academy of Management Journal*, 27: 765-776.

Smith, K. G., Grimm, C. M., Chen, M. J., & Gannon, M. J. 1989. Predictors of competitive strategic actions: Theory and preliminary evidence. *Journal of Business Research*, 18: 245-258.

Smith, K. G., & Grimm, C. M., & Gannon, M. J. 1992. *Dynamics of competitive strategy*. Newsbury Park: CA: Sage Publications.

Smith, K. G., Grimm, C. M., Gannon, M. J., & Chen, M.-J. 1991. Organizational information processing, competitive responses and performance in the U.S. domestic airline industry. *Academy of Management Journal*, 34: 60-85.

Smith, K. G., Smith, K. A., Olian, J. D., Sims, Jr., H. P., O'Bannon, D. P., & Scully, J. A. 1994. Top management demography and process: The role of social integration and communication. *Administrative Science Quarterly*, 39: 412-438.

Snow, C. C., & Hrebiniak, L. G. 1980. Strategy, distinctive competence, and organizational performance. *Administrative Science Quarterly*, 25: 317-336.

Spender, J. C. 1989. *Industry recipes: An enquiry into the nature and sources of managerial judgement*. Oxford, Blackwell.

Spender, J. C., & Grant, R. M. 1996. Knowledge and the firm: Overview. *Strategic Management Journal*, 17 (Special Issue): 5-9.

Stimpert, J. L., & Duhaime, I. M. 1997. Seeing the big picture: The influence of industry, diversification, and business strategy on performance. *Academy of Management Journal*: 40: 560-583.

Stuart, T. E., & Podolny, J. M. 1996. Local search and the evolution of technological capabilities. *Strategic Management Journal*, 17 (Special Issue): 21: 38.

Sundaramurthy, C. 1996. Corporate governance within the context of antitakeover provisions. *Strategic Management Journal*, 17: 377-394.

Teece, D. J., Pisano, G., & Shuen, A. 1997. Dynamic capabilities and strategic management. *Strategic Management Journal*, 18: 509-533.

Thompson, J. D. 1967. *Organizations in action: Social science bases of administrative theory*. New York: McGraw-Hill.

Tosi, H. L., & Gomez-Mejia, L. R. 1989. The decoupling of CEO pay and performance: An agency theory perspective. *Administrative Science Quarterly*, 34: 169-189.

Tsui, A. S. 1984. A role set analysis of managerial reputation. *Organizational Behavior and Human Performance*, 34: 64-96.

Tushman, M. L., & Andersen, P. 1986. Technological discontinuities and organizational environments. *Administrative Science Quarterly*, 31: 439-465.

Walsh, J. P., & Kosnik, R. D. 1993. Corporate raiders and their disciplinary rile in the market for corporate control. *Academy of Management Journal*, 36: 671-700.

Walsh, G. F., & Seward, J. K. 1990. On the efficiency of internal and external corporate control mechanisms. Academy of Management Review, 15: 421-458.

Wernerfelt, B. 1984. A resource-based view of the firm. *Strategic Management Journal*, 5: 171-180.

Wernerfelt, B. 1995. The resource-based view of the firm: Ten years after. *Strategic Management Journal*, 16: 171-174.

Wiggins, R., & Ruefli, T. 1995. Necessary conditions for the predictive validity of strategic groups: Analysis without reliance on clustering techniques. *Academy of Management Journal*, 38: 1635-1656.

Wiersema, M. F., & Liebeskind, J. P. 1995. The effects of leveraged buyouts on corporate growth and diversification in large firms. *Strategic Management Journal*, 16: 447–460.

Williamson, O. E. 1975. *Markets and hierarchies*. New York: Free Press.

Williamson, O. E. 1985. *The economic institutions of capitalism*. New York: Free Press.

Williamson, O. E. 1991. Comparative economic organization: The analysis of discrete structural alternatives. *Administrative Science Quarterly*, 36: 269–296.

Williamson, O. E. 1996. Economic organization: The case for candor. *Academy of Management Review*, 21: 48–57.

Wright, P., & Ferris, S. P. 1997. Agency conflict and corporate strategy: The effect of divestment on corporate value. *Strategic Management Journal*, 18: 77–83.

Zahra, S., & Pearce, J. A. 1989. Boards of directors and corporate financial performance: A review and integrative model. *Journal of management*, 15: 291–334.

Zajac, E. 1995. SMJ 1994 best paper prize to Birger Wernerfelt. *Strategic Management Journal*, 16: 169–170.

Zajac, E., & Westphal, J. D. 1996. Who shall succeed? How CEO/board preferences and power affect the choice of new CEOs. *Academy of Management Journal*, 39: 64–90.

Zander, U., & Kogut, B. 1995. Knowledge and the speed of the transfer and imitation of organizational capabilities: An empirical test. *Organizational Science*, 6: 76–92.

# 2
# A visão baseada em recursos da empresa*

BIRGER WERNERFELT
GRADUATE SCHOOL OF BUSINESS ADMINISTRATION, THE UNIVERSITY OF MICHIGAN, ANN ARBOR, MICHIGAN

---

Este artigo explora a importância de analisar as empresas do ponto de vista dos seus recursos em vez de analisá-las do ponto de vista dos produtos. Fazendo uma comparação com as barreiras de entrada e matrizes de crescimento da empresa, os conceitos de barreira de entrada e matrizes recursos-produtos são apresentados. Tais ferramentas são usadas para destacar as novas opções estratégicas que emergem naturalmente a partir da perspectiva dos recursos.

---

## 2.1 INTRODUÇÃO

Para a empresa, os recursos e os produtos são duas faces da mesma moeda. A maioria dos produtos utilizam vários recursos em sua elaboração, assim como um recurso pode ser utilizado em vários produtos. A partir da amplitude das atividades da empresa em diferentes mercados, é possível inferir o mínimo necessário de recursos envolvidos. Reciprocamente, especificando um perfil de recursos para uma empresa, é possível encontrar as melhores atividades mercadológicas e produtos correspondentes.

Essas duas perspectivas da empresa são discutidas na literatura sobre gestão estratégica. O conceito tradicional de estratégia (Andrews, 1971) é formulado em termos da posição do recurso (pontos fortes e fracos) da empresa, enquanto a maioria dos nossos instrumentos econômicos formais operam do lado do mercado e dos produtos. Embora essas duas perspectivas, em última análise, gerassem os mesmos *insights*, pode-se esperar que eles possuam diferentes formas em decorrência da perspectiva adotada.

O objetivo deste artigo é desenvolver ferramentas simples para a análise econômica da empresa a partir da posição de seus recursos, bem como apresentar algumas das opções estratégicas sugeridas por esta análise. Essa abordagem é aplicável, em especial, na relação entre rentabilidade e re-

---

\* Artigo originalmente publicado sob o título *A Resource-based View of the Firm*, no Strategic Management Journal, v.5, n.2, p. 171-180, 1984.

cursos, assim como as formas para gerir a posição da empresa e de seus recursos ao longo do tempo.

Analisar as unidades de negócios em termos de seus recursos tem uma longa tradição na economia. Porém, tal análise é normalmente concentrada nas categorias relacionadas a trabalho e ao capital. A ideia de olhar para as empresas como um amplo conjunto de recursos começa no trabalho seminal de Penrose (1959) que, diferentemente do trabalho de Rubin (1973), recebeu relativamente pouca atenção na literatura. A razão, sem dúvida, reside nas dificuldades em modelar as propriedades da teoria, como no caso de alguns exemplos de recursos importantes, tais como as competências tecnológicas. A matemática utilizada pelos economistas geralmente exige que os recursos exibam retornos declinantes de escala, como na teoria dos fatores de demanda. Em virtude desse tipo de análise, a teoria econômica dos fatores de demanda torna-se um caso especial da teoria a ser discutida neste artigo. Ao lidar com os recursos financeiros da empresa, as teorias dos portfólios de produtos tornam-se um outro caso especial da teoria discutida a seguir.

Além disso, a ideia de que as empresas que atuam em vários mercados beneficiam-se de ligações não financeiras, tais como custos conjuntos, é uma antiga e negligenciada parte da economia. Recentemente, no entanto, recebeu renovada atenção, principalmente por meio da formalização do conceito de economias de escopo (ver Panzar e Willig, 1981).

O que ocorre é que a perspectiva baseada em recursos fornece uma base para abordar algumas questões-chave na formulação da estratégia das empresas que optam pela diversificação de produtos. Tais questões-chave relacionam-se a:

- Em qual dos atuais recursos da empresa a diversificação deve ser baseada?
- Que recursos devem ser desenvolvidos a partir da diversificação?
- Em que sequência e em que mercados a diversificação deve acontecer?
- Que tipos de empresas é desejável que esta empresa em particular adquira?

Especificamente, as seguintes proposições serão discutidas:

1. Analisar as empresas pela perspectiva dos recursos propicia diferentes reflexões em relação à perspectiva do produto tradicional. Em particular, empresas diversificadas são vistas a partir de uma nova perspectiva;
2. Identificar os recursos que contribuem para aumentar o lucros. Em analogia às barreiras de entrada, estas estão associadas com o que chamamos de barreiras de posição de Recursos;

3. Desenvolver estratégias envolve um equilíbrio entre a exploração dos recursos existentes e o desenvolvimento de novos. Em analogia à matriz de crescimento, esta pode ser visualizada no que chamamos de matriz recurso-produto.

4. Uma aquisição pode ser vista como uma compra de um pacote de recursos em mercado altamente imperfeito. Ao basear a compra de um recurso raro, pode-se, *ceteris paribus*, maximizar essa imperfeição, bem como as chances de comprar tal recurso por um preço barato e alcançar bons retornos.

Na seção seguinte, a análise econômica de diferentes tipos de recursos é examinada e os resultados são aplicados às características de recursos atrativos, com alto lucro e rendimento. Em seguida, é realizada uma análise em um tipo específico de recurso e proposta algumas estratégias visando a gerir a posição dos recursos de uma empresa ao longo do tempo.

## 2.2 RECURSOS E RENTABILIDADE

Por recurso, entende-se tudo aquilo que poderia ser pensado como uma força ou uma fraqueza de uma determinada empresa. Mais formalmente, os recursos de uma empresa, em um determinado momento, podem ser definidos como os bens (tangíveis e intangíveis) que estão vinculados quase que permanentemente a ela (Caves, 1980). Exemplos de recursos podem ser: nomes de marcas, conhecimento *in-house* da tecnologia, contratação de pessoal especializado, contatos comerciais, máquinas, procedimentos eficazes, capital, etc. Nesta seção, faz-se a pergunta: "Em que circunstâncias um recurso irá conduzir a retornos elevados durante longos períodos de tempo?"

Para fins de análise, as cinco forças competitivas de Porter (Porter, 1980) serão utilizadas, embora esta ferramenta tenha sido originalmente destinada como ferramenta de análise de produtos.

### Efeitos gerais

Esta seção abrange o poder de barganha dos fornecedores e compradores, bem como a ameaça representada por recursos alternativos.

Se a produção de um recurso próprio ou de um dos seus importantes insumos é controlada por um grupo monopolista, esta produção, *ceteris paribus*, diminuirá os retornos disponíveis para os usuários do recurso. Uma empresa detentora de uma patente, por exemplo, apropria parte dos lucros dos usuários de sua licença. Em menor escala, uma agência de publicidade boa será capaz de assumir uma parte do lucro da imagem dos seus anunciantes.

Uma situação igualmente difícil pode ocorrer no lado da produção se os produtos resultantes da utilização dos recursos pudessem ser vendido apenas em mercados monopolísticos. Se um subcontratante desenvolve uma máquina que é totalmente customizada para um cliente, ele tenderá a ganhar menos do que se a máquina tivesse mais compradores.

Finalmente, a disponibilidade de recursos substitutos tende a diminuir o retorno aos detentores de um determinado recurso. Um exemplo recente é proporcionado pela forma como as habilidades eletrônica e hidráulica minaram seus retornos.

## Vantagem do primeiro entrante – barreira à propriedade de recursos

Em alguns casos, a empresa detentora de um recurso é capaz de manter uma posição relativa frente a outras empresas, desde que estes ajam racionalmente. Ou seja, o fato de uma empresa ter um recurso afeta os custos e/ou receitas dos outros competidores. Nestas situações, pode-se dizer que a empresa detentora do recurso desfruta de uma proteção na forma de uma barreira de posição de recursos. Definido desta forma, as barreiras de posição de recursos são só parcialmente análogas às barreiras de entrada, uma vez que elas também contêm os mecanismos que tornam defensável a vantagem de uma empresa detentora de um recurso sobre a outra (barreiras de entrada, no contexto de mercado tradicional, tratam apenas da situação entre os atuais competidores e potenciais entrantes no mercado, não tratam da situação entre estes operadores). Assim como as barreiras de entrada, barreiras à propriedade dos recursos, no entanto, indicam um potencial de retornos elevados, uma vez que um competidor terá uma vantagem.

Note que este conceito (baseado em recursos) substitui, em certo sentido, o conceito tradicional (baseado em produto) de barreira de entrada. Porém, não há substituição quando considerado:

a. Se uma empresa tem barreiras de entrada a novos competidores no mercado A que compartilham o uso de um recurso com o mercado B, então outra empresa que é forte em B pode ter uma vantagem de custo e entrar dessa maneira no mercado A.

b. Se a empresa tem uma barreira de posição de recursos em um recurso X que é usado em um mercado A, ela ainda pode sobreviver ao colapso no mercado A se ela puder usar o recurso X em outro lugar.

Por outro lado, para uma barreira de posição de recurso ser valiosa, ela deve se traduzir em uma barreira à entrada em pelo menos um mercado.

Assim, *uma barreira de entrada sem uma barreira de posição de recurso deixa a empresa vulnerável à diversificação de competidores, en-*

*quanto que a barreira de posição de recurso sem uma barreira de entrada deixa a empresa incapaz de explorar a barreira.* Há, portanto, uma dualidade agradável entre os dois conceitos, correspondente à dualidade entre produtos e recursos.

## Recursos atrativos

É possível identificar as classes de recursos nas quais as barreiras de posição de recurso podem ser construídas. Por sua natureza, essas barreiras muitas vezes se autorreproduzem, ou seja, uma empresa que em determinado momento encontra-se em certo sentido à frente dos concorrentes pode usar essas barreiras para solidificar essa liderança. São as propriedades dos recursos e do seu modo de aquisição que permite que isto ocorra.

O que uma empresa deseja é criar uma situação onde a sua posição de recursos próprios, direta ou indiretamente, torne mais difícil a recuperação dos concorrentes. Para analisar um recurso com elevado potencial de retorno, deve-se visualizar as maneiras pelas quais uma empresa com uma posição forte pode influenciar os custos de aquisição ou a receita do usuário de uma empresa com uma posição mais fraca.

Vamos aplicar isso em alguns exemplos.

**Capacidade da máquina** É sabido que os processos de produção com retornos decrescentes de escala não podem ter altos retornos se eles podem ser comprados em mercados abertos. Por outro lado, as economias de escala na utilização dos recursos são o principal exemplo de barreiras à entrada de produtos (Spence, 1979). A partir da perspectiva dos recursos, a barreira à entrada de produtos traduz-se uma barreira de posição de recurso, uma vez que será irracional para operadores comprar os recursos necessários para competir em um mercado quando o excesso de capacidade conduziria à concorrência predatória e a baixos retornos. Então, nesse caso, a posição da barreira de recursos opera por meio de receitas menores esperadas para adquirentes futuros.

**A lealdade do cliente** Neste caso, a natureza do mercado para o recurso gera a barreira de posição de recurso. É muito mais fácil ter uma posição pioneira do que substituir alguém que já tenha essa posição (Ries e Trout, 1981). Aqui, os posteriores compradores têm de pagar preços mais elevados do que os compradores anteriores. Alguns exemplos são as vantagens de primeiro entrante nos contatos governamentais, nos acesso a matérias-primas, etc.

**Experiência de produção** Sabe-se que, se o líder executa corretamente a estratégia baseada na curva de experiência, então as outras empresas têm que competir consideravelmente para obtê-la a um custo menor. Idealmente, os futuros adquirentes deveriam pagar mais pela experiência e esperar retornos mais baixos (Boston Consulting Group, 1972). Por outro lado, se a experiência dos primeiros entrantes é adquirida pelas empresas posteriores, há a redução dos custos destes últimos, de forma a não existir vantagem nenhuma em ser o primeiro. É o caso, por exemplo, com muitos sistemas de produção e procedimentos técnicos.

**Tecnologias**   Aqui, novamente, dois efeitos contrários estão ocorrendo. Por um lado, a liderança tecnológica proporcionará maior retorno à empresa, permitindo que as melhores pessoas permaneçam nela e estabelecendo um ambiente estimulante que permita o desenvolvimento e os ajustes de ideias mais avançadas em relação às empresas seguidoras. Estas seguidoras, por outro lado, vão desfrutar das ideias de forma mais fácil do que foi para a empresa detentora da invenção original. Então, a empresa precisa manter seu crescimento em termos de competência tecnológica a fim de proteger sua posição. Portanto, a empresa deve utilizar seu alto retorno para retroalimentar as atividades de pesquisa e desenvolvimento de produtos. Uma boa analogia é uma árvore alta em uma floresta baixa – já que ela vai ficar mais exposta ao sol, crescerá mais rápido e ficará mais alta.

Em geral, deve-se ter em mente que a maioria dos recursos podem ser utilizados em vários produtos. Como resultado, uma determinada barreira de posição de recursos, muitas vezes, têm consequências em vários produtos, proporcionando diferentes retornos para cada um. Um bom exemplo são as habilidades gerenciais de que uma empresa dispõe, já que podem ser analisados como uma tecnologia que ela detém.

A atratividade de um recurso, entendida como a capacidade de manter uma barreira de posição de recurso, é uma condição necessária, mas não suficiente, para que uma empresa possa estar interessada nele. Se todas as empresas lutam para conquistar os recursos potencialmente mais atrativos, mas só algumas podem conquistar, então as empresas terão que escolher melhor os recursos pelos quais lutar.

Assim, as empresas precisam encontrar os recursos que possam sustentar uma barreira de posição de recursos, mas que nenhuma outra empresa os tenha, além de encontrar onde eles têm uma boa chance de estar entre os poucos que conseguem construir tal barreira. As empresas necessitam olhar para os recursos que melhor combinam com aqueles já possuídos e que são suscetíveis à aquisição por poucos competidores.

## Fusões e aquisições

Fusões e aquisições constituem uma oportunidade para a comercialização de recursos não transacionáveis no mercado, bem como a compra ou venda de grupos de recursos. É possível, por meio deste mecanismo, por exemplo, vender uma imagem ou comprar uma combinação de capacidades tecnológicas e contatos de um determinado grupo de mercados.

Notoriamente, é um mercado bastante imperfeito com poucos compradores e recursos de interesses, além de um baixo grau de transparência em relação à aquisição devido à heterogeneidade dos mesmos. Um dado recurso terá diferentes valores para diferentes compradores, especialmente com grande variação entre os que podem obter algum tipo de ajuste (sinergia) entre os seus recursos e aqueles que são visados.

Devido à extrema dificuldade de se investigar pontos como:

a. quais recursos são demandados (quais são alvo);

b. quais recursos que a empresa pode efetivamente aproveitar;

c. qual será o custo de aproveitar tais recursos;

d. quais empresas poderiam pagar por tais recursos.

Muitas vezes, compradores em potencial limitam suas pesquisas aos objetivos que satisfaçam certos critérios simples. Para Salter e Weinhold (1980) uma estratégia de aquisição baseada em recursos é:

1. suplementarmente relacionada (obter mais dos recursos que a empresa já tem);

2. complementarmente relacionada (obter recursos que combinam eficazmente com aqueles que a empresa já tem).

Outras estratégias de aquisição são mais orientadas para os produtos e tendem a se concentrar na capacidade da empresa de entrar (e dominar) os mercados atraentes.

Vamos nos concentrar na compra de recursos, assumindo a rentabilidade do uso de suas diferentes combinações. Nesta perspectiva, a chance de uma empresa maximizar a imperfeição do mercado e com isto adquirir um recurso por um menor preço seria maior caso essa empresa tentasse crescer por meio da aquisição de um recurso mais escasso, ou de sua propriedade. Fazer isso permitiria à empresa obter uma posição de compra com relativamente pouca concorrência, mas também com poucas opções.

Embora, em teoria, o melhor seria se a empresa fosse a única compradora adequada para um lote de opções, mesmo uma situação de monopólio bilateral seria melhor do que um jogo com vários compradores e vendedores idênticos. Especialmente, em uma situação de monopólio bilateral que, provavelmente, levará a uma pesada concorrência na corrida para construção de barreiras de posição de recursos depois de suas aquisições.

## 2.3 GESTÃO DINÂMICA DE RECURSOS: UM EXEMPLO

Na seção anterior, foram examinadas várias situações em que as empresas podem obter altos retornos a partir de recursos individuais. O primeiro entrante a utilizar um recurso atrativo obtém retornos mais elevados em mercados em que o recurso em questão é dominante. Tal teoria será aplicada agora a um tipo especial de recurso: a experiência produzida em conjunto com os produtos. Finalmente, algumas maneiras pelas quais uma empresa pode aumentar seu conjunto de recursos serão investigadas a seguir.

## A matriz de recursos-produto

A análise será realizada por meio do que poderia ser chamado de uma matriz de recursos-produtos, em que as entradas verificadas indicam a importância de um recurso em relação a um produto e vice-versa. A relação é apresentada no Quadro 2.1.

**QUADRO 2.1** Matriz de recursos-produtos

| Recursos / Mercado | I | II | III | IV | V |
|---|---|---|---|---|---|
| A | X | | | | X |
| B | X | X | | | |
| C | | X | | X | |
| D | | | X | | X |

Essa matriz, semelhante à matriz de portfólio de produtos (relaciona margem dos produtos e sua participação no mercado), poderia ser mais informativa, uma vez que as "marcações" (na matriz) fossem substituídas por um valor, indicando a importância dos recursos em relação aos produtos e/ou vice-versa. Como será visto, mesmo na sua forma mais simples, essa é uma ferramenta poderosa. Essa ferramenta será utilizada a seguir para ilustrar diferentes padrões de desenvolvimento de recursos.

## Entrada sequencial em diferentes mercados

A utilização de um único recurso em vários negócios que a empresa tenha é o padrão de diversificação mais frequentemente considerado na política de negócios (Andrews, 1971). Um exemplo típico é fornecido pela BIC Pen Corporation (BIC, 1974) e sua capacidade de realizar marketing de massa para vários produtos, que se mostrou crítico em canetas, isqueiros e lâminas de barbear, mas insuficiente no caso de outros produtos. As tentativas de empresas de formar uma base forte em uma única tecnologia também se enquadram na categoria. Várias empresas de consultoria de mercado exploram esse padrão de crescimento (por exemplo, a "experiência compartilhada" do Boston Consulting Group e a "Análise da atividade" da Braxton Associates).

Embora a ideia geral seja expandir a posição da empresa com um único recurso, não é sempre ideal ir com força total em diversos mercados ao mesmo tempo, mesmo com os efeitos da curva de experiência. Muitas vezes, é melhor desenvolver os recursos em um mercado e, em seguida, mudar para outros mercados a partir de uma posição mais sólida. Um exemplo é a BIC, que entrou nos mercados de canetas, isqueiros e barbeadores sequencialmente. A estratégia de entrada sequencial (uma ideia que remonta a John Stuart Mill e a seus escritos sobre a proteção à indústria nascente) também é muitas vezes seguida por empresas que buscam a internacionalização, conforme ilustrado no Quadro 2.2. No caso, a empresa desenvolve habilidades de produção antes de se internacionalizar.

**QUADRO 2.2** Entrada sequencial

| Recursos / Mercado | Habilidades produtivas | Contatos internacionais | III | IV | Contatos domésticos |
|---|---|---|---|---|---|
| Doméstico | X | | | | X |
| Internacional | X | X | | | |
| C | | X | | X | |
| D | | | X | | X |

Para demonstrar a viabilidade do presente argumento, podemos analisar um modelo matemático simples. (Uma formalização mais elaborada pode ser encontrado em Bardhan, 1971.) Uma empresa pode operar em dois mercados, A e B, que são de tal ordem que leva $a_I$ horas do processo I para produzir uma unidade de A, enquanto que leva $b_I$ e $b_{II}$ horas dos processos I e II, respectivamente, para produzir uma unidade de produto B.

Suponha que as habilidades necessárias para o processo II estejam disponíveis em um mercado perfeito, enquanto as habilidades do processo I possam ser desenvolvidas a partir de efeitos de curva de experiência pela empresa. Assim, as competências do processo I são os recursos considerados atraentes.

Finalmente, vejamos a empresa como tendo um horizonte de tempo composto por dois períodos e consideremos a sabedoria de desenvolver primeiro o processo I no mercado A antes de entrar no mercado B.

Em seguida, todos os parâmetros a seguir são considerados positivos. Os subscritos A, B, I, II, 1 e 2 referem-se aos mercados, processos e períodos assim chamados.

As curvas de demanda são consideradas lineares e constantes ao longo dos dois períodos, de modo que a quantidade vendida é uma função linear do preço cobrado. Isso pode ser escrito como:

$$A_i = \theta_A - P_A \phi_A, \quad i = 1,2$$
$$B_i = \theta_B - P_B \phi_B, \quad i = 1,2$$

Onde $\theta_A$ e $\theta_B$ são os volumes "vendidos" a custo zero, e $\phi_A$ e $\phi_B$ a redução do volume por aumento dos preços unitários.

Os custos variáveis são considerados como zero e os custos fixos ($C$) de vender acima de zero produtos são, no período 1, compostos de um custo constante para operação de cada processo. No período 2, os custos do processo I são, no entanto, reduzidos por $\eta_A$ e $\eta_B$ para cada hora que o processo I foi utilizado no período de 1. Assim temos:

$$C_{A1} = \gamma_{AI}, \qquad \text{se } A_1 > 0$$
$$C_{A2} = \gamma_{AI} - \eta_{A1}(a_1 A_1 + b_1 B_1), \qquad \text{se } A_2 > 0$$
$$C_{B1} = \gamma_{BI} + \gamma_{BII}, \qquad \text{se } B_1 > 0$$
$$C_{B2} = \gamma_{BI} - \eta_{BI}(a_1 A_1 + b_1 B_1) + \gamma_{BII}, \qquad \text{se } B_2 > 0$$

A versão simples e linear da curva de experiência é escolhida por conveniência analítica e não é de maneira nenhuma crucial para os resultados qualitativos abaixo.

Se a empresa tenta maximizar o lucro total nos dois períodos, o objetivo é maximizar:

$$(P_{A1} A_1 - C_{A1}) + (P_{A2} A_2 - C_{A2}) + (P_{B1} B_1 - C_{B1}) + (P_{B2} B_2 - C_{B2})$$

Ao inserir as equações acima, faz-se a equação diferencial com respeito a $P_{A1}$, $P_{A2}$, $P_{B1}$ e $P_{B2}$, e utilizando as condições de primeira ordem, achamos que, se todos os produtos são positivos, os níveis ótimos são:

$$A_1^*(P_{A1}^*) = \tfrac{1}{2}[\theta_A + \phi_A a_1(\eta_{A1} + \eta_{B1})], \quad \text{onde } \eta_{B1} = 0 \text{ se } B_2 = 0$$
$$A_2^*(P_{A2}^*) = \tfrac{1}{2}\theta_A$$
$$B_1^*(P_{B1}^*) = \tfrac{1}{2}[\theta_B + \phi_B b_1(\eta_{A1} + \eta_{B1})]$$
$$B_2^*(P_{B2}^*) = \tfrac{1}{2}\theta_B$$

Ao inserir $(A^*_1, A^*_2, B^*_1, B^*_2)$, $(A^*_1, A^*_2, 0, B^*_2)$ e $(A^*_1, A^*_2, 0, 0)$ no maximador, pode-se encontrar a condição considerada ótima para a entrada no mercado B, mas apenas no segundo período. Essas condições são:

$$\theta_B b_1(\eta_{A1} + \eta_{B1}) + \tfrac{1}{4}[\theta_B \phi_B^{-1} - b_1(\eta_{A1} + \eta_{B1})]^2 \phi_B < \gamma_{BI} + \gamma_{BII}$$
$$< \tfrac{1}{4}\theta_B^2 \phi_B^{-1} + \tfrac{1}{2}\theta_A \eta_{BI} a_1 + \tfrac{1}{2}\phi_A a_1^2 \eta_{BI}(\eta_{AI} + \tfrac{1}{2}\eta_{BI})$$

Essa entrada sequencial tende a ser melhor quando:

1. O mercado A é grande em relação ao mercado de B ($\theta_A$ é grande, $\theta_B$ é pequeno);
2. O produto B só usa um pouco do processo I ($b_I$ é pequeno)
3. Um produto utiliza intensivamente o processo I ($a_I$ é grande).

Embora o efeito gerado aqui seja baseado no argumento da curva de experiência, um pequena reflexão mostra que outras instâncias de recursos produzidos em conjunto com outros produtos também podem gerar o mesmo efeito. Um exemplo é a fidelidade à marca junto com economias de escala no processo I, o que significa que um grande $A_I$ garante as vendas e, consequentemente, baixos custos do processo de I no período 2.

## Explorar e desenvolver

Se o argumento utilizado no exemplo do Quadro 2.2 for estendido um pouco mais, pode-se ver o quinto recurso, "contatos domésticos", como o apoio à formação do primeiro recurso, "habilidades produtivas", por causa dos efeitos de custos conjuntos. Isso poderia, por sua vez, ser utilizado para apoiar a aquisição de "contatos internacionais", etc, conforme apresentado no Quadro 2.3.

**QUADRO 2.3** Explorar e desenvolver

| Mercado \ Recursos | Habilidades produtivas | Contatos internacionais | III | Gerenciamento de projeto | Contatos domésticos |
|---|---|---|---|---|---|
| Doméstico | X ←———————————————————— | | | | X |
| Internacional | X ——→ | X | | | |
| Chave na mão | | | X ————————→ | X | |
| D | | | | X | X |

A analogia com a teoria do portfólio de produtos (Henderson, 1979), no qual os produtos mais fortes proporcionam dinheiro para os produtos mais fracos, mais uma vez reforça a dualidade entre o produto e as perspectivas de recursos na empresa. Uma vez que se espera que os negócios e produtos da empresa sejam relacionados de outras maneira que não somente a financeira, o custo compartilhado dos recursos pode subsidiar a entrada de um novo produto. Ou seja, o lucro de um produto em um determinado mercado pode viabilizar, por um período de tempo, os possíveis prejuízos de outro produto até que este obtenha lucratividade.

Olhando para as empresas diversificadas como portfólios de recursos em vez de portfólios de produtos proporciona uma perspectiva diferente e talvez mais rica sobre as perspectivas de crescimento. Assim, uma gestão ideal do portfólio de recursos é, em teoria, a mesma coisa que uma gestão ideal do portfólio de produtos, mas essas duas abordagens podem destacar oportunidades de crescimento diferentes.

No quadro acima, o crescimento ideal da empresa envolve um equilíbrio entre a exploração dos recursos existentes e o desenvolvimento de novos (Penrose, 1959; Rubin,1973; Wernerfelt, 1977). Mesmo em um cenário incerto, isso não necessariamente torna os recursos aplicados em vários negócios e produtos (versáteis) mais atraentes do que mais recursos especializados. A razão para isso é que, embora os recursos versáteis dão mais opções, espera-se uma maior concorrência para obtenção desses recursos.

## Construindo as bases para a expansão

Na gestão de um portfólio de recursos, os candidatos à diversificação de produtos ou recursos devem ser avaliados em termos dos seus efeitos no resultado de curto prazo (como no caso do portfólio de produtos) e também em termos de sua capacidade a longo prazo para funcionar como o alicerce para uma maior expansão. A *Business Week* (1981) atribuiu essa estratégia engenhosa aos japoneses. Resumidamente, a ideia é que, para entrar na indústria de computadores, é necessário primeiramente desenvolver habilidades relacionadas com chips – uma indústria em que os japoneses poderiam entrar mais facilmente, uma vez que já detinham algumas das habilidades exigidas. O Quadro 2.4 ilustra esse padrão.

**QUADRO 2.4** Base forte

| Recurso \ Mercado | Assembleia de massa | Marketing do consumidor | III | IV | Tecnologia de eletrônicos |
|---|---|---|---|---|---|
| Chips | X | | | | X |
| Stereoset | X | X | | | |
| C | | X | X | | |
| Computadores | | | X | | X |

## 2.4 CONCLUSÃO

Este artigo tentou ver as empresas em termos de seus recursos e não em termos de seus produtos. Foi argumentado que tal perspectiva poderia lançar uma nova luz sobre as opções estratégicas, em especial aos que estão abertos a empresas diversificadas.

As barreiras de posição de recursos foram definidas como parcialmente análogas às barreiras de entrada. Com base nessa definição, pode-se esboçar um retrato de como as empresas podem desenvolver essas barreiras, talvez por meio de produtos em que os recursos já fortes e desenvolvidos apoiem os recursos mais fracos e menos desenvolvidos. Esse mecanismo é novamente explorado na matriz de recurso-produto, que é algo análogo à matriz de crescimento e nos permite considerar diferentes caminhos de desenvolvimento. Deve-se ter em mente que a teoria apresentada na última seção considera apenas recursos que são produzidos em conjunto com outros produtos. Estratégias de crescimento para outros tipos de recursos ainda precisam ser desenvolvidas. A única menção feita sobre a estratégia geral de crescimento é que ela envole, de alguma forma, um equilíbrio entre a exploração dos recursos existentes e o desenvolvimento de novos recursos.

Este artigo é apenas um primeiro passo na tentativa de abordar esse tema. Além da óbvia necessidade de olhar para as estratégias de crescimento baseadas em outros tipos de recursos, mais pesquisas precisam ser feitas sobre a implementação das estratégias sugeridas. Nada se sabe, por exemplo, sobre as dificuldades práticas envolvidas na identificação dos recursos (os produtos são de faceis de identificar), nem sobre como uma empresa pode combinar as suas capacidades espalhadas em várias divisões, ou sobre como podemos criar uma estrutura e preparar sistemas que possam ajudar uma empresa a executar essas estratégias.

O novo foco de aplicar tecnologia à estratégia, a crescente tendência das empresas de definirem-se em termos de tecnologias, bem como a criação de organizações baseadas em estratégias do tipo *cross-divisional* (Texas Instruments, 1971) e os grupos de tecnologia (General Electric, 1981) indicam que os objetivos descritos acima parecem ser o que as empresas estão buscando.

## 2.5 REFERÊNCIAS

Andrews, K. *The Concept of Corporate Strategy*, Dow Jones-Irwin, Homewood, 111., 1971.

Bardhan, P. K. 'On optimum subsidy to a learning industry: an aspect of the theory of infant-industry protection', *International Economic Review*, **12**, 1971, pp. 54-70.

BIC Pen Corporation (A). *Intercollegiate Case Clearing House*, 1-374-305, 1974.

Boston Consulting Group. *Perspectives on Experience*, Boston Consulting Group, Boston, 1972. Business Week, 14 December 1981.

Caves, R. E. 'Industrial organization, corporate strategy and structure', *Journal of Economic Literature*, **58**, 1980, pp. 64-92.

*General Electric—Strategic Position*. Intercollegiate Case Clearing House, 1-381-174, 1981.

Henderson, B. D. *Henderson on Corporate Strategy*, Abt Books, Cambridge, Mass., 1979.

Panzar, J. C. and R. D. Willig. 'Economies of scope', *American Economic Review*, 71 (2), 1981, pp. 268-272.

Penrose, E. G. *The Theory of the Growth of the Firm*, Wiley, New York, 1959.

Porter, M. E. *Competitive Strategy*, Free Press, New York, 1980.

Ries, A. and J. Trout. *Positioning: The Battle for Your Mind*, McGraw-Hill, New York, 1981.

Rubin, P. H. 'The expansion of firms', *Journal of Political Economy*, **81**, 1973, pp. 936-949.

Salter, M. and W. Weinhold. *Diversification by Acquisition*, Free Press, New York, 1980.

Spence, A. M. 'Investment strategy and growth in a new market', *Bell Journal of Economics*, **10**, 1979, pp. 1-19.

Texas Instruments—Management Systems. *Intercollegiate Case Clearing House*, 9-172-054, 1971.

Wernerfelt, B. 'An information based theory of microeconomics and its consequences for corporate strategy', *Unpublished Dissertation*, Harvard University, Graduate School of Business Administration, 1977.

# 3
# Recursos da empresa e vantagem competitiva sustentada*

JAY BARNEY
TEXAS A&M UNIVERSITY

---

A compreensão das fontes de vantagem competitiva sustentada tornou-se uma área muito importante de pesquisa de gestão estratégica. Com base nos pressupostos de que recursos estratégicos são distribuídos de maneira heterogênea nas empresas e que tais diferenças são estáveis ao longo do tempo, este artigo analisa a relação entre esses recursos e a vantagem competitiva sustentada. São debatidos quatro indicadores empíricos do potencial dos recursos da empresa de gerarem vantagem competitiva sustentada – valor, raridade, possibilidade de imitação e possibilidade de substituição. O modelo é aplicado por meio da análise do potencial dos vários recursos da empresas para a geração de vantagens competitivas sustentadas. O artigo termina examinando implicações deste modelo de vantagem competitiva sustentada dos recursos da empresa para outras disciplinas de negócios**.

---

A compreensão das fontes de vantagem competitiva sustentada para empresas tornou-se uma área muito importante de pesquisa no campo de gestão estratégica (Porter, 1985; Rumelt, 1984). Desde a década de 1960, foi utilizado um único modelo de organização para estruturar boa parte desta pesquisa (Andrews, 1971; Ansoff, 1965; Hofer & Schendel, 1978). O modelo, resumido na Figura 3.1, sugere que empresas obtenham vantagens competitivas sustentadas ao colocarem em prática estratégias que explorem seus pontos fortes internos, por meio da resposta a oportunida-

---

\* Artigo originalmente publicado sob o título *Firm Resources and Sustained Competitive Advantege*, no Journal of Management, v.12, n.1, p.99-120, 1991.

\** Debates com membros do Grupo de Gestão Estratégica da Texas A&M University, inclusive Mike Hitt, Tom Turk, Bob Hoskisson, Barry Baysinger e Abby McWilliams, ajudaram o desenvolvimento destas ideias. Os princípios do argumento foram apresentados e discutidos na Segunda Conferência Anual da Wharton sobre Modelos de Escolha Estratégica. Debates com Raphael Amit, Birger Wernerfelt, Michael Porter, David Teece, Dick Rumelt, Margie Petroff, Connie Helfat, Sid Winter e Garth Saloner tiveram impacto significativo sobre as ideias desenvolvidas aqui. Gostaria de agradecer especialmente à Cynthia Montgomery por me convencer a escrever este artigo.

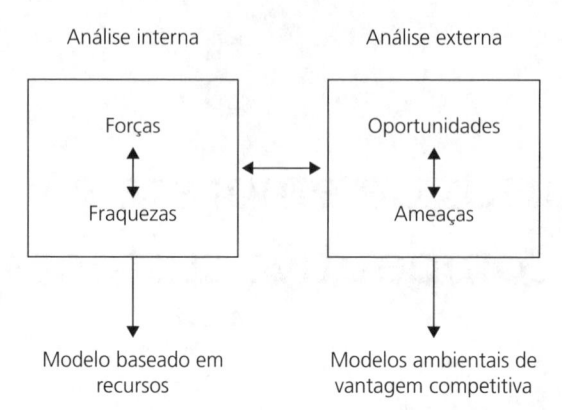

```
        Análise interna              Análise externa

        ┌──────────────┐           ┌──────────────┐
        │   Forças     │           │ Oportunidades│
        │     ↕        │ ←──────→  │     ↕        │
        │  Fraquezas   │           │   Ameaças    │
        └──────┬───────┘           └──────┬───────┘
               │                          │
               ▼                          ▼
       Modelo baseado em         Modelos ambientais de
           recursos              vantagem competitiva
```

**FIGURA 3.1** Relação entre análise tradicional de "forças-fraquezas-oportunidades--ameaças", o modelo baseado em recursos e modelos de atratividade da indústria.

des ambientais, ao mesmo tempo em que neutralizem ameaças externas e evitem os pontos fracos internos. A maior parte da pesquisa sobre fontes de vantagem competitiva sustentada se concentrou, ou em isolar as oportunidades e ameaças de uma empresa (Porter, 1980, 1985), descrevendo seus pontos fortes e fracos (Hofer & Schendel, 1978; Penrose, 1958; Stinchcombe, 1965), ou analisando como as fraquezas são combinadas para que sejam escolhidas as estratégias.

Apesar de as análises internas de pontos fortes e pontos fracos organizacionais, terem recebido alguma atenção por parte da literatura, bem como as análises externas de oportunidades e ameaças, a tendência dos trabalhos tem sido se concentrar principalmente na análise das oportunidades e ameaças de uma empresa no seu ambiente competitivo (Lamb, 1984). Conforme exemplificado pela pesquisa realizada por Porter e seus colegas (Caves & Porter, 1977; Porter, 1980, 1985), este trabalho tentou descrever as condições ambientais que favorecem níveis elevados de desempenho das empresas. O "modelo dos cinco pontos fortes" de Porter (1980), por exemplo, descreve os atributos de um setor atraente e, portanto, sugere que oportunidades serão maiores e que haverá menos ameaças nesses tipos de setores.

Para ajudar a concentrar a análise do impacto do ambiente de uma empresa sobre sua posição competitiva, boa parte desse tipo de pesquisa estratégica tem dado pouca ênfase ao impacto de atributos idiossincráticos da empresa sobre sua posição competitiva (Porter, 1990). Implicitamente, este trabalho adotou dois pressupostos simplificadores. Em primeiro lugar, os modelos ambientais de vantagem competitiva pressupõem que as empresas dentro de um setor (ou empresas dentro de um grupo estratégico) são idênticas em termos dos recursos estrategicamente relevantes que elas controlam e das estratégias que elas buscam (Porter, 1981;

Rumelt, 1984; Scherer, 1980). Em segundo lugar, pressupõem que, caso se desenvolva a heterogeneidade de um recurso dentro de um setor ou de um grupo (talvez por meio de um novo entrante), essa heterogeneidade terá vida muito curta porque os recursos que as empresas utilizam para colocar em prática suas estratégias são altamente variáveis (isto é, eles podem ser comprados e vendidos por fatores mercadológicos) (Barney, 1986a; Hirshleifer, 1980)*.

Não há muita dúvida de que estes dois pressupostos foram muito úteis para esclarecer nossa compreensão do impacto do ambiente de uma empresa sobre seu desempenho. No entanto, a visão de vantagem competitiva baseada em recursos obviamente não pode desenvolver esses mesmos pressupostos, uma vez que ela analisa o vínculo entre as características internas de uma empresa e seu desempenho. Tais pressupostos efetivamente eliminam a heterogeneidade do recurso da empresa e a imobilidade como sendo possíveis fontes de vantagem competitiva (Penrose, 1958; Rumelt, 1984; Wernerfelt, 1984, 1989). A visão da empresa baseada em recursos substitui dois pressupostos ao analisar fontes de vantagem competitiva. Em primeiro lugar, o modelo assume que empresas dentro de um setor (ou grupo) possam ser heterogêneas no que diz respeito aos recursos estratégicos que elas controlam. Em segundo lugar, pressupõe que esses recursos podem não ser perfeitamente variáveis ao longo das empresas e que, portanto, a heterogeneidade poderá ser duradoura. O modelo da empresa baseado em recursos analisa as implicações destes dois pressupostos para a análise de fontes de vantagem competitiva sustentada.

Este artigo inicia com a definição de alguns termos essenciais e, em seguida, analisa o papel dos recursos idiossincráticos e invariáveis da empresa para a criação de vantagens competitivas sustentadas. Depois, desenvolve um modelo para avaliar se recursos específicos da empresa podem ser fontes de vantagem competitiva sustentada ou não. Como exemplo da maneira pela qual o modelo poderá ser aplicado, ele é utilizado na análise das implicações competitivas de diversos recursos que outros sugeriram que poderiam ser fontes de vantagem competitiva sustentada. O artigo termina descrevendo o relacionamento entre este modelo de vantagem competitiva sustentada baseado em recursos e outras disciplinas de negócios.

---

* Assim, por exemplo, Porter (1980) sugere que as empresas devam analisar o seu ambiente competitivo, escolher suas estratégias e, em seguida, adquirir os recursos necessários para implementá-las. As empresas assumem ter os mesmos recursos para implementar essas estratégias ou terem o mesmo acesso a esses recursos. Mais recentemente, Porter (1985) introduziu uma linguagem para discutir possíveis atributos organizacionais internos que podem afetar a vantagem competitiva. A relação entre essa "cadeia de valor" e a visão baseada em recursos da empresa é analisada a seguir.

## 3.1 DEFININDO CONCEITOS FUNDAMENTAIS

Para evitar uma possível confusão, três conceitos centrais para a perspectiva desenvolvida neste artigo são definidos nesta seção. Esses conceitos são os recursos da empresa, a vantagem competitiva e a vantagem competitiva sustentada.

### Recursos da empresa

Neste artigo, os recursos da empresa incluem todos os ativos, capacidades, processos organizacionais, atributos da empresa, informações, conhecimento, etc, controlados por uma empresa, e que permitam que ela conceba e coloque em prática estratégias que melhorem sua eficiência e eficácia (Daft, 1983). De acordo com a linguagem da análise estratégica tradicional, os recursos da empresa são pontos fortes que elas poderão utilizar para conceber e colocar em prática suas estratégias (Learned, Christensen, Andrews, & Guth, 1969; Porter, 1981).

Diversos autores geraram listas de atributos de uma empresa que podem permitir que elas concebam e coloquem em prática estratégias que criem valor (Hitt & Ireland, 1986; Thompson & Strickland, 1987). Para fins de debate, estes vários recursos possíveis da empresa podem ser convenientemente classificados em três categorias: recursos de capital físico (Williamson, 1975), recursos de capital humano (Becker, 1964) e recursos de capital organizacional (Tomer, 1987). Os recursos de capital físico incluem a tecnologia física utilizada pela empresa: fábrica e equipamentos, localização geográfica e acesso a matérias-primas. Os recursos de capital humano incluem o treinamento, a experiência, o juízo, a inteligência, relacionamentos e ideias de gestores e trabalhadores individuais da empresa. Os recursos de capital organizacional incluem a estrutura de relatório formal da empresa, o planejamento formal e informal, o controle e sistemas coordenados, assim como as relações informais entre grupos dentro da empresa e entre ela e outras pertencentes ao seu ambiente.

É claro que nem todos os aspectos do capital físico, do capital humano e do capital organizacional de uma empresa são recursos estrategicamente relevantes. Alguns destes atributos da empresa poderão impedir que ela conceba e coloque em prática estratégias valiosas (Barney, 1986b). Outros poderão levar ela a conceber e colocar em prática estratégias que reduzam sua eficiência e eficácia. Ainda outros poderão não causar nenhum impacto sobre os processos estratégicos da empresa. No entanto, esses atributos do capital físico, humano e organizacional que efetivamente permitam que a empresa conceba e coloque em prática estratégias que melhorem sua eficiência e sua eficácia são, para fins deste debate, os recursos da empresa

(Wernerfelt, 1984). A finalidade deste artigo é especificar as condições sob as quais esses recursos podem ser uma fonte de vantagem competitiva sustentada para uma empresa.

## Vantagem competitiva e vantagem competitiva sustentada

Neste artigo, diz-se que uma empresa terá uma vantagem competitiva quando colocar em prática uma estratégia criadora de valor que não seja praticada ao mesmo tempo por nenhum concorrente atual ou potencial. Diz-se que uma empresa terá uma vantagem competitiva sustentada quando, além de colocar em prática uma estratégia criadora de valor que não seja praticada ao mesmo tempo por nenhum concorrente atual ou potencial, também estas outras empresas não conseguirem replicar os benefícios desta estratégia. Essas duas definições exigem algum debate.

Em primeiro lugar, elas não se concentram exclusivamente na posição competitiva de uma empresa em comparação com outras que já estejam funcionando no seu setor. Em vez disso, de acordo com Baumol, Panzar e Willig (1982), pressupõe-se que a concorrência de uma empresa inclua não apenas todos os seus concorrentes atuais, mas também concorrentes potenciais prontos para entrarem no setor em algum momento no futuro. Portanto, uma empresa que desfrutar de uma vantagem competitiva ou de uma vantagem competitiva sustentada estará colocando em prática uma estratégia que não será praticada ao mesmo tempo por nenhum dos seus concorrentes atuais ou potenciais (Barney, McWilliams, & Turk, 1989).

Em segundo lugar, a definição de vantagem competitiva sustentada adotada aqui não depende do período de tempo do calendário durante o qual uma empresa desfruta de uma vantagem competitiva. Alguns autores sugeriram que uma vantagem competitiva sustentada é simplesmente uma vantagem competitiva que dura um longo período de tempo do calendário (Jacobsen, 1988; Porter, 1985). Apesar de uma compreensão sobre como as empresas podem fazer com que uma vantagem competitiva dure um período maior de tempo do calendário ser uma questão importante de pesquisa, o conceito de vantagem competitiva sustentada utilizada neste artigo não se refere ao período de tempo de calendário em que uma empresa tem uma vantagem competitiva.

Em vez disso, se a vantagem competitiva é sustentada ou não, depende da possibilidade de sua replicação competitiva. De acordo com Lippman e Rumelt (1982) e Rumelt (1984), a vantagem competitiva será sustentada apenas se continuar a existir depois de esforços para replicar essa vantagem terem cessado. Neste sentido, esta definição de vantagem competitiva sustentada é uma definição de equilíbrio (Hirshleifer, 1982).

Teoricamente, esta definição de equilíbrio de vantagem competitiva sustentada apresenta várias vantagens, dentre as quais a mais importante não é que ela evite o difícil problema de especificar quanto tempo de calendário as empresas em diferentes setores devem possuir vantagens competitivas para que sejam "sustentadas". Empiricamente, vantagens competitivas sustentadas podem, em média, durar por um longo período de tempo de calendário. No entanto, não é esse período de tempo de calendário que define a existência de uma vantagem competitiva sustentada, mas a incapacidade de concorrentes atuais e potenciais em replicar essa estratégia é que torna a vantagem competitiva sustentada.

Finalmente, o fato de a vantagem competitiva ser sustentada não implica que ela "durará para sempre". Isso apenas sugere que ela não será superada por meio de esforços de duplicação de outras empresas. Mudanças imprevistas na estrutura econômica de um setor podem fazer que aquilo que em um dado momento foi uma fonte de vantagem competitiva sustentada não seja mais valioso para a empresa, deixando de ser uma fonte de qualquer vantagem competitiva. Tais revoluções estruturais em um setor – que vários autores chamam de "Choques Schumpeterianos" (Barney, 1986c; Rumelt & Wensley, 1981; Schumpeter, 1934, 1950) – redefinem quais dos atributos de uma empresa são recursos e quais não são. Por sua vez, alguns desses recursos podem ser fontes de vantagem competitiva sustentada na estrutura setorial definida recentemente (Barney, 1986c). No entanto, o que eram recursos em um ambiente setorial anterior podem ser pontos fracos, ou simplesmente irrelevantes, em um novo ambiente setorial. Uma empresa que desfrute de uma vantagem competitiva sustentada poderá experimentar grandes mudanças na estrutura de concorrência e ver suas vantagens competitivas anuladas por essas mudanças. No entanto, uma vantagem competitiva sustentada não é anulada a partir de empresas concorrentes replicando os benefícios dessa vantagem competitiva.

## 3.2 CONCORRÊNCIA COM RECURSOS HOMOGÊNEOS E PERFEITAMENTE MÓVEIS

De posse dessas definições, agora é possível explorar o impacto da heterogeneidade e da imobilidade dos recursos sobre a vantagem competitiva sustentada. Isso é feito analisando a natureza da concorrência quando os recursos da empresa são perfeitamente homogêneos e variáveis.

Nesta análise, não se sugere que haja setores em que existam atributos de homogeneidade e mobilidade perfeitas. Apesar de isso ser, em última análise, uma questão empírica, parece razoável esperar que a maioria dos setores seja caracterizada por pelo menos algum grau de heterogeneidade e imobilidade de recurso (Barney & Hoskisson, 1989). Portanto, em vez de afirmar que os recursos da empresa são homogêneos e móveis, a finalidade da análise é examinar a possibilidade de descobrir fontes de vantagem competitiva sustentada sob estas condições. Não é de se surpreender que se argumente que empresas em geral não podem esperar obter vantagens competitivas sustentadas quando os recursos estratégicos são distribuídos por todas as empresas concorrentes e quando são altamente variáveis. A conclusão sugere que a busca por fontes de vantagem competitiva sustentada deve se concentrar na heterogeneidade e na imobilidade dos recursos da empresa.

## Homogeneidade e mobilidade dos recursos e vantagem competitiva sustentada

Imagine um setor em que as empresas possuam exatamente os mesmos recursos. A condição sugere que todas as empresas tenham a mesma quantidade e os mesmos tipos de capital físico, humano e organizacional estrategicamente relevante. Será que existe alguma estratégia que se poderia conceber e colocar em prática por qualquer uma dessas empresas que também não poderia ser concebida ou colocada em prática por todas as outras empresas do setor? A resposta à pergunta tem que ser não. A concepção e a colocação em prática de estratégias empregam diversos recursos das empresas (Barney, 1986a; Hatten & Hatten, 1987; Wernerfelt, 1984). O fato de uma empresa em um setor povoado de outras idênticas ter os recursos para conceber e colocar em prática uma estratégia significa que as outras empresas, por possuírem os mesmos recursos, também poderão conceber e colocar em prática tal estratégia. Uma vez que todas as empresas colocam em prática as mesmas estratégias, todas irão melhorar sua eficiência e eficácia da mesma maneira e no mesmo grau. Portanto, neste tipo de setor, não é possível as empresas desfrutarem de uma vantagem competitiva sustentada.

## Homogeneidade e mobilidade dos recursos e vantagens do primeiro jogador

Uma objeção a essa conclusão está relacionada com as chamadas "vantagens do primeiro jogador" (Lieberman & Montgomery, 1988). Em algumas circunstâncias, a primeira empresa em um setor a colocar em prática uma estratégia poderá obter uma vantagem competitiva sustentada sobre as outras. Essas empresas poderão ganhar acesso a canais de distribuição, desenvolver um bom relacionamento com clientes ou desenvolver uma reputação positiva, tudo isso antes que concorrentes coloquem mais tarde em prática suas estratégias. Portanto, as empresas que fizerem o primeiro movimento poderão obter uma vantagem competitiva sustentada.

No entanto, após uma reflexão, parece claro que, se as empresas concorrentes forem idênticas nos recursos que controlam, não será possível para qualquer empresa obter isoladamente uma vantagem competitiva por ter feito o primeiro movimento. Para ser a primeira a colocar em prática uma estratégia antes de qualquer outra concorrente, uma empresa específica precisa ter ideias sobre as oportunidades associadas com implementação desta estratégia que as outras empresas do setor ou que outras com potencial para entrar não possuam (Lieberman & Montgomery, 1988). Esse recurso singular da empresa (informações sobre uma oportunidade) torna possível para ela estar melhor informada e colocar em prática sua estratégia antes das outras. No entanto, por definição, não existe nenhum recurso singular da empresa neste tipo de setor. Se uma empresa for capaz de conceber e colocar em prática uma estratégia, então todas as outras também serão capazes de fazer o mesmo, e tais estratégias serão concebidas e colocadas em prática em paralelo. Assim, empresas idênticas tomam conhecimento das mesmas oportunidades e as explorem da mesma maneira.

Não está se afirmando que nunca possa haver vantagens para o primeiro jogador em setores. O que se sugere aqui é que, para que haja uma vantagem para o primeiro jogador, as empresas de um setor deverão ser heterogêneas em termos dos recursos que controlam.

## Homogeneidade e mobilidade dos recursos e barreiras à entrada e à mobilidade

Uma segunda objeção à conclusão de que vantagens competitivas sustentadas não poderão existir quando os recursos da empresa em um setor forem perfeitamente homogêneos e variáveis diz respeito à existência de "barreiras à entrada" (Bain, 1956) ou, de maneira mais geral, "barreiras à mobilidade" (Caves & Porter, 1977). O argumento aqui é que, mesmo que empresas dentro de um setor (grupo estratégico) sejam perfeitamente homogêneas, se houver fortes barreiras à entrada ou à mobilidade, tais empresas poderão ser capazes de obter uma vantagem competitiva sustentada em relação a outras que não estejam no mesmo setor (grupo estratégico). Essa vantagem competitiva sustentada será refletida em um desempenho econômico acima do normal para as empresas protegidas pela barreira à entrada ou à mobilidade (Porter, 1980).

No entanto, de outro ponto de vista, barreiras à entrada ou à mobilidade só são possíveis se empresas atuais e potencialmente concorrentes forem heterogêneas em termos dos recursos que controlam e se esses recursos não forem perfeitamente variáveis (Barney, McWilliams, Turk, 1989). O requisito da heterogeneidade é evidente por si mesmo. Para que exista uma barreira à entrada ou à mobilidade, empresas protegidas por tais barreiras deverão colocar em prática estratégias diferentes de outras que estejam buscando entrar em áreas protegidas da concorrência. Empresas com entrada restringida não conseguem colocar em prática as mesmas estratégias que empresas dentro do setor ou do grupo estratégico. Como a colocação em prática da estratégia requer a aplicação de recursos da empresa, a incapacidade daquelas empresas que tentam entrar em um setor ou grupo estratégico para colocar em prática as mesmas estratégias já estabelecidas dentro do setor ou grupo sugere que elas não devam ter os mesmos recursos estrategicamente relevantes do que as das empresas já estabelecidas no setor ou grupo estratégico. Portanto, barreiras à entrada e à mobilidade existem apenas quando empresas concorrentes forem heterogêneas em termos de recursos estrategicamente relevantes que elas controlam. Com efeito, essa é a definição de grupos estratégicos sugerida por McGee e Thomas (1986).

O requisito de os recursos da empresa serem imóveis para que existam barreiras à entrada ou à mobilidade também é claro. Se tais recursos forem perfeitamente móveis, então qualquer recurso que permita que algumas empresas coloquem em prática uma estratégia protegida por barreiras à entrada ou à mobilidade poderá ser facilmente adquirido por outras empresas que tentarem entrar nesse setor ou grupo. Uma vez que os recursos sejam adquiridos, a estratégia em questão poderá ser concebida e colocada em prática da mesma maneira que as outras empresas fizeram anteriormente em relação às suas estratégias. Portanto, as estratégias não são uma fonte de vantagem competitiva sustentada.

Novamente, não está se afirmando que as barreiras à entrada ou à mobilidade não existam. No entanto, se sugere que elas apenas passam a ser fontes de vantagem competitiva sustentada quando os recursos da empresa não são distribuídos de maneira homogênea pelas empresas concorrentes e quando eles não são perfeitamente móveis.

Uma pesquisa focada no impacto das oportunidades e ameaças no ambiente de uma empresa na vantagem competitiva reconheceu as limitações inerentes ao se analisar a vantagem competitiva com o pressuposto de que recursos da empresa sejam distribuídos de maneira homogênea e altamente móvel. Porter (1985) apresenta o conceito de cadeia de valor para auxiliar os gestores a isolar vantagens potenciais baseadas em recursos para as empresas. A visão da empresa baseada em recursos desenvolvida aqui simplesmente aproxima ainda mais esta lógica da cadeia de valor de uma análise mais aprofundada para ser fonte de vantagem competitiva sustentada.

## 3.3 RECURSOS DA EMPRESA E VANTAGEM COMPETITIVA SUSTENTADA

Até aqui, se sugeriu que, para compreender fontes de vantagem competitiva sustentada, é necessário construir um modelo teórico que comece com o pressuposto de que os recursos da empresa podem ser heterogêneos e imóveis. É claro que nem todos os recursos detêm o potencial de vantagens competitivas sustentadas. Para ter esse potencial, o recurso de uma empresa deverá ter quatro atributos: (a) ser valioso, no sentido de explorar oportunidades e/ou neutralizar ameaças no ambiente de uma empresa, (b) ser raro entre a concorrência atual e potencial de uma empresa, (c) ser de difícil imitação e (d) não haver substitutos equivalentes em termos estratégicos para tal recurso que sejam valiosos, raros e de difícil imitação. Esses atributos de recursos da empresa podem ser considerados como indicadores empíricos de até que ponto os recursos de uma empresa são heterogêneos e imóveis e, portanto, até que ponto são úteis para gerar vantagens competitivas sustentadas. Cada um dos atributos dos recursos de uma empresa são discutidos de maneira mais detalhada a seguir.

### Recursos valiosos

Os recursos da empresa só serão uma vantagem competitiva ou competitiva sustentada quando valiosos. Conforme se sugeriu anteriormente, os recursos são valiosos quando permitem que uma empresa conceba ou coloque em prática estratégias que melhorem sua eficiência e eficácia. O modelo tradicional de "forças-fraquezas-oportunidades-ameaças" para o desempenho de uma empresa sugere que ela é capaz de melhorar seu desempenho apenas quando suas estratégias explorarem oportunidades ou neutralizarem ameaças. Os atributos de uma empresa podem conter outras características como fontes de vantagem competitiva (por exemplo, raridade, impossibilidade de imitação, impossibilidade de substituição), mas tais atributos só se tornarão recursos quando explorarem oportunidades ou neutralizarem ameaças no ambiente de uma empresa.

O fato de os atributos de uma empresa necessitarem ser valiosos para serem considerados recursos (e, portanto, possíveis fontes de vantagem competitiva sustentada) aponta para uma complementaridade importante entre os modelos ambientais de vantagem competitiva e o modelo baseado em recursos. Tais modelos ambientais ajudam a isolar aqueles atributos da empresa que exploram oportunidades e/ou neutralizam ameaças e, portanto, especificam quais atributos da empresa que podem ser considerados como recursos. Assim, o modelo baseado em recursos sugere quais são as características adicionais que os recursos devem possuir para gerarem uma vantagem competitiva sustentada.

## Recursos raros

Por definição, recursos valiosos de uma empresa possuídos por uma grande quantidade de empresas concorrentes ou potencialmente concorrentes não poderão ser fontes de vantagem competitiva, tampouco de vantagem competitiva sustentada. Uma empresa desfruta de uma vantagem competitiva quando está colocando em prática uma estratégia que crie valor e que não esteja sendo colocada em prática ao mesmo tempo por uma grande quantidade de outras empresas. Se um o recurso valioso específico de uma empresa for possuído por uma grande quantidade de empresas, então cada uma delas terá a capacidade de explorar esse recurso da mesma maneira, colocando em prática uma estratégia comum que não dê uma vantagem competitiva a nenhuma empresa isoladamente.

A mesma análise se aplica a conjuntos de recursos valiosos de empresa utilizados para conceber e colocar em prática as estratégias. Algumas estratégias requerem uma mistura específica de recursos de capital físico, capital humano e capital organizacional para serem colocadas em prática. Um recurso da empresa exigido para se colocar em prática quase todas as estratégias é o talento gerencial (Hambrick, 1987). Se o conjunto específico de recursos da empresa não for raro, então uma grande quantidade de empresas será capaz de conceber e colocar em prática as estratégias em questão, que não serão uma fonte de vantagem competitiva, apesar de os recursos em questão serem valiosos.

Observar que vantagens competitivas (sustentadas ou não) apenas se acumulam em empresas que tenham recursos valiosos e raros não significa desprezar recursos comuns (isto é, que não sejam raros) da empresa como pouco importantes. Ao contrário, os recursos valiosos, porém comuns, poderão ajudar a assegurar a sobrevivência da empresa quando eles forem explorados para criar paridade competitiva em um setor (Barney, 1989a). Sob condições de paridade competitiva, apesar de nenhuma empresa isoladamente obter uma vantagem competitiva, as empresas efetivamente aumentam a probabilidade da sua sobrevivência econômica (McKelvey, 1980; Porter, 1980).

Até que ponto o recurso valioso de uma empresa tem que ser raro para ter o potencial para gerar uma vantagem competitiva é uma pergunta difícil. Não é difícil perceber que, se os recursos valiosos de uma empresa forem absolutamente singulares entre um conjunto de empresas concorrentes e potencialmente concorrentes, eles irão gerar pelo menos uma vantagem competitiva e poderão ter o potencial de gerar uma vantagem competitiva sustentada. No entanto, talvez poucas empresas em um setor possuam um recurso valioso específico e, ainda assim, gerem uma vantagem competitiva. Em geral, enquanto o número de empresas que possuir um recurso valioso específico (ou um conjunto de recursos valiosos) for menor do que o número de empresas necessário para gerar uma dinâmica de concorrência perfeita num setor (Hirshleifer, 1980), esse recurso terá o potencial de gerar uma vantagem competitiva.

## Recursos de difícil imitação

Não é difícil de perceber que recursos organizacionais valiosos e raros podem ser uma fonte de vantagem competitiva. Com efeito, empresas com recursos assim muitas vezes terão estratégicas inovadoras pois serão capazes de conceber e de se envolver em estratégias que outras empresas não conseguiriam conceber, não conseguiriam colocar em prática ou as duas coisas, uma vez que essas outras empresas não teriam seus recursos relevantes. A observação de que recursos organizacionais valiosos e raros poderão ser uma fonte de vantagem competitiva é outra maneira de descrever vantagens para o primeiro jogador correndo para empresas com vantagens de recursos.

No entanto, recursos organizacionais valiosos e raros só poderão ser fontes de vantagem competitiva sustentada se as empresas que não os possuírem não conseguirem obtê-los. De acordo com uma linguagem desenvolvida em Lippman e Rumelt (1982) e Barney (1986a; 1986b), esses recursos da empresa são de difícil imitação. Isso ocorre em função de: (a) a capacidade de uma empresa de obter um recurso depende de condições históricas singulares, (b) o vínculo entre os recursos possuídos por uma empresa e sua vantagem competitiva sustentada é ambígua em termos causais, ou (c) o recurso que gera a vantagem de uma empresa é socialmente complexo (Dierickx & Cool, 1989). Cada uma das três fontes da difícil imitação de recursos da empresa será analisada a seguir.

### Condições históricas singulares e recursos de difícil imitação

Outro pressuposto da maioria dos modelos ambientais da vantagem competitiva de uma empresa, além da homogeneidade e da mobilidade dos recursos, é que o desempenho das empresas poderá ser compreendido independentemente da sua história específica e de outros atributos idiossincráticos (Porter, 1981; Scherer, 1980). Esses pesquisadores raramente argumentam que as empresas não variam em termos das suas histórias singulares, mas, em vez disso, que essas histórias não são relevantes para a compreensão do desempenho de uma empresa (Porter, 1980).

A vantagem competitiva a partir da visão baseada em recursos desenvolvida aqui relativiza tal pressuposto. Com efeito, a abordagem defende não apenas que as empresas são entidades intrinsecamente históricas e sociais, mas também que sua capacidade de adquirir e explorar alguns recursos depende do seu lugar no tempo e no espaço. Uma vez que esse tempo singular específico na história passe, as empresas que não tiverem recursos dependentes do espaço e do tempo não os poderá obter e, portanto, tais recursos são de difícil imitação.

Os teóricos baseados em recursos não são os únicos a reconhecer a importância da história como determinante do desempenho e da vantagem competitiva da empresa. Pesquisadores da estratégia tradicional (Ansoff, 1965; Learned et al., 1969; Stintchcombe, 1965) geralmente citavam as circunstâncias históricas singulares da fundação de uma empresa ou as circunstâncias singulares sob as quais uma nova equipe de gestão assume o comando de uma empresa como determinantes no desempenho de longo prazo uma empresa. Mais recentemente, vários economistas (Arthur, Ermoliev, & Kaniovsky, 1987; David, 1985) desenvolveram modelos de desempenho de uma empresa que contam muito com eventos históricos singulares como determinantes de ações subsequentes. Empregando modelos de desempenho econômico em função de sua trajetória (*path-dependence*) (Arthur, 1983, 1984a, 1984b; Arthur, Ermiliev, & Kaniovski, 1984), esses autores sugerem que o desempenho de uma empresa não depende simplesmente da estrutura do setor dentro do qual ela se encontra em um momento específico, mas também do caminho cursado ao longo da história para chegar aonde se está. Se uma empresa obtiver recursos valiosos e raros por causa do seu caminho singular ao longo da história, ela será capaz de explorá-los para colocar em prática estratégias criadoras de valor que não possam ser duplicadas por outras empresas, visto que empresas sem dado caminho específico, ao longo da história, não poderão obter os recursos necessários para colocar a estratégia em prática.

A aquisição de todos os tipos de recursos da empresa analisada neste artigo pode depender da sua posição histórica. Uma empresa que possuir instalações em um local que passe a ser muito mais valioso do que se tinha previsto quando a localização foi escolhida possui um recurso de capital físico difícil de ser imitado (Hirshleifer, 1988; Ricardo, 1966). Uma empresa com cientistas posicionados de maneira singular para criarem ou explorarem um avanço científico significativo poderá obter um recurso de difícil imitação a partir da trajetória histórica do capital humano individual desses cientistas (Burgelman & Maidique, 1988; Winter, 1988). Finalmente, uma empresa com uma cultura organizacional singular e valiosa que tenha surgido nos estágios iniciais da sua história poderá ter uma vantagem de difícil imitação sobre empresas fundadas em outro período histórico, em que valores e crenças organizacionais diferentes (e talvez menos valiosos) eram dominantes (Barney, 1986b; Zucker, 1977).

A literatura sobre gestão estratégica está repleta de exemplos de empresas cuja posição histórica singular as dotam com recursos que não são controlados por empresas concorrentes e que não podem ser imitados. Os exemplos são as análises de caso que dominaram o ensino e a pesquisa por tanto tempo no campo da gestão estratégica (Learned et al., 1969; Miles & Cameron, 1982). No entanto, o estudo sistemático do impacto da história sobre o desempenho de uma empresa está apenas começando (David, 1985).

**Ambiguidade causal e recursos de difícil imitação** Diferentemente do relacionamento entre a história singular de uma empresa e a possibilidade de imitação dos seus recursos, o relacionamento entre a ambiguidade causal dos recursos de uma empresa e a possibilidade de difícil imitação tem recebido atenção sistemática na literatura (Alchian, 1950; Barney, 1986b, Lippman & Rumelt, 1982; Mancke, 1974; Reed e DeFillippi, 1990; Rumelt, 1984). Nesse contexto, a ambiguidade causal existe quando o vínculo entre os recursos controlados por uma empresa e sua vantagem competitiva sustentada não é compreendido ou é compreendido de maneira imperfeita.

Quando o vínculo entre os recursos de uma empresa e sua vantagem competitiva sustentada não forem bem compreendidos, será difícil para empresas que estejam tentando acessar os benefícios da estratégia de uma empresa bem-sucedida a partir da imitação dos seus recursos saber quais recursos ela deverá imitar. As empresas que imitam poderão ser capazes de descrever apenas alguns dos recursos controlados por uma empresa bem-sucedida. No entanto, sob condições de ambiguidade causal, não fica claro que os recursos que poderão ser descritos sejam os mesmos que irão gerar uma vantagem competitiva sustentada, ou se essa vantagem é reflexo de algum outro recurso da empresa que não tenha sido descrito. Conforme Demsetz (1973) chegou a observar, às vezes é difícil compreender o motivo pelo qual uma empresa tem um desempenho consistentemente superior às outras. A ambiguidade causal está no âmago dessa dificuldade. Diante dessa ambiguidade causal, as empresas que imitam não podem saber as ações que deverão ser tomadas para duplicar as estratégias de empresas com uma vantagem competitiva sustentada.

Para serem uma fonte de vantagem competitiva sustentada, tanto as empresas que possuem recursos geradores de uma vantagem competitiva quanto as empresas que não os possuem, mas que queiram imitá-los, deverão enfrentar o mesmo nível de ambiguidade causal (Lippman & Rumelt, 1982). Se as empresas que controlam tais recursos tiverem uma compreensão melhor do seu impacto sobre a vantagem competitiva do que as empresas sem esses recursos, então estas últimas poderão se envolver em atividades para reduzir sua desvantagem em termos de conhecimentos. Elas poderão fazer isso, por exemplo, contratando gestores instruídos e bem-posicionados de uma empresa com vantagem competitiva ou se envolvendo em um estudo sistemático cuidadoso do sucesso da outra empresa. Apesar de que a aquisição desse conhecimento possa levar tempo e demandar esforços, uma vez que o conhecimento do vínculo entre os recursos de uma empresa e sua capacidade para colocar em prática determinadas estratégias se difundir por todas as empresas concorrentes, a ambiguidade causal deixará de existir e, portanto, não poderá ser uma fonte imitação imperfeita. Em outras palavras, se uma empresa com uma vantagem competitiva compreender o vínculo entre os recursos que ela controla e suas vantagens, então outras empresas também poderão aprender sobre esse vínculo, adquirir os recursos necessários (pressupondo que eles não de difícil imitação por outras razões) e colocar em prática as estratégias relevantes. Em um ambiente desses, as vantagens competitivas de uma empresa não são sustentadas porque podem ser copiadas.

Por outro lado, quando uma empresa com uma vantagem competitiva não compreender a fonte da sua vantagem competitiva melhor do que as empresas sem tal vantagem, essa vantagem competitiva poderá ser sustentada porque não estará sujeita a imitação (Lippman & Rumelt, 1982). Ironicamente, para que a ambiguidade causal seja uma fonte de vantagem competitiva sustentada, todas as empresas concorrentes deverão ter uma compreensão imperfeita do vínculo entre os recursos controlados por uma empresa e suas vantagens competitivas. Se uma empresa concorrente compreender o vínculo e nenhuma outra fizer a mesma coisa, a longo prazo essa informação será difundida entre todos os concorrentes, eliminando assim a ambiguidade causal e a imitação imperfeita baseada nela.

Em um primeiro momento, pode parecer pouco provável que uma empresa com uma vantagem competitiva sustentada não irá compreender plenamente a fonte dessa vantagem. No entanto, levando-se em consideração o relacionamento muito complexo entre os recursos da empresa e a vantagem competitiva, esse tipo de compreensão incompleta não é implausível. Os recursos controlados por uma empresa são muito complexos e interdependentes. Muitas vezes eles são implícitos, assumidos pelos gestores, em vez de serem sujeitos a uma análise explícita (Nelson & Winter, 1982; Polanyi, 1962; Winter, 1988). Uma grande quantidade de recursos, isolados ou combinados com outros recursos, poderá resultar em uma vantagem competitiva sustentada. Apesar de os gestores poderem ter uma grande quantidade de hipóteses a respeito de quais recursos gerem as vantagens da sua empresa, raramente é possível testá-las rigorosamente. Enquanto houver uma grande quantidade de explicações plausíveis das fontes de vantagem competitiva sustentada dentro de uma empresa, o vínculo entre os recursos controlados por ela e a vantagem competitiva sustentada permanece até certo ponto ambíguo e, dessa forma, ainda não se tem certeza sobre quais dos recursos deverão ser imitados.

**Complexidade social** Uma última razão pela qual os recursos de uma empresa poderão ser de difícil imitação é que eles podem ser fenômenos sociais, além da capacidade das empresas de sistematicamente gerenciar e influenciar. Quando as vantagens competitivas se baseiam nesses fenômenos sociais complexos, a capacidade de outras empresas de imitar tais recursos é significativamente limitada.

Uma ampla variedade de recursos da empresa pode ser socialmente complexa. Exemplos incluem as relações interpessoais entre os gestores da empresa (Hambrick, 1987), sua cultura (Barney, 1986b) e a reputação dela entre os fornecedores e os clientes (Klein, Crawford & Alchian, 1978; Klein & Lefler, 1981). Observe que na maioria desses casos é possível especificar como os recursos socialmente complexos agregam valor à empresa. Portanto, existe pouca ou nenhuma ambiguidade causal em torno do vínculo entre tais recursos e a vantagem competitiva. No entanto, é preciso entender que uma cultura organizacional com determinados atributos ou relações de qualidade entre gestores pode melhorar a eficiência e a eficácia de uma empresa sem que isso implique necessariamente que as empresas sem esses atributos possam se envolver em esforços sistemáticos para criá-los (Barney, 1989b; Dierickx & Cool, 1989). Essa engenharia social poderá estar, pelo menos por enquanto, além das capacidades da maioria das empresas (Barney, 1986b; Porras & Berg, 1978). Até o ponto em que os recursos socialmente complexos da empresa não estão sujeitos à gestão direta, tais recursos são de difícil imitação.

Observe que não se inclui nenhuma tecnologia física complexa nesta categoria de fontes de difícil imitação. Em geral, a tecnologia física, independentemente de tomar a forma de ferramentas para máquinas ou robôs em fábricas (Hayes & Wheelwright, 1984) ou de tomar a forma de sistemas complexos de gestão de informações (Howell & Fleishman, 1982) é, por si mesmo, tipicamente imitável. Se uma empresa puder comprar tais ferramentas físicas de produção e, dessa forma, colocar em prática algumas estratégias, então outras empresas também deveriam ser capazes de comprá-las e, assim, essas ferramentas não deveriam ser uma fonte de vantagem competitiva sustentada.

Por outro lado, a exploração da tecnologia física em uma empresa costuma envolver a utilização de seus recursos socialmente complexos. Dentre várias empresas, todas podem possuir a mesma tecnologia física, mas apenas uma delas poderá possuir as relações sociais, a cultura, as tradições, etc. para explorar plenamente essa tecnologia e colocar estratégias em prática (Wilkins, 1989). Se os recursos sociais complexos não estiverem sujeitos à imitação (pressupondo que eles sejam valiosos e raros, e que não exista nenhum substituto), as empresas poderão obter uma vantagem competitiva sustentada ao explorar sua tecnologia física de maneira mais completa do que outras, ainda que empresas concorrentes não variem em termos da tecnologia física que possuam.

## Possibilidade de substituição

O último requisito para que o recurso de uma empresa seja uma fonte de vantagem competitiva sustentada é que não deverá haver recursos estrategicamente valiosos que não sejam, eles próprios, raros ou imitáveis. Dois recursos valiosos da empresa (ou dois conjuntos de recursos da empresa) são estrategicamente equivalentes quando cada um deles pode ser explorado separadamente para colocar em prática as mesmas estratégias. Suponha que um desses recursos valiosos seja raro e difícil de imitar, mas que o outro não seja. Empresas com o primeiro recurso serão capazes de conceber e colocar em prática determinadas estratégias. Se não houvesse nenhum recurso estrategicamente equivalente da empresa, as estratégias gerariam uma vantagem competitiva sustentada (porque os recursos utilizados para concebê-las e colocá-las em prática são valiosos, raros e difíceis de imitar). No entanto, o fato de haver recursos estrategicamente equivalentes sugere que outras empresas concorrentes atuais ou potenciais poderão colocar em prática as mesmas estratégias, mas de uma forma diferente, utilizando recursos diversos. Se esses recursos alternativos não forem raros ou não forem imitáveis, então várias empresas serão capazes de conceber e colocar em prática as estratégias em questão, e essas estratégias não irão gerar uma vantagem competitiva sustentada. Isso acontecerá ainda que uma abordagem para colocar em prática tais estratégias explore recursos valiosos, raros e difíceis de imitar da empresa.

A possibilidade de substituição pode ter pelo menos duas formas. Em primeiro lugar, apesar de talvez não ser possível uma empresa imitar exatamente os recursos de outra, ela poderá substituir um recurso semelhante que a permita conceber e colocar em prática as mesmas estratégias. Por exemplo, uma empresa que esteja tentando duplicar as vantagens competitivas de outra ao imitar a equipe de alta qualidade dos principais gestores dessa empresa muitas vezes não será capaz de copiar exatamente a equipe (Barney & Tyler, 1990). No entanto, será possível que essa empresa desenvolva sua própria equipe singular de principais gestores. Apesar de que estas duas equipes serão diferentes (pessoas diferentes, práticas operacionais diferentes, uma história diferente, etc.), elas provavelmente serão estrategicamente equivalentes e, portanto, poderão ser substituídas uma pela outra. Se equipes diferentes dos principais gestores forem estrategicamente equivalentes (e se estas equipes substitutas forem comuns ou altamente imitáveis), então a equipe dos principais gestores de alta qualidade não será uma fonte de vantagem competitiva sustentada, ainda que uma equipe específica de uma empresa específica *seja* valiosa, rara e difícil de imitar.

Em segundo lugar, recursos muito diferentes da empresa também poderão ser substitutos estratégicos. Por exemplo, os gestores em uma empresa poderão ter uma visão clara do futuro da empresa deles por causa de um líder carismático (Zucker, 1977). Os gestores em empresas concorrentes também poderão ter uma visão muito clara do futuro das suas empresas, mas tal visão comum poderá refletir o processo de planejamento estratégico sistemático que abrange toda a empresa (Pearce, Freeman, & Robinson, 1987). Do ponto de vista dos gestores terem uma visão clara do futuro da empresa, o recurso de empresa de um líder carismático e o de um sistema formal de planejamento poderão ser estrategicamente equivalentes e, portanto, substitutos uns para os outros. Se uma grande quantidade de empresas concorrentes tiver um sistema formal de planejamento que gira essa visão comum (ou se esse planejamento formal for muito imitável), então empresas com esse tipo de visão derivada de um líder carismático não terão uma vantagem competitiva sustentada, apesar de o recurso de empresa de um líder carismático provavelmente ser raro e difícil de copiar.

É claro que a possibilidade estratégica de substituição de recursos da empresa é sempre uma questão de grau. Ocorre, no entanto, que recursos substitutos da empresa não precisam ter exatamente as mesmas implicações para uma organização para que esses recursos sejam equivalentes do ponto de vista das estratégias que as empresas podem conceber e colocar em prática. Se uma quantidade suficiente de empresas tiver recursos substitutos valiosos (isto é, se eles não forem raros), ou se uma quantidade suficiente de empresas puder adquiri-los (isto é, se forem imitáveis), então nenhuma das empresas (inclusive aquelas cujos recursos estejam sendo substituídos) poderá obter uma vantagem competitiva sustentada.

## 3.4  APLICANDO O MODELO

O relacionamento entre heterogeneidade e imobilidade dos recursos; valor, raridade, possibilidade de imitação e possibilidade de substituição; e vantagem competitiva sustentada é resumido na Figura 3.2. O modelo pode ser aplicado quando se analisa o potencial de uma ampla gama de recursos da empresa para serem fontes de vantagem competitiva sustentada. Estas análises não apenas especificam as condições teóricas sob as quais a vanta-

```
┌─────────────┐     ┌──────────────────────┐     ┌─────────────┐
│  Recursos   │     │ Valor                │     │             │
│ heterogêneos│     │ Raridade             │     │  Vantagem   │
│ da empresa  │     │ Difícil de imitar    │     │ competitiva │
│     ou      │ ──▶ │  • Dependência       │ ──▶ │ sustentada  │
│  Recursos   │     │    histórica         │     │             │
│ imobilizáveis│    │  • Ambiguidade causal│     │             │
│  da firma   │     │  • Complexidade social│    │             │
└─────────────┘     │ Substituição         │     └─────────────┘
                    └──────────────────────┘
```

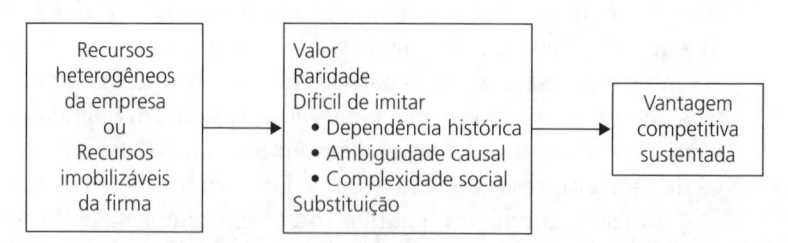

**FIGURA 3.2** Relacionamento entre heterogeneidade e imobilidade dos recursos, valor, raridade, possibilidade de imitação, substituição e vantagem competitiva sustentada.

gem competitiva sustentada pode existir, mas também sugerem perguntas empíricas específicas que precisam ser abordadas antes que se possa compreender o relacionamento entre um recurso específico de uma empresa e a vantagem competitiva sustentada. Três breves exemplos de como este modelo pode ser aplicado são apresentados a seguir.

## Planejamento estratégico e vantagem competitiva sustentada

Existe uma literatura grande e crescente sobre a capacidade de diversos processos de planejamento estratégico de gerar vantagens competitivas para empresas (Pearce, Freeman, & Robinson, 1987). Avaliar o planejamento estratégico como o recurso de uma empresa pode ajudar a resolver alguns dos resultados conflitantes nesta literatura (Armstrong, 1982; Rhyne, 1986).

Parece razoável esperar que seja improvável que sistemas *formais* de planejamento estratégico (Lorange,1980) isolados sejam uma fonte de vantagem competitiva sustentada. Mesmo que esses sistemas de planejamento sejam valiosos, no sentido de permitirem que empresas reconheçam oportunidades e ameaças em seu ambiente, existe evidência empírica que sugere que muitas empresas se engajam nesses exercícios de planejamento formal e, portanto, os mecanismos de planejamento não são raros (Kudla, 1980; Steiner, 1979). Mesmo que em um setor específico o planejamento formal seja raro, o processo de planejamento formal já foi profundamente descrito e documentado em uma ampla variedade de fontes públicas (Steiner, 1979). Qualquer empresa interessada em se envolver no planejamento formal pode certamente aprender a fazer isso e, assim, parece provável que o planejamento formal seja altamente imitável (Barney, 1989b). Portanto, fora as considerações da possibilidade de substituição, é improvável que o planejamento estratégico formal seja uma fonte de vantagem competitiva sustentada.

Isso não quer dizer, no entanto, que empresas que se envolvem em um planejamento estratégico formal nunca obterão vantagens competitivas sustentadas. Pode ser que o sistema de planejamento formal em uma empresa permita que ela reconheça e explore outros dos seus recursos, e alguns deles podem ser fontes de vantagem competitiva sustentada. No entanto, provavelmente seja inadequado concluir que as vantagens competitivas sustentadas criadas dessa forma reflitam o processo de planejamento formal por si. Em vez disso, a fonte dessas vantagens é certamente outros recursos controlados pela empresa.

É claro que o planejamento estratégico *formal* não é a única maneira que empresas escolhem suas estratégias. Diversos autores descreveram processos informais (Leontiades & Tezel, 1980), emergentes (Mintzberg, 1978; Mintzberg & McHugh, 1985) e autônomos (Burgelman, 1983) pelos quais as empresas escolhem suas estratégias. Até o ponto em que esses processos sugerem estratégias valiosas para empresas, eles podem ser pensados como recursos da empresa. O potencial deles para gerarem vantagem competitiva sustentada pode ser avaliado considerando-se até que ponto eles são raros, difíceis de imitar e substituíveis.

Aqueles que estudam tais processos informais de preparação de estratégia tendem a concordar sobre sua raridade e dificuldade de imitação. Apesar da raridade desses processos de preparação informal de estratégia ser uma questão empírica, a pesquisa atual sugere que pelo menos algumas empresas tentam impedir que esses processos informais aconteçam (Burgelman, 1983), ou ignorar as ideias estratégicas que eles geram (Burgelman & Maidique, 1988). Em setores em que a maioria dos concorrentes atuais e potenciais impedem ou ignoram os processos informais, empresas que compreendem seu valor potencial possuem um recurso estratégico raro. Além disso, como tais processos são socialmente complexos (Mintzberg & McHugh, 1985), eles também são provavelmente difíceis de imitar.

Há menos concordância no que diz respeito a possíveis substitutos para esses processos informais de preparação de estratégia. Por outro lado, alguns autores parecem sugerir que mecanismos de planejamento formal são substitutos estratégicos para processos informais, emergentes ou autônomos (Pearce, Freeman, & Robinson, 1987). Se for verdade, uma vez que os processos formais são altamente imitáveis, a preparação informal da estratégia tem um substituto altamente imitável e, portanto, não é uma fonte de vantagem competitiva sustentada. Por outro lado, outras pessoas argumentaram que a preparação formal e informal da estratégia não são substitutos um do outro, que os processos formais são eficazes em alguns ambientes e ineficazes em outros, e que processos informais são eficazes onde processos formais não o são e são ineficazes quando processos formais são eficazes (Fredrickson, 1984; Fredrickson & Mitchell, 1984). Se esses processos não são substitutos uns dos outros e se condições de raridade e a possibilidade de imitação imperfeita forem válidas, os processos informais de preparação de estratégia podem ser uma fonte de vantagem competitiva sustentada. A questão da possibilidade de substituição da preparação informal da estratégia em empresas precisa ser resolvida empiricamente antes que o impacto dos recursos da empresa sobre a vantagem competitiva sustentada possa ser plenamente compreendido.

## Sistemas de processamento de informações e vantagem competitiva sustentada

Também existe uma crescente literatura concentrada em sistemas de processamento de informações e na vantagem competitiva sustentada (O'Brien, 1983). Assim como com o planejamento estratégico, se os sistemas de processamento de informações são uma fonte de vantagem competitiva sustentada ou não depende do tipo de sistema de processamento de informações que está se analisando. Parece muito improvável que os computadores (de qualquer tamanho, independentemente de como são vinculados ou conectados em rede) isolados possam ser uma fonte de vantagem competitiva sustentada (Hayes & Wheelwright, 1984). Máquinas, sejam computadores ou outros tipos, são partes da tecnologia física de uma empresa e geralmente podem ser compradas por meio de mercados (Barney, 1986a). Como as máquinas podem ser compradas, é provável que qualquer estratégia que as explore apenas em si seja imitável e, portanto, não seja uma fonte de vantagem competitiva sustentada.

Por outro lado, um sistema de processamento de informações profundamente incorporado no processo de tomada de decisão gerencial informal e formal de uma empresa pode ter o potencial de vantagem competitiva sustentada. A pesquisa parece sugerir que relativamente poucas empresas tem sido capazes de criar esta interface próxima entre gestor e computador e, consequentemente, esse tipo de sistema de processamento de informações pode ser raro (Christie, 1985; Rasmussen, 1986). Ele também é um sistema socialmente complexo e, assim, provavelmente será difícil de imitar.

A questão de substitutos possíveis para os sistemas complexos entre máquina e gestor não recebeu tanta atenção na literatura. Especificar possíveis substitutos estratégicos requer compreender quais benefícios estratégicos se acumulam para uma empresa que possua um sistema em que computadores e gestores estão intimamente vinculados. Qualquer lista de benefícios possíveis pode incluir um fluxo eficiente de informações entre gestores, uma capacidade de considerar grandes quantidades de informações rapidamente e uma capacidade de compartilhar tais informações de maneira eficiente (O'Brien, 1983). Estes mesmos benefícios podem se acumular para uma empresa com uma equipe de gestão unida e muito experiente, sem um sistema de gerenciamento de informações (Hambrick, 1987). Portanto, este tipo de equipe de gestão pode ser um substituto para um sistema de processamento de informações incorporado nos processos de tomada de decisão formais e informais de uma empresa.

No entanto, a existência de substitutos em si não significa que um recurso específico de uma empresa não possa ser uma fonte de vantagem competitiva sustentada. Além disso, os substitutos precisam ou não serem raros e/ou serem altamente imitáveis ou as duas coisas. Equipes de gestão unidas e altamente experientes para um conjunto específico de concorrentes podem ser raras e, por serem socialmente complexas, podem ser difíceis de imitar. Se isso for verdade, um sistema incorporado de processamento de informações pode ser uma fonte de vantagem competitiva sustentada, mesmo que um substituto próximo para esse sistema de processamento (uma equipe de gestão unida e altamente experiente) exista.

### Reputações positivas e vantagens competitivas sustentadas

Reputações positivas de empresas entre clientes e fornecedores também foram citadas como fontes de vantagem competitiva na literatura (Porter, 1980). Uma aplicação do modelo apresentado na Figura 3.2, novamente, sugere as condições sob as quais a reputação positiva de uma empresa pode ser uma fonte de vantagem competitiva sustentada. Se apenas poucas empresas concorrentes tiverem essas reputações, então elas são raras. Em geral, o desenvolvimento de uma reputação positiva costuma depender de ambientes históricos específicos e difíceis de serem duplicados. Até o ponto em que a reputação positiva específica dependa desses incidentes históricos, ela pode ser difícil de imitar. Além disso, reputações positivas de uma empresa podem ser consideradas relações sociais informais entre empresas e principais interessados (Klein & Leffler, 1981). Essas relações informais provavelmente serão socialmente complexas e, portanto, difíceis de imitar.

A questão de substitutos para uma reputação positiva é, de novo, mais complicada. Alguns autores (Klein, Crawford, & Alchian, 1981) sugeriram que, em vez de desenvolverem uma reputação positiva, as empresas podem acalmar seus clientes ou fornecedores a partir da utilização de garantias e de outros contratos de longo prazo. Portanto, as garantias substituem a reputação de uma empresa. No entanto, não é claro que o contrato psicológico implícito entre a empresa e aqueles que tem interesse nela, quando ela tem uma reputação positiva, é igual ao contrato psicológico implícito entre a empresa e aqueles que têm interesse nela quando ela utiliza garantias para buscar apoio. Se, de fato, reputação e garantias são substitutos, por que algumas empresas investem tanto numa reputação positiva quanto em garantias? Se os dois recursos da empresa não são substitutos, então uma reputação (se ela for rara e difícil de imitar) pode ser uma fonte de vantagem competitiva sustentada.

## 3.5 DISCUSSÃO

As breves análises do planejamento estratégico, do processamento de informações e da reputação de uma empresa entre clientes e fornecedores e vantagem competitiva sustentada apresenta os tipos de análises possíveis com o modelo apresentado na Figura 3.2. O modelo traz os tipos de perguntas empíricas que precisam ser abordadas para compreender se um recurso específico de uma empresa é ou não uma fonte de vantagem competitiva sustentada: será que esse recurso é valioso, é raro, é difícil de imitar? Será que existem substitutos para ele? Esse modelo de vantagem competitiva sustentada baseado em recursos também tem diversas implicações para o relacionamento entre a teoria de gestão estratégica e outras disciplinas de negócios. Algumas dessas implicações são consideradas a seguir.

## Vantagem competitiva sustentada e bem-estar social

O modelo apresentado aqui aborda questões importantes de bem-estar social vinculadas com a pesquisa de gestão estratégica. A maioria dos autores concorda que a finalidade original do paradigma estrutura-conduta--desempenho na economia da organização industrial era isolar violações do modelo perfeitamente competitivo para abordar as violações restaurando os benefícios do bem-estar social de setores perfeitamente competitivos (Barney, 1986c; Porter, 1981). Conforme aplicadas por teóricos da estratégia que se concentravam em determinantes ambientais do desempenho da empresa, as preocupações do bem-estar social foram abandonadas em favor da criação de setores imperfeitamente competitivos dentro dos quais uma empresa específica poderia ganhar uma vantagem competitiva (Porter, 1980). Na melhor das hipóteses, esta abordagem à análise estratégica ignora preocupações com o bem-estar social. Na pior das hipóteses, abordagem se concentra em atividades nas quais as empresas podem se engajar que possivelmente irão reduzir o bem-estar social (Hirshliefer, 1980).

O modelo baseado em recursos desenvolvido aqui sugere, de fato, que a pesquisa sobre gestão estratégica pode ser perfeitamente consistente com preocupações tradicionais dos economistas com o bem-estar social. Começando com os pressupostos de que os recursos da empresa são heterogêneos e imóveis, resulta que uma empresa que explora suas vantagens de recursos está simplesmente se comportando de maneira eficiente e eficaz (Demsetz, 1973). Deixar de explorar tais vantagens de recursos é ineficaz e não maximiza o bem-estar social. Nesse sentido, os níveis mais elevados de desempenho que se acumulam para uma empresa com vantagens de recursos ocorrem devido à eficiência das empresas em explorar essas vantagens, em vez dos esforços delas em criarem condições imperfeitamente competitivas de uma maneira que não consigam maximizar o bem-estar social. Os lucros, em certo sentido, podem ser considerados "lucros de eficiência" (Demsetz, 1973) em oposição a "lucros de monopólio" (Scherer, 1980).

## Vantagem competitiva sustentada e teoria da organização e comportamento

Recentemente, diversos autores sugeriram que modelos econômicos de fenômenos organizacionais fundamentalmente contradizem modelos de organizações baseados em teoria da organização ou comportamento organizacional (Donaldson, 1990a, 1990b; Perrow, 1986). A afirmação é fundamentalmente contraditória pelo modelo baseado em recursos de vantagem competitiva sustentada (Barney, 1990). Ele sugere que fontes de vantagem competitiva sustentada são recursos da empresa que são valiosos, raros, difíceis de imitar e insubstituíveis. Tais recursos incluem uma ampla gama de fenômenos organizacionais, sociais e individuais dentro de empresas que são o assunto de muita pesquisa em teoria de organização e comportamento organizacional (Daft, 1983). Em vez de contraditório, o modelo de gestão estratégica baseado em recursos sugere que a teoria da organização e o comportamento organizacional podem ser uma fonte rica de descobertas e teorias relacionada a recursos raros, difíceis de imitar e insubstituíveis em empresas. Com efeito, um modelo de vantagem competitiva sustentada baseado em recursos antecipa uma integração mais íntima do organizacional e do econômico com uma forma de estudar a vantagem competitiva sustentada.

## Aptidão da empresa* e vantagem competitiva sustentada

Finalmente, o modelo apresentado aqui enfatiza a importância do que pode ser chamado de aptidão dos recursos de uma empresa em criar vantagens competitivas sustentadas. Implícito nele está o pressuposto de que gestores são limitados na capacidade de manipular todos os atributos e características de suas empresas (Barney & Tyler, 1991). É essa limitação que torna alguns recursos da empresa difíceis de ser imitados e, portanto, potencialmente fontes de vantagem competitiva sustentada. Consequentemente, o estudo de vantagem competitiva sustentada depende, de uma forma crítica, das aptidões dos recursos controlados por uma empresa.

O fato do estudo de fontes de vantagem competitiva sustentada se concentrar nas aptidões de recursos valiosos, raros, difíceis de imitar e insubstituíveis não sugere – de acordo com alguns ecologistas da população (por exemplo, Hannan & Freeman, 1977) – que gestores são irrelevantes no estudo dessas vantagens. Com efeito, os gestores são importantes neste modelo, pois são capazes de compreender e descrever o potencial de desempenho econômico das dotações de uma empresa. Sem essas análises gerenciais, a vantagem competitiva sustentada é improvável. Esse é o caso, mesmo que as aptidões necessárias para descrever os recursos raros, difíceis de imitar e insubstituíveis de uma empresa possam eles mesmos não serem raros, difíceis de imitar ou insubstituíveis.

Com efeito, pode acontecer que um gestor ou uma equipe gerencial sejam um recurso de uma empresa com potencial para gerar vantagens

---

* N. de R. T.: Firm Endowments é o termo original. Entendemos que se caracterizam como habilidades naturais ou desenvolvidas da gestão sobre seus recursos.

competitivas sustentadas. As condições sob as quais isso acontecerá podem ser delineadas utilizando o modelo apresentado na Figura 3.2. No entanto, no final das contas, o que se torna claro é que as empresas não podem esperar "comprar" vantagens competitivas sustentadas em mercados abertos (Barney, 1986a, 1988; Wernerfelt, 1989). Em vez disso, essas vantagens devem ser encontradas nos recursos raros, difíceis de imitar e insubstituíveis já controlados pela empresa (Dierickx & Cool, 1989).

## 3.6 REFERÊNCIAS

Alchian, A.A. 1950. Uncertainty, evolution, and economic theory. *American Economic Review*, 58: 388-401.

Andrews, K.R. 1971. *The concept of corporate strategy.* Homewood, IL: Dow Jones Irwin.

Ansoff, H.I. 1965. *Corporate strategy.* New York: McGraw-Hill.

Armstrong, J.S. 1982. The value of formal planning for strategic decisions: Review of empirical research. *Strategic Management Journal*, 3: 197-211.

Arthur, W.B. 1983. Competing technologies and lock-in by historical small events: The dynamics of allocation under increasing returns. Unpublished manuscript, Center for Economic Policy Research, Stanford University.

Arthur, W.B. 1984a. *Industry location patterns and the importance of history: Why a silicon valley?* Unpublished manuscript, Center for Economic Policy Research, Stanford University.

Arthur, W.B. 1984b. Competing technologies and economic prediction. *Options*, IIASA, Laxenburg, Austria.

Arthur, W.B., Ermoliev, Y., & Kaniovski, Y.M. 1984. Strong laws for a class of path dependent stochastic processes with applications. In Arkin, V.I., Shiryayev, A., and Wets, R. (Eds.), *Proceedings of a Conference on Stochastic Optimization, Kiev 1984*: 87-93.

Arthur, W.B., Ermolieve, Y.M., & Kaniovsky, Y.M. 1987. Path dependent processes and the emergence of macro structure. *European Journal of Operations Research*, 30: 294-303.

Bain, J. 1956. *Barriers to new competition.* Cambridge: Harvard University Press.

Barney, J.B. 1986a. Strategic factor markets: Expectations, luck, and business strategy. *Management Science*, 42: 1231-1241.

Barney, J.B. 1986b. Organizational culture: Can it be a source of sustained competitive advantage? *Academy of Management Review*, 11: 656-665.

Barney, J.B. 1986c. Types of competition and the theory of strategy: Toward an integrative framework. *Academy of Management Review*, 11: 791-800.

Barney, J.B. 1988. Returns to bidding firms in mergers and acquisitions: Reconsidering the relatedness hypothesis. *Strategic Management Journal*, 9: 71-78.

Barney, J.B. 1989. Asset stock accumulation and sustained competitive advantage: A comment. *Management Science*, 35: 1511-1513.

Barney, J.B. 1989b. *The context of strategic planning and the economic performance of firms.* Working paper no. 88-004, Strategy Group Working Paper Series, Department of Management, Texas A&M University.

Barney, J.B. 1990. The debate between traditional management theory and organizational economics: substantive differences or intergroup conflict? *Academy of Management Review*, 15: 382-393.

Barney, J.B., & Hoskisson, R. 1989. Strategic groups: Untested assertions and research proposals. *Managerial and Decision Economics*, 11: 187-198.

Barney, J.B., McWilliams, A., & Turk, T. 1989. *On the relevance of the concept of entry barriers in the theory of competitive strategy.* Paper presented at the annual meeting of the Strategic Management Society, San Francisco.

Barney, J.B., & Tyler, B. 1990. The attributes of top management teams and sustained competitive advantage In M. Lawless & L. Gomez-Mejia (Eds.), *Managing the High Technology Firm:* JAI Press, in press.

Barney, J.B., & Tyler, B. 1991. The prescriptive limits and potential for applying strategic management theory, *Managerial and Decision Economics*, in press.

Baumol, W.J., Panzar, J.C., & Willig, R.P. 1982. *Contestable markets and the theory of industry structure.* New York: Harcourt, Brace, and Jovanovich.

Becker, G.S. 1964. *Human capital.* New York: Columbia.

Burgelman R. 1983. Corporate entrepreneurship and strategic management: Insights from a process study. *Management Science*, 29: 1349-1364.

Burgelman, R., & Maidique, M.A. 1988. *Strategic management of technology and innovation.* Homewood, IL: Irwin.

Caves, R.E., & Porter, M. 1977. From entry barriers to mobility barriers: Conjectural decisions and contrived deterrence to new competition. *Quarterly Journal of Economics*, 91: 241-262.

Christie, B. 1985. Human factors and information technology in the office. New York: Wiley.

David, P.A. 1985. Clio and the economics of QWERTY. *American Economic Review Proceedings*, 75: 332-337.

Daft, R. 1983. Organization theory and design. New York: West.

Dierickx, I., & Cool, K. 1989. Asset stock accumulation and sustainability of competitive advantage *Management Science*, 35: 1504-1511.

Fredrickson, J. 1984. The comprehensiveness of strategic decision processes: Extension, observations, future directions. *Academy of Management Journal*, 27: 445-466.

Fredrickson, J., & Mitchell, T.R. 1984. Strategic decision processes: Comprehensiveness and performance in an industry with an unstable environment. *Academy of Management Journal*, 27: 399-423.

Hambrick, D. 1987. Top management teams: Key to strategic success. *California Management Review*, 30: 88-108.

Hatten, K.J., & Hatten, M.L. 1987. Strategic groups, asymmetrical mobility barriers and contestability. *Strategic Management Journal*, 8: 329-342.

Hayes, R.H., & Wheelwright, S. 1984. *Restoring our competitive edge.* New York: Wiley.

Hirshliefer, J. 1980. *Price theory and applications* (2nd ed.). Englewood Cliffs, NJ: Prentice-Hall.

Hitt, M., & Ireland, D. 1986. Relationships among corporate level distinctive competencies, diversification strategy, corporate strategy and performance. *Journal of Management Studies*, 23: 401-416.

Hofer, C., & Schendel, D. 1978. *Strategy formulation: Analytical concepts.* St. Paul, MN: West.

Howell, W.C., & Fleishman, E.A. 1982. *Information processing and decision making.* Hillsdale, NJ: L. Erlbaum.

Jacobsen, R. 1988. The persistence of abnormal returns. *Strategic Management Journal*, 9: 41-58.

Klein, B., & Leffler, K. 1981. The role of price in guaranteeing quality. *Journal of Political Economy*, 89: 615-641.

Klein, B., Crawford, R.G., & Alchian, A. 1978. Vertical integration, appropriable rents, and the competitive contracting process. *Journal of Law and Economics*, 21: 297-326.

Kudla, R.J. 1980. The effects of strategic planning on common stock returns. *Academy of Management Journal*, 23: 5-20.

Learned, E.P, Christensen, C.R., Andrews, K.R., & Guth, W. 1969. *Business policy*. Homewood, IL: Irwin.

Leontiades, M., & Tezel, A. 1980. Planning perceptions and planning results. *Strategic Management Journal*, 1: 65-79.

Lieberman, M.B., & Montgomery, D.B. 1988. First mover advantages. *Strategic Management Journal*, 9: 41-58.

Lippman, S., & Rumelt, R. 1982. Uncertain instability: An analysis of interfirm differences in efficiency under competition. *Bell Journal of Economics*, 13: 418-438.

Lorange, P. 1980. *Corporate planning: An executive viewpoint*. Englewood Cliffs, NJ: Prentice-Hall.

Mancke, R. 1974. Causes of interfirm profitability differences: A new interpretation of the evidence. *Quarterly Journal of Economics*, 88: 181-193.

McGee, J., & Thomas, H. 1986. Strategic groups: Theory, research and taxonomy. *Strategic Management Journal*, 7: 141-160.

McKelvey, W. 1982. *Organizational systematics: Taxonomy, evolution, and classification*. Los Angeles: University of California Press.

Miles, R., & Cameron, K. 1982. *Coffin nails and corporate strategy*. Englewood Cliffs, NJ: Prentice-Hall.

Mintzberg, H. 1978. Patterns in strategy formation. *Management Science*, 24: 934-948.

Mintzberg, H., & McHugh, A. 1985. Strategy formation in adhocracy. *Administrative Science Quarterly*, 30: 160-197.

Nelson, R., & Winter, S. 1982. *An evolutional theory of economic change*. Cambridge: Harvard University Press.

O'Brien, J. 1983. Computers and information processing in business. Homewood, IL: Irwin.

Pearce, J.A., Freeman, E.B., & Robinson, R.B. 1987. The tenuous link between formal strategic planning and financial performance. *Academy of Management Review*, 12: 658-675.

Penrose, E.T. 1958. The theory of the growth of the firm. New York: Wiley.

Perrow, C. 1986. *Complex organizations: A critical essay* (3rd ed.). New York: Random House.

Polanyi, M. 1962. Personal knowledge: towards a post critical philosophy. London: Routledge.

Porras, J., & Berg, P.O. 1978. The impact of organizational development. *Academy of Management Review*, 3: 249-266.

Porter, M. 1980. *Competitive strategy*. New York: Free Press.

Porter, M. 1981. The contributions of industrial organization to strategic management. *Academy of Management Review*, 6: 609-620.

Porter, M. 1985. *Competitive advantage*. New York: Free Press.

Porter, M. 1990. *Why are firms successful*. Paper presented at the Fundamental Issues in Strategy Conference, Napa, CA.

Rasmussen, J. 1986. Information processing and human machine interaction. New York: North Holland.

Reed, R., & DeFillippi, R. 1990. Causal ambiguity, barriers to imitation, and sustainable competitive advantage. *Academy of Management Review*, 15: 88-102.

Rhyne, L.C. 1986. The relationship of strategic planning to financial performance. *Strategic Management Journal,* 7: 423-436.

Ricardo, D. 1966. *Economic essays.* New York: A.M. Kelly.

Rumelt, R. 1984. Towards a strategic theory of the firm. In R. Lamb (Ed.), *Competitive Strategic Management:* 556-570. Englewood Cliffs, NJ: Prentice-Hall.

Rumelt, R., & Wensley, R. 1981. In search of the market share effect. In K. Chung (Ed.), *Academy of Management Proceedings* 1981: 2-6.

Scherer, F.M. 1980. *Industrial market structure and economic performance* (2nd ed.). Boston: Houghton-Mifflin.

Schumpeter, J. 1934. *The theory of economic development.* Cambridge: Harvard University Press.

Schumpeter, J. 1950. *Capitalism, socialism, and democracy* (3rd ed.). New York: Harper.

Stinchcombe, A.L. 1965. Social structure and organizations. In J.G. March (Ed.), *Handbook of Organizations:* 142-193. Chicago: Rand-McNally.

Thompson, A.A., & Strickland, A.J. 1983. *Strategy formulation and implementation.* Dallas: Business Publications.

Tomer, J.F. 1987. Organizational capital: The path to higher productivity and well-being. New York: Praeger.

Wernerfelt, B. 1984. A resource based view of the firm. *Strategic Management Journal,* 5: 171-180.

Wernerfelt, B. 1989. From critical resources to corporate strategy. *Journal of General Management,* 14: 4-12.

Wilkins, A. 1989. *Developing corporate character.* San Francisco: Jossey-Bass.

Williamson, O. 1975. *Markets and hierarchies.* New York: Free Press.

Winter, S. 1988. Knowledge and competence as strategic assets. In D. Teece (Ed.) *The Competitive Challenge.* Cambridge: Ballinger. 159-184.Zucker, L. 1977. The role of institutionalization in cultural persistence. *American Sociological Review,* 421: 726-743.

# 4

# A teoria baseada em recursos da vantagem competitiva: implicações para a formulação de estratégia*

ROBERT M. GRANT

A estratégia já foi definida como "a combinação que uma organização faz entre seus recursos internos e suas habilidades e as oportunidades e riscos criados pelo seu ambiente externo".[1] Durante a década de 1980, os principais desenvolvimentos em termos de análise estratégica se concentraram na ligação entre estratégia e ambiente externo. São exemplos importantes desse foco a análise que Michael Porter fez da estrutura da indústria e do posicionamento competitivo e os estudos empíricos que o projeto PIMS realizou.[2] No período, a ligação entre estratégia, recursos e habilidades da empresa foi negligenciada comparativamente. A maior parte da pesquisa sobre as implicações estratégicas do ambiente interno da empresa relacionou-se com questões de implementação de estratégia e análise dos processos organizacionais a partir dos quais surgem as estratégias.

Recentemente, houve um ressurgimento do interesse no papel dos recursos da empresa como base para a estratégia. Esse interesse reflete a insatisfação com a estrutura estática e de equilíbrio da economia de organização industrial que tem dominado boa parte do pensamento contemporâneo sobre estratégia empresarial e renovado o interesse em teorias mais antigas de lucro e competição, associadas com os escritos de David Ricardo, Joseph Schumpeter e Edith Penrose.[4] Houve avanços em diversas frentes. No nível da estratégia corporativa, o interesse teórico em economias de escopo e em custos de transação concentrou a atenção no papel de recursos corporativos na determinação dos limites industriais e geográficos das atividades da empresa.[5] No nível da estratégia empresarial, explorações dos relacionamentos entre recursos, concorrência e lucratividade incluem a análise de imitação competitiva,[6] a capacidade de apropriação de lucros sobre inovações,[7] o pa-

---

\* Artigo originalmente publicado sob o título *The Resource-Based Theory of Competitive Advantage: Implications for Strategic Formulation*, na California Management Review, v.33, n.3, p.114-135, 1991.

pel das informações imperfeitas na criação de diferenças de lucratividade entre empresas concorrentes[8] e o meio pelo qual o processo de acumulação de recursos pode sustentar a vantagem competitiva.[9]

Juntas, essas contribuições equivalem ao que foi chamado de "visão baseada em recursos da empresa". Até agora, contudo, as implicações desta "teoria baseada em recursos" para a gestão estratégica são obscuras por dois motivos. Primeiro, as diversas contribuições não têm uma única estrutura integradora. Segundo, pouco esforço foi feito para desenvolver as implicações práticas da teoria. A finalidade deste artigo é progredir nessas duas frentes ao propor uma estrutura para a formulação da estratégia a partir da abordagem baseada em recursos, que integra vários dos principais temas que se desenvolvem a partir dessa corrente literária. O *framework* que organiza este artigo é composto por cinco etapas para a formulação da estratégia: a) analisar a base de recursos da empresa; b) avaliar as capacidades da empresa; c) analisar o potencial de obtenção de lucro dos recursos e das capacidades da empresa; d) selecionar uma estratégia; e e) ampliar e aprimorar o fundo de recursos e as capacidades da empresa. A Figura 4.1 esboça o referido *framework*.

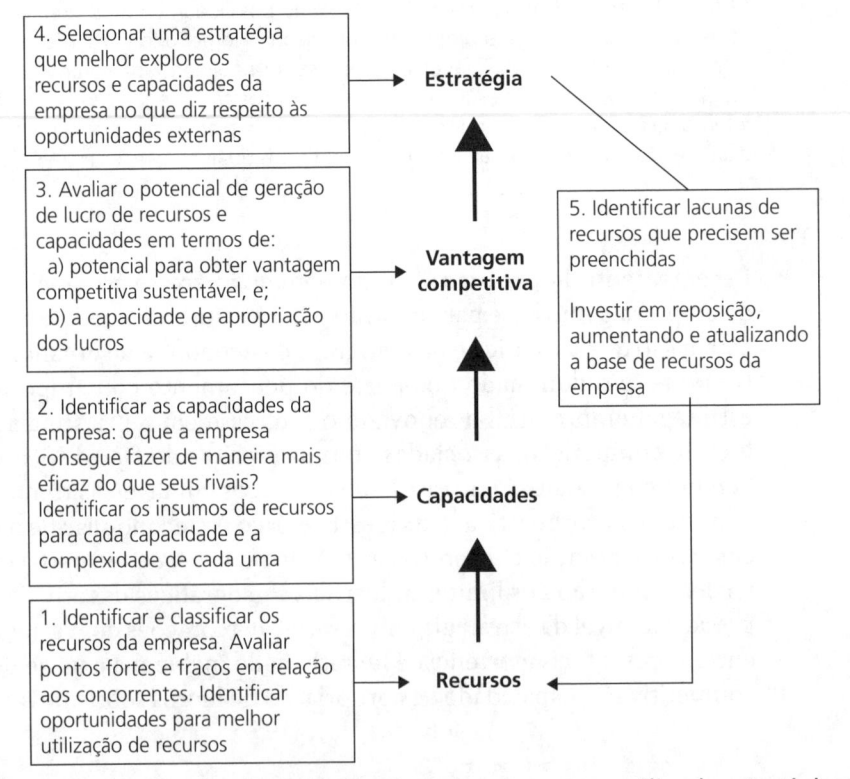

**FIGURA 4.1** Uma abordagem baseada em recursos para análise de estratégia: uma estrutura prática.

## 4.1 RECURSOS E CAPACIDADES COMO BASE PARA A ESTRATÉGIA

O argumento para tornar os recursos e as capacidades da empresa a base para sua estratégia de longo prazo baseia-se em duas premissas: a) recursos internos e capacidades fornecem a direção básica para a estratégia da empresa e b) os recursos e capacidades são suas principais fontes de lucro.

**Recursos e capacidades como fonte de direção**  O ponto de partida para a formulação de uma estratégia deve ser alguma afirmação da identidade e da finalidade da empresa – isso costuma ter a forma de uma declaração de missão que responda à seguinte pergunta: "Qual é o nosso negócio?" A definição costuma ser feita em termos do mercado que a empresa atende. Por exemplo, "quem são os nossos clientes?" e "quais das suas necessidades buscamos atender?" Mas, em um mundo em que as preferências dos clientes são voláteis, cuja identidade está mudando e que as tecnologias para atender às suas exigências estão se desenvolvendo continuamente, uma orientação focada externamente não proporciona uma base segura para a formulação de uma estratégia de longo prazo. Quando o ambiente externo está em um estado de fusão, os recursos e capacidades próprios da empresa podem representar uma base muito mais estável para definir sua identidade. Portanto, a definição de um negócio, em termos do que ela é capaz de fazer, pode oferecer uma base mais durável para estratégia do que uma definição baseada nas necessidades a que o negócio busca satisfazer.

A solução para o problema da mudança externa trazida por Theodore Levitt assume que as empresas deveriam definir os mercados atendidos de maneira ampla em vez de restritas: ferrovias deveriam ter se considerado pertencentes ao negócio de transporte, e não ao de ferrovia. Essa ampliação do mercado-alvo não será muito útil se a empresa não desenvolver facilmente as capacidades exigidas para atender às exigências do cliente ao longo de uma frente ampla. Será que era viável para as ferrovias terem desenvolvido negócios de sucesso nas áreas de caminhões, aviação e locação de carros? Talvez os recursos e capacidades das empresas ferroviárias estivessem mais adequados para o desenvolvimento imobiliário ou para a construção e gestão de oleodutos e gasodutos. A evidência sugere que atender amplamente às necessidades definidas dos clientes é uma tarefa difícil. As tentativas da Merrill Lynch, American Express, Sears, Citicorp e, mais recentemente, da Prudential-Bache, para "atender a toda a gama das necessidades financeiras dos nossos clientes" criou sérios problemas de gestão. A meta da Allegis Corporation de "atender às necessidades do viajante" ao juntar a United Airlines, a Hertz locação de automóveis e a Westin Hotels foi um fracasso que custou caro. Ao contrário, várias empresas cujas estratégias se basearam em desenvolver e explorar capacidades internas definidas de maneira clara têm se especializado em se adequar à mudança externa e em explorá-la. O foco da Honda na excelência técnica de motores de quatro ciclos fez com que ela passasse com sucesso de motocicletas para automóveis para uma ampla gama de produtos de motores à gasolina. A perícia da 3M Corporation na aplicação de tecnologias adesivas e de revestimento ao desenvolvimento de novos produtos permitiu um crescimento lucrativo ao longo de uma gama de produtos cada vez mais ampla.

**Recursos como Base para a Lucratividade Corporativa** A capacidade de uma empresa de obter uma taxa de lucro superior ao custo de capital depende de dois fatores: a) da atratividade do setor em que ela se localiza e b) da vantagem competitiva que ela estabelece sobre os rivais. A economia da organização industrial enfatiza a atratividade do setor como a principal base para uma lucratividade superior. A implicação é que a gestão estratégica está preocupada principalmente em buscar ambientes setoriais favoráveis, localizando segmentos atraentes e grupos estratégicos dentro de setores, além de moderar pressões competitivas ao influenciar a estrutura do setor e o comportamento dos concorrentes. Ainda assim, a investigação empírica não conseguiu sustentar a ligação entre estrutura setorial e lucratividade. A maioria dos estudos mostra que diferenças de lucratividade dentro de setores são muito mais importantes do que diferenças entre setores.[10] As razões não são difíceis de encontrar: concorrência internacional, mudança tecnológica e diversificação por empresas por meio de limites setoriais têm significado que os setores que outrora costumavam ser refúgios aconchegantes para a obtenção de lucro fácil agora estão sujeitos a uma concorrência vigorosa.

A descoberta de que a vantagem competitiva, em vez dos ambientes externos, é a principal fonte de diferenciais de lucro interno entre empresas concentra a atenção nas fontes da vantagem competitiva. Apesar de a literatura sobre a estratégia competitiva ter tendido a enfatizar questões de posicionamento estratégico em termos da escolha entre custo e vantagem de diferenciação, entre mercado amplo e restrito, o fundamental para essas escolhas é a posição de recursos da empresa. Por exemplo, a capacidade de estabelecer uma vantagem de custo requer a posse de fábricas eficientes em termos de escala, tecnologia de processo superior, a propriedade de fontes baratas de matérias-primas ou o acesso à mão de obra com baixos salários. De maneira semelhante, a vantagem de diferenciação é conferida por reputação de marca, tecnologia patenteada ou uma ampla rede de vendas e serviços.

Isso pode ser resumido da seguinte maneira: a estratégia empresarial deve ser vista menos como uma busca por lucros de monopólio (os lucros sobre o poder de mercado) e mais como uma busca por lucros ricardianos (o lucro sobre os recursos que conferem vantagem competitiva acima dos custos reais de tais recursos). A partir do momento em que os recursos se desvalorizarem, tornarem-se obsoletos ou forem copiados por outras empresas, então os lucros que eles geram tenderão a desaparecer.[11]

Podemos ir além. Um olhar mais atento sobre o poder de mercado e sobre o lucro de monopólio que ele oferece sugere que ele também tem sua base nos recursos de empresas. O pré-requisito fundamental para o poder de mercado é a presença de barreiras à entrada.[12] As barreiras à entrada baseiam-se em economias de escala, patentes, vantagens de experiência, reputação de marca ou algum outro recurso que as empresas estabelecidas possuem, mas que as iniciantes só conseguem adquirir lentamente ou com uma despesa desproporcional. De maneira semelhante, outras fontes estruturais de poder de mercado baseiam-se nos recursos das empresas: o poder monopolístico de estabelecer preços depende da participação de mercado que é consequência da eficiência de custo, força financeira ou algum outro recurso. Os recursos que conferem o poder de mercado podem ser possuídos individualmente por empresas, enquanto outros podem ser possuídos em conjunto. Um padrão setorial (o que aumenta os custos de entrada) ou um cartel é um recurso possuído coletivamente pelos membros do setor.[13] A Figura 4.2 resume os relacionamentos entre recursos e lucratividade.

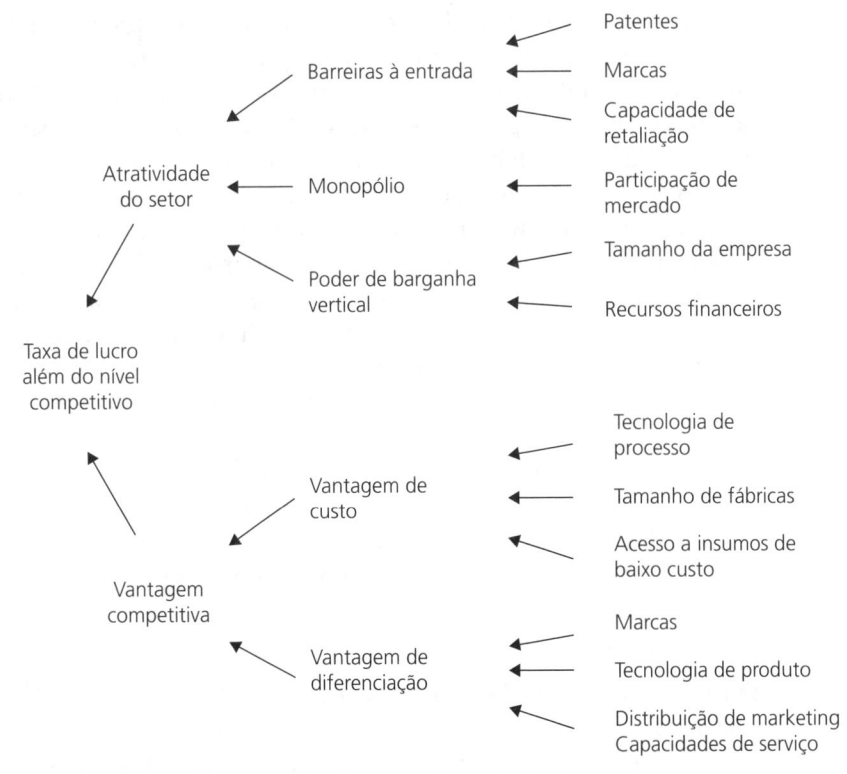

**FIGURA 4.2** Recursos como base para a lucratividade.

## 4.2 INVENTARIAR OS RECURSOS DA EMPRESA

Existe uma distinção fundamental entre recursos e capacidades. Recursos são insumos que entram no processo de produção – eles são as unidades básicas de análise. Os recursos individuais da empresa incluem equipamentos, habilidades de empregados individuais, patentes, marcas, finanças e assim por diante.

Mas, isoladamente, poucos recursos são produtivos. A atividade produtiva requer a cooperação e coordenação de grupos de recursos. Uma capacidade é a habilidade de um grupo de recursos para realizar alguma tarefa ou atividade. Enquanto os recursos constituem a fonte das capacidades de uma empresa, estas são a principal fonte da sua vantagem competitiva.

**Identificar os recursos** Um grande obstáculo para identificar e avaliar os recursos de uma empresa é que os sistemas de informação de gestão costumam fornecer apenas um quadro fragmentado e incompleto da base de seus recursos. Balanços patrimoniais financeiros são notavelmente inadequados porque desprezam recursos intangíveis e habilidades baseadas em pessoas – provavelmente os recursos mais importantes da empresa em termos estratégicos.[14] A classificação dos recursos pode fornecer um ponto de partida útil. Seis grandes categorias de recursos são sugeridas: recursos financeiros, recursos físicos, recursos humanos, recursos tecnológicos, reputação e recursos organizacionais.[15] A relutância de contadores para estender os limites de balanços patrimoniais corporativos além de ativos tangíveis reflete em parte dificuldades de avaliação. A heterogeneidade e a transferência imperfeita da maioria dos recursos intangíveis impede a utilização de preços de mercado. Uma abordagem para se avaliar recursos intangíveis é tomar a diferença entre o valor da empresa no mercado de ações e o valor de substituição dos seus ativos tangíveis.[16] De maneira semelhante, quocientes de valorização fornecem alguma indicação da importância dos recursos intangíveis das empresas. A Tabela 4.1 ilustra que os maiores quocientes de valorização são encontrados entre empresas com patentes e ativos tecnológicos valiosos (especialmente empresas farmacêuticas) e empresas ricas em termos de marcas de produtos de consumo.

A principal tarefa de uma formulação de estratégia a partir da abordagem baseada em recursos é maximizar os lucros ao longo do tempo. Para tal finalidade, precisamos investigar o relacionamento entre recursos e capacidades organizacionais. No entanto, também existem ligações diretas entre recursos e lucratividade que levantam questões importantes para a gestão estratégica de recursos:

**Quais oportunidades existem para economizar na utilização de recursos?** A capacidade de maximizar a produtividade é especialmente importante no caso de recursos tangíveis, como fábrica e equipamentos,

**TABELA 4.1** Vinte entre as 100 principais empresas dos Estados Unidos com os maiores quocientes de preço de ações sobre valor declarado, em 16 de março de 1990

| Empresa | Setor | Quociente de valorização |
|---|---|---|
| Coca Cola | Bebidas | 8,77 |
| Microsoft | Software para computadores | 8,67 |
| Merck | Farmacêutico | 8,39 |
| American Home Products | Farmacêutico | 8,00 |
| Wal Mart Store | Varejo | 7,51 |
| Limited | Varejo | 6,65 |
| Warner Lambert | Farmacêutico | 6,34 |
| Waste Management | Controle da poluição | 6,18 |
| Marrion Merrell Dow | Farmacêutico | 6,10 |
| McCaw Cellular Communications | Equipamentos de telecomunicações | 5,90 |
| Bristol Myers Squibb | Farmacêutico | 5,48 |
| Toys R Us | Varejo | 5,27 |
| Abbot Laboratories | Farmacêutico | 5,26 |
| Walt Disney | Entretenimento | 4,90 |
| Johnson & Johnson | Produtos de assistência à saúde | 4,85 |
| MCI Communications | Telecomunicações | 4,80 |
| Eli Lilly | Farmacêutico | 4,70 |
| Kellogg | Produtos alimentícios | 4,58 |
| H. J. Heinz | Produtos alimentícios | 4,38 |
| Pepsico | Bebidas | 4,33 |

**Fonte:** 1.000 Principais da *Business Week*, 1990

finanças e pessoas. Pode envolver a utilização de menos recursos para sustentar o mesmo nível de negócio ou a utilização dos recursos existentes para sustentar um volume maior de negócio. O sucesso de empresas agressivas em termos de aquisições, como a ConAgra, nos Estados Unidos, e a Hanson, na Grã-Bretanha, baseia-se na *expertise* para reduzir ativos financeiros, físicos e humanos necessários para sustentar o volume de negócio em empresas adquiridas.

**Quais são as possibilidades para a utilização de ativos existentes de maneira mais intensa e com emprego mais lucrativo?** Uma grande proporção de aquisições corporativas é motivada pela crença de que os recursos da empresa adquirida poderão ser utilizados de maneira mais lucrativa. Os lucros obtidos com a transferência de ativos existentes para um emprego mais produtivo poderão ser substanciais.

A reviravolta notável no desempenho da Walt Disney Company entre 1985 e 1987 deveu-se muito à exploração vigorosa dos seus consideráveis e singulares ativos: desenvolvimento acelerado das amplas propriedades de terras da Disney (para fins de desenvolvimento residencial e de entretenimento); exploração do seu imenso acervo de filmes através da TV a cabo, vídeos e séries para emissoras; utilização mais plena dos seus estúdios a partir da formação da Touchstone Films; incremento de ações de marketing para melhorar a utilização de capacidade nos parques temáticos.

## 4.3 IDENTIFICAR E AVALIAR CAPACIDADES

As capacidades de uma empresa representam o que ela pode fazer como resultado de grupos de recursos trabalhando juntos. Tais capacidades podem ser identificadas e avaliadas utilizando uma classificação funcional padrão das atividades da empresa.

Por exemplo, Snow e Hrebiniak examinaram capacidades (em sua terminologia, "competências distintivas" – *distinctive competencies*) em relação a dez áreas funcionais.[17] Para a maioria das empresas, no entanto, as capacidades mais importantes provavelmente são aquelas que surgem a partir de uma integração de capacidades funcionais individuais. Por exemplo, o McDonald's possui excelentes capacidades funcionais nas áreas de desenvolvimento de produto, pesquisa de mercado, gestão de recursos humanos, controle financeiro e gestão de operações. No entanto, o que é fundamental para seu sucesso é a integração dessas capacidades funcionais para a notável consistência de produtos e serviços em milhares de restaurantes espalhados pelo mundo. Hamel e Prahalad utilizam o termo "competências essenciais" – *core competencies* – para descrever essas capacidades estratégicas centrais. Elas representam o "aprendizado coletivo na organização, especialmente como coordenar diversas habilidades de produção e integrar múltiplas correntes tecnológicas".[18] Exemplos de competências essenciais incluem:

- A integração da tecnologia de computadores e de telecomunicações pela NEC Corporation;
- A *expertise* em mídia óptica da Philips;
- A harmonização de *know-how* em miniaturização, design de microprocessadores, ciência material e moldagem de precisão ultrafina da Casio;
- A integração de tecnologias óptica, microeletrônica e mecânica de precisão da Canon, que formam a base do seu sucesso em câmeras, copiadoras e máquinas de fax;
- A competência da Black and Decker tanto no design quanto na produção de pequenos motores elétricos

Um problema-chave na avaliação de capacidades é manter a objetividade. Howard Stevenson observou uma grande variação nas percepções de gerentes sênior em relação às competências distintivas das suas organizações.[19] Organizações frequentemente são vítimas de glórias passadas, de esperanças para o futuro e de ilusão. Entre as empresas industriais que fracassaram, tanto dos Estados Unidos quanto da Grã-Bretanha, estão muitas que acreditavam ser líderes mundiais com produtos superiores e com fidelidade dos clientes. Durante a década de 1960, os CEOs tanto da Harley-Davidson quanto da BSA-Triumph desprezaram a ideia de a Honda ter ameaçado sua supremacia no mercado de "motocicletas sérias".[20] O fracasso das empresas siderúrgicas dos Estados Unidos em reagir a uma concorrência cada vez maior da importação durante a década de 1970 baseou-se, de maneira semelhante, na confiança enganosa na sua qualidade e na sua liderança tecnológica.[21]

A tarefa crítica é avaliar capacidades em comparação às dos concorrentes. Da mesma maneira que a prosperidade nacional é aprimorada por meio da especialização com base em vantagens comparativas (o mesmo para a empresa) uma estratégia de sucesso é aquela que explora suas forças em relação aos concorrentes. As principais capacidades da Federal Express são aquelas que a permitem operar um sistema de entrega nacional capaz de garantir a entrega no dia seguinte. Para o varejista britânico Marks and Spencer, o principal é a capacidade de gerenciar relações com os fornecedores para assegurar um nível alto e consistente de qualidade dos produtos. Para a General Electric, é um sistema de gestão corporativa que reconcilia controle, coordenação, flexibilidade e inovação em uma das maiores e mais diversificadas empresas do mundo. Ao contrário, o fracasso costuma acontecer devido a estratégias que estendem as atividades da empresa além do âmbito de suas capacidades.

**Capacidades como rotinas organizacionais** Criar capacidades não é simplesmente uma questão de reunir uma equipe de recursos: capacidades envolvem padrões complexos de coordenação entre pessoas e entre pessoas e outros recursos. Aperfeiçoar essa coordenação exige aprender por meio da repetição. O conceito de "rotina organizacional", de Nelson e Winter, é esclarecedor para a compreensão da anatomia das capacidades de uma empresa. Rotinas organizacionais são padrões regulares e previsíveis de atividade compostos de uma sequência de ações coordenadas por parte de indivíduos. Uma capacidade é basicamente uma rotina, ou várias rotinas, que interagem entre si. A organização em si é uma imensa rede de rotinas. Estas incluem a sequência de rotinas que governam a passagem de matéria-prima e de componentes ao longo do processo de produção e ao longo das rotinas dos principais gerentes, as quais incluem monitoramento do desempenho da unidade de negócio, preparação de um orçamento de capital e formulação de estratégia.

O conceito de rotinas organizacionais oferece ideias esclarecedoras sobre os relacionamentos entre recursos, capacidades e vantagem competitiva:

**O relacionamento entre recursos e capacidades** Não existe nenhum relacionamento funcional predeterminado entre os recursos de uma empresa e suas capacidades. Os tipos, as quantidades e as qualidades dos recursos disponíveis para a empresa têm uma importante influência sobre o que a empresa pode fazer, uma vez que restringem a gama de rotinas organizacionais que podem ser realizadas de acordo com o padrão que elas são realizadas. No entanto, um ingrediente-chave no relacionamento entre recursos e capacidades é a destreza de uma organização para conseguir cooperação e coordenação dentro de equipes. Isso exige que a organização motive e socialize seus membros de tal maneira que permita o desenvolvimento de rotinas que funcionem suavemente. O estilo, os valores, as tradições e a liderança da organização são incentivos fundamentais para a cooperação e o compromisso de seus membros. Estes são considerados recursos intangíveis, ingredientes comuns de todas as rotinas organizacionais de uma corporação.

*Trade-off* **entre eficiência e flexibilidade** Rotinas estão para a organização assim como as habilidades estão para o indivíduo. Da mesma maneira que as habilidades do indivíduo são realizadas de maneira semiautomática, sem coordenação consciente, as rotinas organizacionais envolvem um grande componente de conhecimento tácito, que implica limites na medida em que as capacidades da organização podem ser articuladas. Da mesma maneira que habilidades individuais ficam enferrujadas quando não exercitadas, é difícil para organizações reter respostas coordenadas a contingências que surgem apenas raramente. Então, poderá haver um *trade-off* entre eficiência e flexibilidade. Um repertório limitado de rotinas pode ser realizado de maneira altamente eficiente com coordenação quase perfeita – tudo com ausência de intervenção significativa pelos principais gerentes. Porém, a mesma organização pode achar extremamente difícil reagir a situações desconhecidas.

**Economias de experiência** Da mesma maneira que habilidades individuais são adquiridas por meio da prática ao longo do tempo, as habilidades de uma organização são desenvolvidas e sustentadas apenas por meio da experiência. A vantagem de uma empresa já estabelecida sobre outra novata está principalmente nas rotinas organizacionais que ela aperfeiçoou ao longo do tempo. A "curva da experiência" do Boston Consulting Group representa uma tentativa ingênua, porém valiosa, de relacionar a experiência da empresa com seu desempenho. No entanto, em setores nos quais a mudança tecnológica é rápida, novas empresas poderão possuir uma vantagem sobre empresas estabelecidas devido ao seu potencial para aprender mais rapidamente novas rotinas e por ter menor compromisso com rotinas antigas.

**A complexidade de capacidades** Capacidades organizacionais diferem na sua complexidade. Algumas podem derivar da contribuição de um único recurso. O desenvolvimento bem-sucedido de vários medicamentos cardiovasculares da Du Pont durante o final da década de 1980 ocorreu em grande parte graças à liderança na pesquisa do seu principal farmacologista, Pieter Timmermans.[22] A capacidade da Drexel Burnham Lambert em subscrever títulos comerciais sem valor durante a década de 1980 ocorreu quase totalmente devido às habilidades de Michael Millken. Outras rotinas exigem interações muito complexas envolvendo a cooperação de muitos recursos diferentes. A capacidade de "imaginação geométrica" da Walt Disney envolve a integração de ideias, habilidades e conhecimento derivados da produção de filmes, da engenharia, da psicologia e de uma grande variedade de disciplinas técnicas. Conforme veremos, a complexidade é especialmente relevante para a sustentabilidade da vantagem competitiva.

## 4.4 AVALIAR O RETORNO POTENCIAL DOS RECURSOS: SUSTENTABILIDADE

Os retornos sobre os recursos e capacidades de uma empresa dependem de dois fatores-chave: em primeiro lugar, a sustentabilidade da vantagem competitiva que estes conferem à empresa; e, em segundo lugar, a capacidade da empresa de se apropriar dos retornos obtidos a partir dos seus recursos e capacidades.

No longo prazo, tanto a vantagem competitiva quanto os retornos associados a ela são erodidos pela desvalorização dos recursos e capacidades da empresa e por imitação por parte dos rivais. A velocidade de erosão depende, de maneira crítica, das características dos recursos e das capacidades. Considere mercados em que a vantagem competitiva é insustentável: em mercados "eficientes" (aproximados ao máximo pelos mercados de ações e obrigações, *commodities* e câmbio exterior) não existe vantagem competitiva. Os preços de mercado refletem todas as informações disponíveis, os preços se ajustam instantaneamente a novas informações e os negociantes só podem esperar lucros normais. A ausência da vantagem competitiva é uma consequência dos recursos exigidos para concorrer nesses mercados. Para negociar em mercados financeiros, as exigências básicas são fundos e informações. Se as duas coisas estiverem disponíveis de maneira igual para todos os participantes, a vantagem competitiva não poderá existir. Até mesmo se for assumido que existam informações privilegiadas (mercados "pouco eficientes"), a vantagem competitiva não será sustentável. Uma vez que um negociante aja de acordo com informações privilegiadas, o volume de transações e as flutuações de preço sinalizam atividade de pessoas com informações privilegiadas e provavelmente outros negociantes se apressarão para buscar uma parte da ação.

A diferença fundamental entre mercados industriais e mercados financeiros está relacionada com as exigências de recursos de cada um. Em mercados industriais, os recursos são especializados, imóveis e duradouros. Como resultado disso, de acordo com Richard Caves, uma característica fundamental de mercados industriais é a existência da "concorrência comprometida – jogadas competitivas entre produtores estabelecidos que envolvem comprometimentos de recursos irrevogáveis por períodos de tempo não triviais".[23] As dificuldades envolvidas na aquisição de recursos exigidos para concorrer e a necessidade de comprometer recursos muito antes que uma jogada competitiva possa ser iniciada implica também que a vantagem competitiva será muito mais sustentável do que em mercados financeiros. A abordagem baseada em recursos em relação à teoria da vantagem competitiva aponta para quatro características dos recursos e das capacidades que provavelmente serão determinantes para a sustentabilidade da vantagem competitiva: durabilidade, transparência, transferência e replicação.

## Durabilidade

Na ausência de concorrência, a longevidade da vantagem competitiva de uma empresa depende da taxa pela qual os recursos e capacidades inerentes se desvalorizam ou tornam-se obsoletos. A durabilidade de recursos varia consideravelmente: o ritmo cada vez maior de mudança tecnológica está reduzindo os períodos de vida útil da maior parte dos equipamentos e dos recursos tecnológicos. Por outro lado, a reputação (tanto de marca quanto corporativa) parece se desvalorizar de maneira relativamente lenta, e esses ativos normalmente podem ser mantidos por taxas modestas de investimento em reposição. Muitas das marcas de produtos de consumo que atualmente comandam as fidelidades mais fortes (por exemplo, molhos Heinz, cereais Kellogg's, sopa Campbell's, aspiradores de pó Hoover) têm sido líderes de mercado há quase um século. A reputação corporativa demonstra longevidade semelhante: as reputações estabelecidas ao longo de várias décadas da GE, da IBM, da Du Pont e da Proctor and Gamble como sendo empresas bem administradas, socialmente responsáveis, financeiramente saudáveis, que fabricam produtos confiáveis e tratam bem os empregados. Apesar de o aumento da turbulência ambiental diminuir o tempo de vida de vários recursos, é possível que isso tenha o efeito de fortalecer a marca e as reputações corporativas.

Capacidades de empresas têm o potencial para ser mais duráveis do que os recursos nos quais elas se baseiam devido à sua habilidade para manter capacidades por meio da substituição de recursos individuais (inclusive pessoas) à medida que eles se desgastarem ou se movimentarem. A capacidade da Rolls Royce na manufatura artesanal de carros de luxo e da 3M no lançamento de novos produtos tem se mantido ao longo de várias gerações de empregados. Essa longevidade depende fundamentalmente da gestão das capacidades para assegurar sua manutenção e renovação. Um dos papéis mais importantes que a cultura organizacional desempenha na sustentação da vantagem competitiva pode ser por meio do apoio à manutenção das capacidades a partir da socialização de novos empregados.[24]

## Transparência

A capacidade da empresa de sustentar sua vantagem competitiva ao longo do tempo depende da velocidade com que outras empresas são capazes de imitar sua estratégia. A imitação exige que um concorrente supere dois problemas. Em primeiro lugar, está o problema da informação: qual é a vantagem competitiva do rival bem-sucedido e como ela está sendo obtida? Em segundo lugar, está o problema da replicação da estratégia: como o concorrente em potencial pode acumular os recursos e capacidades exigidos para imitar a estratégia bem-sucedida do rival? O problema da informação é uma consequência da informação imperfeita em dois conjuntos de relacionamentos. Se uma empresa deseja imitar a estratégia de um rival, primeiro ela deverá estabelecer as capacidades inerentes à sua vantagem competitiva e depois determinar quais recursos são exigidos para reproduzir tais capacidades. Chamo isto de "transparência" da vantagem competitiva. No que diz respeito ao primeiro problema de transparência, uma vantagem competitiva que seja consequência de capacidade superior em relação a uma única variável de desempenho é mais fácil de ser identificada e entendida do que uma vantagem competitiva que envolva múltiplas capacidades, conferindo desempenho superior a partir de muitas variáveis. O sucesso da Cray Research no setor de informática deve-se principalmente à sua capacidade tecnológica em relação a computadores grandes e extremamente potentes. O desempenho superior da IBM é multidimensional e mais difícil de entender. É extremamente difícil distinguir e avaliar as contribuições relativas da capacidade de pesquisa, das economias de escala no desenvolvimento e na fabricação de produtos, da autossuficiência por meio da integração reversa e do atendimento superior ao cliente ao longo da excelência em vendas, serviço e suporte técnico para o sucesso da IBM.

No que diz respeito ao segundo problema de transparência, uma capacidade que exija um padrão complexo de coordenação entre uma grande quantidade de recursos diferentes é mais difícil de ser entendida do que outra baseada na exploração de um único recurso dominante. Por exemplo, a capacidade de entrega no dia seguinte da Federal Express exige uma cooperação próxima entre uma grande quantidade de empregados, aviões, vans de entrega, instalações para rastreamento computadorizado e equipamentos de classificação automatizada, tudo isso coordenado em um único sistema. Ao contrário, a posição de baixo custo da Atlantic Richfield no fornecimento de gasolina para o mercado da Califórnia baseia-se simplesmente no seu acesso ao petróleo bruto produzido no Alasca. A transparência imperfeita é a base para a teoria de Lippman e Rumelt de "imitabilidade incerta": quanto maior for a incerteza dentro de um mercado sobre como as empresas bem-sucedidas "são assim", mais inibidos ficarão os participantes potenciais e maior será o nível de lucro que as empresas estabelecidas poderão manter dentro daquele mercado.[25]

## Capacidade de transferência

Uma vez que a empresa estabelecida ou o participante potencial tenha estabelecido as fontes do desempenho superior, então a imitação exigirá o acúmulo dos recursos e das capacidades necessárias para um desafio competitivo. A principal fonte de recursos e capacidades provavelmente será os mercados desses insumos. Se as empresas conseguirem adquirir (em condições semelhantes) os recursos exigidos para imitar a vantagem competitiva de um rival bem-sucedido, então este terá vida curta. Conforme vimos, em mercados financeiros o acesso fácil a fundos e informações por parte de negociantes faz com que a vantagem competitiva seja passageira. No entanto, a maioria dos recursos e capacidades não são livremente transferíveis entre empresas. Portanto, concorrentes potenciais não conseguirão adquirir (em condições iguais) os recursos necessários para reproduzir a vantagem competitiva de uma empresa estabelecida. Imperfeições na capacidade de transferência surgem a partir de várias fontes:

**Imobilidade geográfica**  Os custos de realocar grandes itens de equipamento e empregados altamente especializados deixam empresas que estejam adquirindo estes recursos em desvantagem em relação a empresas que já os possuem.

**Informações imperfeitas**  Avaliar o valor de um recurso torna-se difícil devido à heterogeneidade dos mesmos (especialmente recursos humanos) e pelo conhecimento imperfeito da produtividade potencial de recursos individuais.[26] A capacidade da empresa estabelecida de desenvolver informações ao longo do tempo sobre a produtividade dos seus recursos lhe proporciona um conhecimento superior ao de qualquer comprador potencial dos recursos em questão.[27] A consequente imperfeição dos mercados de recursos produtivos então poderá fazer com que os recursos tenham preços artificialmente baixos ou altos, gerando dessa maneira diferenças de lucratividade entre empresas.[28]

**Recursos específicos por empresa**  Além dos custos de transações gerados pela imobilidade e pela informação imperfeita, o valor de um recurso poderá cair quando ele for transferido em função de uma queda na sua produtividade. Até o ponto em que a reputação da marca está relacionada com a empresa que a criou, uma mudança de propriedade da marca causa uma erosão no seu valor. Quando a Rover, a MG, a Triumph e a Jaguar se fundiram formando a British Leyland, os valores das marcas para diferenciar automóveis passaram por uma queda substancial. Empregados podem ter uma queda de produtividade semelhante no processo de transferência dentro de uma empresa. Até o ponto em que a produtividade de um empregado é influenciada por fatores situacionais e motivacionais, então é irracional esperar que um empregado muito bem-sucedido em uma empresa possa reproduzir seu desempenho quando outra empresa o contratar. Alguns recursos podem ser quase inteiramente específicos para cada empresa – uma reputação corporativa só poderá ser transferida ao adquirir a empresa como um todo e mesmo assim a reputação da empresa adquirida costuma desvalorizar durante a mudança de propriedade.[29]

**A imobilidade de capacidades**  Uma vez que as capacidades exigem equipes interativas de recursos, elas são muito mais imóveis do que recursos individuais – elas exigem a transferência de toda a equipe. Essas transferências poderão ocorrer (por exemplo, a deserção de 16 funcionários da área de fusões e aquisições para a Wasserstein, Perella and Company).[30] No entanto, mesmo que os recursos que fazem parte da equipe sejam transferidos, a natureza de rotinas organizacionais – especialmente o papel do conhecimento tácito e da coordenação inconsciente – torna incerta a recriação de capacidades dentro de um novo ambiente corporativo.

## Replicabilidade

A capacidade de transferência imperfeita de recursos e capacidades limita a habilidade de uma empresa em adquirir os meios ou imitar o sucesso. O segundo caminho pelo qual uma empresa poderá adquirir um recurso ou capacidade será por investimento interno. Alguns recursos e capacidades poderão ser facilmente imitados através de replicação. Na área do varejo, vantagens competitivas que derivam de sistemas eletrônicos nos pontos de venda, cartões de crédito do varejista e horário de abertura estendido poderão ser copiados de maneira relativamente fácil pelos concorrentes. Em serviços financeiros, inovações de novos produtos (como trocas de taxas de juros, títulos de renda fixa, contas no mercado monetário e coisas semelhantes) são notórias pela facilidade de imitação pelos concorrentes.

É muito mais difícil a reprodução de capacidades baseadas em rotinas organizacionais altamente complexas. A capacidade da IBM em motivar seus funcionários e a incrível eficiência e flexibilidade da Nucor na produção de aço são combinações de rotinas complexas baseadas em conhecimento tácito em vez de codificado e são fundidas nas respectivas culturas corporativas. Algumas capacidades parecem simples, mas provam ser extremamente difíceis de copiar. Duas das práticas de produção japonesas mais simples e conhecidas são a programação *just-in-time* e os círculos de qualidade. Apesar do fato de que nenhuma delas exige um conhecimento sofisticado ou sistemas operacionais complexos, a cooperação e as mudanças de atitude exigidas para seu funcionamento eficaz são tais que poucas empresas americanas e europeias introduziram qualquer uma delas com o mesmo grau de sucesso que as empresas japonesas. Se práticas aparentemente simples como estas são enganosamente difíceis de imitar, é fácil ver como empresas que desenvolvem capacidades altamente complexas poderão manter sua vantagem competitiva durante períodos muito longos. O compromisso da Xerox com o atendimento ao cliente é uma capacidade que não se localiza em nenhum departamento específico, mas permeia toda a corporação e se desenvolve dentro de sua estrutura e sua cultura.

Até mesmo onde a reprodução é possível, a dinâmica de relacionamentos de fluxo de ações ainda pode oferecer uma vantagem para empresas estabelecidas. A vantagem competitiva depende do estoque de recursos e capacidades que uma empresa possui. Dierickx e Cool mostram que empresas que possuem os estoques iniciais dos recursos exigidos para obterem a vantagem competitiva poderão conseguir sustentar suas vantagens ao longo do tempo.[31] Entre os relacionamentos de fluxo de ações que eles identificam como sustentando vantagem estão: "eficiências de massa dos ativos" – a quantidade inicial do recurso que a empresa possui influi no ritmo em que o recurso poderá ser acumulado e "deseconomias pela compressão do tempo" – empresas que acumulam um recurso rapidamente incorrem em custos desproporcionais ("programas intensivos" de P&D e campanhas publicitárias "relâmpago" tendem a ser menos produtivos do que despesas semelhantes feitas durante um período mais longo).

## 4.5 AVALIAR O POTENCIAL DE OBTENÇÃO DE LUCRO: CAPACIDADE DE APROPRIAÇÃO

Os lucros para uma empresa a partir dos seus recursos e capacidades dependem não apenas de sustentar sua posição competitiva ao longo do tempo, mas também da capacidade da empresa de se apropriar de tais lucros. A questão da capacidade de apropriação diz respeito à alocação de lucros onde os direitos de propriedade não são plenamente definidos. A partir do momento que vamos além dos ativos financeiros e físicos avaliados no balanço patrimonial de uma empresa, a propriedade torna-se ambígua. A empresa é dona de ativos intangíveis como patentes, direitos autorais, marcas e segredos comerciais, mas talvez falte uma definição precisa no âmbito dos direitos de propriedade. No caso de habilidades dos empregados, surgem dois grandes problemas: a falta de distinção clara entre a tecnologia da empresa e o capital humano do indivíduo e o controle limitado que os contratos de emprego oferecem sobre os serviços prestados pelos empregados. A mobilidade dos empregados significa que é arriscado para a estratégia de uma empresa depender das habilidades específicas de poucos empregados principais. Além disso, esses empregados poderão barganhar com a empresa para se apropriar da maior parte da sua contribuição para o valor agregado.

O grau de controle que uma empresa exerce e o equilíbrio de poder entre ela e um empregado dependem fundamentalmente do relacionamento entre as habilidades do indivíduo e as rotinas organizacionais. Quanto mais profundamente enraizadas estiverem as rotinas organizacionais dentro de grupos de indivíduos e quanto mais elas forem apoiadas pelas contribuições de outros recursos, então maior será o controle que a administração da empresa poderá exercer. A capacidade da IBM de utilizar sua pesquisa avançada sobre semicondutores como instrumento de vantagem competitiva depende, em parte, de até que ponto a capacidade de pesquisa é um ativo coletivo em vez de uma reflexão da contribuição de indivíduos brilhantes. A dependência de uma empresa das habilidades de empregados principais altamente treinados e com grande mobilidade é especialmente importante no caso de empresas de serviço profissional em que as habilidades dos empregados são o recurso decisivamente importante.[32] Muitos dos problemas que emergem em aquisições de empresas intensivas em capital humano surgem a partir de conflitos sobre direitos de propriedade entre a empresa que está adquirindo e empregados da empresa adquirida. Um exemplo interessante é a disputa prolongada que se seguiu à aquisição da agência de publicidade Lord, Geller, Fredrico, Einstein, de Nova York, pelo WPP Group, em 1988. A maioria dos executivos sênior da empresa adquirida saíram para formar uma nova agência de publicidade levando vários clientes antigos com eles.[33] Conflitos semelhantes surgiram em relação à propriedade da tecnologia em empresas de alta tecnologia iniciantes fundadas por ex-funcionários de empresas estabelecidas.[34]

Onde a propriedade é ambígua, o poder de barganha relativo é o principal determinante da alocação dos lucros entre a empresa e seus empregados. Se a contribuição do empregado individual para a produtividade for claramente identificável, se o empregado tiver mobilidade e suas habilidades oferecerem uma produtividade semelhante a outras empresas, então ele estará bem-posicionado para barganhar por essa contribuição. Se o aumento das receitas do time de hóquei no gelo L. A. Kings com bilheteria puder ser atribuído principalmente à presença de Wayne Gretzky na equipe e se Gretzky puder oferecer uma melhoria de desempenho semelhante para outras equipes, então ele estará bem-posicionado para se apropriar (em termos de salário e de bônus) da maior parte do aumento da contribuição. Quanto menos identificável for a contribuição do indivíduo e quanto mais específicas da empresa forem as habilidades que estiverem sendo aplicadas, maior será a proporção do lucro que se acumulará para a empresa. A queda da lucratividade entre bancos de investimentos estimulou muitos a reafirmar seu poder de barganha em relação às suas estrelas individuais e gurus internos ao projetarem uma transferência de reputação destes empregados principais para a empresa como um todo. No Citibank, na Salomon Brothers, na Merrill Lynch e no First Boston, isto resultou em conflitos agudos entre os principais gerentes e alguns empregados sênior.[35]

## 4.6 FORMULAR ESTRATÉGIA

Apesar de a discussão precedente das relações entre recursos, capacidades e lucratividade ter tido uma natureza fortemente teórica, as implicações para a formulação de estratégia são diretas. A análise do potencial de geração de lucro dos recursos e capacidades conclui que os recursos e capacidades mais importantes da empresa são aqueles que são duráveis, difíceis de identificar e entender, imperfeitamente transferíveis, difíceis de reproduzir e nos quais a empresa possui clara propriedade e controle. Essas são as "joias da coroa" da empresa e precisam ser protegidas, pois desempenham um papel central na estratégia competitiva que a empresa busca. A essência da formulação de estratégia, portanto, é projetar a estratégia que utiliza esses recursos e capacidades centrais da maneira mais eficaz. Considere, por exemplo, a notável reviravolta da Harley-Davidson entre 1984 e 1988. Foi fundamental o reconhecimento pelos principais gerentes de que o único ativo durável, intransferível, impossível de reproduzir da empresa era a imagem da Harley-Davidson e a fidelidade que a acompanhava. Em praticamente todas as outras áreas de desempenho competitivo – custos de produção, qualidade, tecnologia de produto e de processo e âmbito de mercado global – a Harley era muito inferior aos seus rivais japoneses. A única oportunidade para a sobrevivência da Harley era seguir uma estratégia fundada na vantagem da sua imagem, minimizando simultaneamente suas desvantagens em outras capacidades. Todos os novos modelos da Harley-Davidson introduzidos no período foram baseados em torno de características de design tradicionais, enquanto sua estratégia de marketing envolveu a extensão do apelo da sua imagem de individualidade e força do seu grupo de clientes tradicional para profissionais mais ricos. A proteção do nome da Harley-Davidson por meio de controles mais fortes sobre revendedores foi igualada por uma exploração mais ampla do seu nome por meio de amplo licenciamento. Apesar de melhorias radicais na eficiência e na qualidade da produção terem sido componentes essenciais da reviravolta de estratégia, foi a melhoria e a ampliação do apelo do mercado da Harley o principal impulso do seu aumento de 27% para 44% no mercado de grandes motocicletas americanas entre 1984 e 1988, acompanhado por um aumento em renda líquida de 6,5 milhões para 29,8 milhões de dólares.

Ao contrário, um fracasso em reconhecer e explorar a importância estratégica de recursos duráveis, intransferíveis e irreplicáveis quase inevitavelmente terá consequências terríveis. Os problemas da Bank America Corporation durante meados da década de 1980 podem ser atribuídos a uma estratégia que se tornou cada vez mais dissociada dos ativos mais importantes do banco: sua posição de reputação e de mercado como banco varejista no Oeste dos Estados Unidos. O resultado desastroso da aquisição pelo U.S. Air Group da transportadora californiana, PSA, é semelhantemente atribuível ao desdém do U.S. Air pelo ativo mais importante do PSA – sua reputação no mercado californiano por um estilo de serviço amigável e descontraído.

Projetar estratégia em torno dos recursos e capacidades mais criticamente importantes pode levar a empresa a limitar seu âmbito estratégico às atividades em que ela possua uma nítida vantagem competitiva. As principais capacidades da Lotus, fabricante especializado de carros esportivos, estão no desenvolvimento do design e da engenharia; faltavam tanto as capacidades de produção quanto o volume de vendas para concorrer de maneira eficaz no mercado mundial de automóveis. Uma reviravolta da Lotus durante a década de 1980 seguiu sua decisão de se especializar em consultoria de design e desenvolvimento para outros fabricantes de automóveis e de limitar sua própria produção principalmente a carros de Fórmula 1.

A habilidade dos recursos e capacidades de uma empresa para dar apoio a uma vantagem competitiva sustentável é fundamental para o intervalo de tempo do processo de seu planejamento estratégico. Se os recursos e capacidades de uma empresa não tiverem durabilidade ou se eles forem facilmente transferidos ou replicados, então a empresa deverá ou adotar uma estratégia com retorno de curto prazo ou investir no desenvolvimento de novas fontes de vantagem competitiva. Tais considerações são fundamentais para pequenas empresas de tecnologia iniciantes em que a velocidade da mudança pode significar que as inovações ofereçam uma vantagem competitiva apenas temporária. A empresa deve tentar explorar sua inovação inicial antes que seja imitada por rivais mais fortes e estabelecidos ou por outras empresas iniciantes, bem como estabelecer a capacidade tecnológica para uma corrente contínua de inovações. Uma falha fundamental na exploração pela EMI da sua invenção do *scanner* de tomografia computadorizada foi uma estratégia que deixou de explorar a sua liderança técnica de cinco anos no desenvolvimento e no marketing do *scanner* de raios-X e não estabeleceu a amplitude da capacidade tecnológica e de produção exigida para estabelecer um negócio de eletrônicos médicos plenamente abrangente.

Onde os recursos e capacidades de uma empresa são facilmente transferíveis ou replicáveis, sustentar uma vantagem competitiva só será viável se o mercado da empresa for tão pequeno a ponto de não ser atraente ou se ele conseguir obscurecer a existência da sua vantagem competitiva. A Filofax, fabricante britânico de organizadores pessoais estabelecido há muito tempo, conseguiu dominar o mercado para os seus produtos enquanto o próprio mercado permaneceu pequeno. O grande aumento da demanda por Filofaxes durante meados da década de 1980 foi, paradoxalmente, um desastre para a empresa. O produto da Filofax era facilmente imitado, e o crescimento da demanda impulsionado por uma demanda pontual gerou uma grande quantidade de imitadores. Em 1989, a empresa estava passando por uma queda nas vendas e perdas cada vez maiores.[36] Em setores em que vantagens competitivas baseadas em diferenciação e inovação podem ser imitadas (como serviços financeiros, varejo, roupas de moda e brinquedos), as empresas têm uma breve janela de oportunidade durante a qual elas podem explorar suas vantagens antes que os imitadores provoquem sua erosão. Sob essas circunstâncias, as empresas devem se preocupar não em sustentar as vantagens existentes, mas em estabelecer a flexibilidade e a capacidade de reação que lhes permitam criar novas vantagens mais rapidamente do que as antigas vantagens estão sendo erodidas pela concorrência.

A transferência e a replicação de recursos e capacidades também representam uma questão fundamental na gestão estratégica de *joint-ventures*. Estudos de *joint-ventures* internacionais apontam para a transferência das capacidades de cada parte como um determinante fundamental da alocação de benefícios a partir do empreendimento. Por exemplo, os pontos fortes das empresas ocidentais em canais de distribuição e tecnologia de produtos foram facilmente explorados por parceiros japoneses em *joint--ventures*, enquanto as capacidades de excelência na fabricação e de desenvolvimento de novos produtos provaram ser extremamente difíceis para as empresas ocidentais aprenderem.[37]

## 4.7 IDENTIFICAR LACUNAS DE RECURSOS E DESENVOLVER A BASE DE RECURSOS

Até aqui, a análise considerou a base de recursos da empresa como predeterminada, com a tarefa principal da estratégia organizacional sendo a aplicação desses recursos de forma a maximizar os lucros ao longo do tempo. No entanto, uma estratégia a partir da abordagem baseada em recursos se preocupa não apenas com a aplicação dos recursos existentes, mas também com o desenvolvimento da base de recursos da empresa. Isso inclui investimento em reposição para manter o estoque de recursos, bem como para aumentá-los visando a apoiar e estender posições de vantagem competitiva, assim como para ampliar o conjunto de oportunidade estratégica da empresa. Essa tarefa é conhecida na literatura sobre estratégia como o preenchimento de "lacunas de recursos" – *resource gaps*.[38]

Sustentar a vantagem diante da concorrência e da evolução das exigências dos clientes também exige que as empresas desenvolvam constantemente suas bases de recursos. Essa "atualização" da vantagem competitiva ocupa uma posição central na análise de Michael Porter da vantagem competitiva das nações.[39] Sua análise da capacidade de empresas e nações de estabelecer e manter o sucesso competitivo internacional depende fundamentalmente da capacidade de inovar continuamente e de mudar a base de vantagem competitiva de fatores de produção "básicos" para "avançados". Uma característica importante dos fatores "avançados" de produção é que eles oferecem uma vantagem competitiva mais sustentável porque são mais especializados (portanto, têm menos mobilidade ao longo da transferência de mercado) e não são tão fáceis de replicar.

O compromisso com a atualização da concentração de recursos e capacidades da empresa exige direção estratégica em termos das capacidades que formarão a base de sua vantagem competitiva futura. Portanto, a noção de Prahalad e Hamel de "competências essenciais" é menos uma identificação das capacidades atuais de uma empresa do que um compromisso com um caminho de desenvolvimento futuro. Por exemplo, o foco estratégico da NEC em computação e comunicações em meados da década de 1970 não foi tanto uma declaração dos pontos fortes essenciais da empresa, mas um compromisso de longo prazo com um caminho específico de desenvolvimento tecnológico.

Harmonizar a exploração de recursos existentes com o desenvolvimento dos recursos e capacidades para vantagem competitiva no futuro é uma tarefa sutil. Até o ponto em que capacidades são aprendidas e aperfeiçoadas por meio da repetição, elas se desenvolvem automaticamente com a busca por uma estratégia específica. A tarefa essencial, portanto, é assegurar que a estratégia constantemente vá um pouco além dos limites das capacidades das empresas em qualquer momento específico. Isso garante não apenas a perfeição de capacidades exigidas pela estratégia atual, mas também o desenvolvimento das capacidades exigidas para atender os desafios do futuro. Hiroyuki Itami refere-se à ideia de que, ao realizar sua estratégia atual, uma empresa desenvolve a especialização exigida por sua estratégia futura como um "ajuste dinâmico de recursos":

A estratégia eficaz no presente constrói ativos invisíveis e a expansão do estoque destes ativos habilita a empresa a planejar sua estratégia futura para que ela possa ser realizada. E esta deverá utilizar de maneira eficaz os recursos reunidos.[40]

Matsushita é um expoente notável do princípio de desenvolvimento paralelo e sequencial de estratégia e capacidades. Por exemplo, ao desenvolver a produção em um pais estrangeiro, Matsushita costumava começar com a produção de produtos simples, como pilhas, depois passava para outros que exigissem maior sofisticação, tanto em termos de produção quanto de marketing:

Em todos os países as pilhas são uma necessidade, portanto vendem bem. Enquanto trazemos algumas peças automatizadas de equipamento avançado para os processos vitais para a qualidade final do produto, até mesmo uma mão de obra que não seja qualificada será capaz de produzir bons produtos. Enquanto trabalham nesse produto relativamente simples, os trabalhadores são treinados e esse aumento no nível de habilidade então nos permite expandir gradualmente a produção para itens com nível tecnológico cada vez maior – primeiro rádios, depois televisões.[41]

O desenvolvimento de capacidades que depois poderão ser utilizadas como a base para ampliar a variedade de produtos de uma empresa é uma característica comum de estratégias bem-sucedidas relacionadas à diversificação. O acréscimo sequencial de produtos para acompanhar o desenvolvimento da especialização em termos tecnológicos, de produção e de marketing foi uma característica da diversificação da Honda de motocicletas a carros, geradores, máquinas de cortar grama e motores para barcos. A mesma coisa aconteceu com a expansão da 3M de abrasivos para adesivos, videoteipe e disquetes para computador.

Tanto para explorar o estoque existente de recursos de uma empresa quanto para desenvolver vantagens competitivas para o futuro, a aquisição externa de recursos complementares poderá ser necessária. Considere a reviravolta da Walt Disney Company entre 1984 e 1988. Para que a nova administração explorasse de maneira mais eficaz o vasto e subutilizado estoque de recursos singulares da Disney, novos recursos foram exigidos. Alcançar uma utilização melhor dos estúdios de cinema da Disney e a especialização na área de animação exigiu a aquisição de talento criativo na forma de diretores, atores, roteiristas e desenhistas. O ato de colocar as amplas propriedades imobiliárias para funcionar foi auxiliado pela aquisição da especialização na área de desenvolvimento de propriedade da Arvida Corporation. Desenvolver uma nova equipe de marketing foi fundamental para aumentar a utilização da capacidade, tanto na Disneyland quanto na Disney World.

## 4.8 CONCLUSÃO

Os recursos e capacidades de uma empresa são as considerações centrais para formular sua estratégia: eles são as principais constantes sobre as quais uma empresa pode estabelecer sua identidade e moldar sua estratégia, bem como as principais fontes da lucratividade da empresa. A chave para uma abordagem baseada em recursos para a formulação de estratégia é entender os relacionamentos entre recursos, capacidades, vantagem competitiva e lucratividade – especificamente, um entendimento dos mecanismos por meio dos quais a vantagem competitiva pode ser sustentada ao longo do tempo. Isso exige o projeto de estratégias que explorem ao máximo as características singulares de cada empresa.

## 4.9 REFERÊNCIAS

1. Charles W. Hofer e Dan Schendel, *Strategy Formulation: Analytic Concepts* (St. Paul, MN: West, 1978), p. 12.
2. Robert D. Buzzell e Bradley T. Gale, *The PIMS Principles: Linking Strategy to Performance* (Nova York, NY: Free Press, 1987).
3. Veja, por exemplo, Henry Mintzberg, "Of Strategies, Deliberate and Emergent," *Strategic Management Journal*, 6 (1985): 257-272; Andrew M. Pettigrew, "Strategy Formulation as a Political Process," *International Studies of Management and Organization*, 7 (1977): 78-87; J.B. Quinn, *Strategies for Change: Logical Incrementalism* (Homewood, IL: Irwin, 1980).
4. David Ricardo, *Principles of Political Economy and Taxation* (Londres: G. Bell, 1891); Joseph A. Schumpeter, *The Theory of Economic Development*, (Cambridge, MA: Harvard University Press, 1934); Edith Penrose, *The Theory of the Growth of the Firm* (Nova York, NY: John Wiley and Sons, 1959).
5. David J. Teece, "Economies of Scope and the Scope of the Enterprise," *Journal of Economic Behavior and Organization*, I (1980): 223-247; S. Chatterjee e B. Werner-felt, "The Link between Resources and Types of Diversification: Theory and Evidence," *Strategic Management Journal*, 12(1991): 33-48.
6. R.P. Rumelt, "Towards a Strategic Theory of the Firm," in R.B. Lamb, ed., *Competitive Strategic Management* (Englewood Cliffs, NJ: Prentice Hall, 1984); S. A. Lippman e R.P. Rumelt, "Uncertain Imitability: An Analysis of Interfirm Differences in Efficiency under Competition," *Bell Journal of Economics*, 23 (1982): 418-438; Richard Reed e **R.J.** DeFillippi, "Causal Ambiguity, Barriers to Imitation, and Sustainable Competitive Advantage", *Academy of Management Review*, 15 (January 1990): 88-102.
7. David J. Teece, "Capturing Value from Technological Innovation: Integration, Strategic Partnering, and Licensing Decisions," *Interfaces*, 18/3 (1988): 46-61.
8. Jay B. Barney, "Strategic Factor Markets: Expectations, Luck and Business Strategy," *Management Science*, 32/10 (October 1986): 1231-1241.
9. Ingemar Dierickx e Karel Cool, "Asset Stock Accumulation and the Sustainability of Competitive Advantage", *Management Science*, 35/12 (December 1989): 1504-1513.
10. R. Schmalensee, "Industrial Economics: An *Overview*," *Economic Journal*, 98 (1988): 643-681; R.D. Buzzell e B.T. Gale, *The PIMS Principles* (Nova York, NY: Free Press, 1987).
11. Por causa da ambiguidade associada com definições contábeis de lucro, a literatura acadêmica tem utilizado cada vez mais o termo "*rent*" para se referir a "lucro econômico". "Lucro" é o excedente de receita sobre o custo "real" ou de "oportunidade" dos

recursos utilizados na geração dessa receita. O custo "real" ou custo de "oportunidade" de um recurso é a receita que ele pode gerar quando colocado diante de uma utilização alternativa na empresa ou o preço pelo qual ele pode ser vendido.

12. W.J. Baumol, J.C. Panzer e R.D, Willig, *Contestable Markets and the Theory of Industrial Structure* (Nova York, NY: Harcourt Brace Jovanovitch, 1982).
13. No jargão do economista, esses recursos de propriedade conjunta são "bens públicos" – seus benefícios podem ser estendidos a empresas adicionais a um custo marginal desprezível.
14. Hiroyuki Itami *[Mobilizing Invisible Assets* (Cambridge, MA: Harvard University Press, 1986)] refere-se a estes como "ativos invisíveis".
15. Baseado em Hofer e Schendel, op. cit., p. 145-148.
16. Veja, por exemplo, Iain Cockburn e Zvi Griliches, "Industry Effects and the Appropriability Measures in the Stock Market's Valuation of R&D and Patents," *American Economic Review*, 78 (1988): 419-423.
17. Administração geral, administração financeira, marketing e vendas, pesquisa de mercado, P&D de produto, engenharia, produção, distribuição, questões jurídicas e quadro de funcionários. Veja Charles C. Snow e Lawrence G. Hrebiniak, "Strategy, Distinctive Competence, and Organizational Performance," *Administrative Science Quarterly*, 25 (1980): 317-336.
18. C.K Prahalad e Gary Hamel, "The Core Competence of the Corporation", *Harvard Business Review* (May/June 1990), p. 79-91.
19. Howard H. Stevenson, "Defining Corporate Strengths and Weaknesses", *Sloan Management Review* (Primavera de 1976), p. 51-68.
20. Richard T. Pascale, "Honda (A)," Harvard Business School, Case n. 9-384-049, 1983.
21. Paul R. Lawrence e Davis Dyer, *Renewing American Industry* (Nova York, NY: Free Press, 1983), p. 60-83.
22. "Du Pont's "Drug Hunter" Stalks His Next Big Trophy," *Business Week*, November 27 1989, p. 174-182.
23. Richard E. Caves, "Economic Analysis and the Quest for Competitive Advantage", *American Economic Review*, 74 (1984): 127-128.
24. Jay B. Barney, "Organizational Culture: Can It Be a Source of Sustained Competitive Advantage"? *Academy of Management Review*, 11 (1986): 656-665.
25. Lippman e Rumelt, op. cit.
26. Este problema de informações é consequência do fato de que os recursos trabalham juntos em equipes e não se pode observar sua produtividade individual. Veja A.A. Alchian e H. Demsetz, "Production, Information Costs, and Economic Organization", *American Economic Review*, 62 (1972): 777-795.
27. Essa informação assimétrica gera um problema de "limões". Veja G. Akerlof, "The Market for Lemons: Qualitative Uncertainty and the Market Mechanism," *Quarterly Journal of Economics*, 84 (1970): 488-500.
28. Barney, op. cit.
29. A definição de especificidade de recurso neste artigo corresponde à definição de "ativos específicos" por Richard Caves ("International Corporations: The Industrial Economics of Foreign Investment," *Economica*, 38 (1971): 1-27]; ela difere da utilizada por O.E. Williamson [*The Economic Institutions of Capitalism* (Nova York, NY: Free Press, 1985), p. 52-56]. Williamson refere-se a ativos específicos a determinadas transações em vez de a determinadas empresas.
30. "Catch a Falling Star," *The Economist*, 23 de abril de 1988, p. 88-90.

31. Dierickx e Cool, op. cit.
32. A principal vantagem de parcerias como uma forma organizacional para essas empresas está em evitar o conflito sobre o controle e a alocação dos lucros entre empregados e proprietários.
33. "Ad World Is Abuzz as Top Brass Leaves Lord Geller Agency," *Wall Street Journal*, 23 de março de 1988, p. Al.
34. Charles Ferguson ["From the People Who Brought You Voodoo Economics," *Harvard Business Review* (maio/junho de 1988), pp. 55- 63] afirmou que estas empresas iniciantes envolvem a exploração individual de conhecimento técnico que, por direito, pertence aos antigos empregadores destes novos empreendedores.
35. "The Decline of the Superstar," *Business Week*, August 17 1987, p. 90-96.
36. "Faded Fad," *The Economist*, 30 de setembro de 1989, p. 68.
37. Gary Hamel, Yves Doz e C.K. Prahalad, "Collaborate with Your Competitors—and Win," *Harvard Business Review* (janeiro/fevereiro de 1989), p. 133-139.
38. Stevenson (1985), op. cit.
39. Michael E. Porter, *The Competitive Advantage of Nations* (Nova York, NY: Free Press, 1990).
40. Itami, op. cit., p. 125.
41. Arataroh Takahashi, *What I learned from Konosuke Matsushita* (Tóquio: Jitsugyo no Nihonsha, 1980) [em japonês]. Citado por Itami, op. cit., p. 25.

# 5

# Como você cria e sustenta estratégias lucrativas? Competindo por recursos: a estratégia dos anos 90*

DAVID J. COLLIS E CYNTHIA A. MONTGOMERY
HARVARD BUSINESS SCHOOL

Há menos de 10 anos, pensávamos saber mais do que era necessário em relação à estratégia. O planejamento do portfólio, a curva da experiência, os bancos de dados PIMS (*Profit Impact of Market Strategy* ou Impacto do Lucro na Estratégia de Mercado), as cinco forças competitivas de Porter – instrumentos dessa ordem imprimiam rigor e legitimidade à estratégia, tanto em nível da unidade empresarial como da corporação. Empresas de ponta, como a General Electric, formaram grandes equipes que refletiam a crescente confiança no valor do planejamento estratégico. Os pequenos estabelecimentos de consultoria passaram por rápida expansão e angariaram amplo reconhecimento. Hoje, o cenário mudou. Os exércitos de planejadores simplesmente desapareceram, varridos pela turbulência das últimas décadas. Em mais de uma frente, a estratégia virou alvo de ataque.

Em nível da unidade empresarial, o ritmo da competição global e das mudanças tecnológicas têm feito os gestores batalhar para se manter. Em função da rapidez cada vez maior com que se processa o movimento nos mercados, os gerentes reclamam do excesso de estatismo e lentidão no planejamento estratégico. A estratégia também virou algo muito problemático em nível da corporação. Acontece que, na década de 80, as corporações muitas vezes destruíam o valor gerado por se apropriar de divisões empresariais que aparentavam ter se encaixado bem em suas matrizes corporativas de crescimento/participação no mercado. Ameaçadas por concorrentes de menor porte, de estruturação menos hierárquica, adeptos das corporações robustas passaram por revezes devastadores (IBM, Digital,

---

\* Artigo originalmente publicado sob o título *How do You Create and Sustain a Profitable Strategy? Competing on Resources*, na Harvard Business Review, v.73, n.4, p.118-128, 1995.

General Motors e Westinghouse) ou por programas de mudança e reorganização interna radicais (GE e ABB). No fim dos anos 80, as grandes corporações detentoras de múltiplos empreendimentos se viram lutando para justificar sua existência.

Não é de surpreender que as ondas das novas abordagens estratégicas se propusessem a enfocar tais ataques com base no pressuposto do planejamento estratégico. Muitas se valeram de um enfoque voltado para dentro. As lições ministradas pelas empresas consideradas "excelentes" no parecer de Tom Peters e Bob Waterman deram o exemplo, seguidas de perto pela gestão da qualidade total como estratégia, re-engenharia, competência empresarial específica, competição de capacidades e organização centrada no aprendizado. Cada uma dessas abordagens prestou a sua contribuição, mas não ficou claro como qualquer uma delas contribuía – se com base nos conhecimentos anteriormente aceitos ou na refutação dos mesmos. Em resultado, cada uma dessas abordagens acabou aumentando a confusão relativa a estratégias que hoje atormentam os gestores.

Um sistema referencial dotado de potencial para ultrapassar essa confusão está agora surgindo no campo da estratégia. A nova abordagem fundamenta-se na economia e explica como os recursos de uma empresa direcionam seu desempenho em um ambiente competitivo dinâmico.

Daí o termo abrangente que os acadêmicos empregam para descrever esse trabalho: visão empresarial baseada em recursos (VBR). A VBR combina uma análise *interna* dos fenômenos que ocorrem dentro das empresas (uma preocupação de muitos gurus de gerenciamento desde meados dos anos 80) com uma análise *externa* do setor e do ambiente competitivo (foco central de abordagens estratégicas anteriores). Assim, a VBR se forma com base nas duas amplas abordagens estratégicas anteriores, sem, no entanto, substituí-las, ao *combinar* perspectivas internas e externas. Sua força deriva da habilidade de explicar em claros termos gerenciais porque algumas concorrentes são mais lucrativas do que outras, como colocar em prática a ideia da competência empresarial específica e como desenvolver estratégias diversificadas e dotadas de sentido. A VBR será, portanto, tão forte e importante em relação à estratégia dos anos 90 como era a análise do setor nos anos 80.

## Um breve histórico da estratégia

O campo da estratégia foi amplamente delineado em torno de um sistema referencial originalmente concebido por Kenneth R. Andrews em sua clássica obra denominada *The Concept of Corporate Strategy* (Richard D. Irwin, 1971). Andrews definiu a estratégia como a combinação entre aquilo que uma empresa *pode* fazer (suas fortalezas e fraquezas organizacionais) dentro do universo daquilo que ela *poderia* fazer (suas oportunidades e as ameaças ambientais).

Embora o poder do sistema referencial criado por Andrews encontrasse reconhecimento desde início, aos gestores foram oferecidos poucos *insights* sobre como avaliar qualquer um dos lados da equação de forma sistemática. O primeiro avanço importante nesse sentido veio com a obra da autoria de Michael E. Porter, intitulada *Competitive Strategy: Techniques for Analyzing Industries and Competitors* (Free Press, 1980). O trabalho de Porter tomou por base o paradigma estrutura-conduta--desempenho na economia das organizações setoriais. Em essência, o modelo afirma que a estrutura de um setor determina o nível de concorrência dentro daquele setor, bem como determina o contexto para a conduta empresarial – isto é, para a estratégia das empresas. E o que é mais importante, as forças estruturais (às quais Porter chamou de cinco forças competitivas) determinam a lucratividade média do setor e exercem analogamente um forte impacto sobre a lucratividade dada por estratégias corporativas individuais.

Essa análise colocou o enfoque sobre a escolha dos "setores certos" e, dentro deles, das posições competitivas mais atraentes. Embora o modelo não ignorasse as características das empresas individuais, a ênfase estava claramente nos fenômenos em nível setorial.

Com o surgimento dos conceitos de competências essenciais – *core competences* e competição de capacidades, o pêndulo oscilou drasticamente no outro sentido, movendo-se de fora para dentro da empresa. Tais abordagens enfatizam a importância tanto das habilidades e do aprendizado coletivo inserido na organização como da capacidade gestora de canalizá-los. Segundo essa perspectiva, pressupõe-se que as raízes das vantagens competitivas residam no interior da organização e que a adoção de novas estratégias fica restrita ao nível corrente de recursos da empresa. O ambiente externo recebia pouca, se é que alguma, atenção, e aquilo que havíamos aprendido sobre os setores e sobre a análise competitiva parecia sumir da psique coletiva.

A emergente visão da empresa baseada em recursos (VBR) ajuda a aproximar essas abordagens aparentemente distintas e a preencher a promessa do sistema referencial criado por Andrews. Como as abordagens fundamentadas nas capacidades, a VBR reconhece a importância dos recursos e das competências essenciais de uma empresa, mas assim o faz no contexto de um ambiente competitivo. A VBR divide com a análise setorial uma outra característica importante: ela também se apóia na racionalização econômica. Ela percebe as capacidades e os recursos como o cerne da posição competitiva da empresa, sujeitos à interação de três forças mercadológicas fundamentais: a *demanda* (as necessidades dos consumidores são atendidas e há superioridade em termos competitivos?), a *escassez* (as capacidades e os recursos são duráveis e passíveis de imitação e de substituição?) e a *adequação* (quem é dono dos lucros?). Os cinco testes descritos neste artigo traduzem essas exigências econômicas gerais em termos acionáveis específicos.

A VBR vê as empresas como um grupo diversificado de capacidades e ativos físicos e intangíveis. Não há duas empresas iguais porque não há duas empresas que possuam as mesmas experiências, que tenham adquirido o mesmo ativo e as mesmas habilidades ou construído culturas organizacionais idênticas. Tais ativos e capacidades determinam a eficácia e a eficiência de uma empresa no desempenho das suas atividades operacionais. Seguindo essa lógica, uma empresa está posicionada para vencer quando detém o melhor e o mais adequado estoque de recursos para seus negócios e sua estratégia.

Os recursos de valor podem assumir uma variedade de formas, inclusive algumas negligenciadas por concepções mais restritas de competência e capacidades empresariais específicas. Eles podem ser *físicos*, como os fios instalados em sua casa. Potencialmente, tanto as empresas de telefone como as de televisão a cabo encontram-se em ótima posição para alcançar êxito no novo mundo da multimídia interativa, por deterem acesso às vias de informações.

Ou os recursos de valor podem ser *intangíveis*, como os nomes das marcas ou o *know-how* ser tecnológico. A Walt Disney Company, por exemplo, possui uma única franquia de consumo que garante sucesso à Disney em um grande número de empreendimentos, que vão desde bichi-

**O que faz um recurso ter valor?**

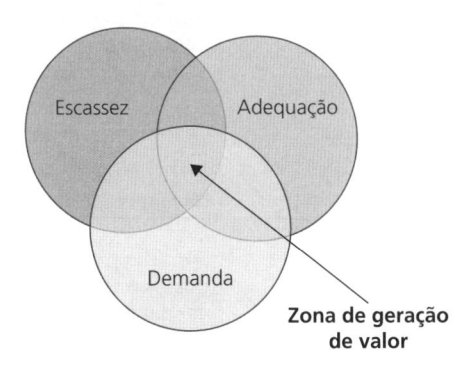

Escassez
Adequação
Demanda
Zona de geração de valor

A interação dinâmica de três forças mercadológicas determina o valor de um recurso ou de uma capacidade

**FIGURA 5.1** O que faz um recurso ter valor.

nhos de pano a parques temáticos e vídeos. De forma similar, os conhecimentos da Sharp Corporation sobre tecnologia de monitores de tela plana permitiram à empresa dominar o negócio mundial de visores de cristal líquido (LCD), avaliado em 7 bilhões de dólares.

Ou o recurso de valor pode ser uma *capacitação organizacional* inserida nas rotinas, nos processos e na cultura empresariais. Tome-se, por exemplo, as habilidades das empresas automotivas japonesas – primeiro, baixo custo, produção enxuta; depois, produção de alta qualidade; por fim, rapidez no desenvolvimento dos produtos. Essas capacidades, desenvolvidas ao longo do tempo, transformam os *inputs* de mercadorias que, em outros contextos, não seriam mais do que triviais, em produtos de superior qualidade e asseguram o êxito no mercado global das empresas que os criaram.

A vantagem competitiva, independentemente da sua fonte de origem, pode ser atribuída à posse de um recurso de valor que permita à empresa um melhor desempenho por um menor custo em relação a suas concorrentes. Marks & Spencer, por exemplo, detém uma série de recursos que comprovadamente lhe dão vantagens competitivas no cenário varejista britânico, veja esquema apresentado na Figura 5.2.

**Como os recursos da Marks & Spencer lhe conferem vantagem competitiva**

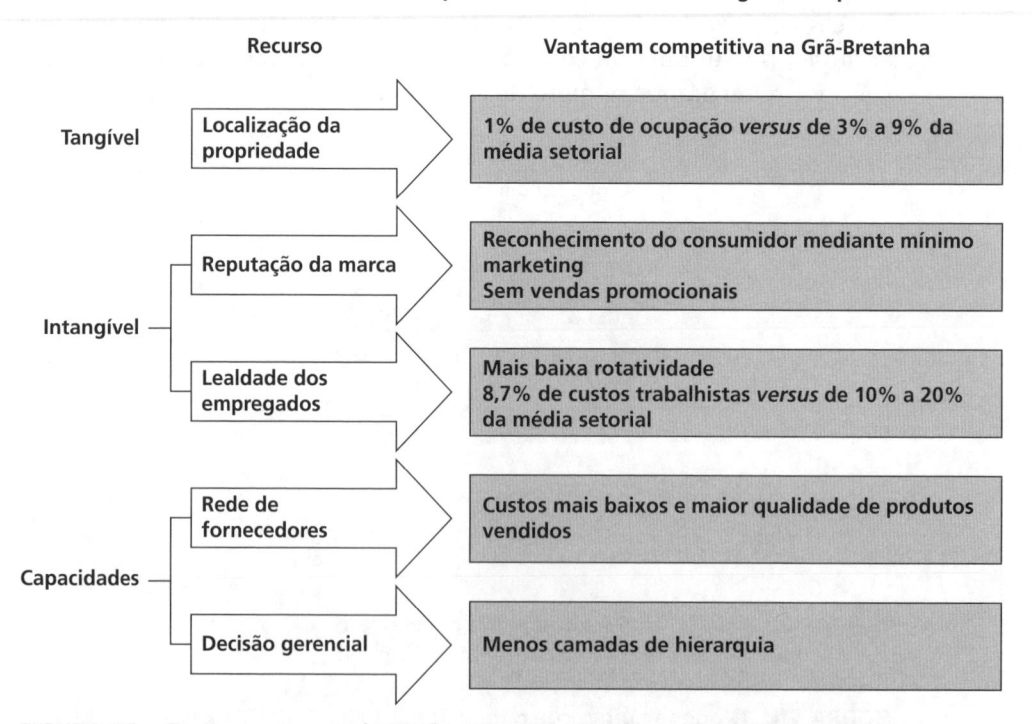

| | Recurso | Vantagem competitiva na Grã-Bretanha |
|---|---|---|
| Tangível | Localização da propriedade | 1% de custo de ocupação *versus* de 3% a 9% da média setorial |
| Intangível | Reputação da marca | Reconhecimento do consumidor mediante mínimo marketing. Sem vendas promocionais |
| | Lealdade dos empregados | Mais baixa rotatividade. 8,7% de custos trabalhistas *versus* de 10% a 20% da média setorial |
| Capacidades | Rede de fornecedores | Custos mais baixos e maior qualidade de produtos vendidos |
| | Decisão gerencial | Menos camadas de hierarquia |

**FIGURA 5.2** Como os recursos da Marks & Spencer lhe dão vantagens competitivas.

Isso se aplica tanto em nível de um único empreendimento empresarial como de uma corporação, onde os recursos de valor podem se concentrar em uma determinada função, como a de pesquisa e desenvolvimento corporativo, ou em um ativo, como a identidade da marca corporativa. Um desempenho superior se baseará, portanto, na geração de um conjunto de recursos de *competitividade distinta* e no emprego dos mesmos segundo uma estratégia bem concebida.

## 5.1 RECURSOS DE VALOR COMPETITIVO

Os recursos não podem ser avaliados isoladamente, pois seu valor é determinado por sua interação com as forças de mercado. Um recurso que seja valioso em um determinado setor ou em um determinado período pode não ter o mesmo valor em outro segmento ou contexto cronológico. Por exemplo, apesar de várias tentativas no sentido da construção de uma marca empresarial de lagostas, até hoje ninguém obteve êxito nesse intento. O nome de uma marca foi, certa vez, muito importante no setor de computadores de uso pessoal, porém deixou de ser, como a IBM descobriu em meio a grandes perdas. Assim, a teoria VBR liga, de maneira indissociável, as capacidades internas de uma empresa (aquilo que ela faz bem) e o ambiente externo do setor em que ela opera (aquilo que o mercado exige e aquilo que as concorrentes oferecem). Descrita dessa maneira, a competição por recursos parece ser algo simples. Na prática, contudo, é difícil para os gestores muitas vezes identificar e avaliar com objetividade os recursos das suas empresas. A VBR pode ajudar neste sentido, conferindo disciplina ao seguidamente confuso e subjetivo processo de avaliação dos recursos de valor de uma organização.

Para que um recurso componha a base de uma estratégia eficiente, ele deve passar por uma série de testes sobre seu valor no mercado externo. Alguns desses testes são tão óbvios que a maioria dos gestores os capta intuitiva ou mesmo inconscientemente. Por exemplo, um recurso de valor deve contribuir para a produção de algo que os consumidores desejem e por um preço que eles se disponham a pagar. Como outros testes apresentam maior sutileza, eles comumente são mal compreendidos ou mal empregados e terminam por provocar uma falha no disparo da estratégia.

### O teste da impossibilidade de imitação: o recurso é difícil de ser copiado?

A impossibilidade de imitação encontra-se no âmago da geração de valor, porque ela limita a concorrência. Se um recurso não permitir imitações, maior é a probabilidade de que qualquer fluxo de lucros que ele venha a gerar seja sustentável. A detenção de um recurso que possa ser facilmente copiado pelos concorrentes gera um valor de caráter apenas temporário. Mas, como os gestores não aplicam com rigor esse teste, eles tentam fundamentar estratégias a longo prazo sobre os recursos passíveis de imitação. IBP, a primeira empresa empacotadora de carnes dos EUA a se modernizar, desenvolveu uma série de bens (instalações fabris automatizadas e localizadas em estados com criação de gado) e uma série de capacidades (desmontagem da carne de gado a baixo custo) que lhe permitiram obter lucros de 1,3% na década de 70. No fim dos anos 80, contudo, as empresas ConAgra e Cargill haviam duplicado tais recursos, e os lucros da IBP cairam para 0,4%.

A impossibilidade de imitação não dura para sempre. As concorrentes acabam, por fim, encontrando meios de copiar mesmo os recursos mais valiosos. Mas os gestores podem frustrá-las – e manter a lucratividade por algum tempo – desenvolvendo estratégias baseadas em recursos com, pelo menos, uma das seguintes características:

A primeira delas é a sua singularidade física – *physical uniqueness*, que, quase por definição, não permite a realização de cópias. É simplesmente impossível imitar a maravilhosa localização de uma propriedade, os direitos de exploração dos recursos minerais ou as patentes farmacêuticas da Merck & Company. Embora os gestores fiquem tentados a pensar que a maioria dos seus recursos se encaixam nessa categoria, ao ser feita uma inspeção mais detalhada, eles percebem que poucos recursos se enquadram ali.

Um grande número de recursos não podem ser imitados em função daquilo que os economistas chamam da trajetória da organização *(path dependence)*. Colocados de modo simples, esses recursos são únicos e, portanto, escassos, em função de tudo o que aconteceu durante a trajetória que levou ao seu acúmulo. Em resultado, as concorrrentes não podem sair e adquirir tais recursos instantaneamente. Em vez disso, tais recursos necessitam ser construídos com o tempo, de um modo que dificilmente possa ser acelerado.[3]

O nome da marca de alimentos infantis da Gerber Products Company, permitiria, por exemplo, uma potencial imitação. Mas demoraria muito tempo para se recriar uma lealdade como a que existe em relação à marca Gerber. Mesmo se uma concorrente dispendesse centenas de milhões de dólares para promover sua linha de comida para bebês, não poderia comprar a confiança que os consumidores depositam na Gerber. Esse tipo de conotação associada a uma marca só pode ser formada mediante um trabalho regular e constante durante anos de *marketing* do produto, como a Gerber fez. De forma similar, programas rápidos de P&D (pesquisa e desenvolvimento) não conseguem, em geral, reproduzir uma tecnologia exitosa, apesar do acúmulo de descobertas feitas pela pesquisa. O fato de haver muitos pesquisadores trabalhando simultaneamente em uma pesquisa não basta para acelerar o processo, porque os obstáculos têm de ser resolvidos em ordem sequencial. Tudo isso representa uma proteção para o recurso original.

Sustentar-se na durabilidade da maioria das competências empresariais específicas é algo arriscado. Elas possuem vida curta e só dão lucros temporários.

A terceira fonte de origem que impossibilita a imitação é a ambiguidade causal *(causal ambiguity)*. As possíveis concorrentes ficam frustradas por não conseguirem esclarecer qual é o recurso de valor e como recriá-lo. Qual é realmente a causa do contínuo sucesso da Rubbermaid no setor de produtos plásticos? Podemos fazer uma lista de possíveis razões para tal. Podemos tentar, como uma série de concorrentes o fez, identificar a receita daquela empresa para inovações. Mas, no cômputo final, não podemos repetir o sucesso da Rubbermaid.

Os recursos ambíguos são, muitas vezes, as capacidades organizacionais. Estas existem em meio a uma complexa rede de interações sociais e podem mesmo mostrar uma dependência crítica de determinados indivíduos em particular. Enquanto as empresas Continental e United tentam reproduzir a exitosa estratégia de baixo custo da Southwest, o que será mais difícil para elas copiarem não são as aeronaves, as rotas ou a rápida movimentação nos portões. Tudo isso pode ser observado de imediato e, em princípio, facilmente reproduzido. Contudo, será muito difícil reproduzir a cultura fundamentada em divertimento, família, simplicidade e o foco da Southwest, porque ninguém consegue especificar realmente de que se trata ou como isso surgiu.

A derradeira fonte de origem que não permite imitações, a dissuasão econômica *(economic deterrence)*, ocorre quando uma empresa barra uma concorrente, realizando, para tal, um considerável investimento em determinado ativo. A concorrente poderia replicar os recursos investidos, mas, em função do potencial limitado do mercado, opta por não fazê-lo.

É mais provável que isso aconteça por ocasião da formação de estratégias para grandes investimentos de capital, tanto sensíveis a uma escala quanto específicos de determinado mercado. Por exemplo, uma escala mínima eficiente em termos de plantas criadas em viveiros de vidro temperado é tão grande que muitos mercados só comportam uma dessas instalações. Como tais bens não podem ser redistribuídos, eles representam um leal comprometimento no sentido de permanecer e lutar contra as concorrentes que tentam repetir o investimento. Face a tamanho desafio, os imitadores em potencial podem optar por não duplicar o recurso, caso o mercado seja demasiado pequeno para suportar dois atores em nível da lucratividade estabelecida. É exatamente isso o que está acontecendo agora na Europa Oriental. À medida que as empresas correm para se modernizar, é provável que a primeira a construir uma instalação de vidro temperado para plantas no país não seja perturbada pelas concorrentes.

## O teste da durabilidade: com que rapidez esse recurso é depreciado?

Quanto mais duradouro for um recurso, de maior valor ele será. Assim como a dificuldade de imitação, esse teste questiona se o recurso é capaz de manter suas vantagens competivivas ao longo do tempo. Enquanto alguns setores mantêm-se estáveis durante anos, os gestores de hoje reconhecem que muitos dos setores apresentam depreciação rápida de seus recursos devido à dinâmica do mercado no qual estão inseridos. A marca Disney sobreviveu a quase duas décadas de negligência benigna entre o falecimento de Walt Disney e a cerimônia de posse de Michael D. Eisner e de sua equipe administrativa. Por sua vez, o *know-how* tecnológico em setores de rápidas movimentações é um bem que se esgota rapidamente, como ilustra a relação das diferentes empresas que dominaram gerações sucessivas de memórias de semicondutores. O economista Joseph A. Schumpeter foi o primeiro a reconhecer tal fenômeno na década de 30. Ele descreveu as ondas de inovação que permitiram aos primeiros dominar o mercado e ganhar lucros substanciais. Contudo, seus valiosos recursos são logo imitados ou suplantados pela próxima grande inovação e seus os grandes lucros mostram-se transitórios. A descrição de Schumpeter sobre as principais empresas e sobre setores inteiros varridos por uma forte corrente de "destruição criativa" capta a pressão sentida por muitos gestores atualmente. Fiar-se na durabilidade da maioria das competências empresariais é algo arriscado. A maioria dos recursos possui vida curta e só dá lucros temporários.

## O teste da adequação: quem capta o valor gerado pelos recursos?

Nem todos os lucros gerados por um recurso fluem automaticamente para a empresa a quem o recurso "pertence". De fato, o valor está sempre sujeito à barganha entre uma série de atores, inclusive consumidores, distribuidores, fornecedores e empregados. É um fato bastante revelador o que tem acontecido com as aquisições alavancadoras de empresas. Um recurso essencial desse tipo de aquisição de empresas (LBO – *leveraged buyouts*) era a rede de contatos e relacionamentos dentro da comunidade dos bancos de investimentos. Mas tal recurso se encontrava muitas vezes nos indivíduos que realizavam os acordos, e não nas empresas LBO como um todo.

Tais indivíduos podiam – e muitas vezes o faziam – partir para estabelecer seus próprios fundos LBO ou mudar para uma outra empresa, onde conseguiriam uma fatia maior de lucros que aquela gerada pelos recursos de sua propriedade. Basear a estratégia em recursos que não estejam intrinssecamente ligados à empresa pode dificultar a obtenção de lucros.

## O teste da possibilidade de substituição: pode um recurso de natureza única ser superado por um outro recurso diferente?

Desde que Michael E. Porter introduziu a estrutura análitica das cinco forças, todos os estrategistas observam o potencial impacto dos produtos substitutos. O setor de aço, por exemplo, perdeu o importante mercado das latas de cerveja para os fabricantes de alumínio nos últimos 20 anos. A VBR leva a questão crucial a um nível mais baixo, para os recursos que sustentam a capacidade de uma empresa em oferecer um produto ou serviço. Tome-se o seguinte exemplo: no início da década de 80, a People Express Airlines desafiou as principais companhias aéreas com sua estratégia de baixos preços. O fundador da empresa, Donald C. Burr, conduziu a estratégia por meio do estabelecimento de uma singular abordagem sem enfeites desnecessários e de uma infraestrutura que oferecesse voos de baixo custo. Embora as principais companhias aéreas fossem incapazes de reproduzir a abordagem, elas conseguiram, no entanto, fazer uma retaliação, utilizando, para tal, um recurso diferente em relação à oferta aos consumidores de passagens por custos muito baixos – seus sistemas computadorizados de reserva de bilhetes aéreos e suas habilidades de gerenciamento de produtos. Essa substituição levou por fim a People Express à bancarrota, retirando-a do setor.

## O teste da superioridade competitiva: quais empresas têm os melhores recursos?

Talvez o maior erro cometido pelos gestores ao avaliar os recursos de sua empresa é não os comparar com os recursos das concorrentes. Na prática, a competência essencial se transformou, com demasiada frequência, em um exercício de "sentir-se bem", no qual ninguém falha. Todas as empresas conseguem identificar alguma atividade que desempenham relativamente melhor do que outras, considerando esta como sendo sua competência essencial. Infelizmente, essa competência essencial não deveria ser fruto de uma avaliação interna de qual é a atividade, entre todas as demais, que a empresa melhor desempenha. Essa competência deveria ser fruto de uma avaliação externa consistente daquilo que a empresa faz melhor do que seus concorrentes, ideia que é melhor expressa pelo termo competência distintiva – *distinctive competence*. Quantas empresas varejistas de produtos ao consumidor afirmam que sua competência essencial está nas habilidades de marketing de consumo? Todas podem, de fato, ser boas nesse tipo de atividade, mas a estratégia corporativa embasada em tal competência essencial irá rapidamente enfrentar problemas, pois outras concorrentes dotadas de mais habilidades estarão perseguindo a mesma estratégia.

A forma de evitar afirmações genéricas e vazias sobre a competência essencial de uma empresa é desdobrar seus recursos. A categoria habilidades de marketing de consumo, por exemplo, é demasiadamente ampla. Mas ela pode ser dividida em subcategorias, como gerenciamento efetivo da marca, que, por sua vez, pode ser subdividida em outras habilidades, como extensão da linha de produtos, técnica de custos compensatórios com distribuição de cupons de desconto ou bonificação, e assim por diante. Apenas mediante um exame com esse nível de especificidade pode-se compreender as fontes de origem da singularidade e da medida de uma empresa, analisando-se os dados para ver se ela possui competitividade superior naquele âmbito. Alguém pode fazer uma estimativa no sentido de qual empresa possui melhores habilidades de *marketing* de consumo, se a Kraft General Foods ou a Unilever? Não. Mas pode-se demonstrar quantitativamente qual obtém maior êxito ao lançar uma extensão da sua linha de produtos.

O desmembramento é importante no sentido de possibilitar a identificação dos recursos verdadeiramente distintos, bem como em derivar as ações necessárias. Quantas empresas fizeram uma declaração sobre suas competências essenciais e depois lutaram sem saber o que fazer com isso? Um fabricante de equipamentos de testes de diagnósticos médicos, por exemplo, definiu uma das suas competências essenciais como sendo a instrumentalização. Mas o escopo dessa definição, obviamente, era demasiadamente amplo para ser desdobrado em ações. Aprofundando os níveis de desdobramento, a empresa chegou a um forte *insight*. De fato, sua força na instrumentalização devia-se principalmente à sua superioridade competitiva na projeção da interface entre suas máquinas e as pessoas que as utilizavam. Como resultado, a empresa decidiu enfatizar sua valiosa capacidade, contratando ergonomistas e expandindo suas ações para os consultórios médicos, um segmento mercadológico de intenso crescimento. Assim, os recursos da empresa geraram uma real vantagem competitiva, em parte porque seu equipamento poderia ser operado pela equipe do escritório, e não só pelos técnicos.

Embora o desmembramento seja a chave para se identificar recursos de superior competitividade, algumas vezes o recurso de valor é uma combinação de habilidades, das quais nenhuma dotada de superioridade por si só, mas, quando combinadas, produzem um resultado superior. Os sistemas de automação industrial da Honeywell obtêm êxito no mercado – o que dá uma medida de que a empresa é boa em alguma coisa. Mesmo assim, cada um dos componentes individuais e programas de *software* podem não ser os melhores à disposição no mercado. A superioridade competitiva reside ou no peso da média (a empresa não ocupa a primeira posição em qualquer recurso, mas ainda é melhor em média que qualquer uma das suas concorrentes) ou na sua capacidade de integração de sistemas.

A lição a ser aprendida pelos gestores é que as conclusões sobre os recursos essenciais devem ser fundamentadas em dados mercadológicos objetivos. Nossa experiência demonstra que os gestores muitas vezes tratam a competência essencial como um exercício intuitivo, deixando de fazer uma pesquisa profunda e uma análise detalhada, ambas necessárias para a obtenção de uma resposta correta.

## 5.2 IMPLICAÇÕES ESTRATÉGICAS

Os gestores devem embasar suas estratégias em recursos que atendam aos requisitos dos cinco testes descritos anteriormente. Os melhores dentre eles são muitas vezes intangíveis, não físicos, daí a ênfase de recentes abordagens nos aspectos mais sutis dos ativos corporativos – a cultura, a tecnologia e a liderança transformadora. Os testes captam como as forças de mercado determinam o valor dos recursos. Eles conduzem os gestores a olhar para dentro e para fora ao mesmo tempo.

Contudo, a maioria das empresas não estão bem posicionadas quanto aos seus recursos de valor competitivo. O mais provável é que elas tenham uma bagagem mista de recursos – alguns bons, alguns medíocres e alguns um passivo a fundo perdido, como, por exemplo, a cultura monolítica do computador central de grande porte, o *mainframe* da IBM. A dura verdade é que a maioria dos recursos das empresas não passam na aplicação objetiva dos testes de mercado.

Mesmo aquelas empresas privilegiadas por terem produtos ou capacidades incomuns não podem deixá-los andar por conta própria. Os recursos de valor precisam ainda ser agregados aos demais recursos e incorporados a um conjunto de políticas e atividades que distingam a posição da empresa no mercado – afinal de contas, as concorrentes também possuem competências essenciais.

A estratégia exige igualmente que os gestores olhem para a frente. As empresas privilegiadas em possuir uma competência verdadeiramente distinta também precisam estar atentas e dar-se conta de que o valor que hoje possuem se desgasta com o tempo e com as ações da concorrência. Como o exemplo da Xerox, cuja década de 1970 ficou conhecida como a "década perdida". A empresa acreditou que possuía uma capacidade reprográfica ilimitada. E, enquanto permacecia tranquila, imersa em tal percepção, a Canon assumiu a liderança mundial em aparelhos fotocopiadores.

Em um mundo de contínuas mudanças, as empresas necessitam manter constante pressão em suas fronteiras, preparando-se para o próximo embate na competição. Os gestores necessitam, portanto, investir continuamente em seus recursos, atualizando-os, não importa quão bons esses recursos sejam hoje, e alavancando-os com estratégias efetivas dentro de setores atrativos nos quais possam fazer uma contribuição no sentido de adquirirem vantagens competitivas.

## Investindo em recursos

Como todos os recursos são passíveis de depreciação, uma estratégia corporativa eficiente exige contínuos investimentos a fim de manter e formar novos recursos de valor. Uma das primeiras ações de Eisner como *CEO* da Disney foi reavivar o comprometimento da organização com trabalhos de animação. Ele investiu 50 milhões de dólares em Uma Cilada para Roger Rabbit com o objetivo de criar o primeiro sucesso de filme animado de longa-metragem, e quadruplicou o número de produtos derivados dessa modalidade de filmes – lançando um sucesso atrás do outro, como A Bela e a Fera, Aladim e O Rei Leão.

De forma similar, Marks & Spencer tem reexaminado periodicamente a posição detida pela empresa em seu único tipo de empreendimento – vendas no varejo – e realizado importantes investimentos para manter sua competitividade. No início da década de 80, a empresa britânica despendeu bilhões na renovação de suas lojas, abriu novos pontos de venda na periferia da cidade e atualizou seus sistemas de aquisição e de distribuição. Em contrapartida, a empresa varejista dos EUA Sears, Roebuck and Company diversificou as operações, incluindo seguros, setor imobiliário e corretagem de valores, deixando, ao mesmo tempo, de se manter a par das mudanças no varejo relacionadas aos novos pontos de venda dos *shoppings* e das lojas de artigos especializados.

A orientação para reinvestimento em recursos estratégicos parece algo óbvio. A grande contribuição prestada pelo conceito de competências essenciais é o reconhecimento de que, em corporações dotadas de uma estrutura tradicional de divisões, o investimento nos recursos corporativos ocupa, muitas vezes, uma posição de importância secundária na otimização da corrente de lucratividade divisional. A competência essencial, portanto, identifica o papel crucial que a matriz tem de desempenhar como guardiã do que, em essência, são as jóias da coroa da corporação. Em alguns momentos, esse papel de guardiã pode até exigir o direcionamento de um executivo da corporação para ficar resposável pelo correto atendimento das necessidades desses recursos essenciais. A Cooper Industries, uma empresa diversificada, estabeleceu um grupo responsável por serviços de manufatura para disseminar melhores práticas em toda a empresa. O grupo ajudou a "cooperizar" as empresas adquiridas pelo grupo, racionalizando e aperfeiçoando as instalações de produção. O chefe do grupo de serviços, Joseph R. Coppola, possuía tamanha experiência que mais tarde foi contratado como o *CEO* da Giddings & Lewis, maior fabricante dos EUA de máquinas operatrizes. De forma semelhante, muitas empresas de serviços profissionais, como a Coopers & Lybrand, contam com um executivo experiente encarregado das capacidades essenciais da empresa – gestão do relacionamento com os clientes, treinamento da equipe e desenvolvimento intelectual. Valiosos recursos corporativos são, muitas vezes, supradivisionais e, a menos que alguém os esteja gerenciando com base em tal enfoque, as divisões empresariais não irão investir o suficiente neles e tampouco usufruir de seus benefícios.

## O que houve com os quadrantes cachorros e as vacas-leiteiras?

No fim da década de 60 e início dos anos 70, conceber que as empresas podiam transferir as vantagens competitivas de uma gestão profissional para uma ampla gama de empreendimentos era considerado a sabedoria da época. Muitas empresas responderam à percepção da oportunidade: armadas com estruturas descentralizadas e limitadas, mas dotadas de rígidos controles financeiros, elas se diversificaram em uma série de empreendimentos mais ou menos inter-relacionados, incorporados principalmente mediante aquisições. Parecia não haver limites obrigatórios no âmbito das corporações.

Quando ocorreu a primeira crise do petróleo em 1973, os gestores corporativos depararam-se com o deterioramento do desempenho e não dispunham de grande aconselhamento quanto ao modo de agir. Nesse vazio, surgiu o Boston Consulting Group – BCG e o gerenciamento do portfólio. Em sua matriz de crescimento/participação no mercado do BCG, a gestão empresarial recebeu, enfim, um instrumento com o qual podia reassegurar o controle sobre muitas das divisões organizacionais.

Essa simples matriz permitiu aos gestores classificar cada uma de suas divisões, desde então rebatizadas de unidades empresariais estratégicas, em um quadrante, com base no crescimento do seu setor de atuação e na força relativa da posição competitiva da unidade. Havia uma estratégia prescrita para cada posição ocupada na matriz: a) sustentar as vacas geradoras de leite (dinheiro); b) livrar-se dos cachorros; c) tirar leite das vacas-leiteiras e investir nas oportunidades questionáveis a fim de transformá-las em estrelas; d) aumentar a participação no mercado das estrelas até que diminuísse seu crescimento setorial e elas se tornassem a próxima geração de vacas-leiteiras. Essas simples prescrições deram à gestão corporativa um senso do que deveriam alcançar com a estratégia – um portfólio equilibrado de empreendimentos e um meio para controlar e alocar recursos para suas divisões.

O problema com a matriz de portfólio era que ela não abordava a questão de como o valor estaria sendo criado nas divisões, que poderia ser de formas tão diversas quanto usando semicondutores ou martelos. A única relação entre as divisões era a produção de leite (dinheiro). Como depois aprendemos, a correlação dos empreendimentos encontra-se no âmago da geração de valor em empresas diversificadas. A matriz de portfólio encontrava limitações ao pressupor que as corporações tinham de ser autossuficientes em termos de capital. A implicação disso era que elas deveriam encontrar um uso para todo o dinheiro gerado internamente e que não poderiam buscar fundos adicionais no mercado de capital. Os mercados de capital da década de 80 demonstraram a falácia de tais suposições.

Além disso, a matriz de portfólio não comparou a vantagem competitiva que um empreendimento empresarial possuía pelo simples fato de ser de propriedade de uma empresa em particular, que arcava com os custos de propriedade. Nos anos 80, muitas empresas construíram enormes infraestruturas corporativas que só conseguiam gerar pequenos ganhos em nível da unidade empresarial. Durante o mesmo período, houve um aquecimento de mercado no sentido do controle corporativo, enfocando a atenção dos acionistas para o valor. Muitas empresas dotadas de supostos portfólios exemplares foram dissolvidas pelo mesmo critério.

Ao mesmo tempo, é um perigo investir em competências essenciais sem examinar a dinâmica competitiva que determina a atratividade do setor. Ao ignorar o mercado, os gestores se arriscam a realizar pesados investimentos em recursos que irão propiciar pouco retorno. Foi exatamente isso o que a Masco Corporation fez. Ela desenvolveu competência no trabalho em metal e partiu para uma diversificação em setores de estreito inter-relacionamento. Infelizmente, os lucros obtidos com essa estratégia foram menores do que os esperados pela empresa. Por quê? Uma análise direta das cinco forças competitivas propostas por Porter teria revelado que a estrutura dos setores em que a Masco ingressou era pobre – os compradores mostravam-se sensíveis aos preços com um custo limitado de troca, não havia muitas barreiras dificultando a entrada no mercado e os fornecedores tinham força. Apesar da especialização em metalurgia da

Masco, o contexto do seu setor impedia-a de obter grandes lucros sem que antes fossem desenvolvidas habilidades que lhe habilitassem ingressar em setores mais atrativos.

De forma similar, se as concorrentes fossem ignoradas, os lucros que poderiam resultar de uma exitosa estratégia com base nos recursos se dissipariam na luta pela aquisição daqueles mesmos recursos. Tome-se o valor do cabo condutor que entra em nossas casas como fonte de vantagens competitivas no setor de multimídia. Empresas como a Time Warner viram-se forçadas pelas concorrentes, que também percebiam o valor daquele cabo, a ofertar bilhões de dólares americanos para adquirir o controle de sistemas a cabo, mesmo os mais modestos. Como consequência, talvez elas nunca materializem um retorno substancial sobre seus investimentos. Isso se aplica não apenas aos recursos adquiridos no mercado, mas também àquelas competências essenciais que muitas concorrentes buscam desenvolver simultaneamente no âmbito organizacional interno.

Por ironia, muitos dos esforços realizados no sentido de diversificar os recursos falham, porque mesmo as empresas que detêm seus próprios recursos de valor não conseguem reproduzi-los.

## Aprimoramento de recursos

O que fazer se uma empresa não dispuser de recursos de valor incomum? Infelizmente, essa experiência é algo costumeiro quando se realiza uma estimativa de recursos em relação ao padrão de superioridade competitiva. Ou o que fazer se os recursos de valor de uma empresa tiverem sido objeto de imitações ou substituição por parte das suas concorrentes? Ou talvez os recursos de uma empresa, como no caso da Masco, tenham valor apenas em setores tão carentes de atrativos estruturais que, independentemente da eficiência operacional da empresa, ela jamais terá retornos financeiros estelares. Nesses casos – de fato, em praticamente todos os casos – as empresas precisam aprimorar continuamente o número e a qualidade dos seus recursos e o posicionamento competitivo a eles associados, a fim de protelar a queda quase inevitável dos seus valores.

O aprimoramento de recursos implica movimento em direção além daquilo em que a empresa é boa, o que pode ser feito de várias maneiras. A primeira delas é mediante o acréscimo de novos recursos, no mesmo sentido que a Intel Corporation adicionou um novo nome de marca, a Intel Inside, à sua base de recursos tecnológicos. A segunda maneira é mediante o aprimoramento dos recursos alternativos que estejam ameaçando as atuais capacidades da empresa. A AT&T está tentando formar suas capacidades de multimídia, agora que sua infraestrutura física – a rede – deixou de ser a única e essencial como já foi certa vez. Por fim, uma empresa pode aprimorar seus recursos a fim de mudar para um setor de estruturas mais atrativas, assim como fez a Nucor Corporation, empresa de aço dos EUA, migrando de empreendimentos competitivos secundários, de baixa lucratividade, como suportes laminados, para empreendimentos mais diferenciados e importantes, como finas lâminas de aço fundido.

Talvez os exemplos mais exitosos de aprimoramento de recursos sejam encontrados nas empresas que realizaram um acréscimo de novas competências em ordem sequencial e, muitas vezes, ao longo de determinados períodos de tempo. A Sharp oferece um maravilhoso exemplo sobre a maneira de se extrair o melhor proveito de um bom ciclo de produtos e tecnologias aprimoradas em ordem sequencial, aquilo que os japoneses chamam de *"seeds and needs"* (sementes e necessidades). No final da década de 50, a Sharp era uma montadora de aparelhos de rádio e televisão, aparentemente condenada a ocupar a segunda posição dentre as empresas japonesas de produtos eletrônicos para consumo. Para libertar a empresa daquela posição, o fundador Tokuji Hayakawa, que sempre havia enfatizado a importância da inovação, instituiu na criação de um departamento corporativo de P&D. Quando o ministro japonês de Indústria e Comércio Internacional impediu a Sharp de projetar computadores, a empresa se valeu da sua limitada tecnologia para produzir a primeira calculadora digital do mundo, no ano de 1964. A fim de reafirmar sua posição neste tipo de empreendimento, a Sharp fez uma integração ascendente visando a fabricação dos seus próprios semicondutores especializados e assumiu um forte compromisso com o desenvolvimento da nova tecnologia de visores de cristal líquido. A aposta feita pela Sharp na tecnologia LCD provou ter valido a pena e permitiu à empresa desenvolver uma série de novos produtos, como o organizador eletrônico Wizard. Com o tempo, a superioridade da sua tecnologia de *display* proporcionou à Sharp uma vantagem competitiva nos empreendimentos nos quais antes ela havia batalhado muito, como no caso das *camcorders* (filmadoras de vídeo portáteis). Seu produto revolucionário, a *Viewcam* (câmera digital), conquistou 20% do mercado japonês seis meses após seu lançamento em 1992.

Em cada etapa, a Sharp adotou um novo desafio, fosse para desenvolver ou aperfeiçoar uma tecnologia ou para ingressar e ocupar um mercado. O sucesso de cada empreendimento melhorou os recursos da empresa em tecnologia, distribuição e capacidade organizacional. Também abriu novas vias de expansão. Hoje, a Sharp é o principal ator no mercado de LCD e uma potência nos produtos eletrônicos de consumo.

A Cooper fornece outro exemplo. Desafiada a justificar seu plano para a aquisição da Champion Spark Plug Company em 1989, quando a injeção de combustível estava começando a substituir as velas de ignição, a Cooper argumentou que dispunha dos recursos para ajudar a Champion a melhorar a sua posição, como já o fizera muitas vezes antes com produtos como chaves Crescent, lixas Nicholson e equipamentos de mineração Gardner-Denver. Mas o que realmente impulsionou a decisão, segundo o presidente e CEO da Cooper, Robert Cizik, foi o reconhecimento de que a Cooper carecia de uma habilidade crucialmente necessária para o futuro – a habilidade de gerir a fabricação internacional. Detendo inúmeras fábricas no exterior, a Champion ofereceu à Cooper a oportunidade de adquirir capacidades de gerenciamento em nível global. A aquisição da Champion, no parecer de Cizik, significava uma maneira de aprimorar os recursos da Cooper. De fato, uma revisão do histórico da empresa demonstra que a Cooper busca deliberadamente aperfeiçoar suas capacidades de forma gradual, assumindo, de tempos em tempos, desafios que concientemente representam um alto grau de dificuldade para a organização.

## Alavancagem de recursos

As estratégias corporativas devem empenhar esforços para alavancar recursos em todos os mercados nos quais esses recursos contribuem para vantagens competitivas ou para concorrer em novos mercados que aperfeiçoem os recursos da corporação. Ou, preferencialmente, ambos, como no caso da aquisição da Champion feita pela Cooper. Desconsiderar tal fato, como aconteceu com a Disney logo após o falecimento do seu fundador, pode levar à diminuição no valor de mercado da empresa. A equipe gestora da Eisner, que ampliou o âmbito de atividades da Disney para hotelaria, varejo e publicações editoriais, foi instalada como resposta à ameaça de uma aquisição hostil suscitada pela subutilização dos valiosos recursos da empresa.

Uma boa estratégia corporativa requer então uma contínua reavaliação do âmbito empresarial. A questão que os estrategistas precisam formular é: até que ponto os valiosos recursos de uma empresa podem ser estendidos para outros mercados? A resposta será bem variada, pois os recursos diferem muito em sua especificidade, indo de recursos altamente intercambiáveis (como dinheiro, diversos tipos de maquinaria e aptidões administrativas gerais) a recursos diversos mais especializados (como especialização em disciplinas científicas específicas e fórmulas secretas de produtos). Os recursos especializados desempenham muitas vezes um papel crucial no sentido de garantir as vantagens competitivas, mas, por serem tão específicos, rapidamente perdem valor ao serem removidos dos ambientes de origem. O nome da marca da Shell Oil Company, por exemplo, não é de fácil transposição fora dos campos automotivo e energético, apesar do grande valor nesses mesmos contextos. Os recursos altamente intercambiáveis, por outro lado, conseguem ser facilmente transpostos para uma ampla gama de mercados, mas raramente constituem uma fonte-chave de vantagens competitivas.

O sucesso da Newell deve-se ao emprego das suas capacidades em um setor de atrativos estruturais.

A VBR nos ajuda a entender porque o registro da trajetória da diversificação corporativa é tão pobre, bem como identifica três erros estratégicos comuns e dispendiosos que as empresas cometem ao tentar promover seu crescimento por meio da alavancagem de recursos. O primeiro erro consiste em os gestores superestimarem a capacidade de transposição de determinados recursos e capacidades. A ironia é que, devido à dificuldade de se reproduzir os recursos de valor, a própria empresa pode achar difícil replicá-los em novos mercados. Apesar do seu grande sucesso na Grã-Bretanha, a empresa Marks & Spencer fracassou repetidas vezes em seus esforços para alavancar seus recursos no mercado dos EUA – um clássico exemplo da falta de discernimento sobre o importante papel desempenhado pelo contexto na vantagem competitiva. Estão presentes aqui os conceitos da trajetória organizacional e da ambiguidade causal. O êxito da Marks & Spencer remonta à sua reputação de 100 anos de excelência na Grã-Bretanha e às habilidades e relações que permitem à empresa gerenciar de modo efetivo sua cadeia de fornecedores domésticos. Assim como as concorrentes britânicas não foram capazes de duplicar esse conjunto de vantagens, a própria Marks & Spencer luta para fazê-lo ao tentar ingressar em um novo mercado em contraposição às suas concorrentes já estabelecidas.

No segundo erro, os gestores superestimaram a habilidade de concorrer em setores altamente lucrativos. Tais setores mostram-se muitas vezes atraentes justamente devido ao fato de haver barreiras de ingresso para limitar o número de concorrentes. As barreiras de mercado são realmente barreiras de recursos: a razão pela qual as concorrentes acham tão difícil ingressar em algum tipo de negócio é a dificuldade de acumular os recursos necessários para tal. Se isso pudesse ser realizado sem maiores dificuldades, as concorrentes iriam buscar a oportunidade, impulsionando para baixo a média de lucros. Muitos gestores não conseguem perceber a conexão entre os recursos em nível empresarial e os lucros em nível setorial e convencem a eles mesmos que podem pular as barreiras de entrada, sem considerar quais fatores irão por fim determinar o sucesso no setor. O ingresso da Philip Morris Companies no mercado de refrigerantes, por exemplo, fracassou pelas dificuldades que ela enfrentou na tentativa de gerenciar a rede de distribuição de franquias. Após anos de um pobre desempenho no empreendimento, a empresa desistiu e renunciou ao 7-*Up*.

O terceiro erro comumente realizado no processo de diversificação é supor que a alavancagem de recursos genéricos, como a produção enxuta, representará uma das principais fontes de vantagens competitivas no novo mercado – apesar da dinâmica competitiva específica daquele mercado. A Chrysler Corporation parece ter aprendido a lição. Na expectativa de que suas habilidades de *design* e manufatura lhe garantissem sucesso no setor de espaço aéreo, a Chrysler realizou a aquisição da Gulfstream Aerospace Corporation – apenas para se desapossar da empresa cinco anos depois, no intuito de se concentrar naquilo que é o cerne dos seus empreendimentos.

Apesar das costumeiras armadilhas, são grandes as recompensas que se apresentam para as empresas que alavancam seus recursos de maneira adequada, como fez a Disney. A Newell Company nos fornece outro incrível exemplo de uma empresa que construiu um conjunto de capacidades e empregou-as no intuito de assegurar posições de comando para seus produtos em uma ampla gama de setores. A Newell era uma modesta fabricante assessórios para cortinas em 1967, quando um novo CEO, Daniel C. Ferguson, articulou sua estratégia: a empresa iria se especializar na produção em larga escala de uma série de produtos básicos para o lar e o escritório, que seriam vendidos por estabelecimentos de revenda em massa. A empresa realizou uma série de aquisições, sendo que cada uma das empresas adquiridas foi beneficiada pelas capacidades da Newell – seus sistemas de controle focado; seus links computadorizados com desconto em massa, que facilitam o faturamento sem papel e a reposição automática de estoque; e a sua especialização na comercialização (bom-bonito-barato) de produtos básicos, na qual os varejistas em geral optavam por uma única marca, com vários níveis de qualidade e preço. Cada uma das aquisições empresariais feitas, por sua vez, deram a Newell a oportunidade de reafirmar suas capacidades. Hoje, a Newell detém posições de liderança nos mercados de assessórios para cortina, utensílios para a cozinha, artigos de vidro e cristal, rodos e pincéis e produtos de escritório, além de manter o impressionante percentual de 15% de crescimento anual em receitas. O que diferencia essa diversificada empresa de uma série de outras é a maneira como conseguiu empregar seus recursos corporativos a fim de estabelecer e manter as vantagens competitivas em nível de unidades de negócios.

Mas até mesmo a Newell se beneficia com os atrativos dos mercados nos quais compete. Todos os seus produtos são artigos de baixo custo, comprados esporadicamente. A maioria dos consumidores não perde tempo comparando preços para a compra de seis copos, e eles tampouco possuem uma ideia do preço de mercado. Você sabe se é demais pagar 3,99 dólares americanos por uma haste para cortinas de latão? Assim, todos os recursos da Newell são de maior valor por serem empregados em um contexto setorial atrativo.

Se uma empresa estiver construindo uma estratégia com base em suas competências essenciais, se estiver formando uma organização de aprendizagem ou se estiver em meio a um processo de transformação, todos esses conceitos podem ser interpretados como um mandato para constituir um conjunto único de recursos e capacidades. Isso, no entanto, precisa ser feito com um olhar criterioso sobre o contexto dinâmico as condições competitivas do setor, aplicando rigorosamente testes de mercado para os recursos. Uma estratégia que combine dois fortes grupos de *insights* relativos às capacidades e à concorrência representa uma teoria de lógica duradoura que transcende os modismos na área de gestão.

O que demonstra que essa abordagem vale a pena é o impressionante desempenho de empresas como a Newell, a Cooper, a Disney e a Sharp. Embora essas empresas possam não ter feito uma preparação explícita no sentido de forjar estratégias com base em recursos, elas, mesmo assim, entenderam o poder dessa lógica e os retornos que advêm para aqueles que assim procedem.

## 5.3 REFERÊNCIAS

1. Uma série de artigos criteriosos foram escritos sobre a visão baseada em recursos, incluindo: Birger Wernerfelt, "Resource-based View of the Firm," *Strategic Management Journal*, September-October 1984, p. 171; J.B. Barney, "Strategic Factor Markets: Expectations, Luck and Business Strategy," *Management Science*, October 1986, p. 1.231; Richard P. Rumelt, "Theory, Strategy, and Entrepreneurship," in *The Competitive Challenge: Strategies for Industrial Innovation and Renewal*, ed. David J. Teece (Cambridge, Mass.: Ballinger, 1987), p. 137; Ingemar Dierickx and Karel Cool, "Asset Stock Accumulation and Sustainability of Competitive Advantage," *Management Science*, December 1989, p. 1.504; Kathleen R. Conner, "A Historical Comparison of Resource-Based Theory and Five Schools of Thought Within Industrial Organization Economics: Do We Have a New Theory of the Firm?" *Journal of Management*, March 1991, p. 121; Raphael Amit and Paul J.H. Schoemaker, "Strategic Assets and Organizational Rent," *Strategic Management Journal*, January 1993, p. 33; e Margaret A. Peteraf, "The Cornerstones of Competitive Advantage: A Resource-based View," *Strategic Management Journal*, March 1993, p. 179.
2. Até a presente data, grande atenção foi dada à integração das duas perspectivas por Michael E. Porter em *Competitive Advantage: Creating and Sustaining Superior Performance* (New York: Free Press, 1985) e, no contexto dinâmico, em seu artigo "Towards a Dynamic Theory of Strategy," *Strategic Management Journal*, Winter 1991, p. 95.
3. Essas ideias foram debatidas pela primeira vez em dois artigos publicados em *Management Science:* Ingemar Dierickx and Karel Cool, "Asset Stock Accumulation and Sustainability of Competitive Advantage," December 1989, p. 1,504; e J.B. Barney, "Asset Stocks and Sustained Competitive Advantage," December 1989, p. 1.512.

# 6

# Os pilares das vantagens competitivas: a visão baseada em recursos*

MARGARET A. PETERAF
J. L. KELLOGG GRADUATE SCHOOL OF MANAGEMENT, NORTHWESTERN UNIVERSITY, EVANSTON, ILLINOIS

Este artigo elucida os fundamentos econômicos das vantagens competitivas, segundo a visão baseada em recursos, e integra as perspectivas existentes em um modelo parcimonioso de recursos e desempenho empresarial. Em essência, esse modelo postula a existência de quatro condições que servem de base à manutenção das vantagens competitivas, sendo que todas elas precisam ser satisfeitas. Tais condições incluem recursos de desempenho superior (heterogeneidade dentro de um setor), limites *ex post* para a concorrência, mobilidade imperfeita dos recursos e limites *ex ante* para a concorrência. Na sessão de conclusão, discutem-se aplicações do modelo tanto na estratégia de uma empresa individual como na de uma corporação.

## 6.1 INTRODUÇÃO

Nos últimos anos, um modelo relativo à concorrência empresarial, próprio do campo da gestão estratégica, começou a surgir. Conhecido como Visão Baseada em Recursos – VBR, esse modelo, segundo alguns, detém singular potencial para virar um paradigma em nosso campo. Outros questionam se ele será capaz de propiciar muitos outros *insights* além da compreensão já alcançada sobre vários tópicos relacionados. Admite-se que o trabalho baseado em recursos seja consistente e esteja diretamente arraigado na tradição das políticas de pesquisa. A noção de que as empresas, no que concerne aos seus recursos e às suas capacidades internas, estejam alicerçadas em bases heterogêneas reside no âmago do campo da gestão estratégica há algum tempo. A abordagem clássica de formulação de estratégias, por exemplo, principia pela avaliação das competências e dos recursos organizacionais (Andrews, 1971). Aqueles recursos e competências que forem distintos ou superiores aos das empresas rivais podem vir a constituir uma

---

* Artigo originalmente publicado sob o título *The Cornerstones of Competitive Advantage: A Resource-Based View*, no Strategic Management Journal, v.14, n.3, p.179-191, 1993.

base de vantagens competitivas, caso se harmonizem adequadamente com as oportunidades do ambiente (Andrews, 1971; 1971; Thompson e Strickland, 1990).

Pode-se pensar nessas ideias como princípios básicos que dão fundamentação à continuidade da pesquisa baseada em recursos. Mesmo que ainda em fase de desenvolvimento, o modelo aprofundou nossa compreensão de tópicos relativos à aplicação e combinação dos recursos, àquilo que dá sustentação às vantagens competitivas, à natureza das rendas e às origens da heterogeneidade*. O trabalho desenvolvido por Penrose (1959) é de grande influência. Outras notáveis contribuições foram feitas por Lippman e Rumelt (1982), Teece (1980, 1982), Nelson e Winter (1982), Rumelt (1984, 1987), Wernerfelt (1984), Barney (1986, 1991), Dierickx e Cool (1989), Castanias e Helfat (1991), Conner (1991) e Mahoney e Pandian (1992). Essa corrente de pesquisas alcançou grande repercussão. Se muitos concordam que é necessário maior rigor e riqueza de detalhes, os trabalhos até aqui realizados dão grande embasamento e inspiração para outros trabalhos.

Ao revisar os trabalhos já realizados, encontram-se inúmeras tendências de pesquisa sobre uma série de tópicos intimamente relacionados. Se cada um dos artigos oferece uma contribuição distinta, há também uma considerável sobreposição de ideias. Isso pode parecer confuso para os não iniciados, mas justifica-se, em parte, pela sutil variação de terminologia usada nos trabalhos, o que dificulta a comunicação. Mas, além disso, o modelo básico aparenta uma certa incoerência, como se as ideias de autores tão díspares não pudessem ser reunidas em um todo integrado. Mesmo havendo consenso geral quanto aos *insights* básicos propiciados pelo modelo, há pequenas discordâncias quanto a aspectos de importância secundária.

O presente artigo se propõe a criar um modelo geral de recursos e desempenho empresarial capaz de integrar, de uma só vez, as várias tendências de pesquisa e de oferecer um denominador comum, a partir do qual outros trabalhos possam ser gerados. Meu objetivo é formar um consenso em torno de um modelo parcimonioso, esclarecer questões básicas, sugerir as possíveis implicações disso e, assim, facilitar o contínuo diálogo entre estudiosos do campo.

A primeira sessão apresenta as condições teóricas do modelo baseado em recursos que dão suporte às vantagens competitivas. Essas condições são, ao todo, quatro, sendo que é necessário satisfazer a todas elas. A primeira delas é a *heterogeneidade de recursos*, de onde provêm as rendas ricardianas ou monopolistas. É necessário o estabelecimento de *limites* ex

---

* Com isso não se pretende sugerir que as contribuições dos trabalhos baseados em recursos restrinjam-se apenas a esses tópicos.

post *para a concorrência* a fim de dar sustentação às rendas. A *mobilidade imperfeita dos recursos* assegura que as rendas sejam vinculadas à empresa e partilhadas por ela. Os *limites* ex ante *para a concorrência* impedem que os custos se equiparem com as rendas. Descreve-se, por sua vez, cada uma dessas condições.

O referido modelo pretende ajudar nosso entendimento teórico do desempenho empresarial superior, bem como oferecer informações referentes à prática gestora.

Na última sessão, são descritas algumas das aplicações e implicações do modelo. Discute-se em especial a aplicação dos trabalhos baseados em recursos à estratégia da empresa individual, bem como sua aplicação estratégia à de um conglomerado de empresas em todas as suas formas.

## 6.2 UM MODELO DE VANTAGENS COMPETITIVAS

### A heterogeneidade

Um dos pressupostos básicos dos trabalhos baseados em recursos é o fato de as capacidades e o conjunto de recursos que servem de base à produção serem heterogêneos nas empresas (Barney, 1991)*. Os fatores utilizados na produção podem ser descritos como apresentando níveis intrínsecos diferenciais de "eficiência". Alguns desses fatores demonstram superioridade frente aos demais. As empresas munidas de tais recursos são capazes de produzir com maior economia e/ou melhor satisfazer aos desejos de seus consumidores.

A heterogeneidade implica que as empresas dotadas de capacidades distintas são capazes de competir no mercado e que, se não auferem lucros, pelo menos não apresentam prejuízos. As empresas dotadas de recursos marginais só podem esperar obter um equilíbrio das finanças**. As empresas com recursos superiores auferirão lucro***.

**Rendas ricardianas:** A heterogeneidade de um setor pode refletir a presença de fatores de superior desempenho cuja oferta é limitada. Pode-se tratar de fatores fixos, de impossível expansão. Muitas vezes, os fatores são quase fixos, sendo impossível um rápido aumento da sua oferta. Eles são escassos, não suficientes para satisfazer à demanda. Recursos de

---

* Ver Nelson (1991) e Williams (1992) para debates de porquê empresas são diferentes.

** Concomitantemente, as condições de oferta e demanda no setor determinam o nível mínimo de eficiência exigido para o equilíbrio das finanças.

*** Os ganhos que excedem o ponto de equilíbrio são chamados de rendas, em vez de lucros, caso sua existência não induza a uma nova concorrência.

desempenho ou produtividade inferior também estão, assim, incluídos na produção.

Esse é o conhecido argumento ricardiano*. Seu entendimento pode ser facilitado pela suposição de que empresas dotadas de recursos de superior produtividade possuam um custo médio (AC – *average cost*) menor do que outras empresas ** (Ver Figura 6.1). Tais empresas de menores custos apresentam curvas de oferta (S – *supply*) um tanto inelástica, porque não conseguem expandir rapidamente sua produção, independentemente de quão altos possam ser os seus preços (P – *price*). Mas os altos preços induzem, sim, outras empresas menos eficientes a ingressar no setor. Tais empresas ingressam e produzem pelo tempo que o preço exceda o custo marginal (MC – *marginal cost*) das mesmas. Ao mesmo tempo, a demanda (D – *demand*) e a oferta do setor se estabilizam, as empresas de altos custos estabilizam suas finanças (P = AC), e as empresas de baixos custos auferem lucros bem acima do normal em forma de rendas advindas de seus escassos recursos (P > AC), conforme apresentado na Figura 6.1.

Note que esse modelo se apresenta coerente com o comportamento competitivo do mercado produtivo. As empresas realizam uma tomada de preços e produzem até o preço estar equiparado ao valor do custo marginal. A alta rentabilidade auferida pelas empresas eficientes não pode ser atribuída às restrições artificiais de produtividade ou ao poder do mercado. Tampouco ela depende de uma condição de singularidade ou mesmo raridade, no sentido absoluto do termo. Teoricamente, é possível que as rendas sejam auferidas por uma série de produtores igualmente eficientes, contanto que continue a existir um diferencial de eficiência entre eles e os

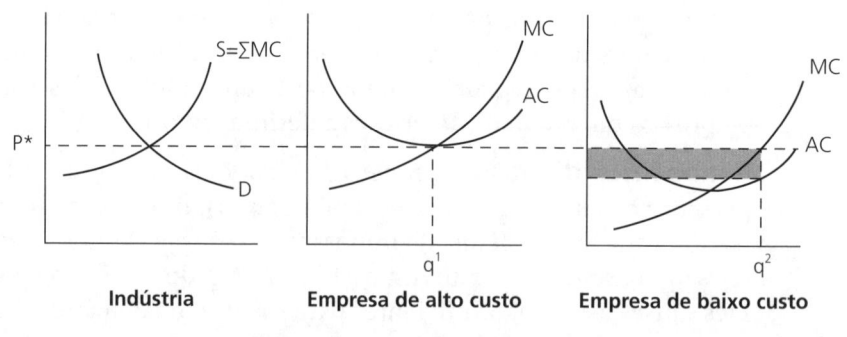

**FIGURA 6.1** Escassez de renda com fatores heterogêneos.

P* = Preço de equilíbrio   ■ = Renda do produtor eficiente

---

\* Ver Ricardo (1817) e Rumelt (1987).

\*\* Observe, porém, que recursos de produtividade ou de desempenho superior não levam necessariamente a uma posição de baixo custo. Esse é só o exemplo de mais fácil manejo.

demais produtores. O essencial é que a oferta dos recursos de produtividade superior continue sendo limitada. Desse modo, as empresas eficientes somente conseguirão manter esse tipo de vantagem competitiva caso não haja livre expansão nem imitação por parte de outras empresas.

Considere o que acontece quando a situação é diversa, conforme apresentado na Figura 6.2. O aumento da produção por parte de outros produtores eficientes empurram para fora a curva do suprimento (S). Isso puxará para baixo o preço de equilíbrio, forçando as empresas marginais a saírem do mercado. As empresas que permanecerem produzirão até que o preço se equipare tanto com o custo marginal quanto com o custo médio. Como resultado, as rendas tenderão a dispersar-se e os produtores eficientes (agora homogêneos) só auferirão uma lucratividade normal.

Costuma-se, muitas vezes, pensar no modelo ricardiano em relação aos recursos existentes estritamente em suprimento fixo. No entanto, é possível aplicar o modelo também a recursos quase fixos, que têm uma importância muito maior. Esses são recursos que, embora delimitados a curto prazo, são passíveis de crescente renovação e expansão dentro da empresa que os utilizam\*. Essa utilização pode, de fato, provocar o aumento dos recursos.

Prahalad e Hamel (1990) descrevem de que maneira as competências essenciais são reforçadas, à medida em que são empregadas – em especial aquelas competências que envolvam um aprendizado coletivo e que sejam embasadas no conhecimento. Tais recursos podem imprimir tanto base quanto direção ao crescimento da própria empresa. Pode haver, por exemplo, uma trajetória natural incorporada à base de conhecimentos da empresa\*\*. As capacidades correntes tanto podem impulsionar quanto res-

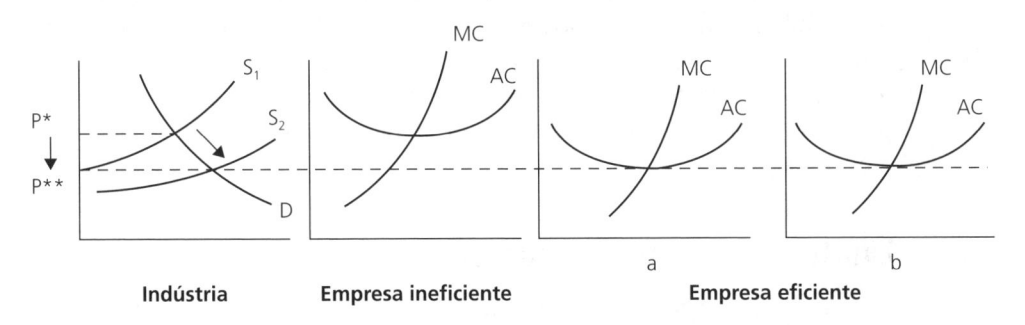

P\*\* = Novo preço de equilíbrio

**FIGURA 6.2** Expansão das empresas de baixo custo faz com que a renda se dissipe e as empresas de alto custo saiam.

---

\* Ver Nelson e Winter (1982) e Wernerfelt (1989).

\*\* Essa noção é atribuída à economia organizacional. Ver Teece (1990).

tringir futuros aprendizados e atividades de investimento*. O crescimento progressivo e a renovação de tais recursos limitados, não é, entretanto, incoerente com a visão ricardiana de renda e vantagens competitivas.

**Rendas monopolistas** A condição de heterogeneidade é tão coerente com os modelos de poder do mercado e de rendas monopolistas como com a história ricardiana. O que distingue os lucros monopolistas das rendas ricardianas é o fato de os lucros monopolistas resultarem de uma restrição deliberada da produção, em vez de uma escassez inerente ao suprimento de recursos.

Nos modelos monopolistas, a heterogeneidade pode ser resultado da competição espacial ou da diferenciação de produto**. Ela pode refletir singularidade e monopólio localizado. Ela pode estar relacionada à presença de barreiras à mobilidade intrasetorial, que diferenciem um grupo de empresas das demais (Caves e Porter, 1977). Ela pode implicar vantagens de porte empresarial e compromissos irreversíveis ou ainda outras vantagens por parte de quem tomar a primeira iniciativa***. Há inúmeros modelos desse tipo. O que todos têm em comum é a suposição de que empresas situadas em posições favoráveis enfrentem curvas de demanda com declive. Essas empresas maximizam então os lucros, restringindo conscientemente sua produção em níveis de competitividade. Esses são modelos do poder de mercado. Diferentemente dos modelos ricardianos, muitos são "estratégicos", no sentido de que as empresas levam em consideração o comportamento e a posição relativa das suas rivais.

Empresas aparentemente homogêneas também podem auferir rendas monopolistas. O comportamento detectado por Cournot, expresso por empresas rivais idênticas pode, por exemplo, produzir preços acima dos custos marginais, estimular comportamento de conluio, tácito ou de outra forma. Mas esses tipos de comportamento são facilitados pela redução numérica e dependem, portanto, das barreiras de entrada. Deve haver assimetria entre as empresas já estabelecidas e os potenciais novos protagonistas. Nesse caso, a heterogeneidade ocorre nos dois grupos de empresas.

## Limites *ex post* para a competição

Apesar da natureza das rendas, a manutenção das vantagens competitivas requer a preservação do estado de heterogeneidade. Se a heterogeneidade

---

\* Ver discussão de Dosi, Teece e Winter (1990) referente às capacidades específicas, dependência de trajetórias e aprendizado.

\*\* Ver Schmalensee (1978).

\*\*\* Ver Ghemawat (1986) e Lieberman e Montgomery (1988). Considerar também os modelos de comportamento empresarial dominantes.

for um fenômeno de curta duração, as rendas serão igualmente efêmeras. Como os estrategistas se preocupam por mais tempo – antes de mais nada com as rendas – o estado de heterogeneidade precisa ter uma duração relativa, a fim de agregar valor. Este somente será o caso se também estiverem em vigor limites *ex post* para a competição. Por isso, o que se quer dizer é que subsequentemente à conquista de uma posição de superioridade e auferição de rendas por parte de uma empresa, é preciso haver forças que limitem a competição por tais rendas. A competição pode dispersar as rendas pelo aumento do suprimento de recursos escassos. De forma alternativa, ela pode minar os esforços de um monopolista (ou de oligopolistas), no sentido de restringir a produção. A Figura 2 ilustra como a competição *ex post* torna mais elástica a curva de suprimento setorial e corrói as rendas ricardianas. A concorrência *ex post* também corrói as rendas monopolistas, aumentando a produção ou ainda a elasticidade das curvas de demanda individual.

O trabalho baseado em recursos centrou seu enfoque em dois fatores críticos que limitam a concorrência *ex post*: a impossibilidade de uma imitação e de uma substituição perfeitas*. Os substitutos reduzem as rendas por tornarem mais elásticas as curvas de demanda dos monopolistas ou dos oligopolistas. Esta é uma das "cinco forças" clássicas de Porter (1980). Uma atenção muito maior, contudo, foi dada à impossibilidade de uma imitação perfeita.

Rumelt (1984) cunhou a expressão "mecanismos isoladores" (*isolating mechanisms*) para fazer alusão aos fenômenos que protegem as empresas individuais de imitação e que preservam seus fluxos de renda. Esses incluem o direito à propriedade de recursos escassos e vários direitos parciais de propriedades em forma de retardos, informações assimétricas e atritos que impedem a competitividade por imitação (Rumelt, 1987). De especial interesse é a noção de ambiguidade causal (Lippman e Rumelt, 1982). Ela se refere à incerteza em relação às causas que provocam as diferenças de eficiência entre as empresas. A ambiguidade causal impede os possíveis imitadores de saber exatamente o que imitar ou como fazê-lo. Juntamente com os custos irrecuperáveis, a incerteza pode limitar a atividade de imitação, preservando assim a condição de heterogeneidade.

Outros mecanismos de isolamento incluem a aprendizagem do produtor, custos de mudança do comprador, a reputação, os custos de pesquisa do comprador, redução do investimento privado e economias de escala quando os ativos especializados são necessários (Rumelt, 1987)**.

---

* Ver Barney (1991) e Dierickx e Cool (1989).

** Tais temas e outros relacionados tembém têm recebido muita atenção na literatura de organização industrial moderna.

Rumelt (1984) descreve mecanismos de isolamento como um análogo das barreiras à mobilidade de Caves e Porter (1977), que são elas próprias uma extensão do conceito de barreiras de entrada de Bain (1956)*. Barreiras de mobilidade, no entanto, servem para isolar grupos de empresas semelhantes em um setor heterogêneo, enquanto que as barreiras de entrada isolam participantes do setor de potenciais candidatos.

Yao (1988) condensou um conjunto de fatores mais básicos do que a lista de barreiras à entrada sugeridas por Porter (1980) e Bain (1956). Ele argumenta que as falhas do mercado competitivo são atreladas mais fundamentalmente às economias de produção e custos irrecuperáveis, aos custos de transação e à informação imperfeita.

Ghemawat (1986) sugere uma categorização diferente, com mais uma empresa do que uma orientação para o mercado. Ele argumenta que as posições de difícil imitação derivam de vantagens de tamanho, do acesso preferencial para os recursos ou clientes, e/ou restrições às opções dos concorrentes.

Dierickx e Cool (1989) oferecem uma perspectiva única sobre o tema de limites para a imitação. Eles se concentram em fatores que impedem a imitação dos valiosos, mas não negociáveis, estoques de ativos. Eles afirmam que a forma como um ativo é difícil de imitar depende da natureza do processo pelo qual foi acumulado. Eles identificam as seguintes características que servem para impedir a imitação: deseconomias de compressão de tempo, eficiência em massa de ativos, interconexão de estoques de ativos, erosão de ativos e ambiguidade causal.

O papel de Dierickx e Cool (1989) é uma parte particularmente importante do trabalho, porque se concentram justamente nesses tipos de recursos e capacidades que são de interesse central para a teoria baseada em recursos: ativos não transacionáveis que se desenvolvem e se acumulam dentro da empresa. Tais ativos tendem a desafiar a imitação, porque têm uma forte dimensão tácita e são socialmente complexos. Eles nascem de habilidade organizacional e aprendizagem corporativa. São desenvolvidos a partir da trajetória organizacional, no sentido de que são subordinados, precedendo os níveis de ensino, investimento, estoques de ativos e desenvolvimento de atividade**. Para tais bens, a história importa. Possíveis imitadores ficarão frustrados pela dificuldade de descobrir e repetir o processo de desenvolvimento e pelos consideráveis atrasos envolvidos. É importante ressaltar que os ativos dessa natureza também são imóveis e, portanto, vinculados à empresa. Fator de imobilidade ou mobilidade imperfeita é outro requisito fundamental para a vantagem competitiva sustentável.

---

* Para uma discussão mais aprofundada, ver Mahoney e Pandian (1992).
** Ver Barney (1991) e Dosi, Teece e Winter (1990).

## Mobilidade imperfeita

Recursos de mobilidade imperfeita são perfeitamente imóveis se não puderem ser negociados. Dierickx e Cool (1989) discutem vários exemplos. Recursos para quais os direitos de propriedade não são bem definidos ou com problemas de viabilidade de apropriação contábil se enquadram nesta categoria (Dierickx e Cool, 1989; Meade, 1952; Bator, 1958). O mesmo com recursos que são idiossincráticos na medida em que não têm outra utilização fora da empresa (veja Williamson, 1979).

Outros tipos de recursos podem ser descritos como imperfeitamente móveis. Estes são recursos negociáveis, mas mais valiosos dentro da empresa, que atualmente os emprega do que em outro emprego. Os recursos são imperfeitamente móveis quando eles são de alguma forma ajustados às necessidades específicas da empresa*.

Montgomery e Wernerfelt (1988) utilizam o conceito de custos de mudança do comprador (*switching costs*) para discutir como investimentos específicos da empresa podem consolidar o relacionamento entre a firma e os donos das fábricas empregados pela firma. Esses investimentos por parte dos proprietários de recursos podem ser considerados como um custo não recuperável, inibindo a saída dos fatores da empresa. Estes custos dão à empresa maior direito sobre o recurso em questão.

Ativos coespecializados podem ser um outro caso em questão (Teece, 1986). São ativos que devem ser utilizados em conjunto, um com outro, ou que têm valor econômico mais elevado quando empregados junto com outros ativos. Na medida em que não tenham uma utilização equivalente (eles estão relacionados a uma transação específica) e na medida em que pelo menos um dos ativos seja específico da empresa, sua mobilidade é limitada.

Outros recursos podem ter mobilidade imperfeita simplesmente porque os custos das transações associados à transferência dos mesmos são demasiadamente altos (Williamson, 1975; Rumelt, 1987.)

Como os recursos imóveis ou de mobilidade imperfeita não são negociáveis e pouco valiosos para outros usuários, eles não podem ser prontamente adquiridos por aquele que os utiliza. Eles permanecem ligados à empresa e disponíveis para emprego a longo prazo. Assim, podem ser fonte de vantagens sustentadas**. Além disso, o custo de oportunidade de seu uso é significativamente menor do que o seu valor para o empregador atual. Esse é um ponto importante, que será melhor elaborado na próxima

---

* Williamson (1985) discute intensamente esses ativos e suas implicações para a eficiência dos limites da empresa.

** Por outro lado, tais ativos podem diminuir a capacidade de resposta e a flexibilidade empresarial em face de mudanças ambientais ou tecnológicas que perturbem uma vantagem antes tida. A especialização é uma faca de dois gumes.

seção. Implica que quaisquer rendas ricardianas ou monopolistas geradas pelo ativo não serão inteiramente contrabalançadas pela contabilidade do custo de oportunidade do ativo.

A expressão custo de oportunidade é aqui empregada em sentido ligeiramente diverso do usual. No sentido convencional, ela se refere ao valor do recurso na próxima melhor utilização que se faça dele. Aqui, a expressão é empregada em alusão ao valor que o recurso tem para o segundo usuário em potencial a lhe atribuir maior valor (ver Klein, Crawford e Alchian, 1978). O usuário em potencial pode desejar empregar o recurso exatamente com o mesmo propósito.

Essa diferença entre o valor de um recurso para a empresa e o seu custo de oportunidade também é uma forma de renda. As rendas de Pareto, também conhecidas por quase-rendas, são o valor que excede o valor de um ativo sobre seu valor recuperado ou sobre o valor do mesmo na próxima melhor utilização que dele se faça. Como Klein e outros (1978), eu emprego a expressão "quase-rendas apropriadas" ou "A-Q rendas" para aludir ao valor de um ativo que excede o valor que ele tem para o segundo usuário em potencial ou licitante do recurso. Klein e outros (1978) demonstram que é totalmente possível para um recurso gerar rendas A-Q na ausência tanto de rendas ricardianas quanto monopolistas. Os recursos não necessitam ser raros ou impossíveis de serem imitados para serem mais valiosos para os possíveis usuários. Assim, a presença de rendas A-Q não é um indicador suficiente para garantir vantagens competitivas. É preciso haver também uma geração de rendas monopolistas ou ricardianas.

As rendas A-Q são adequadas no sentido de não necessitarem que o usuário pague pelo recurso para reter direito à utilização dos seus serviços (Klein e outros, 1978). Se o usuário fosse se apropriar por inteiro das rendas A-Q, o recurso não poderia mais auferir rendas de nenhuma outra fonte*.

Seria mais preciso, contudo, reconhecer que as rendas serão divididas entre os proprietários do fator e a empresa que os está empregando. Primeiro, alguém pode facilmente perceber a empresa vinculada ao uso de fatores especializados, uma vez que não conseguiria substituir fatores genéricos pelo mesmo custo. Isso implica que, na melhor das caracterizações, a situação seja encarada como um monopólio bilateral, no qual a distribuição de rendas não é precisa. Segundo, deveria-se reconhecer que as rendas são, de fato, produzidas em conjunto e devidas tanto à empresa quanto ao fator. O fator especializado não conseguiria ser tão produtivo sem a participação da empresa. Portanto, deve-se atribuir sua maior pro-

---

* Observe que, em um modelo multiperiódico, os recursos humanos se mostrariam relutantes para investir em atributos empresariais específicos se esperassem que a empresa fosse se apropriar das rendas geradas.

dutividade tanto ao contexto e a outros elementos da empresa quanto ao próprio fator. A empresa e o fator são, em essência, uma equipe. Caves (1980) afirma que as rendas não se transmitem por inteiro aos fatores que não são negociados no mercado aberto. Em uma argumentação similar, Rumelt (1987) defendeu que "a renda advinda da utilização de fator(es) especializado(s) não pode ser lógica nem operacionalmente separada dos lucros auferidos pela empresa" (p. 143).

Esses dois fatos – que os recursos de mobilidade imperfeita continuarão disponíveis para a empresa e que as rendas serão partilhadas por ela – são fatores-chaves da mobilidade imperfeita de um fator (ver Wernerfelt, 1989). Eles, por sua vez, fazem da mobilidade imperfeita condição necessária para vantagens competitivas sustentáveis. Além disso, o fator de mobilidade imperfeita é um componente particularmente importante do modelo, porque tais recursos são menos suscetíveis de serem imitados do que outros*. Fora isso, o custo de oportunidade de tais ativos, como acima definido, não anula as rendas. Mas, mesmo associados à heterogeneidade e limites *ex post* para a competição, o fator de mobilidade imperfeita ainda não garante a sustentabilidade das vantagens competitivas.

## Limites *ex ante* para a competição

Há ainda uma última condição a ser satisfeita para uma empresa ter vantagens competitivas. É necessário haver também limites *ex ante* para a competição. Isso significa que, antes de qualquer empresa se estabelecer em uma posição superior de recursos, é necessário que a competição por aquela posição seja limitada. Isso pode ser melhor explicitado mediante uma ilustração. Suponhamos que empresas igualmente dotadas percebam, *a priori*, que ao ocuparem certas localidades de sua escolha possam alcançar um posicionamento de recursos difícil de ser imitado por suas rivais. Disso resultará uma competição feroz por aquelas localidades, a ponto de exaurir, em essência, a esperada lucratividade. Uma melhor localização só poderia dar margem a lucros acima do normal se alguma empresa tivesse a visão ou a boa sorte de adquiri-la antes que a competitividade tivesse chance de lá se instalar. Foi essa a questão levantada por Barney (1986) ao sustentar que o desempenho econômico das empresas depende não só dos lucros gerados por suas estratégias, como também dos custos para implementá-las. Sem imperfeições nos mercados de fatores estratégicos, onde são adquiridos os recursos necessários para a implementação das estratégias, as empresas só podem esperar ter uma lucratividade normal. Rumelt (1987) apresenta uma questão semelhante ao observar que, a menos que

---

* Dierickx e Cool (1989) sustentam que é necessária a não negociabilidade a fim de assegurar que um ativo continue sendo fixo em termos de suprimento.

exista uma diferença entre o valor *ex post* de um empreendimento comercial e o custo *ex ante* para aquisição dos recursos necessários para tal, as rendas empresariais são zero. Os lucros provêm da incerteza *ex ante*.

Enquanto que somente os recursos negociáveis podem ser adquiridos nos mercados de fatores estratégicos, pode-se estender o mesmo argumento também para os recursos imóveis e de mobilidade imperfeita, conforme observado tanto por Dierickx e Cool (1989) como por Barney (1989). A competição *ex ante* para desenvolver recursos de mobilidade imperfeita, como a boa vontade dos clientes, também pode dispersar a esperada lucratividade. Se é menos provável que haja uma antecipação do valor completo de tais recursos e que as empresas sejam igualmente eficientes no acúmulo de tais recursos, é importante reconhecer que a mobilidade imperfeita dos recursos não se basta por si só. É preciso também haver limites *ex ante* para a competição.

## Os pilares das vantagens competitivas

Em suma, quatro condições precisam ser satisfeitas a fim de que uma empresa desfrute de lucros sustentáveis e acima do normal. A heterogeneidade de recursos gera rendas ricardianas ou monopolistas. Os limites *ex post* para a competição impedem que as rendas sejam exauridas. A mobilidade imperfeita dos fatores garante que fatores valiosos permaneçam com a empresa e que as rendas sejam divididas. Os limites *ex ante* para a competição não permitem que os custos anulem as rendas. O modelo foi resumido na Figura 6.3.

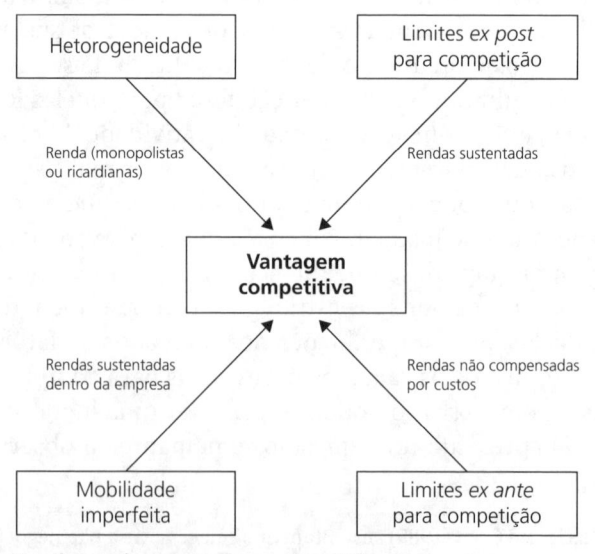

**FIGURA 6.3** Os pilares da vantagem competitiva.

Esse modelo pretende salientar a importância de cada uma dessas condições, tão distintas umas das outras, e explicar o papel particular que cada uma desempenha na geração e sustentação das rendas. Não se quer, contudo, implicar com isso que essas quatro condições são totalmente independentes uma da outra. Elas são, de fato, condições interrelacionadas.

A heterogeneidade é a condição mais básica. Ela é a condição *sine qua non* das vantagens competitivas e há tempo é um conceito fundamental da gestão estratégica. Por essas razões, merece ênfase especial. O modelo diz que a heterogeneidade é necessária, mas não suficiente, para a sustentação das vantagens. Para a perenidade das rendas, são necessários também limites *ex post* para a competição. Alguém pode imaginar a heterogeneidade sem limites *ex post* para a competição. As empresas podem ter diferenças prontamente imitadas por curta e insustentável duração. É preciso de mais imaginação para conceber limites *ex post* para a competição sem a heterogeneidade. (Talvez mediante a presença de um regulador impondo um cartel de preços entre inúmeras empresas de transporte rodoviário homogêneo.) Em sua maior parte, os limites *ex post* para a competição implicam heterogeneidade, embora a heterogeneidade não implique limites *ex post* para a competição.

A heterogeneidade dá também suporte à condição de mobilidade imperfeita. De novo, os recursos heterogêneos não necessitam ter mobilidade imperfeita. Mas é difícil imaginar quaisquer recursos de mobilidade imperfeita que não sejam heterogêneos por natureza. Os recursos que são imóveis devido à sua natureza idiossincrática ou empresarial específica são, com certeza, heterogêneos. Os recursos que são imóveis devido a direitos de propriedade mal definidos ou à falta de mercado podem, com grande probabilidade, ser homogêneos (direitos de poluição, por exemplo?) Mais uma vez, contudo, a mobilidade imperfeita, em sua maior parte, também implica heterogeneidade.

Por fim, é importante reconhecer que a produtividade dos recursos superiores depende da natureza do seu emprego e da habilidade com a qual for implementada uma estratégia baseada na superioridade dos recursos.

## 6.3 APLICAÇÕES DO MODELO BASEADO EM RECURSOS

Uma das principais contribuições prestadas pelo modelo baseado em recursos é que ele explica diferenças de longa duração na rentabilidade empresarial que não podem ser atribuídas a diferenças nas condições setoriais. Realmente, há provas consideráveis que demonstram que tais diferenças não são tão bem explicadas pela participação setorial (Schmalensee, 1985; Mueller, 1986; Wernerfelt e Montgomery, 1988; Hansen e Wernerfelt, 1989; Rumelt, 1991). O consenso é menor sobre os efeitos empresariais de magnitude relativa, mas vários estudos indicaram que esses efeitos são substanciais (Mueller, 1986; Hansen e Wernerfelt, 1989; Rumelt, 1991). O modelo baseado em recursos é um complemento teórico para este trabalho.

Pelo lado prático, o modelo pode provar sua utilidade para os gestores que estão buscando compreender, preservar ou expandir suas vantagens competitivas. Se o próprio modelo foi disponibilizado livremente para todos, suas implicações estratégicas dependem da dotação específica de recursos da empresa. Barney (1986) defende que uma empresa pode alcançar excepcionais vantagens se analisar as informações referentes aos ativos que já controla. Enquanto seus ativos forem de mobilidade imperfeita, difíceis de imitar e insubstituíveis, outras empresas não serão capazes de reproduzir sua estratégia. Assim, a aplicação do modelo não aumentará a competição pelas rendas disponíveis. Isso apenas garantirá que cada empresa otimize a utilização dos seus próprios recursos especializados.

Devido ao seu enfoque nos recursos de mobilidade imperfeita, para os quais o custo das transações de câmbio mercadológico é alto, a teoria baseada em recursos tem importantes implicações para a estratégia corporativa e questões referentes ao âmbito empresarial, bem como para a estratégia da empresa individual. Por sua vez, são discutidas algumas aplicações em cada uma dessas áreas.

## Estratégia da empresa individual

No nível empresarial individual, o modelo pode ajudar os gestores a diferenciar entre recursos capazes de dar suporte a uma vantagem competitiva de outros recursos menos valiosos (Barney, 1991). Um brilhante cientista ganhador do prêmio Nobel pode, por exemplo, ser um recurso único, mas, a menos que ele tenha laços específicos com uma empresa, sua perfeita mobilidade faz dele uma improvável fonte de vantagens sustentáveis. O gestor deve se questionar se sua produtividade tem a ver, em parte, com uma equipe específica de pesquisadores, a qual ele integra. Ela depende do seu relacionamento com talentosos gestores que são adeptos fora do comum do gerenciamento da criatividade? Ela depende do espírito dos trabalhadores ou da cultura singular da empresa?

A perspectiva baseada em recursos também pode ajudar uma empresa a decidir se deve obter a licença para uma nova tecnologia ou se deve desenvolvê-la internamente. Se a tecnologia tiver mobilidade imperfeita no sentido de que seu valor em potencial não possa ser claramente revelado aos outros devido ao risco de revelar informações confidenciais, pode ser melhor desenvolvê-la internamente. Por outro lado, sua capacidade de penetração no mercado pode depender de ativos coespecializados, como os relacionamentos mantidos há longa data com vendedores relutantes em mudar de fornecedores. Se os ativos coespecializados forem mantidos pela empresa e se eles mesmos forem imóveis, esse pode ainda ser o caso de um desenvolvimento interno. Se a inovação for de perfeita mobilidade, não há, para os inovadores, nada melhor a fazer a não ser obter uma licença para a nova tecnologia.

Considerar a facilidade de se imitar a inovação também enriqueceria a tomada de decisão. Se a inovação não passar de uma complexa e inteligente montagem a partir de outras tecnologias de razoável disponibilidade, então pouco importa a quantidade de patentes, pois isso não irá barrar as concorrentes. Ao admitir tal vulnerabilidade, o gestor pode querer refletir melhor sobre o grau da esperada defasagem de entrada e se poderá ou não haver alguma vantagem possível em função do aprendizado empresarial específico ou dos rendimentos da massa de ativos. Ele pode tentar usar a cabeça para começar a desenvolver outros recursos coespecializados, porém não tão facilmente disponíveis (a reputação dos serviços a partir da nova tecnologia). Isso pode ser possível se o recurso secundário depender de sua trajetória temporal ou se suas excepcionais vantagens inibirem a concorrência de desenvolver tal recurso.

A questão de caráter mais geral é que, ao analisar a posição do seu recurso, o gestor alcançaria um melhor entendimento se a situação satisfizesse as condições necessárias para a manutenção de determinada vantagem. Um menor número de erros estratégicos seria cometido. Mas, além disso, tal análise poderia ajudá-lo a utilizar sua expectativa de vantagens para enxergar mais adiante.

Amit e Schoemaker (1993) recorrem à teoria baseada em recursos para desenvolver uma visão comportamental de ativos estratégicos e prestar um aconselhamento normativo sobre como mirar neles, desenvolvê-los e empregá-los. Wernerfelt (1989) propõe algumas diretrizes para auxiliar os gestores a identificar seus recursos mais essenciais e decidir sobre como aplicá-los.

Em alguns casos, a ambiguidade causal pode tornar impossível para uma empresa a avaliação ou mesmo a identificação dos seus recursos (ver Lippman e Rumelt, 1982). Se tais recursos podem constituir a base das vantagens competitivas, a causal ambiguidade envolvida deixa pouco espaço para a estratégia. As empresas donas dos recursos não detêm informações a título de vantagem sobre outras empresas e mostram-se pouco habilidosas para seguir nivelando esses recursos, pois existe incerteza quanto à dimensão e/ou aos valores de tais recursos.

Outros recursos podem ser mais facilmente identificados como recursos geradores de valores, mas podem ter uma reprodução muito incerta. Os recursos altamente dependentes de uma trajetória organizacional ou dotados de complexidade social se encaixam nessa categoria (ver Barney, 1991). Se for difícil reproduzir ou aumentar esse tipo de recursos, é provável que a empresa detentora dos ativos obtenha grandes vantagens expandindo-os para outras empresas. Em parte, é uma vantagem relacionada à informação, baseada em entendimentos tácitos e complexos, não facilmente acessíveis àqueles de fora da empresa. Mas ela também deve-se ao fato de que a produção de um recurso socialmente complexo provavelmente exige ativos coespecializados e específicos de uma empresa, que não podem ser duplicados em outros ambientes. A visão baseada em recursos ajudaria os gestores a compreender que tais recursos podem formar uma importante base de vantagens competitivas. E, ao salientar o valor de tais recursos, isso pode ajudar os gestores a perceber que, apesar das dificuldades, eles deveriam pensar em continuar a nivelar esses recursos.

## Estratégia corporativa

O modelo baseado em recursos preocupa-se basicamente com o acúmulo interno de ativos, com a especificidade dos mesmos e, mais indiretamente, com os custos das transações. Assim, ele naturalmente se presta à consideração de questões relativas às fronteiras empresariais. Uma série de pesquisadores utiliza a visão baseada em recursos para analisar questões relativas ao escopo empresarial.

Barney (1988), por exemplo, abordou a questão das empresas licitadoras poderem auferir lucros fora do normal a partir de aquisições estrategicamente relacionadas. Seu sistema referencial baseado em recursos dá como resposta que isso depende de quão rara e inimitável é a combinação de recursos resultante.

Montgomery e Hariharan (1991) demonstraram que empresas com amplas bases de recursos tendem a buscar a diversificação (ver também Penrose, 1959). Ao agir assim, as empresas tendem a ingressar em mercados onde as exigências de recursos combinam com as suas capacidades de recursos.

Em geral, pode-se dizer que a teoria vigente sobre diversificação está baseada em recursos (ver, por exemplo, Teece, 1982; Wernerfelt, 1984; Williamson, 1985; Wernerfelt e Montgomery, 1986; Montgomery e Wernerfelt, 1988). Essa teoria caracteriza os tipos de recursos que dão suporte à diversificação como quase fixos, mas intercambiáveis por natureza: isto é, eles podem dar suporte a uma variedade de produtos. Outros recursos podem ter a mesma propriedade que os bens públicos, no sentido de que sua utilização para determinado propósito não diminui a disponibilidade dos mesmos para outros propósitos. O nome de uma marca, por exemplo, pode ser utilizado sem que seja "totalmente consumido" durante o processo. O ponto crucial da teoria é que a diversificação é resultado do excesso de capacidade dos recursos que têm empregos múltiplos e para os quais há falha no mercado*. Sem falhas mercadológicas, devidos aos altos custos de tran-

---

* Para algumas provas empíricas referentes a este ponto, ver Chatterjee e Wernerfelt (1991).

sação ou mobilidade imperfeita, a empresa poderia simplesmente vender os serviços dos seus recursos redundantes. Nesse caso, empresas comerciais individuais poderiam operar com mais eficiência do que uma empresa diversificada, mesmo havendo economias de escopo (Teece, 1980, 1982).

Uma questão que não foi abordada devidamente é o paradoxo de como o "excesso de capacidade" de recursos pode levar a uma "escassez de rendas" para os detentores dos recursos. Com certeza, essas noções não são aplicáveis se o recurso tiver apenas um único emprego, já que isso expulsaria do mercado os recursos de produtividade inferior* (ver Figura 6.2). Lembre, porém, que o preço de um recurso é determinado pelas condições de suprimento e demanda no mercado de fatores. A demanda de um fator, por sua vez, origina-se das demandas de todos os produtos em que esse fator pode ser empregado no processo produtivo. Se, no preço de equilíbrio, empregam-se a fatores heterogêneos nos mercados, então os fatores de superior desempenho gerarão rendas, independentemente do fato de sua disponibilidade superar as necessidades do mercado de um único produto. Eles ainda são escassos em relação a toda a demanda por sua utilização. Desse modo, o excesso de capacidade de determinado recurso em um mercado de um único produto é compatível com sua habilidade de comandar a escassez de rendas. De forma semelhante, os recursos dotados das características dos bens públicos podem gerar rendas, apesar da sua disponibilidade para múltiplos empregos. Já que, após determinado ponto, há limites para a expansão desses recursos, talvez devido a um suprimento fixo de ativos coespecializados dentro de uma empresa, tais recursos ainda possam ser escassos em relação a toda a demanda por seus serviços.

A Eastman Kodak exemplifica uma empresa que fez uma diversificação com base no excesso de capacidades dentro de sua vocação específica na área de tecnologia fotográfica. Sua habilidade de expansão em certos mercados ficou limitada devido à sua alta participação no mercado e a considerações antitruste. Em meados dos anos 70, sua participação no mercado de filmes era estimada em 90% e a estimativa era de 85% para as câmeras**. A fim de utilizar mais a pleno sua fabulosa capacidade na área de P&D, a Kodak tinha de buscar oportunidades fora dos seus mercados originais. Isso tornou-se possível em função do fato de o potencial para aplicações da tecnologia fotográfica ser bastante amplo, englobando equipamentos e filmes de cinema, equipamentos e películas de raio-X para fins médicos e industriais, produtos audiovisuais, microfilmes, etc. Em 1975, a Kodak contava com uma participação de exatamente 38% no mercado

---

* Neste país, as restrições antitruste em geral limitam a participação no mercado. Por essa razão, os recursos de produtividade inferior podem muito bem permanecer no mercado, apesar do excesso de capacidade dos recursos superiores com um único emprego.

** Ver "Polaroid-Kodak", HBS case # 376-266

dos EUA para produtos fotográficos destinados a amadores. Nesse sentido, seus recursos eram "escassos" em relação à demanda total para seu emprego acima de todas as aplicações, apesar do excesso de capacidade relativo a mercados particulares.

Uma segunda questão que carece de maior atenção é porque as empresas não se expandem mais integralmente nos mercados iniciais antes de ingressar em outros mercados. Pode ser que o modelo competitivo não seja adequado para caracterizar os mercados de produtos. Ou pode ser que, em geral, tanto os recursos quanto as condições de mercado possam ser melhor representadas em um modelo dinâmico, em uma mudança crescente ao longo do tempo (Montgomery e Hariharan, 1991).

Montgomery e Wernerfelt (1989) adotam um sistema referencial que caracteriza os recursos segundo sua "especificidade" ou seu âmbito de aplicação. A diversificação é vista como resultado da combinação dos recursos de uma empresa com o conjunto das oportunidades de mercado. Essas duas condições determinam tanto a série de opções estratégicas quanto a lucratividade empresarial. O alto nível de especialização específica em, por exemplo, tecnologia e vidros, restringiria a possibilidade de uma empresa diversificar muito fora do campo, com base em tal recurso. E, como os recursos mais especializados também tendem a uma relativa escassez, o modelo profetizaria maiores rendas para aqueles que realizassem diversificações de âmbito mais restrito.

Já as empresas dotadas de recursos generalizáveis podem encarar uma série de oportunidades bem mais amplas. Então, uma empresa especializada na redução de custos, por exemplo, com essa especialização personificada em uma equipe de gestores e rotinas empresariais específicas, poderia empreender uma diversificação bastante ampla. Mas seria de se esperar uma menor rentabilidade; já o suprimento dessas habilidades poderia ser maior. Isso não implica a inexistência de um valor de escassez aplicado a tais recursos, mas só que a escassez desses recursos é relativamente menor do que os recursos mais especializados. O que importa é que os recursos gerenciais heterogêneos sejam heterogêneos, e que os gestores em posições mais altas não detenham perfeita mobilidade.

Embora os autores assim não o formulem, o modelo também implica um ótimo grau de diversificação. Como a rentabilidade diminui com a soma de um novo mercado, devido à perda de eficiência dos recursos, a diversificação cessa quando as rendas chegam a zero, com a agregação do último mercado. Ver apresentação da Figura 6.4.

Dosi, Teece e Winter (1990) abordam a questão do nível de relação entre os produtos de uma empresa – aquilo que eles denominam "coerência" na atividade empresarial. Os autores recorrem a conceitos da economia organizacional para explicar a ligação entre a competência empresarial específica e o nível de coerência entre suas partes. De acordo com essa teo-

## CAPÍTULO 6 Os pilares das vantagens competitivas

```
Renda
     │
     │
     │╲
     │ ╲
     │  ╲
     │   ╲
   0 │____╲____
              D*
          Diversificação
```

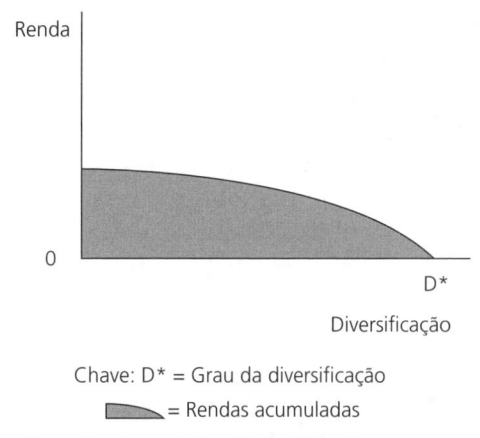

Chave: D* = Grau da diversificação
▬ = Rendas acumuladas

**FIGURA 6.4** Determinando o grau de diversificação.

ria, as variações na velocidade de aprendizado, a amplitude das trajetórias organizacionais, o grau de especialização dos ativos e o tipo de ambiente seletivo explicam a natureza e o escopo empresarial. Esse trabalho, embora preliminar, parece estabelecer um início muito promissor. Além disso, salienta o rico emprego que pode ser feito da economia evolucionária, em especial no sentido de explicar fenômenos de grande interesse para os pesquisadores que optam pela visão estratégica baseada em recursos.

Como esses exemplos demonstram, é óbvio que a teoria baseada em recursos tem poder e implicações para muitas questões importantes relacionadas ao âmbito corporativo. Trata-se de uma teoria unificadora que permite enxergar tanto a diversificação inter-relacionada quanto a não inter-relacionada por meio da mesma lente. Ela aborda o grau e também o tipo de diversificação. Ela supera outras teorias sobre a competição ao explicar simultaneamente as diferenças de rentabilidade observadas nas empresas e ao dar uma explicação do porquê de todas as empresas não buscarem e não conseguirem buscar estratégias que, no agregado, ofereçam um maior retorno. Em vez disso, percebe-se que as empresas adotam estratégias que seus recursos consigam suportar. Assim como todos os recursos que dão suporte às estratégias empresariais individuais não possuem igual potencial gerador de lucros, tampouco possuem os recursos que dão suporte às várias estratégicas diversificadoras. Para a empresa individual, esteja ela em uma única linha de negócios ou amplamente diversificada, o mais crucial é empregar os recursos de que dispõe para o maior propósito que eles possam suportar.

Em suma, essa teoria emergente demonstra-se como um paradigma capaz de elucidar e de integrar as pesquisas em todas as áreas estratégicas. Apesar da necessidade de um maior número de trabalhos, ela já provou ser em si uma ferramenta robusta e integradora. Ela traz fortes implicações para a estratégia da empresa individual, para a estratégia corporativa, para os teóricos e também para os praticantes. Também tem importância o fato de ela ser a única teoria de âmbito corporativo capaz de explicar a cadeia diversificadora, com toda a sua riqueza, e diferenciá-la de outras teorias relacionadas, mas restritas às formas conglomeradas. Essa é a marca essencial de uma forte teoria sobre a diversificação (Teece, 1982). É uma área que ainda não foi objeto de muitas pesquisas, mas que já demonstrou ser frutífera e que merece receber esforços concentrados da comunidade de estudiosos.

## Agradecimentos

Gostaria de agradecer a Connie Helfat, Yair Aharoni, Kurt Christensen, Joe Mahoney e Ruth Raubitschek por seus úteis comentários. Raffi Amit, Jay Barney, Anne Huff, Bruce Kogut, Cynthia Montgomery e Birger Wernerfelt fizeram uma crítica construtiva de uma versão anterior deste artigo. Sou grato a David Besanko e Jeff Williams por seu encorajamento e apoio. Meus devidos agradecimentos também aos editores e revisores da SMJ. Os erros que porventura ainda existam são meus.

## 6.4 REFERÊNCIAS

Amit, R. and P. J. Schoemaker. (1993). 'Strategic assets and organizational rent', Strategic Management Journal, **14**, p. 33-46.

Andrews, K. R. (1971). The Concept of Corporate Strategy, Irwin, Homewood, IL.

Bain, J. (1956). Barriers to New Competition, Harvard University Press, Cambridge, MA.

Barney, J. B. (1986). 'Strategic factor markets: Expectations, luck and business strategy', Management Science, **42,** p 1231-1241.

Barney, J. B. (1988). 'Returns to bidding firms in mergers and acquisitions: Reconsidering the relatedness hypothesis', Strategic Management Journal, **9**, p. 71-78.

Barney, J. B. (1989). 'Asset stocks and sustained competitive advantage: A comment', Management Science, **35**, p. 1511-1513.

Barney, J. B. (1991). 'Firm resources and sustained competitive advantage', Journal of Management, **17**, p. 99-120.

Bator, F. (1958). 'The anatomy of market failure', Quarterly Journal of Economics, p. 351-379.

Castanias, R. and C. Helfat (1991). 'Managerial resources and rents', Journal of Management, **17**, p. 155-171.

Caves, R. E. (1980). 'Industrial organization, corporate strategy and structure', Journal of Economic Literature, **18**, p. 64-92.

Caves, R. E. and M. Porter. (1977). 'From entry barriers to mobility barriers: Conjectural decisions and contrived deterrence to new competition', Quarterly Journal of Economics, **91**, p. 241-262.

Chatterjee, S. and B. Wernerfelt. (1991). 'The link between resources and type of diversification: Theory and evidence', Strategic Management Journal, **12**, p. 33-48.

Connor, K. (1991). 'A historical comparison of resource-based theory and five schools of thought within industrial organization economics: Do we have a new theory of the firm?', Journal of Management, **17**, p. 121-154.

Dierickx, I. and K. Cool. (1989). 'Asset stock accumulation and sustainability of competitive advantage', Management Science, **35**, p. 1504-1511.

Dosi, G., D. Teece, and S. Winter. (1990). 'Toward a theory of corporate coherence: Preliminary remarks', Working paper.

Ghemawat, P. (Sept-Oct 1986). 'Sustainable advantage', Harvard Business Review, p. 53-58.

Hansen, G. and B. Wernerfelt, (1989). 'Determinants of firm performance: The relative importance of economic and organizational factors', Strategic Management Journal, **10**, p. 399-411.

Klein, B., R. Crawford, and A. Alchian. (1978). 'Vertical integration, appropriable rents, and the competitive contracting process', Journal of Law and Economics, **21**, p. 297-326.

Lieberman, M. and D. Montgomery. (1988). 'First mover advantage', Strategic Management Journal, **9**, Special issue, p. 41-58.

Lippman, S. A. and R. P. Rumelt. (1982). 'Uncertain imitability: An analysis of interfirm differences in efficiency under competition', The Bell Journal of Economics, **13**, p. 418-438.

Mahoney, J. and J. R. Pandian. (1992). 'The resource-based view within the conversation of strategic management', Strategic Management Journal, **13**, p. 363-380.

Meade, J. (1952). 'External economies and diseconomies in a competitive situation', Economic Journal, p. 56-67.

Montgomery, C. A. and S. Hariharan. (1991). 'Diversified expansion by large established firms', Journal of Economic Behavior, p. 71-89.

Montgomery, C. A. and B. Wernerfelt. (1988). 'Diversification, Ricardian rents, and Tobin's q', Rand Journal, p. 623-632.

Mueller, D. (1986). Profits in the Long Run. Cambridge University Press, Cambridge, MA.

Nelson, R. (1991). 'Why do firms differ and how does it matter', Strategic Management Journal, **12**, p. 61-74.

Nelson, R. R. and S. G. Winter. (1982). *An Evolutionary Theory of Economic Change*. Belknap Press, Cambridge, MA.

Penrose, E. T. (1959). *The Theory of Growth of the Firm*, Basil Blackwell, London.

Porter, M. E. (1980). *Competitive Strategy: Techniques for Analyzing Industries and Competitors*, The Free Press, New York.

Prahalad, C. K. and G. Hamel. (May-June 1990). 'The core competence of the corporation', *Harvard Business Review*, p. 79-91.

Ricardo, D. (1965, Original 1817). *The Principles of Political Economy and Taxation*. Reprinted, J. M. Dent and Son. London.

Rumelt, R. P. (1984). 'Toward a strategic theory of the firm'. In R. Lamb (ed.), *Competitive Strategic Management*, Prentice Hall, Englewood Cliffs, NJ, p. 556-570

Rumelt, R. P. (1987). 'Theory, strategy, and entrepreneurship'. In D. Teece, (ed.), *The Competitive Challenge*. Ballinger, Cambridge, MA, p. 137-158.

Rumelt, R. P. (1991). 'How much does industry matter?', *Strategic Management Journal*, 12, p. 167-186

Schmalensee, R. (1978). 'Entry deterrence in the ready-to-eat breakfast cereal industry', *Bell Journal of Economics*, 9, p. 305-327.

Schmalensee, R. (1985). 'Do markets differ much?', *The American Economic Review*, 75, p. 341-350.

Teece, D. J. (1980). 'Economies of scope and the scope of the enterprise', *Journal of Economic Behavior and Organization,* I, p. 223-247.

Teece, D. J. (1982). 'Toward an economic theory of the multiproduct firm', *Journal of Economic Behavior and Organization,* 3, p. 39-63.

Teece, D. J. (1986). 'Firm boundaries, technological innovation, and strategic management'. In L. G. p. 167-186.

Thomas, 111. (ed.), *The Economics of Strategic Planning,* Lexington, Lexington, MA, p. 187-199.

Teece, D. (1990). 'Contributions and impediments of economic analysis to the study of strategic management'. In J. W. Frednckson (ed.), *Perspectives on Strategic Management,* Harper Business, New York. p. 39-80.

Thompson, A. A. and A. J. Strickland. (1990). *Strategic Management: Concepts and Cases,* Irwin, Homewood, IL.

Wernerfelt, B. (1984). 'A resource based view of the firm', *Strategic ManagementJournal,* 5, p. 171-180.

Wernerfelt, B. (1989). 'From critical resources to corporate strategy', *Journal of General Management,* 14, p. 4-12.

Wernerfelt, B. and C. A. Montgomery. (1986). 'What is an attractive industry?', *Management Science,* 32, p. 1223-1229.

Wernerfelt, B. and C. A. Montgomery. (1988). 'Tobin's q and the importance of focus in firm performance', *American Economic Review,* 78, p. 246-250.

Williamson, 0. (1975). *Markets and Hierarchies.* Free Press, New York.

Williamson, 0. E. (1979). 'Transaction-cost economics: The governance of contractual relations', *Journal of Law and Economics,* 22, p. 233-261.

Williamson, 0. E. (1985). *The Economic Institutions of Capitalism.* Free Press, New York.

Williams, J. (1992). 'Strategy and the search for rents: The evolution of diversity among firms,' Working Paper, Carnegie Mellon University.

Yao, D. (1988). 'Beyond the reach of the invisible hand: Impediments to economic activity, market failures, and profitability, *Strategic Management Journal,* 9, p. 59-70.

# II

A sequência de trabalhos avança a partir da Visão Baseada em Recursos. Objetivamente, nesta seção procura-se discutir as capacitações em termos de sua dinâmica nas organizações. São textos importantes para pesquisadores, mestrandos, doutorandos e alunos de graduação.

# 7
# Capacidades dinâmicas e gestão estratégica*

| David J. Teece | Gary Pisano | Amy Shuen |
|---|---|---|
| Haas School of Business, University of California, Berkeley, California | Graduate School of Business Administration, Harvard University, Boston, Massachusetts | School of Business, San Jose State University, San Jose, California |

A abordagem das capacidades dinâmicas analisa as fontes e os métodos de criação e apropriação de riqueza pelas empresas privadas operando em ambientes de rápida mudança tecnológica. A vantagem competitiva da empresa é vista como o resultado dos processos distintivos (maneiras de coordenar e combinar) moldados pelas posições (específicas) que ela alcança (como, por exemplo, o conjunto de ativos complementares e de conhecimento que são difíceis de negociar) e a trajetória evolutiva que a empresa adota ou segue. A importância dessa trajetória organizacional (*path dependence*) é ampliada em situações onde condições de retornos crescentes existem. Se e como a vantagem competitiva da empresa pode ser diminuída depende da estabilidade do mercado, da facilidade de replicação (expansão interna) e da condição de imitação (replicação pelos competidores). Se correto, o modelo sugere que criação de riqueza em regimes de alta mudança tecnológica depende em grande medida da capacidade tecnológica, organizacional e de processos gerenciais da empresa. Em resumo, identificar novas oportunidades e organizar-se efetivamente e eficazmente para conquistar tais oportunidades são pontos mais fundamentais para a criação de riqueza do que ficar fazendo estratégia, caso fazer estratégia signifique engajar-se em condutas empresariais para manter os competidores em situações difíceis, aumentar os custos dos rivais e excluir novos entrantes.

## 7.1 INTRODUÇÃO

A questão fundamental na área de estratégia é como as empresas alcançam e mantêm vantagem competitiva**. Nós abordamos essa questão por meio do desenvolvimento de uma abordagem sobre as capacidades dinâmicas,

---

* Artigo originalmente publicado sob o título *Dynamic Capabilities and Strategic Management*, no Strategic Management Journal, v.18, n.7, p.509-533, 1997.

** Ver Rumelt, Schendel e Teece (1994) para uma revisão sobre as questões fundamentais na área de estratégia.

que se propõe a analisar as fontes de criação e retenção de valor pelas empresas. O desenvolvimento dessa abordagem deriva do reconhecimento de um dos autores de que a teoria em estratégia é repleta de análises sobre as estratégias utilizadas pelas empresas para sustentar e proteger suas vantagens competitivas. Porém, essa mesma teoria tem sido menos desenvolvida no que diz respeito a proporcionar um entendimento de como e por que algumas empresas criam vantagem competitiva em ambientes em que a velocidade da mudança é muito intensa. Nossa abordagem é especialmente relevante em um mundo schumpeteriano em que a competição é baseada na inovação, na rivalidade entre preço/desempenho, nos retornos crescentes e na "criação destrutiva" das competências que as empresas possuem. A abordagem pretende explicar o sucesso e o fracasso das empresas. Nós estamos interessados em construir uma melhor teoria sobre o desempenho das empresas, assim como uma melhor prática gerencial.

Para posicionar nossa análise de uma maneira que evidencie semelhanças e diferenças com relação a outras abordagens existentes, nós começamos revisando brevemente os modelos de gerenciamento da estratégia atualmente aceitos. Pretendemos expor pressupostos implícitos e identificar circunstâncias competitivas de forma que cada paradigma mostre algumas vantagens como uma teoria normativa e descritiva. Enquanto que muitas teorias sobre as fontes de vantagem competitiva têm sido desenvolvidas nas últimas duas décadas, muitas delas têm se desenvolvido em torno de poucos paradigmas ou modelos fracamente estruturados. Nesse artigo, nós tentamos identificar três paradigmas existentes e descrever aspectos de um novo paradigma que nós rotulamos de capacidades dinâmicas.

O paradigma dominante na área durante os anos 1980 foi a abordagem das forças competitivas desenvolvido por Porter (1980). Esse modelo, cuja origem encontra-se no paradigma da organização industrial denominado estrutura-conduta-performance (Mason, 1949; Bain, 1959), enfatiza as ações que uma empresa pode tomar para criar posições defensivas contra as forças competitivas. Uma segunda abordagem, denominada conflito estratégico (Shapiro, 1989), é muito relacionada com a primeira, pois tem seu foco nas imperfeições de mercado, no protecionismo e prevenção da entrada de concorrentes no mercado e na interação estratégica. A abordagem do conflito estratégico utiliza ferramentas da teoria dos jogos e, portanto, entende implicitamente que os resultados competitivos são uma função da efetividade com que as empresas mantêm seus rivais em desequilíbrio devido a investimentos estratégicos, estratégias de preço, sinalização e controle de informação. As duas abordagens parecem compartilhar a ideia de que os lucros das empresas são resultado de suas posições mercadológicas.

Outra classe de abordagens enfatiza a criação de vantagem competitiva por meio da apropriação dos lucros empresariais resultantes das vantagens no nível de eficiência da empresa. Essas abordagens têm origem em uma antiga discussão das forças e fraquezas corporativas e ganharam vida novamente à medida que evidências sugerem que as empresas constróem vantagens apenas por meio da eficiência e eficácia e à medida que a economia organizacional e o estudo das mudanças tecnológicas e organizacionais começaram a ser aplicadas às questões estratégicas. Uma linha dessa literatura, frequentemente denominada de "perspectiva baseada em recursos", enfatiza os ativos e capacidades específicas da empresa e a existência de mecanismos protecionistas como os fatores fundamentais que determinam o desempenho da empresa (Penrose, 1959; Rumelt, 1984; Teece, 1984; Wernerfelt, 1984)*. Essa perspectiva reconhece mas não tenta explicar a natureza desse mecanismos protecionistas que permitem que os lucros empresariais e a vantagem competitiva sejam sustentados.

Outro componente da abordagem baseada na eficiência é desenvolvido nesse artigo. Esforços rudimentares são feitos para identificar as dimensões das capacidades específicas da empresa que podem ser fontes de vantagem competitiva e para explicar como a combinação de competências e recursos podem ser desenvolvidos, utilizados e protegidos. Nós chamamos essa abordagem de "capacidades dinâmicas" com o objetivo de destacar a exploração das competências internas e externas da empresa para enfrentar um ambiente em mudança. Elementos dessa abordagem podem ser encontrados no trabalho de Schumpeter (1943), Penrose (1959), Nelson e Winter (1982), Prahalad e Hamel (1990), Teece (1976, 1986a, 1986b, 1988) e em Hayes, Wheelwright e Clark (1988): em função de a abordagem enfatizar o desenvolvimento de capacidades gerenciais e combinação de habilidade organizacionais, funcionais e tecnológicas difíceis de serem imitadas, ela integra e fundamenta-se em pesquisas desenvolvidas em áreas como gerência de pesquisa e desenvolvimento, desenvolvimento de produtos e processos, transferência de tecnologia, propriedade intelectual, produção, recursos humanos e aprendizado organizacional. Como essas áreas de pesquisa são frequentemente vistas como posicionadas além das fronteiras tradicionais em estratégia, muitas delas ainda não foram incorporadas nas abordagens econômicas utilizadas para entender as questões estratégicas.

---

* Desses autores, Rumelt talvez tenha sido o primeiro a aplicar, de forma auto-consciente, a perspectiva baseada em recursos na área de estratégia. Rumelt (1984: 561) argumenta que a estratégia da empresa "é caracterizada por um conjunto de recursos idiossincráticos ligados uns aos outros e por atividades de conversão de recursos". Da mesma maneira, Teece (1984: 95) cita: "Empresas bem-sucedidas possuem uma ou mais formas de ativos intangíveis, tal como conhecimento tecnológico ou gerencial. Com o passar do tempo, esses ativos podem expandir-se para além do ponto de reinvestimento lucrativo no mercado tradicional em que a empresa se encontra. Dessa maneira, a empresa pode considerar a utilização de seus ativos intangíveis em diferentes produtos ou mercados geográficos, onde os retornos esperados são maiores, se existirem maneiras eficientes de transferência". Wernerfelt (1984) foi um dos primeiros a reconhecer que essa abordagem era diferente das abordagens voltadas para produtos e mercados e que ela poderia constituir um paradigma de estratégia distinto.

Nós sugerimos que a abordagem das capacidades dinâmicas é promissora tanto como potencial para futuras pesquisas como auxílio às pretensões gerenciais de ganhar vantagem competitiva em ambientes cada vez mais concorridos. Para ilustrar os elementos essenciais da abordagem das capacidades dinâmicas, as seções que seguem comparam e contrastam essa abordagem com outros modelos de estratégia. Cada seção destaca *insights* estratégicos proporcionados por cada abordagem e também destaca as diferentes circunstâncias competitivas em que eles são mais apropriados. É desnecessário comentar que essas abordagens são, de várias formas, complementares, e um completo entendimento da vantagem competitiva no nível da empresa requer uma apreciação que vai além das quatro abordagens tratadas.

## 7.2 MODELOS DE ESTRATÉGIA QUE ENFATIZAM A EXPLORAÇÃO DO PODER DE MERCADO

### As forças competitivas

O paradigma dominante em estratégia durante os anos 80 foi a abordagem das forças competitivas. Criada por Porter (1980), essa abordagem vê a essência da formulação da estratégia competitiva como "relacionando a empresa com seu ambiente...[O] aspecto principal no que se refere ao ambiente competitivo é o setor ou os setores em que a empresa atua". A estrutura do setor influencia fortemente as regras do jogo competitivo e as estratégias potencialmente disponíveis para as empresas.

Esse modelo das "cinco forças" proporciona um jeito sistemático de pensar como as forças competitivas operam no nível de setor e como essas forças determinam a lucratividade de diferentes setores em diferentes segmentos. O modelo das forças competitivas também contém uma série de pressupostos sobre as fontes de competição e a natureza do processo estratégico. Para facilitar a comparação com outras abordagens, nós destacamos algumas características distintas desse modelo.

No modelo das forças competitivas, os lucros econômicos são derivados dos lucros monopolistas (Teece, 1984). Empresas em um setor obtêm lucros quando elas são, de alguma forma, capazes de impedir as forças competitivas (tanto em fatores de mercado como fatores de produto), que tendem a reduzir a zero os retornos econômicos. Porter (1980) descreve algumas estratégias disponíveis para lidar com essas forças competitivas. Estratégias competitivas são frequentemente empregadas para alterar a posição da empresa em relação aos seus competidores e fornecedores no setor onde atuam. A estrutura do setor tem um papel central na determinação e limitação das ações estratégicas.

Alguns setores ou subsetores se tornam mais "atrativos" porque têm barreiras estruturais para as forças competitivas (por exemplo, barreiras de entrada) que permitem às empresas criar e sustentar suas vantagens competitivas. Grande parte dos lucros é criado no nível do setor ou do subsetor em vez de ser criado no nível da empresa. Enquanto que existe algum reconhecimento em relação aos ativos específicos da empresa, diferenças entre empresas devem-se primariamente à escala. Essas abordagens em relação à estratégia têm amadurecido dentro da área de organização industrial e, em particular, na escola da estrutura industrial de Mason e Bain* (Teece, 1984).

## Conflito estratégico

A publicação do artigo de Carl Shapiro em 1989, confidencialmente intitulado "The Theory of Business Strategy", anunciou a emergência de uma nova abordagem para a estratégia de negócios, se não para o gerenciamento estratégico de forma geral. Essas abordagens utilizam ferramentas e conceitos da teoria dos jogos para analisar a natureza da interação competitiva entre empresas rivais.

O propósito principal dos trabalhos nessa tradição é revelar como uma empresa pode influenciar o comportamento e as ações de empresas rivais e, portanto, o ambiente competitivo**. Exemplos desses movimentos são investimento em capacidade (Dixit, 1980), pesquisa e desenvolvimento (Gilbert e Newberry, 1982) e propaganda (Scmalensee, 1983). Para serem efetivos, tais movimentos estratégicos requerem um comprometimento irreversível por parte da empresa***.

Essa literatura, junto com a literatura em contestabilidade (Baumol, Panzar, e Willig, 1982), tem conduzido a uma grande apreciação do papel dos custos irrecuperáveis (*sunk costs*), em oposição aos custos fixos, na determinação dos resultados decorrentes da competição. Movimentos e ações estratégicas de sinalização também podem ser elaborados para influenciar o comportamento dos rivais. Sinalização estratégica tem sido

---

* Em ambientes competitivos caracterizados por mobilidade e barreiras estruturais sustentadas e estáveis, tais forças podem se tornar determinantes da lucratividade do setor. Entretanto, determinar a vantagem competitiva em um ambiente de rápida mudança tecnológica é mais complexo, especialmente porque ativos específicos de propriedade de diferentes empresas podem assumir um papel fundamental em explicar os lucros adquiridos pelas empresas no setor.

** O ambiente competitivo é todos fatores que influenciam os resultados do mercado (preços, quantidades, lucros), incluindo as crenças dos consumidores e dos rivais, o número de tecnologias potencialmente empregadas e os custos ou velocidade com que um rival pode entrar na indústria.

*** Ver Ghemawat (1991) para uma excelente discussão sobre comprometimento competitivo em múltiplos contextos.

examinada em uma série de contextos, incluindo preço predatório (Kreps e Wilson, 1982a, 1982b) e preço limite (Milgrom e Roberts, 1982a, 1982b). Análises mais recentes têm enfatizado o papel do comprometimento e da reputação (por exemplo, Ghemawat, 1991) e os benefícios que as empresas alcançam por perseguir competição e cooperação simultaneamente * (Brandenbuerger e Nalebuff, 1995, 1996).

Em muitos casos, a teoria dos jogos formaliza antigos argumentos intuitivos sobre vários tipos de comportamento empresarial (preço predatório ou corrida por patentes), apesar de, em outros casos, ela ter induzido a uma mudança substancial na sabedoria tradicional. Mas, ao racionalizar o comportamento observado na prática para jogos devidamente planejados, esses modelos acabam por explicar tudo, mas também não explicam nada, assim como não geram predições que possam ser testadas (Sutton, 1992). Muitos modelos de jogos teóricos admitem múltiplos equilíbrios, e existe uma ampla variedade de escolhas em relação ao *design* mais apropriado para o jogo. Infelizmente, os resultados frequentemente dependem da especificação das escolhas feitas. Em modelos de comportamento estratégico, o equilíbrio depende crucialmente do que um rival acredita que outro rival fará em uma situação específica. Logo, as características qualitativas dos resultados podem depender de como a competição em preço é modelada (por exemplo, Bertrand e Cournot) ou da presença ou ausência de estratégias assimétricas, tais como as vantagens de ser o primeiro a tomar uma ação. A análise dos movimentos estratégicos usando teoria dos jogos pode ser visto como "dinâmica" no sentido de que múltiplos períodos podem ser avaliados tanto intuitivamente como formalmente. Entretanto, neste artigo, nós usamos o termo "dinâmico" com outra conotação, referindo-se a situações onde existe rápida mudança em tecnologia e em forças de mercado e referindo-se ao retorno que a empresa recebe das ações e movimentos que toma **.

Nós temos uma opinião particular a respeito do contexto em que a literatura em conflito estratégico é relevante para o gerenciamento da estratégia. Empresas com uma grande vantagem em custo ou qualquer outra vantagem competitiva em relação aos seus rivais não devem ser ultrapassadas pelos movimentos e contramovimentos dos seus rivais. Suas riquezas competitivas variarão mais em função das condições totais da demanda do que em função da utilização e reutilização de ativos competitivos pelos competidores. Em outras palavras, quando as vantagens competitivas entre as empresas são muito assimétricas, os resultados das análises da teoria dos jogos tendem a ser óbvios demais e desinteressantes. O competidor

---

\* Competição e cooperação também têm sido analisadas fora dessa tradição. Ver, por exemplo, Teece (1982) e Link, Teece e Finan (1996).

\*\* Ambas abordagens são dinâmicas, mas em sentidos diferentes.

mais forte geralmente avançará, mesmo que em certa desvantagem devido à assimetria de informação. Para ter certeza, as empresas consideradas incumbentes podem ser desfeitas pelos entrantes com uma dramática vantagem competitiva, mas nenhum "jogo" superará esse resultado. Por outro lado, se as posições competitivas entre as empresas são mais equilibradas, como, por exemplo, no caso da Coca-Cola e da Pepsi, e da United Airlines e da American Airlines, então o conflito estratégico pode gerar soluções interessantes. É desnecessário falar que existem muitas circunstâncias em que o conflito estratégico é aplicável, mas essas circunstâncias são raras em indústrias marcadas por rápida mudança tecnológica e por rápidas mudanças nas condições de mercado.

Em resumo, em situações nas quais os competidores não têm profundas vantagens competitivas, os movimentos e contramovimentos podem ser frequentemente formulados em termos da teoria dos jogos. Entretanto, nós duvidamos que a teoria dos jogos possa exaustivamente predizer como a Chrysler deve competir contra a Toyota e contra a Honda, ou como a United Airlines pode responder às ações da Southwest Airlines, uma vez que as vantagens da Southwest são baseadas em atributos organizacionais que a United não pode rapidamente replicar*. Na verdade, o lado empreendedor da estratégia – o quão significativo novas fontes de lucros são criadas e protegidas – é grandemente ignorada pela abordagem da teoria dos jogos**. De acordo com esse ponto de vista, nós achamos que a abordagem, ainda que importante, é mais relevante quando competidores são muito parecidos*** e a população de competidores relevantes e a identidade de suas alternativas estratégicas podem ser facilmente determinadas. Logo, junto com outras abordagens, a teoria dos jogos pode gerar *insights* poderosos.

Entretanto, essa pesquisa tem uma orientação semelhante à nossa no que se refere à maneira implícita de abordar as questões estratégicas. Sob a perspectiva da teoria dos jogos, os lucros são, em última instância, o resultado da habilidade intelectual que os gerentes têm para "jogar o jogo". A máxima do estrategista dentro dessa abordagem é "faça para os outros,

---

\* Portanto, nem no setor de transporte aéreo as formulações derivadas da teoria dos jogos conseguem capturar todas as dimensões relevantes da rivalidade competitiva. As dificuldades da United Airlines e da United Express em competir com a Southwest Airlines se devem à falta de habilidade da United em replicar as capacidades operacionais da Southwest, como documentado por Gittel (1995).

\*\* Exceções importantes estão no trabalho de Bradenburger e Nalebuff (1996), que enfatiza os complementos. Entretanto, esses *insights* não se originam unicamente da teoria dos jogos e podem ser encontrados na literatura em economia organizacional (por exemplo, Teece, 1986a, 1986b; de Figueiredo e Teece, 1986).

\*\*\* Quando os competidores, de uma forma agregada, são muito parecidos, eles podem mostrar algumas diferenças que os teóricos dos jogos podem analisar.

antes que façam para você". O que nos preocupa é que a fascinação com os movimentos estratégicos e truques maquiavélicos irão distrair os gerentes de construção das fontes mais sólidas de vantagem competitiva. Infelizmente, a abordagem ignora a competição como um processo que envolve desenvolvimento, acumulação, combinação e proteção de habilidades e capacidades únicas. Uma vez que as interações estratégicas são o foco de atenção, a impressão que se tem dessa literatura é que o sucesso de uma empresa é resultado de suas jogadas, quando geralmente não é esse o caso*.

A seguir, nós sugerimos que o desenvolvimento de uma visão dinâmica dos negócios empresariais – algo que falta nas duas abordagens identificadas até agora – aumenta a probabilidade de estabelecer uma teoria descritiva em estratégica que seja aceitável e que possa ajudar gerentes na construção de uma flexibilidade competitiva de longo-prazo. Abaixo, nós primeiro discutimos a perspectiva baseada em recursos e, então, estendemos essa perspectiva para o que nós chamamos de abordagem das capacidades dinâmicas.

## 7.3 MODELOS DE ESTRATÉGIA ENFATIZANDO A EFICIÊNCIA

### Perspectiva baseada em recursos

A abordagem baseada em recursos vê empresas de sistemas e estruturas superiores como lucrativas, não porque elas se comprometem em investimentos estratégicos para deter a entrada de competidores e aumentar os preços acima dos custos de longo prazo, mas porque elas têm custos menores ou porque oferecem produtos com melhor qualidade ou desempenho. Essa abordagem se foca nos lucros crescentes daquelas empresas que possuem recursos específicos escassos, em vez de focar nos lucros econômicos resultantes de posições de produtos e mercados**. As vantagens competitivas encontram-se "acima" de produtos e mercados – mais precisamente, elas se encontram nos recursos idiossincráticos e difíceis de serem imitados***.

---

* A literatura em conflito estratégico também tende a focar os gerentes em posições de produto e mercado em vez de focar no desenvolvimento de ativos únicos que tornam possíveis posições de produto e mercado superiores.

** Na linguagem de economia, os lucros originam-se de ativos específicos da empresa que não podem ser prontamente replicados, em vez de originarem-se de táticas para deter e manter competidores em situação de desequilíbrio. Em resumo, lucros são lucros ricardianos.

*** Teece (1982: 46) vê a empresa como tendo "uma variedade de produtos finais que podem ser produzidos com sua tecnologia organizacional".

É possível encontrar a abordagem baseada em recursos na literatura pré-analítica em estratégia. Um texto pioneiro na década de 1960 (Learned et al., 1969) fala que "a capacidade de uma organização é sua habilidade potencial de resolver situações circunstanciais ou da competição, seja lá quais forem. Toda organização tem forças e fraquezas reais e potencias. É importante tentar determinar quais são elas e distinguir uma da outra". Portanto, o que uma empresa pode fazer não é uma função apenas das oportunidades que tem: o que ela pode fazer depende também dos recursos que ela desenvolve.

Para Learned et al., a habilidade para criar uma "competência realmente distintiva" é o fator principal para o sucesso de uma empresa, ou mesmo para o seu futuro desenvolvimento\*. Essa literatura também reconhece as restrições no comportamento da empresa e, em particular, destaca que não se deve assumir que o gerenciamento "pode ascender em qualquer ocasião". Esses *insights* parecem antecipar fortemente a abordagem baseada em recursos que surgiu e evolui desde então, mas eles não proporcionam uma teoria ou modelo sistemático para analisar estratégias de negócios. Na verdade, Andrews (1987: 46) argumenta que "muito do que é intuitivo ainda está para ser identificado". Infelizmente, a literatura acadêmica focada nas capacidades das empresas evoluiu muito lentamente nas décadas de 70 e de 80.

Recentes avanços teóricos em estratégia e econômica organizacional deram um novo impulso à perspectiva baseada em recursos. Além disso, a crescente literatura empírica e informal\*\* que destaca a importância dos fatores específicos de cada empresa como as razões para seu desempenho também ajudou a impulsionar o desenvolvimento dessa perspectiva. Cool e Schendel (1988) mostram que existem diferenças sistemáticas e significativas no desempenho entre as empresas que pertencem ao mesmo grupo estratégico dentro do setor farmacêutico dos Estados Unidos. Rumelt (1991) mostra que as diferenças de lucro dentro de um setor são maiores do que as diferenças de lucros entre setor, sugerindo fortemente a importância dos fatores específicos de cada empresa para a lucratividade e também que os efeitos do setor não são importantes para determinar a lucratividade\*\*\*. Jacobsen (1988) e Hansen e Wernerfelt (1989) encontraram resultados semelhantes.

---

\* Em outro trabalho, Andrews (1987: 47) define a competência distintiva como aquilo que uma empresa consegue fazer particularmente bem feito.

\*\* Estudos no setor automobilístico, assim como em outros setores, apresentaram as diferenças entre as organizações que frequentemente determinam as diferenças entre empresas. Ver, por exemplo, Womack, Jones e Roos, 1991; Hayes e Clark, 1985; Barney, Spender e Reve, 1994; Clark e Fujimoto, 1991; Henderson e Cockburn, 1994; Nelson, 1991; Levinthal e Myatt, 1994.

\*\*\* Usando linhas de negócios de dados FTC, Rumelt mostrou que os efeitos estáveis do setor respondem por apenas 8% da variância dos retornos das unidades de negócio. Além disso, apenas aproximadamente 40% na dispersão dos retornos do setor são devido aos efeitos estáveis do setor.

Uma comparação entre a perspectiva baseada em recursos e a abordagem das forças competitivas (discutida anteriormente neste artigo) é reveladora no que tange as implicações para o processo estratégico. De acordo com a primeira abordagem, uma decisão de entrada em um determinado mercado se parece, resumidamente, com o seguinte: (1) escolha um setor (baseado na sua "atratividade estrutural"); (2) escolha uma estratégia de entrada baseada nas conjecturas sobre as estratégias racionais dos competidores; (3) adquira ou obtenha os ativos necessários para competir no mercado, se a empresa já não os possuí-los. Dentro dessa perspectiva, o processo de identificação e desenvolvimento dos ativos necessários para competir no mercado não é um problema. O processo envolve nada mais do que escolher racionalmente uma alternativa estratégica entre as várias precisamente definidas pela empresa. Se a empresa não possuir tais ativos, ela pode comprá-los. A perspectiva baseada em recursos é muito singular com essa conceitualização.

De acordo com a perspectiva baseada em recursos, empresas são heterogêneas no que tange seus recursos/capacidades/atributos. Além do mais, tais recursos e atributos estão "colados" na empresa: pelo menos no curto prazo, as empresas estão presas aos recursos que elas possuem e têm que conviver com os que lhes faltam*. Essa situação surge por três razões. Primeiro, o desenvolvimento da empresa é visto como um processo extremamente complexo**. Simplesmente, as empresas não têm capacidade organizacional para desenvolver novas competências rapidamente (Dierickx e Cool, 1989). Segundo, alguns ativos não estão prontos para serem negociados, como, por exemplo, o *know-how* tácito de como fazer certas atividades (Teece, 1976, 1980). Portanto, os recursos e atributos que a empresa possui não podem ser mudados e equilibrados por meio da compra de fatores do mercado. Finalmente, mesmo que um ativo possa ser comprado, as empresas podem ganhar muito pouco fazendo isso. De acordo com Barney (1986), a menos que uma empresa tenha sorte, possua informação privilegiada, ou ambos, o preço que ela paga para ter um recurso competitivo irá capitalizar totalmente os lucros advindos do ativo.

Dado que as empresas possuem um conjunto de recursos heterogêneos aos quais estão presas, a abordagem baseada em recursos vê o processo de decisão de entrada em um mercado da seguinte forma: 1) identificar os recursos distintivos que a empresa possui; 2) decidir em quais mercados esses recursos podem gerar os maiores lucros; 3) decidir se os lucros gerados por esses recursos são mais efetivamente utilizados ao a) integrar-se a

---

* Nesse sentido, essas abordagem têm muito em comum com recentes trabalhos em ecologia organizacional (por exemplo, Freemand e Boeker, 1984) e também em comprometimento (Ghemawat, 1991: 17-25).

** Desenvolvimento de capacidade, entretanto, não é realmente analisado.

mercados similares, b) vender produtos intermediários que são relevantes para empresas similares; ou c) vender os próprios recursos para uma empresa em um negócio similar (Teece, 1980, 1982).

A abordagem baseada em recursos coloca os temas sobre integração vertical e a diversificação com um novo prisma. Ambos podem ser vistos como diferentes formas de capturar os lucros gerados por ativos considerados escassos e específicos da empresa cujos retornos proporcionados por tais ativos são difíceis de vender em mercados intermediários (Penrose, 1959; Williamson, 1975; Teece, 1980, 1982, 1986a, 1986; Wernerfelt, 1984). O trabalho empírico sobre a relação entre desempenho e diversificação desenvolvido por Wernerfelt e Montgomery (1988) proporciona evidência que suporta esse argumento. É evidente que a perspectiva baseada em recursos foca nas estratégias para explorar os recursos específicos existentes na empresa.

Entretanto, a perspectiva baseada em recursos também chama atenção para as estratégias gerenciais usadas para o desenvolvimento de novas capacidades (Wernerfelt, 1984). Na verdade, se o controle sobre recursos considerados escassos é a fonte de lucros econômicos, então questões envolvendo a aquisição de habilidade, o gerenciamento do conhecimento do saber fazer – *know how* (Shuen, 1994) e o aprendizado tornam-se fundamentais para a estratégia. É nessa segunda dimensão, envolvendo a aquisição de habilidade, aprendizado e acumulação de ativos organizacionais considerados intangíveis ou "invisíveis" (Itami e Rohel, 1987), que nós acreditamos que resida o grande potencial de contribuição para a estratégia.

## A abordagem das capacidades dinâmicas: uma visão ampla

As batalhas competitivas globais travadas em segmentos de alta tecnologia, tais como semicondutores, prestação de serviços de informação e *software*, demonstram a necessidade de um paradigma mais amplo que explique como as empresas conquistam vantagens competitivas. Empresas bem conhecidas como IBM, Texas Instruments e Philips, entre outras, parecem ter seguido uma "estratégia baseada em recursos" na qual elas acumulam ativos tecnológicos valiosos, muitas vezes protegidos fortemente por meio de propriedade intelectual. Entretanto, em muitos casos, essa estratégia não é suficiente para garantir uma vantagem competitiva significativa. Os vencedores no mercado global têm sido aquelas empresas que atendem às demandas impostas pelo mercado no tempo certo, que são rápidas e flexíveis em termos de inovação e que possuam capacidade gerencial para coordenar e utilizar efetivamente competências internas e externas. Por isso, o fato de que as empresas possam acumular um grande estoque de ativos tecnológicos valiosos e, mesmo assim, não tenham capacidades consideradas úteis, como mencionado por estudiosos industriais, não é nenhuma surpresa.

Esta habilidade para alcançar novas formas de vantagem competitiva nós chamamos de "capacidades dinâmicas", de modo a enfatizar dois fatores que não foram enfatizados em abordagens estratégicas anteriores. O termo "dinâmica" refere-se à capacidade de renovar as competências para alcançar um alinhamento com o ambiente competitivo em mudança; algumas respostas inovadoras são necessárias quando o tempo de resposta às demandas do mercado é crítico, quando a taxa de mudança tecnológica é alta e quando a natureza da futura competição e dos mercados é difícil de determinar. O termo "capacidades" enfatiza o papel fundamental do gerenciamento estratégico em adaptar, integrar e reconfigurar apropriadamente as competências funcionais, as habilidades e os recursos organizacionais internos e externos de forma a atender os requisitos de uma ambiente em mudança.

Em um mundo em que prevalece a competição schumpeteriana, um aspecto do problema estratégico que a empresa inovadora enfrenta é identificar competências internas e externas que sejam difíceis de ser imitadas e que possam gerar produtos e serviços valiosos. No entanto, como defendido por Diericks e Cool (1989), as opções disponíveis para investir em diferentes áreas são centrais para a estratégia da empresa. Entretanto, as opções que envolvem o domínio das competências são influenciadas por escolhas feitas no passado. Em qualquer ponto de sua história, a empresa deve seguir certa trajetória ou caminho de desenvolvimento de competências. Esse caminho não define apenas quais opções estão disponíveis para a empresa hoje, mas também impõe limites no repertório interno de opções que tendem a estar disponíveis no futuro. Consequentemente, as empresas, em vários pontos de sua trajetória, tomam decisões quase irreversíveis de longo prazo que comprometem o domínio de suas competências*.

A ideia de que a vantagem competitiva requer tanto a exploração das capacidades internas e externas específicas da empresa como o desenvolvimento de novas capacidades é parcialmente desenvolvida por Penrose (1959), Teece (1982) e Wernerfelt (1984). Entretanto, apenas recentemente é que pesquisadores começaram a focar seus estudos nas especificidades de como algumas organizações primeiro desenvolvem capacidades específicas e como elas renovam suas competências para responder às mudanças no ambiente competitivo**. Tais questões estão intimamente ligadas aos processos de negócios da empresa, suas posições de mercado e caminhos percorridos durante seu crescimento. Recentemente, muitos pesquisadores oferecem *insights* e evidências de como as empresas podem desenvol-

---

* O problema estratégico central que a empresa enfrenta é decidir, dentro de um cenário de incerteza, quais caminhos de longo prazo ela irá comprometer-se e quando mudar esses caminhos.

** Ver, por exemplo, Iansiti e Clark (1994) e Henderson (1994).

ver suas capacidades com o objetivo de adaptar-se e mesmo capitalizar em ambientes marcados por rápidas mudanças*. A abordagem das capacidades dinâmicas busca proporcionar um modelo coerente que possa tanto integrar conceitos existentes e conhecimento empírico como facilitar prescrição. Ao fazer isso, ela se desenvolve tendo como base fundamentos teóricos proporcionados por Schumpeter (1934), Penrose (1959), Williamson (1975, 1985), Barney (1986), Nelson e Winter (1982), Teece (1988) e Teece *et al.* (1994).

## 7.4 EM DIREÇÃO A UM MODELO DE CAPACIDADES DINÂMICAS

### Terminologia

De modo a facilitar o desenvolvimento teórico e diálogo intelectual, algumas definições são desejáveis. Nós propomos o seguinte.

### Fatores de produção

São insumos "indiferenciáveis" disponíveis de forma desagregada em fatores de mercado. Indiferenciável significa que falta para esses insumos um componente que é específico da empresa. Terra, mão de obra pouco qualificada e capital são exemplos típicos. Alguns fatores podem estar disponíveis para todos, como os de conhecimento público. Adotando a linguagem de Arrow, esses recursos devem ser "não fugitivos"**. Direitos de propriedade são fatores de produção usualmente bem definidos.

### Recursos

Recursos*** são ativos específicos da empresa difíceis, se não impossíveis, de serem imitados. Alguns exemplos são os segredos de negócios e certos instalações de produção especializada e experiência em engenharia. Tais ativos são difíceis de serem transferidos entre empresas por causa dos custos de transação e de transferência e também porque podem conter conhecimento tácito.

---

* Ver, por exemplo, Hayes e *et al.* (1988), Prahalad e Hamel (1990), Dierickx e Cool (1989), Chandler (1990) e Teece (1993)

** Arrow (1996) define um recurso fugitivo como sendo aquele que pode transitar entre empresas e pessoas de forma barata.

*** Nós não gostamos do termo "recurso" e acreditamos que ele é enganoso. Preferimos usar o termo ativo específico da empresa. Aqui, usamos esse termo para tentar manter uma ligação com a literatura da abordagem baseada em recursos, que acreditamos ser importante.

## Rotinas organizacionais/competências

Quando os ativos específicos da empresa são montados em grupos integrados que envolvem indivíduos e grupos de trabalho de forma que permitam que atividades distintas possam ser desenvolvidas, essas atividades constituem rotinas e processos organizacionais. Alguns exemplos incluem qualidade, miniaturização e integração de sistemas. Tipicamente, tais competências são viáveis entre múltiplas linhas de produto e podem se entender para fora da empresa e englobar parceiros existentes em alianças.

## Compentêcias essenciais – *core competence*

Nós conceituamos as competências essenciais como aquelas que definem o negócio fundamental da empresa. Dessa forma, as competências essenciais devem ser derivadas de uma análise entre a variedade de produtos e serviços da empresa (e dos competidores)*. O valor proporcionado por uma competência essencial pode ser incrementado a partir da combinação com os ativos complementares apropriados. Uma competência essencial é distintiva à medida que uma empresa é bem sucedida em tal competência quando comparada com seus competidores e à medida que é difícil para os competidores replicarem tal competência.

## Capacidades dinâmicas

Nós definimos capacidades dinâmicas como a habilidade da empresa de integrar, construir e reconfigurar suas competências internas e externas para responder rapidamente às mudanças do ambiente competitivo. Capacidades dinâmicas, portanto, refletem a habilidade organizacional para alcançar novas e inovadoras formas de obter vantagem competitiva dado o caminho percorrido pela empresa e suas posições de mercado (Leonard-Barton, 1992).

## Produtos

Produtos finais são produtos e serviços produzidos pela empresa e que são baseados na utilização das competências que ela possui. O desempenho (preço, qualidade, etc.) dos produtos da empresa em relação aos dos concorrentes, em qualquer momento, irá depender das suas competências (que ao longo do tempo dependem de suas capacidades).

---

* Portanto, a competência central da Eastman Kodak pode ser considerada a imagem. A competência central da IBM pode ser considerada o serviço e processamento de dados, enquanto que a da Motorola são as comunicações.

## Capacidades estratégicas e de mercado

Diferentes abordagens estratégicas veem de forma diferentes as fontes de criação de riqueza e a essência do problema estratégico enfrentados pelas empresas. O modelo das forças competitivas vê o problema estratégico em termos de estrutura setorial, barreiras de entrada e posicionamento; o modelo da teoria dos jogos vê o problema estratégico como o problema de interação entre rivais com certas expectativas sobre como cada um dos competidores irá se comportar*; perspectivas baseada em recursos focam na exploração dos ativos específicos da empresa. Cada abordagem faz perguntas diferentes, embora frequentemente complementares. Um passo fundamental na construção de um modelo conceitual relacionado com as capacidades dinâmicas é identificar os fundamentos nos quais as vantagens distintivas, e difíceis de replicar, podem ser construídas, mantidas e incrementadas.

Uma maneira útil de determinar os elementos estratégicos em um negócio empresarial é primeiro identificar o que não é estratégico. Para ser estratégica, uma capacidade tem que ser útil para a necessidade de um usuário** (logo, é uma fonte de receitas), única (de forma que os produtos/serviços produzidos possam ser precificados sem muita preocupação com a competição) e difícil de replicar (portanto, os lucros não serão reduzidos em função da competição). Dessa forma, qualquer ativo ou insumo homogêneo e que possa ser comprado e vendido a um preço estabelecido não pode ser estratégico (Barney, 1996). O que há, portanto, nas empresas, que serve de base para a vantagem competitiva?

Para responder a essa questão, primeiro deve-se fazer algumas distinções entre mercados e organizações (empresas). A essência da empresa, assim como Coase (1937) relata, é que ela assume o lugar do mercado. Ela faz isso principalmente porque dentro da empresa é possível organizar certos tipos de atividades econômicas que não são possíveis no mercado. Isso não acontece apenas por causa dos custos de transações, como enfatiza Williamson (1975, 1985), mas também porque existem certos tipos de arranjos onde existem incentivos muitos poderosos (como mercado) que podem vir a destruir atividades de cooperação e aprendizado***. Dentro de uma orga-

---

\* Em sequências de jogos, cada jogador olha a frente e antecipa a jogada futura do seu oponente de forma a racionalizar antecipadamente e tomar uma ação, tal como olhar a frente e racionalizar antes.

\*\* É desnecessário falar que os usuários não precisam ser os clientes atuais da empresa. Logo, uma capacidade pode ser a base para diversificação de novos produtos e mercados.

\*\*\* Na verdade, a essência da organização interna é que ela é um domínio de incentivos pouco poderosos e de pouca influência. Pouca influência significa que as gratificações são determinadas no nível do grupo ou da organização, não no nível do indivíduo, de forma a encorajar o comportamento do time, não o do indivíduo.

nização, as trocas não podem ocorrer da mesma forma que ocorrem fora dela, não apenas porque proporcionar incentivos individuais muitos elevados pode ser destrutivo, mas porque é difícil, se não impossível, avaliar precisamente a contribuição de cada indivíduo para o esforço conjunto do grupo. Logo, ao contrário da visão de Arrow (1969) de que as empresas são estruturas semelhantes a mercados e que a tarefa dos gerentes é injetar mercados dentro das empresas, nós reconhecemos os limites inerentes e os possíveis resultados contraproducentes de tentar considerar empresas como simples grupos de mercados internos. Em particular, a transferência de aprendizado e de tecnologia interna podem ficar bem ameaçados.

Na verdade, o que se torna singular no caso das empresas é que elas organizam atividades de formas diferentes daquelas organizadas pelo mercado. Dessa forma, à medida que discutimos o que é único sobre as empresas, nós sublinhamos as competências/capacidades, que são formas de organizar e realizar as atividades de tal maneira que elas não podem ser feitas meramente por meio do sistema de preços*. A verdadeira essência da maioria das competências/capacidades é que elas não podem ser rapidamente produzidas por meio dos mercados (Teece, 1982, 1986a; Zander e Kogut, 1995). Se a habilidade de produzir competências usando mercados é o que se quer dizer quando falamos que a empresa é um nexo de contratos (Fama, 1980), então nós inequivocamente dizemos que a empresa, a qual nós teorizamos, não pode ser utilmente modelada como um nexo de contratos. Por "contrato" nos referimos a uma transação assegurada por um acordo legal ou alguma outra forma que claramente determine direitos, benefícios e responsabilidades. Além disso, a empresa enquanto nexo de contratos sugere uma série de contratos bilaterais orquestrados por um coordenador. Nossa visão da empresa é que a organização acontece de uma forma multilateral, com padrões de comportamento e aprendizado sendo orquestrados de uma maneira muito mais descentralizada, ainda que com uma operação central viável.

O ponto principal, entretanto, é que as propriedades da organização interna não podem ser replicadas por um conjunto de unidades de negócios conectadas apenas a partir de contratos formais, assim como muitos elementos únicos da organização interna não podem ser simplesmente replicados pelo mercado**. Ou seja, a atividade empreendedora não pode levar à imediata replicação de habilidades organizacionais únicas simplesmente pela entrada, da noite para o dia, em um mercado, e pela união de diversas

---

* Nos vemos o problema dos contratos de mercado como um problema de coordenação tanto como um problema de oportunismo, no caso de perigos contratuais. Nesse sentido, somos consonantes com Richardson (1960) e Williamson (1975, 1985).

** Como chamamos atenção em Teece et al. (1994), o conglomerado oferece poucas, se alguma, eficiências, dado que ele proporciona pouco aos acionistas que não consigam obter por eles mesmos simplesmente se possuírem um portfólio diversificado de ações.

partes. Replicação leva tempo, e a replicação das melhores práticas pode ser ilusória. Na verdade, as capacidades da empresa precisam ser entendidas não em termos de itens no balanço patrimonial, mas principalmente em termos de estrutura organizacional e processos gerenciais que suportam as atividades produtivas. Por construção, o balanço patrimonial contém itens que podem ser valorados, pelo menos por meio dos preços originais de mercado (custos). Esse é, necessariamente, o caso, portanto, do fato de o balanço patrimonial ser um reflexo pobre das competências únicas da empresa*. Que aquilo que é único não pode ser comprado e vendido facilmente por meio da compra da empresa ou de uma de suas subunidades.

Se alguém pretende desvendar as competências/capacidades únicas que uma empresa possui, é preciso entender as suas muitas dimensões. Neste artigo, nós apenas identificamos várias classes de fatores que irão ajudar a determinar a competência única e as capacidades dinâmicas da empresa. Nós organizamos esses fatores em três categorias: processos, posições e caminhos. A essência das competências e capacidades está diretamente relacionada com os processos organizacionais. Mas o conteúdo desses processos e as oportunidades que eles geram para o desenvolvimento das vantagens competitivas são formados, a qualquer momento, pelos ativos (internos e de mercado) que a empresa possui e pelo caminho evolucionário que ela tem percorrido. Logo, os processos organizacionais, formados pelos ativos da empresa e moldados pelo caminho evolucionário e revolucionário que a mesma percorreu, explicam a essência das capacidades dinâmicas da empresa e de sua vantagem competitiva.

## Processos, posições e caminhos

Nós avançamos, portanto, no argumento de que a vantagem competitiva reside nos processos gerenciais e organizacionais da empresa, moldados pela posição dos seus ativos (específicos) e pelos caminhos e opções disponíveis para esses ativos**. Por processos gerenciais e organizacionais, nós nos referimos ao jeito da empresa de fazer as coisas, ou aquilo que pode ser dito como as rotinas da organização, ou aos seus padrões atuais de prática e aprendizado. Por posição, nós nos referimos às tecnologias específicas que

---

* O valor dos proprietários pode refletir, em parte, algumas capacidades históricas. Recentemente, alguns acadêmicos começaram uma tentativa de medir a capacidade organizacional usando dados de relatórios financeiros. Ver Baldwin e Clark (1991) e Lev e Sougiannis (1992).

** Nos estamos implicitamente dizendo que ativos fixos, como fabricas e equipamentos que podem ser comprados por todos os participantes do setor, não podem ser a fonte de vantagem competitiva da empresa. Como os balanços patrimoniais e financeiros tipicamente refletem tais ativos, argumentamos que os ativos que importam para a vantagem competitiva são raramente demonstrados nos balanços patrimoniais e financeiros.

a empresa possui, seus registros de patente e propriedade intelectual, ativos complementares, base de clientes e suas relações externas com fornecedores e outras empresas complementares. Por caminhos, nos referimos às alternativas estratégicas disponíveis para a empresa, à presença ou ausência de retornos crescentes e aos caminhos já percorridos pela empresa.

Nosso foco está voltado para a estrutura de ativos para a qual não existem mercados prontos, dado que estes são os únicos ativos de interesse estratégico. Uma seção final foca em replicação e imitação, visto que são esses fenômenos que determinam o quão rápido uma competência ou capacidade pode ser clonada pelos competidores e, portanto, pode determinar a distinção de uma competência e a durabilidade de uma vantagem competitiva.

Coletivamente, os processos e posições da empresa englobam suas competências e capacidades. Uma hierarquia de competências/capacidades deve ser reconhecida, dado que algumas competências podem estar na manufatura, algumas nos laboratórios de pesquisa e desenvolvimento, algumas nas salas dos executivos e algumas na maneira como todas essas coisas são integradas. Uma competência difícil de replicar ou difícil de imitar foi definida anteriormente como uma competência única (distintiva). Como indicado, a característica principal de uma competência distintiva é que não existe um mercado para ela, exceto por meio, possivelmente, do mercado das unidades de negócio. Portanto, competências e capacidades são ativos intrigantes porque têm que ser construídas, já que não podem ser compradas.

**Processos organizacionais e gerenciais**  Processos organizacionais têm três papéis: coordenação/integração (um conceito estático); aprendizado (um conceito dinâmico); e reconfiguração (um conceito transformacional). Agora, nós iremos discutir cada um deles.

**Coordenação/integração**  Enquanto que o sistema de preços supostamente coordena a economia*, os gerentes coordenam ou integram as atividades dentro da empresa. Dentro dessa perspectiva, a eficiência e eficácia da coordenação ou integração interna é muito importante (Aoki, 1990)**.

---

* As propriedades coordenadoras dos mercados dependem de os preços serem "suficientes" para suportar a tomada de decisão.

** Na verdade, Ronald Coase, autor do seminal artigo de 1937 intitulado "*The nature of the firm*", que focava nos custos da coordenação organizacional dentro da empresa em comparação com os custos entre mercados, meio século depois identificou como crítico o entendimento de "por que os custos de organizar certas atividades eram diferentes entre empresas" (Coase, 1988: 47). Nós argumentamos que a habilidade distintiva de uma empresa precisa ser entendida como um reflexo das distintivas capacidades organizacionais ou coordenadoras. Essa forma de integração (dentro da unidade de negócios) é diferente da integração entre unidades de negócio; elas podiam ser viáveis de uma forma isolada (integração externa). Para uma taxonomia útil, ver Iansiti e Clark (1994).

Da mesma forma para a coordenação externa\*. Cada vez mais, a vantagem estratégica requer a integração de atividades externas e de tecnologias. A crescente literatura em alianças estratégicas, a corporação virtual, as relações entre comprador e vendedor e a colaboração tecnológica evidenciam a importância da integração externa.

Existem algumas pesquisas empíricas que dão suporte à ideia de que a maneira como a produção é organizada pelo gerenciamento das atividades dentro da empresa é a fonte para diferenças nas competências das empresas em vários âmbitos. Por exemplo, o estudo de Garvin (1988) com 18 plantas de condicionadores de ar revela que a dimensão de desempenho da qualidade não estava relacionada com o investimento em capital ou com o grau de automação das instalações. Em vez disso, a dimensão de desempenho era resultado de rotinas organizacionais especiais. Essas rotinas incluíam atividades de coleta e processamento das informações, atividades de ligação entre as experiências dos consumidores e as escolhas feitas pelos responsáveis da engenharia e *design* e atividades de coordenação entre as fábricas e os fornecedores de componentes\*\*. O trabalho de Clark e Fujimoto (1991) em desenvolvimento de projetos na indústria automobilística também ilustra o papel desempenhado pelas rotinas e atividades de coordenação. O estudo desses autores revela um grau significativo de variação na maneira como as empresas coordenam as várias atividades necessárias para desenvolver um novo modelo, desde o seu conceito até sua introdução no mercado. Essas diferenças nas rotinas e atividades de coordenação e nas capacidades parecem ter um impacto significativo nas variáveis de desempenho como custo, tempo e qualidade dos projetos envolvendo novos modelos de automóveis. Além disso, Clark e Fujimoto encontraram diferenças significativas nas rotinas e atividades de coordenação de uma perspectiva de nível da empresa, diferenças que parecem ter permanecido por longo tempo. Isso sugere que as rotinas relacionadas com a coordenação de atividades são específicas da empresa.

Além disso, a noção de que competência/capacidade está envolvida em diferentes maneiras de coordenar e combinar ajuda a explicar como e por que pequenas mudanças tecnológicas podem ter impactos devastadores nas habilidades das empresas entrantes em competir no mercado. Henderson e Clark (1990), por exemplo, mostram que empresas entrantes no setor de equipamentos fotolitográficos foram sequencialmente devastadas por pequenas inovações que, no entanto, tiveram grandes impactos em como os sistemas tiveram que ser configurados. Eles atribuem essas dificuldades ao fato de que o nível de sistemas ou inovações "arquiteturais"

---

\* Shuen (1994) examina os ganhos e perigos da decisão de fazer *versus* comprar tecnologia e do codesenvolvimento de fornecedores.

\*\* Garvin (1994) proporciona uma tipologia de processos organizacionais.

frequentemente requerem novas rotinas para integrar e coordenar tarefas de engenharia. Esses e outros achados sugerem que os sistemas produtivos mostram alta interdependência e que pode não ser possível mudar um nível sem mudar os outros. Isso parece ser verdade no que diz respeito ao modelo de "produção enxuta" (Womack et al., 1991) que transformou o modelo de organização de produção de Taylor ou Ford no setor automobilístico (ver nota 1 no final do artigo). Produção enxuta requer práticas e processos na manufatura que são distintivas assim como também requerem que os processos gerenciais de alto escalão também sejam distintivos. Colocando de forma diferente, processos organizacionais frequentemente evidenciam altos níveis de coerência, e quando o mostram, a replicação pode ser difícil porque requer mudanças sistemáticas ao longo de toda a organização e também entre conexões entre organizações, o que pode ser difícil de realizar. Dito de outra forma, imitação ou replicação parcial de um modelo bem sucedido pode não render nenhum benefício*.

A ideia de que existe certa racionalidade ou coerência nos processos e sistemas não é exatamente o mesmo conceito de cultura corporativa, como entenderemos mais tarde. Cultura corporativa refere-se aos valores e crenças que os empregados possuem; cultura pode ser um sistema de governança de fato, porque media o comportamento dos indivíduos e economiza em métodos administrativos mais formais. Racionalidade ou noções de coerência está mais relacionado com as ideias de rotinas organizacionais propostas por Nelson e Winter (1982). Entretanto, o conceito de rotinas é um pouco amorfo demais para capturar propriamente a congruência entre os processos, e estes com os incentivos que temos em mente. Considere uma organização que presta serviços profissionais como no caso de uma empresa de contabilidade. Se for para ter incentivos relativamente poderosos, então é necessário desenvolver processos organizacionais que canalizem o comportamento individual; se essa organização tem fracos incentivos ou incentivos com pouco poder, então é necessário encontrar formas simbólicas para reconhecer as pessoas que se destacam e deve-se usar métodos alternativos para incentivar o esforço e o entusiasmo. O que pode ser pensado em termos de estilos de organização de fato contém necessariamente, e não discricionariamente, elementos para alcançar o desempenho.

Reconhecer as congruências e complementaridades entre os processos e incentivos é importante para o entendimento das capacidades organizacionais. Em particular, eles podem nos ajudar a explicar os motivos pelos quais as inovações arquitetônicas e radicais são frequentemente introduzidas dentro das empresas pelos novos entrantes. Os responsáveis desenvolvem processos organizacionais distintos que não atendem às novas tecnologias, apesar de existirem certas semelhanças entre o velho e o

---

* Para um argumento retórico ao longo dessas linhas, ver Milgrom e Roberts (1990).

novo. A falta frequente dos responsáveis de introduzir novas tecnologias pode ser vista como uma consequência da discrepância que existe com frequência entre os processos organizacionais necessários para atender ao produto/serviço convencional e às exigências para o novo. A reengenharia organizacional radical será exigida para atender aos novos produtos, que podem fazer o melhor quando se encontram em uma parte da empresa onde novos processos organizacionais podem ser desenhados/criados*.

**Aprendizagem** Talvez, ainda mais importante do que a integração é a aprendizagem. A aprendizagem é um processo pelo qual a repetição e a experimentação são tarefas capazes de serem melhor e mais rapidamente desempenhadas. Também são capazes de identificar novas oportunidades de produção**. No contexto da empresa, se não for muito generalizada, a aprendizagem pode ter diversas características-chave. Primeiro, ela envolve não somente habilidades organizacionais como individuais***. Enquanto as habilidades individuais são de relevância, seus valores dependem dos resultados da sua aplicação em áreas específicas da organização. Processos de aprendizagem são intrinsecamente sociais e coletivos e ocorrem não somente por meio da imitação e desejos das pessoas, como na relação professor-aluno ou mestre-aprendiz e também em função das contribuições conjuntas para o entendimento de problemas complexos****. A aprendizagem exige códigos comuns de comunicação e procedimentos de busca coordenados. Segundo, o conhecimento organizacional gerado por tais atividades está presente em novos padrões de atividades, nas "rotinas" ou em novas lógicas de organização. Como mencionado anteriormente, as rotinas são padrões de interações que representam uma solução bem-sucedida para problemas específicos. Esses padrões de interações estão presentes em grupos comportamentais, mesmo que certas subrotinas possam estar presentes em comportamentos individuais. O conceito de capacidades dinâmicas como um processo de gestão integrado dá oportunidade para uma potencial aprendizagem interorganizacional. Os pesquisadores (Doz e Shuen, 1990; Mody, 1993) têm apontado que colaboração e parceria podem ser um canal para uma nova aprendizagem organizacional, ajudando as empresas a reconhecer as rotinas não funcionais e a prever deficiências estratégicas.

---

\* Ver Abernathy e Clark (1985).

\*\* Para uma revisão e contribuição úteis, ver Levitt e March (1988).

\*\*\* Levinthal e March (1993), Mahoney (1992) e Mahoney e Pandian (1995) sugerem que ambos recursos e modelos mentais estão interligados em um nível de aprendizagem na empresa.

\*\*\*\* Existe uma vasta literatura em aprendizagem, embora somente uma pequena parte trate de aprendizagem organizacional. As contribuições relevantes incluem Levitt e March (1988), Argyris e Schon (1978), Levithal e March (1988), Nelson e Winter (1982) e Leonard-Barton (1995).

**Reconfiguração e transformação** Nas rápidas mudanças dos cenários, há valor nas habilidades para o senso da necessidade de reconfiguração dos recursos estruturais das empresas e realização das transformações internas e externas necessárias (Amit e Schoemaker, 1993; Langlois, 1994). Isso exige o constante acompanhamento dos mercados e tecnologias e a boa vontade para adaptar-se às melhores práticas. Nessas considerações, o processo de *benchmarking* é de considerável valor como um processo organizado para alcançar tais objetivos (Camp, 1989). Em cenários dinâmicos, organizações narcisistas tendem a ser incompetentes. A capacidade de reconfigurar e transformar é uma habilidade de aprendizagem organizacional própria. Quanto mais praticada essa capacidade for, mais fácil de atingir os objetivos a que se propõe.

A mudança é dispendiosa e, nesse sentido, as empresas devem desenvolver processos para reduzir o custo da mudança.

A capacidade para graduar os requisitos para a mudança e para efetuar os ajustes necessários parece depender da capacidade de examinar o ambiente, para avaliar mercados e concorrentes e realizar rapidamente a reconfiguração e transformação à frente da concorrência. A descentralização e autonomia local cooperam com esses processos. As empresas que têm melhorado essas capacidades são, algumas vezes, referidas como de "alta-flexibilidade".

**Posições** A postura estratégica das empresas é determinada não somente pelo seu próprio processo de aprendizagem e pela coerência dos seus processos internos e externos e dos incentivos, mas também pelos seus ativos específicos. Pelos ativos específicos nós nos referimos por exemplo às suas ferramentas e equipamentos especializados. Estes incluem suas dificuldades de troca de ativos de conhecimento e ativos complementares a eles, bem como seus ativos reputacionais e relacionais. Tais ativos determinam suas vantagens competitivas em qualquer ponto no tempo. Nós identificamos diversas classes ilustrativas.

**Ativos tecnológicos** Enquanto existe um mercado emergente para *know-how* (Teece, 1981), muitas tecnologias não entram nessa categoria. Isso ocorre devido à empresa não estar disposta a vendê-lo\* ou por dificuldades nas transações no mercado (Teece, 1980). Os ativos tecnológicos das empresas podem ou não ser protegidos por instrumentos da lei de propriedade intelectual. Do mesmo modo, a proteção de propriedade e a utilização de ativos tecnológicos são claramente as chaves diferenciadoras entre as empresas. O mesmo, para os ativos complementares.

**Ativos complementares** Inovações tecnológicas exigem o uso de certos ativos relacionados para produzir e entregar novos produtos e servi-

---

\* Gestores frequentemente invocam a metáfora das "joias da coroa". Isto é, se a tecnologia é liberada, o reino estará perdido.

ços. A comercialização prévia de atividades exige e capacita as empresas a construir tais complementaridades (Teece, 1986b). Essas capacidades e ativos, enquanto necessários para as atividades construídas nas empresas, podem ter outros usos. Tais ativos encontram-se tipicamente na ponta da organização. Novos produtos e processos podem ao mesmo tempo elevar ou destruir o valor desses ativos (Tushman, Newman e Romanelli, 1986). Assim, o desenvolvimento dos computadores aumentou o valor das vendas diretas da IBM em produtos para escritórios, enquanto freios a disco desestimulam o investimento do setor automotivo em freio a tambor.

**Ativos financeiros** Em um curto espaço de tempo, a posição financeira da empresa e seu grau de alavancagem podem ter implicações estratégicas. Enquanto não existe nada mais intercambiável do que dinheiro, ele não pode ser sempre capturado no mercado externo sem a disseminação de informação considerável para potenciais investidores. Portanto, o que as empresas podem fazer em curto prazo é uma função frequente do seu balanço no papel. Esse não é o caso no longo prazo, dado que o fluxo de caixa acaba sendo mais determinante.

**Ativos reputacionais** Empresas, assim como indivíduos, possuem reputação. Reputações resumem, com frequência, um bom negócio de informações sobre as empresas e guiam os retornos dos clientes, fornecedores e concorrentes. Isto é, de vez em quando, é difícil de simplificar a reputação dos ativos correntes das empresas e da posição do mercado. Porém, em nossa visão, ativos reputacionais são mais bem vistos como um ativo intangível que capacita as empresas para atingir várias metas no mercado.

O seu principal valor é externo, uma vez que o essencial sobre reputação é que ela é uma espécie de resumo estatístico sobre o patrimônio e a situação atual da empresa, bem como seu provável comportamento futuro. Geralmente, devido à existência de uma assimetria forte entre o que é conhecido interna e externamente das empresas, as reputações podem, de vez em quando, ser mais salientes do que o verdadeiro estado dos negócios, no sentido de que atores externos devem responder ao que eles sabem e não ao que são capazes de saber.

**Ativos estruturais** A estrutura formal e informal das organizações e suas ligações externas têm uma importante conexão com a taxa e direção de inovação e como as competências e capacidades se envolvem (Argyres, 1995; Teece, 1996). O grau de hierarquia e o nível de integração vertical e lateral são elementos estruturais específicos das empresas. Formas distintivas de governança podem ser reconhecidas (por exemplo, multiprodutos, empresas integradas, empresas altamente flexíveis, corporações virtuais e conglomerados) e essas formas sustentam os diferentes tipos de inovação para melhorar ou piorar os níveis. Por exemplo, as estruturas virtuais funcionam bem quando a inovação é autônoma; estruturas integradas funcionam melhor para inovações sistêmicas.

**Ativos institucionais** Os ambientes não podem ser definidos em termos de mercados apenas. Enquanto as políticas públicas são normalmente reconhecidas como importantes para restringir o que as empresas podem fazer, há uma tendência, particularmente dos economistas, de ver essas políticas como atuantes por meio dos mercados ou incentivos. Porém, as instituições deles próprios são elementos críticos do ambiente de negócios. Os sistemas regulatórios, bem como os regimes de propriedade intelectual e as leis antimonopólios e oligopólios também são parte do ambiente. Assim é o sistema de educação superior e da cultura nacional. Aqui existem diferenças nacionais significantes, que são somente um dos problemas de localizações geográficas (Nelson, 1994). Tais ativos podem não ser inteiramente específicos na empresa; empresas de diferentes origens nacionais e regionais podem ter poucos ativos institucionais diferentes para utilizar, pois seus arranjos institucionais/políticos são muito diferentes.

**Ativos mercadológicos (estruturais)** A posição dos produtos no mercado é um problema, mas muitas vezes não é somente isso o que determina a posição fundamental da empresa no ambiente externo. Parte dos problemas reside na definição de mercado em que a empresa compete de forma a se conseguir significados econômicos. Mais importante, a posição de mercado, sob as rápidas mudanças tecnológicas, é extremamente frágil. Isso é em partes, pois o tempo tem uma velocidade diferente em tais ambientes*. Além disso, a ligação entre participação de mercado e inovação tem estado rompida, se é que alguma vez existiu (Teece, 1996). De tudo isso, sugere-se que a posição de produtos no mercado, enquanto importantes, é muito exagerado. As estratégias devem ser formuladas com cuidados para os aspectos mais fundamentais do desempenho das empresas, que acreditamos que são fixados nas competências e capacidades e formados pelas posições e trajetórias.

**Fronteiras organizacionais** Uma importante dimensão de "posição" é a localização das fronteiras das empresas. De forma diferente, o grau de integração (vertical, lateral e horizontal) é de relativa importância. As fronteiras não são somente importantes para a tecnologia e ativos complementares existentes, mas também são importantes para a natureza da coordenação interna quando comparada com a coordenação que se pode alcançar por meio de mercados. Quando ativos específicos ou capital intelectual pouco protegido são os principais ativos, arranjos em mercado

---

* Por exemplo, um ano de Internet pode ser comparado ao equivalente a 10 anos ou o tempo de muitos setores, pois ocorrem mais mudanças nos negócios virtuais em um ano do que ocorrem no setor automotivo em uma década.

puro expõem as partes envolvidas aos perigos dos contratos ou da apropriação dos lucros por outras empresas. Em tais circunstâncias, as estruturas de controle hierárquico podem funcionar melhor do que os contratos de mercado puro*.

**Os caminhos: a trajetória empresarial – *path dependence*** O caminho que uma empresa pode seguir é uma função da sua posição atual e dos caminhos disponíveis que ela tem à sua frente. Sua posição atual é frequentemente formada pelo caminho que ela percorreu. De acordo com os livros-textos de economia, as empresas têm um leque infinito de opções tecnológicas que elas podem escolher e mercados que podem ocupar. Mudanças nos produtos ou nos custos são respondidos instantaneamente com tecnologias entrando e saindo do ambiente de acordo com os critérios de maximização de valor. As irreversibilidades são reconhecidas apenas no curto prazo. Custos fixos – tais como equipamentos e *overhead* – fazem com que as empresas precifiquem seus produtos abaixo do custo de amortização, mas nunca restrinjam suas opções futuras de investimento. "Passado é passado". A dependência da trajetória já percorrida pela empresa é reconhecida. Esse é o principal limitador da teoria microeconômica.

A noção de trajetória da empresa pelos caminhos percorridos por ela reconhece que a história importa para seu futuro. O passado raramente é apenas o passado, apesar das previsões feitas pela teoria dos atores racionais. Assim, investimentos anteriores das empresas e seu repertório de rotinas (sua "história") restringem seu comportamento futuro**. Isso continua, pois a aprendizagem tende a ser local. Ou seja, as oportunidades de aprendizagem vão estar próximas das atividades desenvolvidas anteriormente e, assim, serão específicas a cada transação e produção (Teece, 1988). Isso porque a aprendizagem é um processo frequente de julgamento, *feedback* e avaliação. Se muitos parâmetros são mudados simultaneamente, a habilidade das empresas de experimentar situações novas é atenuada. Se muitos aspectos de um ambiente de aprendizagem das empresas mudam simultaneamente, a habilidade de verificar as relações de causa-efeito é confusa, pois as estruturas cognitivas não estarão formadas e o ritmo de aprendiza-

---

* Williamson (1996:102-103) tem observado falhas de coordenação que podem surgir porque "as empresas que têm medo de um relacionamento dependente de longo prazo têm que reconhecer que contratos incompletos requerem certos mecanismos para tapar as falhas existentes nos contratos ou que eles não são bem alinhados. Apesar de sempre ser do interesse de todos que as falhas e problemas sejam cobertos, é também comum que a distribuição dos ganhos resultantes desses mecanismos seja indeterminada. Barganhas de interesse próprio afetam esses resultados. Tal barganha é custosa por si só. Os custos principais, entretanto, são os custos de transação pela falta de adaptação ao ambiente durante o intervalo entre os processos de negociação. Também, os mecanismos necessários depois das negociações implicam mecanismos anteriores às negociações que são ineficientes.

** Para uma maior discussão, ver Bercovitz, de Figueiredo e Teece, 1996.

do diminuirá. Uma implicação é que muitos investimentos demoram mais do que se pensava.

A importância da trajetória percorrida pelas empresas aumenta nas situações em que os retornos obtidos com a adoção são maiores. É um fenômeno que ocorre da perspectiva da demanda, e que tende a fazer com que tecnologias e produtos que adotem essas tecnologias tornem-se mais atrativos à medida que são mais utilizados. A atratividade ocorre em função da grande utilização de produtos entre os usuários, que consequentemente faz com que eles se tornem mais desenvolvidos e úteis. Retornos crescentes devido à utilização de tecnologias podem ser encontrados em muitas fontes, incluindo as redes externas de trabalho (Katz e Shapiro, 1985), a presença de ativos complementares (Teece, 1986b) e a infraestrutura de suporte (Nelson, 1996), aprendizagem pelo uso (Rosenberg, 1982) e as economias de escala em produção e distribuição. A competição entre as tecnologias é moldada por retornos crescentes. Os primeiros líderes a vencerem esse processo por sorte ou por causa de circunstâncias especiais (Arthur, 1983) podem ampliar ainda mais esses retornos crescentes. Isso não quer dizer que os primeiros a entrar no mercado necessariamente ganham. Como tais retornos crescentes têm múltiplas fontes, a posição prévia das empresas pode afetar suas capacidades de explorar tais retornos. Assim, nas pesquisas de Mitchell (1989) sobre imagens de diagnóstico médico, as empresas que já controlavam os ativos complementares relevantes para a indústria poderiam, em teoria, começar em desvantagem e acabar ganhando.

Na presença de retornos crescentes, as empresas podem competir passivamente ou estrategicamente por meio das atividades de patrocínio tecnológico*. O primeiro tipo de competição não é diferente da competição biológica entre as espécies, embora possa ser moldada pelas atividades administrativas que realçam o desempenho dos produtos e processos. A realidade é que as empresas com os melhores produtos nem sempre ganharão, pois eventos ao acaso podem fazer com que elas fiquem "presas" a tecnologias inferiores (Arthur, 1983) e podem ainda, em casos especiais, gerar custos de mudança para os clientes. Porém, enquanto os custos de mudança podem favorecer os incumbentes, em regimes de rápidas mudanças tecnológicas, os custos de mudança podem ser tornar rapidamente encobertos pelos benefícios da mudança. Dito de outra forma, novos

---

* Devido a grandes incertezas, pode ser extremamente difícil determinar antecipadamente as estratégias viáveis. Uma vez que as regras do jogo e a identidade dos jogadores serão revelados somente depois do mercado ter iniciado seu envolvimento, o jogo é onde encontra-se a construção e manutenção das capacidades organizacionais que dão suporte à flexibilidade. Por exemplo, a virada recente da Microsoft e a busca vigorosa pelos negócios de Internet uma vez que o fenômeno de Netspace se tornou aparente é impressionante, não muito por ser percebida a necessidade de uma mudança estratégica, mas por causa de sua capacidade organizacional para efetuar a mudança estratégica.

produtos empregam diferentes padrões que, com frequência, aparecem com naturalidade no ambiente mercadológico enfrentando rápida mudança tecnológica. Os incumbentes podem ser rapidamente desafiados pelos produtos e serviços superiores que geram benefícios na mudança. Assim, o nível em que os custos de mudança fazem com que as empresas fiquem presas a certas tecnologias é uma função de fatores tais como o aprendizado dos usuários, a rápida mudança de tecnologia e o aumento de competição no ambiente competitivo.

**Oportunidades tecnológicas** O conceito de trajetória empresarial tem ainda maior significado quando se leva em consideração a oportunidade tecnológica do setor. É de conhecimento comum que o quão longe e rápido uma atividade setorial pode ir é, em parte, uma função das oportunidades tecnológicas que ocorrerão no decorrer da história dessa atividade. Tais oportunidades são normalmente defasadas em função dos investimentos de fomento, da diversidade em ciência básica e da agilidade com que as inovações são feitas.

No entanto, as oportunidades tecnológicas podem não ser completamente externas, não somente por causa de algumas empresas terem a capacidade de se engajar ou no mínimo dar suporte à pesquisa básica, mas também por causa das oportunidades tecnológicas que são frequentemente mantidas pela própria atividade de inovação. Além disso, o reconhecimento de tais oportunidades é influenciado pela estrutura organizacional que faz a interface da instituição engajadas em pesquisa básica (principalmente as universidades) com as empresas. Logo, a existência de oportunidades tecnológicas pode estar muito relacionadas com cada empresa em particular.

O que é importante é o ritmo e a direção em que as fronteiras científicas são alteradas. Empresas engajadas em atividades de pesquisa e desenvolvimento podem acabar em um perigoso caminho sem volta, apesar de inovações em áreas relacionadas ao negócio da empresa estarem muito próximas para serem atrativas. Também, se tal caminho sem volta for extremamente atrativo, pode não existir nenhum incentivo para as empresas mudarem a alocação de recursos além das buscas tradicionais. A verdadeira dimensão das oportunidades tecnológicas existentes nas áreas correlatas de pesquisa da empresa tende a impactar as opções que a empresa tem em relação à quantidade e ao nível das atividades de pesquisa e desenvolvimento. Além disso, as experiências passadas das empresas condicionam a gestão de alternativas capaz de ser percebida. Assim, não somente as empresas no mesmo setor têm um "cardápio" de diferente custos associados com escolhas tecnológicas específicas, mas também têm um cardápio com diferente escolhas tecnológicas para serem feitas*.

---

* Este é um elemento crítico da visão de Nelson e Winter (1982) sobre as mudanças técnicas das empresas.

**Avaliação:** A essência da competência e das capacidades dinâmicas de uma empresa é apresentada aqui como existindo nos seus processos organizacionais que são consequentemente moldados pelos seus ativos (posições) e seu caminho evolutivo. O caminho evolutivo da empresa é frequentemente pequeno*, apesar do orgulho de alguns gerentes em sugerir o contrário. O que as empresas podem fazer e onde podem ir são, assim, restritas pelas suas posições e caminhos. Seus concorrentes são igualmente restritos nos seus caminhos evolucionários. Rendas (lucros), portanto, tendem a fluir não somente dos ativos estruturais das empresas e, como vemos, do grau de imitação, mas também pela habilidade das empresas em reconfigurar e transformar seus ativos.

Os parâmetros que temos identificado para determinar o desempenho das empresas são muito diferentes daqueles apontados em livros-texto sobre a teoria das empresas, a abordagem das forças competitivas e do conflito estratégico**. Além disso, a visão das empresas sob a teoria da agência, que as vê como um amontoado de contratos, não poderia dar nenhum valor aos processos, posições e caminhos – elementos discutidos neste artigo. Enquanto que abordagens teóricas de um ponto de vista da agência reconhecem que oportunismo e não dedicação à empresa podem limitar o que podem fazer, elas não reconhecem as oportunidades e restrições impostas pelos processos, posições e caminhos.

Além disso, a empresa em nosso conceito é muito mais do que o resumo das suas partes – ou um time amarrado junto pelos contratos***. De fato, para alguns, os indivíduos podem ser movidos para dentro e fora das organizações e, desde que os processos e estruturas internas permaneçam os mesmos, o desempenho não será, necessariamente, comprometido. Uma mudança no ambiente é uma ameaça muito mais séria para a empresa do que é a perda de alguns indivíduos-chave, pois indivíduos podem mais facilmente serem substituídos do que a empresa mudar. Além disso, a visão das capacidades dinâmicas da empresa sugere que o comportamento e o desempenho de empresas podem ser muito difíceis de serem imitados, mesmo se suas coerências e racionalidades sejam observáveis. Esse tópico e outros assuntos relacionados envolvendo replicações e imitações são discutidos na próxima seção.

---

* Nós reconhecemos que os processos, posições e caminhos dos clientes também materializam. Veja nossa discussão acima nos retornos de crescimento, incluindo aprendizagem do cliente e as redes externas.

** Em ambas empresas é ainda uma grande caixa preta. Certamente, pouca ou nenhuma atenção é dada para os processos, posições e caminhos.

*** Ver Alchian e Demsetz (1972).

## Replicabilidade e imitabilidade dos processos e posições organizacionais

Até agora, argumentamos que as competências e capacidades (e, portanto, vantagem competitiva) de uma empresa encontram-se fundamentalmente nos processos formados pelas posições e caminhos. No entanto, as competências podem proporcionar vantagem competitiva e gerar valores somente se forem baseadas em um conjunto de rotinas, habilidades e ativos complementares difíceis de imitar*. Um conjunto específico de rotinas pode perder seu valor se proporcionar uma competência que não tenha mais valor no mercado ou se puder ser rapidamente replicada ou emulada pelos concorrentes. A imitação ocorre quando empresas descobrem e simplesmente copiam rotinas e procedimentos organizacionais de outras. A emulação ocorre quando as empresas descobrem caminhos alternativos para atingir a mesma funcionalidade**.

**Replicação**  Para entender o que é imitação, é preciso primeiro entender o que é replicação. Replicação envolve transferência ou reintegração de competências de um lugar para outro. Uma vez que o conhecimento produtivo é concretizado, não pode ser feito pela simples transmissão de informações. Somente nas circunstâncias em que todo conhecimento relevante é totalmente codificado e entendido é que a replicação pode ser resumida a um simples problema de transmissão de informação. Muito frequentemente, a dependência contextual do desempenho original é pouco analisada, então, a menos que as empresas tenham repetido seus sistemas de conhecimento produtivo em muitas situações anteriores, a replicação tende a ser difícil (Teece, 1976). Na verdade, replicação e transferência são frequentemente impossíveis na ausência de pessoas, embora isso possa ser reduzido se forem feitos investimentos para converter o conhecimento tácito em conhecimento codificado. Porém, isso muitas vezes não é possível.

Em resumo, competências, capacidades e as rotinas nas quais elas normalmente se encontram são mais difíceis de replicar***. Mesmo sabendo quais são todas as rotinas relevantes que dão suporte a certas compe-

---

* Chamamos tais competências de distintas. Ver também Dierickx e Cool (1989) para uma discussão das características de ativos que fazem dele uma fonte de empréstimos.

** Existe uma evidência ampla de que um dado tipo de competência (por exemplo, qualidade) pode ser suportado pelas diferentes rotinas e combinações de habilidades. Por exemplo, as pesquisas de Garvin (1988) e Clark e Fujimoto (1991) indicam que não existiu nenhuma "fórmula" para atingir tanto alta qualidade quanto alto desempenho de desenvolvimento de produtos.

*** Ver a discussão de Szulanski (1995) sobre melhores práticas de transferência intraorganizaicional. Ele cita um vice-presidente da Xerox, dizendo "você pode ver um alto desempenho dos setores ou da empresa, mas isso apenas não se espalha. Eu não sei o porquê". Szulanski também discute o papel do *benckmarking* em facilitar a transferência das melhores práticas.

tências, as mesmas podem não ser facilmente percebidas. Na verdade, Lippman e Rumelt (1992) argumentam que algumas fontes de vantagem competitiva são tão complexas que a própria empresa, deixando seus concorrentes de lado, não entende tais fontes de vantagem competitiva*. Como Nelson e Winter (1982) e Teece (1982) explicam, muitas rotinas organizacionais são de natureza tácita. A imitação pode também ser dificultada pelo fato de que poucas rotinas são "isoladas", o que faz com que uma mudança em um grupo de rotinas em uma área da empresa (por exemplo, produção) exija mudanças em outra área (por exemplo, P&D).

Algumas rotinas e competências parecem ser atribuíveis a forças locais ou regionais que formam as capacidades das empresas nas fases iniciais das suas vidas. Porter (1990), por exemplo, mostra que as diferenças nos mercados de produtos locais, mercados de fatores locais e instituições desempenham um papel importante na formação das capacidades competitivas. As diferenças também existem dentro das populações das empresas do mesmo país. Vários estudos de empresas automobilísticas, por exemplo, mostram que não são todas as empresas automobilísticas japonesas que são destaque em termos de qualidade, produtividade ou desenvolvimento de produto (ver, por exemplo, Clark e Fujimoto, 1991). O papel da história específica da empresa tem sido destacado como um fator crítico explicando tais níveis das empresas (como oposição aos níveis regional e nacional) e diferenças (Nelson e Winter, 1982). Replicação em um contexto diferente pode ser, assim, mais difícil de ser alcançada.

No mínimo, dois tipos de valores estratégicos surgem a partir das replicações. O primeiro é a habilidade de dar suporte à expansão geográfica e à linha de produção da empresa. À medida que as capacidades em questão são relevantes para as necessidades dos clientes de outros lugares, a replicação pode proporcionar valor**. O segundo é que a habilidade de repetir indica também que as empresas têm a base necessária para o aprendizado e melhoria. Existem evidências empíricas que dão suporte à ideia de que o entendimento de processos, tanto de produção como de gestão, é a chave para a melhoria do processo. Em resumo, uma organização não pode melhorar o que ela não compreende. Um profundo entendimento dos processos organizacionais é frequentemente necessário para se alcançar a codificação do conhecimento. Na verdade, se o conhecimento é altamente tácito, isso indica que as estruturas organizacionais não são bem entendidas, o que, por sua vez, limita o aprendizado porque os princípios

---

\* A nossa crença é que a vantagem das empresas é enfraquecida a medida que a sorte acaba.

\*\* Desnecessário dizer que existem muitos exemplos de empresas que repetiram suas capacidades impropriamente através da extensão de rotinas em circunstâncias onde elas não são aplicáveis, por exemplo, o caso de transferência de métodos de marketing do produto da Nestle para crianças do terceiro mundo (Hartley, 1989). O ponto principal para as empresas é avaliar como suas capacidades podem ser aplicadas em novos ambientes.

científicos e de engenharia não podem ser aplicados sistematicamente*. Em vez disso, a aprendizagem é confinada ao processo de tentativa e erro, e a alavancagem que pode ser obtida com o uso da ciência é negada.

**Imitação**   Imitação é simplesmente replicação feita por um concorrente. Se auto-replicação é difícil, imitação tende a ser ainda mais difícil. Em mercados competitivos, é a facilidade da imitação que determina a sustentação da vantagem competitiva. Imitações fáceis implicam na dissipação rápida das fontes de lucros.

Fatores que tornam as replicações mais difíceis também fazem imitações mais difíceis. Assim, quanto mais tácito o conhecimento produtivo de uma empresa, mais difícil para a própria empresa ou seus concorrentes imitarem. Quando o componente tácito é elevado, as imitações podem ser impossíveis, inexistindo a possibilidade de contratação dos indivíduos-chave e a transferência dos processos organizacionais mais importantes.

No entanto, em países industriais avançados, outro conjunto de barreiras impedem as capacidades de serem imitadas. É o sistema dos direito de propriedade intelectual, tais como as patentes, segredos de mercado e negócios e *trade dress*\*\*. A proteção de propriedade intelectual apresenta crescente importância nos Estados Unidos, desde 1982, quando o sistema legal adotou uma maior postura pró-patente. Tendências parecidas são evidentes fora dos Estados Unidos. Além do sistema de patentes, diversos outros fatores causam uma diferença entre os custos de replicação e os custos de imitação. A capacidade de observar a tecnologia ou a organização é um dos fatores importantes. Enquanto que a observação da tecnologia dentro do produto pode ser obtida a partir de estratégias tais como engenharia reversa, isso não é o caso para tecnologia de processos, pois uma empresa não precisa expor sua tecnologia de processos para obter os benefícios obtidos com essa tecnologia\*\*\*. As empresas com tecnologia de produtos, por outro lado, lidam com o fato de que devem expor o que tem

---

\* Diferentes aproximações para aprender são exigidas dependendo da profundidade do conhecimento. Onde o conhecimento é pouco articulado e estruturado, julgamentos e erros e aprender na tentativa são necessários, enquanto que em ambientes maduros onde a ciência da engenharia subjacente é melhor entendida, as organizações podem empreender mais aproximações dedutíveis, ou o que Pisano (1994) refere como "aprender antes de fazer".

\*\* *Trade dress* se refere ao "ver e sentir" comum a um varejista, por exemplo, o marketing distintivo e estilo de apresentação de The Nature Company.

\*\*\* Uma interessante mas importante exceção para isso pode ser encontrada em segunda fonte. Nos negócios de microprocessadores até a introdução do chip 386, a Intel e mais outros mercados semi produtores eram desafiados pelos grandes clientes como IBM para prover segundas fontes, por exemplo, para licenciar e dividir seu processo de tecnologia proprietária com concorrentes como AMD e NEC. O produtores do microprocessador fizeram isto para assegurar que os clientes que tinham capacidade suficiente para atender à demanda em todos os momentos.

para poder obter lucros com sua tecnologia. Os segredos, assim, são mais protegidos se não existe nenhuma necessidade para expor tais segredos em contextos onde a concorrência possa aprender sobre eles.

Não se deve, porém, superestimar a importância global da proteção da propriedade intelectual; ainda que isto seja uma barreira formidável de imitação em certos contextos específicos. A proteção da propriedade intelectual não é uniforme frente aos produtos, processos e tecnologias e é melhor vista como ilhas em um mar de competição aberta. Se uma empresa não for capaz de colocar os frutos de seu investimento, ingenuidade ou criatividade em uma ou mais dessas ilhas, então essa empresa encontra-se nesse mar.

Usamos o termo regime de apropriabilidade para descrever a facilidade de imitação. A apropriabilidade é uma função da facilidade de replicação e da eficácia dos direitos de propriedade intelectual como uma barreira para imitação. A apropriabilidade é forte quando uma tecnologia é inerentemente difícil de ser replicada e o sistema de propriedade intelectual proporciona barreiras legais para imitação. Quando algo é inerentemente fácil de replicar e a proteção de propriedade intelectual é indisponível ou ineficaz, então a apropriabilidade é fraca. Condições intermediárias também existem.

## Conclusões

Os quatro paradigmas discutidos acima são bastante diferentes, apesar dos dois primeiros terem muito em comum entre si (perspectiva estratégica) assim como os dois últimos (perspectiva econômica). Mas, esses paradigmas são complementares ou competem entre si? De acordo com alguns autores, "a abordagem de recursos complementa a abordagem baseada na análise dos setores" (Amit and Shoemaker, 1993: 35). Apesar dessa afirmação ser verdadeira, acreditamos que, em vários aspectos, esses paradigmas também competem entre si. Enquanto houver a necessidade desse reconhecimento, não sugerimos que exista apenas uma abordagem que tenha valor. Na verdade, problemas complexos tendem a ser beneficiados por *insights* obtidos a partir dos paradigmas identificados por nós e ainda outros não identificados aqui nesse trabalho. A questão é saber quais os paradigmas mais apropriados para o problema que se tem em mãos. Aderência absoluta a um paradigma em detrimentos aos outros pode criar miopia estratégica. As ferramentas por si só criam vulnerabilidade estratégica. Essas questões são exploradas agora. O Quadro 7.1 sumariza algumas similaridades e diferenças entre os paradigmas.

### Eficiência *versus* poder de mercado

A abordagem das forças competitivas e do conflito estratégico geralmente veem o lucro como resultado do processo estratégico – ou seja, das limitações na competição que as empresas conseguem por meio do aumento dos custos

**QUADRO 7.1** Paradigmas da estratégia: características mais evidentes

| Paradigma | Raízes intelectuais | Autores representativos que abordam questões de gestão estratégica | Natureza das rendas | Suposições de racionalidade dos gestores | Unidades fundamentais de análise | Capacidade de curto-prazo para a reorientação estratégica | Papel da estrutura setorial | Preocupação focal |
|---|---|---|---|---|---|---|---|---|
| (1) Atenuando as forças competitivas | Mason, Bain | Porter (1980) | Chamberlineana | Racional | Setores, empresas, produtos | Alto | Exógeno | Condições estruturais e posicionamento concorrente |
| (2) Conflito estratégico | Machiavelli, Schelling, Cournot, Nash, Harsanyi, Shapiro | Ghemawat (1986) Shapiro (1989) Brandenburger and Nalebuff (1995) | Chamberlineana | Hiper-racional | Empresas, produtos | Muitas vezes infinito | Endógeno | Interações estratégicas |
| (3) Perspectivas baseadas nos recursos | Penrose, Selznick, Christensen, Andrews. | Rumelt (1984) Chandler (1966) Wernerfelt (1984) Teece (1980, 1982) | Ricardiana | Racional | Recursos | Baixo | Endógeno | Ativo utilizável |
| (4) Perspectiva de capacidades dinâmicas | Schumpeter, Nelson, Winter, Teece | Dosi, Teece, and Winter (1989) Prahalad and Hamel (1990) Hayes and Wheelwright (1984) Dierickx and Cool (1989) Porter (1990) | Schumpeteriana | Racional | Processos, posições, caminhos | Baixo | Endógeno | Acumulação de ativos, replicação e imitação |

dos rivais e do comportamento excludente (Teece, 1984). A abordagem das forças competitivas, em particular, vê setores mais concentrados como sendo atraentes – posições de mercado podem ser protegidas com barreiras de entrada e com o aumento dos custos que os rivais incorrem. Essa abordagem também sugere que as fontes de vantagem competitivas encontra-se no nível do setor ou possivelmente em grupos dentro do setor. Em livros que abordam esse tema, não há nenhuma atenção para o processo de descoberta, criação e comercialização de novas fontes de valor para as empresas.

A abordagem das capacidades dinâmicas tem claramente uma orientação diferente. Essa abordagem vê a vantagem competitiva como resultado do alto desempenho das rotinas que ocorrem "dentro da empresa", moldada por processos e posições. O caminho percorrido pelas empresas (incluindo seus retornos crescentes) e as oportunidades tecnológicas marcam o caminho futuro a ser percorrido por elas. Em função de fatores de mercado imperfeitos, ou mais precisamente por causa da impossibilidade de negociar ativos "intangíveis" como valores, cultura e experiência organizacional, as competências e capacidades distintivas não podem ser adquiridas; elas devem ser construídas. Isso, às vezes, leva anos – e até décadas. Em alguns casos, quando as competências são protegidas por patentes, a replicação por um competidor para obter a mesma tecnologia não é efetiva. Concomitantemente, a abordagem das capacidades vê limitações nas opções estratégicas, ao menos no curto prazo. O sucesso competitivo ocorre em parte por causa das políticas, experiência e eficiência obtida em anos anteriores.

O sucesso competitivo pode, sem dúvida, surgir de uma perspectiva estratégica como de uma perspectiva econômica*, mas como Williamson (1991), nós acreditamos "que a perspectiva econômica é mais fundamental do que a perspectiva estratégica... ou, colocando de outra maneira, que a perspectiva econômica é a melhor estratégia"**. Na verdade, sugerimos que, exceto em circunstâncias especiais, um excesso de "perspectiva estratégica" pode levar as empresas a reduzir os investimentos nas competências essenciais e negligenciar as capacidades dinâmicas e, portanto, afetar negativamente a competitividade da empresas no longo prazo.

---

* Philips (1971) e Demsetz (1974) também sugerem que a concentração de mercado resulta do sucesso competitivo das empresas mais eficientes e não das barreiras de entrada e de práticas restritivas.

** Nós concordamos com Williamson que as perspectivas econômicas e estratégicas não são mutualmente exclusivas. Manobras estratégicas podem ser usadas para disfarçar ineficiências e para promover resultados econômicos, assim como precificação como referência para os custos das curvas de aprendizagem. Nossa visão da perspectiva econômica é talvez mais ampla do que a visão de Williamson porque a nossa percepção engloba mais do que contratos eficientes de desenvolvimento e da minimização dos custos de transação. Nos dirigimos também às economias organizacional e de produção e às formas distintas com que as coisas são feitas dentro das empresas.

## Implicações normativas

O campo da estratégia é tipicamente normativo. Ele procura guiar aqueles aspectos gerais do gerenciamento que tem implicações materiais na sobrevivência e sucesso das empresas. A menos que essas várias abordagens difiram em termos de abordagem e heurística que elas oferecem para o gerenciamento, o discurso que temos feito é de valor muito limitado. Nesse artigo, temos chamado atenção para o fato de que a abordagem das capacidades dinâmicas tende a forçar os gerentes para a criação de vantagens distintivas e difíceis de serem imitadas e também para evitar que eles façam um jogo com seus clientes e competidores. A partir de agora, avaliamos algumas diferenças, reconhecendo que os paradigmas ainda estão na infância e não podem assegurar fortes conclusões normativas.

**Unidade de análise e foco analítico**   Analistas de estratégia devem ser situacionais* pois, para a abordagem das capacidades e recursos, as oportunidades de negócio fluem a partir dos processos únicos da empresa. Isso também é verdade com a abordagem de conflito. Não existe um algoritmo para criar riqueza para a indústria como um todo. Prescrições aplicadas para setores ou grupos de empresas sugerem, quando muito, uma direção geral e podem indicar erros a serem evitados. Em contrapartida, a abordagem das forças competitivas não é particularmente voltada para a empresa; ela é voltada para o setor ou grupo de empresas.

**Mudança de estratégia**   A abordagem das forças competitivas e do conflito estratégico tendem a ver as escolhas estratégicas como ocorrendo com relativa facilidade, uma vez que essas abordagens dão pouca atenção para habilidades, *know-how* e trajetória percorrida pelas empresas.

A abordagem das capacidades vê a criação de valor por meio da mudança estratégica como sendo difícil e custosa. Além do mais, ela só ocorre de forma incremental. Capacidades não podem ser facilmente compradas, elas têm que ser construídas. Da perspectiva das capacidades, estratégia envolve a escolha e o comprometimento com caminhos ou trajetórias que permitam o desenvolvimento das capacidades.

Nesse sentido, especulamos que o domínio da abordagem das forças competitivas e do conflito estratégico nos Estados Unidos pode estar relacionado com diferenças observadas em abordagens estratégicas adotadas por algumas empresas americanas e de outras partes do mundo. Hayes (1985) chama atenção para o fato de que empresas americanas tendem a favorecer "saltos estratégicos" enquanto que, por outro lado, empresas alemãs e japonesas tendem a favorecer melhoras incrementais, porém rápidas.

---

* Nesse ponto, as abordagens de conflito estratégico e dos recursos e capacidades são congruentes. Entretanto, os aspectos da "situação" que importam são dramaticamente diferentes, como descrito anteriormente nesse artigo.

**Estratégias de entrada** Aqui a abordagem das capacidades e dos recursos sugere que as decisões de entrada em mercados deve ser feita levando em consideração as competências e capacidades que os novos entrantes têm em relação à competição. Enquanto que as outras abordagens pouco dizem sobre onde procurar para encontrar potencias entrantes, a abordagem das capacidades identifica potenciais entrantes. Da mesma forma, enquanto que a abordagem que prega o bloqueio à entrada de novas empresas sugere uma procura irrestrita por novas oportunidades de negócios, a abordagem das competências sugere que essas oportunidades encontram-se próximas aos negócios atuais que a empresa opera. Como Richard Humelt explicou em um diálogo, "a abordagem das capacidades sugere que, se uma empresa olha dentro de si e no mercado, mais cedo ou mais tarde ela irá encontrar uma oportunidade de negócio".

**Tempo de entrada** Enquanto que a abordagem do conflito estratégico pouco discute onde procurar para achar possíveis entrantes, a abordagem das capacidades identifica os novos entrantes e quando eles entrarão no mercado. Usando metodologias relacionadas à teoria de ecologia populacional, Brittain e Freeman (1980) argumentam que uma organização torna-se rápida na expansão quando existe uma sobreposição entre as suas capacidades essenciais e aquelas necessárias para sobreviver no mercado. Pesquisas recentes (Mitchell, 1989) evidenciam que quanto mais ativos específicos a um setor uma empresa possui, maior é a probabilidade de ela entrar em um submercado de tecnologia específica dentro da seu setor, seguindo uma descontinuidade tecnológica. Além do mais, a interação entre ativos específicos, como capacidades específicas da empresa, e rivalidade têm a maior influência no tempo de entrada nos mercados.

**Diversificação** Diversificação em mercados relacionados – ou seja, diversificação baseada nas capacidades existentes – é talvez a única forma de diversificação que a abordagem das capacidades é capaz de ver como misteriosa (Rumelt, 1974; Teece, 1980, 1982; Teece et al., 1984). Tal diversificação será justificável quando os mercados tradicionais em que a empresa atua diminuírem*. A abordagem do conflito estratégico tende a ser mais permissível; aquisições que aumentam os custos dos rivais ou que permitem às empresas efetuar arranjos exclusivos tendem a ser vistas como eficazes em certas circunstâncias.

---

* Cantwell mostra que a competência tecnológica das empresas persiste ao longo do tempo, evoluindo gradualmente ao longo do aprendizado específico da própria empresa. Ele mostra que a diversificação tecnológica tem sido maior para empresas no setor químico e farmacêutico do que para empresas nos setores de eletroeletrônicos e ele oferece uma explicação sobre as maiores oportunidades existirem neste setor do que nos químicos e farmacêuticos. Ver Cantwell (1993).

**Foco e especialização** O foco da empresa deve ser definido em termos dos recursos e capacidades que ela possui, não em termos de seus produtos. Produtos são manifestações das competências, assim como as competências podem ser modeladas em vários produtos. Especialização de produto em certos mercados e descentralização em torno de produtos e mercados podem fazer com que as empresas negligenciem o desenvolvimento de capacidades essenciais e competências dinâmicas, dado que competências requerem o acesso a ativos existentes em várias divisões dentro da empresa.

A abordagem das capacidades coloca ênfase nos processos internos da empresa, assim como esses processos são desenvolvidos e como eles evoluem. A abordagem tem o benefício de indicar que a vantagem competitiva não é apenas uma função de como uma empresa joga o jogo do mercado, mas que é também uma função dos "ativos" que a empresa tem para usar no jogo mercadológico e como esses ativos podem ser utilizados e reutilizados em uma possível mudança de mercado.

**Caminhos futuros** Nós apenas esboçamos uma agenda para a abordagem das capacidades dinâmicas. É necessário mais trabalho teórico para melhorar o modelo teórico apresentado, e o desenvolvimento de pesquisa empírica é crítico para nos ajudar a entender como as empresas atingem bons níveis de operação, como elas conseguem permanecer dessa forma, por que e como elas melhoram e por que algumas vezes elas enfraquecem[*]. Pesquisadores no campo da estratégica precisam juntar forças com pesquisadores no campo da inovação, operações, comportamento organizacional e história dos negócios se quiserem descobrir as verdadeiras razões por trás da vantagem competitiva das empresas e das nações. Atualmente, é difícil encontrar uma agenda de pesquisa em ciências sociais mais ambiciosa que essa.

# Nota

Fujimoto (1994, 18-20) descreve os elementos principais tal como existem no setor automobilístico japonês: "O típico volume do sistema produtivo dos produtores japoneses dos anos 80 (por exemplo, a Toyota) consiste em vários elementos interligados que podem levar à vantagem competitiva. *Just-in-time* (JIT), Jidoka (detecção automática de defeitos e parada de máquinas), Controle de Qualidade Total (TQC, *Total Quality Control*) e melhoria contínua (Kaizen) são frequentemente apontadas como seus sub--elementos centrais. Os elementos desse sistema incluem mecanismos para

---

[*] Como referência, ver Miyazaki (1995) e McGrath et al. (1996). O trabalho de Chandler (1990) em escala e escopo, sumarizado no artigo de Teece (1993), proporciona algum suporte histórico para a abordagem das capacidades. Outros trabalhos relevantes podem ser encontrados na edição especial da revista acadêmica Industrial and Corporate Change 3 (3), 1994, que foi dedicada a capacidades dinâmicas.

redução de estoques por meio de sistemas Kanban; nivelamento do volume e do mix de produção (heijunka); redução de "muda" (atividades que não agregam valor ao produto) e *muri* (carga de trabalho excessiva); planos de produção baseados nos pedidos dos revendedores (*genyo seisan*); redução do *setup time* e tamanho dos lotes nas operações de estamparia; montagem baseada em modelos combinados; transferência de partes entre máquinas realizadas peça-por-peça (*ikko-nagashi*); flexibilidade na delegação das tarefas para mudanças de volume e para melhoria da produtividade (*shojinka*); delegação de trabalho baseado em multitarefas ao longo do fluxo de processos (*takotei-mochi*); layout de máquina em forma de U que facilita a flexibilidade e múltipla delegação de tarefas, inspeção no ponto de produção realizado por trabalhadores diretamente envolvidos nas atividades (*tsukurikomi*); total inspeção de defeitos (*poka-yoke*); *feedback* em tempo real dos problemas de produção (*andon*); mecanismo de parada da linha de montagem; ênfase na limpeza, ordem e disciplina no ambiente fabril (5-S); revisão frequente dos procedimentos padrão de operações; círculos de controle da qualidade; ferramentas padronizadas para melhoria (por exemplo, as sete ferramentas para o controle da qualidade); envolvimento dos funcionários na manutenção preventiva (Manutenção Preventiva Total); automação de custo baixo ou semiautomação apenas com funções necessárias) redução das etapas do processo produtivo para economizar ferramentas e outros recursos. Os fatores de gerenciamento dos recursos humanos que dão suporte aos elementos descritos acima incluem emprego estável para os trabalhadores principais (com trabalhadores temporários na periferia); treinamento de longo prazo para trabalhadores com múltiplas habilidades (multitarefas); sistema de remuneração parcialmente baseado na acumulação de habilidades; promoção interna para supervisores do chão de fábrica; relacionamento colaborativo com os sindicatos; inclusão de supervisores de produção como membros de sindicato; políticas geralmente igualitárias para o bem-estar, comunicação e motivação dos trabalhadores. Políticas de terceirização de partes e peças são também frequentemente apontadas como uma fonte de vantagem competitiva.

## 7.5 REFERÊNCIAS

Abernathy, W. J. and K. Clark (1985). 'Innovation: Mapping the winds of creative destruction', *Research Policy*, **14**, p. 3–22.

Alchian, A. A. and H. Demsetz (1972). 'Production, information costs, and economic organization', *American Economic Review*, **62**, p. 777–795.

Amit, R. and P. Schoemaker (1993). 'Strategic assets and organizational rent', *Strategic Management Journal* **14**(1), p. 33–46.

Andrews, K. (1987). *The Concept of Corporate Strategy* (3rd ed. ). Dow Jones-Irwin, Homewood, IL.

Aoki, M. (1990). 'The participatory generation of information rents and the theory of the firm'. In M. Aoki, B. Gustafsson and O. E. Williamson (eds.), *The Firm as a Nexus of Treaties*. Sage, London, p. 26–52.

Argyres, N. (1995). 'Technology strategy, governance structure and interdivisional coordination', *Journal of Economic Behavior and Organization*, **28**, p. 337–358.

Argyris, C. and D. Schon (1978). *Organizational Learning*. Addison-Wesley, Reading, MA.

Arrow, K. (1969). 'The organization of economic activity: Issues pertinent to the choice of market vs. nonmarket allocation'. In *The Analysis and Evaluation of Public Expenditures: The PPB System, 1*. U.S. Joint Economic Committee, 91st Session. U.S. Government Printing Office, Washington, DC, p. 59–73.

Arrow, K. (1996) 'Technical information and industrial structure', *Industrial and Corporate Change*, **5**(2), p. 645–652.

Arthur, W. B. (1983). 'Competing technologies and lock-in by historical events: The dynamics of allocation under increasing returns', working paper WP-83-90, International Institute for Applied Systems Analysis, Laxenburg, Austria.

Bain, J. S. (1959). *Industrial Organization*. Wiley, New York.

Baldwin, C. and K. Clark (1991). 'Capabilities and capital investment: New perspectives on capital budgeting', Harvard Business School working paper #92–004.

Barney, J. B. (1986). 'Strategic factor markets: Expectations, luck, and business strategy', *Management Science* **32**(10), p. 1231–1241.

Barney, J. B., J.-C. Spender and T. Reve (1994). *Crafoord Lectures*, Vol. 6. Chartwell-Bratt, Bromley, U.K. and Lund University Press, Lund, Sweden.

Baumol, W., J. Panzar and R. Willig (1982). *Contestable Markets and the Theory of Industry Structure*. Harcourt Brace Jovanovich, New York.

Bercovitz, J. E. L., J. M. de Figueiredo and D. J. Teece (1996). 'Firm capabilities and managerial decision-making: A theory of innovation biases'. In R. Garud, P. Nayyar and Z. Shapira (eds), *Innovation: Oversights and Foresights*. Cambridge University Press, Cambridge, U.K. p. 233–259.

Brandenburger, A. M. and B. J. Nalebuff (1996). *Coopetition*. Doubleday, New York.

Brandenburger, A. M. and B. J. Nalebuff (1995). 'The right game: Use game theory to shape strategy', *Harvard Business Review*, **73**(4), p. 57–71.

Brittain, J. and J. Freeman (1980). 'Organizational proliferation and density-dependent selection'. In J. R. Kimberly and R. Miles (eds.), *The Organizational Life Cycle*. Jossey-Bass, San Francisco, CA, p. 291–338.

Camp, R. (1989). *Benchmarking: The Search for Industry Best practices that Lead to Superior Performance*. Quality Press, Milwaukee, WI.

Cantwell, J. (1993). 'Corporate technological specialization in international industries'. In M. Casson and J. Creedy (eds.), *Industrial Concentration and Economic Inequality*. Edward Elgar, Aldershot, p. 216–232.

Chandler, A.D., Jr. (1966). *Strategy and Structure*. Doubleday, Anchor Books Edition, New York.

Chandler, A. D., Jr. (1990). *Scale and Scope: The Dynamics of Industrial Competition*. Harvard University Press, Cambridge, MA.

Clark, K. and T. Fujimoto (1991). *Product Development Performance: Strategy, Organization and Management in the World Auto Industries*. Harvard Buiness School Press, Cambridge, MA.

Coase, R. (1937). 'The nature of the firm', *Economica*, **4**, p. 386–405.

Coase, R. (1988). 'Lecture on the Nature of the Firm, III', *Journal of Law, Economics and Organization*, **4**, p. 33–47.

Cool, K. and D. Schendel (1988). 'Performance differences among strategic group members', *Strategic Management Journal*, **9**(3), p. 207–223.

de Figueiredo, J. M. and D. J. Teece (1996). 'Mitigating procurement hazards in the context of innovation', *Industrial and Corporate Change*, **5**(2), p. 537–559.

Demsetz, H. (1974). 'Two systems of belief about monopoly'. In H. Goldschmid, M. Mann and J. F. Weston (eds.), *Industrial Concentration: The New Learning*. Little, Brown, Boston, MA, p. 161–184.

Dierickx, I. and K. Cool (1989). 'Asset stock accumulation and sustainability of competitive advantage', *Management Science*, **35**(12), p. 1504–1511.

Dixit, A. (1980). 'The role of investment in entry deterrence', *Economic Journal*, **90**, p. 95–106.

Dosi, G., D. J. Teece and S. Winter (1989). 'Toward a theory of corporate coherence: Preliminary remarks', unpublished paper, Center for Research in Management, University of California at Berkeley.

Doz, Y. and A. Shuen (1990). 'From intent to outcome: A process framework for partnerships', INSEAD working paper.

Fama, E. F. (1980). 'Agency problems and the theory of the firm', *Journal of Political Economy*, **88**, p. 288–307.

Freeman, J. and W. Boeker (1984). 'The ecological analysis of business strategy'. In G. Carroll and D. Vogel (eds.), *Strategy and Organization*. Pitman, Boston, MA, p. 64–77.

Fujimoto, T. (1994). 'Reinterpreting the resource-capability view of the firm: A case of the development-production systems of the Japanese automakers', draft working paper, Faculty of Economics, University of Tokyo.

Garvin, D. (1988). *Managing Quality*. Free Press, New York.

Garvin, D. (1994). 'The processes of organization and management', Harvard Business School working paper _94–084.

Ghemawat, P. (1986). 'Sustainable advantage', *Harvard Business Review*, **64**(5), p. 53–58.

Ghemawat, P. (1991). *Commitment: The Dynamics of Strategy*. Free Press, New York.

Gilbert, R. J. and D. M. G. Newberry (1982). 'Preemptive patenting and the persistence of monopoly', *American Economic Review*, **72**, p. 514–526.

Gittell, J. H. (1995). 'Cross functional coordination, control and human resource systems: Evidence from the airline industry', unpublished Ph.D. thesis, Massachusetts Institute of Technology.

Hansen, G. S. and B. Wernerfelt (1989). 'Determinants of firm performance: The relative importance of economic and organizational factors', *Strategic Management Journal*, **10**(5), p. 399–411.

Hartley, R. F. (1989). *Marketing Mistakes*. Wiley, New York.

Hayes, R. ( 1985 ). 'Strategic planning: Forward in reverse ', *Harvard Business Review*, **63**(6), p. 111–119.

Hayes, R. and K. Clark (1985). 'Exploring the sources of productivity differences at the factory level'. In K. Clark, R. H. Hayes and C. Lorenz (eds.), *The Uneasy Alliance: Managing the Productivity–Technology Dilemma*. Harvard Business School Press, Boston, MA, p. 151–188.

Hayes, R. and S. Wheelwright (1984). *Restoring our Competitive Edge: Competing Through Manufacturing*. Wiley, New York.

Hayes, R., S. Wheelwright and K. Clark (1988). *Dynamic Manufacturing: Creating the Learning Organization*. Free Press, New York.

Henderson, R. M. (1994). 'The evolution of integrative capability: Innovation in cardiovascular drug discovery', *Industrial and Corporate Change*, **3**(3), p. 607–630.

Henderson, R. M. and K. B. Clark (1990). 'Architectural innovation: The reconfiguration of existing product technologies and the failure of established firms', *Administrative Science Quarterly*, **35**, p. 9–30.

Henderson, R. M. and I. Cockburn (1994). 'Measuring competence? Exploring firm effects in pharmaceutical research, *Strategic Management Journal*, Summer Special Issue, **15**, p. 63–84.

Iansiti, M. and K. B. Clark (1994). 'Integration and dynamic capability: Evidence from product development in automobiles and mainframe computers', *Industrial and Corporate Change*, **3**(3), p. 557– 605.

Itami, H. and T. W. Roehl (1987). *Mobilizing Invisible Assets*. Harvard University Press, Cambridge, MA.

Jacobsen, R. (1988). 'The persistence of abnormal returns', *Strategic Management Journal*, **9**(5), p. 415–430.

Katz, M. and C. Shapiro (1985). 'Network externalities, competition and compatibility', *American Economic Review*, **75**, p. 424–440.

Kreps, D. M. and R. Wilson (1982a). 'Sequential equilibria', *Econometrica*, **50**, p. 863–894.

Kreps, D. M. and R. Wilson (1982b). 'Reputation and imperfect information', *Journal of Economic Theory*, **27**, p. 253–279.

Langlois, R. (1994). 'Cognition and capabilities: Opportunities seized and missed in the history of the computer industry', working paper, University of Connecticut. Presented at the conference on Technological Oversights and Foresights, Stern School of Business, New York University, 11–12 March 1994.

Learned, E., C. Christensen, K. Andrews and W. Guth (1969). *Business Policy: Text and Cases*. Irwin, Homewood, IL.

Leonard-Barton, D. (1992). 'Core capabilities and core rigidities: A paradox in managing new product development', *Strategic Management Journal*, Summer Special Issue, **13**, p. 111–125.

Leonard-Barton, D. (1995). *Wellsprings of Knowledge*. Harvard Business School Press, Boston, MA.

Lev, B. and T. Sougiannis (1992). 'The capitalization, amortization and value-relevance of R&D', unpublished manuscript, University of California, Berkeley, and University of Illinois, Urbana–Champaign.

Levinthal, D. and J. March (1981). 'A model of adaptive organizational search', *Journal of Economic Behavior and Organization*, **2**, p. 307–333.

Levinthal, D. A. and J. G. March (1993). 'The myopia of learning', *Strategic Management Journal*, Winter Special Issue, **14**, p. 95–112.

Levinthal, D. and J. Myatt (1994). 'Co-evolution of capabilities and industry: The evolution of mutual fund processing', *Strategic Management Journal*, Winter Special Issue, **15**, p. 45–62.

Levitt, B. and J. March (1988). 'Organizational learning', *Annual Review of Sociology*, **14**, p. 319–340.

Link, A. N., D. J. Teece and W. F. Finan (October 1996). 'Estimating the benefits from collaboration: The Case of SEMATECH', *Review of Industrial Organization*, **11**, p. 737–751.

Lippman, S. A. and R. P. Rumelt (1992) 'Demand uncertainty and investment in industry--specific capital', *Industrial and Corporate Change*, **1**(1), p. 235–262.

Mahoney, J. (1995). 'The management of resources and the resources of management', *Journal of Business Research*, **33**(2), p. 91–101.

Mahoney, J. T. and J. R. Pandian (1992). 'The resource-based view within the conversation of strategic management', *Strategic Management Journal*, **13**(5), p. 363–380.

Mason, E. (1949). 'The current state of the monopoly problem in the U.S.', *Harvard Law Review*, **62**, p. 1265–1285.

McGrath, R. G., M-H. Tsai, S. Venkataraman and I. C. MacMillan (1996). 'Innovation, competitive advantage and rent: A model and test', *Management Science*, **42**(3), p. 389–403.

Milgrom, P. and J. Roberts (1982a). 'Limit pricing and entry under incomplete information: An equilibrium analysis', *Econometrica*, **50**, p. 443–459.

Milgrom, P. and J. Roberts (1982b). 'Predation, reputation and entry deterrence', *Journal of Economic Theory*, **27**, pp. 280–312.

Milgrom, P. and J. Roberts (1990). 'The economics of modern manufacturing: Technology, strategy, and organization', *American Economic Review*, **80**(3), p. 511–528.

Mitchell, W. (1989). 'Whether and when? Probability and timing of incumbents' entry into emerging industrial subfields', *Administrative Science Quarterly*, **34**, p. 208–230.

Miyazaki, K. (1995). *Building Competences in the Firm: Lessons from Japanese and European Optoelectronics*. St. Martins Press, New York.

Mody, A. (1993). 'Learning through alliances', *Journal of Economic Behavior and Organization*, **20**(2), p. 151–170.

Nelson, R. R. (1991). 'Why do firms differ, and how does it matter?' *Strategic Management Journal*, Winter Special Issue, **12**, p. 61–74.

Nelson, R. R. (1994). 'The co-evolution of technology, industrial structure, and supporting institutions', *Industrial and Corporate Change*, **3**(1), p. 47–63.

Nelson, R. (1996). 'The evolution of competitive or comparative advantage: A preliminary report on a study', WP-96-21, International Institute for Applied Systems Analysis, Laxemberg, Austria.

Nelson, R. and S. Winter (1982). *An Evolutionary Theory of Economic change*. Harvard University Press, Cambridge, MA.

Penrose, E. (1959). *The Theory of the Growth of the Firm*. Basil Blackwell, London.

Phillips, A. C. (1971). *Technology and Market Structure*. Lexington Books, Toronto.

Pisano, G. (1994). 'Knowledge integration and the locus of learning: An empirical analysis of process development', *Strategic Management Journal*, Winter Special Issue, **15**, p. 85–100.

Porter, M. E. (1980). *Competitive Strategy*. Free Press, New York.

Porter, M. E. (1990). *The Competitive Advantage of Nations*. Free Press, New York.

Prahalad, C. K. and G. Hamel (1990). 'The core competence of the corporation', *Harvard Business Review*, **68**(3), p. 79–91.

Richardson, G. B. H. (1960, 1990). *Information and Investment*. Oxford University Press, New York.

Rosenberg, N. (1982). *Inside the Black Box: Technology and Economics*. Cambridge University Press, Cambridge, MA

Rumelt, R. P. (1974). *Strategy, Structure, and Economic Performance*. Harvard University Press, Cambridge. MA.

Rumelt, R. P. (1984). 'Towards a strategic theory of the firm'. In R. B. Lamb (ed.), *Competitive Strategic Management*. Prentice-Hall, Englewood Cliffs, NJ, p. 556–570.

Rumelt, R. P. (1991). 'How much does industry matter?', *Strategic Management Journal*, **12**(3), p. 167–185.

Rumelt, R. P., D. Schendel and D. Teece (1994). *Fundamental Issues in Strategy*. Harvard Business School Press, Cambridge, MA.

Schmalensee, R. (1983). 'Advertising and entry deterrence: An exploratory model', *Journal of Political Economy*, **91**(4), p. 636–653.

Schumpeter, J. A. (1934). *Theory of Economic Development*. Harvard University Press, Cambridge, MA.

Schumpeter, J. A. (1942). *Capitalism, Socialism, and Democracy*. Harper, New York.

Shapiro, C. (1989). 'The theory of business strategy', *RAND Journal of Economics*, **20**(1), p. 125–137.

Shuen, A. (1994). 'Technology sourcing and learning strategies in the semiconductor industry', unpublished Ph.D. dissertation, University of California, Berkeley.

Sutton, J. (1992). 'Implementing game theoretical models in industrial economies', In A. Del Monte (ed.), *Recent Developments in the Theory of Industrial Organization*. University of Michigan Press, Ann Arbor, MI, p. 19–33.

Szulanski, G. (1995). 'Unpacking stickiness: An empirical investigation of the barriers to transfer best practice inside the firm', *Academy of Management Journal*, Best Papers Proceedings, p. 437–441.

Teece, D. J. (1976). *The Multinational Corporation and the Resource Cost of International Technology Transfer*. Ballinger, Cambridge, MA.

Teece, D. J. (1980). 'Economics of scope and the scope of the enterprise', *Journal of Economic Behavior and Organization*, **1**, p. 223–247.

Teece, D. J. (1981). 'The market for know-how and the efficient international transfer of technology', *Annals of the Academy of Political and Social Science*, **158**, p. 81–96.

Teece, D. J. (1982). 'Towards an economic theory of the multiproduct firm', *Journal of Economic Behavior and Organization*, **3**, p. 39–63.

Teece, D. J. (1984). 'Economic analysis and strategic management', *California Management Review*, 26(3), p. 87–110.

Teece, D. J. (1986a). 'Transactions cost economics and the multinational enterprise', *Journal of Economic Behavior and Organization*, **7**, p. 21–45.

Teece, D. J. (1986b). 'Profiting from technological innovation', *Research Policy*, **15**(6), p. 285–305.

Teece, D. J. 1988. 'Technological change and the nature of the firm'. In G. Dosi, C. Freeman, R. Nelson, G. Silverberg and L. Soete (eds.), *Technical Change and Economic Theory*. Pinter Publishers, New York, p. 256–281.

Teece, D. J. (1992). 'Competition, cooperation, and innovation: Organizational arrangements for regimes of rapid technological progress', *Journal of Economic Behavior and Organization*, **18**(1), p. 1–25.

Teece, D. J. (1993). 'The dynamics of industrial capitalism: Perspectives on Alfred Chandler's *Scale and Scope* (1990)', *Journal of Economic Literature*, **31**(1), p. 199–225.

Teece, D. J. (1996) 'Firm organization, industrial structure, and technological innovation', *Journal of Economic Behavior and Organization*, **31**, p. 193–224.

Teece, D. J. and G. Pisano (1994). 'The dynamic capabilities of firms: An introduction', *Industrial and Corporate Change*, **3**(3), p. 537–556.

Teece, D. J., R. Rumelt, G. Dosi and S. Winter (1994). 'Understanding corporate coherence: Theory and evidence', *Journal of Economic Behavior and Organization*, **23**, p. 1–30.

Tushman, M. L., W. H. Newman and E. Romanelli (1986). 'Convergence and upheaval: Managing the unsteady pace of organizational evolution', *California Management Review*, **29**(1), p. 29–44.

Wernerfelt, B. (1984). 'A resource-based view of the firm', *Strategic Management Journal*, **5**(2), p. 171–180.

Wernerfelt, B. and C. Montgomery (1988). 'Tobin's Q and the importance of focus in firm performance', *American Economic Review*, **78**(1), p. 246–250.

Williamson, O. E. (1975). *Markets and Hierarchies*. Free Press, New York.

Williamson, O. E. (1985). *The Economic Institutions of Capitalism*. Free Press, New York.

Williamson, O. E. (1991). 'Strategizing, economizing, and economic organization', *Strategic Management Journal*, Winter Special Issue, **12**, p. 75–94.

Williamson, O. E. (1996) *The Mechanisms of Governance*. Oxford University Press, New York.

Womack, J., D. Jones and D. Roos (1991). *The Machine that Changed the World*. Harper-Perennial, New York.

Zander, U. and B. Kogut (1995). 'Knowledge and the speed of the transfer and imitation of organizational capabilities: An empirical test', *Organization Science*, **6**(1), p. 76–92.

# 8

# O que são as capacidades dinâmicas?*

KATHLEEN M. EISENHARDT E JEFREY A. MARTIN
DEPARTMENT OF MANAGEMENT SCIENCE AND ENGINEERING,
STANFORD UNIVERSITY, STANFORD, CALIFORNIA

---

Este artigo se foca nas capacidades dinâmincas e, de uma forma geral, na visão baseada em recursos (VBR) da empresa. Defendemos as capacidades dinâmicas como um arranjo de processos específicos e indentificáveis, tais como desenvolvimento de produtos, estratégia de tomada de decisões e alianças. As capacidades dinâmicas não são vagas nem redundantes. Embora sejam idiossincráticas em seus detalhes e dependentes das oportunidades que surgem, as capacidades dinâmicas têm as características comuns das empresas (as populares "melhores práticas"). Essas características são mais homogêneas, têm a mesma finalidade, são mais negociáveis e substituíveis do que é normalmente proposto. Em mercados moderadamente dinâmicos, as capacidades dinâmicas correspondem à concepção tradicional de rotinas. Elas são detalhadas, analíticas de processos sólidos onde os resultados estão previstos. Ao contrário disto, em mercados altamente dinâmicos, as capacidades dinâmicas são mais simples, altamente experimentais e os processos são frágeis onde os resultados não são previstos. Finalmente, os mecanismos de aprendizado mais conhecidos orientam a evolução das capacidades dinâmicas. Já em mercados moderadamente dinâmicos, a ênfase evolucionária está em variação. Em mercados altamente dinâmicos, a ênfase evolucionária está em seleção. Em nível de VBR, concluimos que a tradicional VBR não identifica corretamente a fonte da vantagem competitiva de longo prazo em mercados dinâmicos, enfatiza excessivamente a estratégica lógica de alavancagem e atinge as condições limites em mercados altamente dinâmicos.

---

A VBR das empresas é um modelo de influência teórica para entender como a vantagem competitiva dentro das empresas é alcançada e como estas vantagens podem ser sustentadas ao longo do tempo (Barney, 1991; Nelson, 1991; Penrose, 1959; Peteraf, 1993; Prahalad e Hamel, 1990; Schumpeter, 1934; Teece, Pisano e Shuen, 1997; Wernerfelt, 1984). Essa perspectiva foca na organização interna das empresas e é um complemento para a ênfase tradicional de estratégia na estrutura dos setores e

---

* Artigo originalmente publicado sob o título *Dynamic Capabilities: What are They?*, no Strategic Management Journal, v.21, n.10, p.1105-1121, 2000.

de posição estratégica dentro desta estrutura como os determinantes da vantagem competitiva (Henderson e Cockburn, 1994; Porter, 1979). Em particular, a VBR assume que as empresas podem ser conceituadas como um conjunto de recursos que são distribuídos heterogeneamente pelas empresas e que os diferentes recursos se mantêm ao longo do tempo (Amit e Schoemakerm 1993; Mahoney e Pandian, 1992; Penrose, 1959; Wernerfelt, 1984). Baseados nesses pressupostos, os pesquisadores teorizam que, quando as empresas têm recursos que são valorizados, raros, não imitáveis e insubstituíveis (por exemplo, os chamados atributos VRIN – *valuable, rare, inimitable and nonsubstitutable*), elas podem alcançar uma vantagem competitiva sustentável pela nova estratégia de valor de criação implementada que não pode ser facilmente copiada pela concorrência (Barneym 1991; Conner e Prahalad, 1996; Nelson, 1991; Peteraf, 1993; Wernerfelt, 1984, 1995). Finalmente, quando esses recursos e seus sistemas de atividades relacionadas têm complementos, seus potenciais para criar vantagem competitiva sustentável são ampliados (Collis e Montgomery, 1995, 1998; Milgrom, Qian e Roberts, 1991; Milgrom e Roberts, 1990; Porter, 1996).

Recentemente, acadêmicos estendem a VBR para os mercados dinâmicos (Teece et al., 1997). A lógica é que a VBR não tem explicado adequadamente como e por que certas empresas têm vantagem competitiva em situações de rápidas e imprevistas mudanças. Nesses mercados, onde o cenário está alterando, as capacidades dinâmicas pelas quais gestores das empresas "integram, constroem e reconfiguram as competências internas e externas para direcionar rapidamente as mudanças de ambientes" (Teece et al., 1997: 516) se tornam a fonte de vantagem competitiva sustentável. A manipulação de recursos de conhecimento, em particular, é especialmente crítica em alguns mercados (Grant, 1996; Kogut, 1996). Além da significância da VBR, a perspectiva não tem sido desafiada. Ela tem sido chamada conceitualmente de vaga e tautológica, sem foco para os mecanismos pelos quais os recursos que realmente contribuem para a vantagem competitiva (por exemplo, Mosakowski e McKelvey, 1997; Priem e Butler, 2000; Williamson, 1999). Também, foi criticada por falta de fundamentação empírica (por exemplo, Williamson, 1999; Priem e Butler, 2000). E, particularmente relevante, a vantagem competitiva sustentável tem sido vista como improvável nos mercados dinâmicos (por exemplo, D'Aveni, 1994).

O objetivo deste trabalho é estender a nossa compreensão das capacidades dinâmicas e então ampliar a visão baseada em recursos (VBR). Uma vez que as capacidades dinâmicas são processos incorporados às empresas, assumimos uma abordagem organizacional empírica, em vez de uma modelagem econônimica e formal (Barney, 1991; Peteraf, 1993). Examinamos a natureza das capacidades dinâmicas, como esses recursos são influenciados pelo mercado dinâmico e sua evolução ao longo do tempo. Temos várias observações. Em primeiro lugar, as capacidades dinâmicas consistem em uma estratégia específica e processos organizacionais, tais como: desenvolvimento de produto, aliança e estratégia de tomada de decisões que criam valor para as empresas nos mercados dinâmicos, por meio dos recursos manipulados para criação de valor estratégico. As capacidades dinâmicas não são nem vagas nem tautologicamente abstratas. Em segundo lugar, esses recursos, que frequentemente possuem grandes e profundas pesquisas empíricas associadas a eles, apresentam semelhanças entre as empresas eficazes ou que podem ser chamadas de "melhores práticas". Portanto, as capacidades dinâmicas têm maior finalidades equivalents, homogeneidade e substituibilidade entre as empresas com os pensamentos implicados das VBR tradicional. Em terceiro lugar, os padrões eficazes das capacidades dinâmicas variam com o dinamismo do mercado. Quando os mercados são moderadamente dinâmicos e as mudanças ocorrem no contexto da estrutura setorial estável, as capacidades dinâmicas assemelham-se à concepção tradicional de rotinas (por exemplo, Cyert e March,1963; Nelson e Winter, 1982). Ou seja, elas são complicadas, detalhadas e vistas como processos analíticos que baseiam-se amplamente em conhecimento existente e execução linear para produzir resultados previsíveis. Em contrapartida, em mercados altamente dinâmicos, onde a estrutura do setor não é clara, as capacidades dinâmicas assumem um caráter diferente. Elas são simples, experimentais, os processos são instáveis e dependem de novos conhecimentos rapidamente criados e execução iterativa para produção adaptada, mas com resultados imprevisíveis. Finalmente, os bem conhecidos mecanismos de aprendizagem orientam a evolução das capacidades dinâmicas e das trajetórias empresariais subjacentes.

Em geral, nosso trabalho busca contribuir para a VBR pela explicação da natureza das capacidades dinâmicas no sentido de ser realista, válida empiricamente e não tautológica. Nosso trabalho também busca esclarecer a lógica das capacidades dinâmicas, os recursos e a vantagem competitiva descrita na VBR. Argumenta-se que, uma vez que a funcionalidade das capacidades dinâmicas pode ser repetida entre as empresas, seus valores por vantagem competitiva distorcem nas configurações de recursos que eles criam, e não nas próprias capacidades.

As capacidades dinâmicas são necessárias, mas não são condições suficientes para vantagem competitiva. Argumentamos que as capacidades dinâmicas podem ser usadas para reforçar as configurações de recursos existentes no exercício de uma vantagem competitiva de longo prazo (lógica de alavancagem da VBR). No entanto, elas também são frequentemente usadas para construir configurações de novos recursos na busca de vantagens temporárias (lógica de oportunidade). Sugerimos, portanto, uma condição limitante à aplicação da VBR enquanto teoria. A VBR não se aplica a mercados altamente dinâmicos, onde o desafio estratégico é manter uma vantagem competitiva quando a duração de que a vantagem é inerentemente imprevisível, onde o tempo é um aspecto essencial da estratégia e as capacidades dinâmicas que guiam a vantagem competitiva são processos propriamente instáveis e desafiados para sustentar.

## 8.1 CAPACIDADES DINÂMICAS

Os recursos estão no coração da VBR. São aquelas capacidades dinâmicas físicas e específicas (equipamento especializado e localização geográfica), humanos (especialização em química) e organizacional (força de vendas superior) ativos que podem ser usados para implementar estratégias de criação de valor (Barney, 1986; Wernerfelt, 1984, 1995). Eles incluem a capacidade local ou "competências" que são fundamentais para a vantagem competitiva de uma empresa, tais como habilidades em biologia molecular para empresas de biotecnologia ou em publicidade para empresas de bens de consumo. Como tal, os recursos constituem a base da única estratégia de criação de valor e respectivos sistemas de atividades que abordam mercados específicos e clientes de formas diferentes e, então, levam a vantagem competitiva (configurações Collis e Montgomery, 1995, 1998; Porter, 1996; competências essenciais, Prahalad e Hamel, 1990; produção enxuta, Womack, Jones e Roos, 1991).

As capacidades dinâmicas são as rotinas organizacionais e estratégicas antecendentes, pelas quais os gestores alteram a base dos seus recursos, adquirem e criam recursos, os integram e recombinam para gerar uma nova estratégia de criação de valor (Grant, 1996; Pisano, 1994). Como tal, são elas que estão por trás da criação, evolução e recombinação de outros recursos, em novas fontes de vantagem competitiva (Henderson e Cockburn, 1994; Teece *et al.*, 1997). Semelhante a Teece e colaboradores (1997), definimos capacidades dinâmicas como:

> Os processos empresariais que usam recursos – especificamente os processos para integrar, reconfigurar, conquistar e liberar recursos – para acompanhar e até mesmo criar as mudanças de mercado. As capacidades dinâmicas são, portanto, as rotinas organizacionais e estratégicas pelas quais empresas alcançam novas configurações de recursos como mercados que emergem, colidem, dividem, evoluem e morrem.

Esta definição de capacidades dinâmicas é semelhante às definições dadas por outros autores. Por exemplo, Kogut e Zander (1992) usam o termo "capacidades combinadas" para descrever os processos organizacionais pelos quais as empresas sintetizam e adquirem recursos de conhecimento e geram novas aplicações destes recursos. Henderson e Cockburn (1994), da mesma forma usam o termo "competência arquitetônica", enquanto Amit e Schoemaker (1993) usam "capacidades".

## Capacidades dinâmicas como processos específicos e identificáveis

As capacidades dinâmicas são frequentemente descritas em termos de "rotinas para aprender rotinas" que têm sido criticadas por serem tautológicas, infinitamente recursivas e inoperantes (por exemplo, Mosakowski e McKelvey, 1997; Priem e Butler, 2000; Williamson, 1999). As capacidades dinâmicas, na verdade, ainda consistem em rotinas específicas e identificáveis que muitas vezes são objeto de grande pesquisa empírica em outras áreas de pesquisa não ligadas ao estudo da VBR.

Algumas capacidades dinâmicas integram recursos. Por exemplo, rotinas de desenvolvimento de produto, pelos quais gestores combinam suas variadas habilidades e conhecimentos técnicos para criar produtos e serviços (por exemplo, Clark e Fujimoto, 1991; Dougherty, 1992; Helfat e Raubitschek, 2000), são uma capacidade dinâmica.

A Toyota, por exemplo, tem usado sua habilidade superior de desenvolvimento de produtos e competências para alcançar vantagem competitiva no setor automobilístico (Clark e Fujimoto, 1991). Da mesma forma, a tomada de decisão estratégica é uma capacidade dinâmica, em que os gestores investem nos seus vários negócios, funcionais e pessoais, e *expertise* para fazer as escolhas que formam o maior movimento estratégico da empresa (por exemplo, Eisenhardt, 1989; Fredrickson, 1984; Judge e Miller, 1991).

Outras capacidades dinâmicas focam na reconfiguração dos recursos dentro das empresas. A transferirência de processos, incluindo rotinas para replicação (por exemplo, Hansen, 1999; Hargadon e Sutton, 1997; Szulanski, 1996), são utilizadas pelos gestores para copiar, transferir e recombinar recursos dentro da empresa, especialmente aqueles baseados no conhecimento. Por exemplo, nas empresas de produtos de design IDEO, gestores diariamente criam novos produtos, por meio do conhecimento de uma variedade de projetos de desenvolvimento de muitos setores e clientes (Hargadon e Sutton, 1997). Rotinas de alocação de recursos são usadas para distribuir recursos escassos, como capital e produção de ativos dos pontos centrais dentro da hierarquia (por exemplo, Burgelman, 1994). Em um nível mais estratégico, a coevolução envolve as rotinas, por meio das quais os gestores reconectam frentes de colaborações entre várias partes da empresa, visando a gerar novas e sinérgicas combinações de recursos entre as empresas (Eisenhardt e Galunic, 2000). A Disney, por exemplo, vem historicamente se destacado em coevolução para criar sinergias que direcionam para um desempenho superior (Wetlaufer, 2000).

Improvisação é um processo estratégico que se concentra em rotinas para realinhar as comparações das empresas (ou seja, adicionar, combinar e dividir) e seus recursos relacionados com a evolução das oportunidades de mercado (Eisenhardt e Brown, 1999). A constante segmentação dos negócios operacionais da Dell, que opera para combinar mudança das demandas dos clientes, é um exemplo de processo de improvisação que deu certo (Magretta, 1998).

Ainda, outras capacidades dinâmicas estão relacionadas com o ganho e a liberação dos recursos. Estes incluem a criação de rotinas de conhecimento em que os gestores e outros constroem novas ideias dentro da empresa, uma capacidade dinâmica particularmente crucial nos setores, como os produtos farmacêuticos, discos ópticos e óleos, onde o conhecimento de ponta é essencial para estratégia e desempenho efetivos (Helfat, 1997, Henderson e Cockburn, 1994; Rosenkopf e Nerkar, 1999). Eles também incluem alianças e rotinas de aquisição e que trazem novos recursos para dentro da empresa a partir de fontes externas (Capron, Dussauge e Mitchell, 1998; Gulati, 1999; Lane e Lubatkin, 1998; Powell, Koput e Smith-Doerr, 1996; Ranft e Zeithaml, 1998; Zollo e Singh, 1998). Outro exemplo é a Cisco Systems, que tem um processo de aquisição muito eficaz no qual os gestores têm montado uma matriz de mudança de produtos e engenharia que direciona para um desempenho superior. Da mesma forma, as empresas de biotecnologia com processos fortes de aliança para acessar conhecimento de fora alcançam desempenho superior (Powell *et al.*, 1996). Finalmente, mesmo sendo muitas vezes negligenciadas, as rotinas de saída que se desvencilham de combinações de recursos que não mais oferecem vantagem competitiva são também capacidades dinâmicas críticas, como os mercados que passam por mudanças (Sull, 1999a, 1999b).

A identificação de processos específicos, como as capacidades dinâmicas, tem várias implicações. Ela abre o pensamenteo da VBR para uma grande e substantiva pesquisa empírica que tem sido, muitas vezes, negligenciada dentro do paradigma. Esta pesquisa sobre as capacidades, como o desenvolvimento de produtos e formação de alianças, não somente lança luz sobre estes processos específicos, mas também sobre a natureza generalizada das capacidades dinâmicas. Assim, ao contrário da crítica de que falta fundamentação empírica nas capacidades dinâmicas (Williamson, 1999), elas têm como processos específicos, muitas vezes, grande base de pesquisa empírica e aplicabilidade de gestão. Principalmente, a identificação de rotinas específicas, em termos de sua relação para alterar a base de recurso, é tratada pela tautologia, que surge quando o valor das capacidades dinâmicas é definido com base nos termos de seus efeitos sobre o desempenho (por exemplo, Priem e Butler, 2000; Williamson, 1999). Ou seja, quando os recursos que a VRIN direciona para a vantagem competitiva são identificados através da observação do desempenho superior e, em seguida, atribuem o desempenho para quaisquer recursos que a empresa parece possuir, a teoria se torna tautológica. Em contrapartida, por meio da definição de capacidades dinâmicas em termos de sua relação funcional para manipulação de recursos, o seu valor é definido independente do desempenho da empresa. Isso permite a falsificação empírica.

## Semelhanças nas principais características: idiossincrasia em detalhes

As capacidades dinâmicas são frequentemente caracterizadas como processos únicos e idiossincráticos que surgem a partir das trajetórias históricas – *path dependence,* individuais das empresas (Teece *et al.*, 1997). Ainda, enquanto as capacidades dinâmicas são, certamente, idiossincráticas nos seus detalhes, a observação igualmente impressionante é que as capacidades dinâmicas específicas também apresentam características comuns que estão associadas a processos eficazes nas empresas. Essas semelhanças surgem, pois existem formas mais ou menos eficazes de lidar com desafios específicos organizacionais, interpessoais e técnicos que devem ser abordadas com certa habilidade. Em outras palavras, assim como existem melhores e piores formas de tacar uma bola de golfe ou esquiar, existem várias maneiras de executar capacidades dinâmicas específicas, como alianças, tomadas de decisões estratégicas e intermediação de conhecimento. Em linguagem mais popular, são as "melhores práticas".

Tome, como exemplo, o processo de desenvolvimento de produtos, uma importante capacidade dinâmica que tem sido amplamente pesquisada (ver Brown e Eisenhardt, 1995, para uma revisão). As rotinas eficazes de desenvolvimento de produto envolvem a participação de equipes multifuncionais que trazem juntas diferentes fontes de conhecimento. Essas fontes de conhecimento são essenciais para produtos superiores, pois cada uma aborda um aspecto único de qualidade do produto ou da produção relacionada. Por exemplo, Imai, Ikujiro e Takeuchi (1985) estudaram sete esforços de desenvolvimento de produto em cinco empresas japonesas que operam em vários setores. Os produtos incluem a copiadora Fuji-Xerox FX-3500, o City box-car da Honda e a câmera Canon Sureshot. O desempenho foi medido em termos de rapidez e flexibilidade de desenvolvimento. Os resultados indicaram que as equipes funcionais foram essenciais para o desempenho superior. O uso dessas equipes aumentou o conjunto de informação que estava disponível e atenuou a coordenação e sobreposição de fabricação, tarefas de *marketing* e *design* durante o processo.

Os processos eficazes de desenvolvimento de produtos também envolvem as rotinas que confirmam as experiências compartilhadas entre as equipes, tais como trabalhos em conjunto para resolver problemas específicos ou reuniões para levantamento de ideias. Tais experiências enriquecem a inovação por meio da quebra do modelo mental vigente, porque as pessoas com conhecimentos diferentes, não só conhecem coisas diferentes, mas sabem lidar e resolver de forma diferente. Experiências concretas com outras pessoas no desenvolvimento de equipes criam uma base de experiência e uma linguagem comuns que facilitam a comunicação entre as pessoas funcionalmente distintas. Dougherty (1992), por exemplo, estudou 18 projetos de desenvolvimento de produto em cinco empresas americanas bem estabelecidas incluindo Kodak e Sopa Campbell. Ela descobriu que visitas comuns e opiniões dos clientes foram essenciais para um processo de desenvolvimento eficaz do produto. Simplesmente ter ligações entre os grupos não foi o suficiente para garantir uma comunicação eficaz.

Os processos de desenvolvimento de produtos eficazes também têm uma comunicação externa ampla que é muitas vezes facilitada pelos líderes de equipe fortes ou pesos-pesados . Por exemplo, Ancona e Caldwell (1992) descobriram que os processos de desenvolvimento de produtos bem-sucedidos foram caracterizados por uma comunicação ampla de ligações fora do grupo, em particular quando estas ligações foram usadas pelos líderes de equipe do projeto para intermediar os grupos com influências externas e para reservar recursos. Clark e Fujimoto (1991) semelhantemente descobriram que os fortes líderes que se engajaram na comunicação externa significativa e foco levaram a uma maior produtividade em desenvolvimento de produtos.

Semelhanças que estão relacionadas com as mais eficazes rotinas existentem para outras capacidades dinâmicas também. Por exemplo, processos de aquisição bem-sucedidos são caracterizados por rotinas pré-aquisição que avaliam a similaridade cultural e consistência de visão (por exemplo, Larrson e Finkelstein, 1999) e rotinas pós-aquisição que dão atenção especial à rapidez da integração (Graebner, 2000) e à reutilização estratégica de ativos por meio de duas empresas (Capron *et al.*, 1998; Graebner, 1999, 2000). Similarmente, as rotinas eficazes de coevolução a fim de obter sinergia entre os recursos localizados em diferentes partes da organização geralmente têm características comuns. Elas incluem as rotinas para confirmar que os negócios principais desenvolvem laços sociais com os outros, e surpreendentemente que estes negócios são recompensados pelo sucesso individual e não coletivo (Christensen,1997; Eisenhardt e Galunic, 2000).

A existência de características comuns entre as capacidades dinâmicas eficazes, no entanto, não implica que qualquer capacidade dinâmica específica é a mesma entre as empresas. Tomemos, por exemplo, os processos de criação de conhecimento, uma capacidade dinâmica crucial, especialmente nas empresas de alta tecnologia. Uma característica comum de um processo de criação de conhecimento bem-sucedido é a ligação explícita entre a empresa focal e as fontes de conhecimento externos da empresa. Na pesquisa pioneira apresentada por Allen (1977); Allen, Piepmeier e Cooney (1971); Katz e Tushman (1981), essas ligações eram um pequeno número de guardiões dentro da empresa. Tais indivíduos mantinham uma comunicação com os cientistas de outras empresas, laboratórios governamentais e universidades. Da mesma forma, Henderson e Cockburn (1994) descobriram que as ligações externas foram fundamentais para o processo de criação do conhecimento eficaz no seu vasto estudo do setor farmacêutico. Essas ligações, porém, tomaram a forma de incentivos para publicação pelos quais os cientistas eram recompensados por manutenção das ligações externas para a grande comunidade científica por meio do uso de publicações em periódicos científicos como critérios de promoção. Da mesma forma, Powell *et al.* (1996) descobriram que o processo de criação do conhecimento que incluiu ligações externas na forma de relações significativas de aliança levou ao superior desempenho de P&D das empresas de biotecnologia. Assim, enquanto as ligações externas são necessárias para a criação de conhecimento efetivo, os vínculos podem assumir diversas formas, incluindo relacionamento pessoal informal, relacionamento impulsionado por critério de promoção e as alianças formais.

Semelhanças entre as empresas de capacidades dinâmicas específicas eficazes têm diversas implicações. Em primeiro lugar, elas implicam finalidades equivalentes. Ou seja, os gestores das empresas desenvolvem uma capacidade dinâmica efetiva, tais como improvisação, criação de conhecimento ou processo de aliança que, provavelmente, inicia o desenvolvimento dessas capacidades de diferentes pontos de partida e toma caminhos únicos. No entanto, uma vez que eles acabam com os recursos que são semelhantes em termos de atributos-chave, existem múltiplos caminhos (finalidades equivalentes) para as mesmas capacidades dinâmicas.

Um estudo recente feito por Cockburn, Henderson e Stern (2000) ilustra esse fenômeno. Os autores estudaram o surgimento dos incentivos para publicação (como mencionado anteriormente, uma característica comum ao processo de criação de conhecimentos efetivo no setor farmacêutico) e descobriram que os gestores começaram em diferentes pontos de partida, desenhando caminhos diferentes antes da aprovação desses incentivos. Por acaso, alguns gestores das empresas foram os pesquisadores agraciados por suas publicações no início do estudo. Alguns adotaram a prática mais cedo do que os outros, porque a investigação de ponta foi mais relevante nas áreas específicas de ênfase terapêutica ou porque eles estavam localizados perto das principais pesquisas universitárias em que as empresas foram mais influenciadas pelas normas das instituições acadêmicas. Ainda outros adotaram a prática, quando ocorre a mudança da liderança sênior. As empresas começaram com diferentes condições iniciais e propensão para a adoção, e seguiram caminhos de adoção diferentes. Porém, alguns gestores, na maioria das empresas, aprovaram os incentivos de publicação pelos seus pesquisadores.

Em segundo lugar, as semelhanças nas características-chave das capacidades dinâmicas eficazes implicam que essas rotinas são mais substituíveis e intercambiáveis entre diferentes contextos que a teoria atual sugere. No caso de substituição, como exemplo do que o processo da criação de conhecimento sugere, as capacidades dinâmicas efetivas podem diferir nas formas e nos detalhes embora estejam presentes semelhanças importantes. No caso da intercambialidade, as semelhanças implicam a eficácia das capacidades dinâmicas específicas de toda uma gama de setores.

Em terceiro lugar, as semelhanças implicam que as capacidades dinâmicas por si só não são suscetíves de serem fontes de uma vantagem competitiva sustentável. De acordo com a lógica da VBR, a vantagem competitiva sustentável ocorre quando as capacidades não são somente valiosas e raras, mas também são inimitáveis, imóveis e insubstituíveis. As capacidades dinâmicas geralmente são valiosas. Elas podem ser raras ou, no mínimo, não possuídas por todos os concorrentes, como é evidente em grande parte das pesquisas empíricas. A sustentabilidade, no entanto, divide-se pelas condições finais. Finalidades equivalentes tornam a imitabilidade e imobilidades irrelevantes para vantagem sustentável. Ou seja, as empresas podem ganhar as mesmas capacidades de muitas frentes independentes de outras empresas. Então, se elas podem imitar outras empresas ou mover recursos não é particularmente relevante, pois os gestores das empresas podem descobri-los por conta própria. As capacidades dinâmicas são substituíveis, pois precisam ter as principais características em comum para serem eficazes. No entanto, elas realmente podem ser diferentes, considerando-se seus detalhes variados. Sugere-se que as capacidades dinâmicas por si só podem ser uma fonte de competitividade mas não uma vantagem sustentável.

Finalmente, as semelhanças apontam que a escala dos "efeitos idiossincráticos empresa" na literatura empírica (Brush, Bromiley e Hendrickx, 1999; McGahan e Porter, 1997; Roquebert, Phillips e Westfall, 1996; Schmalensee, 1985; Wernerfelt e Montgomery, 1988) é provavelmente exagerada. Simplesmente utilizando modelos variáveis para as empresas, conduz-se a modelos estipulados que não podem capturar os principais atributos organizacionais das capacidades dinâmicas como condutores de desempenho. O Quadro 8.1 contrasta nosso ponto de vista com outros pontos de vista.

## Dinamismo de mercado: moderadamente dinâmico para mercados velozes

O padrão das capacidades dinâmicas eficazes depende do dinamismo do mercado. Em particular, as capacidades dinâmicas variam nas suas depen-

## CAPÍTULO 8  O que são as capacidades dinâmicas?

**QUADRO 8.1** Contraste das concepções das capacidades dinâmicas

| | Visão tradicional das capacidades dinâmicas | Reconceitualização das capacidades dinâmicas |
|---|---|---|
| Definição | Rotinas para aprender rotinas | Processos organizacionais específicos e estratégicos (por exemplo, inovação de produto, tomada estratégica de decisão, alianças) pelos quais gestores alteram sua base de recursos |
| Heterogeneidade | Idiossincrasia (por exemplo, empresa específica) | Semelhanças (por exemplo, melhores práticas) com alguns detalhes idiossincráticos |
| Padrão | Detalhado, rotinas analíticas | Dependendo do dinamismo do mercado, variando conforme os detalhes, as rotinas de análise simples e experimentais |
| Saídas | Previsível | Dependendo do dinamismo previsível ou imprevisível do mercado |
| Vantagem Competitiva | Vantagem competitiva sustentável de VRIN das capacidades dinâmicas | Vantagem competitiva de valor, algo raro, finalidade equivalente, substituível e intercambiável das capacidades dinâmicas |
| Evolução | Caminho único | Caminho único formado por mecanismos de aprendizagem, tais como prática, codificação, erros e estimulação |

dências e no conhecimento existente. Os mercados moderadamente dinâmicos são aqueles em que a mudança acontece com frequência, mas ao longo de caminhos aproximadamente previsíveis e lineares. Eles têm estruturas setoriais relativamente estáveis tal que as fronteiras do mercado são claras e os jogadores (por exemplo, concorrentes, clientes e complementadores) são bem conhecidos. Nestes mercados, as capacidades dinâmicas efetivas dependem muito do conhecimento existente. Os gestores analisam as situações no âmbito dos seus conhecimentos tácitos existentes e as regras de ouro e, em seguida, planejam e organizam suas atividades de uma forma relativa seguida de uma fórmula (Burns e Stalker, 1966). Eles podem desenvolver processos eficientes que são previsíveis e relativamente estáveis, com medidas lineares, iniciando com a análise e terminando com a implementação (Helfat, 1997).

Por exemplo, Pisano (1994) pesquisou o desenvolvimento de novos processos de fabricação em uma amostra de 23 projetos de desenvolvimento de processos em empresas farmacêuticas. No setor químico moderadamente dinâmico, onde há um grande conhecimento teórico e prático, as rotinas para o desenvolvimento de novos processos de fabricação foram mais eficazes quando se tratava de um processo estruturado e analítico. Denominado pelo autor como "aprendizagem antes de fazer", os gestores se basearam na análise da situação para chegar a um processo adequado de produção e depois a implementação deste processo dentro da empresa.

Da mesma forma, Fredrickson (1984) examinanou a tomada de decisão estratégica no setor de tintas, uma lenta evolução no setor. Ele descobriu que mais processos de decisão eficaz eram lineares. Estes processos eficazes foram caracterizados por uma sequência de passos para solução de problemas que começaram com a coleta compreensiva de dados, seguido pelo desenvolvimento de alternativas, análise aprofundada dessas alternativas e escolha.

Em algumas situações, o conhecimento tácito existente é mais codificado em rotinas detalhadas que especificam as fases e subdivide entre diferentes indivíduos. Tais rotinas aprofundam a memória das empresas para a rotina (Argote, 1999) e aumentam a previsibilidade dos processos (Nelson e Winter, 1982). Um bom exemplo é a pesquisa de Eisenhardt e Tabrizi (1995) de 72 projetos de desenvolvimento de produtos no setores de computadores. Neste setor de computadores moderadamente dinâmico, os processos mais efetivos de desenvolvimento de produtos foram caracterizados por uma progressão linear ao longo de portões de progresso, desde a especificação até o prototipacão e até o *design*, os testes e, finalmente, a fabricação. As tarefas dentro do processo de desenvolvimento foram distribuídas entre os fornecedores e as empresas focais, que permitiram a sobreposição de diferentes fases do processo sem a necessidade de uma comunicação abrangente durante o processo.

Em contraste, quando os mercados são muito dinâmicos ou o que é chamado de "altamente dinâmicos" (por examplo, Eisenhardt, 1989), a mudança se torna não linear e menos previsível. Os mercados altamente dinâmicos são aqueles em que as fronteiras do mercado são obscuras, os modelos dos negócios bem-sucedidos não são claros e os intervenientes no mercado (tais como, compradores, fornecedores, concorrentes e complementadores) são ambíguos e mutáveis. A estrutura da indústria global não é clara. A incerteza não pode ser modelada como as probabilidades, pois não é possível especificar *a priori* os possíveis estados futuros. Nesses mercados, as capacidades dinâmicas dependem, necessariamente, muito menos do conhecimento existente e muito mais da agilidade da criação específica de situações de novos conhecimentos. O conhecimento existente até pode ser uma desvantagem se os gestores generalizarem a partir das situações do passado (Argote, 1999).

As capacidades dinâmicas efetivas em mercados altamente dinâmicos são simples e descomplicadas, assim como são em mercados moderadamente dinâmicos. As rotinas simples mantêm os gestores focados nas questões importantes, sem limitá-los aos comportamentos específicos ou ao uso de experiências passadas que podem ser inadequadas, dadas as ações necessárias em uma determinada situação. Muitas vezes, essas rotinas consistem em algumas regras que especificam os limites nas ações dos gestores ou indicam prioridades, importantes no movimento ágil dos mercados onde a atenção é a escassez.

Eisenhardt e Sull (2000) discutiram o uso das rotinas simples em mercados altamente velozes. Eles descrevem, por exemplo, como o processo de aliança bem-sucedido da Yahoo não é amplamente estruturado, consistindo em uma rotina de segunda regra que define as condições limitantes para os gestores que pretendem forjar alianças. As regras são: a não exclusividade para os negócios de alianças e o serviços básico fornecido pelo negócio (por exemplo, cartões de mensagens *online*, serviços de planejamento de festas etc) deve ser livres. Há pouco mais para a rotina. Essas regras fixam as condições limites nas quais os gestores da Yahoo têm plena liberdade para fazer uma variedade de negócios de aliança.

Da mesma forma, o estudo de Burgelman (1994, 1996) sobre os processos de alocação de recursos da Intel ilustra uma rotina simples, neste caso, que especifica prioridades. Em um momento de extrema volatilidade, nos quais fabricantes asiáticos perturbados com os mercados mundiais com grave redução de preços e com a melhoria no avanço tecnológico, os gestores da Intel seguiram uma simples regra de produção que determinou a alocação de recursos para a capacidade de fabricação (Burgelman, 1996: 205). Assim, como as margens de *chips* de memória reduziram e as margens de microprocessadores aumentaram, a Intel iniciou, proporcionalmente, a produção de mais microprocessadores. Seguindo esta prioridade simples, os gestores da Intel alocaram flexivelmente os recursos e finalmente transformaram em uma empresa de microprocessadores bem antes dos gestores seniôr reconhecerem a transição.

Embora as capacidades dinâmicas sejam simples em mercados altamente dinâmicos, elas não são completamente desestruturadas ou "orgânicas" (por exemplo, Burns e Stalker, 1966; Lawrence e Lorsch, 1967). Na verdade, se não estivessem em nenhuma estrutura, esses processos estariam fora de controle e não apresentariam coerência. Portanto, as rotinas simples fornecem uma estrutura suficiente (ou seja, semiestrutura) para que as pessoas possam concentrar suas atenções entre os ruídos de informações e possibilidades, ajudar a dar sentido à decisão sobre a situação e ser confiante o suficiente para agir nestas situações altamente incertas onde é facil se tornar paralisado pela ansiedade.

O estudo de Brown e Eisenhardt (1997) sobre os processos múltiplos de desenvolvimento de produtos é um exemplo. Os autores descobriram que as empresas com processos altamente estruturados, tais como extensa propagação de agilidade no procedimento de novos produtos, tinham esses produtos muitas vezes não bem adaptados às condições de mercado. Porém, as empresas sem algumas regras simples foram igualmente ineficazes. Os desenvolvedores dessas empresas tinham dificuldades em fornecer produtos no momento da abertura de mercado e, consistentemente, reinventaram soluções técnicas. Ao contrário disso, as empresas com o processo de desenvolvimento de produtos de maior sucesso acreditaram nas rotinas estabelecidas para fixação de prioridades, uma visão de negócio que delimitou possíveis produtos e aderência com o cumprimento dos prazos, mas muito pouco nas forma de rotinas.

Nos mercados altamente dinâmicos, a falta de detalhamento das rotinas formais não são indicativos do uso extensivo de conhecimento tácito ou complexas rotinas sociais que não podem ser codificadas, embora estas rotinas possam estar presentes. Pelo contrário, as capacidades dinâmicas envolvem impressionantemente a criação do novo, as situações específicas de conhecimento. Isso ocorre pelo exercício de ações experimentais para o rápido aprendizado e, assim, compensar pela limitação, conhecimentos relevantes existentes pela criação rápida de novos conhecimentos sobre a situação atual. Assim, as capacidades dinâmicas costumam usar a prototipagem e testes iniciais para obter rapidamente novos conhecimentos. Tais ações criam uma aprendizagem rápida a partir de pequenas perdas e *feedbacks* imediatos (Argote, 1999; Sitkin, 1992). As capacidades dinâmicas nestes mercados se repetem em uma moda recorrente. Como os gestores se ajustam para as novas informações e condições de mudança, se envolvem em mais reciclagem por meio de fases como o desenvolvimento de alternativas e implementações que seriam lineares em mercados menos dinâmicos. As capacidades dinâmicas também confiam mais em informações em tempo real, nos relacionamentos funcionais e na comunicação intensiva entre os envolvidos no processo e com o mercado externo. As informações em tempo real se antecipam em alertar as pessoas para a necessidade de ajustar suas ações desde que os problemas e as oportunidades sejam marcados mais rapidamente do que quando os indivíduos estivesse mais distantes da informação. As informações em tempo real também constrõem a intuição sobre o mercado de tal forma que os gestores podem compreender mais rapidamente situação de mudança e adaptar-se à ela (Eisenhardt, 1989). Finalmente, as capacidades dinâmicas nesses mercados são caracterizadas pela consideração paralela e, muitas vezes, pela implementação parcial (por exemplo, prototipagem) de múltiplas opções. Tais opções proporcionam posições de reserva, que são úteis uma vez que as situações possam mudar rapidamente. Elas também dão aos gestores um senso de confiança para agir rapidamente. A incapacidade emocional para lidar com a incerteza é o maior fator que desacelera os gestores nos mercados altamente dinâmicos (Eisenhardt, 1989).

A pesquisa de Pisano (1994) dos processos de desenvolvimento de novos procedimenos de fabricação em setores farmacêuticos de base química e biológica citadas anteriormente é coerente com esse pensamento. O autor constatou que "aprender fazendo" (em contraste com "aprender antes de fazer" descrito anteriormente) foi vantajoso nas mudanças rápidas do setor de biotecnologia. Neste contexto, foi eficaz o engajamento em uma maior experimentação e prototipagem dos primeiros processos de teste. Da mesma forma, nos estudos sobre os processos de decisão estratégica (por exemplo, Eisenhardt, 1989; Judge e Miller, 1991; Wally e Baum, 1994) constatou-se que as ações experimentais como a criação de alternativas múltiplas (além de ações como o uso de informações em tempo real) foram relacionadas com a maior eficacia na tomada de decisões estratégicas nos processos de mercados altamente dinâmicos. Esses resultados contrastam significativamente com o processo analítico linear que Fredrickson (1984) encontrou no setor menos dinâmico de tintas. Finalmente, Eisenhardt e Tabrizi (1995) constataram mais testes iniciais e mais protótipos que foram cacterísticos de processo de desenvolvimento de produtos na estação de trabalho acelerada e nos mercados computação pessoal. Tais processos experimentais contrastados com os detalhados, os processos lineares foram eficazes no setor de *mainframe* menos dinâmico. Juntamente, esses estudos suportam que a visão de que as capacidades dinâmicas efetivas em mercados altamente dinâmicos são experimentais com extensivo e frequente uso de protótipos, informações em tempo real, experimentação e alternativas múltiplas.

Enquanto as capacidades dinâmicas em mercados altamente dinâmicos consistem principalmente em regras simples e criação de conhecimento em tempo real, podem ter rotinas detalhadas que lidam com os aspectos do processo onde conhecimento prévio e/ou codificação são particularmente úteis. Muitas vezes, os roteiros mais detalhados existem no final de um processo onde tais registros ajudam a assegurar de forma rápida e coordenada a execução de detalhes complexos.

Por exemplo, Terwiesch, Chea e Bohn (1999) analisaram o processo de desenvolvimento e processos de produção na unidade de produção de disco rígido do setor de computadores. Eles descobriram que, enquanto a maioria dos processos de protótipos envolveu uma variedade de alternativas de fabricação uma vez decididas, a implementação de uma abordagem escolhida ocorreu de acordo com um roteiro altamente detalhado. O estudo de Adler (1999) do desenvolvimento dos processos de fabricação no setor automotivo teve resultados semelhantes para a importância da experimentação seguida pela implementação racionalizada da opção escolhida. O estudo de Brown e Eisenhardt (1998) sobre o desenvolvimento de múltiplos produtos também indicou que a maioria dos processos foi experimental, exceto para um roteiro altamente fora de rotina para mover os desenvolvedores a partir do final de um projeto para o início do próximo.

Os efeitos do dinamismo do mercado nas capacidades dinâmicas tem diversas implicações. Uma delas é que a sustentabilidade das próprias capacidades varia com o dinamismo do mercado. Em mercados moderadamente dinâmicos, as capacidades dinâmicas assemelham a concepção tradicional de rotinas (Cyert e March, 1963; Nelson e Winter, 1982; Zollo e Winter, 1999). Ou seja, elas são complicadas, previsíveis, processos analíticos que dependem extensivamente do conhecimento existente, execução linear e evolução lenta ao longo do tempo. Como gestores continuam ganhando experiência com estas rotinas, eles marcam mais profundamente os processos de tal forma que se tornam sustentados mais facilmente e até mesmo por inércia. A codificação das rotinas por meio da tecnologia ou procedimentos formais reforça a sustentabilidade (Argote, 1999). Portanto, as capacidades se tornam robustas.

Por outro lado, em mercados altamente dinâmicos, as capacidades dinâmicas assumem um caráter diferente. Elas são simples (não complicadas), experimentais (não analítcas) e interativas (não lineares). Elas dependem da criação de conhecimento específico a cada situação que é aplicado no contexto de limites simples e regras prioritárias. Mas, uma vez que essas rotinas sejam simples, existe pouca estrutura para que os gestores possam compreendê-las e eles acabam as esquecendo (Argote, 1999). Essa tendência ao esquecimento é alimentada pelo elevado *turnover* e o cresimento rápido das empresas que frequentemente acompanham mercados altamente dinâmicos. Em termos mais técnicos, esses processes improvisados estão dissipados, no sentido de que requerem constante energia para estarem continuamente indo na direção certa (Prigogine e Stengers, 1984). Eles se encontram em um contínuo e instável estado de desequilíbrio, variando entre grandes e pequenas struturas que algumas vezes são chamadas de "beira do caos" (Kauffman, 1995). O que é desafiador, portanto, é encontrar a estrutura ótima (Eisenhardt e Bhatia, 2000), tornando difícil sustentar as capacidades dinâmicas em mercados altamente dinâmicos. Em mercados moderadamente dinâmicos, a vantagem competitiva é destruída pelo ambiente externo à empresa. Em mercados altamente dinâmicos, a ameaça à vantagem competitiva vem não apenas do ambiente, mas também de dentro da empresa por meio do potencial colapso das capacidades dinâmicas.

Os seguintes depoimentos de gestores do setor da computação demonstram essa instabilidade. De acordo com um gerente, "nós fazemos tudo no voo... eu tenho feito algumas coisas na IBM e em outras empresas onde existe uma estrutura muito boa. Essas empresas estão falindo e estamos liderando o caminho. Eu não estou confortável com a falta de estrutura, mas hesito em mexer no que esta funcionando". Em outro extremo, outro gerente descreve, "em um extremo, é muito fácil para a divisão apenas fingir que não vê nada, ir adiante e implementar... Nós temos que nos forçar a dar um passo atrás (Brown e Eisenhardt, 1997: 28).

Um segunda implicação é que a ambiguidade causal das capacidades dinâmicas varia de acordo com o dinamismo do mercado. Em mercados moderadamente dinâmicos, as capacidades dinâmicas são causalmente ambíguas porque são complicadas e difíceis de serem observadas (Simonin, 1999). Em mercados altamente dinâmicos, por outro lado, as capacidades dinâmicas são causalmente ambíguas porque são simples. O fato de que as capacidades dinâmicas são baseadas em atividades extensivas e experimentais torna obscuras as características fundamentais que fazem a capacidade ser efetiva. Portanto, é difícil de isolar a causa dos extensivos, mas não menos importantes detalhes. Algumas vezes, nem mesmo os gestores sabem porque suas capacidades dinâmicas são tão bem-sucedidas. Por exemplo, um presidente de uma grande empresa de biotecnologia disse para um dos autores, "nós temos a melhor pesquisa do setor, mas não sabemos o porquê". Além disso, muitos gestores têm a tendência de imitar mais do que o necessário, acreditando erroneamente que processos mais detalhados são melhores. Na verdade, o *insight* contraintuitivo apresentado aqui é que os movimentos considerados complicados e altamente adaptados, necessários em mercados altamente dinâmicos, são determinados por regras simples. O Quadro 6.2 relaciona as características das capacidades dinâmicas com o ritmo dos mercados.

## A evolução das capacidades dinâmicas

A literatura caracteriza as capacidades dinâmicas como rotinas complicadas que emergem de processos que dependem da trajetória histórica

**QUADRO 8.2** Capacidades dinâmicas e tipos de mercados dinâmicos

| | Mercados moderadamente dinâmicos | Mercados de alta velocidade |
|---|---|---|
| Definição de mercado | Estrutura setorial estável, limites definidos, modelos de negócios claros, os jogadores estão identificados, mudança linear e previsível | Estrutura sectorial ambígua, as fronteiras indefinidas, modelos de negócios fluídicos, jogadores ambíguos e incertos, a mudança não linear e imprevisível |
| Padrão | Rotinas analíticas detalhadas que dependem amplamente do conhecimento existente | Simples, rotinas experimentais que dependem de conhecimento recém-criado específico para a situação |
| Execução | Linear | Iterativo |
| Estável | Sim | Não |
| Saídas | Previsível | Imprevisível |
| Chave para a evolução eficaz | Frequente, há variação nas proximidades | Seleção cuidadosamente gerida |

seguida pela empresa (Nelson e Winter, 1982; Teece et al., 1997; Zollo e Winter, 1999). No entanto, enquanto que essa corrente teórica enfatiza a trajetória de uma determinada empresa, sua origem, história e rotinas, ela também é melhor descrita em termos de mecanismos de aprendizagem que foram identificados principalmente na literatura de psicologia (Argote, 1999). Esses mecanismos de aprendizagem guiam a evolução das capacidades dinâmicas.

Por exemplo, a prática da repetição é um importante mecanismo de aprendizagem para o desenvolvimento de capacidades dinâmicas. A prática ajuda as pessoas a compreender os processos de forma mais completa e assim desenvolver rotinas mais eficientes. A eficácia de tal experiência tem sido demonstrada em numerosos estudos empíricos, incluindo a vasta literatura sobre curvas de aprendizagem na manufatura (Argote, 1999). De maneira similar, a pesquisa de Zollo e Singh (1998) feita com bancos ilustra o papel da pratica da repetição. Os autores descobriram que a integração, relacionamento e experiência adquirida proporcionam um melhor desempenho.

Especificamente, a prática da repetição com fusões e aquisições homogênea (ou seja, aquelas fusões e aquisições feitas em mercados relacionados) foi positivamente associada ao acúmulo de conhecimento tácito e explícito sobre como executar aquisições e obter um desempenho superior.

Enquanto que a prática da repetição pode, por si só, contribuir para a evolução das capacidades dinâmicas, a codificação dessa experiência em tecnologia e procedimentos formais torna essa experiência mais fácil para aplicar e acelera a construção de rotinas (Argote, 1999; Zander e Kogut, 1995). Por exemplo, Kale, Dyer e Singh (1999), em uma pesquisa sobre alianças empresarias conduzida em diversos países, concluiu que a concentração de experiências junto com alianças mais dedicadas foi a variável mais importante para o sucesso da aliança do que a apenas a experiência. Eles sugerem que uma aliança mais dedicada proporciona um importante mecanismo de formalização por meio do qual o conhecimento sobre fusões e aquisições (por exemplo, rotinas), pode ser articulado, codificado, dividido e internalizado pela organização.

Erros também desempenham um papel na evolução das capacidades dinâmicas. Pequenas perdas, mais do que sucessos ou fracassos, contribuem para uma aprendizagem efetiva (Sitkin, 1992). O sucesso muitas vezes não envolve a atenção dos gestores de modo suficiente para que eles aprendam com a experiência. Grande falhas e erros sucintam mecanismos de defesa que bloqueiam a aprendizagem. Em contrapartida, pequenas falhas são grandes motivadores para o processo de aprendizado, tais como as falhas que fazem com que as pessoas prestem mais atenção ao processo, mas não fazem com que criem os mecanismos de defesa que impedem o aprendizado.

Os efeitos dos erros foram examinados por Hayward (2000) em seu estudo de 241 fusões e aquisições em 120 empresas europeias em seis segmentos de mercado. Os resultados mostraram que um número moderado de pequenos erros levou à aquisição de melhores habilidades para condução de fusões e aquisições. Da mesma forma Eisenhardt e Sull (2000) relatam como gestores da empresa Yahoo desenvolveram uma de suas regras para os processes de formação de alianças com outras empresa, descrito acima, a partir de um engano. Gestores da empresa Yahoo formaram uma relação exclusiva com uma grande empresa de cartão de crédito. Logo, reconheceram que essa aliança restringia a flexibilidade, especialmente com respeito aos varejistas, e a aliança foi desfeita a um alto custo. A regra de "acordos não exclusivos" surgiu de um erro. Da mesma forma, em um estudo de longo prazo sobre desenvolvimento de capacidades, Kim (1998) verificou que as crises, tanto artificiais como reais, são importantes para o desenvolvimento de capacidades dinâmicas. Em sua investigação sobre a construção de competências organizacionais de longo prazo da empresa Hyundai, Kim (1998) observou que o sentimento de fracasso (que ele chamou de "crise fabricada") foi essencial para a motivação do ambiente interno de aprendizagem. Tais crises criaram um maior envolvimento na situação, e assim a aprendizagem dentro Hyundai aumentou.

A evolução das capacidades dinâmicas também é afetada pela estimulação de experiência. Experiência que vem rápido demais pode sobrecarregar os gestores, levando a uma incapacidade de transformar a experiência em aprendizagem significativa. Da mesma forma, experiências pouco frequentes podem levar ao esquecimento do que foi aprendido anteriormente e assim resultar em pouca acumulação de acumulação (Argote, 1999). Por exemplo, no estudo mencionado anteriormente, Hayward (1998) verificou que o tempo tinha uma relação da forma "U-invertido" com o desempenho das fusões e aquisições. Um grande volume de aquisições realizadas em um curto espaço de tempo prejudicava a habilidade dos gestores para absorver as lições de uma aquisição particular. No entanto, quando havia poucas aquisições em longo espaço de tempo, os gestores não tinham oportunidades suficientes para aprimorar suas habilidades.

Embora os mecanismos básicos de aprendizagem, tais como aqueles acima referidos subjacentes à evolução das capacidades dinâmicas, os aspectos cruciais dessa evolução também dependem do dinamismo do mercado. Em mercados moderadamente dinâmicos, experiências em situações muito relacionadas, mas mesmo assim diferentes, são particularmente eficazes em moldar capacidades dinâmicas. Pequenas e frequentes variações ajudam os gestores a aprofundar as capacidade por meio da ligação e elaboração dessas capacidades com novas situações. O resultado é eficiente, rotinas robustas que mantêm o ritmo com mercados em mutação e ampliam as oportunidades para o crescimento.

Por exemplo, Haleblian e Finkelstein (1999), em seu estudo de 449 aquisições, exploraram as relações entre experiência e aquisição e o desempenho de aquisição. Usando o quadro teórico da teoria de aprendizagem, os autores verificaram que gestores mais experientes foram capazes de discernir as semelhanças e diferenças entre as aquisições atuais e anteriores, e assim aplicar as suas competências sobre aquisição de uma forma mais discriminatória. Essas relações entre experiência e capacidade de discernir foi associada a um desempenho superior. Em contraste, os gestores menos experientes demonstraram menor capacidade para realizar aquisições. Da mesma forma, Hayward (2000) constatou que níveis moderados de aquisições feitas em mercados similares foram positivamente relacionados com o desenvolvimento de capacidades de aquisição. Os gestores parecem ter criado habilidades superiores quando reforçaram os seus conhecimentos e também estenderam sua experiência a novos tipos de aquisições.

Em contrapartida, nos mercados de alta velocidade, o aspecto mais crucial da evolução é a seleção, não a variação. Variação acontece facilmente em tais mercados. Em contraste, a seleção é difícil porque é desafiador descobrir que a experiência deve ser generalizada a partir da situação específica em que o conhecimento ocorre. Quais das muitas experiências devem ser incorporadas nas rotinas em curso e quais devem ser esquecidas? A tentação é de generalizar muito rapidamente, e assim mudar as capacidades muito frequentemente com base em eventos idiossincráticos (Gersick, 1994; Sastry, 1999)

Finalmente, a ordem de execução e implementação da capacidades dinâmicas é uma consequência. Isto é, capacidades dinâmicas são combinações de recursos mais simples e rotinas relacionadas, algumas das quais podem ser fundamentais para outras e por isso devem ser aprendidas em primeiro lugar. Brown e Eisenhardt (1997) chamaram essa idéia de "sequência de passos". No seu estudo sobre múltiplos processos de desenvolvimento de produto em seis empresas do setor de computadores, esses autores observaram que o desenvolvimento de múltiplos produtos precisava da combinação de três capacidades dinâmicas simples: desenvolvimento de produtos, pensar sobre o futuro e conectar as rotinas de um projeto de desenvolvimento de produtos com o próximo. Gestores que constroem uma capacidade dinâmica efetiva para o desenvolvimento de vários produtos seguiram a "sequência de passos" que tinha de ser executada na ordem correta. A habilidade de desenvolvimento de produtos únicos precisa ser a primeira capacidade, pois fornece a base para outros produtos no futuro. As habilidades relacionadas com a sondagem do futuro e oportunidades de novos produtos aparece como a segunda capacidade. Finalmente, as habilidades de coordenação do tempo para a criação de um processo de desenvolvimento de produtos cujo ritmo esteja conectado com o ritmo dos produtos atuais e futuro. Similarmente, em seu estudo da

Hyundai, Kim (1998) encontrou um sequenciamento adequado da aprendizagem das capacidades: das capacidades mais simples e mais previsíveis, existentes nos processos de criação na produção, até as capacidades de improvisação no desenvolvimento e *design* de rotinas. Assim, a efetiva implementação das capacidades exige o conhecimento dos ingredientes (ou seja, principais semelhanças das capacidades) e da fórmula (ou seja, ordem de execução).

## 8.2 DISCUSSÃO

O objetivo deste trabalho é explorar capacidades dinâmicas e, mais genericamente, a corrente teórica da VBR. Ao abordar esses objetivos, focalizamos a natureza das capacidades dinâmicas, o impacto do dinamismo do mercado e sua evolução. Nossas observações estão relacionadas a diversas áreas de pesquisa.

Nosso trabalho sugere uma reformulação do conceito de capacidades dinâmicas. As capacidades dinâmicas não são tautológicas, vagas e infinitamente recursivas como alguns têm sugerido (por exemplo, Priem e Butler, 2000; Williamson, 1999). Em vez disso, elas consistem em muitos processos conhecidos como formação de alianças, desenvolvimento de produtos e tomada de decisões estratégicas que têm sido estudadas extensivamente em suas respectivas áreas de conhecimento, à parte da VBR. O seu valor para a vantagem competitiva reside na sua capacidade de alterar a base de recursos: criar, integrar, recombinar e liberar os recursos.

As capacidades dinâmicas também apresentam aspectos comuns entre as empresas que estão associadas com uma eficácia superior. Assim, enquanto que as especificidades de uma dada capacidade dinâmica podem ser idiossincráticas a uma empresa (por exemplo, a composição exata de uma equipe multidisciplinar – *cross-functional* – de desenvolvimento de produto) e dependente da trajetória histórica dessa empresa, existem "melhores práticas" para capacidades dinâmicas independentemente da empresa. Esses aspectos comuns entre as empresas implica que as capacidades dinâmicas têm finalidades equivalentes de tal forma que as empresas podem desenvolver essas capacidades a partir de muitos pontos de partida e ao longo de diferentes caminhos. Elas também são mais homogêneas, intercambiáveis e substituíveis do que normalmente se assume. Em geral, essas observações sugerem uma alteração na concepção de capacidades dinâmicas.

Nosso trabalho também sugere uma visão ampliada das rotinas (Cyert e March, 1963, Nelson e Winter, 1982; Winter e Szulanski, 1999). Argumentam que, em mercados moderadamente dinâmicos, as rotinas sob a forma de capacidades dinâmicas são incorporadas no conhecimento acumulado existente. Elas envolvem um processo de análise da base de conhecimento existente e das regras de ouro até então seguidas pela empresa, seguido de um processo de implementação. Quando esse conhecimento existente é codificado, as rotinas resultantes são muitas vezes específicas e detalhadas com resultados previsíveis (Helfat, 1997; Nelsone Winter, 1982). Portanto, em mercados moderadamente dinâmicos, as capacidades dinâmicas apresentam propriedades sugeridas na pesquisa tradicional onde rotinas eficazes são processos eficientes e robustos (Cyert e March 1963, Nelson e Winter, 1982).

Em contrapartida, nos mercados altamente dinâmicos, as capacidades dinâmicas dependem amplamente de novos conhecimentos criados para situações específicas. As rotinas são propositadamente simples para permitir a adaptação emergente, embora não completamente desestruturadas. Uma vez que o novo conhecimento deva ser rapidamente adquirido em cada nova situação, as atividades experimentais, como protótipos, informações em tempo real, portfólio de opções e experimentação que gera conhecimento imediato, rapidamente substituem a análise. A fim de adaptar-se às alterações ocorridas nas informações, as rotinas são interativas e cognitivamente conscientes, não lineares e sem sentido. Embora possa haver acumulos de rotinas onde o conhecimento existente é relevante, as capacidades dinâmicas são surpreendentemente simples.

Por isso, em mercados altamente dinâmicos, rotinas eficazes são adaptáveis a novas circunstâncias. O preço de adaptabilidade são processos instáveis com resultados imprevisíveis. De forma geral, essa conclusão aponta para uma rica concepção de rotinas que vai além da visão usual de processos eficientes e robustos (Cyert e March, 1963, Nelson e Winter, 1982) para incluir essas rotinas mais frágeis, "semiestruturadas" que são eficazes em mercados altamente dinâmicos.

Nosso trabalho também aborda a evolução das capacidades dinâmicas. Observamos que, enquanto a evolução das capacidades dinâmicas ocorre ao longo de um único caminho para qualquer empresa, esse caminho é moldado por conhecidos mecanismos de aprendizagem. A prática da repetição, por exemplo, acelera a formação das capacidades dinâmicas (Argote, 1999). Pequenas perdas (Sitkin, 1992), crises (Kim, 1998), experiência e ritmo (Hayward, 2000) podem motivar uma evolução mais rápida. Em mercados moderadamente dinâmicos, as pequenas e frequentes variações occoridas em experiências similares aprofundam as capacidades (Haleblian e Finkelstein, 1999). Em mercados altamente dinâmicos, onde a aprendizagem pode ser muito rápida, o processo seletivo envolvendo o que deve ser mantido das experiências acaba sendo mais crucial (Gersick, 1994). Finalmente, a ordem de execução pode ser crítica para as capacidades dinâmicas que são compostas de várias capacidades distintas (Brown e Eisenhardt, 1997). Analisando em conjunto, esses *insights* abrem a "caixa preta" do caminho da trajetória histórica das empresas para revelar que a evolução das capacidades dinâmicas é guiada pelos conhecidos mecanismos de aprendizagem.

## Em direção a uma nova perspectiva da visão baseada em recursos

O mais importante é que nosso trabalho aborda as relações lógica entre capacidades dinâmicas, recursos e vantagem competitiva, uma área problemática dentro VBR (Priem e Butler, 2000). Nós temos três pontos. Em primeiro lugar, o argumento de que as VRIN das capacidades dinâmicas são elas mesmo a fonte da vantagem competitiva de longo prazo em mercados dinâmicos idenfica erroneamente a fonte dessa vantagem. Como observado anteriormente, capacidades dinâmicas eficazes têm aspectos comuns entre as empresas em termos de características essenciais (popularmente chamada, "melhores práticas"). Por isso, violam o princípio da VBR que diz que as empresas são heterogêneas. Assim, enquanto as empresas com capacidades dinâmicas mais eficazes, como inovação de produto e processos de formação de alianças, são suscetíveis a ter uma vantagem competitiva sobre as empresas com capacidades menos eficazes, as capacidades dinâmicas não são fontes de longo prazo de uma vantagem competitiva.

Então, onde se encontrar o potencial para a vantagem competitiva de longo prazo? Encontra-se na rápida utilização de capacidades dinâmicas, de forma mais astuta, ou mais fortuitamente do que os competidores para a criação de configurações de recursos que têm essa vantagem. Assim, por exemplo, a capacidade de aquisição da GE Capital é bem conhecida de todos, e os concorrentes podem facilmente copiar ela e se desenvolver de forma independente. Mas o que é muito mais difícil de replicar é a base de recursos das empresas adquiridas e das sinergias relacionadas entre si, e que a GE Capital conquistou e continua a construir. Essa vantagem é particularmente acentuada quando as configurações de recursos são combinações de bem tecidas atividades sinergéticas (Collis e Montgomery, 1995; Milgrom e Roberts, 1990; Porter, 1996; Prahalad e Hamel, 1990). Por isso, no longo prazo, a vantagem competitiva reside nas configurações de recursos que os gestores constroem com as capacidades dinâmicas, e não nas capacidades em si. Capacidades dinâmicas eficazes são condições necessárias, mas não suficientes, para a vantagem competitiva.

Em segundo lugar, o pensamento estratégico da VBR enfatiza em demasia a lógica de alavancagem. Embora, certamente, algumas configurações de recursos levem à vantagem competitiva de longo prazo e a algumas situações, tais como aquelas com economias de escala significativas ou efeitos de rede, elas favorecem a emergência de tais vantagens. A longo prazo, uma vantagem competitiva é pouco frequente em mercados dinâmicos. Pelo contrário, a realidade é que muitas vezes a vantagem competitiva é de curto prazo. Nessas situações, faz sentido para os gestores competir criando uma série de vantagens temporárias. A lógica da estratégica é a oportunidade (Lengnick Hall e Wolff, 1999).

Por exemplo, D'Aveni (1994) descreveu o duopólio entre a Coca e a Pepsi, em que essas empresas ultrapassaram uma a outra durante décadas usando vantagens temporáriass em novos produtos, inovações tecnológicas e organizacionais e publicidade. Nenhuma empresa podia ganhar consistentemente uma vantatem superior. Ao contrário, cada uma prosperou porque se moveram rapidamente em novas fontes de vantagem. Da mesma forma, Roberts (1999), em um estudo nos setor farmacêutico, notou que a persistência de um elevado desempenho foi impulsionado pelas vantagens temporárias, sob a forma de novos produtos. As mais bem-sucedidas empresas parecem possuir uma capacidade dinâmica de desenvolvimento de produtos, conduzindo a um fluxo de produtos superiores, porém que raramente propiciaram uma vantagem competitiva de longo prazo. Em ambas situações, criando uma série de movimentos e contra-movimentos de ludibriar a concorrência e construir vantagens temporárias, um desempenho superior foi alcançado (D'Aveni, 1994).

Em geral, as capacidades dinâmicas são melhor conceituadas como ferramentas que manipulam configurações de recursos. Às vezes, torna-se eficaz utilizar essas ferramentas para aumentar as configurações de recursos existentes e reforçar a posição atual usando a VBR e a lógica da trajetória histórica e da alavancagem. Aqui, o objetivo é uma vantagem competitiva de longo prazo. Mais frequentemente em mercados dinâmicos, faz sentido usar recursos dinâmicos para construir novas configurações de recursos e mudar para uma nova posição competitiva usando uma lógica que abre um caminho estratégico de mudança (ver também Karim e Mitchell, 2000). Aqui, o objetivo é uma série de vantagens competitivas temporárias. O ponto central é que uma mistura de diversas lógicas estratégica faz sentido em mercados dinâmicos.

Finalmente, os mercados altamente dinâmicos são um limitador para a VBR, uma contribuição teórica muito necessária (Lengnick-Hall e Wolff, 1999; Priem e Butler, 2000). Nesses mercados, os gestores das empresas tem de lidar não só com o desafio externo da concorrência, mas também com o desafio interno do potencial de colapso das capacidades dinâmicas. Tão importante, a corrente teórica da VBR que aborda a lógica estratégica como dependente da trajetória histórica da empresa não só carece de uma lógica de mudança que é fundamental em mercados dinâmicos, mas também minimiza a dificuldade de prever o cumprimento da vantagem atual e as fontes de vantagem no futuro. A Intel é um exemplo fantástico. Embora a empresa dominasse o mercado há mais de uma década, seus gestores operavam como se a sua vantagem em competitividade pudessse terminar a qualquer momento. Na verdade, o seu *slogan* era "só os paranoicos sobrevivem".

Da mesma forma, a suposição feita pela VBR de que a organização é como um conjunto de recursos não se aplica aos mercados altamente dinâmicos. Nessas situações, os recursos são adicionados, recombinados e eliminados com regularidade (Galunic e Eisenhardt, 2000; Galunic e Rodan, 1998). Ter esses recursos bem amarrados dentro da organização é um problema. A ênfase que a VBR dá à vantagem competitiva de longo prazo é muitas vezes irrealista em mercados altamente dinâmicos. A norma é a vantagem competitiva imprevisível e de curto. O crescimento da empresa é uma métrica mais útil do que o lucro. Finalmente, a VBR não avalia o papel estratégico do tempo. Compreender o fluxo estratégico, desde as conquistas do passado até a sondagem do futuro e o ritmo de quando, onde, e quantas vezes mudar, é central para a estratégia em mercados altamente dinâmicos (Brown e Eisenhardt, 1998). Em geral, enquanto a VBR foca na alavancagem de recursos para alcançar a vantagem competitiva de longo prazo, a estratégia em mercados altamente dinâmicos se foca na criação de uma série de vantagens competitivas imprevisíveis alcançadas no tempo certo e em organizações com estrutura mais simples. A lógica estratégica é a oportunidade e o imperativo é quando, onde e quantas vezes mudar.

## Conclusão

Este artigo explora as capacidades dinâmicas e, mais amplamente, a VBR. Com base nos *insights* negligenciados da teoria organizacional e da pesquisa empírica, concluímos que este artigo seja mais realista, teoricamente válido e empiricamente mais acurado. As capacidades dinâmicas incluem os conhecidos processos organizacionais e estratégicos como formação de alianças e desenvolvimento de produtos cujo valor estratégico reside na sua capacidade de manipular os recursos com o objetivo de criar valor.

Embora as capacidades dinâmicas sejam idiossincráticas, elas apresentam algumas semelhanças entre as empresas, também conhecidas como "melhores práticas". Seus amplos padrões estruturais variam de acordo com o dinamismo do mercado, que vão desde rotinas robustas em mercados moderadamente dinâmicos a rotinas mais frágeis e semiestruturadas em mercados altamente dinâmicos. Elas evoluem por meio dos conhecidos mecanismos de aprendizagem.

Mais amplamente, podemos concluir que a vantagem competitiva de longo prazo reside na configuração de recursos, e não nas capacidades dinâmicas. Em mercados moderadamente dinâmicos, a VBR é reforçada por meio da mistura de uma lógica de alavancagem baseada na sua trajetória histórica com uma lógica de mudança. Finalmente, a VBR encontra um limitador que são os mercados altamente dinâmicos, onde a duração da vantagem competitiva é inerentemente imprevisível, e o tempo é central para a estratégia e as capacidades dinâmicas são instáveis. Aqui, o objetivo estratégico não é a alavancagem, mas a mudança.

## Agradecimentos

Uma versão anterior deste trabalho foi apresentada no Tuck Consórcio para a Competitividade e Cooperação (CCC) em setembro de 1999 e na conferência sobre a evolução das capacidades das empresas. Apreciamos os comentários úteis do Anil Gupta, Connie Helfat, Cynthia Montgomery, Filipe Santos, e os demais participantes do consórcio.

## 8.3 REFERÊNCIAS

Adler PS. 1999. Flexibility versus efficiency? A case study of model changeovers in the Toyota production system. *Organization Science* **10**(1): 43–68.

Allen TJ. 1977. Managing the Flow of Technology:Technology Transfer and the Dissemination of Technological Information within the R&D Organization. MIT Press: Cambridge, MA.

Allen TJ, Piepmeier JM, Cooney S. 1971. *Technology Transfer to Developing Countries: The International Technological Gatekeeper.* Massachusetts Institute of Technology: Cambridge, MA.

Amit R, Schoemaker PJH. 1993. Strategic assets and organizational rent. *Strategic Management Journal* **14**(1): 33–46.

Ancona DG, Caldwell DF. 1992. Bridging the boundary: External process and performance in organizational teams. *Administrative Science Quarterly* **37**(4): 634–665.

Argote L. 1999. Organizational Learning: Creating,Retaining, and Transferring Knowledge. Kluwer Academic: Boston, MA.

Barney JB. 1991. Firm resources and sustained competitive advantage. *Journal of Management* **17**(1): 99– 120.

Barney JB. 1986. Organizational culture: can it be a source of sustained competitive advantage? *Academy of Management Review* **11**(3): 656–665.

Brown SL, Eisenhardt KM. 1995. Product development: past research, present findings and future directions. *Academy of Management Review* **20**(2): 343–378.

Brown SL, Eisenhardt KM. 1997. The art of continuous change: linking complexity theory and time-paced evolution in relentlessly shifting organizations. *Administrative Science Quarterly* **42**(1): 1–34.

Brown SL, Eisenhardt KM. 1998. *Competing on the Edge: Strategy as Structured Chaos.* Harvard Business School Press: Boston, MA.

Brush TH, Bromiley P, Hendrickx M. 1999. The relative influence of industry and corporation on business segment performance: an alternative estimate. *Strategic Management Journal* **20**(6): 519–547.

Burgelman RA. 1994. Fading memories: a process theory of strategic business exit in dynamic environments. *Administrative Science Quarterly* **39**(1): 24–56.

Burgelman RA. 1996. A process model of strategic business exit. *Strategic Management Journal*, Summer Special Issue **17**: 193–214.

Burns T, Stalker GM. 1966. *The Management of Innovation*. 2nd edn, Associated Book Publishers: London. Capron L, Dussauge P, Mitchell W. 1998. Resource redeployment following horizontal acquisitions in Europe and North America, 1988–1992. *Strategic Management Journal* **19**(7): 631–661.

Christensen C. 1997. *Managing Innovation at NYPRO, Inc. (A) (B)*. Harvard Business School Publishing: Boston, MA.

Clark KB, Fujimoto T. 1991. Product Development Performance: Strategy, Organization, and Management in the World Auto Industry. Harvard Business School Press: Boston, MA.

Cockburn I, Henderson R, Stern S. 2000. Untangling the origins of competitive advantage. *Strategic Management Journal* (this issue).

Collis DJ, Montgomery CA. 1995. Competing on resources. *Harvard Business Review* **73**(4): 118–128.

Collis DJ, Montgomery CA. 1998. Creating corporate advantage. *Harvard Business Review* **76**(3): 70–83.

Conner KR, Prahalad CK. 1996. A resource-based theory of the firm: knowledge versus opportunism. *Organization Science* **7**(5): 477–501.

Cyert RM, March JG. 1963. *A Behavioral Theory of the Firm*. Prentice-Hall: Englewood Cliffs, NJ. D'Aveni RA. 1994. Hypercompetition: Managing the Dynamics of Strategic Maneuvering. Free Press: New York.

Dougherty D. 1992. Interpretive barriers to successful product innovation in large firms. *Organization Science* **3**: 179–202.

Eisenhardt KM. 1989. Making fast strategic decisions in high-velocity environments. *Academy of Management Journal* **32**(3): 543–576.

Eisenhardt K, Sull D. 2001. What is strategy in the new economy? *Harvard Business Review*. (forthcoming).

Eisenhardt KM, Bhatia MM. 2000. Organizational complexity and computation. In *Companion to Organizations*, Baum JAC (ed.). Blackwell: Oxford, UK. (forthcoming).

Eisenhardt KM, Brown SL. 1999. Patching: restitching business portfolios in dynamic markets. *Harvard Business Review* **77**(3): 72–82.

Eisenhardt KM, Galunic DC. 2000. Coevolving: at last, a way to make synergies work. *Harvard Business Review* **78**(1): 91–101.

Eisenhardt KM, Tabrizi BN. 1995. Accelerating adaptive processes: product innovation in the global computer industry. *Administrative Science Quarterly* **40**(1): 84–110.

Fredrickson JW. 1984. The comprehensiveness of strategic decision processes: extension, observations, future directions. *Academy of Management Journal* **27**(3): 445–467.

Galunic DC, Eisenhardt KM. 2000. Architectural innovation and modular corporate forms. Working paper, 1120 *K. M. Eisenhardt and J. A. Martin* 1-41. INSEAD/Stanford University, Fontainebleau and Stanford, CA.

Galunic DC, Rodan S. 1998. Resource recombinations in the firm: knowledge structures and the potential for Schumpeterian innovation. *Strategic Management Journal* **19**(12): 1193–1201.

Gersick CJG. 1994. Pacing strategic change: the case of a new venture. *Academy of Management Journal* **37**(1): 9–45.

Graebner M. 1999. A review of recent research on mergers and acquisitions. Working paper, Stanford University, Stanford, CA.

Graebner M. 2000. Acquisitions of entrepreneurial firms. Working paper, 1-85. Stanford University, Stanford, CA.

Grant RM. 1996. Toward a knowledge-based theory of the firm. *Strategic Management Journal*, Summer Special Issue **17**: 109–122.

Gulati R. 1999. Network location and learning: the influence of network resources and firm capabilities on alliance formation. *Strategic Management Journal* **20**(5): 397–420.

Haleblian J, Finkelstein S. 1999. The influence of organizational acquisition experience on acquisition performance: a behavioral learning perspective. *Administrative Science Quarterly* **44**(1): 29–56.

Hansen MT. 1999. The search-transfer problem: the role of weak ties in sharing knowledge across organization subunits. *Administrative Science Quarterly* (March) **44**: 82–111.

Hargadon A, Sutton RI. 1997. Technology brokering and innovation in a product development firm. *Administrative Science Quarterly* **42**(4): 716–749.

Hayward MLA. 1998. Is learning loopy? Evidence of when acquirers learn from their acquisition experiences. Working paper (LRP WP45/1998), London Business School, London.

Hayward MLA. 2000. Acquirer learning from acquisition experience: evidence from 1985–1995. Working paper, London Business School, London.

Helfat CE. 1997. Know-how and asset complementarity and dynamic capability accumulation. *Strategic Management Journal* **18**(5): 339–360.

Helfat CE, Raubitschek RS. 2000. Product sequencing: co-evolution of knowledge, capabilities and products. *Strategic Management Journal* **21**(10–11): 961–979.

Henderson R, Cockburn I. 1994. Measuring competence? Exploring firm effects in pharmaceutical research. *Strategic Management Journal*, Winter Special Issue **15**: 63–84.

Imai K, Ikujiro N, Takeuchi H. 1985. Managing the new product development process: how Japanese companies learn to unlearn. In *The Uneasy Alliance: Managing the Productivity–Technology Dilemma*, Hayes RH, Clark K, Lorens J (eds.). Harvard Business School Press: Boston, MA; 337–375.

Judge WQ, Miller A. 1991. Antecedents and outcomes of decision speed in different environments. *Academy of Management Journal* **34**(2): 449–464.

Kale P, Dyer JH, Singh H. 1999. Alliance capability, stock market response, and long term alliance success. Working paper, University of Michigan: Ann Arbor, MI.

Karim SZ, Mitchell W. 2000. Path-dependent and pathbreaking change: reconfiguring business resources following acquisitions in the U.S. medical sector, 1978–1995. *Strategic Management Journal* **21**(10–11): 1061–1081.

Katz R, Tushman ML. 1981. An investigation into the managerial roles and career paths of gatekeepers and project supervisors in a major R&D facility. *R&D Management* **11**(3): 103–110.

Kauffman SA. 1995. At Home in the Universe: The Search for Laws of Self-Organization and Complexity. Oxford University Press: New York.

Kim L. 1998. Crisis construction and organizational learning. *Organization Science* **9**(4): 506–521.

Kogut B. 1996. What firms do? Coordination, identity, and learning. *Organization Science* **7**(5): 502–518.

Kogut B, Zander U. 1992. Knowledge of the firm, combinative capabilities, and the replication of technology. *Organization Science* **3**: 383–397.

Lane PJ, Lubatkin M. 1998. Relative absorptive capacity and interorganizational learning. *Strategic Management Journal* **19**(5): 461–477.

Larrson R, Finkelstein S. 1999. Integrating strategic, organizational, and human resource perspectives on mergers and acquisitions: a case survey of synergy realization. *Organization Science* **10**(1): 1–26.

Lawrence PR, Lorsch JW. 1967. *Organization and Environment; Managing Differentiation and Integration*. Division of Research Graduate School of Business Administration Harvard University: Boston, MA.

Lengnick-Hall CA, Wolff JA. 1999. Similarities and contradictions in the core logic of three strategy research streams. *Strategic Management Journal* **20**(12): 1109–1132.

Magretta J. 1998. The power of virtual integration: an interview with Dell Computer's Michael Dell. *Harvard Business Review* **76**(2): 72–84.

Mahoney JT, Pandian JR. 1992. The resource-based view within the conversation of strategic management. *Strategic Management Journal* **13**(5): 363–380.

McGahan AM, Porter ME. 1997. How much does industry matter, really? *Strategic Management Journal*, Summer Special Issue **18**: 15–30.

Milgrom P, Qian Y, Roberts J. 1991. Complementarities, momentum, and the evolution of modern manufacturing. *American Economic Review* **81**(2): 84–88.

Milgrom P, Roberts J. 1990. The economics of modern manufacturing: technology, strategy, and organization. *American Economic Review* **80**(3): 511–528.

Mosakowski E, McKelvey B. 1997. Predicting rent generation in competence-based competition. In *Competence-Based Strategic Management*, Heene A, Sanchez R (eds.). Chichester: Wiley; 65–85.

Nelson RR. 1991. Why do firms differ, and how does it matter? *Strategic Management Journal*, Winter Special Issue **12**: 61–74.

Nelson R, Winter S. 1982. *An Evolutionary Theory of Economic Change*. Belknap Press: Cambridge, MA.

Penrose ET. 1959. *The Theory of the Growth of the Firm*. Wiley: New York.

Peteraf MA. 1993. The cornerstones of competitive advantage. *Strategic Management Journal* **14**(3): 179–191.

Pisano GP. 1994. Knowledge, integration, and the locus of learning: an empirical analysis of process development. *Strategic Management Journal*, Winter Special Issue **15**: 85–100.

Porter ME. 1979. How competitive forces shape strategy. *Harvard Business Review* **57**(2): 137–145.

Porter ME. 1996. What is strategy? *Harvard Business Review* **74**(6): 61–78.

Powell WW, Koput KW, Smith-Doerr L. 1996. Interorganizational collaboration and the locus of innovation. *Administrative Science Quarterly* **41**(1): 116–145.

Prahalad CK, Hamel G. 1990. The core competence of the corporation. *Harvard Business Review* **68**(3): 79–91.

Priem RL, Butler JE. 2000. Is the resource-based 'view' a useful perspective for strategic management research? *Academy of Management Review* (forthcoming).

Prigogine I, Stengers I. 1984. *Order Out of Chaos: Man's New Dialogue with Nature*. Bantam Books: New York.

Ranft AL, Zeithaml CP. 1998. Preserving and transferring knowledge-based resources during postacquisition implementation: a study of high-tech acquisitions. Working paper, College of Business and Economics, West Virginia University, Morgantown, WV.

Roberts PW. 1999. Product innovation, product-market competition and persistent profitability in the U.S. pharmaceutical industry. *Strategic Management Journal* **20**(7): 655–670.

Roquebert JA, Phillips RL, Westfall PA. 1996. Markets vs. management. *Strategic Management Journal* **17**(8): 653–664.

Rosenkopf L, Nerkar A. 1999. Beyond local search: boundary-spanning, exploration and impact in the optical disc industry. Working paper, The Wharton School, University of Pennsylvania, Philadelphia, PA. Sastry MA. 1999. Managing strategic innovation and change. *Administrative Science Quarterly* **44**(2): 420–422.

Schmalensee R. 1985. Do markets differ much? *American Economic Review* **75**(3): 341–351.

Schumpeter JA. 1934. *The Theory of Economic Development*. 7th edn (transl. Opie R) Harvard University Press: Cambridge, MA.

Simonin BL. 1999. Ambiguity and the process of knowledge transfer in strategic alliances. *Strategic Management Journal* **20**(7): 595–623.

Sitkin SB. 1992. Learning through failure: the strategy of small losses, In *Research in Organizational Strat. Mgmt. Behavior*, Staw BM, Cummings LL (eds.). Vol. 14: JAI Press: Greenwich, CT; 231–266.

Sull DN. 1999a. The dynamics of standing still: Firestone tire & rubber and the radial revolution. *Business History Review* **73** (Autumn): 430–464.

Sull DN. 1999b. Why good companies go bad. *Harvard Business Review* **77**(4): 42–52.

Szulanski G. 1996. Exploring internal stickiness: impediments to the transfer of best practice within the firm. *Strategic Management Journal*, Winter Special Issue **17**: 27–43.

Teece DJ, Pisano G, Shuen A. 1997. Dynamic capabilities and strategic management. *Strategic Management Journal* **18**(7): 509–533.

Terwiesch C, Chea KS, Bohn RE. 1999. An exploratory study of international product transfer and production ramp-up in the data storage industry. Report 99-02, Information Storage Industry Center, Graduate School of International Relations and Pacific Studies, University of California at San Diego, La Jolla, CA.

Wally S, Baum JR. 1994. Personal and structural determinants of the pace of strategic decision making. *Academy of Management Journal* **37**(4): 932–956.

Wernerfelt B. 1984. A resource-based view of the firm. *Strategic Management Journal* **5**(2): 171–180.

Wernerfelt B. 1995. The resource-based view of the firm: ten years after. *Strategic Management Journal* **16**(3): 171–174.

Wernerfelt B, Montgomery C. 1988. Tobin's q and the importance of focus in firm performance. *American Economic Review* **78**(1): 246–250.

Wetlaufer S. 2000. Common sense and conflict: an interview with Disney's Michael Eisner. *Harvard Business Review* **78**(1): 114–124.

Williamson OE. 1999. Strategy research: governance and competence perspectives. *Strategic Management Journal* **20**(12): 1087–1108.

Winter SG, Szulanski G. 1999. Replication as strategy. Working paper, University of Pennsylvania, Philadelphia, PA.

Womack JP, Jones DT, Roos D. 1991. The Machine that Changed the World: The Story of Lean Production. HarperCollins: New York.

Zander U, Kogut B. 1995. Knowledge and the speed of the transfer and imitation of organizational capabilities. *Organization Science* **6**(1): 76–92.

Zollo M, Singh H. 1998. The impact of knowledge codification, experience trajectories and integration strategies on he performance of corporate acquisitions. Academy of Management Best Paper Proceedings, San Diego, CA.

Zollo M, Winter S. 1999. From organizational routines to dynamic capabilities. Working paper WP 99-07, University of Pennsylvania, Philadelphia, PA.

# 9
# A visão dinâmica baseada em recursos: ciclos de vida de capacidade*

Constance E. Helfat e Margaret A. Peteraf
Tuck School of Business at Dartmouth, Hanover, New Hampshire

---

Este artigo apresenta o conceito do ciclo de vida da capacidade (CLC – *capability lifecycle*), que articula padrões e caminhos gerais na evolução de capacidades organizacionais ao longo do tempo. O ciclo de vida da capacidade fornece uma estrutura para uma abordagem mais abrangente da teoria dinâmica baseada em recursos. A análise incorpora a fundação, o desenvolvimento e a maturidade de capacidades de uma forma que contribui para explicar as fontes de heterogeneidade em capacidades organizacionais. Além disso, a análise inclui a "ramificação" de uma capacidade original em várias formas alteradas possíveis.

---

## 9.1 INTRODUÇÃO

A visão baseada em recursos fornece uma explicação da heterogeneidade competitiva baseada na premissa de que concorrentes próximos diferem nos seus recursos e capacidades de maneiras importantes e duráveis. Essas diferenças, por sua vez, afetam a vantagem e a desvantagem competitiva. Nada nessa premissa necessariamente implica uma abordagem estática à visão baseada em recursos – VBR –, apesar de alguma polêmica neste sentido (veja, por exemplo, Priem e Butler, 2001). Com efeito, uma pesquisa recente sobre a evolução de capacidades organizacionais sugere a promessa da teoria dinâmica baseada em recursos (Helfat, 2000). O conceito de capacidades dinâmicas (Teece, Pisano e Shuen, 1997), por exemplo, tem atraído cada vez mais atenção (Zollo e Winter, 2002; Zott, 2002). Por definição, capacidades dinâmicas envolvem adaptação e mudança porque constroem, integram ou reconfiguram outros recursos e capacidades.

---

* Artigo originalmente publicado sob o título *The Dynamic Resource-Based View: Capability Lifecycles*, no Strategic Management Journal, v.24, n.10, p.997-1010, 2003.

Vamos ainda além para incluirmos todas as capacidades organizacionais, "dinâmicas" ou não, em uma visão dinâmica baseada em recursos. Neste artigo, apresentamos um novo conceito que sustenta uma abordagem mais abrangente à teoria dinâmica baseada em recursos: o *ciclo de vida da capacidade* (CLC).

A heterogeneidade de capacidades e recursos em uma população de empresas é um dos pilares da teoria baseada em recursos (Peteraf, 1993; Hoopes, Madsen e Walker, 2003). Dentro da VBR, no entanto, falta um modelo conceitual claro que inclua uma explicação de como surge tal heterogeneidade. Com a ausência de uma compreensão sobre de onde vem a heterogeneidade em recursos e capacidades, fica difícil para os pesquisadores explicarem plenamente como as empresas utilizam recursos e capacidades para criar vantagem competitiva. Essa lacuna na nossa compreensão também torna mais difícil de oferecer algum conselho prescritivo aos gestores. Como uma de suas contribuições, o ciclo de vida da capacidade ajuda a explicar as fontes fundamentais da heterogeneidade da empresa.

O ciclo de vida da capacidade fornece uma linguagem e uma forma comum de pensar sobre a evolução das capacidades, assim como uma abordagem mais completamente dinâmica à teoria baseada em recursos. A seguir, esboçamos os principais elementos do ciclo de vida da capacidade e explicamos a lógica que o sustenta. Começamos explicando a abordagem geral adotada na análise. Depois, definimos o termo "capacidade organizacional", fornecemos uma visão geral do ciclo de vida da capacidade e explicamos cada estágio individual do ciclo de vida de maneira mais detalhada. Uma parte importante da análise inclui a "ramificação" de uma capacidade original em várias formas alteradas possíveis. Uma seção de conclusão discute implicações para pesquisa futura sobre a visão dinâmica da empresa baseada em recursos.

## 9.2 TEORIA DINÂMICA BASEADA EM RECURSOS E O CLC

Vantagem e desvantagem competitiva ocorrem ao longo de um período e também podem mudar ao longo do tempo. Portanto, para explicar vantagem competitiva, a VBR deve incorporar a evolução ao longo do tempo dos recursos e capacidades que formam a base da vantagem competitiva. O ciclo de vida da capacidade ajuda a tornar a teoria baseada em recursos dinâmica ao fornecer um modelo para compreender a evolução de capacidades ao longo do tempo.

Até hoje, a pesquisa contou muito com o conceito de capacidades dinâmicas para analisar a mudança em capacidades organizacionais. Teece *et al.* (1997: 516) definem capacidades dinâmicas como "a capacidade da empresa de integrar, construir e reconfigurar competências internas e externas para lidar com ambientes que mudam rapidamente". Nesta concepção, capacidades que não sejam dinâmicas mudam por meio da ação de capacidades dinâmicas. Argumentamos aqui que enquanto algumas capacidades podem lidar especificamente com adaptação, aprendizagem e processos de mudança, todas as capacidades têm o potencial para acomodar mudança. Aprendizagem, mudança e adaptação não exigem necessariamente a intervenção de capacidades "dinâmicas" como intermediárias.

Existem várias maneiras de se fazer estes argumentos, conforme sugerido pela defesa que Porter (1991) fez do paradigma do posicionamento e pela descrição de Peteraf (1993) da expansão do recurso incremental ao longo de uma curva de oferta ascendente. Adotamos uma abordagem derivada da economia evolucionária (Nelson e Winter, 1982) e descrevemos as trajetórias evolucionárias das capacidades em geral (Helfat, 1994).* A análise se concentra nas regularidades entre estas trajetórias e descreve tanto padrões quanto caminhos da evolução da capacidade. Essa abordagem junta as diversas correntes da teoria baseada em recursos (Wernerfelt, 1984; Rumelt, 1984; Teece *et al.* 1997), incluindo a teoria "baseada na rotina" (Nelson e Winter, 1982) e a teoria "baseada no conhecimento" (Kogut e Zander, 1992; Winter, 1987; Grant, 1996). Além disso, ela ilustra por que a teoria baseada em recursos como um todo deve ser compreendida em termos dinâmicos.

O conceito do ciclo de vida da capacidade flui naturalmente da observação de Wernerfelt (1984) de que produtos e recursos são dois lados da mesma moeda. Da mesma maneira que os produtos têm caminhos de desenvolvimento que seguem padrões reconhecíveis, conhecidos como ciclos de vida dos produtos, isso ocorre com as capacidades. Assim como o ciclo de vida do produto, o ciclo de vida da capacidade descreve estágios reconhecíveis, como crescimento, maturidade e declínio.

No entanto, alguns elementos fundamentais diferem entre o ciclo de vida do produto e o das capacidades. Ao longo dos seus caminhos evolucionários, as capacidades podem sustentar uma sequência de produtos ou vários produtos simultaneamente (Helfat e Raubitschek, 2000). Assim, o ciclo de vida de um produto e o ciclo das capacidades básicas de onde ele se origina não têm uma correspondência direta. Além disso, como os recursos e as capacidades são substituíveis ao longo dos produtos, o ciclo de vida de uma capacidade típica pode se estender além daquele de um produto típico. A capacidade também pode atravessar diversos estágios de transformação antes de encarar um declínio definitivo. Por essa razão,

---

* Bromiley e Fleming (2002) também defendem o uso mais explícito da economia evolucionária para aprimorar a visão baseada em recursos.

o ciclo de vida de uma capacidade pode se estender além daquele de uma empresa e do setor em que ele se originou. Esta é uma implicação paradoxal do CLC, considerando-se a ênfase que todas as variantes da teoria baseada em recursos colocam na especificidade da empresa e na imobilidade de recursos e capacidades.

O ciclo de vida da capacidade baseia-se em um grande volume de pesquisa que atravessa a gestão estratégica, a economia e a teoria da organização. O ciclo de vida da capacidade reflete o que sabemos e o que a teoria sugere sobre capacidades, empresas e sua evolução. Acreditamos que a pesquisa inerente chegou ao ponto em que ela sustenta o conceito de um ciclo de vida da capacidade. Como a pesquisa inerente também contém muitas perguntas sem respostas, no entanto, um trabalho futuro poderá acrescentar ou alterar alguns elementos do CLC.

## 9.3 RECURSOS E CAPACIDADES ORGANIZACIONAIS

À medida que a VBR progrediu, tornou-se claro que ela se estende não apenas para os ativos de uma organização, mas também para suas capacidades (veja, por exemplo, Henderson e Cockburn, 1994). Para fins desta análise, definimos recursos e capacidades organizacionais da seguinte maneira. Um recurso refere-se a um ativo ou insumo à produção (tangível ou intangível) que uma organização possui, controla ou ao qual ela tem acesso de maneira semipermanente. Uma capacidade organizacional refere-se à capacidade de uma organização de realizar uma série de tarefas, utilizando recursos organizacionais com o propósito de alcançar determinado resultado final.

Tanto recursos quanto capacidades podem evoluir e mudar ao longo do tempo de maneiras importantes. Essa análise se concentra na evolução de capacidades, acatando a uma análise de evolução do recurso para outro tempo e lugar. Também classificamos capacidades como sendo "operacionais" ou "dinâmicas" ao mesmo tempo em que reconhecemos que outras categorias podem provar ser úteis em análises futuras.

Winter (2000, p. 983) define uma capacidade operacional como uma "rotina (ou coleção de rotinas) de alto nível que, juntamente com os fluxos de insumos que a implementa, confere à gestão de uma organização um conjunto de opções de decisões para a produção de resultados significativos de um tipo específico". Nesta definição, o termo rotina refere-se a um "padrão repetitivo de atividade" (Nelson e Winter, 1982, p. 97). Uma capacidade operacional geralmente envolve a realização de uma atividade, como a fabricação de um produto específico, utilizando uma coleção de rotinas para executar e coordenar a variedade de tarefas exigidas para realizar a atividade.

As capacidades dinâmicas, conforme definidas por Teece *et al.* (1997), não envolvem a produção de um bem ou o fornecimento de um serviço negociável. Em vez disso, conforme observado acima, as capacidades dinâmicas constroem, integram ou reconfiguram capacidades operacionais. Elas não afetam diretamente a produção para a empresa em que elas residem,* mas contribuem indiretamente para a produção da mesma por meio de um impacto sobre as capacidades operacionais. Zollo e Winter (2002) também observam que, assim como as capacidades operacionais, as capacidades dinâmicas consistem em rotinas. Por exemplo, a capacidade dinâmica, como a integração após a aquisição, é composta de uma série de rotinas que integram os recursos e as capacidades das empresa que se fundiram (Zollo, 1998; Capron e Mitchell, 1998).

O conceito de uma capacidade como um conjunto de rotinas implica que para a realização de uma atividade constituir uma capacidade, esta deve ter alcançado algum nível de limiar de atividade praticada ou de rotina. No mínimo, para que alguma coisa possa ser classificada como uma capacidade, ela deve funcionar de maneira confiável. Ser a primeira a exercer uma atividade não constitui uma capacidade.

Apenas porque uma capacidade pode ter alcançado um nível de limiar de confiabilidade, no entanto, não implica que a capacidade tenha alcançado o nível mais alto possível de funcionalidade. Organizações podem ser diferentes em termos da eficiência ou eficácia de determinado tipo de capacidade. Dizer que uma organização tem uma capacidade significa apenas que ela alcançou algum nível mínimo de funcionalidade que permita a realização repetida e confiável de uma atividade. Algumas versões de uma capacidade são melhores do que outras. Por exemplo, entre os fabricantes de automóveis de massa, a Toyota fabrica carros melhores. No varejo, a Wal-Mart é superior em termos de logística. Apesar de outras empresas terem copiado alguns aspectos das capacidades da Toyota e da Wal-Mart, sabemos que essas duas empresas continuam superiores.

As capacidades, operacionais ou dinâmicas, incluem dois tipos de rotinas: aquelas utilizadas para realizar tarefas individuais e aquelas que coordenam as tarefas individuais. A necessidade de coordenar tarefas implica que uma capacidade envolva o esforço coordenado de indivíduos – equipes, em outras palavras. Portanto, o ciclo de vida da capacidade retrata a evolução de uma capacidade organizacional que reside dentro de uma equipe.

---

* Observe que algumas empresas podem vender serviços que constroem, reconfiguram ou integram recursos e capacidades dos compradores. Exemplos incluem empresas de consultoria que fornecem serviços de desenvolvimento organizacional e de gestão de mudança. As empresas que vendem esses serviços, no entanto, têm suas próprias capacidades operacionais que sustentam a venda destes serviços.

## 9.4 O CICLO DE VIDA DA CAPACIDADE: VISÃO GERAL

O ciclo de vida da capacidade retrata um padrão geral e um conjunto de caminhos possíveis que caracterizam a evolução de uma capacidade organizacional. O modelo é suficientemente geral a ponto de incorporar o surgimento, o desenvolvimento e a progressão de praticamente qualquer tipo de capacidade em qualquer tipo de ambiente organizacional, desde pequenas empresas iniciantes a empresas grandes e diversificadas. O ciclo de vida da capacidade também implica o desenvolvimento de caminhos de capacidades que atravessam as fronteiras das empresas, como as que envolvem alianças estratégicas ou cadeias de suprimentos*.

Um modelo desta generalidade não é capaz de explicar os detalhes de como qualquer capacidade específica irá evoluir em um ambiente específico. Em vez disso, o ciclo de vida da capacidade fornece um esboço das principais características da evolução da capacidade que pode servir para orientar a pesquisa futura, da mesma maneira que o ciclo de vida do produto ajudou a estruturar o pensamento no que diz respeito à evolução de produtos e mercados (Kotler, 1980; Grant, 2002; Klepper, 1997). Para acomodar este nível de generalidade, apresentamos uma análise estilizada que se concentra no padrão geral do ciclo de vida da capacidade. Tal análise fornece uma moldura dentro da qual a pesquisa subsequente poderá examinar mais detalhadamente os processos que moldam o CLC.

A análise começa com o caso mais simples possível de uma organização nova para o mundo que não tenha nenhuma pré-história organizacional relevante que possa influenciar o desenvolvimento da capacidade. A análise se concentra inicialmente em uma organização buscando suprir um único produto e um único mercado geográfico. O estabelecimento da Wal-Mart como loja varejista de desconto em Bentonville, Arkansas, fornece um exemplo de uma dessas organizações novas para o mundo atendendo a um único mercado geográfico (a uma distância que pode ser percorrida de carro a partir de Bentonville) e fornecendo basicamente um único "produto" (venda no varejo de produtos de consumo com desconto). Enquanto muitas capacidades organizacionais não surgem nessas circunstâncias tão rígidas, a análise do caso mais simples fornece o caminho histórico crítico necessário para se compreender a evolução subsequente de uma capacidade.

O ciclo de vida da capacidade inclui vários estágios. O ciclo de vida de uma nova capacidade em uma organização nova para o mundo começa com o *estágio de fundação*, que estabelece a base para o desenvolvimento subsequente da capacidade. Um *estágio de desenvolvimento* segue-se a este estágio inicial, marcado pela construção gradual da capacidade. A cons-

---

\* A parceria formada pela Intel e pela Sharp para o propósito explícito de criar capacidades mútuas em memórias *flash* apresenta um exemplo disto (Collis e Noda, 1993).

trução da capacidade acaba cessando em algum momento e a capacidade alcança o *estágio da maturidade*.

Uma vez que a capacidade alcance o estágio da maturidade, ou até mesmo antes disso, uma variedade de eventos pode influenciar a evolução futura da capacidade. Então, a capacidade pode se ramificar para um de pelo menos seis estágios adicionais do seu ciclo de vida: aposentadoria (morte) [*retirement* (*death*)], retrocesso [*retrenchment*], renovação [*renewal*], replicação [*replication*], realocação [*redeployment*] e recombinação [*recombination*]. Estes seis estágios podem se seguir uns aos outros numa variedade de padrões possíveis ao longo do tempo. Alguns destes estágios de ramificação também podem acontecer simultaneamente. De maneira importante, em cada ramo do ciclo de vida da capacidade, antecedentes históricos na forma de evolução da capacidade antes da ramificação influenciam a evolução subsequente da capacidade.

## 9.5 ESTÁGIOS DE UM CICLO DE VIDA INICIAL DA CAPACIDADE

### O estágio da fundação

O ciclo de vida de uma capacidade começa com o estágio da fundação. Neste exemplo estilizado, o estágio da fundação começa quando um grupo de indivíduos se organiza em torno de um objetivo que exija ou que envolva basicamente a criação de uma capacidade. O estágio da fundação tem dois requisitos gerais: (1) um grupo organizado ou equipe organizada tendo algum tipo de liderança e que seja capaz de realizar ação conjunta; (2) um objetivo central, cuja realização envolve a criação de uma nova capacidade. Apesar de nova para a organização, a capacidade não precisa ser nova para o mundo.

Apesar de a nossa análise estilizada caracterizar o estágio da fundação como sendo desprovido de pré-história organizacional e de capacidade, isso não implica uma *tábula rasa* (Helfat e Lieberman, 2002). A equipe recém-formada começa um conjunto de dotações (Levinthal e Myatt, 1994). Por exemplo, cada um dos indivíduos na equipe de fundação tem capital humano (conhecimento, habilidades e experiência), capital social (vínculos sociais dentro e fora da equipe) e cognição (veja Adner e Helfat, 2003). Além disso, como um grupo, esses indivíduos podem possuir capital humano específico de equipe se eles tiverem trabalhado juntos anteriormente em outro ambiente (Bainbridge, 2002). Os membros da equipe podem ter habilidades complementares ou podem interagir de maneiras que diminuam o funcionamento da equipe. Além disso, equipes com uma história de interação podem ter rotinas pré-existentes para interação.

Entre os membros da equipe, indivíduos específicos podem desempenhar um papel fundamental. Mesmo no começo, a organização própria requer alguma liderança e mecanismos para administrar a equipe. Esse tipo de dotação pode derivar das características do líder da equipe. Além disso, o avanço das decisões do líder da equipe afeta o caminho do desenvolvimento da capacidade.

Finalmente, uma nova equipe requer outros insumos e recursos além daqueles dos seus membros para construir capacidades. Para uma nova equipe sem nenhuma história prévia, no entanto, o acesso a alguns recursos, como financiamento ou nova tecnologia, pode depender da habilidade de membros individuais da equipe para obter estes recursos (Burton, Sorensen e Beckman, 2002). Portanto, o capital social e os vínculos externos que os membros individuais da equipe trazem com eles podem constituir importantes dotações na equipe de fundação.

Um exemplo interessante ilustra muitos dos pontos discutidos acima (Goranson, 1999)*. No setor de caça às baleias centrado na Nova Inglaterra durante o século XIX, uma expedição de caça às baleias aos oceanos Pacífico e Índico exigia sócios financeiros, uma tripulação incluindo artesãos hábeis e um capitão. Para cada nova expedição, o dono de um navio configurava um novo conjunto destes indivíduos a partir de uma base de pessoas locais. Os vínculos externos e o capital social do dono do navio, os sócios financeiros e os artesãos hábeis proporcionavam acesso a habilidades e recursos fundamentais necessários para a expedição. Além disso, os indivíduos envolvidos em cada expedição tinham habilidades e capital humano que se complementavam. Os indivíduos também estavam acostumados a interagir em um tipo de equipe semelhante para uma finalidade semelhante. Como líder da viagem em si, o capitão tinha importância específica como organizador que poderia ajudar a combinar as capacidades de indivíduos em uma capacidade organizacional que envolvesse o transporte rápido de uma equipe versátil até uma área para trabalhar como uma unidade. O capitão também desempenhava um papel central como a pessoa capaz de compreender os diários de bordo de capitães anteriores, que continham informações valiosas sobre as localizações de baleias do outro lado do mundo.

Conforme acabamos de descrever, as dotações presentes na fundação preparavam o terreno para um desenvolvimento mais avançado da capacidade ao precondicionar o surgimento de uma capacidade. As dotações na fundação também propiciam fontes iniciais de heterogeneidade entre capacidades. Esta heterogeneidade ocorre nos atributos dos indivíduos, das equipes, da sua liderança e dos insumos disponíveis**.

---

* Agradecemos a Dick Rumelt por nos direcionar para esse exemplo.

** Condições ambientais também poderão levar à heterogeneidade de capacidades no estágio da fundação. Nós abstraímos desta fonte de heterogeneidade para nos concentrarmos no desenvolvimento interno de capacidades.

## O estágio do desenvolvimento

O estágio do desenvolvimento começa depois que a equipe se organizou em torno do objetivo de desenvolver uma capacidade específica. Durante este estágio, a capacidade se desenvolve por meio da busca, pela equipe, por alternativas viáveis ao desenvolvimento de uma capacidade, combinada com o acúmulo de experiência ao longo do tempo. Neste contexto, uma alternativa é uma "forma plausível *ex ante* de *tentar* alcançar o resultado final que é o alvo da capacidade" (Winter, 2000: 984). As alternativas podem ser diferentes nos tipos de insumos, na natureza das tarefas necessárias para desempenhar a atividade, nos tipos de coordenação exigida entre as diversas tarefas e na escala pretendida de produção ou atividade. Algumas alternativas podem envolver rotinas e capacidades até certo ponto codificadas e outras alternativas podem envolver processos tácitos e talvez novos para o mundo.

A escolha de quais alternativas seguir irá depender das condições na época da fundação. Equipes que tiverem o mesmo objetivo poderão escolher alternativas diferentes se as equipes tiverem configurações iniciais diferentes em termos de capital humano, capital social e de cognição. Por exemplo, uma equipe composta de indivíduos com predisposição para adotar novas tecnologias precocemente poderá escolher desenvolver uma tecnologia nova para o mundo, enquanto uma equipe composta de indivíduos avessos ao risco poderá escolher uma abordagem mais estabelecida. Ou também uma equipe de indivíduos com treinamento matemático poderá escolher um processo de produção baseado em aspectos mecânicos ou de engenharia, enquanto uma equipe de artistas poderá escolher uma abordagem mais artesanal.

Ao seguir suas alternativas iniciais, uma equipe poderá escolher imitar uma capacidade que exista e outra organização ou poderá desenvolver uma capacidade começando do zero. Ambos os casos requerem aprendizagem organizacional, uma vez que a equipe nunca desempenhou a atividade antes. De maneira mais geral, o desenvolvimento da capacidade leva à melhoria ao longo do tempo no exercício da atividade como equipe. Conforme argumentaremos a seguir, é provável que estas melhorias se originem de diversos fatores, incluindo a aprendizagem na prática, mas não limitadas a ela.

A maior parte da pesquisa sobre aprendizagem organizacional tem se concentrado na aprendizagem na prática. No entanto, relativamente pouca pesquisa empírica confirmou ou refutou as várias teorias de aprendizagem organizacional, tanto em geral quanto no que diz respeito ao desenvolvimento de capacidades organizacionais em particular. (Veja também o debate em Huber, 1991 e Nelson e Winter, 2002.) Boa parte da pesquisa empírica que tem implicações para a aprendizagem organizacional (em oposição à individual) deriva de estimativas estatísticas da curva de experiência em organizações. Portanto, utilizamos esses estudos para fazermos implicações para o desenvolvimento da capacidade.

Os estudos documentaram melhorias sustentadas de produtividade ao longo do tempo, especialmente para produtos manufaturados em estágios precoces de produção (para uma análise, veja Argote, 1999). Esses estudos frequentemente invocam a aprendizagem na prática como explicação provável para as melhorias na produtividade. No entanto, uma pesquisa que examina as fontes inerentes à melhoria da produtividade, mostra que fatores não associados com a aprendizagem na prática no nível organizacional podem explicar uma parte substancial dos aumentos de produtividade em setores e empresas específicos. Estes fatores incluem relações entre o trabalhador e a gerência e a experiência do trabalhador individual (Lazonick e Brush, 1985), melhorias na gestão de operações e na coordenação de tarefas (Mishina, 1999), investimento de capital (Thompson, 2001) e pesquisa e desenvolvimento sobre processos de fabricação (Sinclair, Klepper e Cohen, 2000). Além desses diversos fatores, alguma evidência direta, porém mais limitada, aponta para a aprendizagem na prática por uma equipe. Cohen e Bacdayan (1994) descobriram que equipes de jogadores de cartas compostas por duas pessoas melhoraram sua capacidade de configurarem as cartas de uma forma específica à medida que jogavam repetidamente.

O ato de juntar a evidência anterior leva à seguinte conjectura no que diz respeito ao desenvolvimento de uma nova capacidade. Melhorias no funcionamento de uma capacidade derivam de um complexo conjunto de fatores que incluem a aprendizagem na prática de membros individuais da equipe e da equipe como um todo, tentativas deliberadas de melhoria de processo e solução de problemas, além de investimento ao longo do tempo. Além disso, o desenvolvimento de uma nova capacidade poderá ocorrer por meio de um processo repetitivo, em que experiências *"online"* de técnicas se alternam com uma procura adicional por alternativas, à medida que a equipe reflete sobre o que ela aprendeu com as experiências (Winter, 2000; Edmondson, Bohmer e Pisano, 2001). Esse processo pode não proceder de maneira suave. Alternativas iniciais podem provar ser inúteis. O *feedback* das experiências pode ser ambíguo. A coordenação entre tarefas pode provar ser complicada. Entretanto, o caminho básico de desenvolvimento da capacidade reflete um processo de melhoria da capacidade, apesar de talvez ser relativamente intermitente.

Em algum ponto o desenvolvimento da capacidade cessa e a capacidade entra no estágio da maturidade do seu ciclo de vida. Quase todas as estimativas da curva da experiência sugerem que ela acaba se achatando à medida que os ganhos por causa da experiência diminuem e finalmente cessam. O desenvolvimento da capacidade pode acabar simplesmente porque as capacidades podem ter limites inerentes ao que qualquer equipe é capaz de realizar com as tecnologias, os insumos, os trabalhadores e o estado de prática gerencial disponíveis. As equipes também podem se satisfazer e cessar o desenvolvimento da capacidade em algum nível de habilidade que a equipe perceba como sendo bom o suficiente (Winter, 2000). Os líderes de equipe (gestores) podem tomar a decisão final de cessar o desenvolvimento da capacidade.

A análise até aqui contém uma heterogeneidade embutida entre equipes que perseguem o mesmo objetivo no que diz respeito ao desenvolvimento da capacidade que elas realizam. Conforme observamos anteriormente, as equipes poderão escolher alternativas diferentes que as coloquem em trajetórias diferentes para o desenvolvimento da capacidade e, portanto, levem a pontos finais diferentes. Além disso, até mesmo quando equipes escolherem as mesmas alternativas, elas poderão ter mais ou menos sucesso. Diferenças no capital humano, no capital social e na cognição de membros da equipe poderão afetar as capacidades de equipes para realizar diversas tarefas e para aprender com a experiência.

As equipes que escolherem as mesmas alternativas também poderão ser diferentes no grau de desenvolvimento da capacidade se elas se satisfizerem e cessarem a melhoria da capacidade em níveis diferentes de habilidade antes de alcançarem os limites técnicos plenos de desenvolvimento da capacidade. Diferenças entre equipes em termos dos atributos cognitivos de seus membros, por exemplo, poderão levar a diferenças na satisfação de escolhas. Claramente, o ambiente externo estabelece limites à heterogeneidade entre equipes no grau em que elas se satisfazem quando cessam o desenvolvimento da capacidade. No mínimo, uma equipe deve cobrir seus custos para sobreviver no mercado. Mas o mercado poderá permitir que empresas com custos mais elevados ou qualidade menor sobrevivam com níveis menores de lucratividade do que empresas com capacidades superiores. Além disso, em alguns ambientes, as empresas poderão ser capazes de compensar pela habilidade menor em uma capacidade (por exemplo, manufatura) com uma habilidade maior em outra capacidade (por exemplo, marketing) (veja Peteraf e Bergen, 2003).

A heterogeneidade que acabamos de descrever reflete um processo de evolução da capacidade muito dependente de um caminho. O desenvolvimento da capacidade depende da experiência anterior que a equipe traz com ela, do caminho inicial escolhido, do sucesso da alternativa inicial, de novas alternativas que parecem razoáveis baseadas no caminho de desenvolvimento inicial (refletindo a busca local) e de escolhas feitas dentro do conjunto limitado de alternativas. Como resultado disso, o padrão específico do ciclo de vida da capacidade através do estágio do desenvolvimento, como período de tempo antes da maturidade e grau de desenvolvimento da capacidade alcançados, será diferente de uma equipe para outra.

## O estágio da maturidade

O estágio da maturidade origina manutenção de capacidade. Isso envolve o exercício da capacidade, que refresca a memória organizacional. Se exercida regularmente, a capacidade torna-se mais profundamente incorporada na estrutura de memória da organização. As rotinas podem se tornar mais habituais, requerendo cada vez menos pensamento consciente. Ao longo do tempo, a capacidade da equipe para se lembrar do caminho do desenvolvimento pode diminuir e a natureza da capacidade pode se tornar mais tácita.

Esta mudança para a confiança em formas "mais brandas" de memória organizacional não implica nenhuma mudança no nível de capacidade. A evidência tirada de curvas de experiência mostra que em condições de produção contínua, declínios de produtividade não se manifestam (Thompson, 2002). No entanto, interrupções na produção efetivamente levam a um esquecimento organizacional e a declínios na produtividade (Thompson, 2002). Por implicação, até que ponto a capacidade é bem mantida depende de com qual frequência e com qual consistência a equipe exerce a capacidade.

## O ciclo de vida inicial da capacidade desde a fundação até a maturidade

A Figura 9.1 retrata a forma geral do ciclo de vida inicial da capacidade desde a fundação até a maturidade. O eixo horizontal representa a quantidade cumulativa de atividade para onde a capacidade se direciona e o eixo vertical representa o "nível" de capacidade por unidade de atividade. Para simplificar a exposição, uma unidade de atividade corresponde a uma escala de atividade específica, como a fabricação de determinado número de carros ou a realização de determinado número de integrações pós-aquisição.

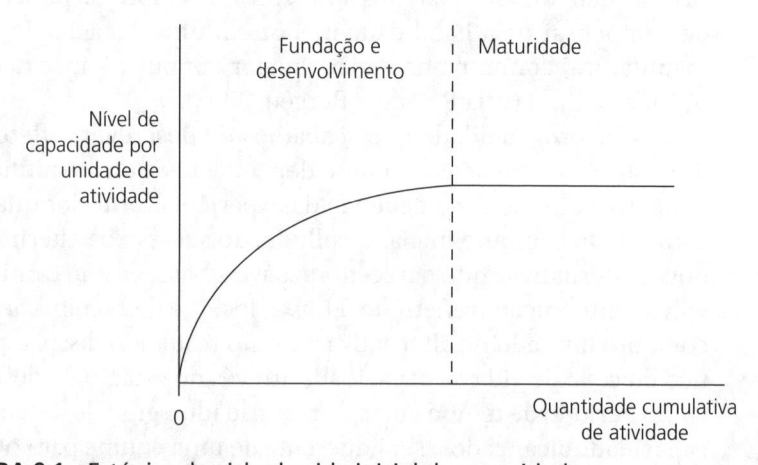

**FIGURA 9.1** Estágios do ciclo de vida inicial da capacidade.

O nível de capacidade no eixo vertical reflete a especialidade geral da equipe na execução da atividade específica. Uma capacidade pode ser caracterizada ao longo de múltiplas dimensões de especialidade. Conforme observamos anteriormente, capacidades consistem em múltiplas rotinas para tarefas individuais e para a coordenação de tarefas. A Figura 9.1 derruba os vários atributos de uma capacidade para uma dimensão para transmitir a ideia de que algumas versões de uma capacidade são simplesmente melhores do que outras. Essa abordagem não exclui a possibilidade de que algumas versões de uma capacidade com diferentes constelações de atributos possam ter o mesmo nível geral de capacidade.

Para os estágios de fundação e desenvolvimento, a natureza do ciclo de vida da capacidade torna difícil de especificar com precisão o ponto de transição de um estágio para o seguinte. O estágio da fundação pode ocorrer apenas no ponto de partida do gráfico ou pode ocupar toda sua primeira parte. Huber (1991), por exemplo, descreve uma forma de "aprendizagem inata" que envolve a coleta e o relatório de conhecimento que condiciona uma aprendizagem mais profunda. Portanto, a Figura 9.1 não delineia um ponto de transição exato entre fundação e desenvolvimento. A figura também retrata o estágio da maturidade como uma linha reta, consistente com um nível de manutenção de capacidade de estado estacionário em um nível aproximadamente semelhante da realização de uma tarefa ao longo do tempo.

A Figura 9.1 retrata a forma do caminho do desenvolvimento da capacidade como semelhante a uma curva de experiência, baseada na evidência debatida anteriormente. A forma exata da curva poderá ser diferente desta. Por exemplo, a curva poderá ter a forma de um "S", refletindo o aumento e depois a redução dos lucros em relação à aprendizagem ao longo do tempo. No entanto, em termos de uma evidência empírica definitiva quanto à forma exata do ciclo de vida da capacidade durante os estágios da fundação e do desenvolvimento, contamos apenas com a curva de experiência como ponto de partida razoável.

## Transformação da capacidade e capacidades dinâmicas

O ciclo de vida inicial da capacidade indica o potencial de desenvolvimento de uma capacidade ao longo do tempo. Nem todas as capacidades poderão alcançar o estágio da maturidade se houver a intervenção de eventos de seleção externos à capacidade. Os eventos de seleção também poderão afetar o caminho evolucionário de capacidades no estágio da maturidade. A porção seguinte da análise examina como diversos eventos de seleção levam à ramificação do ciclo de vida da capacidade para vários caminhos possíveis.

A maioria dos ramos do ciclo de vida da capacidade que analisaremos a seguir lida com algum tipo de transformação da capacidade original. Até aqui, análises conceituais do processo pelo qual as capacidades mudam ao longo do tempo muitas vezes contaram com a ideia de que capacidades dinâmicas devem agir sobre outras capacidades (operacionais) para mudá--las. A análise a seguir explica, onde possível, quais ramos do ciclo de vida da capacidade podem proceder de maneira mais amena se a organização também tiver capacidades dinâmicas para facilitar a transformação.

No entanto, é importante ter em mente que a construção e a mudança da capacidade não requerem capacidades dinâmicas, no ciclo de vida inicial ou na ramificação subsequente. Na análise anterior de uma nova capacidade em uma organização nova para o mundo, as capacidades dinâmicas não entram como fator que determina o caminho evolucionário. De fato, elas não podem, porque uma nova organização não tem capacidades dinâmicas. Nos estágios de fundação e de desenvolvimento do ciclo de vida da capacidade, a capacidade (inclusive uma que é dinâmica) evolui e muda ao longo do tempo sem a ação de nenhuma capacidade dinâmica sobre ela. Além disso, o ciclo de vida completo da capacidade se aplica tanto à capacidade dinâmica quanto à operacional. As capacidades dinâmicas seguem o mesmo padrão geral de fundação, desenvolvimento e maturidade e também podem se ramificar em novas direções.

A seguir, para refletir o âmbito expandido da análise, o termo "organização" substitui o termo "equipe". Uma organização também pode ter mais de uma capacidade, sendo que cada uma delas já entrou pelo menos no estágio do desenvolvimento do ciclo de vida, mas sendo que nenhuma delas ainda alcançou um estágio de ramificação. A inclusão de mais de uma capacidade permite que a análise incorpore a interação entre capacidades, dinâmicas ou não, que podem ocorrer à medida que as capacidades e as empresas evoluam ao longo do tempo.

## 9.6 RAMIFICAÇÃO E TRANSFORMAÇÃO DA CAPACIDADE

A ramificação da capacidade ocorre quando fatores externos à capacidade têm um impacto suficientemente forte a ponto de alterar a trajetória de desenvolvimento atual da capacidade. Estes fatores podem derivar de dentro ou de fora da organização em que a capacidade reside, chamado de ambiente de seleção "interno" e "externo", respectivamente. Fatores importantes no ambiente de seleção interna incluem decisões gerenciais. Fatores no ambiente de seleção externo incluem mudanças de demanda, ciência e tecnologia, disponibilidade de matérias-primas e diretriz de governo.

O impacto de vários efeitos de seleção externa sobre as organizações depende de reações internas das empresas, especialmente dos gestores. Por exemplo, enquanto um grande aumento nos preços dos insumos pode criar grandes perdas para a empresa, os gestores ainda assim precisam fazer escolhas sobre como reagirem. As escolhas incluem declarar falência ou não, vender a empresa ou não, fazer investimentos que reduzam os custos ou não, tomar dinheiro emprestado ou não e ver se os preços dos insumos cairão no futuro. Como exemplo disso, considere o impacto dos preços do óleo combustível sobre empresas de aviação. O custo do óleo combustível tem um grande impacto sobre a lucratividade da empresa de aviação. Ao serem confrontados com o aumento nos preços do óleo, os executivos das empresas de aviação já utilizaram diversas abordagens, que incluíram carregar menos combustível de reserva a bordo de aviões para reduzir o peso e o consumo de combustível, reduzir outros custos como salários, comprar aviões mais novos e mais econômicos, fundir com outra empresa de aviação, ampliar linhas de crédito e declarar falência. A não ser que o ambiente de seleção externo seja tão restrito que limite os gestores a apenas uma opção possível, gestores diferentes em empresas diferentes poderão fazer escolhas diferentes (Adner e Helfat, 2003; Peteraf e Reed, 2003).

Em contraste com os efeitos de seleção externos, os efeitos de seleção internos se originam principalmente de dentro da organização. Por exemplo, os gestores poderão ver uma oportunidade para diversificar para outro mercado à medida que a organização se torne mais eficiente ao longo do tempo, até mesmo quando nenhuma mudança tiver sido feita no ambiente externo.

Alguns efeitos de seleção poderão reforçar a trajetória atual de uma capacidade ao longo do seu ciclo de vida em vez de originar uma ramificação. Por exemplo, um aumento de demanda durante o estágio do desenvolvimento do ciclo de vida fornece um incentivo ainda maior para que uma organização continue a desenvolver a capacidade específica para atender a essa demanda. Outros efeitos de seleção, no entanto, podem alterar a trajetória de um ciclo de vida da capacidade, conforme explicaremos a seguir.

## Ramos do ciclo de vida: Seis Rs da transformação da capacidade

A Figura 9.2 retrata seis ramos do ciclo de vida da capacidade. Enquanto podem não representar todos os ramos possíveis, eles incluem uma grande amplitude de transformações da capacidade que correspondem a várias regularidades identificadas em análises empíricas com grande amostra e de estudo de caso de estratégias de negócios. Nem todas as capacidades têm acesso a todos os ramos. Em vez disso, os ramos representam um conjunto geral de caminhos em potencial, cuja escolha depende em parte da capacidade específica e do seu estágio de desenvolvimento. Apesar de a ramificação poder ocorrer durante o estágio do desenvolvimento do ciclo de vida da capacidade, para simplificar a exposição a análise da ramifica-

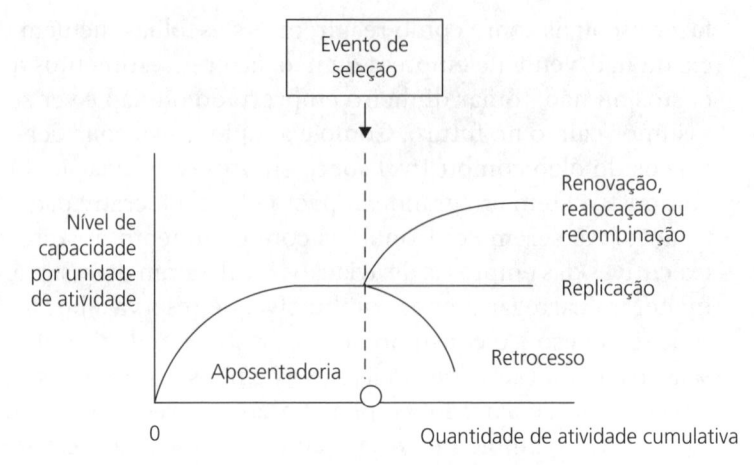

**FIGURA 9.2** Ramos do ciclo de vida da capacidade.

ção a seguir lida com uma capacidade que tenha alcançado o estágio da maturidade e esgotado os limites técnicos do desenvolvimento*. A Figura 9.2 fornece um exemplo dos ramos potenciais nessa situação. A forma e o posicionamento exatos desses ramos para qualquer capacidade específica poderão ser diferentes daqueles da Figura 9.2.

Os ramos do ciclo de vida da capacidade são os seguintes: aposentadoria (morte), retrocesso, renovação, replicação, realocação e recombinação. Esses ramos – os seis Rs da transformação da capacidade** – ocorrem quando um evento de seleção intervém, conforme mostra a Figura 9.2. A figura também retrata os ramos da renovação, da realocação e da recombinação utilizando a mesma curva, porque os três estágios têm uma trajetória semelhante apesar de os mecanismos inerentes serem diferentes.

Os ramos do ciclo de vida da capacidade refletem o impacto de dois tipos de efeitos de seleção: aqueles que ameaçam tornar uma capacidade obsoleta e aqueles que fornecem novas oportunidades para o crescimento ou a mudança de uma capacidade. Todos os seis ramos do ciclo de vida da capacidade podem dizer respeito a ameaças a uma capacidade. No entanto, novas oportunidades não costumam envolver a aposentadoria ou o retrocesso de uma capacidade. Além disso, os ramos da replicação e da realocação (e muitas vezes da recombinação) envolvem a transferência da capacidade para um mercado diferente. Supostamente essa transferência tem um custo. Como primeira aproximação, nós consideramos o custo como sendo fixo em vez de afetando o nível da capacidade. Em função deste cus-

---

* Para ramificar durante o estágio do desenvolvimento, a realização de uma atividade deverá se qualificar como uma capacidade no sentido de ter alcançado pelo menos um limiar mínimo de funcionalidade.

** Tiramos o chapéu para Sid Winter (1996) e para os 4 Rs da lucratividade.

to, a empresa não irá transferir a capacidade para outro mercado a não ser que ela enfrente novas oportunidades ou ameaças.

**Ameaças à capacidade**   Primeiro, considere ameaças a uma capacidade. Algumas situações extremas poderão obrigar uma empresa a *aposentar* totalmente uma capacidade, o que significa a morte da capacidade. Se o governo proibir a venda de um produto químico (por exemplo, DDT) que uma empresa produza, os gestores da empresa poderão fechar sua fábrica e aposentar as capacidades que a acompanham. Em uma situação menos grave, como quando a demanda por um produto diminui, uma empresa poderá ser capaz de diminuir a produção e ainda assim obter lucro. Evidências empíricas sugerem que interrupções na produção originam declínios na produtividade (Thompson, 2002). Por analogia, podemos esperar que a utilização reduzida de uma capacidade poderia reduzir o nível da capacidade. A Figura 9.2 retrata o *retrocesso* como um declínio gradual no nível da capacidade, mas em alguns casos ele pode ocorrer em passos discretos.

Como alternativas ao retrocesso ou à aposentadoria da capacidade, uma empresa poderá tentar melhorar ou *renovar* a capacidade de alguma forma. Winter (2000) observa que uma crise poderá despertar aspirações e motivar a organização para que ela melhore o nível da capacidade. Por exemplo, se uma empresa enfrentar um grande aumento dos preços dos insumos, ela poderá buscar formas de melhorar a capacidade para aumentar a eficiência*. A renovação de uma capacidade envolve um novo estágio do desenvolvimento à medida que a empresa busca e desenvolve novas alternativas. A renovação da capacidade poderá envolver modificações grandes e pequenas a uma capacidade. Na Figura 9.2, a renovação do ciclo de vida da capacidade começa no mesmo nível (ou mais baixo) de capacidade que no estágio anterior.

Em algumas situações, as empresas também podem reagir a uma ameaça a uma capacidade em um mercado transferindo a capacidade para outro mercado. Essa transferência não faz sentido econômico a não ser que os benefícios dela sejam maiores do que os custos. Se ocorrer essa condição, a capacidade poderá se ramificar para a replicação ou para a realocação. Para voltar ao exemplo de restrições à produção de um produto químico, em vez de aposentar a capacidade, os gestores de uma empresa poderão reagir transferindo a capacidade para um país diferente com diferentes regras governamentais. Essa *replicação* de uma capacidade leva à reprodução da mesma capacidade em outro mercado geográfico (Winter e Szulanski, 2001).

---

* A análise de Winter (2000) usa um modelo satisfatório em que as empresas não necessariamente funcionam no menor custo de produção possível.

A Figura 9.2 retrata a replicação como uma linha reta, representativa do ideal de replicação altamente preciso sem nenhuma queda no nível de uma capacidade. As barreiras à replicação costumam ser altas, no entanto (Szulanski, 1996). Uma replicação menos completa poderá envolver uma queda inicial no funcionamento da capacidade, seguida de desenvolvimento adicional para elevar o nível da capacidade de volta para seu nível anterior à replicação. Além disso, as empresas poderão replicar apenas uma parte de uma capacidade.

Como alternativa à replicação, uma empresa poderá buscar realocar sua capacidade para o mercado de um produto diferente. Diferentemente da replicação, que se aplica a um mercado geográfico diferente para o mesmo produto ou serviço, a realocação envolve um mercado para um produto ou serviço diferente, mas proximamente relacionado*. Esse tipo de transferência costuma requerer alguma alteração da capacidade para atender ao novo mercado e, portanto, a algum desenvolvimento adicional da capacidade em novas direções (Helfat e Raubitschek, 2000). Portanto, a capacidade entraria em um novo estágio do desenvolvimento como parte da realocação.

A realocação da capacidade poderá tomar uma de duas formas possíveis. A primeira envolve o compartilhamento de uma capacidade entre o mercado antigo e o novo. Muitas instâncias de diversificação relacionadas entram nesta categoria. Por exemplo, diante de condições econômicas difíceis no setor siderúrgico, a U.S. Steel comprou a Marathon Oil. A U.S. Steel tinha capacidades nas áreas de produção complexa e de venda de *commodities*, que ela podia aplicar no setor do petróleo, mais lucrativo. Uma segunda forma de realocação envolve a transferência intertemporal de capacidades de um mercado para outro, em que uma empresa sai de um mercado (geralmente um que esteja em declínio) e realoca as capacidades para um novo mercado (Helfat e Eisenhardt, 2002). Para voltar ao exemplo da caça à baleia, quando a demanda por espermacete despencou depois da perfuração do primeiro poço de petróleo na Pensilvânia, em 1859, as equipes de caça à baleia mudaram suas atividades. Elas adaptaram seus processos e seus planos para mudarem da caça a baleias cachalote em águas tropicais para a caça de orcas no Ártico. Isso também envolveu uma mudança no mercado de produto do óleo de baleia para os dentes de baleia usados em produtos como espartilhos e guarda-chuvas (Goranson, 1999).

---

\* Claramente, até que ponto alguém define uma capacidade em termos do tipo de atividade de maneira estreita ou ampla (por exemplo, produzir qualquer tipo de veiculo motorizado *versus* produzir um carro de luxo) irá afetar se a transferência para outro mercado constitui replicação ou realocação. O principal ponto é que os dois tipos de ramos são possíveis. Isso também se aplica a capacidades dinâmicas. Muitas capacidades dinâmicas, como o desenvolvimento de um novo produto, P&D de processo e até mesmo integração pós-aquisição, são adaptadas a um mercado de produto específico e requerem alteração para serem aplicadas em outro mercado de produto.

Quando transfere uma capacidade para atender a um mercado diferente, mas relacionado, em vez de replicar ou realocar a capacidade existente, a empresa poderá *recombinar* a capacidade original com outra capacidade. Além disso, a recombinação de capacidades poderá fornecer uma abordagem alternativa à renovação da capacidade no mercado de produto atual. Essa ideia de recombinação da capacidade deriva do conceito de recombinação do conhecimento na inovação (Kogut e Zander, 1992). Por exemplo, uma empresa poderá combinar uma capacidade de utilização de tecnologia da informação com uma capacidade de produção existente para melhorar seu nível de capacidade de produção. Conforme esse exemplo sugere, a recombinação requer o desenvolvimento adicional das capacidades e uma nova trajetória para o ciclo de vida da capacidade. Na Figura 9.2, a recombinação ou a realocação de uma capacidade envolve um novo estágio do desenvolvimento que começa no mesmo nível (ou abaixo) que o nível de capacidade anterior.

**Oportunidades da capacidade**   Até aqui, a análise se concentrou em ameaças a capacidades. Além disso, novas oportunidades poderão surgir. Muitos dos ramos na Figura 9.2 fornecem opções para que a empresa reaja a oportunidades. O ramo (ou ramos) que a empresa segue tenderá a depender da natureza da oportunidade. Os baleeiros na metade do século XIX fornecem ainda outro exemplo, neste caso, de realocação intertemporal em resposta a uma oportunidade de mercado. Atraídas pela Corrida ao Ouro, na Califórnia, algumas equipes baleeiras tornaram-se equipes de mineradores de ouro. A troca explorou uma capacidade organizacional para a formação e o transporte rápido de equipes versáteis a uma área (Goranson, 1999).

Além da realocação, as empresas poderão utilizar a renovação ou a replicação para reagir a oportunidades. Por exemplo, uma inovação tecnológica que eleve os limites técnicos para o desenvolvimento de uma capacidade poderá fazer com que uma empresa entre no estágio de renovação do ciclo de vida. A oportunidade de entrar em um mercado geográfico diferente, talvez em função da eliminação de restrições governamentais anteriores à entrada, poderá fazer com que a empresa reproduza uma capacidade existente naquele mercado.

Nos exemplos anteriores, novas oportunidades surgem a partir de fatores externos à empresa. Outras oportunidades para a ramificação de uma capacidade poderão derivar de fatores internos. As melhorias na produtividade documentadas pela curva da experiência poderão produzir capacidades oscilantes, particularmente para aquelas indivisíveis, como a gestão. Portanto, a empresa poderá buscar mercados adicionais para realocar ou recombinar a parte não utilizada da capacidade (Penrose, 1995).

Mesmo sem recursos oscilantes, uma empresa poderá escolher replicar, realocar ou recombinar uma capacidade existente em outro mercado se isso aumentar as receitas vindas do investimento anterior no desenvolvimento da capacidade. A Wal-Mart, por exemplo, tem obtido altos lucros consistentemente ao expandir sistematicamente para novos mercados geográficos com base em uma estratégia de capacidade e de replicação de recursos. Essa replicação inclui uma capacidade logística que envolve procedimentos padronizados para o manejo do depósito e a gestão do estoque, em combinação com configurações de recursos padronizadas que amontoam lojas em torno de centros de distribuição da empresa.

**Capacidades dinâmicas**  A análise da ramificação da capacidade se aplica tanto à capacidade dinâmica quanto à operacional. Por exemplo, uma capacidade dinâmica na forma de pesquisa e desenvolvimento poderá entrar no estágio da renovação à medida que novas técnicas para a realização de P&D se tornem disponíveis. Uma empresa também poderá realocar uma capacidade de P&D de um mercado para outro que requeira uma base de conhecimento semelhante ao realizar P&D. No setor petrolífero dos Estados Unidos, muitas empresas de petróleo realizavam P&D de combustíveis sintéticos porque isso permitia que elas realocassem uma capacidade de P&D no refino do petróleo, que utilizava tecnologias de processamento semelhantes (Helfat, 1997). As empresas também poderão replicar ou recombinar capacidades dinâmicas, que também poderão enfrentar retrocesso ou aposentadoria.

Até aqui, a análise da ramificação e da transformação da capacidade não contém nenhum papel especial para capacidades dinâmicas no processo de transformação. Em vez disso, os ramos refletem o mesmo tipo de desenvolvimento do processo de capacidade que nos estágios de fundação, desenvolvimento e maturidade das primeiras partes do ciclo de vida da capacidade. Alguns ramos do ciclo de vida da capacidade, no entanto, poderão se beneficiar da ação de determinadas capacidades dinâmicas em algumas ocasiões.

As aquisições fornecem um exemplo em que uma capacidade dinâmica na forma de integração pós-aquisição poderá auxiliar a ramificação da capacidade. A replicação poderá ocorrer por aquisição, onde aquele que adquire replica sua capacidade dentro da empresa adquirida, geralmente substituindo uma capacidade anterior da empresa adquirida (Szulanski, 2000; Baum *et al.*, 2001). A aquisição de empresas frequentemente realoca e recombina suas capacidades com aquelas de empresas-alvo também (Capron e Mitchell, 1998). Uma capacidade bem desenvolvida para a integração pós-aquisição poderá amenizar os processos de replicação, realocação e recombinação (Zollo, 1998). Empresas que se diversificam utilizando crescimento em vez de aquisição também poderão desenvolver capacidades dinâmicas para realocar capacidades existentes em mercados adicionais. Essas "capacidades de realocação" poderão fazer com que o processo de ramificação da realocação ocorra de maneira mais rápida e mais eficaz para as capacidades sobre as quais as capacidades de realocação agem.

Esta ideia de que capacidades dinâmicas podem facilitar a ramificação de outras capacidades, apesar de informativa, tem limites claros. Um tipo de capacidade dinâmica (por exemplo, uma capacidade de realocação) poderá agir sobre outro tipo de capacidade dinâmica (por exemplo, uma capacidade de P&D), mas uma capacidade dinâmica geralmente não poderá agir sobre si mesma para se transformar. Além disso, as capacidades poderão se desenvolver e se ramificar ao longo do ciclo de vida sem a ação de capacidades dinâmicas.

**Sequenciamento de ramos e sobrevivência das capacidades** À medida que uma capacidade evolui, ela pode passar por diferentes estágios de ramificação. Por exemplo, Maritan e Brush (2003) mostram que a *replicação* exata de uma parte de um processo de fabricação para outra fábrica dentro de uma empresa fornecia a base para a adaptação e a *renovação* subsequentes da capacidade dentro da fábrica que recebe. Szulanski *et al.* (2002) descobriram que uma replicação completamente precisa de uma capacidade seguida por uma adaptação às condições locais resulta em um desempenho melhor do que a adaptação anterior à tentativa de replicação.

Uma empresa também poderá realocar ou recombinar uma capacidade e depois replicá-la. A entrada da Nucor no setor de fundição com chapa fina fornece um exemplo disto (Ghemawat e Stander, 1993). Além disso, uma empresa poderá renovar e depois realocar, recombinar ou replicar uma capacidade. A realocação também poderá se seguir ao retrocesso se uma empresa encontrar novos usos para uma capacidade antes que sua aposentadoria se torne necessária. Além disso, o retrocesso poderá conter as sementes da renovação se os mesmos eventos que causarem o retrocesso inicial também elevarem as aspirações para a renovação da capacidade (veja Winter, 2000). Além disso, uma empresa poderá seguir dois ramos simultaneamente, como a replicação de uma capacidade em um mercado geográfico diferente e a realocação em um mercado de produto diferente.

Três dos ramos – renovação, realocação e recombinação – poderão levar a uma alteração substancial da capacidade original. Se uma capacidade passar por múltiplos episódios de ramificação ao longo de diferentes caminhos de renovação, realocação e recombinação, uma capacidade poderia teoricamente acabar distante da sua origem.

O ciclo de vida da capacidade também contém a implicação de que as capacidades poderão continuar existindo e ramificar mesmo quando a empresa nas quais elas se originaram deixar de existir como entidade jurídica (Winter, 1990). A aquisição de uma empresa em que uma capacidade reside não implica que a empresa que adquire necessariamente aposente a capacidade. Ao contrário, uma empresa costuma adquirir outra para ganhar acesso e às vezes transformar as capacidades da empresa adquirida (Capron e Mitchell, 1998). Em alguns setores, como clínicas de repouso (Banaszak-Holl, 1995) e empresas de aviação, as mortes de empresas costumam ocorrer como resultado de aquisições, em vez de falências. Mesmo no caso de uma falência, as empresas frequentemente se reorganizam. Muitas das capacidades sobrevivem, talvez se ramificando ao longo do caminho do retrocesso.

Assim como a morte de uma empresa, a morte de um produto não significa necessariamente a morte de uma capacidade. Considere o lançamento, pela Intel, de uma nova geração de microprocessadores a cada poucos anos. Quando a Intel lança um novo *chip* com maior velocidade de processamento e outras melhorias, a demanda pelo *chip* da geração anterior tende a diminuir. No entanto, a Intel não aposenta sua capacidade de produção simplesmente por causa da queda acentuada da demanda pelos *chips* antigos. Em vez disso, ela realoca sua capacidade de produção para produzir o novo microprocessador.

A morte de um setor, assim como a morte de um produto ou de uma empresa, não precisa resultar na morte de uma capacidade. As empresas podem combinar a saída de um mercado de produto com entrada para outro a partir da realocação ou recombinação de uma capacidade, obtendo assim economias de âmbito intertemporais (Helfat e Eisenhardt, 2002). De maneira mais geral, a análise de nascimentos e mortes de empresas, da evolução do setor e do ciclo de vida dos produtos sem referência à evolução da capacidade poderá fornecer inferências enganosas relativas a uma variedade de fatores, incluindo a entrada e a saída do mercado, escala e âmbito de empresa, assim como a sobrevivência, o sucesso e o fracasso do setor.

## 9.7 CONCLUSÃO

O ciclo de vida da capacidade fornece um modelo de fundação para a visão dinâmica da empresa baseada em recursos. Por definição, a VBR dinâmica lida com recursos e capacidades ao longo do tempo. Portanto, ela deverá incluir, como um dos seus principais componentes, uma compreensão da evolução de recursos e capacidades. Caso contrário, a VBR dinâmica não poderá responder, de maneira eficaz, a perguntas sobre vantagem e desvantagem competitiva ao longo do tempo baseada em capacidades e recursos.

O ciclo de vida da capacidade identifica três estágios iniciais de um ciclo de vida da capacidade – fundação, desenvolvimento e maturidade – seguidos pela possível ramificação em seis estágios adicionais. Estes ramos, os seis Rs da transformação da capacidade, refletem a realidade que os ciclos de vida das capacidades podem estender além daqueles das empresas e dos setores em que eles se originaram e além dos produtos aos quais eles originalmente se aplicavam. O ciclo de vida completo da capacidade também fornece uma explicação para o surgimento e para a heterogeneidade sustentada das capacidades. Por implicação, o ciclo de vida da capacidade ajuda a explicar as fontes de heterogeneidade para as empresas em que as capacidades residem.

Ao fornecer uma fundação para pesquisa futura, o ciclo de vida da capacidade sugere várias direções promissoras. Mais pesquisa empírica no que diz respeito a cada um dos estágios do ciclo de vida da capacidade constitui um item importante na pauta da pesquisa. Capacidades não são produtos ou empresas ou setores e a evolução das capacidades deve ser investigada como uma realização empírica separada.

A evolução de recursos organizacionais, tanto de uma perspectiva analítica quanto de uma perspectiva empírica, também merece pesquisa adicional. Assim como a evolução das capacidades, a evolução de recursos organizacionais é um componente fundamental da VBR dinâmica. Uma compreensão mais completa da evolução conjunta de recursos e capacidades também merece pesquisa adicional. Apenas então poderemos compreender de maneira mais plena a evolução e a mudança de vantagem e desvantagem competitiva de empresas ao longo do tempo.

## Agradecimentos

Este ensaio se beneficiou muito dos debates com Sid Winter, Ron Adner, Jerker Denrell, David Hoopes, Tammy Madsen, Steve Postrel, Dick Rumelt, Peter Thompson e com participantes na Conferência da SMU sobre a visão baseada em recursos, junto com seus respectivos comentários. Agradecemos muito ao suporte de verão da Tuck School of Business.

## 9.8 REFERÊNCIAS

Adner R, Helfat C. 2003. Corporate effects and dynamic managerial capabilities. *Strategic Management Journal*, Special Issue **24**(10): 1011–1025.

Argote L. 1999. Organizational Learning: Creating, Retaining and Transferring Knowledge. Kluwer: Newell, MA.

Bainbridge SM. 2002. Why a board? Group decision-making in corporate governance. *Vanderbilt Law Review* **55**: 1–55.

Banaszak-Holl J. 1995. Avoiding failure when times get tough: changes in organizations' responses to competitive pressures. Working paper, University of Michigan.

Baum J, Berta W, Mitchell W, Banaszak-Holl J, Bowman D. 2001. Opportunity and constraint: chain-to-component transfer learning in multiunit chains of U.S. nursing homes, 1991–97. Working paper, University of Toronto.

Bromiley P, Fleming L. The resource based view of strategy: an evolutionist's critique. In *The Economics of Choice, Change, and Organizations: Essays in Memory of Richard M. Cyert*, AugerM, March JG (eds). Edward Elgar: Cheltenham; 319–336.

Burton MD, Sorensen JB, Beckman CK. 2002. Coming from good stock: career histories and new venture formation. In *Research in the Sociology of Organizations: Social Structure and Organizations Revisited*, Vol. 19. JAI Press: Greenwich, CT; 229–262.

Capron L, Mitchell W. 1998. Bilateral resource redeployment and capabilities improvement following horizontal acquisitions. *Industrial and Corporate Change* **7**(3): 453–484.

Cohen M, Bacdayan P. 1994. Organizational routines are stored as procedural memory: evidence from a laboratory study. *Organization Science* **5**: 554–568.

Collis DJ, Noda T. 1993. Sharp Corporation: technology strategy. Harvard Business School case #9-793-064. Harvard University: Boston, MA.

Edmondson AC, Bohmer RM, Pisano GP. 2001. Disrupted routines: team learning and new technology adaptation. *Administrative Science Quarterly* **46**: 685–716.

Goranson HT. 1999. *The Agile Virtual Enterprise: Cases, Metrics, Tools*. Quorum Books: Westport, CT.

Ghemawat P, Stander HJ III. 1993. Nucor at a crossroads. Harvard Business School case #9-793-039. Harvard University: Boston, MA.

Grant RM. 1996. Toward a knowledge-based theory of the firm. *Strategic Management Journal*, Winter Special Issue **17**: 109–122.

Grant RM. 2002. *Contemporary Strategy Analysis: Concepts, Techniques, Applications* (4th edn). Blackwell:Malden, MA.

Helfat CE. 1994. Evolutionary trajectories in petroleum firm R&D. *Management Science* **40**(12): 1720–1747.

Helfat CE. 1997. Know-how and asset complementarity and dynamic capability accumulation: the case of R&D. *StrategicManagement Journal* **18**(5): 339–360.

Helfat CE. 2000. Guest editor's introduction to the special issue: the evolution of firm capabilities. *Strategic Management Journal* **21**(10–11): 955–960.

Helfat CE, Eisenhardt KM. 2002. Inter-temporal economies of scope, organizational modularity, and the dynamics of diversification. Working paper, Tuck School of Business at Dartmouth.

Helfat CE, Lieberman MB. 2002. The birth of capabilities: market entry and the importance of pre-history. *Industrial and Corporate Change* **11**(4): 725–760.

Helfat CE, Raubitschek RS. 2000. Product sequencing: co-evolution of knowledge, capabilities and products. *Strategic Management Journal* **21**(10–11): 961–980.

Henderson R, Cockburn I. 1994. Measuring competence: exploring firm effects in pharmaceutical research. *Strategic Management Journal*, Winter Special Issue **15**: 63–84.

Hoopes DG, Madsen TL, Walker G. 2003. Guest editors' introduction to the special issue: Why is there a resource-based view? Toward a theory of competitive heterogeneity. *Strategic Management Journal*, Special Issue **24**(10): 889–902.

Huber GP. 1991. Organizational learning: the contributing processes and the literatures. *Organization Science* **2**(1): 88–115.

Klepper S. 1997. Industry life cycles. *Industrial and Corporate Change* **6**(1): 145–182.

Kogut B, Zander U. 1992. Knowledge of the firm: combinative capabilities and the replication of technology. *Organization Science* **3**(3): 383–397.

Kotler P. 1980. *Principles of Marketing* (3rd edn). Prentice-Hall: Englewood Cliffs, NJ.

Lazonick W, Brush T. 1985. The 'Horndal' effect in early U.S. manufacturing. *Explorations in Economic History* **22**: 53–96.

Levinthal D, Myatt J. 1994. Co-evolution of capabilities and industry: the evolution of mutual fund processing. *Strategic Management Journal*, Winter Special Issue **15**: 45–62.

Maritan CA, Brush TH. 2003. Heterogeneity and transferring practices: implementing flow manufacturing in multiple plants. *Strategic Management Journal*, Special Issue **24**(10): 945–959.

Mishina K. 1999. Learning by new experiences: revisiting the flying fortress learning curve. In *Learning by Doing in Markets, Firms, and Countries*, Lamoreaux N, Raff DMG, Temin P (eds). University of Chicago Press: Chicago, IL: 145–179.

Nelson RR, Winter SG. 1982. *An Evolutionary Theory of Economic Change*. Harvard University Press: Cambridge, MA.

Nelson RR, Winter SG. 2002. Evolutionary theorizing in economics. *Journal of Economic Perspectives* **16**(2): 23–46.

Penrose E. 1995. *The Theory of the Growth of the Firm* (3rd edn). Oxford University Press: Oxford.

Peteraf MA. 1993. The cornerstones of competitive advantage: a resource-based view. *Strategic Management Journal* **14**(3): 179–192.

Peteraf MA, Bergen ME. 2003. Scanning dynamic competitive landscapes: a market-based and resource-based framework. *Strategic Management Journal*, Special Issue **24**(10): 1027–1041.

Peteraf MA, Reed R. 2003. Regulatory reform and technological choice: an analysis of the cost savings from airline deregulation. *Managerial and Decision Economics* (forthcoming).

Porter ME. 1991. Towards a dynamic theory of strategy. *Strategic Management Journal*, Winter Special Issue **12**: 95–118.

Priem RL, Butler JE. 2001. Is the resource-based 'view' a useful perspective for strategic management research? *Academy of Management Review* **26**(1): 22–40.

Rumelt RP. 1984. Towards a strategic theory of the firm. In *Competitive Strategic Management*, Lamb RB (ed). Prentice-Hall: Englewood Cliffs, NJ; 556–570.

Sinclair G, Klepper S, Cohen W. 2000. What's experience got to do with it? Sources of cost reduction in a large specialty chemicals producer. *Management Science* **46**(1): 28–45.

Szulanski G. 1996. Exploring internal stickiness: impediments to the transfer of best practice within the firm. *Strategic Management Journal*, Winter Special Issue **17**: 27–43.

Szulankski G. 2000. Appropriability and the challenge of scope. In *The Nature and Dynamics of Organizational Capabilities*, Dosi G, Nelson RR, Winter SG (eds). Oxford University Press: Oxford; 69–98.

Szulanski G, Winter SG, Cappetta R, Van den Bulte C. 2002. Opening the black box of knowledge transfer: the role of replication accuracy. Working paper, The Wharton School, University of Pennsylvania.

Teece DJ, Pisano G, Shuen A. 1997. Dynamic capabilities and strategic management. *Strategic Management Journal* **18**(7): 509–533.

Thompson P. 2001. How much did the Liberty shipbuilders learn? New evidence for an old case study. *Journal of Political Economy* **109**(1): 103–137.

Thompson P. 2002. How much did the Liberty shipbuilders forget? Revisionist notes on organizational forgetting. Working paper, Carnegie Mellon University.

Wernerfelt B. 1984. A resource-based view of the firm. *Strategic Management Journal* **5**(2): 171–180.

Winter SG. 1987. Knowledge and competence as strategic assets. In *The Competitive Challenge: Strategies for Industrial Innovation and Renewal*, Teece DJ (ed). Ballinger: Cambridge, MA; 159–184.

Winter SG. 1990. Survival, selection, and inheritance in evolutionary theories of organization. In *Organizational Evolution: New Directions*, Singh JV (ed). Sage: Newbury Park, CA; 269–297.

Winter SG. 1996. Four Rs of profitability: rents, resources, routines, and replication. In *Resource-Based and Evolutionary Theories of the Firm*, Montgomery C (ed). Kluwer: Norwell, MA; 147–178.

Winter SG. 2000. The satisficing principle in capability learning. *Strategic Management Journal* **21**(10–11): 981–996.

Winter SG, Szulanski G. 2001. Replication as strategy. *Organization Science* **12**(6): 730–743.

Zollo M. 1998. Knowledge codification, process routinization and the development of organizational capabilities: post-acquisition integration in the U.S. banking industry. Doctoral dissertation, University of Pennsylvania, Philadelphia, PA.

Zollo M, Winter SG. 2002. Deliberate learning and the evolution of dynamic capabilities. *Organization Science* **13**(3): 339–351.

Zott C. 2002. Dynamic capabilities and the emergence of intra-industry differential firm performance: insights from a simulation study. Working paper, INSEAD.

# 10
# Será que a "visão" baseada em recursos é uma perspectiva útil para a pesquisa de gestão estratégica?*

RICHARD L. PRIEM
UNIVERSITY OF TEXAS AT ARLINGTON

JOHN E. BUTLER
HONG KONG POLYTECHNIC UNIVERSITY

---

Como uma teoria potencial, a visão baseada em recursos (VBR) não é atualmente uma estrutura teórica. Além disso, os defensores da VBR pressupuseram a estabilidade em mercados de produtos e evitaram determinar os valores dos recursos. Como perspectiva para a gestão estratégica, definições imprecisas prejudicam sua prescrição e abordagens estáticas relegam a causalidade a uma "caixa preta". Nós esboçamos desafios conceituais para melhorar esta situação, incluindo a formalização rigorosa da VBR. Respondendo as perguntas causais do tipo "como", incorporando o componente temporal e integrando a VBR com modelos de heterogeneidade de demanda.

---

A popularidade da VBR da gestão estratégica fica evidente na sua rápida difusão por toda a literatura sobre estratégia. Ainda assim, até hoje tem havido pouca avaliação crítica da VBR como sistema teórico (veja Ryall, 1998, uma exceção) ou das suas contribuições potenciais à gestão estratégica (veja McWilliams & Smart, 1995, uma exceção). Neste artigo, tentamos conter, pelo menos um pouco, o crescimento da VBR enquanto estimulamos esforços para esclarecermos suas afirmações teóricas fundamentais e para especificarmos suas prováveis contribuições ao conhecimento. Damos um passo inicial na direção a uma crítica mais rigorosa e de um esclarecimento promissor da VBR quando abordamos duas perguntas básicas: (1) será que a VBR fundacional e despojada é realmente uma teoria? (2) Será provável que a VBR seja útil para a construção de uma compreensão na gestão estratégica?

Sociólogos já mostraram que investigações sobre o status de ideias – como na primeira pergunta acima, no que diz respeito ao status teórico

---

\* Artigo originalmente publicado sob o título *Is the Resource - Based "View" a Useful Perspective for Strategic Management Research*?, na Academy of Management Review, v.26, n.1, p.22-40, 2001.

da VBR – são importantes para o progresso científico. Isso ocorre porque grupos partidários surgem em torno de determinados conceitos. Esses indivíduos vinculados, que Crane (1972) chama de "Faculdades Invisíveis", influenciam a direção da educação de pós-graduação, a distribuição de financiamentos de pesquisa e o próprio programa da pesquisa. Ainda assim, esses indivíduos têm direitos adquiridos na propagação de "seus" conceitos. Portanto, análises críticas periódicas das ideias inerentes a gêneros de pesquisa que estão na moda poderão assegurar a máxima recompensa do esforço de pesquisa. Isso poderá ser especificamente verdadeiro para campos acadêmicos em desenvolvimento, como a gestão estratégica.

A segunda pergunta que abordamos – relativa à utilidade da VBR para a gestão estratégica – é importante porque novas perspectivas tendem a ser mais aptas para responder a algumas questões em vez de outras. A identificação dessas questões de alto potencial poderá ajudar a direcionar a construção da teoria e as pesquisas enquanto ao mesmo tempo poderá esclarecer as contribuições potenciais da VBR ao campo da estratégia.

Abordamos essas perguntas da seguinte maneira. Em primeiro lugar, avaliamos o grau de difusão da VBR por meio de toda a literatura sobre estratégia utilizando os 18 tópicos de pesquisa estratégica que Schendel e Hofer (1979) identificaram. Em seguida, analisamos o modelo básico da VBR, conforme apresentado no artigo explicativo de Barney (1991), para verificarmos se ele satisfaz a requisitos fundamentais para sistemas teóricos (por exemplo, McKelvey, 1997; veja também Bacharach, 1989; Dubin, 1976; Hunt, 1991; Rudner, 1966; Thomas & Tymon. 1982; Whetten, 1989). Portanto, a análise é realizada a partir de uma perspectiva positivista lógica em vez de pós-positivista. Prestamos atenção especial a questões como a determinação da natureza analítica ou sintética das afirmações na VBR, a lógica da VBR e sua aptidão para a gestão estratégica, considerando-se as características fundamentais da disciplina da estratégia (por exemplo, Meyer, 1991). Em seguida, analisamos uma pesquisa voltada à VBR para determinarmos até que ponto ela contribuiu para a construção da teoria na gestão estratégica e, para trabalhos empíricos, como a VBR foi testada. Finalmente, desenvolvemos sugestões a partir destas análises para direções produtivas em pesquisas futuras sobre a estratégia baseada em recursos.

## 10.1 DEFINIÇÃO E DIFUSÃO DA VBR

O artigo conceitual de Wernerfelt (1984) chamado "A visão da empresa baseada em recursos" foi recentemente selecionado como um dos trabalhos mais influentes publicados no Strategic Management Journal antes de 1990 (Wernerfelt, 1995). O artigo começa com a seguinte afirmação: "Para a empresa, recursos e produtos são dois lados da mesma moeda"

(1984, p. 171). Em seguida, Wernerfelt analisa, a partir de uma perspectiva dos recursos, a eficácia de estratégias de entradas em sequência para a diversificação de empresas. Uma grande contribuição deste artigo foi direcionar os estudiosos da estratégia de volta para os recursos como sendo antecedentes importantes dos produtos e, em última instância, do desempenho da empresa. Nos primeiros trabalhos conceituais sobre gestão estratégica, os estudiosos geralmente tinham dado atenção equivalente aos pontos fortes e fracos da empresa *versus* as oportunidades e ameaças no ambiente competitivo (por exemplo, Andrews, 1971; Ansoff, 1965; Learned, Christensen, Andrews, & Guth, 1965). A publicação do influente livro de Porter (1980), Competitive Strategy, mudou a ênfase para questões externas, a competitividade dos setores. O artigo de Wernerfelt (1984) serviu como lembrete de que tanto os estudiosos da estratégia quanto "os gestores costumam não conseguir reconhecer que um grupo de ativos, em vez da combinação específica de produto e mercado escolhido para sua implementação, está no cerne da posição competitiva de suas empresas" (Dierickx & Cool, 1989, p. 1504).

Rumelt (1984), Barney (1986, 1931), Dierickx e Cool (1989) e outros contribuíram para o desenvolvimento subsequente da VBR da gestão estratégica. O trabalho conceitual nesta corrente concentrou-se nas características de recursos da empresa que podem contribuir para uma vantagem competitiva sustentável. Alguns teóricos seguiram Penrose (1959) de maneira muito próxima, enfatizando como os recursos contribuem para a diversificação e como a diversificação deve igualar as "competências essenciais [*core competence*]" da empresa para que ela alcance um desempenho ótimo (por exemplo, Peteraf, 1993; Prahalad & Hamel, 1990; Wemerfelt, 1984; veja Ryall, 1998, para uma discussão sobre esta abordagem). A discussão de Penrose sobre o papel de recursos na diversificação fornece uma visão da expansão da empresa para novos produtos e mercados. A VBR poderá ser útil para abordar tal questão.

Outros teóricos enfatizaram a contribuição mais fundamental de recursos para a vantagem sustentável para empresas de um único negócio ao examinarem como ou por que os recursos contribuem para a vantagem de uma empresa sobre outra em um produto ou mercado específico (por exemplo, Barney, 1991; Conner, 1991; Powell, 1992a, b). Essa pergunta no "nível do negócio" de como concorrer é fundamental para se determinar tanto a base teórica da VBR quanto suas contribuições potenciais à gestão estratégica. À medida que uma empresa crescente alcança "uma posição satisfatória e razoavelmente segura" no seu negócio original e gera mais recursos do que os exigidos para manter aquela posição, ela poderá olhar para oportunidades para obter diversificação (Penrose, 1959: 136). No entanto, com a VBR no nível do negócio, os pesquisadores tentam obter explicações para vantagens baseadas em recursos em setores únicos – ou seja, como a empresa cresce e alcança sua posição "segura" inicial. Essas explicações estabelecem a base conceitual para análises subsequentes de como vantagens baseadas em recursos poderão ser alavancadas por meio da diversificação. Portanto, a VBR primária no nível do negócio é de interesse principal no nosso estudo.

Os artigos de Wernerfelt (1984) e Barney (1991) são obras influentes na corrente da VBR. Enquanto Wernerfelt enfatiza os recursos e a diversificação, Barney fornece o que se pode considerar a ilustração mais detalhada e formalizada da perspectiva baseada em recursos no nível do negócio. Seu "modelo organizacional" – "de que recursos organizacionais valiosos, raros, difíceis de serem imitados e que não possam ser substituídos podem produzir vantagem competitiva sustentada" (Meyer, 1991, p. 823) – forneceu a base para muitos estudos sobre a VBR, com trabalho subsequente baseado ou em seu modelo ou em uma extensão.

No entanto, ao ampliar o modelo de Barney (1991), a maioria dos pesquisadores definiu quaisquer novos termos de interesse sem especificar formalmente os termos originais, inerentes à VBR. Com efeito, em boa parte das obras conceituais e empíricas acerca da VBR, os pesquisadores ou parafrasearam as afirmações de Barney (1991) sobre a VBR ou simplesmente citaram seu artigo sem nenhuma ampliação das definições (por exemplo, Bates & Flynn, 1995; Brush & Artz, 1999; Litz, 1996; McWilliams & Smart, 1995; Michalisin, Smith, & Kline, 1997; Mosakowski, 1998; Powell, 1992a, b; Rindova & Fombrun, 1999; Yeoh & Roth, 1999). Houve tentativas esparsas de se definir mais profundamente ideias inerentes à VBR ou de se especificar relacionamentos causais. O Quadro 10.1 fornece definições representativas da VBR que se referem à obra conceitual de Barney (1991). Por causa da sua influência, de sua tentativa de formalizar a VBR como uma teoria e da relativa falta de obras de definição subsequentes, selecionamos seu artigo para fornecer as principais definições básicas da VBR de "negócios únicos" para nossa investigação.

Barney (1991) observa que dois pressupostos são fundamentais para a VBR: (1) os recursos são distribuídos de maneira heterogênea entre as empresas e (2) estes recursos produtivos não podem ser transferidos de uma empresa para outra sem nenhum custo (ou seja, os recursos são intrínsecos à empresa). Esses pressupostos são os axiomas da VBR. Considerando-os, Barney (1991) faz dois argumentos fundamentais. Em primeiro lugar, os recursos que são ao mesmo tempo raros (ou seja, pouco possuídos) e valiosos (ou seja, contribuem para a eficiência ou eficácia da empresa) podem produzir vantagem competitiva. Em segundo lugar, quando esses recursos também são ao mesmo tempo inimitáveis (ou seja, os concorrentes não conseguem replicá-los facilmente), insubstituíveis (outros recursos não conseguem realizar a mesma função) e intransferíveis (que eles não possam ser comprados em mercados de recursos; Dierickx & Cool, 1989),

**QUADRO 10.1** Algumas definições e relações entre constructos subjacentes da VBR

| Artigo sobre VBR | Definições e relacionamentos subjacentes |
|---|---|
| Powell (1992a, p. 552) | "A visão de recursos afirma que, para gerar vantagem competitiva sustentável, um recurso deve proporcionar valor econômico e atualmente deve estar escasso, ser difícil de imitar, ser insubstituível e não poder ser obtido em mercados de fatores (Barney, 1991; Dienckx & Cool, 1989; Peteraf 1990)". |
| Bates & Flynn (1995, p. 235) | "Esta teoria brinca com dois pontos fundamentais. Em primeiro lugar, que os recursos determinam o desempenho de uma empresa (Barney, 1991; Schulze, 1992) e, em segundo lugar, que os recursos devem ser raros, valiosos, difíceis de serem imitados e insubstituíveis por outros recursos raros. Quando este último ocorrer, uma vantagem competitiva terá sido criada (Barney, 1991)". |
| Litz (1996, p. 1356) | "O trabalho conceitual de Barney (1991) sobre as características dos recursos foi especialmente útil. Ele propôs que os recursos fossem caracterizados como ao mesmo tempo valiosos, raros, insubstituíveis e inimitáveis. Até onde os ativos físicos, a infraestrutura e a mão de obra de uma organização satisfazem esses critérios, eles são considerados recursos". |
| Michalisin, Smith, & Kline (1997, p. 360) | "Esses recursos, denominados *ativos* estratégicos, são ao mesmo tempo valiosos, raros, imperfeitamente imitáveis e insubstituíveis (Barney, 1991). Os proponentes da VBR afirmam que a propriedade ou o controle de ativos estratégicos determina [sic] quais empresas poderão obter lucros maiores e quais empresas não os obterão. Infelizmente, existe pouca pesquisa empírica para sustentar essa receita (Miller & Shamsie, 1996)". |
| Bowen & Wiersema (1999, p. 628-629). | "... conforme argumenta a literatura sobre estratégia, o desempenho de uma empresa depende fundamentalmente da sua capacidade de ter uma vantagem competitiva distinta e sustentável que derive da posse e da utilização de recursos singulares, inimitáveis, intransferíveis e específicos de uma empresa (Barney, 1991; Peteraf. 1993: Wernerfelt. 1984)." |
| Brush & Artz (1999, p. 223) | "...algumas lacunas nas teorias disponíveis fazem surgir novos desafios. Os quatro critérios de Barney (1991) para que os recursos proporcionem uma vantagem competitiva – valor, raridade, impossibilidade de imitação e possibilidade de substituição – são limitados na sua utilidade prática por esse problema porque são insensíveis ao contexto (ou seja, não são contingentes)". |
| Combs & Ketchen (1999, p. 869) | "Para serem uma fonte de desempenho sustentado acima da média, os recursos devem satisfazer três critérios. Eles precisam ser: (1) valiosos, o que significa que os compradores esteja n dispostos a comprar o resultado dos recursos a preços significativamente acima dos seus custos; (2) raros, de tal forma que os compradores não possam se voltar para os concorrentes com recursos iguais ou substituíveis; e (3) imperfeitamente imitáveis, o que significa que seja difícil para os concorrentes ou imitarem ou comprarem os recursos (Barney, 1991; Peteraf, 1993)". |
| Rindova & Fombrun (1999, p. 694) | "A teoria baseada em recursos (Penrose, 1959; Barney, 1991) atribui vantagem em um setor ao controle de uma empresa sobre grupos de recursos e habilidades materiais, humanos, organizacionais e de localização singulares que permitam estratégias singulares de criação de valor (Barney, 1991). Recursos heterogêneos criam opções estratégicas distintas para uma empresa que, ao longo do tempo, possibilite que seus gestores expliquem diferentes níveis de lucro econômico (Peteraf, 1993). Os recursos de uma empresa são considerados uma fonte de vantagem competitiva até o grau em que eles são escassos, especializados, apropriáveis (Amit & Schoemaker. 1993), valiosos, raros, difíceis de imitar ou de substituir (Barney, 1991)." |

esses recursos poderão produzir uma vantagem competitiva duradoura (sustentável). Portanto, raridade e valor isoladamente são condições necessárias, porém insuficientes para se obter vantagem competitiva, enquanto a impossibilidade de imitar, de substituir e de transferir isoladamente são condições necessárias, são também insuficientes para manter uma vantagem competitiva existente.

A partir dessas ideias centrais, desenvolveram-se argumentos de que empresas de um único negócio podem alcançar uma vantagem competitiva sustentável a partir de recursos como tecnologia da informação (Mata, Fuerst, & Barney, 1995; Powell, 1997), planejamento estratégico (Michalisin *et al.*, 1997; Powell, 1992a), alinhamento organizacional (Powell, 1992b), gestão de recursos humanos (Flood, Smith, & Derfus. 1996; Lado & Wilson, 1994; Wright & McMahan, 1992), confiança (Barney & Hansen, 1994), cultura organizacional (Fiol, 1991; Oliver, 1997), habilidades administrativas (Powell, 1993), habilidades dos principais gestores (Castanias & Helfat, 1991) e relacionamentos (*guanxi*) (Tsang, 1998), entre outros. Além disso, a quantidade de seguidores que elevaram a VBR do status de "visão" para o de "teoria" melhorou sua visibilidade e também sugere uma aceitação ampla (por exemplo, Barney, 1996; Conner, 1991; Grant, 1991; Mahoney & Pandian, 1992; Maijoor & van Witteloostuijn, 1996).

Para avaliar de maneira mais formal a amplitude da difusão da VBR ao longo de toda a literatura sobre estratégia, mapeamos estudos da VBR em comparação com os identificados originalmente por Schendel e Hofer (1979) e depois utilizados por Shrivastava (1987) para categorizar programas de pesquisa de gestão estratégica. Desde 1991, 13 das 18 áreas de tópicos de pesquisa foram analisadas a partir da perspectiva da VBR, conforme visualizado no Quadro 10.2.

Esta penetração abrangente da VBR na literatura sobre estratégia mostra o alto nível de recursos de pesquisa que estão sendo gastos para ir atrás de perguntas relacionadas à VBR e sugere que uma investigação mais rigorosa da eficácia da VBR e da sua utilidade para a pesquisa estratégica pode estar atrasada. Como primeiro passo nesta investigação, a seguir analisaremos até que ponto a VBR parece atender aos critérios exigidos de sistemas teóricos.

## 10.2 ANALISANDO A VBR COMO TEORIA

O ponto até o qual a VBR provavelmente enriquece a pesquisa estratégica depende, em parte, de até que ponto ela se torna uma teoria de vantagem competitiva. Identificar de maneira precisa o estado teórico atual da VBR poderá auxiliar seu desenvolvimento futuro. Nesta seção, analisaremos até que ponto a VBR atualmente possui o poder explicativo e de previsão que

# CAPÍTULO 10 Será que a "visão" baseada em recursos é uma perspectiva útil... 273

**QUADRO 10.2** Programas de pesquisa de gestão estratégica relacionados à VBR da empresa

| Tópico da pesquisa | Programa de pesquisa | Autores representativos |
|---|---|---|
| Conceitos de estratégia | 1 Modelos alternativos | Barney (1991) |
| | 2 Teoria da agência | Sherer, Rogovsky, & Wright (1998) |
| | 3 Teoria da rede e economia austríaca | Zaheer & Zaheer (1997) |
| | 4 Teoria da empresa | Barnoy (1996); Conner (1991) |
| | | Conner & Prahalad (1996); Foss (1996a,b) |
| | 5 Inovações e vantagem | Bates & Flynn (1995) |
| | 6 Aprendizagem organizacional | Grant (1996) |
| | | Garud & Nayyai (1994) |
| | 7 Modelo de contingência | Collis (1994) |
| Processos de gestão estratégica | Modelos comportamentais e cultura; seleção de cultura/recurso | Fiol (1991); Knez & Camerer (1994); Levinthal & Myatt (1994); Oliver (1997) |
| Diretoria | Equipes dos principais gestores | Flood, Smith, & Derfus (1996) |
| Papéis de gestão geral na gestão da estratégia | Ação e receitas gerenciais | Marino (1996); Parkinson (1995) |
| Responsabilidade social | Questões ambientais sociais e naturais | Hart (1995): Litz (1996); Russo & Fouts (1997) |
| Formulação de estratégia | Estratégia competitiva e construção da competitividade | Black & Boal (1994); Wernerfelt (1984) |
| Análise ambiental | Relacionamentos ambientais e de recursos | Fahy (1996); Maijoor & van Witteloostuijn (1996); Miller & Shamsie (1996) |
| Implementação e avaliação da estratégia | Estrutura/conhecimento do setor | Lodo & Wilson (1994) |
| Conteúdo da estratégia | Gestão de recursos humanos como recurso | Boxall (1996); Food, Smith, & Derfus (1996); Lado & Wilson (1994). Wright & McMahan (1992) |
| Sistemas formais de planejamento | Ativos estratégicos e planejamento | Michalisin, Smith, & Kline (1997); Powell (1992a) |
| Controle estratégico | Sistemas de apoio à informação estratégica | Mafa, Furst, & Barney (1995) |
| Empreendedorismo e novas iniciativas | Formação de alianças. Recursos e desempenho | Eisenhardt & Schoonhoven (1996) Robbins & Wiersema (1995) |
| Empresas de múltiplos negócios e multiculturais | Gestão estratégica internacional | Collis (1991); Moon (1997); Taylor, Beechler, & Napier (1996) |
| Outros | Fusões, aquisição e diversificação | Ingram & Thompson (1995); Markides & Williamson (1996) |
| | Recursos inerentes que levam à qualidade | Powell (1995) |
| | Filosofia da ciência | Godfrey & Hill (1995) |

costuma estar associado com teorias. Limitamos nossa investigação a se os argumentos da VBR relacionados à vantagem competitiva atualmente atendem a critérios geralmente aceitos para se classificar um conjunto de afirmações como uma teoria. Não abordamos se a VBR representa uma nova teoria da empresa (por exemplo, Conner. 1991), porque, na VBR estabelecida por Wernerfelt (1984) e Barney (1991), questões fundamentais explicadas em teorias da empresa não são abordadas. Essas questões incluem a razão pela qual a empresa existe no lugar de sistemas alternativos para organizar atividades econômicas e o que determina o seu âmbito (por exemplo, Alchian & Demsetz, 1972; Alchian & Woodward, 1987; Coase, 1937; Seth & Thomas, 1994). "O objetivo fundamental de uma empresa (ganhar dinheiro)" (Conner, 1991, p. 123) não explica o motivo pelo qual ela existe como uma forma de organizar uma atividade econômica em comparação com outras formas possíveis (veja a literatura sobre direitos de propriedade; por exemplo, Alchian & Demsetz, 1972; Alchian & Woodward, 1987).

Para analisarmos até que ponto a VBR já é ou provavelmente será uma teoria de vantagem competitiva, primeiro avaliamos afirmações fundamentais da VBR sobre seu status "referente a leis generalizáveis". Depois, investigamos aspectos da lógica da VBR em termos de força teórica e consistência interna.

### Leis generalizáveis da VBR

Nós avaliamos a VBR como sendo um sistema teórico ao contarmos com os esquemas e definições propostos por Rudner (1966), Bacharach (1989). Whetten (1989), Hunt (1991) e McKelvey (1997), no que diz respeito às ideias de outros onde isso esclarece a exposição específica para a VBR. Isso não quer dizer que não exista nenhum debate significativo sobre o que constitui uma teoria. No entanto, tanto Hunt (1991) quanto McKelvey (1997) sugerem que se formou um consenso em torno da definição de teoria originalmente oferecida por Rudner: "Uma teoria é um conjunto sistematicamente relacionado de afirmações, incluindo algumas generalizações referentes à lei, que pode ser testado empiricamente" (1966, p. 10). Hunt observa mais, "a finalidade da teoria é aumentar a compreensão científica por meio de uma estrutura sistematizada capaz tanto de explicar quanto de prever fenômenos" (1991, p. 149).

Aqui nos concentramos no critério que obriga que pelo menos algumas generalizações referentes à lei estejam presentes em uma teoria. Para que um sistema de afirmações tenha a força de uma teoria científica, algumas das afirmações devem ser referentes à lei no sentido de (1) serem condicionais generalizadas, (2) possuírem conteúdo empírico e (3) apresentarem necessidade comuns.

**Condicionais generalizadas** Condicionais generalizadas são afirmações do tipo "se/então". A VBR claramente contém essas afirmações: partidários da VBR afirmam que se o atributo de uma empresa for raro e valioso, então ele será um recurso que poderá lhe proporcionar vantagem competitiva. E se um recurso que conceder vantagem competitiva a uma empresa for difícil de imitar e insubstituível, então ele poderá lhe fornecer vantagem competitiva sustentável (Barney, 1991). Essas duas afirmações, centrais para a VBR, são condicionais generalizadas e atendem ao primeiro critério de Rudner (1966) para generalizações referentes à lei.

**Conteúdo empírico** Estudiosos de gestão costumam abordar este critério quando discutem as exigências para uma boa teoria, seguindo a exigência de falsificabilidade, de Popper (1959) (por exemplo, Bacharach, 1989; McKelvey, 1997). Bacharach (1989), sugere que muitas teorias no nível organizacional são tão vagas que elas nunca poderão ser testadas empiricamente.

O critério do conteúdo empírico, no entanto, aborda a semântica e a lógica da teoria, em vez do aspecto vago. O critério do conteúdo empírico ajuda a separar afirmações meramente analíticas, que são verdadeiras por causa da sua forma do tipo "ou/ou" ou pela forma em que seus termos são definidos, de afirmações sintéticas, que só saberemos que são verdadeiras depois de uma investigação (Hunt, 1991). Pode-se determinar que afirmações não teóricas e analíticas sejam verdadeiras ou falsas de acordo com sua lógica ou sua definição de termos. Por exemplo, "ou o sol está brilhando ou não está," e não é preciso olhar pela janela para se comprovar a afirmação. O mesmo pode ser verdadeiro em relação a definições. Uma "empresa que melhore sua eficiência apresentará um quociente maior entre produção e insumo", porque a eficiência é definida como o quociente entre produção e insumos. Portanto, não se exige uma confrontação com dados para se determinar que afirmações analíticas estejam corretas. Diz-se que afirmações sintéticas, como "se os gestores forem mais velhos, então eles tenderão a ser mais avessos ao risco" tem conteúdo empírico porque o "mundo real" deverá determinar se elas estão corretas ou não. Elas não são verdadeiras simplesmente "por definição".

As afirmações encontradas na VBR são logicamente sintéticas, como se pode ver pela sua forma do tipo "se/então", mostrada na análise anterior do critério da condicional generalizada. Uma forma de analisar se elas são sintéticas ou analíticas baseadas nas suas definições de termos é substituir cada termo em uma afirmação básica da teoria pela sua definição na teoria. Esse processo permite que se avalie melhor se as afirmações são ou não são verdadeiras por definição. No exemplo anterior, isso seria feito substituindo o termo "eficiência" por sua definição: uma "empresa que melhore seu quociente entre produção e insumos (eficiência) apresentará um quociente maior entre produção e insumos". Seguindo-se à substituição, torna-se claro que esta é uma afirmação analítica, sem nenhum conteúdo empírico. Para afirmações teóricas mais complexas, a substituição dos termos da teoria por suas definições da teoria poderá resultar em várias afirmações revisadas possíveis. Muitas dessas afirmações poderão parecer plausivelmente sintéticas. Se uma afirmação desse tipo for analítica, no entanto, será necessário mais trabalho conceitual antes que a afirmação inerente se torne uma generalização referente à lei.

Esse processo já foi utilizado anteriormente na literatura sobre gestão – por Bacharach ao analisar a crítica que Young (1988) fez sobre a teoria da inércia estrutural da ecologia da população e a crítica que Vecchio (1987) fez da teoria da liderança situacional. Bacharach conclui, "nesses dois exemplos, uma proposição tautológica ou uma hipótese se autoverifica e, portanto, ela não está sujeita a um desmentido" (1989, p. 505). Para maximizar a consistência na nossa aplicação do processo, utilizamos apenas as afirmações e definições precisas de Barney (1991) nas substituições, apesar de discutirmos as obras de outros autores mais tarde. Por uma questão de facilidade de exposição, analisamos estes termos associados primeiro com vantagem competitiva e deixamos de lado questões associadas com sustentabilidade e com possibilidade de substituição.

A afirmação teórica fundamental da VBR que investigamos é "que recursos organizacionais valiosos e raros podem ser uma fonte de vantagem competitiva" (Barney, 1991: 107). Em seu artigo de 1991, Barney cita definições anteriores de outros autores de recursos da empresa como incluindo "todos os ativos, todas as capacidades, os processos organizacionais, atributos, informação, conhecimento, etc., controlados por uma empresa que permita que ela conceba e implemente estratégias que melhorem sua eficiência e eficácia (Daft, 1983)" e como "atributos de uma empresa que permita que elas concebam e implementem estratégias que criem valor (Hitt & Ireland, 1986; Thompson & Strickland, 1983)" (Barney, 1991, p. 101). Ele define recursos como valiosos "quando eles permitirem que uma empresa conceba ou implemente estratégias que melhorem sua eficiência e eficácia" e "quando eles explorarem oportunidades ou neutralizarem ameaças no ambiente de uma empresa" (Barney, 1991, p. 106). Barney define vantagem competitiva como o ato de uma empresa de "implementar uma estratégia que crie valor que não esteja sendo implementada ao mesmo tempo por nenhum concorrente atual ou potencial". Além disso, ele argumenta que a vantagem competitiva não poderá existir para empresas idênticas, porque como "todas estas empresas implementam as mesmas estratégias, elas irão melhorar sua eficiência e eficácia da mesma maneira e no mesmo grau" (1991, p. 102, 104). Raridade não é definida especificamente, mas é utilizada no seu sentido geral.

A substituição dessas definições específicas pelos termos na afirmação teórica acima produz afirmações revisadas, inclusive:

1. "Atributos organizacionais *incomuns que permitam que empresas concebam e implementem estratégias que criem valor* poderão ser uma fonte de *implementação de uma estratégia que crie valor que não esteja sendo implementada ao mesmo tempo por nenhum concorrente atual ou potencial*";
2. "Atributos organizacionais *incomuns que permitam que uma empresa conceba ou implemente estratégias que melhorem sua eficiência e eficácia* poderão ser uma fonte *que poderá permitir que uma empresa conceba ou implemente estratégias que melhorem sua eficiência e eficácia*"; e
3. "Atributos organizacionais *incomuns que explorem oportunidades e neutralizem ameaças no ambiente de uma empresa* poderão ser uma fonte de *implementação de uma estratégia que explore oportunidades e neutralize ameaças que não esteja sendo implementada ao mesmo tempo por nenhum concorrente atual ou potencial*".

São afirmações analíticas verdadeiras por definição, indicando que esta afirmação elementar da VBR não é uma generalização referente à lei. Isso sugere que essa afirmação da VBR, lidando diretamente com vantagem competitiva, não seja receptível a testes empíricos (por exemplo, Bacharach, 1989; Hunt, 1991). Bacharach argumenta que afirmações que não possam ser testadas – "independentemente de até que ponto elas sejam profundas ou agradáveis esteticamente" – ainda assim não satisfazem o teste de ser uma teoria (1989: 512). Portanto, as definições de Barney indicam que é necessário um trabalho conceitual adicional para que a fundação da VBR satisfaça o padrão da generalização referente à lei. O problema inerente na afirmação "de que recursos organizacionais valiosos e raros poderão ser uma fonte de vantagem competitiva" (Barney, 1991, p. 107) é que a vantagem competitiva é definida em termos de valor e raridade e as características do recurso que se argumenta que leve à vantagem competitiva são valor e raridade. Em vez disso, as características e a produção deverão ser conceitualizados de maneira independente para produzirem uma afirmação sintética.

**Necessidade comum** Se a afirmação anterior da VBR fosse reformulada para atender ao requisito do conteúdo empírico, então a reformulação poderia ser analisada para o terceiro critério: a necessidade comum. A necessidade comum é a característica da teoria que exige que "a ocorrência de algum fenômeno deva estar associada com algum outro fenômeno; o relacionamento não poderá ocorrer simplesmente por acaso" (Hunt, 1991, p. 111). Portanto, para ser uma generalização referente à lei, uma afirmação deverá possuir força teórica ao descrever relacionamentos que deverão ocorrer, em vez de especificar relacionamentos acidentais ou espúrios (Gaski, 1985). Por exemplo, a afirmação "o amanhecer aquece a terra" possui necessidade comum porque, se for verdade, quando o sol nascer, a terra deverá se aquecer e, quando o sol se por, a terra deverá esfriar. Afirmações como "todos os principais gerentes são homens" ou "se empresas estiverem no setor de armazenamento de dados, então elas serão lucrativas" não possuem necessidade comum. Mesmo que elas sejam verdadeiras no momento em que as afirmações forem feitas, pode-se facilmente imaginar condições em circunstâncias diferentes que poderiam torná-las falsas.

## A lógica da VBR

Um passo na direção de tornar as afirmações da VBR sintéticas poderá ser por meio da utilização de definições diferentes de vantagem competitiva aceitas de maneira mais ampla. Então, elas poderiam ser analisadas pela sua consistência lógica independentemente de questões de definição. Barney observa, "não é difícil de ver que se os recursos valiosos de uma empresa forem absolutamente singulares entre um conjunto de empresas concorrentes e potencialmente concorrentes, esses recursos irão gerar pelo menos uma vantagem competitiva" (1991, p. 107). Quando a vantagem competitiva é definida como uma empresa "implementando uma estratégia que cria valor não sendo implementada ao mesmo tempo por nenhum concorrente atual ou potencial" (Barney, 1991, p. 102), esta é uma afirmação analítica que é verdadeira de acordo com as definições comumente aceitas de "absolutamente singulares" e "não sendo implementada ao mesmo tempo por ninguém". Isso deriva da afirmação correta que Barney argumentou antes, de que a vantagem competitiva não poderá existir para empresas idênticas, porque como "todas estas empresas implementam as mesmas estratégias, elas irão melhorar sua eficiência e eficácia da mesma maneira e no mesmo grau" (1991, p. 104).

A afirmação exatamente oposta, no entanto – de que empresas singulares possuem vantagem competitiva – não deriva logicamente sem a ajuda de dependência de definição. Isso pode ser visto quando se substitui uma definição mais tradicional de vantagem competitiva. Schoemaker define a vantagem competitiva como uma empresa "sistematicamente criando retornos acima da média" (1990, p. 1179). Se esta definição de vantagem competitiva fosse substituída na afirmação de Barney, a finalidade equivalente sugere que poderá haver *várias* abordagens, ou configurações diferentes de recursos, que poderiam alcançar um nível específico de retorno. Com efeito, em vez da raridade dos recursos utilizados, é a diferença *relativa* na quantidade de *valor* gerada por empresas que é fundamental para a vantagem competitiva de acordo com a definição de Schoemacker

(1990). Por exemplo, em um duopólio de empresas heterogêneas, no qual uma busque uma estratégia de liderança de custo e a outra busque uma estratégia de diferenciação, se as duas gerarem o mesmo retorno, não haverá nenhuma vantagem competitiva (Porter, 1980). E cada uma de diversas empresas heterogêneas em um setor poderá buscar estratégias diferentes que *cada uma gera o mesmo nível* de valor e, portanto, nenhuma vantagem competitiva.

Isso não é para argumentar que a singularidade (ou a raridade) na diferenciação de um produto, ou até mesmo em recursos, não seja importante, porque costuma ser. Em vez disso, a conclusão é que quando a formulação atual da VBR se torna mais sintética ao se reduzir a dependência de definições, o valor é o componente fundamental que determina o grau da vantagem competitiva. Se uma empresa consistentemente gerar mais valor do que o gerado por outras no seu setor, ela deverá ter pelo menos um recurso raro. Se uma empresa tiver recursos raros, no entanto, isso não quer dizer que ela irá gerar mais valor do que as outras empresas no seu setor. Na próxima seção, iremos desenvolver ainda mais este argumento, sugerindo que os valores dos recursos são determinados por características do lado da demanda, que são exógenas ao modelo da VBR.

## 10.3 UMA FALÁCIA BÁSICA DA VBR

A VBR estimulou pesquisadores estratégicos a explorarem "a utilidade de se analisar empresas a partir do lado dos recursos em vez do lado dos produtos" (Wemerfelt, 1984, p. 1711). O aumento da atenção aos recursos da empresa foi benéfico para ajudar (1) a esclarecer as contribuições potenciais dos recursos para a vantagem competitiva, (2) a apresentar aos estudiosos da estratégia várias teorias descritivas úteis da economia da organização industrial (por exemplo, Alchian & Demsetz, 1972, sobre produção "em equipe", ou DeVany & Saving, 1983, sobre preço como sinal de qualidade), e (3) a aliviar uma excessiva ênfase analítica anterior nas oportunidades e ameaças que derivam do lado dos produtos.

Ao argumentar em favor da VBR, Barney (1991) observa que na pesquisa estratégica anterior, com sua forte ênfase analítica no ambiente competitivo, os pesquisadores implicitamente adotavam dois importantes pressupostos simplificadores. O primeiro era que empresas em um setor são homogêneas no que diz respeito a recursos e estratégias. O segundo era que os recursos de uma empresa possuem grande mobilidade. Contrária a estes pressupostos implícitos, a visão da empresa baseada em recursos substitui dois pressupostos alternados na análise de fontes de vantagem competitiva. Em primeiro lugar, este modelo supõe que empresas em um setor (ou grupo) possam ser heterogêneas no que diz respeito aos recursos estratégicos que elas controlam. Em segundo lugar, esse modelo supõe que estes recursos podem não ser perfeitamente móveis entre empresas e, portanto, a heterogeneidade poderá ser duradoura (Barney, 1991, p. 101).

Estes pressupostos explícitos da VBR são provavelmente reflexos mais precisos da realidade do que eram os pressupostos simplificadores implícitos que eles substituíram dos modelos que se concentravam no ambiente.

No entanto, para uma compreensão plena da VBR, deve-se reconhecer que ela também inclui pressupostos simplificadores implícitos. Enquanto os pressupostos simplificadores de modelos de vantagem competitiva concentrados no ambiente são feitos do lado dos recursos, os pressupostos implícitos da VBR são feitos do lado da demanda. Diz-se que os recursos são valiosos "quando eles exploram oportunidades ou neutralizam ameaças no ambiente de uma empresa" ou "quando eles permitem que uma empresa conceba ou implemente estratégias que melhorem sua eficiência e eficácia" (Barney, 1991, p. 106). Antes se mostrou que o valor era um conceito fundamental tanto para a VBR quanto para a vantagem competitiva relativa. No entanto, as definições de valor da VBR mostram claramente que é o ambiente de mercado, por meio de oportunidades e ameaças, que determina o grau de valor possuído por cada recurso de uma empresa na VBR. À medida que o ambiente competitivo muda, os valores dos recursos poderão mudar. Portanto, o valor dos recursos é determinado a partir de uma fonte exógena à VBR. Isto, com efeito, mantém constantes (ou seja, fora do modelo) fatores dos produtos e dos clientes, porque se estes fatores variarem, então os valores dos recursos poderão variar e mudanças imprevisíveis no valor dos recursos irão acarretar resultados indeterminados em análises baseadas em recursos. Portanto, assim como os modelos anteriores concentrados no ambiente simplificavam a análise estratégica com um pressuposto implícito de mercados homogêneos e de fatores móveis, a própria VBR simplifica a análise estratégica com um pressuposto implícito de mercados de produtos homogêneos e imóveis (ou seja, demanda que não muda; veja McWilliams & Smart, 1995, para um argumento semelhante da perspectiva do paradigma E-C-D [estrutura--conduta-desempenho]).

A Figura 10.1 apresenta como os mercados de produtos influenciam o valor do fator por meio de um modelo simplificado para um único fator de produção e um único produto, onde nem os custos do fator nem suas quantidades são fixas (por exemplo, Cole, 1973, p. 436-443).

O deslocamento da curva da demanda para a direita no mercado de produto (1º gráfico) é transmitido por meio da função produção (2º gráfico), que produziria um deslocamento para a direita na demanda no mercado de fator (3º gráfico). O resultado seria uma quantidade maior do fator fornecido em um preço maior à medida que o equilíbrio se desloca para

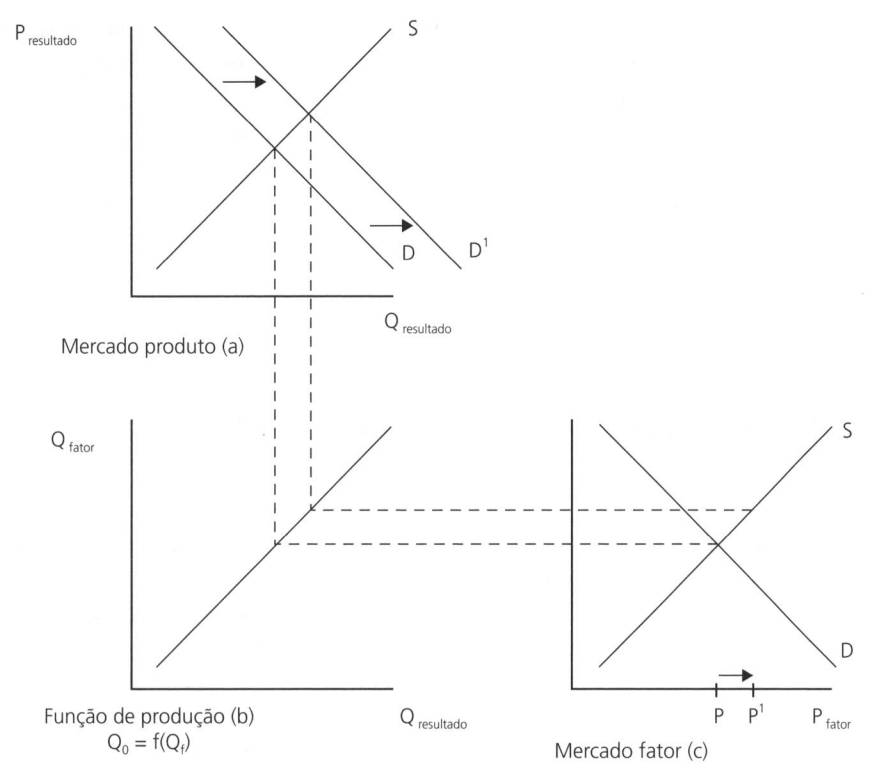

# CAPÍTULO 10 Será que a "visão" baseada em recursos é uma perspectiva útil... 281

**FIGURA 10.1** Um modelo simplificado de equilíbrio mostrando um mercado de produto e o valor do fator.

cima ao longo da curva da oferta (3º gráfico c). Portanto, o valor no mercado de fator é influenciado pela demanda no mercado de produto (isso fica especialmente aparente se a quantidade de fator for mantida constante com uma curva de oferta vertical). Ainda assim, a demanda de produto permanece externa à VBR.

Deve-se ter consciência dos pressupostos simplificadores ao se tirar conclusões a partir de análises baseadas na VBR. Apesar de modelos de equilíbrio parcial de mercados de fator isoladamente ou de mercados de produtos isoladamente poderem produzir uma quantidade considerável de ideias, essas abordagens poderão carregar riscos específicos por conceitualizarem questões estratégicas complexas. A gestão estratégica requer soluções gerais que estejam de acordo com sua orientação geral de gestão. Ainda assim, até mesmo modelos gerais, como o mostrado na Figura 1, devem se tornar ainda mais dinâmicos para serem úteis na gestão estratégica. Por exemplo, ideias empreendedoras sobre futuros deslocamentos da demanda em mercados de produtos ou de fatores poderão permitir a aquisição de fatores duradouros com baixo custo. Neste caso, quem jogasse primeiro teria vantagem, porque os concorrentes seguintes só poderiam adquirir estes fatores com um custo maior. Mudanças subsequentes nas preferências dos clientes, no entanto, resultariam em mais mudanças na demanda que poderiam facilmente reduzir os valores dos fatores e erodir a vantagem. Estrategistas praticantes não tem o luxo de pressupostos do tipo *ceteris paribus* de que todos os outros aspectos de uma situação estratégica permaneçam constantes. Portanto, pode-se suspeitar que uma síntese das perspectivas baseadas em recursos e no ambiente possa ser um próximo passo importante na direção de uma teoria estratégica mais completa, conforme será discutido depois.

## 10.4 SERÁ QUE A VBR É ADEQUADA PARA A PESQUISA ESTRATÉGICA?

Perspectivas ou "visões" não precisam ser teorias completas para contribuírem para nossa compreensão da gestão estratégica. A análise SWOT é um exemplo de uma perspectiva que melhorou a compreensão dos estudiosos sobre a estratégia e tem sido útil para os praticantes. Nesta seção, nós investigamos a adequação da VBR para a pesquisa estratégica ao considerarmos as características da gestão estratégica e como elas poderão afetar a validade operacional da VBR para os praticantes da estratégia.

### Características da estratégia e a VBR

O campo da gestão estratégica tem muitas características distintivas que incluem abranger praticantes e valorizar a receita (Barney, 1892). Meyer observou, por exemplo, que "fiel à sua orientação de gestão geral, o campo da estratégia tem usado consistentemente o desempenho no nível da empresa como sendo a variável dependente definitiva" (1991, p. 824). Um pesquisador estratégico entrevistado no estudo de Meyer afirmou que "perguntas de pesquisa são inerentemente desinteressantes ou triviais, a não ser que incluam um vínculo explicado com o desempenho" (1991, p. 825). Portanto, uma pergunta fundamental para os pesquisadores estratégicos é a utilidade da VBR para desenvolver ferramentas relevantes de gestão na forma de receitas para praticantes em relação às quais se pode agir (veja, por exemplo, Eccles & Nohria, 1992 e Mosakowski. 1998).

Thomas e Tymon (1982) abordam essa questão na discussão que eles fazem sobre a relevância da pesquisa. Eles definem "validade operacional" como "a capacidade do praticante para implementar as implicações de ação de uma teoria ao manipular suas variáveis causais (ou independentes)" (1982: 348). A validade operacional é uma condição necessária, porém insuficiente para uma pesquisa relevante em termos de gestão. De acordo com a definição de Thomas e Tymon, se a VBR fosse uma teoria descritivamente precisa e que gerasse receitas para os praticantes da estratégia, ela não seria válida em termos operacionais a não ser que também fosse viável para os gestores manipularem as variáveis independentes fundamentais. Simplesmente aconselhar praticantes a obter recursos raros e valiosos para obter vantagem competitiva e, além disso, que esses recursos deveriam ser difíceis de imitar e que fossem insubstituíveis para vantagem sustentável, não atende ao critério da validade operacional. A receita eficaz também deve incluir, no mínimo, critérios em que cada recurso alternativo possa ser julgado sobre cada característica de recurso. A economia da Organização Industrial (OI) pode fornecer critérios para as características de possibilidade de imitação e possibilidade de substituição associada com a sustentabilidade (por exemplo, Lippman & Rumelt, 1982). Esses critérios incluem a ambiguidade causal de um recurso ou complexidade social (Barney, 1991). A receita relativa à vantagem competitiva em si, no entanto, ainda é prejudicada porque os critérios para valor na VBR permanecem atualmente em uma "caixa preta" exógena.

## Fronteiras da VBR

Quando esse problema for resolvido, os contextos apropriados para receita ainda deverão ser abordados. Dubin (1976) e Whetten (1989) argumentaram que um aspecto da teoria tão importante quanto as próprias teorias é a identificação dos contextos dentro dos quais se espera que as teorias se sustentem. A noção pode ser vista, por exemplo, na afirmação de Hofstede (1991) de que muitas teorias americanas de gestão poderão não ser aplicáveis em outros países, e na descoberta de Eisenhardt (1989) de que decisões abrangentes e rápidas poderão ser especialmente benéficas em ambientes de "alta velocidade". Com efeito, na maioria das teorias os contextos são estabelecidos dentro dos quais afirmações específicas se sustentam (por exemplo, Burns & Stalker, 1961: Lawrence & Lorsch, 1967). No que diz respeito a outras teorias de estratégia, no entanto, pouco esforço para estabelecer contextos adequados para a VBR tem sido aparente.

Existem duas exceções recentes. Miller e Shamsie (1996) utilizaram uma orientação baseada em recursos ao analisarem o desempenho de sete dos principais estúdios de cinema de Hollywood ao longo de 30 anos que começou com um período de estabilidade, mas se transformou em um período de mudança. O controle sobre recursos baseados em propriedade estava associado com níveis mais elevados de desempenho do estúdio durante o período de estabilidade enquanto recursos baseados em conhecimento contribuíram para níveis mais elevados de desempenho durante o período de turbulência ambiental. Portanto, com o estudo deles, Miller e Shamsie (1996) deram um passo na direção de estabelecer fronteiras para a VBR ao formular hipóteses sobre contextos dentro dos quais se determinou que recursos específicos eram mais ou menos valiosos. O trabalho deles foi uma das primeiras tentativas para integrar o modelo da VBR e modelos ambientais ao identificar valores de recursos a partir de características de mercados de produtos.

De maneira semelhante, no trabalho recente deles, Brush e Artz (1999) determinaram que capacidades diferentes são necessárias para proporcionar diferentes classes de serviço no setor veterinário. A abordagem de contingência deles tem implicações importantes para praticantes do setor fazendo investimentos de recursos. O desenvolvimento continuado dessas teorias de contingência de valor de recurso poderá ser um passo útil para se esclarecer o papel e as contribuições prováveis da VBR na pesquisa estratégica.

## Recursos abrangentes

A tendência da VBR na direção de classificações de recursos que incluem tudo poderão ter tornado mais difícil estabelecer fronteiras contextuais. Apesar de ter havido diferenças na maneira como os recursos são definidos (cf. Barney, 1991; Wernerfelt, 1984), a citação seguinte é típica no que diz respeito à inclusão:

> Por recurso queremos dizer qualquer coisa que poderia ser considerada como sendo um ponto forte ou um ponto fraco de determinada empresa. De maneira mais formal, os recursos de uma empresa em um determinado momento poderiam ser definidos como sendo aqueles ativos (tanto tangíveis quanto intangíveis) que se vinculam de maneira semipermanente à empresa (veja Caves, 1980). Exemplos de recursos são: marcas, conhecimento interno de tecnologia, emprego de funcionários capacitados, contratos comerciais, maquinário, procedimentos eficientes, capital, etc. (Wernerfelt, 1984, p. 172).

O fato de que virtualmente qualquer coisa associada com a empresa pode ser um recurso sugere que receitas para lidar de determinadas maneiras com determinadas categorias de recursos podem ser operacionalmente válidas, enquanto outras categorias de recursos podem ser inerentemente difíceis para praticantes medirem e manipularem. Um exemplo de recurso que pode ser difícil de medir e manipular é o conhecimento tácito (Polyani, 1962, 1966). Algumas pessoas defenderam o conhecimento tácito – de que a compreensão ganhou a partir da experiência, mas que não pode ser expresso para outra pessoa e é desconhecido para si próprio – como uma fonte de vantagem competitiva (por exemplo, Coff, 1997; Lado, Boyd, & Wright, 1992; McAulay, Russell, & Sims, 1997; Saviotti, 1998). Isso pode ser descritivamente correto, mas é provável que seja bastante difícil para praticantes efetivamente manipularem o que é inerentemente desconhecido.

Além disso, mesmo que um recurso possa ser manipulado, os pesquisadores da VBR devem ser mais claros no que diz respeito ao nível do praticante em que se podem fazer receitas. Os "recursos de CEO" investigados por Castanias e Helfat (1991) são um exemplo: receitas para os principais gestores de empresas com desempenho ruim de que eles são a fonte do problema e deveriam pensar em sair voluntariamente claramente seriam consideradas como improdutivas. Este é um caso em que ver os CEOs como recursos teria mais implicações prescritivas para diretorias do que para os próprios CEOs. De maneira semelhante, ver diretorias como recursos teria mais implicações prescritivas para os CEOs que nomeiam as diretorias ou para os governos que as regulam do que para as próprias diretorias. Portanto, os pesquisadores estratégicos podem se interessar menos por alguns recursos do que por outros, dependendo em parte de se o recurso pode ser manipulado ou não e em parte do grupo – frequentemente CEOs – para quem as receitas são desejadas. Identificar recursos específicos que possam ser especialmente eficazes para determinados atores em determinados contextos pode ser um primeiro passo útil para se estabelecer fronteiras para a VBR e suas contribuições na gestão estratégica.

## A caixa preta do processo e a VBR

Miller e Shamsie (1996) afirmam que a literatura sobre estratégia contém uma grande quantidade de referências ao fato de recursos serem úteis, sem prestar muita atenção a quando, onde e como eles poderão ser úteis. As perguntas do tipo "como" abordam a questão da caixa preta do processo na pesquisa estratégica (Lawrence, 1997; Whetten, 1989). Quando, onde e quem são as três perguntas, de acordo com Whetten, necessárias para se "estabelecer as fronteiras de capacidade de generalização e como tal constituem o alcance da teoria" (1989: 492). A obra de Miller e Shamsie (1996) originou e começou a responder perguntas importantes do tipo quando, onde e como sobre recursos baseados em conhecimentos e sobre desempenho da empresa. Parece que eles conseguiram fazer isto, no entanto, sem a VBR em si fazer uma contribuição fundamental para seu raciocínio: a "lógica" baseada em recursos não teve que fazer seus argumentos de contingência. Tentativas de desenvolver uma teoria da empresa "baseada no conhecimento", derivadas em parte da VBR, podem ser encontradas nas obras de Conner e Prahalad (1996) e de Kogut e Zander (1996). Novamente, no entanto, a VBR fundacional parece não ser fundamental para se fazer tais argumentos.

## Abordagens estáticas e dinâmicas à VBR

Apesar de a VBR ter começado como uma abordagem dinâmica que enfatizava a mudança ao longo do tempo (por exemplo, Dierickx & Cool,

1989; Penrose, 1959: Wernerfelt, 1984), o conceito de boa parte da literatura subsequente tem sido estático. A sequência típica de argumentos oferecidos na literatura sobre a VBR estática é a seguinte. Em primeiro lugar, uma variação da afirmação teórica que analisamos anteriormente – de que algum recurso possa produzir vantagem competitiva – é apresentada. Depois se estabelece a heterogeneidade e, portanto, a raridade daquele recurso. Em seguida, o valor do recurso é demonstrado ao se afirmar que o recurso pode produzir vantagem competitiva. Finalmente, mecanismos de isolamento são confirmados, tornando difícil a replicação do recurso e sugerindo, dessa forma, que a vantagem possa ser sustentável. Variações sobre esse argumento foram avançadas para recursos que variam desde o planejamento estratégico e as habilidades dos principais gestores (Castanias & Helfat, 1991; Michalisin *et al.*, 1997; Powell, 1992a) até a cultura organizacional e o *guanxi* (Fiol, 1991; Oliver, 1997; Tsang, 1998).

Ainda assim, o argumento da VBR estática tem limitações potenciais notáveis em relação à pesquisa de gestão estratégica. Em primeiro lugar, o argumento estático é descritivo: ele identifica características genéricas de recursos que geram lucro sem muita atenção para situações divergentes ou comparações de recursos. No artigo de Castanias e Helfat (1991), por exemplo, apesar de se argumentar que os CEOs (como recursos) possuam habilidades de gestão superiores ou inferiores, não existe nenhuma base para discriminar entre CEOs superiores e inferiores, a não ser aguardar os resultados do desempenho. Em segundo lugar, os processos a partir dos quais recursos específicos proporcionam vantagem competitiva permanecem numa caixa preta (Lawrence, 1997, fornece uma discussão desta questão na área da pesquisa estratégica). Não sabemos, por exemplo, como os recursos geram lucros sustentáveis, a não ser por meio da heterogeneidade deles. Por que alguns recursos heterogêneos geram valor e outros não geram? Em terceiro lugar, alguns recursos estudados, como o conhecimento tácito, são inerentemente difíceis para os praticantes manipularem. Portanto, tendem a não passar no teste de validade operacional de Thomas e Tymon (1982). Em quarto lugar, em estudos sobre a VBR estática algumas vezes os pesquisadores pegam uma área de estratégia frequentemente pesquisada, renomeiam as variáveis independentes como "recursos" e as variáveis dependentes como "vantagem competitiva" e utilizam medidas comuns a boa parte da pesquisa estratégica de seção transversal como operacionalizações (por exemplo, Powell, 1992a). Esses estudos mostram que os rótulos baseados em recursos não são necessários para boa parte da pesquisa estratégica. Em quinto lugar, os argumentos da VBR estática sofrem do problema do In Search of Excellence (Peters & Waterman, 1982) no sentido de ser muito fácil identificar, *a posteriori*, muitos recursos "valiosos" em empresas com alto desempenho.

Juntas, tais questões sugerem que o alto nível atual de abstração encontrado na abordagem estática à VBR podem ser algo que poderia limitar sua utilidade para pesquisadores estratégicos. Estudos sobre a VBR a partir desta abordagem provavelmente seriam mais úteis se as principais ideias inerentes fossem definidas cuidadosamente e se mecanismos específicos com o objetivo de gerarem vantagem competitiva fossem cuidadosamente detalhados. Os problemas de estudos estáticos podem ser exacerbados quanto os teóricos ampliam a VBR a questões de segunda ordem e além, em que a capacidade de aprender a desenvolver recursos eficazes é um recurso em si, a capacidade de estabelecer um ambiente que estimule essa aprendizagem é um recurso e assim por diante num retrocesso infinito (veja Collis, 1994, para uma discussão).

## 10.5 DISCUSSÃO

Nossa investigação sugere várias conclusões no que diz respeito ao estado atual da VBR de negócio único, tanto como teoria quanto como teoria potencial da vantagem competitiva e como uma perspectiva útil para pesquisa estratégica. Conclusões relacionadas com a teoria incluem as seguintes: (1) falta uma quantidade considerável de trabalho conceitual antes que a VBR possa atender aos requisitos de uma estrutura teórica; (2) a VBR torna implícitos pressupostos sobre mercados de produtos, da mesma maneira que modelos anteriores baseados no ambiente tornavam implícitos pressupostos sobre recursos; e (3) a variável fundamental do "valor" é exógena à VBR. Como perspectiva para pesquisa estratégica, (4) definições excessivamente inclusivas de recursos tornam mais difíceis estabelecer fronteiras contextuais e prescritivas, e (5) abordagens estáticas, de seção transversal ao desenvolvimento da VBR, poderão fazer com que perguntas causais do tipo como e por que permaneçam em uma caixa preta.

Considerando-se estas conclusões, alguém poderia ter a tentação de especular que a VBR seja simplesmente uma novidade de bolsa de estudos de gestão (Abrahamson, 1991, 1996) e que ela tenha ganho aceitação principalmente por causa da sua possibilidade de aplicação e da sua terminologia intrigante (por exemplo, capacidade de negociação, capacidade de substituição, ambiguidade causal). Essa especulação seria prematura. A VBR, apesar não ser mais um modelo especialmente "jovem", ainda assim poderá alcançar o *status* de teoria com trabalho conceitual adicional para começar a superar os desafios esboçados abaixo. Apesar de esboçarmos pelo menos uma abordagem possível para superar cada desafio como parte da explicação das nossas ideias, identificar e implementar soluções viáveis para cada um deles permanecem tarefas formidáveis. Acreditamos que os desafios essenciais incluam a formalização da VBR, respondendo às perguntas do tipo como, incorporando o componente temporal e integrando a VBR com modelos de heterogeneidade da demanda.

## Formalização da VBR

Um requisito para teoria na definição apresentada anteriormente (Rudner, 1966) é que as afirmações deverão estar sistematicamente relacionadas, possuindo assim consistência interna (Dubin, 1976).

> Para verificar se há consistência interna, todos os conceitos em cada afirmação da teoria devem ser definidos de maneira clara, todos os relacionamentos entre os conceitos devem ser especificados de maneira clara e todos os inter-relacionamentos entre as afirmações na teoria devem ser delineados de maneira clara (Hunt. 1991, p. 152).

Além disso, os axiomas inerentes à teoria deverão ser identificados. Quando as teorias são especificadas desta maneira, elas são receptivas a serem avaliadas por meio do processo de formalização. "A tentativa de formalizar mesmo parcialmente uma teoria, ao expor sua estrutura ou sua morfologia essencial, pode acirrar a discussão da teoria e inseri-la em um modelo adequado para ser testado" (Hunt, 1991: 159).

Os axiomas inerentes à VBR – de que os recursos são heterogêneos e não são perfeitamente móveis – foram claramente identificados. Os pressupostos implícitos identificados anteriormente são típicos da maioria das teorias. As definições e os inter-relacionamentos dos conceitos, assim como os inter-relacionamentos entre as afirmações na VBR básica, no entanto, exigem desenvolvimento adicional e depois reavaliação em relação aos requisitos da teoria. A repetição desse processo provavelmente será recompensada em termos de uma clareza e uma compreensão muito melhoradas e poderia levar a uma VBR que possa ser testada que atenda plenamente aos requisitos de uma estrutura teórica.

## Respondendo às perguntas do tipo "como"

O trabalho da economia de OI que fornece a base para a VBR é principalmente descritivo e explanatório, enquanto a disciplina da estratégia é prescritiva (Barney, 1992; McWilliams & Smart, 1995; Meyer, 1991). Outro desafio para os pesquisadores da VBR é responder a uma quantidade suficiente de perguntas do tipo como – como se pode obter o recurso? Como e em quais contextos ele contribui para a vantagem competitiva? Como ele interage/se compara a outros recursos? – de tal maneira que se possam oferecer receitas significativas e, em última instância, que se possam incluir dimensões comportamentais em uma pesquisa futura sobre a VBR (por exemplo, Schoemaker, 1990). Reed e DeFillippi (1990), por exemplo, identificaram a ambiguidade causal – de acordo com a natureza tácita, a complexidade e a especificidade de uma competência – como sendo uma fonte importante de sustentabilidade da vantagem competitiva (veja também Lippman & Rumelt, 1982). Ainda assim, quando os relacionamentos causais entre ações e vantagem competitiva são desconhecidos até mesmo para os próprios gestores da empresa (por exemplo, Barney, 1991), há pouco potencial para uma receita significativa. Isso foi reconhecido por Reed e DeFillippi quando eles limitaram sua discussão a "situações em que os gestores compreendem os relacionamentos causais melhor do que os seus concorrentes e em que as competências podem ser manipuladas para se obter vantagem" (1990: 91). A receita é possível nessas situações.

Os pesquisadores estão dando passos na direção de responderem a perguntas do tipo "como" na pesquisa relacionada com a VBR (por exemplo, Brush & Artz, 1999; Miller & Shamsie, 1996; Yeoh & Roth, 1999). E os metodologistas estão começando a avaliar e sugerir técnicas para lidarem com estas perguntas no contexto da VBR (por exemplo, Bowen & Wiersema, 1999; Rouse & Daellenbach, 1999). A continuação dessas tendências provavelmente ajudará a esclarecer e a melhorar a contribuição da VBR.

## Incorporação do componente temporal

Um aspecto da VBR que poderia se tornar sua própria competência distintiva é que ela reconhece explicitamente a história de uma empresa como um antecedente importante de capacidades e oportunidades atuais (por exemplo, Barney, 1991). Este componente temporal poderia produzir uma compreensão mais profunda na literatura sobre estratégia das interações complexas que ocorrem ao longo do tempo entre os recursos de uma empresa e seu ambiente competitivo. Ao introduzir explicitamente o componente temporal da VBR na análise, por exemplo, Dierickx e Cool (1989) conseguiram gerar diversas ideias singulares que poderão ser especialmente aplicáveis à gestão estratégica. Suas ideias sobre a interconcatenação e a erosão de estoques de ativos, por exemplo, podem ser especialmente úteis para os estrategistas praticantes por causa das implicações prescritivas claras.

A definição de Barney (1991) para vantagem competitiva sustentável como ocorrendo quando os concorrentes pararam as tentativas de imitar também serve para a construção da teoria temporal. Além disso, essas ideias são receptivas ao teste empírico a partir de métodos como a "perspectiva de índice" descrita por McKelvey (1997: 385). Um exemplar empírico é a investigação longitudinal de Miller e Shamsie (1996) do setor cinematográfico de Hollywood. O estudo deles reflete a história no nível da empresa, apesar de eles não a examinarem de maneira específica.

Assuntos especialmente salientes para investigação com assistência da VBR poderão incluir como os recursos e as capacidades da empresa são acumulados e erodidos (Dierickx & Cool, 1989) e como os valores relativos dos recursos podem ser afetados por mudanças no mercado (Miller & Shamsie, 1996). O fator temporal poderia fornecer novas ideais na gestão estratégica, da mesma maneira que está começando a fazer no comportamento organizacional (por exemplo, Harrison, Price, & Bell, 1998). Incorporar tempo continua a ser um desafio para os estudiosos da VBR.

## Integração da VBR com modelos de heterogeneidade da demanda

Um dos primeiros modelos para o desenvolvimento da estratégia de uma empresa – a análise SWOT– estava voltado para a identificação de pontos fortes e pontos fracos internos, assim como oportunidades e ameaças externas (Learned *et al.*, 1965). Bourgeois observa que "o princípio central da gestão estratégica é que uma combinação entre condições ambientais e capacidades organizacionais e recursos é fundamental para o desempenho, e que o trabalho de um estrategista é encontrar ou criar esta combinação" (1985: 548). Portanto, a gestão estratégica requer atenção explícita tanto ao interno quanto ao externo, tanto à produção quanto à demanda, tanto aos recursos quanto aos produtos. Para que a VBR realize seu potencial na gestão estratégica, suas ideias deverão ser integradas com um modelo de demanda ambiental. Da mesma maneira que a estratégia requer habilidades gerais de gestão, a complexidade estratégica demanda modelos gerais. Os pressupostos da homogeneidade e da mobilidade limitadoras no que diz respeito a mercados de recursos que são comuns em modelos ambientais baseados no setor foram observados pelos teóricos da VBR (por exemplo, Barney, 1991). Os pressupostos contrários da homogeneidade e da imobilidade limitadoras da VBR no que diz respeito a mercados de produtos foram observados anteriormente, juntamente com a determinação exógena de "valor" da VBR. Juntos, os pressupostos limitadores sugerem que uma abordagem mais integrada à construção da teoria poderá produzir um resultado mais útil e normativo em termos de estratégia.

Alguns estudiosos já começaram a dar passos nesta direção. Hunt (1997, 2000) e Hunt e Morgan (1995), por exemplo, propuseram uma teoria de "vantagem de recurso" (VR) que "é uma fusão direta da teoria da demanda heterogênea do marketing com a teoria da empresa baseada em recursos da gestão" (Hunt, 1997: 59). A perspectiva de desenvolvimento de Hunt (1997, 2000) deriva em grande parte da "teoria geral" de marketing, de Alderson (1957, 1965). Nessa teoria anterior de recurso-demanda, Alderson explicou como recursos heterogêneos nos seus estados naturais eram combinados, por meio de uma série de filtros e transformações parecidos com a cadeia de valor, de Porter (veja Priem, Rasheed, & Amirani, 1997, para uma comparação), com os segmentos heterogêneos da demanda no lado do cliente. Priem (1992) descreveu de maneira acessível a teoria de Alderson e descobertas recentes na área da economia de OI que a sustentam.

Um desafio claro para os estudiosos da VBR é "preencher as lacunas" para o valor e a demanda para ajudarem a VBR a se tornar uma perspectiva mais de acordo com o "princípio central" da estratégia de Bourgeois (1985). Isto também poderia ajudar a VBR a se aproximar do status de uma teoria ao estabelecer a posição da VBR dentro de uma rede nomológica mais ampla (Hunt, 1991).

## 10.6 CONCLUSÃO

Neste artigo demos alguns passos hesitantes na direção de uma avaliação mais formal do status e do potencial da VBR popular de gestão estratégica. Atualmente, a VBR não parece satisfazer o critério de conteúdo empírico requerido de sistemas teóricos (Bacharach, 1989; Hunt, 1991; McKelvey, 1997). Isto não quer dizer, no entanto, que um trabalho conceitual iniciado a partir de uma perspectiva de recursos não seja uma teoria. Miller e Shamsie (1996), por exemplo, apresentaram uma teoria de contingência desenvolvida no contexto de recursos da empresa. Isto também não quer dizer que a VBR não tenha potencial para alcançar o *status* de teoria no futuro. Uma preocupação, no entanto, é que o conceito de "valor" fundamental da estratégia permaneça fora da VBR. Ainda assim, há muito tempo já se reconheceu esta determinação de valor como um fator essencial para o sucesso empreendedor. Coase (1937), por exemplo, citou a visão de Knight:

> Em primeiro lugar, bens são produzidos para um mercado, de acordo com uma previsão totalmente impessoal de desejos, não para a satisfação dos desejos dos próprios produtores. O produtor assume a responsabilidade de prever os desejos dos consumidores (1933, p. 268).

Este aspecto fundamental do julgamento estratégico é externo à VBR, porém um julgamento estratégico saudável requer os dois lados da moeda metafórica de Wernerfelt (1984).

Teóricos da VBR argumentaram de maneira convincente que a vantagem competitiva resulta de conhecimento superior, ou sorte, ou uma combinação das duas coisas (Barney, 1986; Dierickx & Cool, 1989; Rumelt, 1984). No que diz respeito ao conhecimento superior, Alchian e Demsetz (1972) afirmaram bem antes que a empresa poderá fornecer um "serviço de informações superior" em relação a outras formas de organização. "Combinações superiores de insumos podem ser identificados e formados de maneira mais econômica a partir de recursos já utilizados na organização do que obtendo novos recursos (e conhecimento sobre eles) de fora para dentro". Portanto, "produção eficiente com recursos heterogêneos é resultado não do fato de se ter recursos melhores, mas de conhecer de maneira mais precisa os desempenhos produtivos relativos desses recursos" (1972: 793). No que diz respeito à sorte, o falecido Isaiah Berlin concluiu seu ensaio sobre senso político com o pensamento de que "sempre existe a parte desempenhada pela pura sorte que, misteriosamente, os homens de bom senso parecem apreciar mais frequentemente do que outros. Talvez isto também seja digno de ser ponderado" (1996, p. 30).

Ainda assim, a VBR pode fazer mais contribuições importantes para o conhecimento da gestão estratégica, em parte porque problemas estratégicos espinhosos e bagunçados poderão não ser receptíveis a uma solução através da teoria elegante. Nós fornecemos algumas sugestões sobre onde e como a VBR poderá ser capaz de contribuir. Provavelmente, o maior potencial só será percebido a partir da utilização complementar e integrada da VBR juntamente com outras perspectivas voltadas para a demanda. Ainda assim, provavelmente tanto os esforços de estudiosos da VBR para formalizá-la, quanto para responder as perguntas do tipo como e para incorporar o componente temporal terão um retorno em termos de um aumento nas contribuições.

## Agradecimentos

Agradecemos a Cyndy Cycyota, John Hulpke, Tom Lumpkin, Geoff Waring e Katherine Xin por comentários de grande auxílio sobre versões anteriores deste artigo e a Katja Schroer Brown por seu auxílio competente na pesquisa.

## 10.7 REFERÊNCIAS

Abrahamson, E. 1991. Managerial fads and fashions: The diffusion and rejection of innovation. Academy of Management Review, 16:586-612.

Abrahamson, E. 1996. Management fashion. Academy of Management Review, 21: 254-285.

Alchian, A. A., & Demsetz. H. 1972. Production, information costs, and economic organization. American Economic Review. 62: 777-794

Alchian, A. A., & Woodward, S. 1987. Reflections on the theory of the firm. Journal of Institutional and Theoretical Economics. 143: 110-136.

Alderson, W. 1957. Marketing behavior and executive action, Homewood, IL: Irwin.

Alderson, W. 1965. Dynamic marketing behavior, Homewood, IL: Irwin.

Andrews, K. 1971. The concept of corporate strategy, Homewood, IL: Dow Jones-Irwin.

Ansoff, H. I. 1965 Corporate strategy: An analytical approach to business policy for growth and expansion, Nova York: McGraw-Hill.

Bacharach, S. B. 1989. Organizational theories: Some criteria for evaluation. Academy of Management Review, 14: 496-515.

Barney, J. B. 1986. Organizational culture: Can it be a source of sustained competitive advantage? Academy of Management Review, II: 656-665.

Barney, J. B. 1991. Firm resources and sustained competitive advantage. Journal of Management, 17:99-120.

Barney, J. B. 1992. The distinctive competencies of strategic management. Presentation at the annual meeting of the Academy of Management. Las Vegas, NV.

Barney, J. B. 1996. The resource-based theory of the firm. Organizational Science, 7: 469.

Barney, J. B., & Hansen, M. H. 1994. Trustworthiness as a source of competitive advantage. Strategic Management Journal, 15 (Winter Special Issue): 175-190.

Batas, K. A., & Flynn. J. E. 1995. Innovation history and competitive advantage: A resource-based view analysis of manufacturing technology innovations. Academy of Management Best Papers Proceedings: 235-239.

Berlin, I. 1996. On political judgment. New York Review of Books, 43 (15): 26-30.

Black, J. A., & Boal, K. B. 1994. Strategic resources: Traits, configurations and paths to sustainable competitive advantage. Strategic Management Journal. 15 (Summer Special Issue): 131-148.

Bourgeois, L.J., III, 1985. Strategic goals, perceived uncertainty, and economic performance in volatile environments. Academy of Management Journal, 28: 548-573.

Bowen, H. P., & Wlersema, M. F 1999. Matching method to paradigm in strategy research: Limitations of cross-sectional analysis and some methodological alternatives. Strategic Management Journal, 20: 625-636.

Boxcall, P. 1996, The strategic HRM debate and the resource-based view of the firm. Human Resource Management Journal, 6(3): 59-75.

Brush, T. H., & Artz, K. W. 1999. Toward a contingent resource-based theory: The impact of information asymmetry on the value of capabilities in veterinary medicine. Strategic Management Journal, 20: 223-250.

Burns, T., & Stalker, G, M 1961. The management of innovation, Londres: Tavistock.

Castanias, R. P., & Helfat, C. E. 1991. Managerial resources and rents. Journal of Management, 17: 155-171.

Coase, R. 1937. The nature of the firm. Economica, 4: 386-405.

Coff, R. W. 1997. Human assets and management dilemmas: Coping with hazards on the road to resource-based theory. Academy of Management Review, 22: 374-402.

Cole, C. L. 1973. Microeconomics: A contemporary approach, Nova York: Harcourt Brace Jovanovich.

Collis, D. J. 1991. A resource-based analysis of global competition: The case of the bearings industry. Strategic Management Journal, 12 (Summer Special Issue): 49-68.

Collis, D. J. 1994. How valuable are organizational capabilities? Strategic Management Journal, 15 (Winter Special Issue): 143-152.

Combs, I. G,. & Ketchen, D. 1. 1999. Explaining interfirm cooperation and performance: Toward a reconciliation of predictions from the resource-based view and organizational economics. Strategic Management Journal, 20 867-888.

Conner, K. R., 1991. A historical comparison of resource-based theory and five schools of thought within industrial organization economics: Do we have a new theory of the firm? Journal of Management, 17: 121-154.

Conner, K. R., & Prahalad, C. K. 1996. A resource-based theory of the firm: Knowledge versus opportunism. Organizational Science, 7: 477-501.

Crane, D. 1972. Invisible colleges: Diffusion of knowledge in scientific communities. Chicago: University of Chicago Press.

Daft, R. 1983. Organization theory and design. Nova York: West.

DeVany, A. S., & Saving, T. R. 1983. The economics of quality. Journal of Political Economy, 91: 979-1000.

Dierickx, I., & Cool, K. 1989. Asset stock accumulation and sustainability of competitive advantage. Management Science, 35: 1504-1511.

Dubin, R. 1976. Theory building in applied areas. In M. Dunette (Ed.), Handbook of industrial and organizational psychology: 17-39. Chicago: Band McNally.

Eccles, G., & Nohria, N. 1992. Beyond the hype: Rediscovering the essence of management, Boston: Harvard Business School Press.

Eisenhardt, K. M. 1989. Making fast strategic decisions in high-velocity environments. Academy of Management Journal, 32: 543-576.

Eisenhardt, K. M., & Schoonhoven, C. B. 1396. Resource-based view of strategic alliance formation: Strategic and social effects in entrepreneurial firms. Organization Science, 7; 136-150.

Fahy, J. 1996. Competitive advantage in international services: A resource-based view, International Studies in Management and Organization, 26(2): 24-37.

Fiol, C. M. 1991. Managing culture as a competitive resource: An identity-based view of sustainable competitive advantage. Journal of Management, 17: 191-211

Flood, P. C., Smith K. A., & Derfus, P. 1996. Guest editors' introduction–Top management teams: A neglected topic in strategic human resource management. Ibar, 17: 1-17.

Foss, N. J. 1996a. Knowledge-based approaches to the theory of the firm: Some critical comments. Organization Science, 7: 470-476

Foss, N. J. 1996b. More critical comments on knowledge-based theories of the firm. Organization Science, 7: 519-523.

Garud, R., & Nayyar, P. R. 1994. Transformative capacity. Continual structuring by intertemporal technology transfer. Strategic Management Journal, 15: 365 385

Gaski, J. F. 1985. Nomic necessity in marketing theory: The issue of counterfactual conditionals. Journal of the Academy of Marketing Science, 13: 310-320.

Godfrey, P. C., & Hill, C. W. L. 1995. The problem of unobservables in strategic management research. Strategic Management Journal, 16: 519-533.

Grant. R. M. 1991. The resource-based theory of competitive advantage. Implications for strategy formulation. California Management Review, 33(3); 114-135.

Grant, R. M. 1996. Prospering in dynamically-competitive environments: Organizational capability as knowledge integration. Organizational Science, 7: 375-387.

Harrison, D. A, Price, K. H., & Bell, M. P. 1998. Beyond relational demography: Time and the effects of surface and deep-level diversity on work group cohesion. Academy of Management Journal, 41: 96-107.

Hart, S L 1995. A natural-resource-based view of the firm. Academy of Management Review, 20: 986-1014.

Hitt, M., & Ireland, D, 1986. Relationships among corporate level distinctive competencies, diversification strategy, corporate strategy and performance. Journal of Management Studies, 23: 401-416.

Hofstede, G. 1991. Cultures and organizations: Software of the mind, Londres: McGraw-Hill.

Hunt, S. D. 1991. Modern marketing theory: Critical issues in the philosophy of marketing science. Cincinnati. OH: South-Western Publishing.

Hunt, S. D 1997. Resource-advantage theory: An evolutionary theory of competitive firm behavior? Journal of Economic Issues, 31: 59-77.

Hunt, S. D. 2000 A general theory of competition: Resources, competences, productivity, economic growth, Thousand Oaks, CA: Sage.

Hunt, S. D., & Morgan. R. M. 1995. The comparative advantage theory of competition. Journal of Marketing, 59(2): 1-15.

Ingram, H., & Thompson. S. 1995. Deregulation, firm capabilities and diversifying entry decisions: The case of financial services. Review of Economics & Statistics, 77: 177-183.

Knez, M., & Camerer, C. 1994. Creating expectational assets in the laboratory: Coordination in "weakest-link" games. Strategic Management Journal, 15 (Winter Special Issue): 101 119.

Kogut, B,. & Zander, U. 1996. What firms do? Coordination, identity, and learning. Organization Science, 7: 502-518.

Lado, A. A., Boyd. n. G., & Wright. P 1992. A competency-based model of sustainable competitive advantage: Toward a conceptual integration. Journal of Management, 18: 77-81.

Lado, A. A.. & Wilson, M. C. 1994. Human resource systems and sustained competitive advantage: A competency-based perspective. Academy of Management Review, 19 699-727.

Lawrence, B. W. 1997. The black box of organizational demography. Organization Science, 8: 1-22

Lawrence, P. R., & Lorsch, J. W. 1967, Organization and environment: Managing differentiation and Integration, Boston: Harvard University Press.

Learned, E. P., Christensen. C. R., Andrews, K., & Guth, W. D. 1965, Business policy, Homewood, IL: Irwin.

Levinthal, D., & Myatt, J. 1994. Co-evolution of capabilities and industry; The evolution of mutual fund processing Strategic Management Journal, 15 (Winter Special Issue): 45-62.

Lippman, S. A., & Rumelt, R. P. 1982 Uncertain imitability: An analysis of interfirm differences in efficiency under competition. Bell Journal of Economics, 13: 418-438.

Litz, R. A. 1996. A resource-based-view of the socially responsible firm: Stakeholder interdependence, ethical awareness, and issue responsiveness as strategic assets. Journal of Business Ethics, 15: 1355-1363

Mahoney. J. T., & Pandian, J. R. 1992. The resource-based view within the conversation of strategic management. Strategic Management Journal, 13: 363-380

Maijoor, S., & van Witteloostuijn, A. 1996. An empirical test of the resource-based theory: Strategic regulation in the Dutch audit industry. Strategic Management Journal, 17: 549-569.

Marino, K. E. 1996. Developing consensus on firm competencies and capabilities. Academy of Management Executive, 10(3): 40-51

Markides, C. C., & Williamson, P. J. 1996. Corporate diversification and organizational structure. A resource based view. Academy of Management Journal, 39: 340-367.

Mata, F. J., Fuerst, W. L., & Barney, J. B. 1995. Information technology and sustained competitive advantage: A resource-based analysis. MIS Quarterly, 19 487-505.

McAulay. L., Russell, G., & Sims, J. 1997. Tacit knowledge for competitive advantage. Management Accounting London, 75(11): 36-37.

McKelvey, B. 1997. Quasi-natural organization science. Organization Science, 8: 352-380

McWilliams, A., & Smart, D. L., 1995. The resource-based view of the firm: DOES it go far enough in shedding the assumptions of the S-C-P paradigm? Journal of Management Inquiry, 4: 309-316.

Meyer, A. D. 1991. What is strategy's distinctive competence? Journal of Management, 17: 821-833.

Michalisin, M. D., Smith. R. D., & Kline. D. M. 1997. In search of strategic assets. International Journal of Organizational Analysis, 5: 360-387.

Miller. D., & Shamsie, J. 1996. The resource-based view of the firm in two environments: The Hollywood film studios from 1936 to 1965, Academy of Management Journal, 39: 519-543.

Moon. H. C. 1997. The choice of entry modes and theories of foreign direct investment. Journal of Global Marketing, 11(2): 43-64.

Mosakowski, E. 1998. Managerial prescriptions under the resource-based view of strategy: The example of motivational techniques. Strategic Management Journal, 19: 1169-1182.

Oliver. C. 1997. Sustainable competitive advantage: Combining institutional and resource--based views. Strategic Management Journal, 18:697-713.

Parkinson, S. 1995. Marketing. Manager Update, 7 (Winter): 12-22.

Penrose, E. 1959. The theory of the growth of the firm, Nova York: Wiley.

Peteraf, M. 1993. The cornerstones of competitive advantage: A resource-based view. Strategic Management Journal, 14: 179-191.

Peters, T. J., & Waterman, R. H. 1982. In search of excellence: Lessons from America's best--run companies, Nova York: Harper & Row.

Polanyi, M. 1962. Personal knowledge: Towards a post-critical philosophy, Chicago: University of Chicago Press.

Polanyi, M. 1966. The tacit dimension, Gloucester. MA: Peter Smith

Popper, K. R. 1959. The logic of scientific discovery, Londres: Routledge & Kegan Paul

Porter, M. E. 1980. Competitive strategy, Nova York: Free Press

Powell. T. C. 1992a, Strategic planning as competitive advantage. Strategic Management Journal, 13: 551-558.

Powell. T. C. 1992b. Organizational alignment as competitive advantage. Strategic Management Journal, 13: 119-134.

Powell, T. C. 1993. Administrative skill as competitive advantage–extending Porter's analytical framework. Canadian Journal of Administrative Science, 10: 141-153.

Powell. T. C. 1995. Total quality as competitive advantage: A review and empirical study. Strategic Management Journal, 16: 15-37.

Powell, T. C. 1997. Information technology as competitive advantage: The role of human, business, and technology resources. Strategic Management Journal, 18 375-405.

Prahalad, C. K., & Homel, G. 1990. The core competence of the corporation. Harvard Business Review, 90(3): 79-91.

Priem, R. L. 1992. Industrial organization economics and Alderson's general theory of marketing. Journal of the Academy of Marketing Science, 20: 135-141.

Priem, R. L., Rasheed, A. M. A., & Amirani, S. 1997. Alderson's transvection and Porter's value system: A comparison of two independently-developed theories. Journal of Management History, 3: 145-165.

Reed, R., & DeFillippi. R. J. 1990. Causal ambiguity, barriers to imitation, and sustainable competitive advantage. Academy of Management Review, 15: 88-102.

Rindova, V. P., & Fombrun. C. J. 1999. Constructing competitive advantage: The role of firm-constituent interactions Strategic Management Journal, 20: 691-710.

Robbins, J. & Wierserna, M. F. 1995. A resource-based approach to the multibusiness firm: Empirical analysis of portfolio interrelationships and corporate financial responsibility. Strategic Management Journal, 16: 277-299.

Rouse, M. J., & Daellenbach, U. S. 1999. Rethinking research methods for the resource-based perspective. Strategic Management Journal, 20: 487-494.

Rudner, R. S. 1966. Philosophy of social science, Englewood Cliffs. NJ: Prentice-Hall.

Rumelt, R. 1984. Towards a strategic theory of the firm. In R. Lamb (Ed.) Competitive strategic management: 556-570. Englewood Cliffs, NJ: Prentice-Hall.

Russo, M. V., & Fouts, P. A. 1997. A resource-based perspective on corporate environmental performance and responsibility. Academy of Management Journal, 40: 534-559.

Ryall, M. D. 1998. When competencies are not core: Self-confirming theories and the destruction of firm value. Working paper Version RO4G. University of Rochester, Nova York.

Saviotti, P. P. 1998. On the dynamics of appropriability of tacit and codified knowledge. Research Policy, 26: 843-856.

Schendel, D., & Hofer, C. W. 1979. Strategic management: A new view of business policy and planning, Boston: Little. Brown.

Schoemaker, P. J. H. 1990. Strategy, complexity and economic rent. Management Science, 36: 1178-1192.

Seth, A., & Thomas, H. 1994. Theories of the firm: Implications for strategy research. Journal of Management Studies, 31: 165-191.

Sherer, P. D., Rogovsky, N., & Wright. N. 1998. What drives employment relationships in taxicab organizations? Linking agency to firm capabilities and strategic opportunities. Organizational Science, 9: 34-48.

Shrivastava, P. 1987. Rigor and practical usefulness of research in strategic management. Strategic Management Journal, 8: 77-92

Taylor, S., Beechler. S, & Napier, N. 1996. Towards an integrative model of strategic international human resource management. Academy of Management Review, 21: 959-985.

Thompson, A., & Strickland, A. J. 1383. Strategy formulation and implementation. Dallas; Business Publications.

Thomas, K. W., & Tymon. W. G., Jr. 1982 Necessary properties of relevant research: Lessons from recent criticisms of the organizational sciences. Academy of Management Review, 7: 345-352.

Tsang, E. W. K. 1998. Can guanxi be a source of sustained competitive advantage for doing business in China? Academy of Management Executive, 12(2): 64-73.

Vecchio, R. P. 1387. Situational leadership theory An examination of a prescriptive theory. Journal of Applied Psychology, 72: 444-451.

Wernerfelt, B. 1984. A resource-based view of the firm. Strategic Management Journal, 5: 171-180.

Werner felt, B. 1995. The resource-based view of the firm: Ten years after. Strategic Management Journal, 16: 171-174.

Whetten, D. A. 1989. What constitutes a theoretical contribution? Academy of Management Review, 14: 490-495.

Wright, P. M., & McMahan, G. C. 1992. Theoretical perspectives on strategic human resources management. Journal of Management, 18: 295-320.

Yeoh, P.-L., & Roth, K. 1999. An empirical analysis of sustained advantage in the U.S. pharmaceutical industry: Impact of firm resources and capabilities. Strategic Management Journal, 20: 637-653.

Young, R. 1988. Is population ecology a useful paradigm for the study of organizations? American Journal of Sociology, 94: 1-24.

Zaheer, A., & Zaheer, S. 1997. Catching the wave: Alertness, responsiveness, and market influence in global electronics networks. Management Science, 43: 1493-1509.

Richard L. Priem é professor de gestão estratégica e catedrático do Departamento de Gestão na University of Texas, em Arlington, onde recebeu seu doutorado. Ele foi acadêmico da Cadeira Fulbright na University College of Belize e visitante na Hong Kong Polytechnic University e na HKUST. Seus interesses de pesquisa incluem a tomada de decisões pelos principais gestores e processos.

John. E. Butler é professor associado de gestão estratégica na Hong Kong Polytechnic University. Ele recebeu seu doutorado em estratégia da New York University. Seus interesses atuais de pesquisa são nas áreas de empreendedorismo e de práticas de negócios do Sudeste Asiático.

# 11
# O gerenciamento de recursos empresariais em ambientes dinâmicos visando à geração de valor: olhando dentro da caixa preta*

DAVID G. SIRMON, MICHAEL A. HITT E R. DUANE IRELAND
TEXAS A&M UNIVERSITY

Abordamos as críticas vigentes à teoria da VBR (supervisão de contingências empresariais dinâmicas e papel dos gestores), ligando a geração de valor nos contextos empresariais dinâmicos com a gestão dos recursos empresariais. Os elementos que compoem o modelo de gerenciamento de recursos incluem a estruturação do portfólio de recursos; o agrupamento dos recursos para formação das capacidades; e o nivelamento das capacidades visando a prover valor para os consumidores, a obter vantagens competitivas e a gerar riqueza para os proprietários. Oferecemos proposições que interligam a gestão de recursos com a geração de valor a fim de moldar futuras pesquisas.

    De fato, no âmago da gestão empresarial e estratégica estão a criação, a avaliação, a manipulação, a administração e a implantação de uma combinação de recursos especializados e de grande valor (Lippman & Rumelt, 2003, p 1085).

O que as empresas buscam, em primeiro lugar, é a geração e a manutenção de valor (Conner, 1991). A teoria da visão baseada em recursos (VBR) sugere que os recursos empresariais acionam a geração de valor pelo estabelecimento de vantagens competitivas (Ireland, Hitt & Sirmon, 2003). De forma mais específica, a VBR sugere que a posse de valiosos e raros recursos proveja a base para a geração de valor. Haverá sustentação desse valor se os referidos recursos tampouco permitirem imitações e não tive-

---

\* Artigo originalmente publicado sob o título *Managing Firm Resources in Dynamic Environments to Create Value: Looking Inside the Black Box*, na Academic Management Review, v.32, n.1, p.273-292, 2007.

rem substitutos (Barney, 1991). A mera posse, contudo, de tais recursos, não garante a formação de vantagens competitivas nem a geração de valor (Barney & Arikan, 2001; Priem & Butler, 2001). A fim de *tornar efetiva* a geração de valor, as empresas precisam acumular, combinar e explorar recursos (Grant, 1991; Sirmon & Hitt, 2003). Infelizmente, quase que inexistem teorias explicando "como" os gestores/as empresas podem transformar os recursos no sentido da geração de valor (Priem & Butler, 2001). Por essa razão, a VBR exige uma melhor elaboração que explicite a ligação entre a gestão de recursos e a geração de valor. A fim de compreender por completo ligação, é necessário o exame dos efeitos provocados pelo ambiente externo de uma empresa na gestão dos seus recursos (Bettis & Hitt, 1995). A pesquisa VBR basicamente não se pronuncia sobre tais efeitos.

A gestão de recursos é um amplo processo de estruturação do portfólio de recursos de uma empresa, agrupando os recursos de modo a construir as capacidades e nivelando aquelas capacidades, com o propósito de gerar e sustentar valor para consumidores e proprietários. A estruturação do portfólio de recursos envolve o emprego de processos (isto é, aquisição, acúmulo e alienação), a fim de obter os recursos que a empresa irá utilizar para formar seu conjunto de recursos e realizar o nivelamento dos mesmos. O agrupamento diz respeito aos processos (isto é, estabilização, enriquecimento e exploração) utilizados para integrar os recursos de modo a formar as capacidades. O nivelamento envolve o conjunto de processos (isto é, de mobilização, coordenação e emprego) empregados no intuito de explorar as capacidades que objetivam tirar vantagem de oportunidades específicas dos mercados. Assim, a partir de uma orientação externa, o propósito do nivelamento é a aplicação das capacidades com o objetivo de gerar soluções para os atuais e novos clientes (Kazanjian, Drazin & Glynn, 2002).

A partir da visão empresarial, a geração de valor se inicia pela provisão de valor para os consumidores. Quando a empresa gera mais utilidade para os consumidores que suas concorrentes, ela desfruta de uma vantagem competitiva. Por sua vez, a vantagem competitiva contribui para o aumento da riqueza do proprietário, se a margem empresarial de lucros a longo prazo for positiva (Hoopes, Madsen & Walker, 2003; Powell, 2001). Assim, há geração de valor quando uma empresa demonstra deter mais capacidade que suas concorrentes no sentido de prover soluções para as necessidades dos consumidores, ao mesmo tempo em que mantém ou melhora suas margens de lucro. Obtém-se o melhor resultado possível na geração de valor quando uma empresa sincroniza os processos em cada um dos elementos que compõe a gestão de recursos e entre estes mesmos elementos, de modo que a diferença entre os custos empresariais e o preço pago pelos consumidores seja otimizada.

Além disso, os processos envolvidos na gestão de recursos são impactados pelo contexto ambiental no qual a empresa opera (Lichtenstein

& Brush, 2001). Devido à grande incerteza ambiental e aos vários níveis de munificiência ambiental, é pouco provável que as vantagens competitivas possam ser mantidas com o passar do tempo, fazendo com que a empresa, em vez disso, busque desenvolver uma série de vantagens competitivas temporárias (Morrow, Sirmon, Hitt & Holcomb, em livro a ser publicado). A criação de uma série de vantagens temporárias permite à empresa a geração de novos valores, ao mesmo tempo em que mantém os valores gerados em outros períodos de tempo. Assim, a gestão efetiva e eficiente dos recursos dentro de um determinado contexto ambiental acaba por determinar a totalidade de valor gerado e mantido pela empresa com o passar do tempo (Ireland & Webb, 2006).

Nosso trabalho aprimora os conhecimentos sobre a teoria da VBR e contribui para pesquisas sobre a sua eficácia. Priem e Butler (2001) sustentam que trabalhos anteriormente feitos sobre a VBR não forneceram informações sobre o modo de utilização dos recursos para gerar vantagens competitivas. Além disto, Barney e Arikan (2001) sugerem que pesquisas anteriores sobre a VBR partem do pressuposto de que as ações necessárias para explorar os recursos são evidentes por si só, quando não o são. Assim, desenvolvemos um modelo que retrata o processo de gerenciamento de recursos visando à geração de valor. Uma outra importante contribuição desse trabalho é situar a gestão dos recursos dentro do contexto ambiental, integrando, com essa medida, a teoria VBR, cujo enfoque situa-se nos atributos empresariais internos, com teorias sobre o ambiente empresarial competitivo.

A organização do artigo é explicitada a seguir. Primeiro, integramos a teoria VBR, a teoria da contingência e a teoria da aprendizagem organizacional para constituir a base teórica do modelo. Utilizando essa base como alicerce, desenvolvemos então um modelo teórico referente ao processo de gerenciamento de recursos. Foram examinadas as condições ambientais básicas que interferem no processo de gerenciamento de recursos. A seguir, foram explorados cada um dos processos que integram a gestão de recursos, a fim de se desenvolver proposições relativas aos efeitos das contingências ambientais sobre o elo de ligação entre os processos e a potencial geração de valor. Finalizamos com o levantamento de algumas implicações e tecendo certas recomendações para futuras pesquisas.

## 11.1 BASE TEÓRICA

Ricardo (1817) sustenta que fatores de superior produtividade geram rentabilidade econômica para seus proprietários. Seu famoso exemplo de terra cultivável ou cultivada mostrou que, quando há recursos com diferentes níveis de produtividade e quando há escassez dos recursos mais produtivos, o proprietário dos recursos gera lucros acima do normal. É essa lógica que dá fundamentação à teoria VBR (Makadok, 2001). Além disso, com base nas premissas de distribuição heterogênea dos recursos e de sua mobilidade imperfeita, aqueles considerados valiosos e raros, que não podem ser imitados nem substituídos, podem conduzir a vantagens competitivas de longa duração (Barney, 1991; Peteraf, 1993). As evidências empíricas oferecem suporte a esta lógica (consultar Barney & Arikan, 2001, para uma revisão).

Mas, os processos pelos quais as empresas obtêm ou formam, combinam e nivelam recursos, visando a gerar e manter vantagens competitivas, não é bem compreendido. Barney e Arikan, por exemplo, afirmam que "a teoria baseada em recursos apresenta uma visão bastante simples sobre a ligação dos recursos com as estratégias seguidas pelas empresas" (2001: 174). Castanias e Helfat sustentam que "as habilidades da alta administração, se combinadas com outros ativos e capacidades empresariais, detêm potencial para, juntas, gerarem rendas" (2001: 665). Essas afirmações sugerem que a posse de recursos valiosos, raros, impossíveis de serem imitados ou substituição, é uma condição necessária, porém insuficiente, para garantir a geração de valor. O valor, de fato, só é gerado quando os recursos são avaliados, manipulados e empregados de forma apropriada dentro do todo ambiental empresarial (Lippman & Rumelt, 2003).

A importância do ambiente para a gestão de recursos sugere que deveríamos integrar a lógica da teoria da contingência ao nosso entendimento da VBR. Embora tenham sido concluídas pesquisas dentro desta linha, elas, até hoje, voltam seu enfoque para a compreensão de quando um recurso é de valor (Priem & Butler, 2001). Miller e Shamsie (1996), por exemplo, descobriram que os recursos baseados em propriedades eram mais valiosos em ambientes estáveis, enquanto que os recursos baseados em conhecimentos são mais valiosos em ambientes incertos. Brush e Artz (1999) descobriram que o valor das capacidades difere, dependendo dos serviços oferecidos pela empresa e do nível de assimetria de informações no ambiente. Aragón-Correa e Sharma (2003) sustentam que um contexto empresarial competitivo afeta o valor dos recursos de uma empresa voltados para o desenvolvimento de estratégias ambientais naturais proativas. Se esses resultados tiverem valor informativo, a busca da teoria da contingência por um enfoque centrado no "ajuste" entre as contingências ambientais e as configurações internas é capaz de conduzir a um melhor entendimento sobre a maneira como os recursos podem ser geridos para otimizar a criação de valores, pois as empresas não operam no vazio (para uma revisão, consultar Donaldson, 2001).

A aprendizagem organizacional é a "aquisição de novos conhecimentos feita por atores capazes e dispostos a aplicar tais conhecimentos para tomar decisões ou influenciar outras pessoas dentro da organização" (Miller, 1996: 486). A aprendizagem organizacional mostra-se especialmente importante na eficácia e eficiência da gestão de recursos em condições ambientais dinâmicas. A aprendizagem organizacional dá às empresas uma potencial capacidade de "flexibilidade estratégica e níveis de liberdade no sentido de adaptação e evolução" (Zahra & George, 2002: 185). A terminologia muitas vezes empregada para esse tipo de aprendizagem é *aprendizagem de alto nível* ou *meta-aprendizagem* (Fiol & Lyles, 1985). A meta-aprendizagem considera as relações entre as ações e os resultados anteriores (isto é, *feedback*) essenciais para a geração e a manutenção de valores por meio de um desenvolvimento constante (Lei, Hitt & Bettis, 1996). Em ambientes dinâmicos, a aprendizagem pode ser de grande importância no sentido de ajudar a empresa a se adaptar e a manter um ajuste aceitável com seu ambiente, enquanto busca satisfazer as necessidades dos clientes (Luo & Peng, 1999). A aprendizagem organizacional se torna ainda mais crucial em ambientes menos munificentes, porque a escassez dos recursos pode prolongar os efeitos de escolhas de pouca qualidade realizadas no gerenciamento de recursos. Assim, é provável que a munificência ambiental exerça um efeito sobre a quantidade de recursos necessários, bem como sobre a forma de aquisição e nivelamento de tais recursos (Keats & Hitt, 1988).

## 11.2 O PROCESSO DE GERENCIAMENTO DE RECURSOS

O gerenciamento de recursos é de crucial relevância para a geração de valor, porque a utilização dos recursos tem, pelo menos, a mesma importância que a posse ou propriedade sobre os mesmos (Penrose, 1959). Além disto, o processo empresarial da gestão de recursos pode produzir diferentes resultados para as organizações dotadas de recursos semelhantes e que enfrentam contingências ambientais semelhantes (Zott, 2003). Por essa razão, a heterogeneidade dos resultados empresariais sob semelhantes condições iniciais pode ser resultado de escolhas feitas na estruturação, no agrupamento e nivelamento de recursos.

A Figura 11.1 apresenta o fluxo causal no modelo de gerenciamento de recursos. Com base nos processos, o modelo incorpora uma dimensão temporal. Mas, como a empresa precisa dispor de recursos para agrupá-los em forma de capacidades e como as capacidades precisam existir para ocorrer o nivelamento, o processo de gerenciamento de recursos é, pelo menos em parte, de natureza sequencial. Além disto, o modelo incorpora laços de realimentação que permitem uma adaptação contínua visando à sincronização e ao ajuste com o ambiente. Assim, o gerenciamento de recursos é dinâmico, com mudanças resultantes de uma adaptação às contingências ambientais e da exploração das oportunidades geradas por tais contingências. Fora isto, apresenta-se o Quadro 11.1 para facilitar a identificação dos processos e para ajudar a distinguir os mesmos processos no modelo de gerenciamento de recursos.

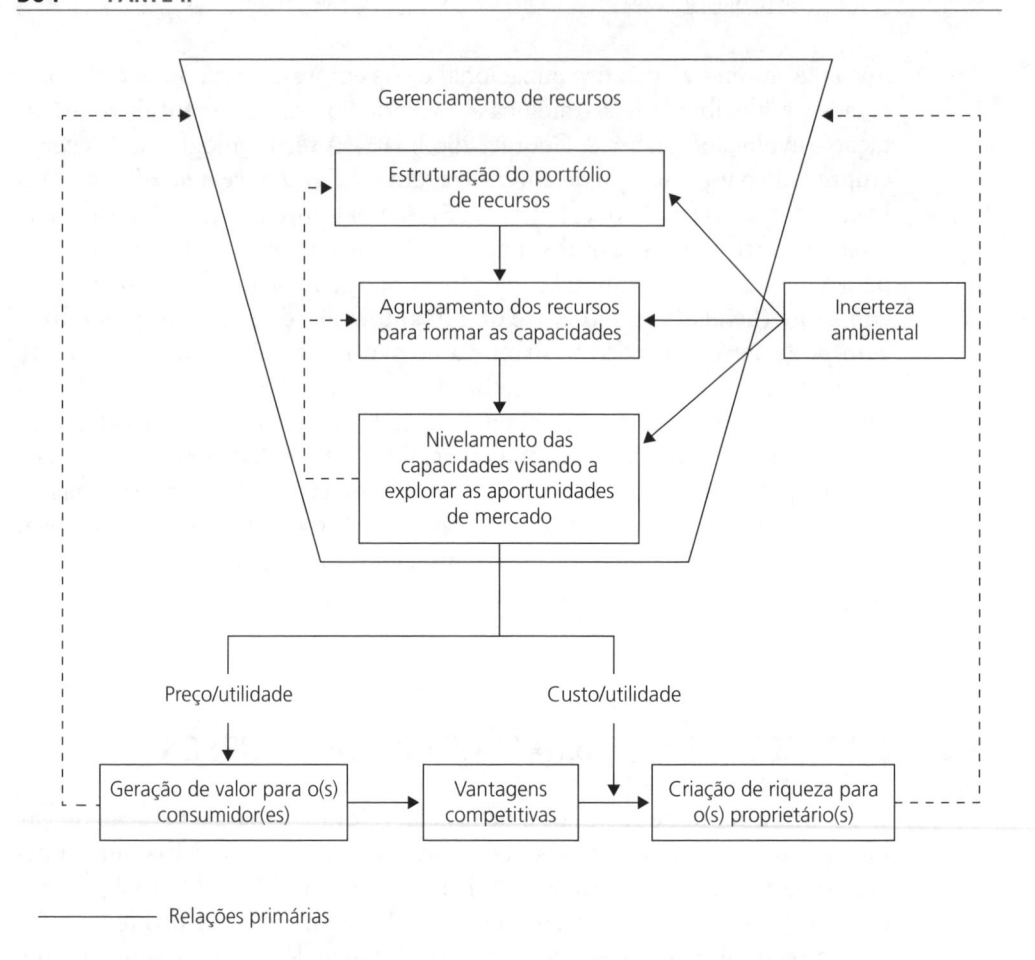

**FIGURA 11.1** Um modelo dinâmico de gerenciamento de recursos na geração de valor.

——— Relações primárias

- - - - - - Relações de *feedback* ou realimentação

O dinamismo ambiental diz respeito ao quanto de incerteza emana do ambiente externo (Baum & Wally, 2003). A incerteza é gerada pela instabilidade do ambiente que não produz a quantidade suficiente de informações necessárias para permitir a identificação e o entendimento dos relacionamentos de causa e efeito (Carpenter & Fredrickson, 2001; Keats & Hitt, 1988). A insuficiência de informações afeta o modo como as empresas precisam gerenciar os recursos a fim de gerar valor. A incerteza inerente ao setor ou às ações das concorrentes em potencial afetam, por exemplo, o tipo e a quantidade de recursos necessários no portfólio de recursos, as capacidades necessárias para superar o desempenho das empresas rivais e o nivelamento das estratégias requeridas para ganhar e manter as vantagens competitivas. O dinamismo se reflete na regularidade e na quantidade de mudanças ocorridas no ambiente. Assim, as

**QUADRO 11.1** Processos e diferenciações no gerenciamento de recursos

| Elementos integrantes/ subprocessos | Descrição |
|---|---|
| Estruturação | Refere-se à administração do portfólio de recursos da empresa |
| Aquisição | O processo de compra de recursos nos mercados de fatores estratégicos |
| Acúmulo | O processo de formação dos recursos em nível interno |
| Alienação | O processo de venda dos recursos controlados pela empresa |
| Agrupamento | Refere-se à combinação dos recursos empresariais visando a formar ou a alterar as capacidades |
| Estabilização | O processo de realizar pequenas melhorias incrementais nas capacidades existentes |
| Enriquecimento | O processo de expandir as capacidades vigentes; embora o grau de enriquecimento possa variar, ele extrapola a dimensão da atualização contínua das habilidades |
| Pioneirismo | O processo de criar novas capacidades para abordar o contexto empresarial competitivo |
| Nivelamento | Refere-se ao emprego das capacidades de uma empresa visando a gerar valor para os consumidores e riqueza para os proprietários |
| Mobilização | O processo de identificar as capacidades necessárias para prover suporte às configurações de capacidade requeridas para explorar as oportunidades no mercado |
| Coordenação | O processo de integrar as capacidades identificadas em configurações de capacidade efetivas e ainda eficientes |
| Implantação | O processo de utilizar fisicamente as configurações de capacidade visando dar suporte à estratégia de nivelamento escolhida, que inclui a estratégia de vantagens de recursos, a estratégia de oportunidade de mercado ou a estratégia empresarial |

mudanças na estrutura setorial, a estabilidade da demanda de mercado e a possibilidade de choques ambientais são importantes elementos produtores de incerteza no ambiente.

**Dinâmica da estrutura, dos limites e das receitas setoriais** A estrutura setorial afeta o nível de competitividade entre as empresas rivais e o nível de incerteza. O grau das barreiras de entrada em um dado setor afeta o grau de competitividade vivenciado por uma empresa (Porter, 1980, 1985). Por sua vez, o grau de competitividade e o nível de rivalidade por ele produzido geram mudanças que reforçam o potencial de incerteza. Mas, as receitas setoriais, que são as rotinas organizacionais necessárias para competir dentro de um determinado setor (Spender, 1989), podem moderar a dimensão das incertezas produzidas pelo nível de competitividade e pelo grau de rivalidade. As receitas setoriais oferecem heurística ou regras decisórias que norteiam as ações gestoras.

Porém, à medida que os limites setoriais perdem seus nítidos contornos no cenário competitivo, as receitas setoriais perdem em definição. Além disso, as receitas setoriais não se mostram necessariamente estáveis nos diferentes ambientes institucionais e culturais (Wan & Hoskisson, 2003), e o exacerbamento da competição nos mercados globais estabeleceu prêmios para inovações na maioria dos setores (Bettis & Hitt, 1995; Kim & Mauborgne, 1997). As inovações muitas vezes diminuem a relevância das receitas setoriais, especialmente quando são radicais e/ou introduzidas com frequência. Além disto, as mudanças tecnológicas (choques ambientais) ou os acontecimentos nos setores tangenciais podem afetar dramaticamente a validade das receitas nos setores mais maduros. Os acontecimentos tecnológicos também podem diminuir a clareza dos limites setoriais (por ex., no setor de telecomunicações), aumentando a dificuldade de se identificar as concorrentes e determinando o valor gerado pelos produtos da empresa para os consumidores. Todos esses fatores aumentam a incerteza ambiental.

**(Ins) Estabilidade da demanda de mercado** A demanda de mercado pode imprimir forma à dinâmica competitiva dentro de um determinado setor. Enquanto continuar a existir um aumento da demanda, em geral haverá menos rivalidade entre as concorrentes, porque uma demanda crescente gera oportunidades para todas as empresas.

Mas, à medida que há a maturação dos mercados e a estabilização da demanda, a rivalidade empresarial muitas vezes se intensifica. Por outro lado, as grandes flutuações na demanda (devidas, por ex., a mudanças no ambiente macroeconômico) muitas vezes intensificam a rivalidade e produzem incertezas. Adner (2002) descobriu que a demanda de mercado interfere no fato de novas tecnologias serem introduzidas. A demanda impacta, por exemplo, a disposição (necessidade) por parte de uma empresa de desenvolver e introduzir inovações no mercado. Quando a demanda está em alta ou em crescimento no mercado, as empresas mostram-se mais dispostas a investir no desenvolvimento de novas tecnologias por perceberem maiores oportunidades de obter rentabilidade sobre os novos inventos. Por sua vez, tais inovações afetam as expectativas dos consumidores e, com isso, afetam também o comportamento das empresas concorrentes (Adner, 2002).

Por esta razão, ao mesmo tempo que a demanda por uma redução ou pela estabilidade provoca um aumento na rivalidade competitiva, a crescente demanda de mercado pode estimular as inovações; deste modo, tanto o aumento como a diminuição da demanda podem exacerbar a competição (de diferentes formas) e contribuir para uma maior incerteza ambiental. A fim de lidar com a incerteza decorrente da rivalidade competitiva ou das flutuações na demanda, talvez seja necessário um número maior e mais diversificado de recursos a fim de formar novas capacidades que possam ser niveladas em resposta às mudanças. Os choques ambientais também podem aumentar substancialmente os níveis de incerteza.

**Probabilidade da ocorrência de choques ambientais** Os choques ambientais (por ex., a desestabilização de sistemas monetários globais e a rápida privatização de empresas de propriedade estatal) são acontecimentos inesperados que provocam descontinuidade em determinados setores (Tushman & Anderson, 1986). Via de regra, ações competitivas adotadas por empresas de fora do setor focal provocam choques ambientais. Por exemplo, uma empresa estranha a um setor pode introduzir um novo produto que desempenhe com maior eficiência as funções de um produto dominante naquele setor, passando a atuar assim como um substituto para este produto. Essa ação representa uma das formas de destruição criativa de Schumpeter (Schumpeter, 1934). Quando tais choques ocorrem, as receitas de determinado setor diminuem de importância, podendo inclusive vir a desaparecer. A introdução de uma "tecnologia disruptiva" ou de ruptura pode ocasionar esse resultado.

O desenvolvimento e a introdução da tecnologia sem fio em determinado mercado (o das telecomunicações, por exemplo) serve para exemplificar aquilo que Christensen (1997) denominou *tecnologia disruptiva*. As tecnologias de disruptura geram considerável incerteza. Por exemplo, os conjuntos de conhecimentos necessários para fabricar produtos compatíveis com a tecnologia sem fio diferem significativamente daqueles associados à tradicional tecnologia de conexão a cabo. Assim, as empresas precisam buscar novos recursos para competir nos novos mercados criados pela tecnologia disruptiva (novo setor; Ireland e outros, 2003). Neste novo ambiente de exigências ambíguas, as empresas talvez precisem recombinar os recursos a fim de desenvolver novas capacidades, e talvez precisem projetar e empregar diferentes estratégias de nivelamento a fim de explorar suas novas e atuais capacidades.

**Munificência ambiental** A munificência ambiental, "a escassez ou a abundância de recursos essenciais e necessários para as (uma ou mais) empresas que operam dentro de um determinado ambiente" (Castrogiovanni, 1991: 542) é também um importante fator de contingência no gerenciamento dos recursos. Há, por exemplo, substanciais diferenças entre os ambientes dinâmicos dotados de baixa munificência e os ambientes dinâmicos dotados de alta munificência (Rajagopalan, Rasheed & Datta, 1993), e ambos têm diferentes implicações sobre o modo de se administrar os recursos visando à geração de valor. Em especial, os ambientes dotados de baixa munificência salientam a importância de um gerenciamento efetivo dos recursos, pois estes podem não ser imediatamente disponibilizados para a empresa quando necessários. Assim, as habilidades gestoras na seleção e formação dos recursos tornam-se cada vez mais importantes para o sucesso empresarial.

Ao todo, como os ambientes variam em seus níveis de incerteza e munificência, e como estas condições afetam o valor em potencial dos recursos e das capacidades empresariais, a geração de valor com base no gerenciamento de recursos revela, pelo menos em parte, casualidade com o ambiente externo de uma empresa. Assim, integramos a teoria da contingência com a teoria VBR e a teoria da aprendizagem organizacional para elucidar os processos de gerenciamento de recursos. Damos início à discussão pelo componente estrutural.

## Estruturação do portfólio de recursos

O portfólio de recursos representa a soma de todos os recursos controlados pela empresa (isto é, os ativos tangíveis e os intangíveis). O portfólio de recursos estabelece o máximo de limites para a geração de valor potencial de uma empresa em determinado período de tempo (Makadok, 2003).

A estruturação do portfólio de recursos é o processo pelo qual as empresas adquirem (Barney, 1986; Denrell, Fang & Winter, 2003; Makadok, 2001), acumulam (Dierickx & Cool, 1989; Thomke & Kuemmerle, 2002) e alienam recursos. Os subprocessos da estruturação (a aquisição, o acúmulo e a alienação) recebem interferência do contexto ambiental, o qual, por sua vez, estabelece sua contribuição para a geração do potencial de valor empresarial (Miller & Shamsie, 1996). As incertezas ambientais, por exemplo, exercem forte influência sobre a eficiência dos mercados de fatores (Denrell e outros, 2003), bem como a possibilidade de mudanças radicais nas demandas de consumo e a possibilidade de crescente centralização nas tomadas de decisão (Keats & Hitt, 1988). Por essa razão, os gestores devem ajustar os subprocessos de estruturação segundo os níveis de incerteza e munificência ambientais; essa ação afeta a habilidade empresarial de gerar valor por meio dos subsequentes processos de agrupamento e nivelamento.

**Aquisição** A aquisição refere-se à compra de recursos em mercados de fatores estratégicos (Barney, 1986). Os recursos semelhantes a mercadorias (equipamentos), os recursos intangíveis (capital intelectual) e os complexos conjuntos de recursos tangíveis e intangíveis criados por meio das fusões e aquisições (Denrell e outros, 2003) são exemplos dos recursos disponíveis em mercados de fatores estratégicos. O preço pago pelo(s) recurso(s) adquirido(s) interfere fortemente na contribuição prestada por recurso para a habilidade empresarial na geração de valor, especialmente em termos do enriquecimento dos seus proprietários.

Barney (1986) sugere que há poucas perspectivas da aquisição de recursos para contribuir simultaneamente para a criação de vantagens competitivas e para o enriquecimento do proprietário dos mesmos, pois os mercados de fatores estratégicos são eficientes. Assim, os preços pagos pelos recursos refletem a esperada contribuição dos mesmos para a criação de uma vantagem competitiva. Mas, Denrell e outros (2003) sustentam que as informações referentes ao emprego de novos ou velhos recursos de maneiras inusitadas (desconhecidas para o mercado) mostram-se muitas vezes incompletas nos mercados de fatores estratégicos. Como tal, esses mercados não colocam o preço exato nos novos recursos ou nos recursos a serem empregados de maneira inesperada. Devido a essa incerteza, talvez haja um maior número de oportunidades do que se imaginava antes para a aquisição de recursos por um valor inferior ao seu verdadeiro valor de mercado.

A incerteza também gera ambiguidade no que se refere aos recursos necessários para a formação e a manutenção de uma vantagem competitiva. Essa ambiguidade sugere que as empresas necessitam de um repertório de recursos, em especial de recursos intangíveis, pois eles muitas vezes são aqueles dotados de maior flexibilidade. Em uma simples colocação, é necessária uma folga de recursos para a alteração das capacidades vigentes ou para a geração de novos recursos em resposta às mudanças (ou às oportunidades e às ameaças) ambientais. Mas, é provável que a construção de um repertório com folga de recursos, bem formado e funcional (conjunto de conhecimentos específicos, relacionamento com outros agentes tenha custos proibitivos e prove ser arriscada em ambientes de grande incerteza. Em vez de investimentos de grande escala em recursos específicos, talvez fosse de maior utilidade para as empresas a aquisição de recursos que "permitam acesso preferencial a oportunidades futuras," referenciadas muitas vezes como *opções reais* (Bowman & Hurry, 1993: 762). As opções reais apresentam à empresa uma maior variedade de oportunidades futuras a fim de alterar as capacidades existentes ou de gerar novas oportunidades, ao mesmo tempo em que encerram a desvantagem do risco e dos custos de assim fazê-lo, apenas pela perda do investimento inicial na opção. A aquisição das opções reais permite então à empresa manter-se flexível, ao mesmo tempo em que limita os custos de tal flexibilidade. Assim, em condições de incerteza, a aquisição de alguns recursos como opções reais aumenta de modo pragmático a série de respostas viáveis de uma empresa para as mudanças ambientais, em forma de oportunidades e ameaças (McGrath & Nerker, 2004).

Talvez as opções reais sejam de especial importância por ocasião dos choques ambientais, pois elas podem conferir a flexibilidade necessária para o redirecionamento da empresa rumo a novas oportunidades. Assim, enquanto as opções reais podem ter menor importância em um ambiente *munificente*, em função da disponibilidade de recursos, em ambientes menos *munificentes*, as opções reais tornam-se cada vez mais valiosas, pois elas permitem a flexibilidade necessária para responder às oportunidades e ameaças ambientais. Por esta razão, sustentamos que, além da incapacidade do mercado de atribuir um preço exato para todas as alternativas de emprego dos recursos, os mercados de maior incerteza são aqueles nos quais a empresa adquire recursos como opções reais (com ênfase nos recursos intangíveis). Os recursos como opção conferem a flexibilidade necessária para a empresa responder às mudanças ambientais esperadas (grande rivalidade competitiva) e/ou substanciais (introdução de uma nova tecnologia). Assim, a aquisição de opções reais aumenta a habilidade empresarial de gerar valor em condições de alto nível de incerteza ambiental. Esses argumentos conduzem à seguinte proposição:

> Proposição 1a: Em condições de grande incerteza ambiental, a aquisição de recursos que permitam acesso preferencial a uma grande variedade de oportunidades aumenta o potencial da geração de valor empresarial. Os recursos como reais opções podem ser especialmente valiosos em ambientes de incerteza e baixa munificência.

**Acúmulo**  O acúmulo refere-se à formação interna de recursos. O acúmulo mostra-se necessário por ser pouco provável que os mercados de fatores estratégicos deem a uma empresa todos os recursos por ela exigidos, especialmente se a munificência ambiental for baixa.

A formação interna de recursos reforça os mecanismos de isolamento dos mesmos, como a ambiguidade causal (Thomke & Kuemmerle, 2002). Enquanto que os mecanismos de isolamento diminuem as ameaças de possíveis imitações, ampliando assim a capacidade de manutenção de uma vantagem baseada naquele recurso, talvez a maior dificuldade de receber imitações não seja o objetivo primário do acúmulo. Em condições de incerteza, as empresas podem mostrar-se menos capazes de responder a oportunidades inesperadas ou a ações significativas por parte das concorrentes pela não detenção dos recursos apropriados para tal. Se, por exemplo, uma empresa carecer do número adequado de pessoas com aptidões gestoras, ela pode ser incapaz de responder a uma oportunidade de mercado para introdução de um novo produto ou de um novo serviço, quando surgir a demanda para tal. Essa incapacidade de resposta talvez permita às concorrentes explorar tal oportunidade. A formação de conhecimentos e habilidades gerenciais nos profissionais empregados pela empresa pode criar um *pool* de pessoas capazes de assumir posições gestoras quando surgir a necessidade. O desenvolvimento de recursos em nível interno mostra-se até mais crucial em ambientes de menor munificência, já que não é fácil adquirir os recursos nos mercados de fatores externos desses ambientes. Assim, a empresa pode gerar reais opções formando seus recursos em âmbito interno, antecipando necessidades futuras.

O acúmulo requer muitas vezes aprendizado. Para formar, por exemplo, o capital intelectual de uma empresa e aprimorar suas habilidades gestoras, os empregados precisam aumentar seu nível de conhecimentos tácitos. O fato de designar empregados não gestores e/ou gestores com relativa inexperiência para trabalhar em projetos junto a gestores mais experientes pode ajudar aqueles empregados a desenvolver conhecimentos gerenciais tácitos. Mesmo assim, em alguns casos, é possível que a empresa não detenha os necessários conhecimentos tácitos. Nessas ocasiões, a empresa pode formar alianças estratégicas com empresas possuidoras dos conhecimentos desejados (Lane & Lubatkin, 1998). As alianças estratégicas demonstram ter especial valor para fomentar a aprendizagem de novos conhecimentos em ambientes de baixa munificência. A formação de alianças para desenvolvimento de conhecimentos tácitos, técnicos e gestores é algo comum entre as empresas de mercados emergentes – mercados que se caracterizam, muitas vezes, pelo baixo nível de munificência (Hitt, Dacin, Levitas, Arregle & Borza, 2000). As alianças empregadas segundo este molde podem ser vistas como reais opções (Kogut, 1991). Em outras palavras, depois de se ter dado início às alianças, os parceiros podem investir mais no relacionamento para acumular recursos tradicionais, como os conhecimentos tácitos. É possível que os gestores só realizem tal tipo de empreendimento extra se acreditarem na razoável probabilidade de conseguirem obter os ganhos desejados. O acúmulo de recursos por meio de reais opções significa então um eficiente meio de preparar a empresa para a criação de novos recursos e/ou de recursos mais aprimorados.

As empresas necessitam muitas vezes de recursos novos e/ou aprimorados para responder à mudança de demandas por parte do consumidor, especialmente quando ocorrem mudanças de peso no ambiente externo (choques ambientais, por ex.). Mas, nos ambientes de baixa munificência, tais recursos precisam ser formados (acumulados) internamente. As empresas que não realizam um envolvimento consistente e não criam reais opções mostram-se menos capazes de dar uma resposta às mudanças ambientais do que aquelas que realizam tais investimentos. Esses argumentos conduzem à seguinte proposição:

> Proposição 1b: Em condições de um alto nível de incerteza ambiental, o acúmulo de recursos que permite acesso preferencial a uma grande variedade de oportunidades aumenta o potencial de geração de valor de uma empresa. A importância da formação de recursos internos aumenta nos ambientes de baixa munificência.

**Alienação** A alienação se refere à venda de recursos controlados pela empresa. Como as empresas dispõem de recursos finitos, é imperativo que elas avaliem de forma ativa os recursos vigentes e alienem os recursos de menor valor a fim de gerar a folga e a flexibilidade necessárias para a aquisição ou o acúmulo de recursos de maior valor (Sirmon & Hitt, 2003; Uhlenbruck, Meyer & Hitt, 2003). Assim, os recursos que provavelmente não contribuiriam para formar e manter vantagens competitivas ou o excesso de recursos que não pode ser agrupado e nivelado com lucratividade são possíveis candidatos para a alienação estratégica. A dispensa de capital humano, a alienação de empresas não essenciais, vendas para liquidação de ativos específicos, *spin-offs* de empresas e terceirização de funções são exemplos da alienação estratégica de recursos.

Contudo, a pesquisa sugere que, devido ao viés dos custos já incorridos ou à inércia organizacional, as empresas com frequência retardam a alienação dos ativos de produtividade muito baixa (Shimizu & Hitt, 2005). De mais a mais, a seleção dos recursos adequados a serem alienados representa um desafio. As empresas que investem em reais opções muitas vezes não têm ciência do valor futuro dos recursos (Miller & Arikan, 2004). Algumas vezes, na pressa de reduzir os custos em resposta a mudanças das condições competitivas ou econômicas, as empresas alienam recursos valiosos, prejudicando, com isso, sua habilidade de formar capacidades de fácil nivelamento. As empresas, por exemplo, geralmente dispensam um número significativo de empregados quando a economia entra em recessão ou quando as concorrentes captam um pouco da sua fatia de mercado. Mas, essas dispensas podem reduzir o capital intelectual empresarial e prejudicar a habilidade da empresa de tirar vantagem das oportunidades que se abrem com a recuperação da economia, ou deixar a empresa desprovida das capacidades necessárias para recuperar a fatia de mercado perdida (Nixon, Hitt, Lee & Jeong, 2004).

A alienação só contribui para a geração de valor enquanto reduz os custos empresariais tangíveis (por ex., manutenção, investimentos, etc.) ou intangíveis (por ex., custos de oportunidade, atenção administrativa) sem sacrificar a vantagem competitiva corrente ou a semente de futuras vantagens. A alienação efetiva requer perfeito entendimento da capacidade vigente de um recurso e do seu potencial futuro de contribuição para a geração de valor. Mas, em condições incertas, fica extremamente difícil avaliar-se o potencial futuro dos recursos no sentido da geração de valor. Por essa razão, é pouco provável que as demissões com base em princípios arbitrários, como a dispensa de empregados com mais tempo de trabalho, aumentem o potencial da empresa de gerar valor para os consumidores. Por sua vez, já a alienação estratégica envolve apenas o capital humano considerado incapaz de contribuir para a geração de valor (Cascio, 2002).

Ao operar em ambientes de incerteza, os gestores de mais alto nível tendem a centralizar a tomada de decisões visando, com isso, a obter maior controle (Keats & Hitt, 1988). Essa centralização produz mais assimetria nas informações internas. É baixa a probabilidade de os gestores de mais alto nível entenderem plenamente o valor dos recursos empresariais, o que aumenta a possibilidade de eles alienarem recursos com potencial de geração de valor no futuro (talvez até mesmo no presente). Também é provável que esses gestores experimentem uma sobrecarga de informações, o que reduz sua capacidade de tomar decisões efetivas sobre a adequada alienação dos recursos. Assim, é possível que a incerteza ambiental reduza a efetividade das decisões referentes à alienação dos recursos – isto é, cometem-se mais erros na alienação dos recursos quando as empresas operam em ambientes de grande incerteza. Em ambientes de baixa munificência, haverá uma magnitude de tais erros, em função da dificuldade de se substituir os recursos alienados em função de um erro. Em condições de grande incerteza ambiental e baixa munificência, as empresas deveriam mostrar-se mais capazes de gerar valor para os clientes mediante pouca ou nenhuma alienação de recursos. Esses argumentos levam à seguinte proposição:

> Proposição 1c: Em condições de grande incerteza ambiental, a alienação de recursos pode prejudicar o potencial de geração de valor da empresa. Deve-se tomar extremo cuidado na alienação de recursos, especialmente em ambientes de incerteza e de baixa munificência.

Se o processo de estruturação é importante, apenas ele em si não basta para gerar valor para consumidores e proprietários. Em verdade, o portfólio de recursos é que propicia a base para a formação das capacidades. A capacidade é a habilidade "de desempenhar um conjunto de tarefas coordenadas, utilizando para tal recursos organizacionais" (Helfat & Peteraf, 2003: 999). O agrupamento dos recursos em capacidades é uma etapa necessária na apropriação do potencial de valor inserido no portfólio de recursos da empresa.

## Agrupamento de recursos

Agrupamento é o processo pelo qual são formadas as capacidades. Integram-se (isto é, agrupam-se) os recursos do portfólio de recursos da empresa a fim de criar capacidades, onde cada uma delas é uma combinação única de recursos que permite à empresa adotar ações específicas (por ex., *marketing*, P&D, etc.) no intuito de gerar valor para os consumidores. Em geral, os consumidores querem obter valor mediante a aquisição de um bem ou serviço da empresa, em forma de solução para um problema ou de satisfação de uma necessidade.

Conceitualmente, as capacidades, ou grupos de recursos, variam desde pequenas combinações de recursos projetadas para desempenhar tarefas de menor complexidade até conceitos de maior âmbito, como "ajuste" ou integração de "blocos" de negócios ou empresas (Brown & Eisenhardt, 1999; Siggelkow, 2002). Diferentes tipos de processos de agrupamento produzem capacidades específicas. Assim, são diferentes os processos de agrupamento necessários quando a empresa se esforça por produzir mudanças incrementais e quando o objetivo é uma mudança mais substancial nas capacidades da empresa (Hamel & Prahalad, 1994). Além disso, a escolha do processo de agrupamento sofre influência da incerteza inerente ao meio empresarial externo. Níveis mais altos de incerteza ambiental aumentam a necessidade de gerar novas capacidades para funcionamento em contextos ambientais diversos. A estabilização, o enriquecimento e a exploração são os três diferentes processos de agrupamento.

**Estabilização**  O processo de agrupamento por estabilização assemelha-se ao conceito de cabotagem (Siggelkow, 2002). O que se pretende com a estabilização é incrementar pequenas melhorias nas capacidades existentes, como querer que os empregados participem de um determinado número de horas de treinamento por ano, a fim de manter atualizados seus conhecimentos e suas habilidades. Muitas vezes, empresas que no presente detêm uma vantagem competitiva se valem da estabilização no intuito de manter aquela vantagem. A estabilização pode contribuir para a geração de valor nas empresas que competem em condições de baixo nível de incerteza ambiental e alta munificência ambiental. Entretanto, o processo de agrupamento por enriquecimento é o que muito mais vezes gera valor.

**Enriquecimento**  O objetivo do processo de agrupamento por enriquecimento é expandir e elaborar uma capacidade vigente. Embora o grau de enriquecimento possa variar, ele vai além de simplesmente manter atualizadas as habilidades empresariais. Pode-se enriquecer as capacidades por meio da aprendizagem de novas habilidades que expandam o repertório das correntes aptidões ou por meio da adição de um recurso complementar ao portfólio de recursos no atual agrupamento. Pode ser que já exista um recurso extra no portfólio de recursos há algum tempo, ou ele pode ter sido recentemente desenvolvido ou adquirido com o propósito de enriquecer uma determinada capacidade. Uma empresa farmacêutica pode, por exemplo, firmar uma aliança com ou valer-se da aquisição de uma empresa de biotecnologia para captar conhecimentos que enriqueçam sua capacidade em P&D.

O processo de enriquecimento que integra recursos recém-adquiridos com a capacidade existente assemelha-se a uma enxertadura (Puranam, Singh, & Zollo, 2003). O fato de uma empresa farmacêutica afixar ou "enxertar" à sua capacidade de distribuição uma determinada capacidade com o objetivo de desenvolver produtos de uma empresa de biotecnologia, produz, com isso, uma nova capacidade de comercialização de um produto de mais alta ordem, sendo um exemplo deste tipo de montagem. Ela foi projetada para gerar sinergia entre recursos complementares de modo a enriquecer as capacidades. Muitas vezes é preciso um maior enriquecimento para gerar um novo valor ou para manter o valor vigente gerado em ambientes de grande incerteza devido à incapacidade de se predizer com facilidade as necessidades dos consumidores ou as ações das concorrentes.

As empresas podem obter vantagens competitivas mediante o enriquecimento das habilidades e das capacidades vigentes, visando a alcançar um valor superior ao alcançado por suas concorrentes. No entanto, isso aumenta a probabilidade de imitação das capacidades enriquecidas, já que elas representam extensões da capacidade. A manutenção de vantagens competitivas por um período de tempo requer, em geral, novas capacidades. As empresas utilizam o processo de exploração com o objetivo de gerar novas capacidades.

**Exploração**   Ahuja e Lampert (2001) sugerem que, em vez de construir com base nos conhecimentos existentes, o processo de exploração é único e requer uma aprendizagem exploratória (March 1991). Com base neste aprendizado, a exploração pode envolver a integração de recursos inteiramente novos que tenham sido recentemente adquiridos nos mercados de fatores estratégicos e somados ao portfólio de recursos da empresa. Um agrupamento desta ordem normalmente se baseia na lógica de schumpeter e visa à criação de novas vantagens competitivas. A criatividade e uma ampla e profunda plataforma de conhecimentos estimulam a geração de capacidades novas e inovadoras. Essas características aumentam a probabilidade de um gestor mostrar-se capaz de identificar modos únicos, que enfatizem os valores e integrem as funcionalidades das capacidades individuais.

É possível que os gestores precisem integrar matrizes informáticas não relacionadas anteriormente, processo ao qual Smith e Di Gregorio (2002) se referem pelo termo biassociação*. Os gestores da SmithKline, por exemplo, realizaram a aquisição dos instrumentos Beckman no intuito de obter acesso às capacidades daquela empresa na tecnologia de diagnósticos. Devido à ausência da óbvia sinergia, os analistas criticaram a aquisição. Os gestores da SmithKline, porém, pretendiam combinar suas capacidades na pesquisa de farmacêuticos com as capacidades de diagnóstico tecnológico, objetivando criar uma capacidade em pesquisas biomédicas (Hitt, Harrison, Ireland & Best, 1998). Assim, se o processo de agrupamento por exploração pode incluir a recombinação de recursos já existentes, ele muitas vezes envolve a integração de novos recursos com aqueles já existentes com o propósito de gerar novas capacidades. Como resultado, o agrupamento inicial talvez exija uma equipe heterogênea de gestores dotados de maior experiência.

A necessidade de novas capacidades mostra-se mais acentuada nos ambientes dotados de maior incerteza, sugerindo que, em ambientes de grande incerteza, as empresas precisam fazer constante uso dos processos de agrupamento por exploração para obter e certamente manter as vantagens competitivas. De mais a mais, as novas capacidades fazem-se necessárias para exploração das oportunidades, pois estas flutuam em ambientes dinâmicos. Se uma empresa tiver de retardar a exploração de uma possibilidade já identificada até que se formem as capacidades exigidas para tal, as concorrentes podem explorar tal oportunidade por primeiro ou a oportunidade pode vir a desaparecer.

---

\* Termo original: *bisociation*, neologismo criado pelos autores.

**Influência do contexto ambiental sobre os processos de agrupamento** Os tipos de processos de agrupamento que podem ser utilizados para otimizar o valor gerado para os consumidores e para obter e manter vantagens competitivas dependem do nível de incerteza ambiental. Em condições de grande incerteza ambiental, as empresas precisam se engajar em contínuos processos de enriquecimento e em processos de agrupamento por exploração. O fato de uma empresa operar em condições de substancial incerteza dificulta a previsão das ações das concorrentes ou dos acontecimentos fora do setor capazes de provocar uma descontinuidade tecnológica. Além disso, em tais condições, é provável que a descoberta de oportunidades seja feita acidentalmente (Denrell e outros, 2003). As empresas, consequentemente, precisam se preparar para reagir a mudanças de peso no ambiente e a explorar oportunidades nunca antes percebidas no momento em que elas se apresentam.

As empresas só conseguem fazer isso com capacidades novas e/ou enriquecidas, que lhes concedam vantagens sobre as capacidades das empresas rivais. Além disso, em um ambiente dinâmico e incerto, as empresas conseguem manter as vantagens competitivas apenas em relação às capacidades geradoras de maior valor para os consumidores, se comparado ao valor gerado pelas capacidades das suas concorrentes. A exploração precisa desenvolver esses tipos de capacidades. É mais difícil empregar-se a exploração para construção de novas capacidades, mas é também mais importante em ambientes de mais baixa munificência. Os ambientes de baixa munificência dificultam a apresentação de um tipo de resposta às mudanças fundamentadas na formação de novas capacidades, já que os recursos adicionais podem não se encontrar à disposição ou serem demasiado caros para aquisição. Assim, apenas a formação de novas capacidades, antes que surja a necessidade para as mesmas, permite às empresas dar uma resposta efetiva e dentro de um razoável período de tempo para as mudanças ambientais em meios de baixa munificência. Talvez a maior munificência ambiental torne mais fácil o emprego desses processos de agrupamento sem reduzir sua importância. Esses argumentos conduzem às seguintes proposições:

> Proposição 2a: Em condições de grande incerteza ambiental, o processo de agrupamento por enriquecimento precisa formar capacidades capazes de gerar um ótimo valor para os consumidores. A importância desse processo de agrupamento se salienta em ambientes de baixa munificência.

> Proposição 2b: Em condições de grande incerteza ambiental, o processo de agrupamento por exploração precisa formar capacidades capazes de gerar novas fontes de valor para os consumidores. A importância deste processo de agrupamento se salienta em ambientes de baixa munificência.

Um tipo de abordagem comumente empregado pelas empresas, o processo de agrupamento por estabilização talvez só seja efetivo a curto prazo, e somente em condições de baixa incerteza, quando se puder prever as ações das concorrentes e quando a possibilidade de choques ambientais for baixa. A estabilização abre as capacidades empresarias de imitação ou inclusive de formação de capacidades mais efetivas. Assim, as empresas que utilizam a estabilização em condições de grande incerteza ambiental provavelmente perderão suas vantagens competitivas, pois uma concorrente desenvolverá capacidades que propiciem mais valor aos consumidores. Em um ambiente dinâmico, os processos de agrupamento por estabilização se mostrarão ineficientes, especialmente com o correr do tempo. Esses argumentos levam à seguinte proposição:

> Proposição 2c: Em condições de grande incerteza ambiental, é bem pouco provável que o processo de agrupamento por estabilização gere um ótimo valor para os consumidores.

## Nivelamento das capacidades

O nivelamento envolve processos (isto é, mobilização, coordenação e implantação) utilizados para que as capacidades gerem valor para os consumidores e riqueza para os proprietários das mesmas. Em geral, os recursos precisam ser mobilizados antes de poderem ser coordenados e aplicados; assim, a mobilização é o primeiro processo do qual as empresas se utilizam para nivelar, com êxito, suas capacidades. Em função dessas relações de caráter geral, discutimos os processos de mobilização, coordenação e implantação em ordem sequencial. Na prática, porém, esses processos de nivelamento podem adotar diferentes rumos. Ao mesmo tempo em que as empresas empregam, por exemplo, as configurações de capacidade, elas poderiam aprender a integrar, de modo mais efetivo, uma determinada configuração de capacidade em conjunto com outras configurações. Além disso, ao mesmo tempo em que as empresas coordenam as capacidades no intuito de formar uma configuração de implantação, poderia haver a revelação de *insights* que permitissem às empresas mobilizar seus recursos com maior eficiência. Assim, o nivelamento das capacidades envolve ações que podem ocorrer sequencialmente, simultaneamente ou, às vezes, até em sentidos opostos por meio de laços de realimentação.

O nivelamente efetivo é importante, já que, mesmo que a empresa possua ou controle recursos e efetivamente agrupe-os com o objetivo de desenvolver capacidades dotadas de potencial geração de valor, é pouco provável que a empresa alcance a geração de valor, a menos que ela efetivamente nivele/empregue aquele conjunto de recursos no mercado (Lichtenstein & Brush, 2001). Miller, Eisenstat e Foote sustentam que "as capacidades mais caras e às configurações (de capacidade) mais integradas não têm valor algum, a menos que elas obtenham uma rentabilidade superior. Elas têm então de satisfazer às necessidades de um público grande o suficiente para pagar regiamente para que isso seja feito" (2002: 47). Ao utilizar-se da criatividade e dos processos empresariais (Barney & Arikan, 2001) e de aprendizado (Dierickx & Cool, 1989; Miller, 2003), a empresa decide *onde* (isto é, em quais mercados) e *como* irá efetivamente nivelar suas capacidades a fim de gerar o máximo de valor para os consumidores (Brush, Greene & Hart, 2001). As evidências sugerem que talvez o novo (isto é, novos produtos, novos mercados, etc.), que caracteriza os processos empresariais, produza valor para os consumidores (Hamel & Valikangas, 2003; Venkataraman & Sarasvathy, 2001), enquanto que os processos de aprendizagem contribuam para a habilidade da empresa de equiparar seus recursos às necessidades dos consumidores e de expandir as vantagens competitivas vigentes (Slater & Narver, 1999).

Inseridos primeiro dentre as habilidades e o conhecimento tácito do capital humano de uma empresa, os processos de nivelamento concentram seu enfoque na exploração das oportunidades de mercado (Sirmon & Hitt, 2003). Neste contexto, os processos de nivelamento são aplicados às capacidades idiossincráticas da empresa e suas configurações de capacidade a fim de gerar valor para os consumidores dentro de uma ou mais arenas mercadológicas competitivas (inverno de 2003). Assim, os processos de nivelamento são cruciais para combinar as capacidades internas da empresa com as condições em seu meio externo (Chatzkel, 2002).

As empresas escolhem mercados nos quais suas capacidades possam ser efetivamente niveladas a fim de gerar o maior valor possível para os consumidores (Brush e outros, 2001). A construção de relações efetivas e interativas com os consumidores é vital para a aquisição dos conhecimentos necessários que permitam combinar os recursos empresariais com as necessidades dos consumidores, em especial com as necessidades latentes (Slater & Narver, 1999). A Kodak, por exemplo, está nivelando relações já existentes há muito tempo com os médicos para substituir as máquinas de raio-X por equipamentos de imagem digital. Assim, embora lutando no momento para gerar riqueza para os proprietários, a Kodak está tentando combinar suas capacidades em digitalização de imagens com as necessidades de um de seus principais grupos de consumidores (Symonds, 2003).

**Nivelamento das capacidades nos diferentes mercados** Um mercado é um conjunto de nichos e oportunidades comerciais, ponto de partida escolhido por uma empresa para nivelar, da melhor maneira, seus recursos (Miller e outros, 2002). A complexidade e a heterogeneidade geram múltiplas oportunidades para as empresas fazerem o nivelamento das suas capacidades idiossincráticas e gerarem valor para os consumidores (Miller, 2003).

O nivelamento efetivo das capacidades empresariais dentro de um determinado contexto mercadológico resulta, muitas vezes, na aprendizagem organizacional que forja a aplicação desses recursos em outras ambientações mercadológicas. Em geral, essas aplicações adicionais ocorrem devido (1) ao nivelamento das mesmas capacidades em diferentes produtos e setores a fim de servir outros consumidores com necessidades semelhantes, (2) ao emprego dos conhecimentos obtidos ao atender às necessidades dos consumidores para vender outros produtos ou serviços para aquele mesmo consumidor mas que sirva a diferentes necessidades, e (3) à aprendizagem de como aplicar a *expertise* voltada para o segmento mercadológico empresarial, *expertise* esta desenvolvida mediante o nivelamento dos recursos empresariais que visam a satisfazer as expectativas de mais consumidores naquele nicho particular de mercado (Miller, 2003; Miller e outros, 2002). Conforme observado anteriormente, as empresas utilizam-se de três processos-chave (mobilização, coordenação e implantação) para nivelar suas capacidades nas diferentes arenas mercadológicas. Mas, os três processos devem funcionar de maneira complementar para permitir um nivelamento efetivo dos recursos.

**Mobilização** O objetivo da mobilização é identificar as capacidades necessárias e projetar as configurações de capacidade necessárias para explorar as oportunidades do mercado e para obter vantagens competitivas (Hamel & Prahalad, 1994). A mobilização implica um projeto estratégico de nivelamento. Ao competir em ambientes de grande incerteza, é mais difícil para as empresas identificar quais configurações de capacidade específicas irão otimizar valor para os consumidores. A ambiguidade entre causa (isto é, as capacidades) e efeito (isto é, a geração de valor) existente em ambientes de grande incerteza aumenta a dificuldade de se identificar as configurações de capacidade mais adequadas. Se determinadas estratégias empresariais apresentam muitas vezes uma idiossincrasia em relação às capacidades de uma empresa e ao seu contexto ambiental, identificamos três estratégias empresariais que requerem determinadas configurações de capacidade. A primeira delas é a estratégia da vantagem de recursos.

A estratégia da vantagem de recursos tem por objetivo nivelar as configurações de capacidade capazes de produzir uma competência diferenciada. A competência diferenciada propicia aos consumidores um valor superior ao valor provido pelas concorrentes, conduzindo, assim, à uma vantagem competitiva. Muitas vezes, as empresas dotadas de competências diferenciadas empregam esta estratégia de nivelamento. Quando, por exemplo, a Philip Morris fez a aquisição da Miller Brewing Company, ela mobilizou suas configurações de capacidade em *marketing* e distribuição para obter vantagens sobre a maioria das concorrentes no mercado cervejeiro. Como aconteceu com a Miller Brewing Company, o enfoque da estratégia de nivelamento por vantagem de recursos desenvolve um ajuste entre as competências empresariais e o mercado onde a empresa detém uma vantagem sobre suas concorrentes.

A segunda estratégia de nivelamento centra seu enfoque na exploração das oportunidades mercadológicas. A estratégia das oportunidades mercadológicas requer uma análise cuidadosa do ambiente externo para identificação daquelas oportunidades para as quais a empresa detém capacidades que podem ser configuradas para fins de exploração dos recursos. Muitas vezes, as oportunidades de mercado identificadas serão adjacentes aos mercados empresariais da época, devido à familiaridade dos gestores com tais mercados. É mais difícil descobrir novas oportunidades em mercados distantes dos vigentes mercados da empresa devido à falta de conhecimento. Ainda assim, como os mercados representam novas oportunidades, algumas capacidades podem precisar ser enriquecidas e outras exploradas a fim de gerar as configurações de capacidade necessárias para a exploração das oportunidades. No intuito de explorar uma nova oportunidade, a empresa pode, por exemplo, nivelar seus recursos de P&D visando a gerar um incremento inovatório ou desenvolver um novo serviço e inclui-lo em um pacote com os produtos já existentes, a fim de satisfazer às necessidades crescentes ou em surgimento dos consumidores.

A terceira estratégia de nivelamento envolve a criação de oportunidades empreendedoras. A estratégia empreendedora envolve o desenvolvimento de configurações de capacidade com o objetivo de produzir bens e/ou serviços que exijam novos mercados. Tal tipo de oportunidade pode substituir um mercado existente (o emprego da tecnologia digital nas câmeras gerou uma série de novos mercados, como em câmeras de varejo, dispositivos de segurança e equipamento automotivo de imagens). Em geral, a configuração de capacidade em P&D, engenharia e *marketing* faz-se necessária para que o projeto de um novo produto ou serviço satisfaça os consumidores de um novo mercado.

Com a experiência, aqueles que mobilizam as capacidades de uma empresa aprendem a desenvolver rotinas que lhes permitam, com eficácia e eficiência, identificar os recursos adequados de modo característico para cada estratégia de nivelamento (Glynn, Milliken & Lant, 1992). A mobilização das capacidades requer contínuos ajustes em toda a empresa, porque, para otimizar valor, os recursos adequados precisam estar à disposição a fim de permitir uma cadeia de ações que gerem valor para diferentes consumidores em diferentes mercados (Hamel & Prahalad, 1994). O desenvolvimento de uma lógica dominante facilita a mobilização das capacidades (Bettis & Prahalad, 1995). Contudo, a lógica dominante pode fabricar um processo de aprendizagem dependente da trajetória, que restrinja o projeto de futuras estratégias empresariais (Lei e outros, 1996). Assim, ao mobilizarem seus recursos, as empresas precisam mostrar-se sensíveis aos processos de aprendizagem dependentes da trajetória e capazes de criar rigidez no processo.

Nossa conclusão é que a mobilização das configurações de capacidade seja um estágio necessário na geração de valor para os consumidores. A compreensão das necessidades dos mercados e dos consumidores norteia o projeto de configuração de capacidade no sentido de uma competitividade efetiva e de satisfazer as necessidades dos consumidores. Apesar disso, só a mobilização das configurações de capacidade não basta para gerar valor para os consumidores. As configurações de capacidade precisam então ser implementadas de modo adequado a fim de gerarem valor. Para isso acontecer, as configurações de capacidade têm de ser coordenadas e empregadas.

Proposição 3a: A mobilização das configurações de capacidade é necessária, mas não basta para que apenas o processo de nivelamento gere valor para os consumidores.

**Coordenação** A coordenação visa a integrar as capacidades mobilizadas de modo efetivo, mas, ainda assim, eficiente para gerar configurações de capacidade. Ela é o primeiro estágio na implementação da estratégia de nivelamento. A posse de conhecimentos sobre o valor das capacidades individuais, bem como o emprego de redes de comunicação efetivas para difundir tais conhecimentos, facilita os esforços para integração dos recursos em amplos conjuntos de aptidões organizacionais geradoras de valor (Hamel & Prahalad, 1994). Mesmo que importante, a posse de conhecimentos úteis e precisos sobre as capacidades de uma empresa não basta como condição para a geração de valor. A coordenação proativa envolve rotinas combinativas, com base na experiência, para integrar as capacidades, com o objetivo de, efetivamente, implementar a estratégia de nivelamento e, assim, gerar valor para os consumidores (Alvarez & Barney, 2002).

A efetiva coordenação das capacidades resulta na divisão dos conhecimentos explícitos e tácitos, visando a integrar os recursos em configurações de capacidade efetivas. Redes empresariais internas, com base no capital social interno, facilitam o compartilhamento dos conhecimentos (Hitt & Ireland, 2002). Além disto, os investimentos na infraestrutura de tecnologia empresarial (facilitando os fluxos de comunicação) são cruciais para uma coordenação dos recursos (Hunter, Beaumont & Matthew, 2002). As aptidões gestoras relacionais envolvem a utilização da tecnologia e das interações pessoais para formar o capital social interno, aumentando, com isso, a probabilidade de uma coordenação efetiva dos recursos (Sirmon & Hitt, 2003). As aptidões relacionais evoluem com o tempo e por meio do desenvolvimento da confiança.

Utilizando-se os exemplos acima notados, a coordenação envolveria a integração das capacidades de *marketing* e distribuição na Philip Morris, ou, se fosse selecionada uma estratégia empresarial de nivelamento, ela poderia exigir a integração da P&D, engenharia e *marketing*. A criação de equipes interfuncionais e o desenvolvimento de rotinas para recompensar ideias e projetos criativos que exijam o envolvimento conjunto dos três recursos poderia conduzir à sua integração. Uma das metas da coordenação é integrar as capacidades de modo a dificultar a observação e a duplicação dos recursos por parte das concorrentes (Chatzkel, 2002). Um processo de coordenação superior em termos competitivos contribui para a habilidade demonstrada por uma empresa de oferecer um valor único e inovador para os consumidores (Kim & Mauborgne, 1997; Yeoh & Roth, 1999). Os processos de coordenação com alto nível de eficiência facilitam o desenvolvimento de configurações de capacidade mais criativas e flexíveis (Sanchez, 1995).

**Implantação** O processo de implantação envolve o emprego físico das configurações de capacidade visando a dar suporte à estratégia de nivelamento escolhida. A competência dos recursos empresariais na geração de valor para os consumidores é *alcançada* mediante sua exitosa implantação. Por essa razão, o processo de implantação é o segundo estágio para implementar a estratégia de nivelamento. O processo de implantação reforça a capacidade de manutenção de uma vantagem competitiva apenas quando as empresas rivais não conseguem adquirir as habilidades idiossincráticas necessárias para implantar as capacidades que elas possuem de forma a gerar um valor superior para os consumidores.

O conjunto de conhecimentos explícitos e tácitos dos quais uma empresa depende para a implantação de seus recursos é, muitas vezes, complexo (Johnson, 2002). Para reduzir a complexidade, a empresa codifica tantos conhecimentos quanto possível em rotinas organizacionais. Mas, como os conhecimentos tácitos são cruciais para o sucesso da implantação das capacidades integradas e como eles estão pessoal e profundamente arraigados nas ações do indivíduo dentro de um contexto específico, muitos dos conhecimentos associados à implantação das configurações de capacidade não podem ser codificados (Simonin, 1999).

Nossa conclusão é de que a coordenação e a implantação das configurações de capacidade são essenciais para a implementação das estratégias empresariais. Além disso, as capacidades e os conhecimentos administrativos tácitos desempenham um papel crucial na efetividade dos processos de nivelamento. As aptidões gestoras de coordenação e depois a implantação das configurações de capacidade exercem um grande efeito no valor gerado para os consumidores por meio da estratégia de nivelamento. Os gestores capazes de construir e empregar o capital relacional para integrar as capacidades múltiplas em uma determinada configuração de capacidade e de utilizar rotinas organizacionais e os conhecimentos tácitos deles para implantar tais configurações visando a por em prática a estratégia de nivelamento demonstram maior propensão à geração de valor para os consumidores.

> Proposição 3b: Os processos de coordenação e implantação são necessários para implementar a estratégia de nivelamento, e a efetividade da implementação dos mesmos depende, pelo menos em parte, da aptidão dos gestores na utilização desses processos.

O ambiente e seu nível concomitante de incerteza afeta as escolhas das estratégias empresariais e a coordenação e implantação das mesmas. Assim, exploramos a seguir o efeito moderador do contexto ambiental sobre a relação entre estratégias empresariais e seus resultados.

**Influência do contexto ambiental sobre os processos de nivelamento** A ambiguidade causal provocada por ambientes de grande nível de incerteza aumenta a dificuldade de se compreender as relações de causa e efeito entre o emprego das estratégias empresariais e a geração de valor (Reed & DeFillippi, 1990). Assim, no contexto de nivelamento, a incerteza diz respeito à incapacidade de se predizer os efeitos das diferentes variáveis nas tentativas de uma empresa para efetivamente mobilizar, coordenar e implantar seus recursos.

Quando uma empresa opera em um ambiente de grande incerteza, com base em receitas setoriais desconhecidas ou rapidamente mutáveis, na demanda crescente ou flutuante de mercado e na grande probabilidade de choques ambientais, o aprendizado é algo crucial que ajuda a empresa a entender como nivelar suas capacidades, visando a gerar o máximo de valor para os consumidores. Os altos níveis de incerteza forçam, por exemplo, a empresa a nivelar seus recursos de modo a lhe permitir alcançar uma série de vantagens competitivas temporais e mutáveis (Eisenhardt, 1999). Em função do dinamismo, os gestores necessitam continuamente redesenhar as capacidades e integrá-las em novas configurações de capacidade (mobilização e coordenação), já que as competências empresariais logo perdem seu valor devido às mudanças do mercado e às necessidades dos consumidores. As vantagens competitivas raramente conseguem ter sustentação em ambientes de grande incerteza, significando que uma estratégia de nivelamento por vantagem de recurso deveria ser, em grande medida, uma estratégia a curto prazo. Em função das contínuas e algumas vezes substanciais mudanças nos ambientes dinâmicos, a competência empresarial pode não manter sua diferenciação por muito tempo, ou a vantagem pode permanecer, mas perder seu valor, devido ao fato de as concorrentes desenvolverem uma nova competência capaz de gerar um valor superior para os consumidores. Em ambos os casos, perde-se a vantagem. Esses argumentos conduzem à seguinte proposição:

> Proposição 3c: Em condições de grande incerteza ambiental, é provável que a estratégia de nivelamento por vantagem de recurso gere valor para os consumidores apenas a curto prazo.

Em um ambiente dinâmico, a estratégia de nivelamento das oportunidades mercadológicas pode mostrar-se mais eficiente que a estratégia da vantagem de recursos. A exploração de novas oportunidades de mercado, mesmo aquelas adjacentes aos mercados correntes de uma empresa, pode produzir vantagens mais a longo prazo. E, se a mudança for contínua, e não uma mudança importante porém descontínua, a estratégia do nivelamento por oportunidade mercadológica pode contribuir para a geração de vantagens competitivas a longo prazo. Isto é, ela pode assim atuar se a empresa continuar a identificar e explorar novas oportunidades mercadológicas adjacentes. A frequente exploração de novas oportunidades de mercado requer a rápida implantação de recursos para vencer as concorrentes naquele mercado e sustentar sua vantagem competitiva. A exploração regular de novas oportunidades mercadológicas permite à empresa manter tal vantagem, uma vez ela tenha sido alcançada. O risco dessa estratégia se deve a mudanças descontínuas no mercado induzidas pela utilização, por parte de uma concorrente, de uma estratégia empresarial de nivelamento que produza inovações descontínuas. Nesse caso, gera-se um novo mercado com capacidade para suplantar o mercado já existente.

Quando ocorre um choque ambiental, quando uma inovação descontínua é introduzida ou uma grande catástrofe política como a dos acontecimentos de 11 de setembro ocorre, é bem possível que a empresa precise responder com uma estratégia empresarial de nivelamento, a fim de conseguir sobreviver. Melhor ainda, a empresa pode prevenir alguns dos efeitos de tais acontecimentos engajando-se em uma estratégia empresarial de nivelamento antes que um choque ambiental ocorra. A implementação de uma estratégia empresarial neste tipo de ambientação exige mobilização das capacidades e a sua efetiva integração em configurações de capacidade que permitam à empresa explorar o novo mercado. Deste modo, a empresa deveria ser capaz de dar uma resposta positiva e rápida aos choques ambientais. De fato, a estratégia empresarial de nivelamento pode produzir uma nova tecnologia que mudanças descontínuas para as concorrentes da empresa. Esses argumentos conduzem às seguintes proposições:

> Proposição 3d: Em condições de grande incerteza ambiental devido a contínuas mudanças, a estratégia de nivelamento por oportunidade mercadológica pode produzir uma série de vantagens competitivas temporárias (quando implementadas de modo efetivo), exceto em caso de extrema incerteza ambiental provocada por mudanças substanciais e descontínuas.

> Proposição 3e: Em condições de extrema incerteza ambiental provocada por mudanças substanciais e descontínuas, provavelmente se fará necessária uma estratégia empresarial de nivelamento para gerar valor para os consumidores.

A capacidade de uma empresa de tomar rápidas decisões de alta qualidade no que se refere à maneira de nivelar seus recursos exerce forte influência sobre o quanto de valor ela gera para os consumidores ao competir em ambientes de grande incerteza (Baum & Wally, 2003). A rápida mudança nas contingências ambientais propicia vantagens para as empresas capazes de identificar e compreender com rapidez tais contingências e de tomar então uma decisão sobre a maneira de nivelar suas capacidades sem um desnecessário retardamento. Em ambientes de grande incerteza, é provável que as empresas necessitem aplicar todas as três estratégias empresariais em certos momentos. A necessidade de empregar todas as estratégias empresariais salienta a necessidade de as empresas conseguirem mobilizar, coordenar e implantar com eficiência as configurações de capacidade necessárias para produzir geração de valor para os consumidores e de riqueza para os proprietários.

## 11.3 DEBATE E IMPLICAÇÕES

Cada um dos elementos que compõe o processo de gerenciamento de recursos possui importância por si só, mas, a fim de otimizar a geração de valor, eles devem ser *sincronizados*. Assim, se a gestão de cada um dos elementos do processo é importante, a integração e o equilíbrio entre tais elementos visando a garantir a harmonia do processo mostram-se necessários na geração de valor para os consumidores. Por esta razão, os gestores de mais alto nível deveriam encarar a sua empresa como um sistema de recursos e capacidades, e desenvolver estratégias empresariais que coadunem sua capacidade com o mercado e com o contexto ambiental a fim de gerar valor para consumidores e proprietários. Da mesma forma, eles deveriam mostrar-se sensíveis às necessidades e avaliar o *feedback* de cada estágio do processo de gerenciamento de recursos, de modo que possam ser feitos os ajustes adequados em qualquer um dos elementos do gerenciamento de recursos no sentido de alcançar ou manter a sincronização.

Para que a sincronização exista, é necessário que os gestores do mais alto nível se envolvam simultaneamente em todos os estágios do processo de gerenciamento de recursos, ao mesmo tempo em que examinem o ambiente externo de forma consistente, em busca de claros indícios sobre mudanças importantes. O envolvimento simultâneo nos diferentes estágios do gerenciamento de recursos (isto é, a estruturação do portfólio de recursos, o agrupamento dos recursos a fim de formar as capacidades e o nivelamento das configurações de capacidade, visando a gerar valor para os consumidores e proprietários) faz-se necessário, porque o *feedback* do mercado relativo às necessidades do consumidor influencia os subprocessos empregados em cada um dos referidos elementos. Se uma empresa não consegue gerar valor suficiente para os consumidores obterem uma vantagem competitiva, será preciso uma realização de ajustes. Neste caso, os gestores devem avaliar os desejos do consumidor e as capacidades necessárias para satisfazê-lo. Os gestores precisarão então determinar se têm condições de enriquecer os recursos correntes, de modo a satisfazer aos consumidores, ou se eles necessitam de novos recursos para promover novas capacidades que possam fazê-lo. Se forem necessários recursos adicionais, estes podem ser desenvolvidos internamente ou adquiridos no mercados de fatores externos. O processo de *feedback* e ajuste é contínuo, de modo que as empresas de sucesso estão em contínuo aprendizado e construção de conhecimentos.

Da mesma forma, os gestores devem examinar e monitorar de maneira consistente o ambiente que os cerca, voltando o enfoque especialmente para as mudanças dotadas de potencial para afetar a capacidade da sua empresa de gerar valor para os consumidores. A empresa provavelmente terá de responder tanto às concorrentes quanto ao nível de incerteza do ambiente. Se as concorrentes introduzirem mudanças em suas ofertas, mudanças essas com potencial de eliminar as vantagens competitivas vigentes, serão necessárias respostas imediatas e significativas. Poder-se-ia introduzir respostas substanciais em qualquer um dos elementos que integram o processo de gerenciamento de recursos (por ex., a aquisição de novos recursos, a exploração de uma nova habilidade ou capacidade, ou a implantação de uma nova estratégia empresarial de nivelamento). As ações das concorrentes contribuem para o dinamismo ambiental e, assim, para uma maior incerteza. Conforme aqui descrito, as empresas têm de apresentar uma resposta às mudanças em nível das incertezas ambientais (e, em alguns casos, da munificência ambiental) além de dar uma resposta às ações específicas das concorrentes. Por exemplo, se aumentar o nível de incerteza, talvez a empresa precise investir em reais opções do seu portfólio de recursos a fim de manter a flexibilidade necessária para reconfigurar e nivelar suas capacidades, de modo a prover um valor superior para os consumidores.

Ao mesmo tempo em que geram valor para os consumidores face às mudanças ambientais, os gestores também precisam se preocupar com os desejos dos proprietários e dos investidores. Se a empresa não estiver gerando riqueza adequada para seus proprietários, é provável haver uma diminuição na sua captação de mercado, devido à ausência de demanda pelo estoque acionário da empresa. A fim de gerar valor para os proprietários, a empresa necessita prover bens de qualidade para os consumidores para obter vantagens competitivas, ao mesmo tempo em que gerencie seus recursos de modo eficiente, visando a produzir a necessária lucratividade para os proprietários (Powell, 2001).

Cada um dos elementos integrantes do processo de gerenciamento de recursos e dos seus subprocessos precisam ser eficientes. As capacidades, por exemplo, necessitam ser "mantidas sob controle" a fim de garantir sua eficiência sem prejudicar a capacidade dos recursos de fornecer produtos e serviços de qualidade para os consumidores. O controle ajuda a evitar custos de agenciamento, prevenindo o oportunismo gerencial da construção de capacidades desnecessárias ou "infladas".

Além disto, Coff (1999) observa que o estabelecimento de uma vantagem competitiva não garante a geração de riqueza para os proprietários. As partes interessadas (fatores de produção) podem se apropriar ou tomar um volume substancial da rentabilidade gerada pela vantagem. Assim, os gestores precisam equilibrar a necessidade de eficiência nos investimentos em recursos e a necessidade de manutenção básica dos recursos para flexibilidade nas respostas dadas a mudanças inesperadas que aconteçam no dinâmico e incerto ambiente externo.

O modelo por nós aqui apresentado possui múltiplas implicações para os gestores. Em especial, os gestores precisam ser capazes de adquirir, acumular (desenvolver) e alienar (quando necessário) os recursos, visando a obter o mais efetivo portfólio de recursos em qualquer dado momento (Makadok, 2001). Os gestores também devem possuir as aptidões necessárias para agrupar recursos com o objetivo de gerar capacidades efetivas. Especialmente as empresas precisam ser capazes de formar novas capacidades, já que mudanças ambientais descontínuas podem provocar uma grande redução no valor dos seus recursos correntes. Lei *et al* (1996) sugerem que as empresas devam empregar um processo de meta-aprendizagem a fim de produzir tais resultados. Por fim, os gestores devem possuir um repertório de habilidades de nivelamento. Entre estas se incluem a habilidade de projetar estratégias empresariais adequadas (mobilizar as capacidades), a fim de criar rotinas de coordenação efetivas, gerenciar a produção e a difusão de conhecimentos e ser empreendedor (identificar e explorar as oportunidades). Os gestores também precisam administrar com eficiência os processos de aprendizagem e *feedback*, necessários para uma contínua atualização das capacidades e para um ajuste no portfólio de recursos e/ou nas estratégias empresariais utilizadas.

Priem e Butler (2001) sustentam que a área de estudos e pesquisas não entende a "caixa preta" envolvida no emprego de recursos valiosos, raros, impossíveis de serem imitados ou substituídos, no sentido de obter e manter a vantagem competitiva. Tentamos "olhar dentro da caixa preta" e explicar como esses recursos podem ser administrados a fim de gerar valor superior para os consumidores que, por sua vez, ajudam a empresa a desenvolver uma vantagem competitiva. Além disso, nosso modelo confere informações sobre como gerenciar os recursos de modo a garantir que a vantagem competitiva também gere riqueza para os proprietários da empresa. A explicitação do processo de gerenciamento de recursos representa uma clara extensão empresarial da VBR. Além disto, ao empregar o sistema referencial da teoria da contingência, nosso modelo de gerenciamento de recursos incorpora os efeitos do ambiente externo. A integração das contingências ambientais externas também estende a teoria VBR, que tem sofrido críticas por ser insular e demasiado focada nos atributos empresariais internos. O modelo integra uma perspectiva da teoria da aprendizagem visando ao desenvolvimento uma abordagem dinâmica que substitua as abordagens estáticas empregadas na maioria das pesquisas anteriormente feitas sobre a VBR.

O processo de gerenciamento de recursos que explicitamos aqui tem implicações substanciais para futuras pesquisas. Primeiro, as proposições deveriam ser examinadas de forma empírica. Além disto, necessitamos compreender como estruturar efetivamente o portfólio de recursos da empresa, agrupar os recursos em capacidades de valor e formular estratégias empresariais que explorem essas capacidades empresariais com o propósito de gerar valor para os consumidores. Existem alguns estudos sobre a aquisição, o desenvolvimento e a alienação de determinados tipos de recursos (por ex., capital humano). Porém, são necessárias mais pesquisas sobre a aquisição e o desenvolvimento de outros tipos de recursos, bem como sobre a estruturação do portfólio total de recursos. São necessários muito mais estudos empíricos sobre o agrupamento e o nivelamento de recursos. O modelo teórico aqui apresentado provê um embasamento para uma nova corrente majoritária de pesquisas sobre gerenciamento de recursos.

Helfat e Peteraf sustentam que "é difícil explicar por completo como as empresas utilizam recursos e capacidades a fim de gerar vantagens competitivas" (2003: 997). O processo de gerenciamento de recursos por nós apresentado ajuda a preencher este vazio. Com implicações substanciais para os gestores e uma fundamentação para novos estudos substanciais sobre a teoria VBR, este trabalho presta importante, valiosa e adicional contribuição aos nossos conhecimentos sobre gestão de recursos em ambientes dinâmicos e de incerteza.

## Agradecimento

Temos prazer de agradecer aos úteis comentários sobre versões anteriores deste artigo tecidos por Jeff Covin e Jeff Harrison e por colegas dos seminários de pesquisa apresentados na INSEAD, Texas A&M University e na University of Western Ontario.

## 11.4 REFERÊNCIAS

Adner, R. 2002. When are technologies disruptive? A demand-based view of the emergence of competition. *Strategic* Management Journal, 23: 667–688.

Ahuja, G., & Lampert, C. M. 2001. Entrepreneurship in the large corporation: A longitudinal study of how established firms create breakthrough inventions. *Strategic Management Journal*, 22 (Special Issue): 521–543.

Alvarez, S., & Barney, J. B. 2002. Resource-based theory and the entrepreneurial firm. In M. A. Hitt, R. D. Ireland, S. M. Camp, & D. L. Sexton (Eds.), *Strategic entrepreneurship: Creating a new mindset:* 89–105. Oxford: Blackwell.

Aragón-Correa, J. A., & Sharma, S. 2003. A contingent resource-based view of proactive corporate environmental strategy. *Academy of Management Review*, 28: 71–88.

Barney, J. B. 1986. Strategic factor markets: Expectations, luck, and business strategy. *Management Science*, 32: 1231–1241.

Barney, J. B. 1991. Firm resources and sustained competitive advantage. *Journal of Management*, 17: 99–120.

Barney, J. B., & Arikan, A. M. 2001. The resource-based view: Origins and implications. In M. A. Hitt, R. E. Freeman, & J. S. Harrison (Eds.), *Handbook of strategic management*: 124–188. Oxford: Blackwell.

Baum, J. R., & Wally, S. 2003. Strategic decision speed and firm performance. *Strategic Management Journal*, 24: 1107–1129.

Bettis, R. A., & Hitt, M. A. 1995. The new competitive landscape. *Strategic Management Journal*, 16(Special Issue): 7–19.

Bettis, R. A., & Prahalad, C. K. 1995. The dominant logic: Retrospective and extension. *Strategic Management Journal*, 16: 5–14.

Bowman, E. H., & Hurry, D. 1993. Strategy through the options lens: An integrated view of resource investment and the incremental choice process. *Academy of Management Review*, 18: 760–782.

Brown, S. L., & Eisenhardt, K. M. 1999. Patching: Restitching business portfolios in dynamic markets. *Harvard Business Review*, 77(3): 72–82.

Brush, C. G., Greene, P. G., & Hart, M. M. 2001. From initial idea to unique advantage: The entrepreneurial challenge of constructing a resource base. *Academy of Management Executive*, 15(1): 64–78.

Brush, T. H., & Artz, K. A. 1999. Toward a contingent resource-based theory: The impact of information asymmetry on the value of capabilities in veterinary medicine. *Strategic Management Journal*, 20: 223–250.

Carpenter, M. A., & Fredrickson, J. W. 2001. Top management teams, global strategic posture and the moderating role of uncertainty. *Academy of Management Journal*, 44: 533–545.

Cascio, W. F. 2002. Responsible restructuring: Creative and profitable alternatives to layoffs. San Francisco: Berrett-Koehler.

Castanias, R. P., & Helfat, C. E. 2001. The managerial rents model: Theory and empirical results. *Journal of Management*, 27: 661–678.

Castrogiovanni, G. J. 1991. Environmental munificence: A theoretical assessment. *Academy of Management Review*, 16: 542–565.

Chatzkel, J. 2002. A conversation with Goran Roos. *Journal of Intellectual Capital*, 3(2): 96–117.

Christensen, C. M. 1997. *The innovator's dilemma*. Boston: Harvard University Press.

Coff, R. 1999. When competitive advantage doesn't lead to performance: The resource based view and stakeholder bargaining theory. *Organization Science*, 10: 119–133.

Conner, K. 1991. A historical comparison of resource-based 2007 289 Sirmon, Hitt, & Ireland logic and five schools of thought within industrial organization economics: Do we have a new theory of the firm? *Journal of Management*, 17: 121–154.

Denrell, J., Fang, C., & Winter, S. G. 2003. The economics of strategic opportunity. *Strategic Management Journal*, 24: 977–990.

Dierickx, I., & Cool, K. 1989. Asset stock accumulation and sustainability of competitive advantage. *Management Science*, 35: 1504–1511.

Donaldson, L. 2001. *The contingency theory of organizations*. Thousand Oaks, CA: Sage.

Eisenhardt, K. M. 1999. Strategy as decision making. *Sloan Management Review*, 40(3): 65–72.

Fiol, C. M., & Lyles, M. A. 1985. Organizational learning. *Academy of Management Review*, 10: 803–813.

Glynn, M. A., Milliken, F., & Lant, T. 1992. *Learning about organizational learning theory: An umbrella of organizing processes.* Paper presented at the annual meeting of the Academy of Management, Las Vegas.

Grant, R. M. 1991. The resource-based theory of competitive advantage: Implications for strategy formulation. *California Management Review*, 33(3): 114–135.

Hamel, G., & Prahalad, C. K. 1994. *Competing for the future.* Boston: Harvard Business School Press.

Hamel, G., & Valikangas, L. 2003. The quest for resilience. *Harvard Business Review*, 81(9): 52–63.

Helfat, C. E., & Peteraf, M. A. 2003. The dynamic resource-based view: Capabilities life cycles. *Strategic Management Journal*, 24: 997–1010.

Hitt, M. A., Dacin, M. T., Levitas, E., Arregle, J., & Borza, A. 2000. Partner selection in emerging and developed market contexts: Resource-based and organizational learning perspectives. *Academy of Management Journal*, 43: 449–467.

Hitt, M., Harrison, J., Ireland, R. D., & Best, A. 1998. Attributes of successful and unsuccessful acquisitions of U.S. firms. *British Journal of Management*, 9: 91–114.

Hitt, M. A., & Ireland, R. D. 2002. The essence of strategic leadership: Managing human and social capital. *Journal of Leadership and Organizational Studies*, 9: 3–14.

Hoopes, D. G., Madsen, T. L., & Walker, G. 2003. Guest editors' introduction to the special issue: Why is there a resource-based view? Toward a theory of competitive heterogeneity. *Strategic Management Journal*, 24 (Special Issue): 889–902.

Hunter, L., Beaumont, P., & Matthew, L. 2002. Knowledge management practice in Scottish law firms. *Human Resource Management Journal*, 23(2): 4–21.

Ireland, R. D., Hitt, M. A., & Sirmon, D. G. 2003. Strategic entrepreneurship: The construct and its dimensions. *Journal of Management*, 29: 963–989.

Ireland, R. D., & Webb, J. W. 2006. International entrepreneurship in emerging economies: A resource-based perspective. In A. Cooper, S. A. Alvarez, A. Carrera, L. Mesquita, & R. Vassolo (Eds.), *Entrepreneurship and innovation in emerging economies:* 47–69: Oxford: Blackwell.

Johnson, W. H. A. 2002. Leveraging intellectual capital through product and process management of human capital. *Journal of Intellectual Capital*, 3: 415–429.

Kazanjian, R. K., Drazin, R., & Glynn, M. A. 2002. Implementing strategies for corporate entrepreneurship: A knowledge-based perspective. In M. A. Hitt, R. D. Ireland, S. M. Camp, & D. L. Sexton (Eds.), *Strategic entrepreneurship: Creating a new mindset:* 173–199. Oxford: Blackwell.

Keats, B. W., & Hitt, M. A. 1988. A causal model of linkages among environmental dimensions, macro organizational characteristics, and performance. *Academy of Management Journal*, 31: 570–598.

Kim, W. C., & Mauborgne, R. 1997. Value innovation: The strategic logic of high growth. *Harvard Business Review*, 75(1): 102–112.

Kogut, B. 1991. Joint ventures and the option to expand and acquire. *Management Science*, 37: 19–33.

Lane, P. J., & Lubatkin, M. 1998. Relative absorptive capacity and interorganizational learning. *Strategic Management Journal*, 19: 461–477.

Lei, D., Hitt, M. A., & Bettis, R. A. 1996. Dynamic core competences through meta-learning and strategic context. *Journal of Management*, 22: 549–569.

Lichtenstein, B. M. B., & Brush, C. G. 2001. How do "resource bundles" develop and change in new ventures? A dynamic model and longitudinal exploration. *Entrepreneurship Theory and Practice*, 25: 37–58.

Lippman, S. A., & Rumelt, R. P. 2003. A bargaining perspective on resource advantage. *Strategic Management Journal*, 24: 1069–1086.

Luo, Y., & Peng, M. W. 1999. Learning to compete in a transition economy: Experience, environment, and performance. *Journal of International Business Studies*, 30: 269–295.

Makadok, R. 2001. Towards a synthesis of the resource-based and dynamic-capabilities views of rent creation. *Strategic Management Journal*, 22: 387–401.

Makadok, R. 2003. Doing the right thing and knowing the right thing to do: Why the whole is greater than the sum of the parts. *Strategic Management Journal*, 24: 1043–1056.

March, J. 1991. Exploration and exploitation in organizational learning. *Organization Science*, 2: 71–87.

McGrath, R. G., & Nerker, A. 2004. Real options reasoning and a new look at the R&D investment strategies of pharmaceutical firms. Strategic Management Journal, 25: 1–21.

Miller, D. 1996. A preliminary typology of organizational learning: Synthesizing the literature. *Journal of Management*, 22: 485–505.

Miller, D. 2003. An asymmetry-based view of advantage: Towards an attainable sustainability. *Strategic Management Journal*, 24: 961–976.

Miller, D., Eisenstat, R., & Foote, N. 2002. Strategy from the inside out: Building capability--creating organizations. *California Management Review*, 44(3): 37–54.

Miller, D., & Shamsie, J. 1996. The resource based view of the 290 January *Academy of Management Review* firm in two environments: The Hollywood film studios from 1936 to 1965. *Academy of Management Journal*, 39: 519–543.

Miller, K. D., & Arikan, A. T. 2004. Technology search investments: Evolutionary, option reasoning, and option pricing approaches. *Strategic Management Journal*, 25: 473–485.

Morrow, J. L. Jr., Sirmon, D. G., Hitt, M. A., & Holcomb, T. R. In press. Creating value in the face of declining performance: Firm strategies and organization recovery. *Strategic Management Journal*.

Nixon, R. D., Hitt, M. A., Lee, H., & Jeong, E. 2004. Market reactions to announcements of corporate downsizing. *Strategic Management Journal*, 25: 1121–1129.

Penrose, E. T. 1959. The theory of the growth of the firm. New York: Wiley.

Peteraf, M. A. 1993. The cornerstones of competitive advantage: A resource-based view. *Strategic Management Journal*, 14: 179–191.

Porter, M. E. 1980. *Competitive strategy*. New York: Free Press.

Porter, M. E. 1985. *Competitive advantage*. New York: Free Press.

Powell, T. C. 2001. Competitive advantage: Logical and philosophical considerations. *Strategic Management Journal*, 22: 875–888.

Priem, R. L., & Butler, J. E. 2001. Is the resource-based view a useful perspective for strategic management research? *Academy of Management Review*, 26: 22–40.

Puranam, P., Singh, H., & Zollo, M. 2003. A bird in the hand or two in the bush? Integration trade-offs in technologygrafting acquisitions. European Management Journal, 21: 179–184.

Rajagopalan, N. A., Rasheed, A., & Datta, D. K. 1993. Strategic decision processes: Critical review and future direction. *Journal of Management*, 19: 349–384.

Reed, R., & DeFillippi, R. S. 1990. Causal ambiguity, barriers to imitation, and sustainable competitive advantage. *Academy of Management Review,* 15: 88–102.

Ricardo, D. 1817. Principles of political economy and taxation. London: Murray.

Sanchez, R. 1995. Strategic flexibility in product competition. *Strategic Management Journal,* 16(Special Issue): 135–159.

Schumpeter, J. A. 1934. *The theory of economic development.* Cambridge, MA: Harvard University Press.

Shimizu, K., & Hitt, M. A. 2005. What constrains or facilitates divestitures of formerly acquired firms? The effects of organizational inertia. *Journal of Management,* 31: 50–72.

Siggelkow, N. 2002. Evolution toward fit. *Administrative Science Quarterly,* 47: 125–159.

Simonin, B. L. 1999. Ambiguity and the process of knowledge transfer in strategic alliances. *Strategic Management Journal,* 20: 595–623.

Sirmon, D. G., & Hitt, M. A. 2003. Managing resources: Linking unique resources, management and wealth creation in family firms. *Entrepreneurship Theory and Practice,* 27: 339–358.

Slater, S. F., & Narver, J. C. 1999. Market-oriented is more than being customer-led. *Strategic Management Journal,* 20: 1165–1168.

Smith, K. G., & Di Gregorio, D. 2002. Bisociation, discovery and the role of entrepreneurial action. In M. A. Hitt, R. D. Ireland, S. M. Camp, & D. L. Sexton (Eds.), *Strategic entrepreneurship: Creating a new mindset:* 129–150. Oxford: Blackwell.

Spender, J.-C. 1989. Industry recipes: The nature and source of managerial judgment. Oxford: Blackwell.

Symonds, W. C. 2003. The Kodak revolt is short-sighted. *Business Week,* November 3: 38.

Thomke, S., & Kuemmerle, W. 2002. Assets accumulation, interdependence and technological change: Evidence from pharmaceutical drug discovery. *Strategic Management Journal,* 23: 619–635.

Tushman, M. L., & Anderson, P. 1986. Technological discontinuities and organizational environments. *Administrative Science Quarterly,* 31: 439–465.

Uhlenbruck, K., Meyer, K. E., & Hitt, M. A. 2003. Organizational transformation in transition economies: Resource-based and organizational learning perspectives. *Journal of Management Studies,* 40: 257–282.

Venkataraman, S., & Sarasvathy, S. D. 2001. Strategy and entrepreneurship. In M. A. Hitt, R. E. Freeman, & J. S. Harrison (Eds.), *Handbook of strategic management:* 650–668. Oxford: Blackwell.

Wan, W. P., & Hoskisson, R. E. 2003. Home country environments, corporate diversification strategies, and firm performance. Academy of Management Journal, 46: 27–45.

Winter, S. G. 2003. Understanding dynamic capabilities. *Strategic Management Journal,* 24: 991–995.

Yeoh, P. L., & Roth, K. 1999. An empirical analysis of sustained advantage in the U.S. pharmaceutical industry: Impact of firm resources and capabilities. *Strategic Management Journal,* 20: 637–653.

Zahra, S. A., & George, G. 2002. Absorptive capacity: A review, conceptualization, and extension. *Academy of Management Review,* 27: 185–203.

Zott, C. 2003. Dynamic capabilities and the emergence of intraindustry differential firm performance: Insights from a simulation study. *Strategic Management Journal,* 24: 97–125.

# III

Este é um texto premiado sobre o assunto. É um exemplo onde a teoria ajuda a explicar determinada realidade.

# 12

# A visão baseada em recursos da empresa em dois cenários: os estúdios cinematográficos de Hollywood de 1936 a 1965*

DANNY MILLER
ÉCOLE DES HAUTES ÉTUDES COMMERCIALES,
MONTREAL, E COLUMBIA UNIVERSITY

JAMAL SHAMSIE
NEW YORK UNIVERSITY

O presente artigo continua a definir e a testar, em termos operacionais, a visão baseada em recursos (VBR) da empresa expressa em um estudo realizado sobre os principais estúdios cinematográficos dos EUA de 1936 a 1965. Constatamos que os recursos baseados em propriedade, na forma de contratos a longo prazo de exclusividade com as estrelas de cinema e com as salas de exibição ajudaram o desempenho financeiro no ambiente estável e previsível de 1936-50. Por outro lado, os recursos baseados em conhecimento, na forma de produções e talentos e orçamentos coordenativos, incentivaram o desempenho financeiro no ambiente de maior incerteza (mutável e imprevisível), posterior ao advento da televisão, de 1951-65.

A visão da empresa baseada em recursos (VBR) fornece um útil complemento à conhecida perspectiva estrutural de estratégia desenvolvida por Porter (1980). Essa visão desloca a ênfase do ambiente competitivo empresarial para os recursos que as empresas formaram visando a concorrer umas com as outras naquele mesmo ambiente. Infelizmente, embora tenha conseguido produzir uma grande quantidade de conceitualizações (consultar as revisões feitas por Black e Boal [1994] e por Peteraf [1993]), a visão baseada em recursos está recém começando a provocar o surgimento de estudos empíricos e sistemáticos (Collis, 1991; Henderson & Cockburn, 1994; Montgomery & Wernerfelt, 1988; McGrath, MacMillan & Venkatraman, 1995). Dessa forma, o conceito de recursos permanece sendo algo amorfo, que raras vezes

---

* Artigo originalmente publicado sob o título *The Resource-Based View of the Firm in Two Environments: The Hollywood Film Studios From 1936 to 1965*, na Academy of Management Journal, v.39, n.3, p.519-543, 1996.

é definido ou testado de modo operacional quanto às suas implicações no desempenho empresarial em diferentes ambientes competitivos.

No intuito de testar e promover avanços na aplicação da VBR, a presente pesquisa estabelece uma diferenciação entre os recursos baseados em propriedade e os recursos baseados em conhecimento. Sustentamos que os primeiros tendem a prestar uma maior contribuição para o desempenho nos ambientes estáveis e previsíveis, enquanto que os últimos são de maior utilidade nos ambientes de incerteza – isto é, mutáveis e imprevisíveis (Miller, 1988; Thompson, 1967). De fato, no presente artigo, buscamos passar de uma "visão" para uma "teoria" baseada em recursos, avançando da descrição para uma previsão passível de testes. Gostaríamos de agradecer as úteis sugestões feitas por Ming-Jer Chen, Steve Zyglidopoulos e dois outros revisores anônimos. A visão é produto de uma descrição evocativa, mas a teoria requer a formulação de proposições refutáveis.

## 12.1 A NATUREZA DOS RECURSOS

De acordo com Wernerfelt, os recursos podem incluir "qualquer coisa que se possa conceber como sendo uma fortaleza ou uma fraqueza de determinada empresa" e que então "poderiam ser definidos como aqueles [ativos tangíveis e intangíveis] que se encontram veiculados à empresa de maneira semipermanente" (1984: 172). Costuma-se dizer que os recursos conferem vantagens competitivas duradouras para uma empresa, na medida em que são raros ou de difícil imitação, não têm substitutos diretos e permitem às empresas buscar oportunidades e evitar ameaças (Barney, 1991). O último dos atributos mencionados é o mais óbvio deles: os recursos precisam ter algum valor – alguma capacidade de gerar lucros ou prevenir perdas. Mas, se todas as demais empresas possuírem os recursos, eles não conseguirão contribuir para gerar rentabilidade de nível superior: o fato de o recurso existir em disponibilidade generalizada neutraliza a concessão de qualquer vantagem especial. E, pelas mesmas razões, a pronta disponibilização de substitutos para determinado recurso também anula o valor do mesmo. Os recursos devem, assim, ser de difícil criação, aquisição, substituição e imitação. Esse último ponto é de crucial importância para os argumentos da visão baseada em recursos (Barney, 1991; Lippman & Rumelt, 1982; Peteraf, 1993). É impossível obter-se uma rentabilidade incomum se as empresas concorrentes puderem copiar umas das outras. Por isso, o âmbito da presente pesquisa limitar-se-á estritamente aos recursos impossíveis de serem imitados.

É claro que existem muitos recursos capazes de satisfazer esses critérios, apesar de eles assim o fazerem com diferentes níveis de efetividade em diferentes circunstâncias: importantes patentes ou direitos autorais, nomes de marcas, localizações de distribuição primária, contratos de exclusividade para fatores únicos de produção, talentos técnicos e criativos sutis e habilidades de colaboração e coordenação (Black & Boal, 1994).

Existe uma série de maneiras que permitem à visão baseada em recursos ser desenvolvida ainda mais além. Primeiro, pode ser de ajuda o estabelecimento de algumas distinções básicas entre os *tipos* de recursos organizacionais capazes de gerar uma rentabilidade econômica extraordinária. Mediante especificação das vantagens diferenciadoras dos diferentes tipos de recursos, talvez se consiga imprimir maior precisão à pesquisa. Tais distinções ajudarão a evitar inferências de caráter vago que imputem valor aos recursos de uma empresa devido ao simples fato de ela apresentar um bom desempenho (cf. Black & Boal, 1994; Fiol, 1991).

Segundo, para complementar seu foco interno, a visão baseada em recursos precisa delinear os ambientes externos nos quais os diferentes tipos de recursos seriam de maior produtividade. Assim como a teoria da contingência se esforça para relacionar as estruturas e as estratégias aos contextos nos quais elas são mais adequadas (Burns & Stalker, 1961; Thompson, 1967), assim também a visão baseada em recursos precisa começar a considerar os contextos dentro dos quais as várias espécies de recursos exercerão maior influência sobre o desempenho (Amit & Schoemaker, 1993). De acordo com Porter, "os recursos só têm significado no contexto do desempenho de certas atividades que visam a alcançar determinadas vantagens competitivas. O valor competitivo dos recursos pode ser enriquecido ou descartado em função das mudanças tecnológicas, do comportamento competitivo ou das necessidades dos compradores que um enfoque voltado para dentro sobre os recursos deixaria de perceber" (1991: 108).

Terceiro, existe a necessidade de estudos empíricos mais sistemáticos para exame das alegações contextuais dos acadêmicos da visão baseada em recursos. Tais pesquisas, embora em número crescente (comparar com Henderson & Cockburn, 1994; McGrath e outros, 1995; Montgomery & Wernerfelt, 1988; Robins & Wiersema, 1995), ainda são demasiado raras, talvez devido às dificuldades de se reconhecer com perfeição as previsões da visão baseada em recursos e mesmo de se definir operacionalmente a noção de recursos (Black & Boal, 1994; Fiol, 1991; Miller, 1996; Peteraf, 1993).

A presente pesquisa inicia por uma abordagem de cada uma dessas tarefas. Primeiro, produzimos uma classificação preditiva que estabelece uma distinção entre os recursos baseados em propriedade e os recursos baseados em conhecimento. Segundo, sustentamos que as implicações para o desempenho de cada um desses recursos diferirá na sua previsibilidade, no sentido inverso à incerteza ambiental. Terceiro, a fim de testar essas noções, empreendemos um estudo longitudinal dos sete principais estúdios cinematográficos de Hollywood durante duas eras muito diversas: a primeira, de grande estabilidade e previsibilidade, e a segunda, de muitas reviravoltas, mudanças e incertezas.

## 12.2 O QUADRO CONCEITUAL

### Categorização dos recursos

Vários pesquisadores buscaram produzir esquemas para categorização de recursos. Barney (1991) sugeriu que os recursos podiam ser agrupados em categorias físicas, humanas e de capital. Grant (1991) acrescentou a essas categorizações recursos financeiros, tecnológicos e reputacionais. Embora muito úteis na acepção dos fins para os quais foram criados, esses sistemas de categorização não têm relação direta com os critérios de utilidade inicialmente desenvolvidos por Barney (1991) – a saber, valor, raridade, dificuldade de imitação e inexistência de substitutos. No presente artigo, revisitamos um critério essencial dentre esses – as barreiras que impedem a imitação – a fim de desenvolver nossa própria tipologia. A inimitabilidade pode ser um importante instrumento na previsão do desempenho, como é, de fato, um argumento central da visão baseada em recursos, de que uma empresa só será capaz obter uma rentabilidade extraordinária se outras empresas não conseguirem imitar seus recursos (Barney, 1991; Lippman & Rumelt, 1982). Caso contrário, esses recursos não seriam tão raros e valiosos, e a possibilidade de os mesmos serem substituidos se tornaria irrelevante.

### Recursos baseados em propriedade *versus* recursos baseados em conhecimento

Parece que existem duas bases fundamentalmente distintas de inimitabilidade (Amit & Schoemaker, 1993; Hall, 1992, 1993; Lippman & Rumelt, 1982). Alguns recursos não permitem imitações por contarem com a proteção dos direitos de propriedade, como os contratos, os documentos de posse ou patentes. Outros documentos são protegidos pelas barreiras do conhecimento – pelo fato de que as empresas concorrentes não sabem como imitar os processsos ou as habilidades de uma determinada empresa.

**Recursos baseados em propriedade**  Os direitos de propriedade controlam a "adequação" dos recursos: aqueles que vinculam um ativo específico e bem determinado (Barney, 1991). Quando uma empresa detém posse exclusiva sobre um recurso valioso que não permite imitação legal por parte de seus adversários, ela controla tal recurso. Desse modo, ela consegue obter uma rentabilidade superior até que ocorram mudanças no mercado que depreciem o valor daquele recurso. Qualquer empresa rival que deseje obter o mesmo recurso terá de pagar um abatimento sobre o valor futuro da sua esperada rentabilidade econômica. Exemplos de recursos baseados em propriedade são dados pelos contratos executáveis a longo prazo que monopolizam fatores escassos de produção, personificam direitos de exclusividade a valiosas tecnologias ou vinculam canais de distribuição. Os recursos baseados em propriedade se aplicam a produtos e processos específicos. E muitos desses recursos impedem que uma organização tenha concorrência por meio da geração e proteção de ativos que não se encontrem disponíveis para suas adversárias – pelo menos não em condições igualmente favoráveis (Black & Boal, 1994: 134). Em geral, só as empresas muito afortunadas ou dotadas de visão conseguem obter controle sobre os valiosos recursos baseados em propriedade antes que seu inteiro valor torne-se de conhecimento público.

A maioria das concorrentes está ciente do valor dos recursos baseados em propriedade de uma empresa, e elas podem até deter conhecimentos que lhes permitam duplicar tais recursos. Mas elas carecem ou dos direitos legais ou da dotação histórica para imitá-los com sucesso. De fato, pode-se arguir que, para os recursos baseados em propriedade conseguirem gerar uma rentabilidade econômica extraordinária, eles necessitam estar protegidos contra contratos com cláusula legal de exclusão, restrições comerciais ou preferência no direito de preempção (Conner, 1991; Grant, 1991).

**Recursos baseados em conhecimento** Muitos recursos valiosos encontram-se protegidos contra imitações, não por meio dos direitos de propriedade, mas sim por meio de barreiras à difusão do conhecimento. As empresas concorrentes não conseguem imitar tais recursos em função de eles serem sutis e de difícil compreensão – por envolverem talentos elusivos e porque não ser fácil de discernir sua ligação com os resultados (Lippman & Rumelt, 1982). Os recursos baseados em conhecimento assumem muitas vezes a forma de habilidades específicas: técnicas, criativas e colaborativas. Algumas empresas, por exemplo, possuem a especialização técnica e criativa para desenvolver produtos competitivos e para comercializá-los com sucesso. Outras talvez possuam habilidades colaborativas ou integrativas que auxiliem os especialistas a trabalhar e a aprender juntos de maneira muito mais efetiva (Fiol, 1991; Hall, 1993; Itami, 1987; Lado & Wilson, 1994).

Os recursos baseados em conhecimento permitem às organizações obter êxito, não por meio do controle de mercado e nem por meio da eliminação da concorrência, mas sim por munir as empresas das habilidades de que precisam para adaptarem seus produtos às necessidades de mercado e para lidarem com os desafios competitivos. A rentabilidade econômica se soma a tais habilidades, em parte porque as empresas rivais desconhecem o porquê de uma empresa ser tão exitosa. Muitas vezes, é difícil saber, por exemplo, qual ingrediente entra na composição da criatividade ou do trabalho em equipe da adversária a ponto de torná-la tão eficiente. Tais recursos podem ter aquilo que Lippman e Rumelt (1982) chamaram de "imitabilidade incerta": eles estão protegidos contra imitações não por meio de barreiras legais ou financeiras, mas sim por meio de barreiras à difusão do conhecimento. A proteção concedida pelas barreiras à difusão do conhecimento não é perfeita – talvez seja possível para as concorrentes desenvolver conhecimentos e talentos similares. Mas isso normalmente requer tempo e, quando chegar a ocasião, pode ser que a empresa tenha continuado a desenvolver suas habilidades e tenha aprendido a empregá--las de diferentes maneiras (Lado & Wilson, 1994).

**Contrastes** As respectivas vantagens dos recursos baseados em propriedade e dos recursos baseados em conhecimento são bastante diversas. Os direitos de propriedade permitem à empresa *controlar* os recursos dos quais ela necessita para obter uma vantagem competitiva. Eles podem, por exemplo, vincular avantajadas fontes de suprimento, mantendo-as fora do alcance das concorrentes. Tal controle sobre um ativo específico é, com efeito, a única fonte de valor que se aplica aos recursos baseados em propriedade. Os recursos baseados em conhecimento são, em geral, melhor projetados no sentido de responder e de se *adaptar* aos desafios que a organização precisa enfrentar. As habilidades criativas, por exemplo, podem ser usadas para interpretar os desejos do consumidor e para responder às tendências emergentes do mercado. É claro que os recursos baseados em propriedade e os recursos baseados em conhecimento nem sempre são independentes, já que os últimos podem, às vezes, ser utilizados com o propósito de formar ou adquirir os anteriores.

Uma temática-chave do presente artigo é o fato de os benefícios dos recursos baseados em propriedade serem bem específicos e fixos, sendo, dessa forma, recursos especialmente adequados para o meio para o qual foram criados. O direito de exclusividade processual, por exemplo, perde seu valor se for suspenso por meio de um novo processo; uma localização privilegiada torna-se inútil se os consumidores se mudarem dali. Em suma, um determinado direito de propriedade deixa de ser valioso se o mercado deixar de valorizar aquele bem. Dessa forma, dependendo das mudanças que aconteçam no ambiente, os recursos baseados em propriedade podem se ver privados das suas vantagens. Isso é especialmente verdade no caso de o ambiente sofrer alterações que não pudessem ser previstas quando da formação ou aquisição da propriedade ou quando da celebração de um contrato predeterminado (Geroski & Vlassopoulos, 1991). Dessa forma, um ambiente de incertezas – um ambiente mutável e imprevisível – é inimigo dos recursos baseados em propriedade.

Os recursos baseados em conhecimento, por outro lado, tendem, muitas vezes, a serem menos específicos e mais flexíveis. Uma equipe de *design* criativo, por exemplo, pode inventar produtos destinados a satisfazer uma grande quantidade de necessidades mercadológicas. Tais recursos podem ajudar uma empresa a responder a um número maior de contingências (Lado & Wilson, 1994). Muitos dos recursos baseados em conhecimento são, de fato, *projetados* para lidar com as mudanças ambientais.

Infelizmente, esses recursos não estão protegidos por lei contra imitações, e muitos deles assumem um custo indevido em cenários previsíveis, nos quais mecanismos de resposta mais rotineiros, mas muito mais baratos, podem mostrar-se igualmente efetivos. Além disso, em ambientes plácidos, os conhecimentos de uma empresa podem evoluir de maneira tão lenta a ponto de ficarem sujeitos a imitações por parte das empresas rivais. Em suma, os recursos baseados em propriedade serão de maior utilidade em ambientes estáveis ou previsíveis, enquanto que os recursos baseados em conhecimento serão mais úteis nos ambientes *de incerteza*, isto é, mutáveis e imprevisíveis.

## 12.3 HIPÓTESES

A fim de determinarmos a solidez da diferenciação que estabelecemos entre os recursos baseados em propriedade e os recursos baseados em conhecimento, serão examinadas duas variedades em cada categoria: os recursos *discretos* e os recursos agrupados ou *sistêmicos*. Os recursos discretos são os únicos da sua espécie e seu valor é mais ou menos independente dos contextos organizacionais nos quais se encontram. Os contratos exclusivos e as habilidades técnicas são exemplos de tais recursos. Os recursos sistêmicos, por outro lado, possuem valor em função do fato de seus elementos serem parte integrante de uma rede ou de um sistema. Os pontos de venda de uma rede de distribuição integrada e as habilidades dentro de uma equipe bem coordenada, por exemplo, são especialmente valiosos dentro do contexto daquele sistema (Amit & Schoemaker, 1993). As lojas de uma cadeia varejista podem adquirir um valor extra, justamente por elas se beneficiarem de um nome de marca nacional e de economias de padronização, promoção e administração. Os cientistas podem mostrar-se extremamente produtivos devido a sinergias multidisciplinares e a habilidades de equipe que desenvolvam junto com aqueles que trabalham com eles no contexto das suas organizações. Brumagin (1994) estabeleceu o contraste entre os recursos discretos e os recursos sistêmicos, chamando-os respectivamente de recursos elementares e recursos de alto nível, e Black e Boal (1994) fizeram referência aos traços característicos dos mesmos *versus* as suas configurações.

### Recursos discretos baseados em propriedade

Os recursos discretos baseados em propriedade podem assumir a forma de direitos de posse ou acordos legais que possibilitem a uma organização obter controle sobre escassos e valiosos *insumos*, facilidades, localizações ou patentes. Alguns recursos, por exemplo, assumem a forma de arrendamentos ou contratos que dão às empresas acesso exclusivo a materiais especialmente valiosos e a insumos de custo excepcionalmente baixo. Tais recursos contam com a proteção dos preceitos legais. E, em geral, a utilidade de qualquer direito ou contrato de exclusividade estará em função da facilidade e dos custos da sua aplicação, bem como da sua duração (Conner, 1991: 138).

É claro que nem todas as empresas conseguem obter recursos tão lucrativos. As mais afortunadas talvez sejam aquelas primeiras a descobrir o valor de um recurso ou a ganhar acesso ao mesmo, ou aquelas que certa vez tiveram poder para negociar acordos favoráveis a longo prazo (Lieberman & Montgomery, 1988). Como a maioria dos recursos discretos independem uns dos outros, uma empresa se prepara para ganhar ao reunir tantos destes recursos quanto puder, dependendo, é claro, dos custos e benefícios marginais dos mesmos. Algumas empresas, por exemplo, vinculam tantas fontes de suprimento que suas empresas rivais precisam se contentar com substitutos inferiores.

Como os recursos discretos baseados em propriedade foram projetados basicamente para propiciar um alto nível de controle à uma organização, é provável que o valor deles seja maior em ambientes estáveis ou previsíveis, onde os objetos de controle mantêm sua relevância. Em tais ambientes, fica mais simples estimar-se a expectativa de vida e, dessa forma, o valor da maioria das propriedades, demandas e contratos. Também é muito mais fácil planejar-se aquisições adicionais de recursos em tais cenários. A previsibilidade garante que os recursos baseados em propriedade continuarão a proteger a empresa da competição empresarial por um período de tempo considerável (Wernerfelt & Karnani, 1987).

Mas quando o ambiente passa por mudanças de maneira imprevisível, os recursos baseados em propriedade correm grande perigo de se tornarem obsoletos. O grupo mutável de empresas concorrentes consegue inventar novos produtos e processos capazes de anular as vantagens dos recursos existentes. Uma rápida alteração no gosto dos consumidores pode surtir o mesmo efeito. Todas essas mudanças podem ser de difícil previsão na época da contratação. As fontes exclusivas de suprimento, por exemplo, podem vir a perder seu valor se forem trocadas por substitutos mais atualizados. O arrendamento a longo prazo de espaços varejistas pode vir a ser mais uma obrigação do que um ativo, se o público-alvo de consumidores mudar para um outro tipo de loja ou de localização (Geroski & Vlassopoulos, 1991). De forma semelhante, os recursos discretos que dependem de contratos sustentados por leis e estatutos correm o perigo de se tornar obsoletos no momento em que sejam feitas mudanças na legislação.

> Hipótese nº 1: Os recursos discretos baseados em propriedade produzirão um desempenho financeiro superior em ambientes previsíveis, mas não farão o mesmo em ambientes de incerteza.

## Recursos sistêmicos baseados em propriedade

Alguns dos recursos baseados em propriedade são encontrados em forma de sistemas e de um emaranhado de elementos integrantes destes sistemas, que, em geral, incluem equipamentos e instalações físicas. Em si, a maioria das instalações concretas são de fácil imitação: dessa forma, muito do valor das mesmas encontra-se no papel por elas desempenhado dentro de um sistema integrado e em seus elos de ligação com esse sistema integrado, cuja sinergia é de difícil duplicação (Barney, 1991; Black & Boal, 1994). Isso se aplica a alguns sistemas integrados de suprimento, manufatura e distribuição. As unidades da rede de distribuição, por exemplo, podem ser valiosas devido à sua ligação com uma fonte regular de suprimento ou com economias de administração e promoção engendradas por uma empresa controladora e bem respeitada (Barney, 1991; Brumagin, 1994: 94)*.

No caso dos recursos sistêmicos, os gestores não pretendem vincular um número cada vez maior de ativos isolados, mas sim reforçar a cadeia e a abrangência do sistema pré-existente. Realiza-se acréscimo de recursos não visando à substituição dos ativos existentes, mas sim ao fortalecimento do sistema ou da competência que já esteja em operação. Alguém pode, por exemplo, adquirir mais distribuidores ou pontos de venda com o objetivo de fortificar o sistema de distribuição (Lado, Boyd & Wright, 1992: 86-87). Quanto mais elaborado for o sistema, maior penetração de mercado ele poderá alcançar; quanto mais se puder economizar nas despesas de *marketing*, administração e até mesmo nas despesas operacionais, tanto mais se poderá fazer uso da imagem consagrada da marca e da sua reputação.

Assim como os recursos discretos baseados em propriedade, os recursos sistêmicos serão mais úteis em ambientes competitivos previsíveis do que em ambientes competitivos cercados de incerteza. Quando um ambiente é previsível, é mais fácil avaliar o valor dos sistemas e ampliá-los de modo ordenado, objetivando aumentar o âmbito de controle do mercado. A previsibilidade também permite que uma empresa determine os passos necessários a serem dados para fortificar seu sistema. De fato, só quando o ambiente é previsível e o sistema existente é seguro, é que faz sentido o desenvolvimento de tal sistema por parte de uma empresa.

---

* É claro que a maioria dos recursos fixos estão altamente sujeitos a receber imitações. Um equipamento mecânico de superior qualidade, por exemplo, pode normalmente ser copiado, bem como a maioria dos processos de ampla compreensão (Nelson & Winter, 1982). Reed e DeFillippi alegam que "uma concorrente pode simplesmente observar os efeitos do desempenho materializado em determinado terreno e, a partir de deduções tecnológicas, chegar à mesma conclusão no que diz respeito aos ativos físicos" (1990: 93). As concorrentes talvez consigam então obter acesso ao pessoal e capital necessários para formar ou comprar o ativo desejado (Conner, 1991). Tais recursos fixos passíveis de imitações não são o foco da teoria baseada em recursos e, dessa forma, situam-se além do âmbito da nossa pesquisa.

Mas, quando o ambiente muda de modo imprevisível, os gestores podem se mostrar relutantes em construir tomando por base um sistema cuja longevidade mal pode ser estimada ou que corra o risco de se tornar obsoleto. Se a tecnologia de distribuição, por exemplo, sofrer mudanças imprevisíveis, será impossível construir tomando por base as redes já existentes. E, em meio a um ambiente de incertezas, no qual as demandas dos clientes mudam continuamente, sendo difícil antecipá-las, a maioria dos sistemas baseados em propriedade vivem sob a ameaça de se tornarem obsoletos (Wernerfelt & Karnani, 1987). Nesse momento, a vida útil dos recursos sistêmicos talvez seja breve e difícil de se prever, e a empresa pode se flagrar no controle de ativos que geram pouca renda (Geroski & Vlassospoulos, 1991).

Hipótese nº 2: Os recursos sistêmicos baseados em propriedade produzirão um desempenho financeiro superior em ambientes previsíveis, mas não farão o mesmo em ambientes de incerteza.

## Recursos discretos baseados em conhecimento

A fim de estabelecer um paralelo com nossa análise dos recursos baseados em propriedade, examinamos tantos os recursos discretos quanto os sistêmicos baseados em conhecimento (Black & Boal, 1994; Brumagin, 1994). Os recursos discretos baseados em conhecimento podem assumir a forma de habilidades técnicas, funcionais e criativas específicas (Itami, 1987; Winter, 1987). Tais habilidades podem ser consideradas valiosas por não estarem, com certeza, sujeitas a imitações (Lippman & Rumelt, 1982). Muitas vezes, fica difícil discernir o que exatamente essas habilidades têm que é capaz de gerar rentabilidade econômica e promover a lealdade dos consumidores. Por essa razão, as concorrentes não sabem o que comprar ou imitar. Essa vantagem está protegida justamente por ser, de algum modo, ambígua e misteriosa, até mesmo para aqueles que a possuem (Lado & Wilson, 1994; Reed & DeFillippi, 1990). Como ocorre com os recursos discretos baseados em propriedade, as empresas conseguem se beneficiar com a formação simultânea do maior número possível de recursos de conhecimento. As empresas podem, por exemplo, ganhar *expertise* ao mesmo tempo em *design*, produção e *marketing*.

Embora mudanças imprevisíveis nos mercados possam tornar obsoletos muitos dos recursos baseados em propriedade, os recursos baseados em conhecimento, como as habilidades criativas e técnicas pouco usuais, conseguem reter sua viabilidade em condições variadas. De fato, eles podem ajudar verdadeiramente uma empresa a adaptar aquilo que ela oferta para um ambiente de mudanças (Wernerfelt & Karnani, 1987). Algumas habilidades criativas também são bastante flexíveis, já que se aplicam a diferentes produtos e ambientes. E isso as torna especialmente úteis em um cenário de mudanças e incertezas. Por exemplo, onde o ambiente é particularmente competitivo e as empresas rivais introduzem muitas novas ofertas, as habilidades dos especialistas que conseguem adaptar e criar melhores produtos será especialmente valiosa*.

Em um ambiente estável ou previsível, as empresas também conseguem gerar benefícios para si mesmas a partir das habilidades discretas. Mas essas habilidades proporcionam vantagens menos efetivas, menos eficientes e menos seguras do que aquelas propiciadas pelos recursos discretos baseados em propriedade. Onde a empresa consegue impor seus direitos legais de propriedade dos recursos, ela obtém uma proteção quase que perfeita contra imitações. Isso não se aplica à proteção dada pelo conhecimento, proteção esta que pode ser perdida, especialmente em ambientes estáveis, nos quais o conhecimento e suas aplicações evoluem mais devagar, sendo, assim, mais fáceis de se copiar. Além disso, os altos custos associados à retenção dos empregados dotados de maior talento podem não produzir grande liquidez de benefícios nos contextos estáveis que não exijam uma exploração por inteiro das aptidões pouco usuais daqueles empregados. Os ambientes previsíveis não exigem, em geral, um conjunto de habilidades para os produtos ou processos de inovação e adaptação do mesmo nível de profundidade e extensão como o fazem os ambientes de mudanças e incertezas (Miller, 1988; Miller & Friesen, 1984).

Hipótese nº 3: Os recursos discretos baseados em conhecimento produzirão um desempenho financeiro superior em ambientes de incerteza, mas não farão o mesmo em ambientes previsíveis.

## Recursos sistêmicos baseados em conhecimento

Os recursos sistêmicos baseados em conhecimento podem assumir a forma das habilidades integrativas ou coordenativas exigidas para a execução de um trabalho em equipe multidisciplinar (Fiol, 1991; Itami, 1987). Algumas organizações não só possuem um grande capital de *expertise* técnica, funcional e criativa, como também são adeptos da integração e coordenação dessa *expertise*. Elas investem na formação de equipe e em esforços colaborativos que promovam a adaptação e a flexibilidade. De fato, não se tratam de habilidades restritas apenas a um campo de domínio, mas sim do modo como as habilidades de vários campos complementam umas às outras em conjunto, o que acaba por conferir a muitas empresas suas van-

---

* Um ambiente em processo de mudança pode, ele mesmo, conferir incerteza sobre possíveis imitações de alguns recursos flexíveis. Em cenários de incerteza, variam constantemente as situações com as quais cada empresa se depara, bem como os processos organizacionais usados na competição empresarial. Seria difícil então para as empresas copiar os talentos de rentabilidade ou produtividade superior de uma concorrente só porque esses talentos se manifestam sempre de diferentes modos.

tagens competitivas (Hall, 1993; Itami, 1987; Teece, Pisano & Shuen, 1990; Winter, 1987).

As habilidades colaborativas são as que mais estão sujeitas à incerteza da imitabilidade (Hall, 1993; Peteraf, 1993: 183). De acordo com Reed e DeFillippi, "a ambiguidade pode ser produto da complexidade de habilidades e/ou da interação dos recursos no âmbito das competências e da interação entre as competências" (1990: 93). Existe muita sutileza em um trabalho de equipe efetivo. A natureza sistemática da equipe e das habilidades coordenativas tornam-nas especialmente mais valiosas para uma empresa do que para suas concorrentes (Dierickx & Cool, 1989: 1505). Por essa razão, é difícil para as empresas rivais roubarem os talentos de equipe, já que esses talentos se apoiam na infraestrutura, na história e na experiência coletiva específicas de uma organização em particular.

As habilidades colaborativas, em geral, não se formam por meio de atividades programadas ou rotineiras. Em vez disso, esse tipo de habilidade precisa ser fomentada a partir do histórico de projetos desafiantes de desenvolvimento de produtos. Esses projetos a longo termo forçam os especialistas oriundos de diferentes partes de uma organização a trabalharem juntos de modo intensivo a fim de solucionar um complexo conjunto de problemas. E esse tipo de interação amplia tanto os conhecimentos técnicos quanto sociais dos atores da organização e promove uma colaboração ainda mais efetiva (Itami, 1987; Schmookler, 1966).

Os argumentos acima sugerem que a formação de uma equipe tende a ser mais necessária, mais gratificante e talvez até mais provável de acontecer em ambientes de incerteza do que em ambientes previsíveis (Hall, 1993; Porter, 1985). Os talentos colaborativos são fortes – eles se aplicam a uma ampla gama de situações e produtos. Se comparado às rotinas fixas, o trabalho em equipe permite às empresas lidar com contingências complexas e em processo de mudança (Thompson, 1967). Além disso, "diferentemente dos ativos físicos, as competências não se deterioram à medida em que são aplicadas e compartilhadas.... Elas crescem" (Prahalad & Hamel, 1990: 82). As habilidades colaborativas não só retêm sua utilidade em ambientes sujeitos a mudanças, como também ajudam as empresas a adaptar e a desenvolver novos produtos para os mercados emergentes (Lawrence & Lorsch, 1967; Thompson, 1967). De fato, a flexibilidade que brota da colaboração multifuncional ajuda as empresas a responder rapidamente às mudanças e aos desafios do mercado (Mahoney & Pandian, 1992; Wernerfelt & Karnani, 1987).

Em ambientes estáveis, por outro lado, a rentabilidade gerada pelas habilidades colaborativas e adaptativas pode ser de pequenas proporções. Se as tarefas não sofrerem variação, pode-se criar uma rotina muito eficiente de coordenação de tarefas e, dessa forma, diminuirá a importância das habilidades coordenativas ou de equipe (Thompson, 1967). Além disso, se o gosto do consumidor e as estratégias das empresas rivais forem estáveis, haverá pouca necessidade de constantemente se redesenhar ou adaptar os produtos. Em tais contextos, os módicos benefícios advindos da intensa colaboração podem não justificar os custos.

Hipótese n⁰ 4: Os recursos sistêmicos baseados em conhecimento produzirão um desempenho financeiro superior em ambientes de incerteza, mas não farão o mesmo em ambientes previsíveis.

O Quadro 12.1 oferece um resumo do nosso quadro referencial analítico.

**QUADRO 12.1** O sistema referencial de contingência baseado em recursos

| Tipo e exemplo de recurso | Valor a partir do | Criado ou protegido por | Ambiente adequado |
|---|---|---|---|
| **Baseado em propriedade** | | | |
| Discreto: patentes e contratos de exclusividade | Controle de um fator | Lei<br>Preempção<br>Escassez intrínseca | Estável ou previsível |
| Sistêmico: sistemas de produção e distribuição integrados | Controle de um sistema inteiro | Direitos de propriedade<br>Vantagens prioritárias<br>Complementaridade das partes do sistema | Estável ou previsível |
| **Baseado em conhecimento** | | | |
| Discreto: habilidades funcionais e criativas | Adaptação e renovação | Incerteza de imitabilidade<br>Flexibilidade | Incerteza |
| Sistêmico: habilidades coordenativas e de equipe | Adaptação e renovação | Especificidade do ativo<br>Incerteza de imitabilidade<br>Robustez | Incerteza |

## 12.5 METODOLOGIA DE PESQUISA

### Amostragem e eras históricas

Nossa amostragem compreende sete dos principais estúdios cinematográficos de Hollywood, no espaço de tempo que vai de 1936 a 1965. Esses estúdios incluem as empresas MGM, Twentieth Century-Fox, Warner Brothers, Paramount, United Artists, Universal e Columbia. Embora a United contasse com poucas instalações de produção, ela ajudou a financiar e a distribuir filmes assinados por produtores independentes, alguns dos quais detinham participação na posse da empresa. RKO, o único estúdio de maior projeção, foi retirado da amostragem em função de ter encerrado suas operações no ano de 1956, nove anos antes do término da nossa pesquisa. Antes disso, o estúdio RKO havia passado por frequentes processos de reorganização e mudança em sua estrutura e gerenciamento (Lasky, 1989).

Nosso estudo engloba dois períodos bastante diferenciados: um de estabilidade, que dura aproximadamente de 1936 a 1950, e outro repleto de uma incerteza desafiadora, que ocorreu entre 1951 e 1965. Embora a incerteza não fosse o único fator de diferenciação entre essas duas eras, respeitados estudiosos do setor, como Balio (1985), Gomery (1991) e Mast (1992), atestaram que esse era um fator importante. Ao conduzir análises em separado para os dois períodos, esperávamos poder mostrar o diferencial de utilidade dos recursos baseados em propriedade e dos recursos baseados em conhecimento, em contextos de estabilidade e incerteza.

Considera-se o período que vai do início dos anos 30 até o final dos anos 40, considerados os Anos Dourados na vida da maioria dos estúdios. Antes disso, o setor cinematográfico havia passado por um processo de consolidação crescente (Bordwell, Staiger & Thompson, 1985: 403). Mas a última fusão significativa tivera lugar entre a Fox e a Twentieth Century no ano de 1935. Por volta dessa mesma época, a Paramount ressuscitou de uma falência como uma nova organização. Dessa forma, por volta de 1936, o setor havia amadurecido e se transformado no oligopólio que ficou conhecido como o sistema dos estúdios. E, durante um período como o da década seguinte, a demanda por filmes continuou forte, e isso se refletia tanto nos padrões estáveis de frequência nos cinemas – 80 a 90 milhões de ingressos por semana durante todo aquele período – quanto no aumento gradual das receitas oriundas das bilheterias (Steinberg, 1980). Além disso, a estabilidade na preferência dos consumidores implicava que os estúdios podiam prever que determinadas estrelas, determinados diretores e gêneros de cinema ainda se manteriam populares por um considerável período de tempo (Bohn, Stromgren & Johnson, 1978; Gomery, 1991). Asssim, o processo de produção virou algo bem rotineiro, ao mesmo tempo em que equipes similares trabalhavam juntas sob a supervisão de uma única chefia de produção ou de alguns poucos produtores-chave (Staiger, 1985: 320).

Todos os estúdios da época formaram seus próprios quadros de talentos, firmando, para tal, contratos a longo prazo de exclusividade com uma ampla gama de estrelas de cinema. Quatro dos maiores estúdios também eram donos de cinemas ou arrendavam casas de exibição em importantes localidades do país. De forma coletiva, os principais estúdios controlavam menos de 3.000 cinemas das 18.000 casas de exibição operando no país. Mas este último número incluía os cinemas de primeira categoria das grandes cidades que representavam 75% de toda a bilheteria do país (Balio, 1985: 255). Os cinemas que não estavam vinculados aos principais estúdios situavam-se predominantemente em pequenas cidades e exibiam filmes de segunda categoria. Como muitos estúdios detinham controle sobre suas estrelas e tinham garantida a distribuição dos seus filmes por meio dos cinemas que lhes pertenciam, eles conseguiam planejar com bastante antecedência o fluxo regular dos filmes a serem exibidos (Gomery, 1991; Whitney, 1982). A estabilidade da demanda era um fator bem razoável para garantir o sucesso, e o controle sobre as salas de exibição garantia público para todos os filmes produzidos pelos estúdios.

O período que vai do início dos anos 50 até meados dos anos 60 promoveu importantes transformações na indústria cinematográfica que aumentaram muito o nível de incerteza (Balio, 1985; Mast, 1992). Por volta de 1950, os aparelhos de televisão haviam penetrado em 25% dos lares, e este nível de penetração dobrou para 50% por volta de 1952. Como resultado, a frequência nos cinemas sofreu um declínio significativo entre 1949 e 1953, para depois se estabilizar em um patamar de apenas 40 a 50 milhões de ingressos por semana. As empresas começaram a tatear em busca de novas formas de atrair frequentadores assíduos para os cinemas e logo começaram a diferenciar seus filmes dos programas feitos para a televisão realizando produções de maior grandiosidade e luxo (Mast, 1992: 275; Stuart, 1982: 295). Eles começaram a fazer experimentação com novas técnicas, que englobavam os filmes a cores, telas de exibição mais amplas e som estereofônico. Dessa forma, as habilidades técnicas e criativas dos estúdios até cresceram em importância, enquanto que a maior oferta na área de entretenimento tornou os frequentadores assíduos de cinema mais seletivos. Também, os ciclos de popularidade dos atores haviam se tornado bem menores, à medida que o público enfastiado se cansava de um determinado gênero de estrelas de cinema (Bohn e outros, 1978; Gomery, 1991). Os fracassos de bilheteria viraram um fato comum, já que a queda na demanda fazia os estúdios competirem ferozmente por públicos que cresciam de maneira imprevisível.

A concentração em torno de projetos mais caros e complexos reduziu o número de filmes produzidos e aumentou a importância do sucesso de cada produção. Em resposta, alguns estúdios começaram a procurar por aquelas poucas estrelas de cinema e por aqueles poucos diretores e produtores capazes de reduzir o risco da produção de seus filmes de grande orçamento (Kindem, 1982 p. 88]. Mas eles agora não se mostravam tão aptos a empregar essas pessoas de modo permanente, já que a popularidade dos talentos podia se perder rapidamente e o talento seria utilizado aquém das suas possibilidades devido à realização de apenas uns poucos filmes. Como resultado, as habilidades coordenativas necessárias para reunir e dirigir os integrantes de um elenco *não permanente* em produções muito complexas perderam seu valor (Mast, 1992; Staiger, 1985). Isso era especialmente verdade à medida que as produções aumentavam em complexidade e variedade.

Contribuindo ainda mais para tal clima de incertezas, os estúdios começaram a perder controle sobre seus pontos de distribuição e suas estrelas de cinema. Embora os principais estúdios fossem os primeiros alvos dos processos antitruste do final dos anos 30, as primeiras medidas verdadeiramente efetivas no sentido de reduzir o poder dos estúdios só foram tomadas no final dos anos 40. Essas medidas culminaram em uma regulamentação do Ministério de Justiça dos EUA datada de 1948 que acabou forçando os principais estúdios a venderem suas casas de exibição no final dos anos 50. Mas, a essa altura, o movimento de mudança da população para os subúrbios já havia reduzido o valor de muitos dos cinemas de propriedade dos estúdios situados no centro da cidade (Mast, 1992, p. 277). Essa diminuição do controle sobre o processo de distribuição cinematográfica aumentou o peso que recaía sobre os estúdios para que eles só produzissem filmes com melhores chances de distribuição – um grande desafio em um mercado que se tornara mais seletivo (Whitney, 1982).

Em face da sua menor produtividade, os estúdios começaram gradualmente a abandonar a prática de firmar contratos de exclusividade com as estrelas de cinema e fizeram, de fato, um corte drástico no número de estrelas contratadas durante o final dos anos 50. Essas medidas de redução diminuiram o controle que os estúdios detinham sobre um dos principais fatores de produção. Além disso, em função das mudanças cada vez mais aceleradas no gosto dos consumidores, a vida produtiva das estrelas tendia a ser mais curta, enquanto que, ao mesmo tempo, a independência das estrelas sem os contratos de exclusividade com os estúdios fez com que se acelerasse muito a oferta de valor das estrelas (Kindem 1982).

Recapitulando, a era de 1936 a 1950 foi de grande estabilidade, mas a era de 1951 a 1965 presenciou um ambiente de muito mais incertezas (isto é, um ambiente mutável e imprevisível). Nosso período de análise termina em 1965, já que, depois dessa data, os conglomerados começaram a fazer a aquisição da maioria dos estúdios cinematográficos. Essas aquisições deveram-se, em grande parte, ao fato de tantos estúdios terem diminuído seu valor de mercado, e de alguns estarem próximos da falência. Além disso, no final dos anos 60, o sistema dos estúdios foi substituído por um sistema dominado pelos produtores e diretores independentes de cinema (Bohn e outros, 1978).

A fim de confirmar essa diferença nos níveis de incerteza entre os dois períodos de tempo mencionados, realizamos uma avaliação anual sobre a estabilidade de receitas do setor, a participação no mercado e os lucros: a volatilidade fazia-se refletir na correlação entre os resultados por uma empresa no ano $t$ e seus resultados no ano $t1$ obtidos para cada uma das eras. Na primeira era, os coeficientes de correlação interanual da receita, da participação no mercado e dos lucros foram de 0,97, 0,97 e 0,80; na segunda era, os índices eram de 0,78, 0,70 e 0,31. É claro que a primeira era demonstra uma estabilidade bem maior na aferição dos índices que o segundo período ($p < 0,10$, $< 0,05$ e $< 0,01$, respectivamente). Um outro indicador de incerteza nesse setor, a rotatividade dos chefes de produção dos estúdios, apresentou um percentual de 40% a mais na segunda era do que na primeira *(p < 0,01)*. Isso era devido, em parte, ao número maior de fracassos de bilheteria e a uma necessidade mais premente de introduzir novos tipos de filmes.

Embora os índices de concentração no setor permanecessem praticamente os mesmos durante ambos os períodos, as duas eras demonstravam uma grande diferença nos seus níveis de incerteza. Essa diferença se devia à diminuição da demanda, que resultou no aumento da rivalidade para conquista do público, em maior inconstância e rápidas alterações no gosto do consumidor, em mais ênfase sobre um número reduzido de projetos cinematográficos de maior âmbito e risco, e na perda do controle sobre os fatores de *insumo* e distribuição. Esses contrastes qualitativos pareciam se espelhar através dos nossos indicadores quantitativos. É claro que, em função de os ambientes setoriais serem tão multifacetados, não há dúvida de que nossas duas eras também variam em outros aspectos além da incerteza.

## Variáveis

**Recursos discretos baseados em propriedade** Na indústria cinematográfica, os contratos a longo prazo firmados com as estrelas representavam um recurso-chave discreto baseado em propriedade (Kindem, 1982). Cada estúdio buscava formar seu próprio acervo de estrelas em potencial a partir dos indivíduos que eram recrutados no início de suas carreiras por um custo relativamente módico. Mesmo durante os anos do auge da frequência aos cinemas, as estrelas que respondiam pela maior fatia nas rendas de bilheteria eram controladas por um número inferior ao de uma centena de contratos. Isso fazia com que os estúdios competissem uns com os outros para conseguir firmar contratos a longo prazo (com duração, em geral, de sete anos) de exclusividade com tais estrelas de cinema (Shipman, 1979). Muitas vezes, realizava-se a contratação das estrelas só para impedir que outros estúdios cinematográficos pudessem vir a se beneficiar dos talentos delas. Se os estúdios rivais quisessem tomar uma estrela emprestada, eles tinham de pagar uma soma substancial e, algumas vezes, até dividir os lucros com o estúdio que detinha o contrato da estrela. As estrelas de cinema que ameaçassem romper algum contrato eram normalmente punidas com pequenos papéis de atuação nos filmes ou eram banidas da indústria cinematográfica (Huettig, 1985: 253).

Realizou-se a coleta de dados sobre o número dos contratos a longo prazo firmados com as estrelas e mantidos por cada estúdio ou por seus produtores durante cada um dos anos estudados. A fonte para obtenção desses dados foram dois volumes compilados por Shipman (1972, 1979), que continham o perfil biográfico de todas as estrelas de cinema que haviam figurado no papel principal ou em papéis de apoio em quaisquer dos filmes de maior destaque. Essas biografias foram todas codificadas individualmente para estabelecer o elo de ligação entre todas as estrelas de maior projeção e os principais estúdios de cinema em cada um dos anos pesquisados. Todos os contratos com validade de quatro ou mais anos firmados com as estrelas durante o período de 1936 a 1965 foram incluídos nos referidos dados.

**Recursos sistêmicos baseados em propriedade**   Alguns poderiam alegar que as instalações e os equipamentos dos estúdios cinematográficos representam valiosos recursos discretos. Mas os teóricos da perspectiva baseada em recursos alegariam que esses ativos são passíveis de imitação e compra e que, assim, não têm condições de conferir nenhuma vantagem competitiva verdadeira (Conner, 1991). Todos os principais estúdios possuíam ou arrendavam lotes, acessórios, *sets* e câmeras de filmagem (Huettig, 1985). De fato, alguns desses estúdios até mesmo alugavam suas instalações e equipamentos para outros produtores que não dispunham de condições para adquiri-los.

Os cinemas controlados por cada estúdio, em contraposição, representavam sim um recurso sistêmico baseado em propriedade. As casas de exibição melhor situadas que eram ou de propriedade ou arrendadas a longo prazo pelos estúdios conseguiam deter o controle sobre valiosos pontos de distribuição. De fato, os cinemas de propriedade dos estúdios tinham quase todos as melhores localizações: coletivamente, os estúdios detinham a posse de mais de 70% das salas de exibição situadas nas cidades com mais de 100.000 habitantes (Whitney, 1982: 166). Os locais situados em áreas não tão nobres nas comunidades rurais eram deixados para os cinemas independentes. Afora isso, cada um dos estúdios cinematográficos tendia a concentrar suas salas de exibição em cidades diversas uns dos outros, no intuito de reduzir a competição direta. E uma coisa ainda mais importante é que a rede de cinemas propiciava aos estúdios um expositor de filmes extenso e complacente, negando aos concorrentes igual acesso aos filmes e aos consumidores (Conant, 1960). A fina integração do estúdio com suas salas de exibição garantia que os cinemas de propriedade daquela empresa recebessem um suprimento regular de filmes de primeira categoria, enquanto que os cinemas independentes ficavam com os filmes de segunda linha. A rede de cinemas também dava aos estúdios pontos confiáveis de exibição para *todos* os filmes por eles produzidos. Some-se a isso o fato de que as salas de exibição de propriedade dos estúdios se beneficiavam com o apoio de propaganda, promoções e administração oferecido pela matriz, e o fato de que as economias de operação se tornavam efetivas pela alocação dos custos em uma ampla rede de cinemas. Até mesmo as menores compras eram centralizadas. O resultado era que os cinemas controlados pelos estúdios apresentavam índices de rendas anuais médias *15 vezes maiores* do que aqueles das salas independentes (Balio, 1985: 255).

Os cinemas, então, tiveram seu valor acrescido por meio da sua integração em uma rede de exibição e da sua associação com os estúdios. Tal especificidade sistêmica dos ativos e o controle de localizações mais nobres transformaram as salas de exibição em um recurso especialmente difícil de ser copiado (Black & Boal, 1994).

Obtivemos informações sobre o número de cinemas dentro do país de propriedade de cada estúdio ou por eles arrendados a longo prazo referentes a cada um dos anos, com base nos índices constantes dos *Manuais Industriais* da agência *Moody*.

**Recursos discretos baseados em conhecimento** Na indústria cinematográfica, os recursos discretos baseados em conhecimento dos estúdios residem nas habilidades técnicas e criativas que os estúdios tenham conseguido formar. Cada um dos estúdios tentou desenvolver aptidões únicas em várias áreas da produção cinematográfica que pudessem ser empregadas para diferenciar seus filmes daqueles produzidos pelas suas concorrentes (Mast, 1992: 230-231). Essas diversas habilidades incluíam *expertise* na construção dos *scripts*, no projeto do *set* de gravações, na direção cênica, no trabalho de câmera, na sonografia e na editoração dos filmes. Os estúdios criaram grandes acervos de indivíduos qualificados aos quais pudessem recorrer para trabalhos nos muitos filmes que produziam todos os anos. A MGM, o maior desses estúdios, constituiu uma força de trabalho composta por 6.000 empregados capacitados e distribuídos entre 27 departamentos (Balio, 1985: 264).

Muitos estúdios tentaram construir sua reputação em torno das várias habilidades técnicas que possuíam, objetivando atrair um maior número de mais talentos. O nível dessas habilidades reflete-se, em parte, no número de Oscars recebidos por cada estúdio a cada ano. A maioria dessas habilidades situavam-se nas categorias criativa e técnica; exemplificando: roteiro, cinematografia, editoração, trajes, projeto do *set* de filmagem e sonografia. Embora essa premiação fosse conferida a indivíduos dotados de excepcionais aptidões, eles também refletiam o êxito do estúdio no recrutamento e na formação de talentos e no suporte dado aos mesmos. Coletamos dados sobre o percentual de prêmios Oscar recebidos por cada estúdio anualmente. A fonte primária para obtenção desses dados foi uma relação completa dos prêmios conferidos publicada por Michael (1968). Pode-se argumentar que os prêmios também representam um fator de aferição do resultado de desempenho: mas, para fins do presente estudo, utilizamos a premiação para inferir a existência de talentos que poderiam mais tarde contruir para aumentar a rentabilidade financeira.

**Recursos sistêmicos baseados em conhecimento** Embora os estúdios cinematográficos pudessem tentar construir aptidões discretas, eles também precisavam integrá-las por meio da formação habilidades coordenativas de equipe (Balio, 1985). Isso provou ser especialmente verdadeiro na segunda era, quando os estúdios tinham de reunir grandes grupos de funcionários temporários que, por disporem de pouca experiência em trabalho conjunto, mal podiam colaborar com cada um dos projetos de grande complexidade e orçamento. Tais projetos amplos e de longa duração, com enormes elencos e equipes operando em elaborados *sets* de gravação, exigiam que os estúdios aprendessem muito sobre como fazer com que as pessoas trabalhassem em conjunto e de maneira efetiva. Os estúdios com um histórico desse tipo de grandes projetos mostravam-se mais aptos para aprender as habilidades coordenativas e integrativas necessárias para alcançar o sucesso (Staiger, 1985: 300-336; Stuart, 1982: 294; Robins, 1993). Esse processo nos dá um excelente exemplo de aprender fazendo.

A aptidão em equipe coordenativa ou integrativa pode, por essa razão, refletir-se, embora não de modo perfeito, nos investimentos feitos anteriormente pelo estúdio em projetos de maior complexidade e larga escala. Os grandes projetos ajudam a desenvolver as habilidades coordenativas, pois exigem a gestão de muitos talentos e recursos oriundos de diversas especialidades ao longo de diferentes períodos de tempo (Stuart, 1982: 295-296). O histórico de trabalhos em tais filmes de maior destaque promove novos aprendizados sobre o gerenciamento de projetos; gera também uma sinergia de equipe que pode ser empregada com bons resultados nos projetos subsequentes (Robins, 1993).

A dimensão da escala e o nível de complexidade dos projetos anteriores reflete-se no custo médio de produção por cada filme realizado nos dois últimos anos (Huettig, 1985: 306). Obtivemos esses dados sobre o custo dos filmes e os honorários dos produtores com base nas declarações financeiras anuais feitas por cada estúdio. Calculamos uma média dos custos de produção por filme que haviam sido divulgados pelos estúdios nos últimos dois anos que refletisse o histórico recente das despesas realizadas.

**Tendências da demanda**   O atual nível de demanda é um índice-chave para a saúde do setor, capaz de exercer influência sobre o desempenho. Por essa razão, todas as nossas análises incluíam uma variável de controle que aferia o percentual dos gastos recreacionais domésticos associados à frequência de público nos cinemas. Esses dados foram obtidos junto ao Ministério de Administração de Estatísticas Sociais, Econômicas e de Comércio dos EUA (Steinberg, 1980).

**Índices de desempenho**   Há muitos índices alternativos de rentabilidade econômica – rentabilidade dos ativos, rentabilidade sobre as vendas, lucros operacionais, participação no mercado e até mesmo total de receitas. Para os fins a que se destina o presente estudo, optamos por examinar variados índices de desempenho financeiro, visando a estabelecer a amplitude e a robustez das nossas descobertas.

Não podíamos empregar medidas de rentabilidade sobre o ativo devido às diferenças no registro e na composição dos ativos das empresas cinematográficas. Alguns estúdios tinham diversificado seus negócios e não separavam os ativos dos empreendimentos não cinematográficos em seus relatórios financeiros; a United Artists não era dona de nenhuma instalação de produção. Computamos, apesar disso, a rentabilidade anual sobre as vendas, incluindo e deixando de incluir as receitas e os lucros provenientes dos cinemas. Também examinamos os lucros operacionais, mas sem considerar as operações relativas às salas de exibição. Não aferimos os lucros operacionais provenientes dos cinemas, já que isso teria artificialmente penalizado e impossibilitado uma comparação com os estúdios que não fossem donos de nenhuma sala de exibição. Por fim, incluímos os índices de participação no mercado doméstico para cada um dos estúdios. Durante todo o tempo, nossa preocupação era somente com as receitas e os lucros provenientes dos negócios *cinematográficos* dos estúdios.

Os dados sobre as receitas e os lucros relativos a cada estúdio foram extraídos do *Manual Industrial* da agência *Moody* e dos relatórios financeiros empresariais. Para aqueles estúdios proprietários de cinemas, extraíram-se índices de receita e lucros em separado para a produção e distribuição dos filmes e para a operação das salas de exibição. Realizaram-se também ajustes nas receitas e nos lucros registrados para qualquer negócio televisivo. Os dados sobre a participação anual no mercado de cada estúdio foram deduzidos das suas entradas como o percentual do total das receitas provenientes da bilheteria a cada ano. Essas informações foram obtidas junto ao Ministério de Administração de Estatísticas Sociais, Econômicas e de Comércio dos EUA.

## Análises

Os dados coletados se basearam em 30 anos de observações realizadas junto a sete estúdios cinematográficos. Foram conduzidas análises em separado para os períodos de maior previsibilidade (até 1950) e incerteza (de 1951 em diante). Cada um desses dois períodos eram constituídos por 14 anos, depois de se descartar um ano por era em função do retardamento e do rateio das variáveis. Dada a natureza longitudinal de nosso estudo, foi necessário proceder a uma alteração em nossos dados, visando a evitar quaisquer problemas de heterocedásticos autorregressivos. Para realizar essas alterações, empregamos análises de amostras em série representativas de um período de tempo (Kmenta, 1986: 616-625). Esse procedimento ajusta primeiro os dados de autocorrelação por meio da transformação recorrente de Prais-Winsten (1954). A fim de estabelecer a adequação do ajuste de autocorrelação de primeira ordem, inspecionamos os correlogramas das análises. Eles apresentaram um rápido declínio nos intervalos de maior defasagem, confirmando tanto a qualidade estacionária do processo temporal em série quanto a adequação da correção de primeira ordem. Os ajustes em separado de autocorrelação foram realizados para cada uma das empresas.

Procedeu-se a uma segunda alteração dos dados com o objetivo de corrigir a heterocedasticidade. Dividimos as variáveis de caráter dependente e independente pelas discrepâncias de erro específicas de cada empresa, obtidas por meio de regressões feitas sobre os dados autocorrelacionados. Os dados que sofreram duas alterações puderam então ser agrupados e analisados, empregando-se para tal a análise regressiva pelo método dos mínimos quadrados de erro (cf. Judge e outros, 1988: Seção 11.5; Sayrs, 1989).

Para evitar erros de especificação nos modelos, todas as análises incorporaram as medidas de desempenho do período anterior $(t - 1)$. Devido à inclusão dessa variável dependente de retardamento, empregamos o teste H de Durbin objetivando garantir total imparcialidade nas estimativas dos valores residuais (Judge e outros, 1988: 401). Realizou-se inspeção das parcelas de resíduos a fim de confirmar a ausência de padrões relacionados a heterocedásticos autorregressivos (Sayrs, 1989). Também nos certificamos de que a multicolinearidade não representasse um problema em nossas análises, empregando, para tal objetivo, os diagnósticos de Belsley, Kuh e Welsch (1980). Por fim, a fim de garantir que os resultados não fossem excessivamente dependentes da nossa opção pelas datas de término da pesquisa, voltamos a analisar os dados após mudarmos a data final de 1965 para 1959. Não foi registrada qualquer alteração nos resultados.

## 12.6 DESCOBERTAS

A Tabela 12.1, Tabela 12.2 e Tabela 12.3 apresentam as estatísticas descritivas e a correlação entre as matrizes encontradas para as duas eras. As hipóteses foram testadas mediante o emprego dos modelos heterocedásticos autorregressivos da Tabela 12.4 e da Tabela 12.5.

Vale a pena examinar alguns dos contrastes básicos entre as duas eras. Primeiro, a Tabela 12.1 demonstra que o gasto dos consumidores para assistir aos filmes no cinema, enquanto percentual dos orçamentos anuais de entretenimento, sofreu um declínio de 19,5% no primeiro para 6,6% no segundo período. Segundo, a lucratividade foi menor no segundo que no primeiro período $(p < 0,02)$. Terceiro, conforme indicado anteriormente, há surpreendentes diferenças entre as duas eras (compare a Tabela 12.4 e a Tabela 12.5) no que diz respeito às relações interanuais entre todas as

**CAPÍTULO 12** A visão baseada em recursos da empresa em dois cenários

**TABELA 12.1** Estatísticas descritivas

| Variáveis | 1936-50 | | 1951-65 | |
|---|---|---|---|---|
| | valor médio | desvio padrão | valor médio | desvio padrão |
| Desempenho financeiro | | | | |
| Rentabilidade sobre as vendas sem incluir os cinemas | 0,11 | 0,1 | 0,07 | 0,09 |
| Rentabilidade sobre as vendas com inclusão dos cinemas | 0,12 | 0,09 | 0,07 | 0,09 |
| Lucros com os filmes | 7,08 | 7,4 | 5,34 | 8,22 |
| Participação no mercado doméstico | 11,35 | 4,68 | 12,55 | 3,04 |
| Receita proveniente dos filmes domésticos | 34,6 | 15,66 | 39,78 | 10,81 |
| Recursos | | | | |
| Estrelas com contrato a longo prazo | 12,49 | 8,91 | 4,79 | 5,94 |
| Cinemas próprios ou arrendados | 208 | 216 | 14 | 55 |
| Prêmios recebidos da Academia | 12,61 | 13,21 | 13,03 | 14,36 |
| Custo de produção por filme | 2.111 | 1.289 | 5.074 | 2.117 |
| Variáveis de controle | | | | |
| Gasto dos consumidores com os filmes | 19,53 | 3,67 | 6,61 | 2,41 |

**TABELA 12.2** Correlações de Pearson, primeira era: 1936-50

| Variáveis | 1 | 2 | 3 | 4 | 5 | 6 | 7 | 8 | 9 |
|---|---|---|---|---|---|---|---|---|---|
| 1. RSV sem os cinemas | | | | | | | | | |
| 2. RSV com os cinemas | 0,94 | | | | | | | | |
| 3. Lucros | 0,93 | 0,9 | | | | | | | |
| 4. Receitas | 0,49 | 0,6 | 0,7 | | | | | | |
| 5. Participação no mercado | 0,37 | 0,4 | 0,5 | 0,8 | | | | | |
| 6. Estrelas de cinema | 0,34 | 0,3 | 0,5 | 0,7 | 0,9 | | | | |
| 7. Cinemas | 0,29 | 0,5 | 0,4 | 0,6 | 0,5 | 0,3 | | | |
| 8. Prêmios da Academia | 0,12 | 0,1 | 0,3 | 0,4 | 0,4 | 0,4 | 0,2 | | |
| 9. Custo por filme | –0,1 | 0 | 0,3 | 0,7 | 0,3 | 0,4 | 0,4 | 0,2 | |
| 10. Gasto dos consumidores | 0,5 | 0,4 | 0,4 | –0,1 | 0 | 0,1 | 0 | 0,1 | –0,4 |

variáveis de desempenho. A primeira era, mais previsível, mostra fortes relações entre todos os índices de aferição de desempenho e seus valores de retardamento, sugerindo, com isso, estabilidade no ambiente competitivo. Em contrapartida, a segunda era, de mais incertezas, produziu correlações de índices interanuais muito mais baixos para as variáveis de desempenho, o que consubstancia a noção de que o fator incerteza havia crescido no ambiente competitivo. Dessa forma, os resultados parecem confirmar de novo a nossa caracterização dos dois períodos como sendo, respectivamente, um de estabilidade e o outro de incerteza.

**TABELA 12.3** Correlações de Pearson, segunda era: 1951-65

| Variáveis | 1 | 2 | 3 | 4 | 5 | 6 | 7 | 8 | 9 |
|---|---|---|---|---|---|---|---|---|---|
| 1. RSV sem os cinemas | | | | | | | | | |
| 2. RSV com os cinemas | 1 | | | | | | | | |
| 3. Lucros | 0,9 | 0,9 | | | | | | | |
| 4. Receitas | 0,2 | 0,2 | 0,3 | | | | | | |
| 5. Participação no mercado | 0,1 | 0,1 | 0,2 | 0,9 | | | | | |
| 6. Estrelas de cinema | 0 | 0 | 0,1 | 0,6 | 0,4 | | | | |
| 7. Cinemas | 0,1 | 0 | 0,1 | 0,3 | 0,17 | 0,55 | | | |
| 8. Prêmios da Academia | 0,1 | 0 | 0,1 | 0,3 | 0,29 | 0,1 | 0,11 | | |
| 9. Custo por filme | 0,1 | 0,1 | 0 | 0,1 | 0,31 | −0,3 | −0,1 | 0,1 | |
| 10. Gasto dos consumidores | 0,2 | 0,2 | 0,2 | 0,4 | −0,1 | 0,5 | 0,28 | 0 | −0,6 |

**TABELA 12.4** Modelos heterocedásticos autorregressivos, primeira era: 1936-50

| Recursos | Rentabilidade sobre as vendas | | Lucros | Participação no mercado |
|---|---|---|---|---|
| | Sem incluir os cinemas | Com inclusão dos cinemas | | |
| Baseados em propriedade | | | | |
|   Estrelas de cinema com contrato a longo prazo | 0,18** | 0,12* | 0,18* | 0,18*** |
|   Cinemas | 0,11† | 0,18** | 0,06 | 0,07* |
| Baseados em conhecimento | | | | |
|   Prêmios da Academia | −0,01 | −0,02 | 0,02 | 0,03 |
|   Histórico dos custos de produção por filme | −0,12† | −0,11† | 0 | −0,07† |
| Controles | | | | |
|   Retardo conforme a variável | 0,57*** | 0,69*** | 0,57*** | 0,80*** |
|   Filmes como percentual do orçamento de entretenimento | 0,16* | 0,11* | 0,14** | −0,07** |
| Buse $R^2$ | 0,6 | 0,73 | 0,62 | 0,96 |
| F | 23,1 | 40,2 | 24,3 | 424,6 |
| P | 0,000 | 0,000 | 0,000 | 0,000 |

† $p < 0,10$
\* $p < 0,05$
\*\* $p < 0,01$
\*\*\* $p < 0,001$

**TABELA 12.5** Modelos heterocedásticos autorregressivos, segunda era: 1951-65

| Recursos | Rentabilidade sobre as vendas | | Lucros | Participação no mercado |
|---|---|---|---|---|
| | Sem incluir os cinemas | Com inclusão dos cinemas | | |
| Baseados em propriedade | | | | |
| Estrelas de cinema com contrato a longo prazo | –0,04 | –0,01 | –0,02 | 0,09 |
| Cinemas | 0,05 | –0,02 | 0,04 | –0,04 |
| Baseados em conhecimento | | | | |
| Prêmios da Academia | 0,06* | 0,06* | 0,10** | 0,23*** |
| Histórico dos custos de produção por filme | 0,11* | 0,12* | 0,27*** | 0,07 |
| Controles | | | | |
| Retardo conforme a variável | 0,31** | 0,29** | 0,17** | 0,69*** |
| Filmes como percentual do orçamento de entretenimento | 0,16* | 0,16* | 0,32*** | –0,01 |
| Buse $R^2$ | 0,23 | 0,22 | 0,39 | 0,75 |
| F | 4,6 | 4,2 | 9,8 | 46 |
| P | 0,05 | 0,05 | 0,002 | 0,00 |

*$p < 0,05$
**$p < 0,01$
***$p < 0,001$

## Recursos baseados em propriedade

A hipótese de nº 1 sugere que os recursos discretos baseados em propriedade, tais como os contratos a longo prazo firmados com as estrelas de cinema, ajudariam o desempenho em cenários previsíveis, mas não nos cenários de incerteza. Essa hipótese recebeu o suporte de todas as quatro medidas de aferição do desempenho: rentabilidade sobre as vendas, com e sem a inclusão dos cinemas, lucros e participação no mercado. A Tabela 12.4 e Tabela 12.5 indicam que os contratos a longo prazo firmados com as estrelas prestaram ampla contribuição para o desempenho na primeira era, mais previsível, mas não na era de mais incertezas.

Esses resultados dão suporte à utilidade dos contratos a longo prazo durante uma época em que os estúdios gerenciavam de forma agressiva as carreiras das estrelas e exploravam completamente a sua popularidade, colocando-as no elenco de dois ou três filmes por ano. Em contrapartida, durante a era de incerteza, aumentou o risco de se firmar contratos a longo prazo com as estrelas, em parte devido à maior inconstância no gosto dos frequentadores assíduos do cinema.

Como observado, no final dos anos 50, os estúdios começaram a deixar de lado o sistema dos contratos a longo prazo. Em função dessa mudança, nossas análises da segunda era, era de incertezas, pode não ter sido imparcial – mas principalmente dos anos seguintes a 1958, quando o número de estrelas com contrato assinado começou a sofrer grande declínio. Para avaliar essa parcialidade, refizemos as análises cujos resultados são mostrados na Tabela 12.5, valendo-nos apenas dos anos de 1951 a 1958. Os resultados iniciais foram replicados: as estrelas de cinema não apresentavam relação com nenhum índice de desempenho na era de incertezas.

De acordo com a hipótese de nº 2, os recursos sistêmicos baseados em propriedade, como o controle sobre os cinemas e, por extensão, sobre a distribuição cinematográfica, também contribuíam para o desempenho financeiro – de novo nos contextos previsíveis, mas não nos de incerteza. As Tabela 12.4 e 12.5 indicam que houve confirmação dessa hipótese para três das quatro medidas de aferição do desempenho: os dois índices de rentabilidade sobre as vendas e a participação no mercado.

Os lucros operacionais, contudo, não apresentaram relação com a posse dos cinemas, talvez devido às taxas mais baixas de aluguel que os estúdios cobravam por seus cinemas (Conant, 1960: 134-135; Huettig, 1985: 296-297). Esses resultados confirmam o valor dos cinemas durante a primeira era, mais previsível, quando os cinemas funcionavam como pontos de venda para os filmes produzidos pelo próprio estúdio. Durante a segunda era, à medida que a demanda se tornou mais seletiva e errática, os cinemas tornaram-se menos valiosos.

Ao examinar os resultados obtidos para a segunda era, de mais incerteza, é importante lembrar que os estúdios se desvencilharam eles mesmos das suas salas de exibição durante esse período, devido à pressão imposta pelo Ministério de Justiça dos EUA (o número de cinemas controlados pelos principais estúdios foi de 2.871 em 1936 a 3.084 em 1949 e a 1.156 em 1953). Por volta de 1959, todos os estúdios haviam se desfeito dos seus cinemas. A fim de estabelecer se o impacto do controle dos cinemas sobre o desempenho era maior antes daquela data, deixamos de fora os anos de 1959 a 1965 de nossas análises da segunda era. Como antes, e como previsto, todos os resultados obtidos careciam de significado. O fato encorajador foi que nossas descobertas permaneceram estáveis mesmo depois de termos alterado a data de término das análises de 1965 para 1959. Mas, dada a forte redução no número de cinemas controlados durante a segunda era, era de incertezas, é preciso interpretar esses últimos resultados com cuidado.

## Recursos baseados em conhecimento

A hipótese de nº 3 afirma que os recursos discretos baseados em conhecimento, como as habilidades técnicas e criativas – aqui refletidas na quantidade de prêmios que o estúdio recebera da Academia – contribuiriam para o desempenho financeiro em ambientes de incerteza, mas não nos ambientes previsíveis. Houve confirmação dessa hipótese para todos os quatro índices de aferição de desempenho: isto é, todas as relações previstas ganharam significado na era de incertezas, mas nenhum na era da previsibilidade.

Parece que durante a era previsível, quando o público estava sedento pelo entretenimento cinematográfico e era menos discriminatório quanto às suas preferências, as produções de excelente qualidade ou aquelas que se distinguiam das demais pouco contribuíam para a rentabilidade econômica. Contudo, com o advento da televisão, os filmes tinham mais chance de alcançar sucesso se oferecessem algo especial: uma excelente atuação ou direção, um bom roteiro e uma cinematografia e trilha sonora atraentes marcavam pontos nesse sentido (Mast, 1992: 288-289).

A hipótese de nº 4 refere-se aos recursos sistêmicos baseados em conhecimento, como as habilidades coordenativas e colaborativas produzidas por meio de um histórico de grandes, longos e complexos projetos cinematográficos. Esperava-se que essas habilidades contribuíssem para o desempenho financeiro em ambientes de incerteza, mas não naqueles previsíveis. Nossa medida substituta para aferição do histórico de tais projetos colaborativos, uma média orçamentária de produção por filme para os dois anos anteriores e correlacionada a todas as nossas medidas de aferição do desempenho, salvam a participação no mercado durante a segunda era, era de incertezas *(p < 0,05)*. Os resultados foram surpreendentemente diversos para o previsível primeiro período, quando a rentabilidade sobre as vendas deu origem a relações significativamente *negativas* com os orçamentos de produção. Os altos custos de produção pareciam representar uma despesa durante o primeiro período, que simplesmente não se justificava em função da resposta do mercado.

No primeiro período, a maioria dos filmes era produzida com rapidez e a baixo custo, a fim de satisfazer uma demanda constante e relativamente indiscriminada. Os pequenos projetos não requeriam grandes habilidades integrativas; a centralização da produção cinematográfica facilitava a coordenação; e os megafilmes não justificavam seus mais altos custos em um mercado fácil de se satisfazer. Em contraposição, no segundo período, um período de maior incerteza, os filmes exigiam maiores investimentos tanto para a sua criação e execução quanto para se sobressaírem e produzirem bons resultados. Esses projetos diferenciados requeriam elaborados e dispendiosos esforços de uma ampla gama de especialistas, muitos dos quais eram contratados pelos estúdios só pelo tempo de duração do projeto. Em consequência, as habilidades coordenativas que haviam sido desenvolvidas em experiências recentes com projetos cinematográficos de maior âmbito tendiam a produzir rentabilidade superior.

## 12.7 DISCUSSÃO E CONCLUSÃO

Durante as duas últimas décadas, o campo de estratégias de gerenciamento tem sofrido grande influência dos conceitos e dos *insights* originários dos escritos sobre economia e organização industrial (Rumelt, Schendel & Teece, 1991). De fato, a visão baseada em recursos está, ela mesma, firmemente arraigada nas noções econômicas da competição empresarial e do poder de mercado (Conner, 1991). Infelizmente, ainda há muito a ser feito no sentido de testar empiricamente a relevância de algumas noções econômicas de desempenho empresarial, e isso também se aplica à visão baseada em recursos. Embora existam longas listas de candidatos à condição de recursos valiosos, foram realizados muito poucos esforços para estabelecer de modo sistemático se, quando e como esses recursos influenciam o desempenho financeiro. Talvez mais importante ainda, a literatura abrange muitas generalizações sobre os méritos de alguns recursos, conjecturas que, muitas vezes, deixam de considerar os *contextos* nos quais tais recursos possam ser de valor para uma organização. Assim, após anos de um interessante trabalho conceitual, ainda nos encontramos em um estágio inicial do conhecimento sobre aquilo que constitui um recurso valioso, por que e quando (Amit & Schoemaker, 1993).

O presente artigo se esforça em realizar algum progresso em ambos os sentidos. Ele evidencia que tanto os recursos baseados em propriedade quanto os recursos baseados em conhecimento que são de difícil aquisição ou imitação prestaram sua contribuição para o desempenho: para a rentabilidade sobre as vendas, os lucros operacionais e a participação no mercado. Mas o contexto ambiental era o mais importante condicionador dessas relações. Os períodos de estabilidade e previsibilidade favoreciam as empresas dotadas de recursos baseados em propriedade, mas não recompensavam aquelas dotadas de recursos baseados em conhecimento. Exatamente o oposto era verdadeiro nos períodos de incerteza, mesmo que a amostragem empresarial fosse idêntica. Segue-se então que, para um ativo ser ou não considerado como um recurso, isso vai depender muito do contexto em torno de uma organização, bem como das propriedades do próprio ativo. Tentar definir os recursos independentemente das tarefas que eles devem cumprir e do ambiente dentro do qual eles devem funcionar é algo que induz ao erro (comparar com Barney, 1991).

O presente estudo também demonstra que os recursos baseados em propriedade podem rapidamente perder seu valor, caso ocorram mudanças setoriais (Barney, 1986; Geroski & Vlassopoulous, 1991). Os recursos estáticos que são utilizados para fins de controle normalmente exigem uma proteção institucional ou legal que vai além do âmbito de influência da empresa. Uma vez que essa proteção esmoreça ou perca a validade, ou tão logo o ambiente sofra alterações que desvalorizem os recursos, perdem-se todas as vantagens competitivas. Essa obrigação pode não aumentar na mesma proteção para os recursos baseados em conhecimento, de mais fácil ajuste.

Um outro objetivo desta pesquisa era demonstrar como alguém poderia, de modo operacional, definir e aferir vários recursos potencialmente valiosos. Ao que parece, é possível identificar os recursos-chave para um determinado setor industrial em particular e depois produzir indicadores quantitativos que reflitam, com maior ou menor precisão, a riqueza de uma empresa em tais recursos. Mas não é simples adotar tal procedimento. Sem dúvida, será necessário um nível considerável de ingenuidade por parte dos próximos pesquisadores se quiserem evitar índices triviais ou tautológicos, especialmente ao acessar conceitos tão elusivos como habilidades e aprendizagem.

O presente estudo, contudo, representa apenas um começo. E, como tal, tem suas falhas. Primeiro, ele se limita a um único setor industrial: será necessário realizar pesquisas em outros setores para confirmar a generalização das conclusões aqui apresentadas. Segundo, nosso enfoque recaiu apenas sobre quatro espécies de recursos, apesar de ter recaído sobre aqueles que demonstraram maior relevância para a indústria cinematográfica. Serão necessárias mais pesquisas para examinar a utilidade deste sistema referencial para outros tipos de recursos. Terceiro, pode ter havido diferenças ambientais entre nossas duas eras históricas que apresentem pouca relação com a imprevisibilidade ou a incerteza mas que, mesmo assim, contribuam para nossas descobertas sobre o diferencial de superioridade de nossas categorias de recursos – em suma, pode haver explicações alternativas para nossos resultados. A última limitação que se impõe é que, em estudos históricos como o presente, faz-se muito uso de fontes secundárias e de registros em arquivos. A utilização de tais fontes pode gerar problemas relacionados à disponibilidade dos dados. Na presente análise, por exemplo, o relato histórico dos ativos estava demasiado agregado para nos permitir aferir com precisão a rentabilidade dos ativos.

Esperamos que essas falhas incitem outros a dar início a uma pesquisa mais refinada da visão baseada em recursos. E estamos, de fato, satisfeitos com o fato de que muitas das noções inerentes a essa visão pareçam importantes para o modo como as organizações devem forjar suas estratégias a fim de obter sucesso em diferentes ambientes. As pesquisas posteriores poderiam investigar se a adaptação dos recursos à incerteza setorial contribui para um desempenho superior. Os recursos baseados em conhecimento têm vantagens em setores turbulentos como os de *software*, semicondutores e biotecnologia? Os recursos baseados em propriedade são mais úteis em setores estáveis como os de mineração, serviços e químico-industriais? E as fusões de empresas com complementaridades entre ambas espécies de recursos – empresas de mídia e produtoras de filmes, por exemplo – podem criar combinações mais especialmente potentes?

## 12.8 REFERÊNCIAS

Amit, R., & Schoemaker, P. 1993. Strategic assets and organizational rent. *Strategic Management Journal*, 14: 33-46.

Balio, T. (Ed.). 1985. *The American film industry.* Madison: University of Wisconsin Press.

Barney, J. 1986. Strategic factor markets: Expectations, luck and business strategy. *Management Science*, 32: 1231-1241.

Barney, J. 1991. Firm resources and sustained competitive advantage. *Journal of Management*, 17: 99-120.

Belsley, D., Kuh, E., & Welsch, R. 1980. *Regression diagnostics.* New York: Wiley.

Black, J. A., & Boal, K. B. 1994. Strategic resources: Traits, configurations and paths to sustainable competitive advantage. *Strategic Management Journal*, 15: 131-148.

Bohn, T., Stromgren, R., & Johnson, D. 1978. Light and shadows: A history of motion pictures (2nd ed.). Sherman Oaks, CA: Alfred.

Bordwell, D., Staiger, J., & Thompson, K. (Eds.). 1985. The *classical Hollywood cinema: Film style and mode of production to 1960.* New York: Columbia University Press.

Brumagin, A. L. 1994. A hierarchy of corporate resources. In P. Shrivastava & A. Huff (Eds.), Advances in *strategic management,* vol. 10A: 81-112. Greenwich, CT: JAI Press.

Burns, T., & Stalker, G. 1961. *The management of innovation.* London: Tavistock.

Collis, D.j. 1991. A resource-based analysis of global competition: The case of the bearings industry. *Strategic Management Journal, 12:* 49-68.

Conant, M. 1960. *Antitrust in the motion picture industry.* Berkeley: University of California Press.

Conner, K. R. 1991. A historical comparison of resource-based theory and five schools of thought within industrial economics. *Journal of Management*, 17: 121-154.

Dierickx, I., & Cool, K. 1989. Asset stock accumulation and the sustainability of competitive advantage. *Management Science*, 35: 1504-1513.

Fiol, C. M. 1991. Managing culture as a competitive resource. *Journal of Management*, 17: 191-211.

Geroski, P., & Vlassopoulos, T. 1991. The rise and fall of a market leader. *Strategic Management Journal*, 12: 467-478.

Gomery, D. 1991. Movie *history: A survey.* Belmont, CA: Wadsworth.

Grant, R. M. 1991. The resource-based theory of competitive advantage: Implications for strategy formulation. *California Management Review*, 33(3): 114-135.

Hall, R. 1992. The strategic analysis of intangible resources. *Strategic Management Journal*, 13: 135-144.

Hall, R. 1993. A framework linking intangible resources and capabilities to sustainable competitive advantage. *Strategic Management Journal*, 14: 607-618.

Henderson, R., & Cockburn, I.1994. Measuring competence: Exploring firm-effects in pharmaceutical research. *Strategic Management Journal*, 15: 63-84.

Huettig, M. D. 1985. Economic control of the motion picture industry. In T. Balio (Ed.), *The American film industry:* 285-310. Madison: University of Wisconsin Press.

Itami, H. 1987. *Mobilizing invisible assets.* Cambridge, MA: Harvard University Press.

Judge, G., Hill, R., Griffiths, W., Lutkepohl, H., & Lee, T. 1988. *Introduction to the theory and practice of econometrics* (2nd ed.). New York: Wiley.

Kindem, G. 1982. Hollywood's movie star system: A historical overview. In G. Kindem (Ed.), *The American movie industry:* 79-93. Carbondale: Southern Illinois University Press.

Kmenta, J. 1986. *Elements of econometrics* (2nd ed.). New York: Macmillan.

Lado, A. A., Boyd, N. G., & Wright, P. 1992. A competency model of sustained competitive advantage. *Journal of Management,* 18: 77-91.

Lado, A. A., & Wilson, M. C. 1994. Human resource systems and sustained competitive advantage: A competency-based perspective. Academy *of Management Review,* 19: 699-727.

Lasky, B. 1989. *RKO: The biggest little major of them all.* Santa Monica, CA: Roundtable Publishing.

Lawrence, P., & Lorsch, J. 1967. *Organization and environment.* Boston: Harvard University Press.

Lieberman, M., & Montgomery, D. 1988. First-mover advantages. *Strategic Management Journal,* 9: 41-58.

Lippman, S. A., & Rumelt, R. 1982. Uncertain imitability: An analysis of interfirm differences in efficiency under competition. *Bell Journal of Economics,* 13: 418-438.

Mahoney, J. T., & Pandian, J. 1992. The resource-based view within the conversation of strategic management. *Strategic Management Journal,* 13: 363-380.

Mast, G. 1992. *A short history of the movies* (revised by B. Kawin). New York: Macmillan.

McGrath, R. G., MacMillan, I. C., & Venkatraman, S. 1995. Defining and developing competence: A strategic process paradigm. *Strategic Management Journal,* 16: 251-275.

Michael, P. 1968. The Academy Awards: A pictorial history. New York: Crown.

Miller, D. 1988. Relating Porter's business strategies to environment and structure. *Academy of Management Journal,* 31: 280-309.

Miller, D. 1996. Configurations revisited. *Strategic Management Journal,* in press.

Miller, D., & Friesen, P. H. 1984. *Organizations: A quantum view.* Englewood Cliffs, NJ: Prentice Hall.

Montgomery, C. A., & Wernerfelt, B. 1988. Diversification, Ricardian rents, and Tobin's Q. *Rand Journal of Economics,* 19: 623-632.

Nelson, R., & Winter, S. 1982. An *evolutionary theory of economic change.* Cambridge, MA: Harvard University Press.

Peteraf, M. 1993. The cornerstones of competitive advantage: A resource-based view. *Strategic Management Journal,* 14: 179-192.

Porter, M. E. 1980. *Competitive strategy.* New York: Free Press. Porter, M. E. 1985. *Competitive advantage.* New York: Free Press.

Porter, M. E. 1991. Towards a dynamic theory of strategy. *Strategic Management Journal,* 12: 95-117.

Prahalad, C. K., & Hamel, G. 1990. The core competence of the corporation. *Harvard Business Review,* 68(3): 79-91.

Prais, S. J., & Winsten, C. 1954. *Trend estimators and serial correlation.* Cowles Commission Discussion Paper #383, Chicago.

Reed, R., & DeFillippi, R. J. 1990. Causal ambiguity, barriers to imitation, and sustainable competitive advantage. Academy *of Management Review,* 15: 88-102.

Robins, J. A. 1993. Organizations as strategy: Restructuring production in the film industry. *Strategic Management Journal,* 14: 103-118.

Robins, J. A., & Wiersema, M. 1995. A resource-based approach to the multibusiness firm. *Strategic Management Journal,* 16: 277-299.

Rumelt, R. P., Schendel, D., & Teece, D. 1991. Strategic management and economics. *Strategic Management Journal,* 12: 5-30.

Sayrs, L. 1989. *Pooled time series analysis.* Beverly Hills, CA: Sage.

Schmookler, J. 1966. *Invention and economic growth.* Cambridge MA: Harvard University Press.

Shipman, D. 1972. *The great movie stars: The international years.* New York: St. Martin's Press. Shipman, D. 1979. *The great movie stars: The golden years.* New York: St. Martin's Press.

Staiger, J. 1985. The Hollywood mode of production, 1930-1960. In D. Bordwell, J. Staiger, & K. Thompson (Eds.), *The classical Hollywood cinema: Film style and mode of production to 1960:* 309-338. New York: Columbia University Press.

Steinberg, C. 1980. *Film facts.* New York: Fatos em Arquivo.

Stuart, F. 1982. The effects of television on the motion picture industry. In G. Kindem (Ed.), *The American movie industry:* 257-307. Carbondale: Southern Illinois University Press.

Teece, D., Pisano, G., & Shuen, A. 1990. Firm capabilities, resources, and the concept of *strategy*. Documento de trabalho, University of California, Berkeley.

Thompson, J. D. 1967. *Organizations in action.* New York: McGraw-Hill.

Wernerfelt, B. 1984. A resource-based view of the firm. *Strategic Management Journal,* 5: 171-180.

Wernerfelt, B., & Karnani, A. 1987. Competitive strategy under uncertainty. *Strategic Management Journal,* 8: 187-194.

Whitney, S. N. 1982. Antitrust policies and the motion picture industry. In G. Kindem (Ed.), The American movie *industry:* 161-204. Carbondale: Southern Illinois University Press.

Winter, S. 1987. Knowledge and competence as strategic assets. In D. Teece (Ed.), The *competitive challenge:* 159-184. Boston: Harvard Business School Press.

# IV

Estes artigos buscam apresentar algumas aplicações da Visão Baseada em Recursos em áreas funcionais das organizações. A intenção, nesse ponto, é evidenciar as possibilidades de aplicação da Visão Baseada em Recursos em disciplinas específicas da área de administração e engenharia de produção.

# 13

# A visão baseada em recursos e o marketing: o papel de ativos baseados no mercado para ganhar vantagem competitiva*

RAJENDRA K. SRIVASTAVA
DEPARTMENT OF MARKETING,
MCCOMBS BUSINESS SCHOOL,
THE UNIVERSITY OF TEXAS AT AUSTIN

LIAM FAHEY
BABSON COLLEGE,
BABSON PARK,
MASSACHUSSETS

H. KURT CHRISTENSEN
J. L. KELLOGG SCHOOL OF MANAGEMENT,
NORTHWESTERN UNIVERSITY,
LEVERONE HALL, EVANSTON, ILLINOIS

> Este artigo postula um modelo que mostra como ativos e capacidades baseados no mercado são alavancados por meio de processos voltados para o mercado ou da principal atividade para proporcionarem valor superior para o cliente e vantagens competitivas. Esses elementos de valor e as vantagens competitivas podem ser alavancados para resultarem em um melhor desempenho corporativo e em um melhor valor para o acionista e podem ser reinvestidos para alimentarem ativos e capacidades baseados no mercado no futuro. O artigo também ilustra como considerações sobre a visão baseada em recursos (VBR) e sobre o marketing, no contexto de gerar e sustentar valor para o cliente, podem refinar e ampliar os sistemas tradicionais de análise um do outro. Finalmente, o artigo postula um conjunto de direções de pesquisa projetado para permitir que os estudiosos desenvolvam ainda mais a integração da VBR e do marketing tanto de uma perspectiva de gestão de prática voltada para a teoria quanto de uma teoria de desenvolvimento voltado para o problema.

## 13.1  INTRODUÇÃO

Tanto os teóricos do marketing (Hunt, 2000) quanto os defensores da visão baseada em recursos – VBR (Barney, 1991) abordam diretamente o desafio mais fundamental no cerne da sobrevivência organizacional: o que gera a vantagem competitiva e como ela pode ser sustentada? Apesar de a vantagem competitiva ser definida de diversas maneiras, muitas vezes incompatíveis tanto dentro dos domínios do marketing e da VBR quanto entre eles,

---

* Artigo originalmente publicado sob o título *The Resource-Based View and Maketing: The Role of Market-Based Assets in Gaining Competitive Advantage*, no Journal of Management, v.27, n.1, p.777-802, 2001.

uma ênfase comum para a alavancagem de recursos para criar e sustentar valor para as partes interessadas da organização (e, especificamente, para os clientes) não deve ser surpreendente, levando-se em conta a considerável adequação entre as realidades do marketing e os pressupostos da VBR.

O que talvez seja surpreendente é que, com apenas poucas exceções dignas de nota (Bharadwaj, Varadarajan & Fahy, 1993; Capron & Hulland, 1999; Day, 2001; Hunt, 1997; Hunt & Morgan, 1995; Wernerfelt, 1984), os estudiosos do marketing dedicaram notadamente pouca atenção à aplicação da VBR como sistema de referência no desenvolvimento da teoria do marketing ou na análise de desafios centrais para a prática do marketing. Apesar da rápida elevação da VBR à proeminência ao longo da última década como uma perspectiva de análise preferida na literatura de base ampla sobre gestão estratégica, as tentativas dos estudiosos do marketing para desenvolverem e aplicarem ideias centrais para moldarem a teoria e a prática do marketing incluindo capacidades (Day, 1994), orientação para o mercado (Kohli & Jaworski, 1990), conhecimento (Glazer, 1991) e ativos baseados no mercado (Srivastava, Shervani & Fahy, 1998) tem sido quase totalmente privadas de qualquer referência à VBR. Além disso, esforços recentes feitos pelos principais teóricos do marketing (Day, 2001; Hunt, 2000) não articularam plenamente processos por meio dos quais recursos internos e baseados no mercado são convertidos em vantagens competitivas e, portanto, não forneceram integração de base ampla entre marketing e VBR.

Os principais defensores da VBR (Barney, 1991; Grant, 1991; Wernerfelt, 1984), ao mesmo tempo em que reconhecem o papel de recursos específicos do marketing como marcas e relacionamentos entre clientes e distribuição para ganhar e sustentar a vantagem competitiva, também subestimaram geralmente os *processos* fundamentais pelos quais os recursos são transformados por meio de orientação gerencial em alguma coisa que seja de valor para os clientes – e, portanto, contribuíram pouco para a literatura sobre o marketing. Em resumo, os princípios, as premissas e as afirmações da VBR até hoje evitaram em grande parte o contato direto com o conceito, o objetivo e os pré-requisitos do marketing. A finalidade deste artigo é remediar tal desconexão.

Este artigo tem três metas específicas. Em primeiro lugar, desenvolver um modelo conceitual que facilite a integração de ideias centrais para a VBR e para o marketing. Em segundo lugar, ilustrar como considerações sobre a VBR e sobre o marketing no contexto de gerar e sustentar o valor para o cliente podem refinar e ampliar os sistemas tradicionais de análise um do outro. Em terceiro lugar, postular um conjunto de direções de pesquisa que permitam aos estudiosos desenvolver ainda mais a integração entre a VBR e o marketing. Acreditamos que o desenvolvimento tanto da VBR quanto do marketing requer não apenas a gestão da prática voltada para a teoria, mas também o desenvolvimento da teoria voltada para o problema (Churchman, 1972; McAlister & Cooper, 2000).

## 13.2 VINCULANDO A VBR COM O MARKETING: UM MODELO PARA ANÁLISE

A VBR adota uma perspectiva "de dentro para fora" ou específica da empresa sobre o motivo pelo qual as organizações têm sucesso ou fracassam (Dicksen, 1996). Os recursos valiosos, raros, inimitáveis e insubstituíveis (Barney, 1991) possibilitam que as empresas desenvolvam e mantenham vantagens competitivas, que elas utilizem esses recursos e vantagens competitivas para um melhor desempenho (Collis & Montgomery, 1995; Grant, 1991; Wernerfelt, 1984).

No entanto, apesar do desenvolvimento de uma literatura dedicada a desenvolver conceitualmente e empiricamente a VBR, tanto seus defensores (Barney, 2001) quanto seus críticos (por exemplo, Priem & Butler, 2001a) apontam para várias "questões" óbvias que garantem ainda mais atenção teórica e empírica (veja o Quadro 13.1). De um modo geral, essas questões estão relacionadas à maneira pela qual os recursos são utilizados para criar valor para o cliente e para a gestão da incerteza e da dinâmica do mercado. Em vez de abordarmos cada uma dessas questões detalhadamente, propomos um modelo de análise (veja a Figura 13.1) que nos permita destacar conexões específicas entre tais questões e sua implicação para vincular a VBR com o marketing. Nós nos concentramos nos principais componentes da Figura 13.1 que mostram como recursos específicos do marketing são alavancados por meio de processos voltados para o mercado para proporcionarem valor superior para o cliente que resulta em vantagens competitivas e desempenho corporativo. Esta extração de valor, por sua vez, resulta em recursos superiores (inclusive financeiros) que podem alimentar ativos baseados no mercado e capacidades no futuro.

## 13.3 RECURSOS ESPECÍFICOS DO MARKETING

Os críticos da VBR (Collis, 1994; Priem & Butler, 2001b) lamentam a tendência dos seus defensores de evitar especificar o que constitui um recurso e seus defensores reconhecem as dificuldades para o desenvolvimento da teoria quando o conceito de um recurso permanece mal definido. Portanto, uma razão pela qual os estudiosos do marketing não adotaram a VBR de maneira mais vigorosa talvez resida na ausência de qualquer delineação e classificação geralmente aceitas de recursos em geral (Priem & Butler, 2001a) e ativos e capacidades específicos do marketing em particular (Day, 1994; Hunt, 2000). Portanto, qualquer aplicação da VBR ao marketing é auxiliada de maneira considerável se pudermos identificar recursos que são tanto específicos do marketing (ou seja, são gerados e alavancados em grande parte através de

**QUADRO 13.1** Questões da VBR: Alguns vínculos com o marketing

| Questão da VBR | Literatura/ perspectiva da VBR | Elementos da questão | Relevância do marketing |
|---|---|---|---|
| *Onde* se determina o valor? | A determinação do valor é exógena à VBR (ocorre externamente à empresa no mercado). | Portanto, o valor está sujeito a escolhas feitas por atores externos à empresa e a múltiplas fontes de mudança externa. | No seu âmago, o marketing aborda a criação de valor para os clientes. O foco do marketing, por definição, é externo. |
| *Qual* é a fonte de valor? | O valor flui a partir de recursos com atributos específicos: eles são raros, inimitáveis, insubstituíveis, etc. | Vínculos *causais* diretos entre um recurso com os atributos desejados e o valor que eles originam para partes interessadas externas específicas precisam de boa vontade e acessibilidade. | O marketing tenta determinar qual valor os clientes percebem, experimentam e compreendem. |
| *Como* se cria o valor? | O processo de transformar recursos em valor não tem sido um ponto focal na VBR. | Os recursos são a fonte de valor, mas a empresa deve fazer alguma coisa com eles para criar resultados que, por sua vez, as partes interessadas externas irão avaliar. | Atividades de marketing fornecem um meio distinto pelo qual se cria valor para os clientes. |
| *Quando* se identifica o valor? | Tende a ser *post hoc* no trabalho empírico da VBR: identificado depois de ter sido criado (e depois relacionado com os atributos dos recursos). | A estratégia requer alguma projeção *a priori* do valor a ser criado para partes interessadas externas específicas. Se o valor só for identificado *a positori*, então a estratégia como um processo proativo será em grande parte circunscrita. | O marketing declara que identifica o valor *ex ante* e começa com uma ênfase na determinação das necessidades dos clientes. |
| Qual é a *fonte* de recursos? | As origens dos recursos (e como eles evoluem) têm recebido relativamente pouca atenção na literatura sobre a VBR. | A criação de recursos é fundamental para aspectos empresariais do desenvolvimento e da execução da estratégia. | O marketing gera múltiplas formas de recursos (por exemplo, as percepções dos clientes) que podem ser alavancados no processo de criação de valor para o cliente. |
| Qual é o *grau* de especificação dos recursos? | A especificação dos recursos tende a ser rústica em vez de refinada. | A compreensão dos detalhes de recursos individuais fundamentais para desenvolver implicações de pesquisa e implicações prescritivas. | Ativos e capacidades específicos do marketing podem ser/ foram delineados e documentados de maneira bastante detalhada. |

| Questão da VBR | Literatura/ perspectiva da VBR | Elementos da questão | Relevância do marketing |
|---|---|---|---|
| Até que ponto se buscam efeitos de interação de recursos? | Costumam ser observados, mas não é um foco distintivo do trabalho teórico ou empírico. | Os "serviços" prestados por qualquer recurso são alavancados apenas quando são combinados com outros recursos. | O marketing necessariamente leva à combinação de ativos e capacidades (dentro do marketing e com outras áreas funcionais). |
| A análise da VBR é estática ou dinâmica? | Análise representada como sendo dinâmica. Mas, muitas vezes, chega-se a implicações teóricas de acordo com o equilíbrio competitivo – ou seja, previsões estáticas. | A dinâmica competitiva sugere que o valor para o cliente (vantagens competitivas) estão sempre num processo de mudança. | Busca por vantagens competitivas diferenciais (valor para o cliente) leva a desequilíbrios provocando concorrência dinâmica. |
| Heterogeneidade do mercado (demanda e oferta/recurso) | Heterogeneidades e incertezas do mercado são reconhecidas, mas têm recebido atenção limitada na literatura sobre a VBR. | Valor para o cliente para nichos de mercado pode ser gerado ao se direcionar para diferentes segmentos de mercado e/ou diferentes concorrentes ao se alavancar complementadores diferentes. | Os conceitos de segmentação, diferenciação e posicionamento representam os principais elementos da teoria e da prática do marketing voltados para as informações. |
| Informações e incerteza sobre o mercado (cliente e concorrente) | Informações e conhecimento de mercado como centro para o desenvolvimento de vantagens competitivas. Ainda assim, o foco da VBR tem sido em ativos e capacidades internos. | Informações (e um tino para gestão baseada no conhecimento) são essenciais para concorrer em mercados de ciclo curto e heterogêneos (fragmentados). Precisa-se de informações externas para se navegar por mercados e para executar operações tanto de maneira eficiente quanto de maneira eficaz. | A orientação para o mercado defende a aquisição, a disseminação e as utilizações sistemáticas de informações para o desenvolvimento da estratégia e sua colocação em prática. A orientação para o mercado é um recurso em si mesma. |
| Aprendizado da organização | Recursos intangíveis como cultura, conhecimento e competências podem levar a vantagens competitivas | Não são os recursos (tangíveis) em si que garantem a criação de valor para o cliente. Mas trata-se de como estes recursos são alavancados pelo aprendizado embutido em capacidades/ competências. | O processo de concorrência (desenvolvimento de novos produtos, canais inovadores e novas maneiras de apoiar clientes) fornece uma oportunidade de aprender que leva à descoberta do conhecimento |

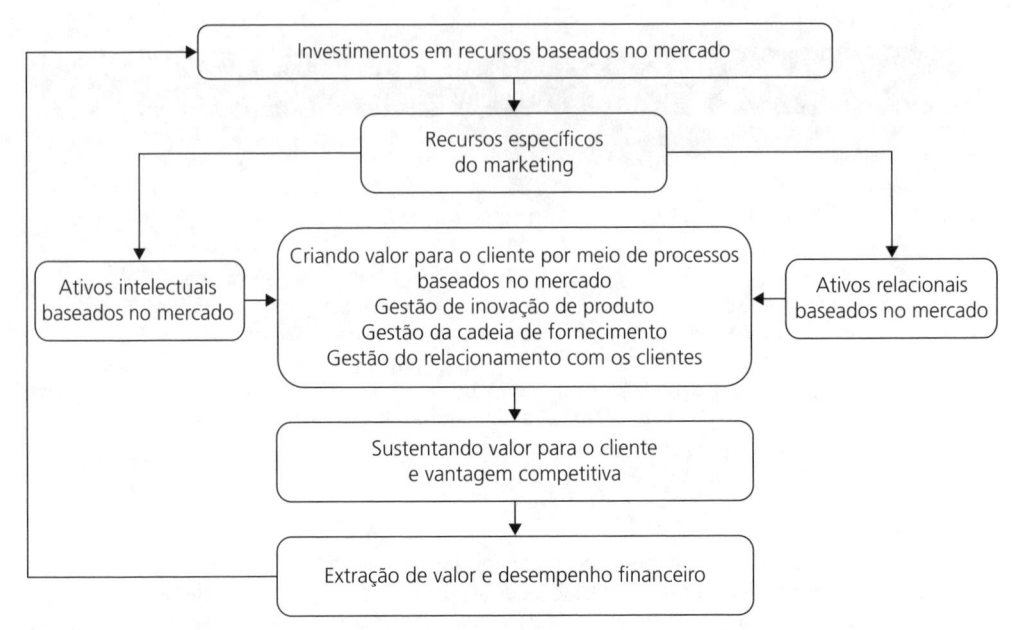

```
┌─────────────────────────────────────────────────┐
│     Investimentos em recursos baseados no mercado │
└─────────────────────────────────────────────────┘
                        ↓
            ┌─────────────────────┐
            │ Recursos específicos │
            │    do marketing      │
            └─────────────────────┘
```

**FIGURA 13.1** Modelo para análise de recursos baseados no mercado.

atividades de marketing) e potencialmente manifestam pelo menos alguns dos atributos desejados da VBR (ou seja, parecem difíceis de imitar, são raros, etc.). Ativos baseados no mercado, (veja Srivastava, Shervani & Fahey, 1998) atendem a ambos os critérios. No entanto, para delinear e avaliar de maneira mais específica como o valor é criado e sustentado, exploramos distinções parcialmente defendidas por outros (Day, 1994; Fahey, 1999; Hunt & Morgan 1995, Hunt, 2000) para refinarmos ainda mais a noção e ampliarmos a relevância de ativos baseados no mercado. Portanto, distinguimos entre ativos, processos e capacidades – os principais elementos constitutivos em qualquer sistema potencial de recurso (Barney, 1997; Collis & Montgomery, 1995).

## 13.4 ATIVOS BASEADOS NO MERCADO

Os ativos referem-se a atributos organizacionais que uma organização pode adquirir, desenvolver, alimentar e alavancar tanto para finalidades internas (organizacionais) quanto externas (de mercado) (Barney, 1991; Hunt & Morgan, 1995; Mahoney & Pandian 1992, Srivastava, Shervani & Fahey, 1998). Os ativos baseados no mercado são principalmente de dois tipos relacionados: o relacional e o intelectual (ver o Quadro 13.2).

**Ativos relacionais** baseados no mercado são relacionamentos descritos no Quadro 13.2. A importância desses relacionamentos para a prática do marketing fica evidenciada no surgimento do "marketing do relaciona-

**QUADRO 13.2** Ativos e capacidades baseados no mercado (intangíveis e fora do balanço)

| Relacionais | Intelectuais |
|---|---|
| Externos | Internos |
| ativos entrelaçados | ativos arraigados |
| relacionamentos (canais, clientes, redes & ecossistemas) | conhecimento (*know-what* e *know-how* incluídos em indivíduos e processos) |
| Ativos intangíveis associados com organizações externas que não são possuídas ou plenamente controladas pela empresa. Estes incluem relacionamentos com partes interessadas externas e suas percepções:<br><br>• Clientes;<br>• Canais;<br>• Parceiros estratégicos;<br>• Fornecedores de bens e serviços complementares;<br>• Acordos de terceirização;<br>• Relacionamentos de redes e ecossistemas | Ativos intangíveis que residem dentro das fronteiras da empresa, incluindo:<br><br>• Muitas classes e tipos de conhecimento tanto sobre o ambiente externo quanto sobre o ambiente interno;<br>• *Know-how* incluído nas habilidades dos indivíduos ou das unidades (por exemplo, como interagir com clientes para obter maior qualidade de dados sobre o mercado);<br>• *Know-how* para alavancar relacionamentos dentro de organizações (por exemplo, a capacidade das forças de vendas de fazer vendas cruzadas de produtos e serviços);<br>• Capacidades baseadas em processos (por exemplo, *know-how* de lançamento de novos produtos ou habilidades de gestão de relacionamento com os clientes). |

mento" como um foco dominante tanto dos teóricos quanto dos praticantes do marketing (Sheth & Parvatiyar, 1995). Como esses ativos relacionais baseiam-se em fatores como confiança e reputação, existe o potencial para que qualquer organização desenvolva relações íntimas com clientes no sentido de poderem ser relativamente raras e difíceis para os rivais replicarem. Os recursos relacionais tendem a ser intangíveis, difíceis de medir e, portanto, não são alimentados. Eles são externos à empresa, muitas vezes simplesmente "disponíveis" para uma empresa, em vez de "possuídos".

**Ativos intelectuais** baseados no mercado são os tipos de conhecimento que uma empresa possui sobre seu ambiente competitivo. As empresas têm um grande problema estratégico e informacional (e uma grande oportunidade) diante de heterogeneidades do mercado na demanda (preferências do cliente) e da oferta de produtos (Hunt, 2000). Esse oportunismo é auxiliado por uma orientação para o mercado que defende a aquisição sistemática, a disseminação e a utilização de informações para orientar o desenvolvimento e a colocação em prática da estratégia (Kohli & Jaworski, 1990). No mínimo, a estratégia de negócio envolve a identificação e a seleção de segmentos de mercado, o desenvolvimento de ofertas adequadas e a reunião dos recursos requeridos para a produção e a entrega das ofertas. Por sua vez, isso requer que, cada vez mais, as organizações invistam uma quantidade considerável de tempo, energia e dinheiro para criarem um conhecimento profundo e criterioso para o cliente (Fahey, 1999; Glazer, 1991).

## 13.5 PROCESSOS BASEADOS NO MERCADO

Até mesmo os defensores mais estrondosos da VBR admitem que exista uma desatenção relativa na literatura sobre a VBR no que diz respeito a revelar a caixa preta pela qual os recursos são convertidos em algo de valor para partes interessadas externas (Barney, 2001). A conversão de ativos, como ações, em produtos ou soluções para clientes, ocorre por meio de processos, ou seja, da coleção de rotinas e tarefas de trabalho inter-relacionadas (Davenport, 1993). Portanto, os ativos empresariais baseados no mercado (ou, na verdade, qualquer outro tipo) deverão ser absorvidos, transformados e alavancados como parte de algum *processo de organização* para converterem insumos em produtos ou soluções que os clientes desejarem – e, portanto, gerarem valor econômico para a organização (Lehmann, 1997; Srivastava, Shervani & Fahey, 1999).

Levando-se em conta nosso interesse em vincularmos a VBR com o marketing, de acordo com Day (1994, 1997), Srivastava, Shervani e Fahey (1999) e outros, nós distinguimos entre processos voltados para o mercado ou processos operacionais principais que se concentram no desenvolvimento e no fornecimento de produtos ou soluções – gestão do desenvolvimento de produto, gestão da cadeia de fornecimento e gestão do relacionamento com o cliente – e processos centrados em não clientes como a aquisição, o desenvolvimento e a implantação de recursos humanos. Cada um destes processos empresariais voltados para o mercado é interfuncional; o marketing desempenha papéis diferentes, porém importantes, dentro de cada um deles (Lehmann, 1997).

Relacionamentos que residem no cerne de redes de mercado (Shapiro & Varian, 1998) são fundamentais para o funcionamento dos processos ligados aos principais clientes (Wayland & Cole, 1997). E o conhecimento das principais entidades de mercado como clientes, canais, concorrentes e fornecedores servem como insumo crítico para o projeto e a implantação de processos centrais ligados ao cliente (Day, 1994; Glazer, 1991). Sem compreendermos esses elos interativos, não poderemos descrever, muito menos explicar, *como e por que* os ativos geram valor para o cliente (direta e indiretamente). E é claro que ativos *relacionais e intelectuais* baseados no mercado reforçam uns aos outros na execução de processos empresariais voltados para o mercado.

## 13.6 CAPACIDADES BASEADAS NO MERCADO

As consequências e os resultados de processos fornecem a métrica necessária para determinar a presença e o valor comparativo de capacidades (Collis & Montgomery, 1995). Capacidades específicas do marketing, portanto, capturam e refletem até que ponto uma empresa realiza cada processo fundamental de conexão com o cliente (Day, 1994, 2001) e projeta e gerencia subprocessos dentro do processo de gestão do relacionamento com o cliente (Srivastava, Shervani & Fahey, 1999).

## 13.7 VALOR PARA O CLIENTE

A determinação exógena de valor na VBR inexoravelmente aponta para a necessidade de abordar "o valor de recursos com ferramentas teóricas que especifiquem as condições de mercado sob as quais diferentes recursos serão e não serão valiosos" (Barney, 2001, p. 43).

Quando visto pela lente do conceito de marketing (Kotler, 2000), o lado da demanda das condições de mercado requer a transformação dos recursos de qualquer empresa em uma oferta que os clientes podem ver e experimentar e determinar se eles querem comprá-lo ou não. Em resumo, pode se dizer que uma empresa tenha uma vantagem baseada no cliente quando (algum segmento dos) clientes preferirem e escolherem sua oferta em vez daquela feita por um ou mais rivais.

A crítica à VBR por sua falta de parametrização do valor (Priem & Butler, 2001a) e por uma imprecisão na sua delineação da vantagem competitiva (Deligonul & Cavusgil, 1996) obriga a estipulação de uma pergunta inevitável: quais devem ser as principais dimensões de valor para o cliente? E, preferivelmente, a identificação de dimensões que permitiriam tanto o desenvolvimento teórico quando o teste empírico para integrar a VBR com o marketing. Os estudiosos do marketing (Keller, 1993; Kotler, 2000) sugerem quatro dimensões principais de valor para o cliente:

### Atributos

Tipicamente, os clientes avaliam tanto as características do produto quanto os atributos funcionais. Por exemplo, os clientes poderão avaliar as características tangíveis relacionadas a um automóvel como potência, tamanho, capacidade de transporte de pessoas ou espaço de porta-malas. Atributos funcionais referem-se à maneira pela qual a oferta pode ser usada – como características específicas tornam o produto mais útil. Os atributos e características tangíveis de um produto e os atributos funcionais costumam ser chamados de "atributos de busca" e podem ser avaliados por consumidores antes de comprarem sem tentativa (Nelson, 1970) e podem ser copiados por concorrentes (Srivastava & Shocker, 1991).

## Benefícios

Os clientes podem incorrer em benefícios experimentais, que incluem fatores intangíveis como confiabilidade percebida, facilidade de uso e tempo requerido para aprender a utilizar o produto. Como a experiência (tempo) do cliente é limitada, marcas que foram experimentadas de maneira positiva por clientes desfrutam de uma vantagem competitiva sobre outras que ainda não tiverem sido tentadas.

## Atitudes

Ao longo do tempo, baseado em parte na avaliação que os clientes fizerem sobre atributos e benefícios, eles desenvolvem atitudes na direção de uma empresa ou de uma marca específicas ou percepções holísticas delas e de suas ofertas. Benefícios simbólicos incluem a imagem da marca ou a exclusividade associada com a posse de um produto específico.

## Efeitos de Rede

Cada vez mais os clientes derivam valor de serem parte de uma ou mais redes organizacionais associadas com um fornecedor e suas ofertas (Arthur, 1994). À medida que empresas individuais se tornam o nódulo numa rede interconectada de relacionamentos com entidades externas (Quinn, 1992), sua capacidade de gerar, integrar e alavancar conhecimento e relacionamentos se estende de maneira considerável além dos recursos que elas possuem e controlam. Uma pesquisa recente mostra que o valor de um produto para clientes pode ser melhorado de acordo com o tamanho e o crescimento da redes de clientes, produtores de bens e serviços complementares e até mesmo de concorrentes (Frels, Shervani & Srivastava, 2001). Os "melhores" produtos não necessariamente ganham. Aqueles com melhores redes costumam ganhar. Consequentemente, ativos que integram uma rede baseada no mercado ajudam uma empresa a criar valor sobre produtos isolados e acima deles. Um deslocamento de uma integração vertical para alianças horizontais reforça a necessidade de se deslocar da concorrência isolada para a rivalidade em rede. Além disso, alianças horizontais requerem um foco em maior colaboração, no compartilhamento de informações e confiança através de cadeias de valor.

Benefícios, atitudes e efeitos de rede experimentais e simbólicos são menos tangíveis e mais difíceis de avaliar em comparação com atributos e características de busca tangíveis. Como eles costumam requerer experiência do cliente e um envolvimento (pelo menos mental), eles são a base da confiança e da reputação da marca. Além disso, como a experiência (o recurso de tempo do consumidor) é limitada, as marcas tornam-se importantes sinais de qualidade (Keller 1993) e uma barreira potencial à concorrência (Srivastava & Shocker, 1991). O marketing desempenha um papel importante na navegação do mercado para identificar atributos e benefícios da configuração do produto que os clientes buscam (Lehman, 1997), comunicando-os a equipes de desenvolvimento de produto por meio de processos de lançamento da função qualidade (Hauser & Clausing, 1988), assim como reunindo os conjuntos certos de sócios (ativos baseados no mercado) para fornecerem valor adicional através de produtos complementares em rede ou de compatibilidade por meio de redes de usuários mais extensivas (Frels, Shervani & Srivastava, 2001).

## 13.8 GERANDO VALOR PARA O CLIENTE

Tanto a VBR quanto o marketing explicitamente reconhecem que o valor para o cliente se origina e existe no mercado externo. Portanto, qualquer esforço para integrar a VBR com o marketing, com um foco na *geração* (em oposição à sustentação) de valor para o cliente, deve arcar com duas questões centrais, porém inter-relacionadas: (1) de onde vêm as oportunidades do mercado – configurações de soluções para as necessidades dos clientes? e (2) de onde vêm os recursos – uma configuração de ativos e capacidades requeridas para gerar e capturar uma oportunidade?

Em comparação com a atenção pródiga em identificar e avaliar atributos desejados dos recursos, estas duas questões receberam uma consideração relativamente escassa na literatura sobre a VBR (Godgrey & Gregersen, 1997), até mesmo pelos seus críticos mais severos (Priem & Butler, 2001). Ainda assim, as duas questões inevitavelmente atormentam qualquer tentativa de desenvolver uma teoria de geração de valor para o cliente cuja intenção, em parte, é orientar a aquisição, o desenvolvimento e a implantação.

## 13.9 OPORTUNIDADES NO MERCADO: A CONTRIBUIÇÃO DO MARKETING

No final das contas, as oportunidades no mercado se manifestam na forma de novos produtos ou soluções que incorporam novas combinações de atributos, benefícios, atitudes e efeitos de rede. Imaginar *e* perceber uma oportunidade sempre requer um ato de empreendedorismo e inovação que provoca desequilíbrios ao criar um lucro schumpeteriano ou empreendedor (Hunt, 2000). Portanto, não é de se surpreender que soluções "revolucionárias" ou "radicais" ou novos conceitos de produtos requeiram um alto grau de risco assumido por gestores para entregarem fundamentalmente novos elementos de valor para o cliente cuja premissa é uma ideia singular sobre condições de mercado inerentemente incertas e complexas (Schumpeter, 1934; Rumelt, 1987). A intenção e o papel declarado do marketing se concentram em ver o mundo atual, o que surge e o potencial de maneiras diferentes (Drucker, 1983) para que as necessidades dos clientes possam ser identificadas, elaboradas e traduzidas em especificações de produtos (Hauser & Clausing, 1988; Von Hippel *et al.*, 1999), muitas vezes antes que os próprios clientes tenham consciência destas necessidades (Day, 1990).

No entanto, o que é fundamental para a VBR é que as restrições inerentes no portfólio *atual* de ativos e capacidades da organização delimitam a escolha de produtos ou soluções que ela pode oferecer ou os mercados em que ela pode entrar (Penrose, 1959) e os níveis de lucros que ela pode conseguir (Wernerfelt, 1984). Portanto, se for para uma organização produzir uma estratégia que crie um novo espaço de mercado (Hamel & Prahalad, 1995), manifestando dessa forma um conteúdo empreendedor legítimo (Rumelt, 1987), como a disciplina que se concentra mais naturalmente nessas oportunidades revolucionárias, o marketing deve sair dos modelos mentais (Senge, 1990) inerentes e que se refletem na configuração do recurso prevalecente da organização. Três desafios organizacionais no cerne da estratégia empreendedora encaixam-se perfeitamente no domínio do marketing: (1) escanear e projetar a mudança ambiental atual, que surge e potencial; (2) perceber os esboços de oportunidade potencial à espreita, mas raramente evidentes de maneira visível nessa mudança; e (3) traduzir a oportunidade (percebida) em soluções (potenciais) que geram valor para algum conjunto de clientes. Atender esses desafios do marketing proporciona diversas plataformas para vincular a VBR com o marketing.

## 13.10 PROJETANDO, PERCEBENDO E TRADUZINDO O VALOR PARA O CLIENTE: IMAGINANDO FUTUROS

Se for para a VBR superar a crítica persistente de que seus defensores frequentemente parecem identificar *a posteriori* a existência de recursos valiosos (Priem & Butler, 2001a), então ela deve enfrentar o desafio de reverter a sequência que Williamson (1999) deu a entender quando observou: "mostre-me uma história de sucesso e eu revelarei uma capacidade distintiva". Primeiro, a empresa deve articular uma história de sucesso potencial – uma oportunidade de mercado não percebida antes que ela possa considerar as configurações do ativo desejado e da capacidade. Para desenvolver e articular uma sequência que começa com o valor para o cliente e depois passa a determinar os requisitos dos recursos necessita da intervenção de habilidades de marketing e perícia para lidar com os três desafios observados acima.

As origens de oportunidades de mercado e, portanto, o valor para o cliente, sempre podem ser traçadas a uma fonte: mudança no contexto competitivo que a empresa enfrenta à sua volta (Drucker, 1986). Rupturas de tecnologia, flutuações econômicas, mudanças demográficas, inversões políticas e regulatórias, distúrbios sociais e culturais e a dinâmica normal do setor originam estados futuros potenciais alternativos de ambientes competitivos que representam uma descontinuidade dramática em relação a hoje. E essas evoluções acontecem ao longo do tempo: a compreensão do mundo emergente é, portanto, um trabalho que avança continuamente.

Tanto individualmente quanto em combinação, o escaneamento, a percepção e a tradução colocam uma grande demanda sobre o pensamento imaginativo, sobre a previsão criativa (Hamel & Prahalad, 1994) e sobre como essas forças de mudança podem interagir sobre períodos futuros para gerar uma nova oportunidade. Moldar estados finais competitivos alternativos futuros, por meio, por exemplo, da utilização de cenários (Schwartz, 1990), envolve delinear produtos ou soluções e os atributos, as funcionalidades, as atitudes e os efeitos de rede específicos associados com eles, que estão no cerne de cada oportunidade.

Como requisito metodológico, nos interesses de ideias criativas sobre configurações alternativas de valor potencial para o cliente sem os ônus dos preconceitos e dos interesses dos seus eleitorados internos, essa "aprendizagem com o futuro" voltada para o marketing (Fahey & Randall, 1999) demanda uma desconexão total do portfólio atual de recursos da organização e da sua configuração. Portanto, o caminho da análise vai das configurações do valor *potencial* para o cliente para necessidades de recursos desejados.

A teoria emergente da empresa baseada no conhecimento captura e explica em grande parte os *processos* organizacionais e de pensamento inerentes ao desenvolvimento e à implantação do conhecimento, centrais para imaginar e projetar valor para o cliente. Retratar e aprender com futuros alternativos requer processos de "saber", maneiras de interagir com implicações de ações, além de projetá-las, interpretá-las, compreendê-las e sugeri-las (Cook & Brown, 1999). Seu objetivo é desenvolver descrições ricas de como surgem ideais revolucionárias emergentes e potenciais (Nonaki &Tackeuchi, 1995) e, portanto, como novas oportunidades de negócios evoluem ao longo do tempo. A ênfase aqui está no pluralismo ou na heterogeneidade do conhecimento: múltiplas visões ou perspectivas distintas sobre como o contexto competitivo poderia evoluir e a variedade de oportunidades que elas poderiam gerar.

Esses processos inteligentes desafiam diretamente concepções hierárquicas, mecânicas e unidirecionais da empresa. Com uma ênfase na empresa como um "sistema dinâmico, em evolução, aparentemente autônomo de produção e aplicação de conhecimento" (Spender, 1996, p. 59), a perspectiva baseada no conhecimento, portanto, pode ser vista não como uma extensão ou um subconjunto da VBR, mas como um modelo que produz ideias sobre processos necessários para a criação de valor que simplesmente não podem ser extraídos da VBR nas suas versões atuais.

## 13.11 CAPACIDADES BASEADAS NO MERCADO

Os processos inteligentes, mencionados acima, sugerem fortemente que, no contexto de uma organização lutando com seus futuros emergentes e potenciais, considerações sobre o conhecimento (como fenômeno ou processo) não podem ser separados da ação (Cohen, 1998; Nonaka & Takeuchi, 1995). O conhecimento é tanto um resultado da ação situada quanto um insumo para ela (Weick & Roberts, 1993). É uma entidade que evolui continuamente, resultando de processos inteligentes que estão sempre mudando. Portanto, o que se requer é uma epistemologia da prática, em oposição a uma epistemologia da posse (Cook & Brown, 1999). Além disso, uma epistemologia da prática que aborde e privilegie a exploração, a busca por novas oportunidades, em oposição à exploração – ganhar e perceber oportunidades existentes (março de 1991).

Uma epistemologia da prática ecoa a incitação de Spender (1996, p. 55) para ver "a empresa como um sistema de atividade inteligente em vez de um sistema de conhecimento abstrato aplicado". A ênfase na inteligência como um processo intimamente comprometido e impregnado com um aprendizado tanto explícito quanto tácito sobre mudança de mercado atual, emergente e potencial tem pelo menos três implicações críticas para a "exploração" do desenvolvimento e da alavancagem de capacidades baseadas no mercado.

Em primeiro lugar, escanear/projetar, perceber e transformar, com foco em capturar ideias a partir de uma mudança de mercado persistente e turbulento, pode deixar a empresa com pouca escolha além de redesenhar e desenvolver drasticamente processos operacionais básicos centrados no cliente (Srivastava, Shervani & Fahey, 1999). Por exemplo, processos de pedido e entrega habilitados pela Internet colocam os clientes no centro em vez de no estágio final (Keen & McDonald, 2000). A necessidade de criar redes de entidades variadas com conhecimento, habilidades e tecnologias necessários fez com que muitas empresas reconfigurassem seus processos tanto para capturar novas ideias em condições de mercado emergentes e potenciais quanto para acelerar a criação e o desenvolvimento de protótipos de soluções (Nohria & Eccles, 1992).

Em segundo lugar, novos subprocessos essenciais tornam-se necessários como meio para ampliar o alcance de dados e informações do cliente de processos operacionais básicos existentes. Novamente, o âmbito e o papel de tecnologias eletrônicas são instrutivos. O crescimento de informações ao cliente sobre a Internet criou novas formas de pesquisa de mercado e permitiu experiências de mercado em tempo real para testar produtos e preços. Um resultado disso tem sido respostas mais rápidas a mudanças de mercado e detecção de ideias para novos produtos.

Em terceiro lugar, esses processos operacionais recentemente projetados requerem competência para gerenciar formas de colaboração tanto dentro da organização quanto com entidades externas. A necessidade de criar fluxos de novo conhecimento dentro e ao longo de fronteiras organizacionais sobre, por exemplo, situações dos clientes que se alteram, conexões de tecnologia emergentes ou até mesmo mudanças em soluções dos rivais muitas vezes envolve o acesso a novas fontes de informações externas, desenvolvendo parcerias com organizações especialistas (como agências de publicidade, empresas de consultoria, etc.) ou entrando em redes formais ou emergentes (Shapiro & Varian, 1998). Isso sugere que as capacidades de gestão ou as competências de mercado requerem uma integração de combinações de recursos básicos tangíveis e processos e relacionamentos intangíveis. Por sua vez, isso requer habilidades e conhecimento de empregados específicos que se encaixem juntos de maneira coerente com sinergia. Devido à natureza dessas competências, elas são exatamente os tipos de recursos imóveis para os quais uma vantagem comparativa pode ser duradoura (Hunt, 2000).

## 13.12 ATIVOS BASEADOS NO MERCADO: GERENCIANDO A DISJUNÇÃO NECESSÁRIA

Para que a empresa "se livre" totalmente das limitações mentais, culturais e organizacionais incluídas no seu portfólio atual de recursos para criar oportunidades de mercado revolucionárias, as capacidades baseadas no mercado discutidas acima devem gerar *ao longo do tempo* novos ativos intelectuais e relacionais baseados no mercado. Metodologias defendidas recentemente para "perceber" e antecipar condições ambientais em transformação (Haeckel, 1999) e as oportunidades inerentes em tecnologias contestadoras (Bower & Christensen, 1995) confirmam a importância de se desenvolver novo conhecimento escaneando e percebendo como precondição para se identificar oportunidades revolucionárias.

À medida que escanear, perceber e transformar leva os funcionários do marketing e de outras áreas a novos contextos competitivos e, assim, abordam domínios intelectuais e relacionais que são novos para a empresa, elas entram diretamente em conflito com a lógica dominante da empresa (Prahalad & Bettis, 1986), estruturas inerentes de conhecimento (Von Krogh, Ichijo & Nonaka, 2000) e maneiras de ver o mundo. A resistência dos esquemas causais ou mapas cognitivos compartilhados no cerne da lógica dominante de uma empresa novamente confirma a necessidade de se criar intencionalmente ativos intelectuais significativos e visíveis que possam estar em desacordo com a estrutura de conhecimento da organização aceita há muito tempo: especificamente, suas crenças, seus pressupostos e suas projeções implícitos ou tácitos sobre a direção e o estado futuros dos seus mercados familiares. Esse pluralismo ou heterogeneidade inteligente repudia a noção positivista de conhecimento unificado abstrato que domina não apenas a literatura sobre a VBR, mas também as literaturas sobre marketing e estratégia como sendo ingênua, simplista e estática demais para lidar com as exigências de um futuro que se revela.

Os fluxos de conhecimento inerentes a processos inteligentes ou, dito de maneira diferente, no desenvolvimento e no teste de estruturas de conhecimento, implica a importância do desenvolvimento e da alavancagem sem fim de ativos relacionais – relacionamentos com clientes, canais, fornecedores e outros. O escaneamento, a percepção e a transformação tornam-se mais fáceis e com mais discernimento quando clientes atuais ou potenciais são participantes ativos no fluxo de dados e informações de duas mãos, quando eles estão colaborando ativamente em distinguir suas próprias necessidades latentes (Sheth & Sobel, 2000). Além disso, compartilhar informações e conhecimento por toda a rede de valor poderá beneficiar todos os participantes.

## 13.13 VINCULANDO OS ATIVOS E OS PROCESSOS BASEADOS NO MERCADO AO DESEMPENHO FINANCEIRO

No final das contas, o valor dos recursos deve ser refletido em melhor desempenho financeiro. Srivastava, Shervani e Fahey (1998) propõem um modelo ilustrando que ativos baseados no mercado (medidas de estoque), alimentados por meio do valor para o cliente criado por meio de investimentos em processos de CRM, podem ser alavancados para conduzir o desempenho do mercado (medidas de fluxo) e, consequentemente, valor para o acionista. Esses relacionamentos são formados com base no valor entregue aos clientes por meio dos atributos dos produtos, de benefícios da experiência, atitudes e reputação e efeitos de rede, e podem ser alavancados para conduzir o desempenho do mercado a partir de preços mais altos (Farquhar, 1989), maiores participações de mercado (Boulding, Lee & Staelin, 1994), mais publicidade reagente e promoções (Keller, 1993), maior fidelidade do comprador (Reichheld, 1996) e respaldo de distribuição no mercado (Kamakura & Russell 1994), desvio de iniciativas competitivas (Srivastava & Shocker 1991), penetração mais precoce no mercado (Robertson, 1993) e ampliações de linhas de produtos (Keller & Aaker 1992). A retenção do cliente é uma barreira à entrada e, por sua vez, reduz o risco, aumentando, assim, o valor para o acionista (Srivastava *et al.*,1998).

Apesar de raras, análises vinculando ativos baseados no mercado ao valor para o acionista estão começando a surgir. Exemplos incluem Simon e Sullivan (1993), Srivastava, McInish, Wood e Capraro (1997), Capron e Hulland (1999) e Deephouse (2000), que demonstram que o valor de marca contribui positivamente para o valor da empresa. Porém, é necessário haver mais pesquisa para se vincular investimentos em outros tipos de ativos baseados no mercado como relacionamentos de rede ao desempenho financeiro. Pode-se argumentar que o valor de novas empresas de Internet pode ser atribuído, em parte, ao tamanho e à taxa de crescimento de redes interconectadas. Tome o caso da Travelocity. Quanto maior for o tamanho e a taxa de crescimento baseados em assinantes ou usuários, maior será o valor da Travelocity, tanto como um canal de mídia e transação para a rede de fornecedores (companhias aéreas, cadeias de hoteis, agências de aluguel de carro, fornecedores de pacotes de viagem, serviços financeiros globais, facilitadores e coisas semelhantes) quanto vice-versa. Uma organização como a Travelocity deve fazer investimentos estratégicos para desenvolver e sustentar esta multiplicidade de redes e fazer crescer suas capacidades tanto para a gestão de transações quanto de serviços (por meio da gestão da página na Internet e do *call center*, respectivamente).

## 13.14 SUSTENTANDO O VALOR PARA O CLIENTE: VINCULANDO O MARKETING COM A VBR

De acordo com nossa visão, os críticos da VBR argumentaram corretamente que a VBR representa mais uma teoria de sustentabilidade de uma vantagem do que de criação de uma vantagem (Priem & Butler, 2001b). Ainda assim, sempre se deve perguntar: qual vantagem está sendo sustentada? Uma ênfase no ato de vincular o marketing obriga a um foco em uma vantagem baseada no cliente, ou seja, o valor que os clientes percebem e experimentam a partir da interação com a empresa e suas ofertas que os instiga a continuarem a fazer negócio com a empresa. Preservar e proteger valor para o cliente, uma finalidade básica declarada do marketing, implica a capacidade de aumentar continuamente o valor (os atributos, os benefícios, as atitudes e os efeitos de rede) e de alimentar e renovar os ativos baseados no mercado e capacidades inerentes a essa criação de valor. Caso contrário, os rivais estão atirando contra um alvo fixo.

Não é de se surpreender que a VBR enfatize atributos de recursos ao avaliar a sustentabilidade do valor (Grant, 1991). Essa análise pode não apenas aumentar a análise tradicional de marketing de condições competitivas, mas também fornecer ideias que possam ajudar a explicar suas descobertas. Uma perspectiva de marketing que toma a melhoria e a sustentação do valor para o cliente como seu ponto de foco leva a uma compreensão maior de atributos de recursos fundamentais da VBR: raridade, imitabilidade, durabilidade e substituição.

## 13.15 RARIDADE

A VBR afirma que quanto mais raro for um recurso que gere valor, será mais provável que ele seja a fonte de uma vantagem competitiva *sustentada* (Barney, 1991; Peteraf, 1993). A análise da VBR se concentra em quantas empresas possuem o recurso – ou seja, se o número é menor do que o requerido para gerar uma dinâmica perfeita de concorrência (Barney, 2001).

No entanto, quando uma vantagem competitiva é denominada como vantagem baseada no cliente, ou seja, em termos de valor (superior) para o cliente, questões que dizem respeito à raridade ou à distinção de valor para o cliente *também* precisam ser levantadas e consideradas. Como recursos raros não levam automaticamente a (nenhuma forma de) vantagem competitiva e como o valor é exógeno à VBR, a raridade deve ser abordada tanto da perspectiva de recursos *quanto* do valor gerado, ou seja, da perspectiva do mercado (clientes). O marketing gera e avalia pelo menos três questões inter-relacionadas de valor para o cliente que, por definição, ficam fora do âmbito e do foco da VBR. Ainda assim, cada uma dessas questões contribui diretamente para avaliar a extensão, a distribuição e a sustentabilidade do suposto valor para o cliente e, por implicação, faz surgir questões essenciais ao se considerar a raridade do recurso: (1) qual valor é percebido e experimentado por quais clientes? (2) Quais são as ofertas contra as quais o cliente avalia o suposto valor? (3) Até que ponto o valor percebido e experimentado por diferentes segmentos de clientes é distinto?

O marketing pode esclarecer e aumentar a abordagem da VBR à raridade de diversas formas. Aqui enfatizamos de novo o papel e a importância de ativos e capacidades baseados no mercado. Em primeiro lugar, com pouca frequência, se alguma vez, o valor para o cliente será rastreado de volta para um *único* ativo baseado no mercado ou uma *única* capacidade baseada no mercado que seja totalmente rara, ou seja, exclusiva de uma empresa individual. Por exemplo, benefícios altamente distintos ao cliente com funcionalidade muito maior do produto costumam derivar de diversos ativos relacionais (por exemplo, vínculos com a matéria-prima e com fornecedores de tecnologia), ativos intelectuais (conhecimento das preferências dos clientes) e capacidades de marketing (por exemplo, a capacidade de desenvolver novas configurações de um produto que gerem novas possibilidades de gosto). Portanto, como o valor para o cliente quase sempre deriva de uma combinação de ativos e capacidades baseadas no mercado, deve-se exercer um cuidado extraordinário ao se indicar o "recurso" raro relevante.

Em segundo lugar, levando-se em conta qualquer conjunto de ativos e de capacidades baseados no mercado, diversos perfis simultâneos de valores distintos para o cliente são possíveis. Conforme ilustrado acima, segmentos diferentes de clientes percebem e experimentam de maneira diferente o valor ao longo das dimensões de atributos, benefícios, atitudes e efeitos de rede. Portanto, um conjunto (comparativamente) raro de ativos e capacidades baseados no mercado pode ser transformado em múltiplas formas de vantagem baseada no cliente.

Em terceiro lugar, uma perspectiva de marketing altera as considerações fundamentais de recursos além das questões clássicas e relevantes da VBR: quantas empresas atualmente possuem o ativo "valioso" ou a capacidade "valiosa" e até que ponto (Grant, 1991)? Em vez disso, a pergunta fundamental torna-se se e como os ativos e as capacidades podem ser alavancados. Por exemplo, se apenas poucas empresas possuírem uma determinada forma de uma capacidade específica de marketing, como a capacidade de desenvolver novos produtos ou soluções incorporando múltiplas tecnologias, então as questões fundamentais passam a ser: Qual (is) empresa (s) pode (m) alavancar o *know-how* mais rápido para chegar mais rápido ao mercado e desenvolver a vantagem do primeiro jogador? Portanto, a raridade do recurso evolui para uma consideração de ativo relativo e de superioridade de processo, além de se e como essa superioridade é alavancada.

Em quarto lugar, como com cada outro atributo dos recursos, sua raridade deverá ser avaliada em relação a uma mudança emergente e potencial no contexto competitivo (Reed & De Fillippi, 1990). Como várias empresas descobriram, para sua grande surpresa e desgosto, um ativo relativamente raro e superior ou um processo operacional que gera valor amplo para o cliente hoje não pode fazer isso nas circunstâncias competitivas mudadas de amanhã. E isso pode ocorrer até mesmo onde o ativo ou o processo operacional é, em grande parte, inimitável. A característica de evolução rápida e descontínua de um produto ou solução de muitos espaços competitivos, muitas vezes por causa dos efeitos de tecnologias contestadoras, torna os ativos relativamente raros e gerando valor para o cliente de empresas dominantes sem efeito.

## 13.16 INIMITABILIDADE

De maneira correta, a VBR enfatiza muito a inimitabilidade dos recursos que geram valor como um pré-requisito para sustentar quaisquer vantagens competitivas que gerem (Rumelt, 1995). Conforme observa Connor (1991, p. 121-122) "a capacidade de uma empresa de obter e manter posições de mercado lucrativas depende da sua capacidade de ganhar e defender posições vantajosas em recursos inerentes importantes para a produção e a distribuição".

O marketing oferece uma abordagem complementar voltada ao mercado para a análise da inimitabilidade. O conceito de marketing, por definição, lida com a imitação do valor (para o cliente). Ao conceberem, projetarem e entregarem soluções, os vendedores lidam com a imitação ao longo dos modos de valor conforme *percebidos, experimentados* e *compreendidos por clientes*: atributos, benefícios, atitudes e efeitos de rede. Conforme observado anteriormente, os elementos de valor mais intangíveis (por exemplo, benefícios da experiência) são mais difíceis de imitar. Além disso, elementos tácitos de conhecimento de processo tornam mais difícil para os concorrentes imitarem as empresas já estabelecidas. Por exemplo, o processo de desenvolver novos produtos é, em si, baseado em conhecimento tácito. Quanto mais uma empresa investir tempo, energia e talento no processo de desenvolvimento do novo produto, maior será seu reservatório de conhecimento tácito no que diz respeito a como utilizar inteligência de mercado e relacionamentos de sócios na orientação do desenvolvimento de novos produtos (NPD) e melhoria contínua. Portanto, da mesma maneira que as curvas de aprendizagem confirmam custos de produção reduzidos, a experiência acumulada no contexto de processos de NPD pode reduzir os custos de desenvolvimento de um produto e tempos de ciclo de inovação mais rápidos (Eisenhardt & Brown, 1998, Bower & Christensen, 1995). Além disso, o conhecimento da mudança dos gostos e critérios de compra de clientes permite que uma empresa adapte seus processos de fabricação e engenharia para personalizar produtos com a funcionalidade e características que os clientes demandam (Pine, 1993).

O marketing pode esclarecer e melhorar a compreensão sobre a inimitabilidade dos seus ativos e capacidades que geram valor de duas formas relacionadas: ao avaliar a capacidade dos rivais de imitarem seu valor para o cliente e ao aumentar e ampliar a inimitabilidade dos seus principais recursos que geram valor. Vamos considerar cada um.

## Capacidade de imitação pelos rivais

No caso extremo de ignorância completa, os vendedores em uma entidade rival poderão concluir ou pressupor relutantemente que eles não sabem como a empresa focal cria valor para o cliente, devido, por exemplo, à ambiguidade causal, à complexidade social e à dependência do caminho. Portanto, precisam perguntar: como sua empresa (ou qualquer outra rival) pode desenvolver e entregar um valor comparável ou superior para o cliente? Assim, os rivais deverão começar a partir de um ponto de partida de mercado inevitável ao fazer o seguinte conjunto de perguntas: (1) o que constituiria um valor competitivo ou superior para a proposição do cliente? (2) Como ele poderá ser testado no mercado? (3) O que seria preciso fazer para desenvolver e entregar o valor superior para o cliente?

Como o valor para o cliente sempre reflete uma combinação de atributos, benefícios, atitudes e efeitos de rede, os rivais podem especificar diretamente como pode parecer uma configuração de produto ou solução semelhante ou potencialmente mais atraente. Por exemplo, provedores de software podem delinear rapidamente os atributos e benefícios que uma solução precisaria ter para imitar ou para ter um desempenho melhor que a entrada de um novo produto do rival. Trabalhando de trás para frente, eles poderão determinar, então, quais ativos baseados no mercado (conhecimento, relacionamentos) e processos (capacidade de desenvolver e testar códigos de linha, capacidade de testar no lugar com clientes) seriam requeridos. Seguir tal linha de explicação desafia a empresa focal a identificar e testar como um rival poderá desenvolver ativos e capacidades para imitar seu valor para o cliente – e, portanto, para avaliar diretamente se seus principais recursos geradores de valor podem ser imitados ou não e até que ponto isso pode acontecer.

No caso mais típico de *ignorância parcial*, um rival possui alguma compreensão dos ativos e das capacidades de uma empresa baseados no mercado e de como eles contribuem para o valor para o cliente. Além da abordagem da imitação do valor para o cliente que acabou de ser discutida, a questão de imitação dos recursos torna-se mais de replicação. O desafio para o rival pode ser reduzido a duas perguntas: (1) como os recursos geradores de valor podem ser replicados? e (2) Será que faz sentido em termos de mercado e economia fazer isso?

## Aprimorando a inimitabilidade dos recursos

O marketing também pode contribuir para identificar e aprimorar a inimitabilidade de recursos geradores de valor. À medida que os vendedores identificam e elaboram como os ativos e capacidades baseadas no mercado contribuem para o valor para o cliente, eles podem avaliar a inimitabilidade de ativos e capacidades individuais e talvez, de maneira mais importante, combinações de ativos e capacidades. Por suas próprias naturezas, benefícios da experiência são tanto intangíveis quanto difíceis de imitar. Por exemplo, descobriu-se que clientes que experimentam o fracasso de um produto são ainda mais fieis em comparação com aqueles que não experimentaram nenhuma pane se o problema deles tiver sido resolvido de maneira rápida e justa (Zeithaml, Berry & Parsuraman, 1988).

Além disso, um foco de marketing nos interesses de aumentar o valor para o cliente deve ser aprimorar e atualizar continuamente ativos e capacidades específicos, assim como sua interação.

Isso pode ser alcançado por meio de diversos meios como vendas cruzadas e agrupamentos. Quanto maior for a quantidade de vínculos entre vendedores e clientes, e quanto mais intangíveis forem os elementos de valor, mais difícil é para os concorrentes imitarem a oferta. Ou seja, enquanto um concorrente pode fazer "engenharia reversa" em características de produtos e comparar-se em outros elementos tangíveis (por exemplo, preço) é mais difícil replicar os intangíveis (marca, duração de relacionamento, confiança).

## 13.17 DURABILIDADE

A dinâmica de imitação implicada acima inexoravelmente levanta questões relacionadas à durabilidade tanto do valor para o cliente quanto dos recursos inerentes geradores de valor. O marketing contribui para a análise da durabilidade ao concentrar a atenção em uma questão fundamental de vantagem baseada no cliente: como será que o valor distinto para o cliente (associado com alguns ativos e algumas capacidades inerentes baseados no mercado) se dissipa ou desaparece ao longo do tempo? O marketing nos alerta para várias facetas de valor para o cliente, sendo que cada uma delas oferece ideias tanto sobre a geração quanto sobre a sustentação (baseada no cliente) da durabilidade da vantagem. Em primeiro lugar, uma premissa dominante inerente ao conceito e à prática do marketing é que qualquer configuração de valor para o cliente deve ser aumentada continuamente. Portanto, a não ser que a empresa de automóveis acrescente continuamente novos atributos e benefícios, remodele atitudes e embeleze efeitos de rede, ela se tornará "alvo fácil" para os rivais. Em resumo, a própria falta de ação de uma empresa, em vez dos esforços de imitação pelos rivais, causa o fim da vantagem.

Em segundo lugar, um princípio do marketing aceito há muito tempo proclama que uma vantagem genuína baseada nos clientes emana da integração dos modos de valor para o cliente (atributos, benefícios, etc.) e não de qualquer modo sozinho. Portanto, a durabilidade do valor para o cliente é mais provável quando o cliente percebe e experimenta valor que se origina em cada um dos modos de valor e é reforçado por eles.

Em terceiro lugar, os vendedores buscam não apenas valor para o cliente inimitável de curto prazo, mas uma vantagem de prazo mais longo baseada no cliente. Isso pode sugerir que vantagens baseadas em um desempenho superior em diversos processos voltados para o mercado devem levar a um valor mais duradouro. As vantagens da simplicidade para aprimorar a execução e a implementação de processos internos devem ser negociadas em comparação com os benefícios da complexidade e da integração de processos voltados para o mercado.

No entanto, o marketing também pode contribuir para compreender a durabilidade dos recursos. Podemos fazer a pergunta central: como o marketing pode permitir a compreensão de como e por que ativos específicos e capacidades específicas baseados no mercado diminuem, decaem ou se desvalorizam? Essa pergunta pressupõe uma importância especial diante da surpreendentemente pouca atenção que os teóricos da VBR dedicam ao processo de decadência de ativos e capacidades intangíveis (e, é claro, as implicações consequentes para criar e sustentar valor para o cliente).

O marketing direciona nossa atenção para várias questões fundamentais. Em primeiro lugar, o comprometimento dos vendedores com o investimento em ativos e capacidades baseados no mercado destaca uma característica crítica dos recursos baseados no mercado: se deixados desacompanhados, eles certamente não continuam a "crescer". Em resumo, um resultado fundamental de vincular de maneira mais intensa o marketing e a VBR pode muito bem ser uma preocupação consideravelmente maior com os processos de decadência e desvalorização dos recursos.

Em segundo lugar, o marketing está em uma posição singular para monitorar e avaliar como e por que o conhecimento e relacionamentos de mercado podem diminuir ao longo do tempo ou se desvalorizarem de maneira arrojada. Por exemplo, por meio das suas atividades normais de pesquisa de mercado, o marketing é capaz de detectar por que o relacionamento da empresa com os principais clientes está encontrando dificuldades (por exemplo, por causa do atraso em entregas). O marketing também pode detectar por que o conhecimento do cliente pode estar se deteriorando (por exemplo, por causa de mudanças na força de vendas ou de uma diminuição de ênfase na "intimidade com o cliente").

## 13.18 POSSIBILIDADE DE SUBSTITUIÇÃO

A VBR sempre reconheceu a vulnerabilidade da derivação de vantagem, mesmo quando ela deriva de recursos raros, inimitáveis e duráveis, em combinações de recursos estrategicamente equivalentes – em resumo, substituição de recursos (Barney, 1991; Amit & Schoemaker, 1993). Sustentar uma vantagem baseada no cliente diante da substituição do valor potencial para o cliente exige pelo menos duas perguntas que têm recebido surpreendentemente pouca atenção na literatura sobre a VBR: (1) de onde vêm configurações de recursos estrategicamente equivalentes? (2) Como elas poderão evoluir para gerar um valor comparável ou superior para o cliente? De novo, o marketing pode contribuir com ideias sobre as duas perguntas com implicações distintas para a aplicação da VBR.

O marketing aborda diretamente a questão crucial da análise da unidade de mercado associada com a análise da VBR (Barney, 2001): qual é o "setor" ou domínio de mercado relevante no que diz respeito à substituição do valor para o cliente (e, portanto, para a substituição de recursos)? O marketing altera e elabora explicitamente o modelo de análise do mercado. Os vendedores já reconheceram há muito tempo que as fronteiras de um mercado ou de um setor denominadas por um produto tradicional não são mais adequadas para se analisar oportunidades de mercado, detectar novas formas de concorrência ou identificar rivais atuais e potenciais que entreguem soluções com valor equivalente para os clientes. Portanto, até aqui a discussão de sustentar valor para o cliente e suas implicações de recursos se altera drasticamente quando a questão da substituição da solução (e, portanto, do valor para o cliente) é apresentada. Mudar o modelo de análise do mercado de produtos ou soluções relativamente parecidos para basicamente diferentes pode fazer com que a raridade dos recursos não conduza mais a uma vantagem, com as barreiras de imitação de recursos provando ser inúteis em grande parte e com a durabilidade presumida de recursos e de valor para o cliente entrando repentinamente em curto-circuito.

Uma lente voltada para um mercado mal definido e que muda sempre sugere um papel distinto e convincente para o marketing na determinação da presença ou do surgimento de soluções substitutas funcionais por meio da identificação de proposições novas ou emergentes de valor para o cliente que indicar configurações de recursos estrategicamente equivalentes. Como a rivalidade entre substitutos funcionais costuma se tornar um jogo de soma zero, os vendedores devem procurar indicadores de soluções de substitutos funcionais emergentes, as empresas com probabilidade de desenvolverem e venderem isto, o momento e a sequência da entrada no mercado e seu potencial de penetração no mercado. A não ser que eles se comprometam com essa análise, os vendedores poderão gastar inadvertidamente muitos recursos insistindo em uma oportunidade que se desgasta rapidamente em torno do seu portfólio de produto atual, enquanto ignoram oportunidades que surgem em outros lugares.

De maneira mais geral, o marketing como a institucionalização do escaneamento e da projeção ambiental pode ter um forte argumento para aproximar a substituição da solução do foco principal na análise da VBR de sustentar vantagem: em grande parte porque a probabilidade dos efeitos da substituição da solução continuarem a aumentar. Tecnologias contestadoras, a utilização ampla da Internet, revoluções radicais em novos domínios da ciência como o genoma fazendo surgir soluções basicamente novas e atividade empreendedora cada vez maior evidenciadas nos níveis recorde de criação de novas empresas e de lançamentos de novos produtos por empresas estabelecidas, tudo isso sugere a importância cada vez maior e a prevalência da substituição de uma solução.

O marketing também pode auxiliar na determinação da probabilidade da presença ou do surgimento de combinações de recursos em outras empresas que poderiam resultar em soluções substitutas funcionais. Os vendedores podem aplicar conceitos da VBR e perguntas para identificarem configurações de recursos substitutos atuais ou potenciais que fariam surgir ou um valor para o cliente em grande parte semelhante (ou seja, soluções em grande parte semelhantes) ou formas distintamente diferentes de valor para o cliente (ou seja, soluções substitutas). O pensamento sobre a VBR obriga os publicitários a se perguntar como qualquer rival poderá desenvolver substitutos para os principais ativos e processos operacionais que sustentam as soluções atuais ou projetadas. Fazer essas perguntas pode afetar drasticamente a avaliação dos publicitários sobre a sustentabilidade do valor atual ou projetado para o cliente.

## 13.19 EM DIREÇÃO A UMA AGENDA DE PESQUISA

Uma finalidade dominante da breve discussão acima de diversos aspectos da interface de mão dupla entre a VBR e o marketing foi destacar a importância da necessidade de uma análise muito mais refinada da relação entre recurso e vantagem competitiva. O modelo de recursos baseados no mercado apresentado neste trabalho pretende estimular e focar a atenção dos estudiosos da VBR para a necessidade de examinar a influência mútua evolucionária de ativos e capacidades baseados no mercado, de processos de negócios voltados para o mercado, além de valor para o cliente e para o acionista valor. Nesta seção, enfatizaremos especialmente diversas questões e perguntas potenciais que ampliariam a pesquisa sobre a VBR.

Independentemente da complexidade de modelos vinculando recursos à vantagem competitiva (Hunt, 2000) ou de como essas ideias fundamentais são definidas, lucros econômicos distintos só advêm quando uma organização identifica e molda novas oportunidades de mercado e as explora mais rapidamente e de maneira mais eficiente do que os rivais. A implicação fundamental de pesquisa do vínculo entre e a VBR e o marketing é que a pesquisa sobre a VBR sempre deve se esforçar para identificar exatamente *qual* valor para o cliente na forma de atributos, benefícios, atitudes e efeitos de rede específicos é pretendido, gerado e sustentado – um desafio muitas vezes desprezado, se não ignorado na maioria das pesquisas sobre a VBR. Pela mesma moeda, a pesquisa sobre o marketing deve não apenas determinar elementos de valor para o cliente, mas também como uma mudança em ativos e capacidades baseados no mercado contribuem para a criação ou para a desvalorização do valor.

Um imperativo fundamental de pesquisa que deriva das admoestações acima é que tanto a VBR quanto os pesquisadores de marketing devem se comprometer a identificar e documentar de maneira cuidadosa e sistemática *como* ativos e capacidades específicos baseados no mercado contribuem para gerar e sustentar formas específicas de valor para o cliente. Fazer isso requer metodologias voltadas para o processo e ricas em termos de casos (Eisenhardt, 1989). Por exemplo, capturar como o conhecimento tácito do cliente ou os relacionamentos de rede fazem surgir e sustentam benefícios e atitudes distintos ao cliente requer que os pesquisadores descrevam como o conteúdo do conhecimento tácito e o contexto dos relacionamentos de rede, como eles influenciam decisões de marketing que afetam as dimensões de valor para o cliente, como o *design* de um produto ou modos de prestação de serviço.

De maneira relacionada, a pesquisa sobre a VBR deve ir além da identificação de recursos atuais geradores de valor, o que sempre leva a um forte elemento *a posteriori* (Williamson, 1999) para aceitar o desafio de uma perspectiva voltada para o *futuro*. O potencial da VBR para contribuir de maneira significativa para a teoria do marketing (e, de maneira mais ampla, para a da estratégia) depende em parte da sua capacidade de identificar e explicar o motivo pelo qual algumas empresas e não outras têm maior *probabilidade* de vencer em mercados emergentes (Hunt, 2000) ou têm maior probabilidade de *criar* oportunidades de mercado distintamente novas. Ao tentarem vincular diretamente a heterogeneidade em condições de mercado (resultando em nichos distintos de valor para o cliente) com a heterogeneidade nos portfólios de recursos das empresas, tanto os teóricos da VBR quanto os do marketing têm pouca escolha além de especificar *como* os recursos contribuem para gerar e sustentar valor para múltiplos segmentos de clientes.

Como os recursos sozinhos não se transformam em valor para o cliente, um ênfase em um vínculo entre os atributos de um recurso e uma oportunidade revolucionária obriga tanto os teóricos da VBR quanto os do marketing a estar às voltas com as questões e desafios de empreendedorismo – uma necessidade explicitamente reconhecida por Barney (2001). Perguntas cruciais que poderão orientar tanto a pesquisa sobre a VBR quanto sobre o marketing são as seguintes: (1) quais ativos baseados no mercado e quais processos voltados para o mercado poderão ser uma fonte de novas soluções revolucionárias para os clientes, e (2) como os ativos e as capacidades atuais baseados no mercado poderão impedir em vez de facilitar a busca por novas soluções revolucionárias ou radicais para os clientes? Um foco nesses tipos de perguntas que abordam diretamente a transformação de recursos baseados no mercado em valor para o cliente pode ajudar a deslocar a VBR em direção aos requisitos de previsão demandados por Priem e Butler (2001a).

Tanto os teóricos e os pesquisadores da VBR quanto os do marketing devem abordar como surgem, evoluem e diminuem os ativos baseados no mercado e as capacidades voltadas para o cliente. Eles não podem mais evitar estarem às voltas com perguntas como: Como o conhecimento tácito profundo e amplamente disperso do cliente evolui e se difunde em uma organização? Como uma rede com nódulos altamente cooperativos e sinergéticos surge ao longo do tempo? Por que capacidades específicas voltadas para o mercado podem degenerar para inflexibilidades? Como processos voltados para o mercado permitem o desenvolvimento e o lançamento de ativos baseados no mercado que levem diretamente à melhoria do valor para os clientes ao longo das quatro dimensões de valor para o cliente? Quais processos são vinculados de maneira mais próxima com os elementos de valor mais intangíveis e, portanto, mais sustentáveis como os benefícios da experiência ou com efeitos de rede? Resultados positivos dessa pesquisa poderão deslocar a pesquisa sobre a VBR em direção a explicar o motivo pelo qual surge a vantagem específica baseada no cliente – conforme demandam os críticos da VBR (Priem & Butler, 2001a).

Central para cada uma das direções de pesquisa sugeridas aqui é a necessidade tanto dos pesquisadores sobre a VBR quanto dos sobre o marketing de relacionar de maneira direta a mudança no mercado com uma mudança na raridade dos recursos, na inimitabilidade, na durabilidade e na possibilidade de substituição. Especificamente, uma perspectiva do cliente inerente à identificação e na análise de produtos substitutos emergentes e potenciais ou o contexto de mercado amplo inerente ao desenvolvimento e ao surgimento de tecnologias contestadoras (Bower & Christensen, 1995) leva os pesquisadores a identificarem fontes externas ou de mercado de mudança emergente e potencial nos atributos tradicionais de recursos da VBR. Essa pesquisa também poderá se estender para se concentrar no âmbito de trabalho caindo sob a rubrica de "capacidades dinâmicas" (Dicksen, 1996; Teece, Pisano & Shuen, 1997).

Claramente, a partir do momento que os pesquisadores começam a delinear e projetar a evolução de ativos e capacidades baseados no mercado e a monitorar e projetar a evolução simultânea da mudança dos recursos e do mercado, eles começaram a reagir a cada vez mais pedidos para incorporarem o componente temporal (Priem & Butler, 2001a) no trabalho da VBR. Com poucas exceções (Miller & Shamsie, 1996), ainda falta fazer um trabalho longitudinal sério que aborde tanto a mudança de contexto de clientes (ou seja, a mudança da dinâmica do mercado) quanto a evolução e o lançamento de recursos. A interação e o inter-relacionamento entre ativos baseados no mercado, processos voltados para o mercado e capacidades do marketing fornecem um foco para um refinamento empírico contínuo da dinâmica da evolução dos recursos *e* evolução do mercado.

Uma vez que se dedique uma consideração séria à interação entre o recurso e o valor para o cliente, vem à tona o papel dos publicitários como tomadores de decisões ao determinarem quanto de recursos devem ser gastos ao se imaginar e projetar oportunidades potenciais, identificar quais oportunidades devem ser plenamente desenvolvidas, escolher quais oportunidades seguir e avaliar quais recursos lançar e alavancar. O envolvimento e o comprometimento com esses domínios de decisão de oportunidade podem ser contrários às limitações do "modelo mental" (Senge, 1990) ou do "paradigma dominante" (Prahalad & Bettis, 1986) sobre um busca por novas oportunidades inerentes ao portfólio de recursos atuais da empresa. Consequentemente, à medida que os tomadores de decisões tiverem se comprometido plenamente com a exploração das interações entre recursos e oportunidades, os publicitários deverão se envolver no "aprendizado dos recursos" (Spender, 1992). Sem esse aprendizado, a capacidade dos publicitários de saberem quais recursos baseados no mercado poderão ser necessários para seguir oportunidades de mercado potenciais, além de como e por qual motivo eles poderão fazer compromissos que levem ao aprimoramento do recurso ou a uma degradação tardia, fica muito limitada.

Além disso, o papel de publicitários como tomadores de decisões buscando lucros empresariais reconhece implicitamente a necessidade de investimento em recursos baseados no mercado, com a clara implicação de que os ativos e as capacidades baseados no mercado podem ser alavancados tanto para desempenho do mercado (por exemplo, maior participação de mercado) quanto para lucros financeiros (por exemplo, margens maiores e fluxos de caixa mais rápidos), por meio da capacidade deles de gerar e sustentar valor para o cliente. O reconhecimento de clientes, distribuidores e marcas como ativos relacionais baseados no mercado, e o reconhecimento do marketing, da cultura voltada para os clientes e da orientação para o mercado (Kohli & Jaworski, 1990) como os ativos intelectuais baseados no mercado originam duas questões criticamente relacionadas: como os publicitários e outros tomam *decisões de investimentos* no que diz respeito a esses ativos e se eles devem ser tratados como gasto operacional ou como investimentos de capital (Srivastava, Shervani & Fahey). Finalmente, os investimentos em ativos baseados no mercado devem ser justificados em termos de ganhos econômicos ou valor ao acionista de longo prazo. Essa prioridade é sublinhada pelo fato de que o ROI sobre investimentos em marketing e o ROI sobre investimentos em publicidade são as principais prioridades de pesquisa para o Marketing Science Institute (Instituto de Ciência do Marketing) e para a American

Association of Advertising Agencies (Associação Americana de Agências de Publicidade), respectivamente.

De fato, parece evidente por si só que tanto os estudiosos da VBR quanto os do marketing precisam adotar e utilizar teorias de fora dos limites históricos dos seus respectivos domínios e tradições de pesquisa enquanto eles se esforçam para descreverem e explicarem como e por qual motivo os recursos baseados no mercado contribuem para gerar e sustentar valor para o cliente. Por exemplo, modelos teóricos derivados da sociologia, da psicologia e da filosofia que visam a descrever e explicar como as organizações geram, difundem e alavancam o conhecimento (Deshpande, 1999) podem fornecer vias úteis para explorarem como e por qual motivo o conhecimento como ele é aplicado para desenvolver e entregar valor distinto para o cliente resiste à imitação, replicação e substituição fácil. Teorias de imitação de rede, surgimento e desenvolvimento (Nohria & Eccles, 1992) podem ser fundamentais para compreender como as empresas empregam redes para gerar e fornecer conhecimento e relacionamentos baseados no mercado que, caso contrário, poderia ser impossível. Com efeito, a teoria da rede parece crítica para determinar tanto a VBR quanto o marketing para alterar a unidade central de análise e uma única empresa para um conjunto de entidades quase independentes que se cruzam.

## 13.20 REFERÊNCIAS

Amit, R., & Schoemaker, P. J. H. (1993). Strategic assets and organizational rent. *Strategic Management Journal, 14,* 33–46.

Arthur, W. B. (1994). *Increasing returns and path dependency in the economy.* Ann Arbor, MI: The University of Michigan Press.

Barney, J. B., (1991). Firm resources and sustained competitive advantage. *Journal of Management, 15,* 175–190.

Barney, J. B. (1997). *Gaining and sustaining competitive advantage.* Reading, MA: Addison-Wesley.

Barney, J. B. (2001). Is the resource-based "view" a useful perspective for strategic management research? Yes. *Academy of Management Review, 26* (1), 41–56.

Bharadwaj, S. G., Varadarajan, P. R., & Fahy, J. (1993). Sustainable competitive advantage in service industries: A conceptual model and research propositions. *Journal of Marketing, 57,* 83–99.

Boulding, W., Eunkyu, L., & Staelin. R. (1994). Mastering the mix: Do advertising, promotion, and sales force activities lead to differentiation? *Journal of Marketing Research, 31,* 159–172.

Bower, J. L., and Christensen, C. M. (1995). Disruptive technologies: Catching the wave. *Harvard Business Review,* Jan-Feb, 43–53.

Capron, L., & Hulland, J. (1999). Redeployment of brands, sales forces, and general marketing management expertise following horizontal acquisitions: A resource-based view. *Journal of Marketing, 63,* 2 (April).

Churchman, C. W. (1972). The design of inquiring systems: Basic concepts of systems and organization. New York: Basic Books.

Cohen, D. (1998). Toward a knowledge context: Report on the first annual U.C. Berkeley forum on knowledge and the firm. *California Management Review, 40* (3), 22–39.

Collis, D. J. (1994). Research note: How valuable are organization capabilities? *Strategic Management Journal, 15,* 143–152.

Collis, D. J., & Montgomery, C. A. (1995). Competing on resources: Strategy in the 1990s. *Harvard Business School,* July-August, 118–128.

Connor, K. R., (1991). A historical comparison of resource-based theory and five schools of thought within industrial organization economics: Do we have a new theory of the firm? *Journal of Management, 15,* 121–153.

Cook, S. D. N., & Brown, J. S. (1999). Bridging epistemologies: The generative dance between organizational knowledge and organizational knowing. *Organization Science, 19* (4), 381–400.

Davenport, T. H. (1993). Process innovation: Reengineering work through information technology. Boston, MA: Harvard Business School Press.

Day, G. S. (1990). Market driven strategy: Processes for creating value. New York: The Free Press.

Day, G. S. (1994). The capabilities of market-driven organizations. *Journal of Marketing, 58* (October), 37–52.

Day, G. S. (1997). Aligning the organization to the market. In D. R. Lehmann & K. E. Jocz (Eds.), *Reflections on the futures of marketing* (Chapt. 4, pp. 67–98). Cambridge, MA: Marketing Science Institute.

Day, G. S. (2001). *Capabilities for forging customer relationships.* Unpublished manuscript, The Wharton School, University of Pennsylvania.

Deephouse, D. L. (2000). Media reputation as a strategic resource: An integration of mass communication and resource-based theories. *Journal of Management, 26* (6), 1091–1112.

Deligonul, Z. S., & Cavusgil, S. T. (1997). Does the comparative advantage theory of competition really replace the neoclassical theory of perfect competition? *Journal of Marketing, 61* (October), 65–73.

Deshpande, R. (1999). Forseeing marketing. *Journal of Marketing, 63* (Special Issue), 164–167.

Dicksen, P. R. (1996). The static and dynamic mechanics of competitive theory. *Journal of Marketing, 60* (October), 102–106.

Dierickx, I., & Cool, K. (1989). Asset stock accumulation and sustainability of competitive advantage. *Management Science, 35,* 1504–1511.

Drucker, P. (1983). *Post-capitalist society.* New York: Harper Business.

Drucker, P. (1986). Innovation and entrepreneurship: Practice and principles. New York: Harper & Row.

Eisenhardt, K. M. (1989). Building a theory from case research. *Academy of Management Review, 14* (4), 532–550.

Eisenhardt, K. M., & S. L. Brown (1998). Time pacing: Competing in markets that won't stand still. *Harvard Business Review,* (March-April), 60–69

Fahey, L. (1999). Competitors: Outwitting, outmaneuvering and outperforming. New York: John Wiley & Sons.

Fahey, L., & Randall, R. M. (1998). *Learning from the future: Competitive foresight scenarios.* New York: The Free Press.

Farquhar, P. H. (1989). Managing brand equity. *Marketing Research, 1* (September), 24–33.

Frels, J. K., Shervani, T. A., & Srivastava, R. K. (2001). *The integrated networks model: Explaining resource allocations in networked business markets.* Working Paper, University of Texas at Austin.

Glazer, R. (1991). Marketing in an information-intensive environment: Strategic implications of knowledge as an asset. *Journal of Marketing, 55* (Oct.), 1–19.

Godfrey, P. C., & Gregersen, H. B. (1997). Where do resources come from? A model of resource generation. *Academy of Management Proceedings, 21*–25.

Grant, R. M. (1991). The resource-based theory of competitive advantage: Implications for strategy. *California Management Review, 22,* 114–135.

Haeckel, S. H. (1999). The premise and promise of sense and respond *Knowledge Directions,* Spring, 60–71.

Hamel, G., & Prahalad, C. K. (1994). Competing for the future: Breakthrough strategies for seizing control of your industry and creating the markets of tomorrow. Boston, MA: The Harvard Business School Press.

Hauser, J. R., & Clausing D., (1988). The House of Quality. *Harvard Business Review,* May--June, 63–73.

Huff, A. S. (1990). *Mapping strategic thought.* Chichester: John Wiley & Sons.

Hunt, S. D. (1997). Resource-advantage theory: An evolutionary theory of competitive firm behavior. *Journal of Economic Issues, 31,* 59–77.

Hunt, S. D. (2000). *A general theory of competition.* Thousand Oaks, CA: Sage Publications.

Hunt, S. D., & Morgan. R.M. (1995). The comparative advantage theory of competition. *Journal of Marketing, 59* (April), 1–15.

Kamakura, W. A., & Russell, G. J. (1994). Understanding brand competition using micro and macro scanner data. *Journal of Marketing Research, 31* (May), 289–303.

Keller, K. L. (1993). Conceptualizing, measuring, and managing customer based brand equity. *Journal of Marketing, 57* (January), 1–22.

Keller, K. L., & Aaker, D. A. (1992). The effects of sequential introductions of brand extensions. *Journal of Marketing Research, 29* (February), 35–50.

Kohli, A. K., & Jaworski, B. (1990). Market orientation: The construct, research propositions, and managerial implications. *Journal of Marketing, 54* (April), 1–18.

Kotler, P. (2000). Marketing management: Analysis, planning, implementation and control. Upper Saddle River, NJ: Prentice Hall.

Lehmann, D. R. (1997). Some thoughts on the futures of marketing. In D. R. Lehmann & K. E. Jocz (Eds.), *Reflections on the futures of marketing* (Chapt. 6, pp. 121–135). Cambridge, MA: Marketing Science Institute.

Mahoney, J. T., & Pandian, J. R. (1992). The resource-based view within the conversation of strategic management. *Strategic Management Journal, 13,* 363–380.

March, J. G. (1991). Exploration and exploitation in organizational learning. *Organization Science, 2* (February), 71–87.

McAlister, L., & Cooper, W. C. (1998). The importance of basic, applied research. *Journal of Market-Focused Management, 2,* 303–308

Miller, D., & Shamsie, J. (1996). The resource based view of the firm in two environments: The Hollywood film studios from 1936 to 1965. *Academy of Management Journal, 39,* 519–543.

Nelson, P. (1970). Information and consumer behavior. *Journal of Political Economy, 78,* 311–329.

Nohria, N., & Eccles, H. G. (1992). *Networks and organizations.* Boston: Harvard Business School Press.

Nonaka, I., & Takeuchi, H. (1995). *The knowledge creating company: How Japanese companies create the dynamics of innovation.* New York: Oxford University Press.

Penrose, E. (1959). *The theory of the growth of the firm.* New York: Wiley.

Peteraf, M. A. (1993). The cornerstones of competitive advantage: A resource-based view. *Strategic Management Journal, 14,* 179–191.

Pine, II, J. B. (1993). *Mass customization: The new frontier in business competition.* Boston, MA: Harvard Business School press.

Priem, R. L., & Butler, J. E. (2001a). Is the resource-based "view" a useful perspective for strategic management research? *Academy of Management Review, 26* (1), 22–40.

Priem, R. L., & Butler, J. E. (2001b). Tautology in the resource-based view and the implications of externally determined resource value: Further comments. *Academy of Management Review, 26* (1): 57–66.

Quinn, J. B. (1992). *The intelligent enterprise,* New York: The Free Press.

Reed, R., & DeFillippi, R. J. (1990). Causal ambiguity, barriers to imitation, and sustainable competitive advantage. *Academy of Management Review, 15,* 88–102.

Reichheld, F. F. (1996). *The loyalty effect.* Boston, MA: Harvard Business School Press.

Robertson, T. S. (1993). How to reduce market penetration cycle times. *Sloan Management Review, 35* (Fall), 87–96.

Rumelt, R. P. (1987). Theory, strategy and entrepreneurship. In D. J. Teece (Ed.), *The competitive challenge* (pp. 137–158). Cambridge, MA: Ballinger Publishing.

Rumelt, R. P. (1995). Inertia and transformation. In C. A. Montgomery (Ed.), *Resources in an evolutionary perspective: Towards a synthesis of evolutionary and resource-based approaches to strategy* (pp. 101–132). Norwell, MA: Kluwer Academic Publishers.

Schumpeter, J. A. (1934). *The theory of economic development.* Cambridge, MA: Harvard University Press.

Schwartz, P. (1991). *The art of the long view: Planning for the future in an uncertain world.* New York: DoubleDay Currency.

Senge, P. (1990). *The fifth discipline: The art and practice of the learning organization.* New York: Doubleday Currency.

Shapiro, C., & Varian, H. R. (1998). *Information rules: A strategic guide to the network economy,* Boston: Harvard Business School Press.

Sheth, J. N., & Parvatiyar, A. (1995). The evolution of relationship marketing. *International Business Review, 4,* 397–418.

Sheth, J. N., & Sobel, A. (2000). *Clients for life.* New York: Simon & Schuster.

Simon, C. J., & Sullivan, M. (1993). The measurement and determinants of brand equity: A financial approach. *Marketing Science, 12* (Winter), 28–52.

Spender, J. -C. (1992). Strategy theorizing: Expanding the agenda. In P. Shrivastava, A. S. Huff, & J. Dutton (Eds.), *Advances in strategic management* (pp. 8–32). Greenwich, CT: JAI Press.

Spender, J. -C. (1996). Making knowledge the basis of a dynamic theory of the firm. *Strategic Management Journal, 17* (Winter Special Issue), 45–62.

Srivastava, R. K., & Shocker, A. D. (1991). *Brand equity: A perspective on its meaning and measurement, Report 91–124.* Cambridge, MA: Marketing Science Institute.

Srivastava, R., Shervani, T., & Fahey, L. (1997). Driving shareholder value: The role of marketing in reducing vulnerability and volatility of cash flows. *Journal of Market Focused Management, 2,* 49–64.

Srivastava, R., Shervani, T., & Fahey, L. (1998). Market-based assets and shareholder value: A framework for analysis. *Journal of Marketing, 62* (1), 2–18.

Srivastava, R., Shervani, T., & Fahey, L. (1999). Marketing, business processes, and shareholder value: An organizationally embedded view of marketing activities and the discipline of marketing. *Journal of Marketing, 63* (Special Issue),: 168–179.

Srivastava, R., McInish, T. H., Wood, R., & Capraro, A. J. (1997). The value of corporate reputation: Evidence from the equity markets. *Corporate Reputation Review, 1,* 62–68.

Teece. D. J., Pisano, G., & Shuen, A. (1997). Dynamic capabilities and strategic management. *Strategic Management Journal, 18,* 509–533.

Von Hippel, E., Thromke, S., & Sonnack, M. (1999). *Creating breakthroughs at 3M.* Harvard Business Review, (September-October), *78* (5), 3–12.

Von Krogh, G., Ichijo, K., & Nonaka, I. (2000). Enabling knowledge creation: How to unlock the mystery of tacit knowledge and release the power of innovation. New York: Oxford University Press.

Wayland, R. E., & Cole, P. M. (1997). *Customer connections: New strategies for growth.* Boston, MA: Harvard Business School Press.

Weick, K. E., & Roberts, K. (1993). Collective mind in organizations: Heedful interrelating on flight deck. *Administrative Science Quarterly, 38* (September), 357–381.

Wernerfelt, B. (1984). A resource-based view of the firm. *Strategic Management Journal, 5,* 171–180.

Williamson, O. E. (1999). Strategy research: Governance and competence perspectives. *Strategic Management Journal, 20,* 1087–1108.

Zeithaml, V. A., Berry, L. L., & Parsuraman, A. (1988). Communication and control processes in the delivery of service quality. *Journal of Marketing, 52* (2), 35–48.

# 14

## Recursos humanos e a visão da empresa baseada em recursos*

PATRICK M. WRIGHT, BENJAMIN B. DUNFORD E SCOTT A. SNELL
DEPARTMENT OF HUMAN RESOURCE STUDIES, SCHOOL OF INDUSTRIAL AND
LABOR RELATIONS, CORNELL UNIVERSITY, ITHACA, NEW YORK

---

A visão da empresa baseada em recursos – VBR influenciou a gestão estratégica dos recursos humanos (GERH, do inglês SHRM – *strategic human resource management*) de diversos modos. O presente trabalho explora o impacto causado pela VBR na formação teórica e empírica da GERH. Ele explora o fato de como os campos da estratégia e da GERH estão começando a convergir em torno de uma série de questões, e propõe inúmeras implicações decorrentes da referida convergência.

---

## 14.1 INTRODUÇÃO

A função dos recursos humanos enfrenta sistematicamente uma batalha no sentido de justificar a posição que ocupa dentro das organizações (Drucker, 1954; Stewart, 1996). Em épocas de abundância, é fácil para as empresas justificar as despesas efetuadas com treinamento, dotação de pessoal, gratificação e sistemas para maior envolvimento dos empregados, mas, face ao aparecimento de dificuldades financeiras, tais sistemas de recursos humanos (RH) são as primeiras vítimas dos cortes orçamentários.

Com o advento do subcampo da gestão estratégica dos recursos humanos (GERH), que se dedica a explorar o papel desempenhado pelos RH para dar suporte à estratégia empresarial, abriu-se espaço para demonstrar o valor dos RH para uma empresa. A necessidade de um elo de ligação entre o planejamento estratégico e o planejamento dos recursos humanos preconizada por Walker (1978) resultou na concepção do campo da GERH, mas este campo passou de fato a existir no início dos anos 80, com a publicação do artigo de autoria de Devanna, Fombrum e Tichy (1984), que se dedicava à explora-

---

\* Artigo originalmente publicado sob o título *Human Resources and the Resource Based View of the Firm*, no Journal of Management, v.27, n.1, p.701-721, 2001.

ção extensiva do elo de ligação entre a estratégia empresarial e os RH. Desde então, a GERH tem acompanhado, de forma consistente em seu processo de evolução (e isso já faz alguns anos), aquilo que acontece no campo da gestão estratégica. Os tipos de organização descritos por Miles e Snow (1978), por exemplo, sofreram uma expansão posterior, de modo a incluir os sistemas de RH associados àqueles diferentes tipos (Miles e Snow, 1984). O modelo de estratégias genéricas criado por Porter (1980) foi utilizado mais tarde pelos pesquisadores do campo da GERH com o objetivo de delinear as estratégias específicas de RH que se esperaria ver aplicadas a cada um daqueles tipos organizacionais (Jackson & Schuler, 1987; Wright & Snell, 1991).

Embora o campo da GERH não seja um produto direto da visão baseada em recursos (VBR), esta última, com certeza, desempenhou um papel providencial na criação daquele campo. Isso se deve, em grande parte, a uma alteração na ênfase dada pela VBR às publicações específicas sobre estratégia que, em vez dos fatores externos (como colocação da empresa no setor industrial), passou a salientar mais os recursos empresariais internos como fontes de vantagem competitiva (Hoskisson, Hitt, Wan & Yiu, 1999). A aceitação crescente dos recursos internos como fontes de vantagem competitiva imprimiram legitimidade à asserção da área de RH de que as pessoas têm uma importância estratégica no êxito da empresa. Assim, considerando-se ambos, a necessidade de uma justificativa conceitual para o valor dos RH e a propensão no campo da GERH para tomar emprestados conceitos e teorias de publicações de caráter mais geral sobre estratégia, a integração da VBR da empresa no âmbito dos trabalhos publicados sobre a GERH não deveria surpreender ninguém.

Dois acontecimentos difíceis de se prever, no entanto, surgiram no decorrer dos últimos 10 anos. Primeiro, a popularidade ganha pela VBR no contexto das publicações sobre a GERH como fundamento tanto para a realização de análises teóricas quanto empíricas provavelmente superou aquilo que qualquer um teria esperado (McMahan, Virick & Wright, 1999). Segundo, as aplicações e implicações da VBR no âmbito das publicações sobre estratégia levaram a uma convergência cada vez maior entre os campos da gestão estratégica e da GERH (Snell, Shadur & Wright, 2001). Nas publicações específicas sobre estratégia, a VBR ajudou a colocar as "pessoas" (ou os recursos humanos de uma empresa) na tela do radar. Conceitos de conhecimento (Argote & Ingram, 2000; Grant, 1996, Leibeskind, 1996), capacitação dinâmica (Eisenhardt & Martin, 2000; Teece, Pisano & Schuen, 1997), organizações como locais de aprendizado contínuo (Fiol & Lyles, 1985; Fisher & White, 2000) e liderança (Finkelstein & Hambrick, 1996; Norburn & Birley, 1988; Thomas, 1988) como fontes de vantagem competitiva voltam as atenções para o ponto de interseção entre as questões referentes à estratégia e as questões referentes aos RH.

O propósito do presente trabalho é examinar de que maneira a VBR tem sido aplicada à base teórica e empírica das pesquisas feitas sobre a GERH, e explorar de que maneira ela propicia uma ponte de acesso entre os campos da estratégia e dos RH. A fim de alcançar esse objetivo, se fará primeiro uma revisão de artigos específicos, considerados de nível de referência em sua área, que aplicaram a VBR no desenvolvimento teórico da GERH. Serão então discutidos alguns dos estudos empíricos sobre a GERH que utilizaram a VBR como base para explorar o relacionamento entre o desempenho dos RH e o desempenho empresarial. Por fim, será feita a identificação de algumas das principais áreas temáticas que ilustram a convergência dos campos da estratégia e dos RH, e serão propostas algumas orientações sobre como a convergência pode futuramente promover benefícios mútuos.

## 14.2 APLICAÇÃO DA VBR NA GERH

Apesar de estar embasada no trabalho de Penrose (1959) e de outros autores, a articulação proposta por Wernerfelt (1984) da visão da empresa baseada em recursos foi, com certeza, a primeira afirmação coerente sobre essa teoria. Essa afirmação inicial sobre a VBR serviu para sua fundamentação, que foi depois ampliada por outros autores, tais como Rumelt (1984), Barney (1996), Dierickx e Cool (1989). No entanto, as especificações dadas por Barney (1991) às características necessárias para a criação de vantagens competitivas sustentáveis pareciam formar um artigo seminal visando à popularização da teoria no âmbito das publicações sobre estratégia e outras literaturas específicas. No referido artigo, ele fez a observação de que recursos raros, valiosos, impossíveis de serem imitados ou substituídos podem vir a ser fontes de vantagens competitivas sustentáveis.

Embora continuem a ser travados debates sobre a VBR (se, por exemplo, a VBR é uma teoria, se ela é tautológica, etc. Priem & Butler, 2001a, b; Barney, 2001), até mesmo os críticos dessa perspectiva reconhecem a "amplitude da sua difusão" em inúmeros programas de pesquisa estratégica (Priem & Butler, 2001a, p. 25-26). Com sua ênfase voltada para os recursos internos da empresa como fontes de vantagem competitiva, a popularidade da VBR nas publicações específicas sobre a GERH tem sido a regra, e não uma exceção. Desde a publicação do artigo de Barney (1991), delineando um modelo teórico básico e critérios para as fontes de vantagens competitivas sustentáveis, a VBR tornou-se, de longe, a teoria mais utilizada no contexto da GERH, tanto no desenvolvimento da teoria quanto nas justificativas para a pesquisa empírica (McMahan, Virick & Wright, 1999).

## 14.3 A VBR E A TEORIA DA GERH

Integrando a edição de revisão anual sobre gestão publicada pelo *Journal of Management*, Wright e McMahan (1992) fizeram uma nova leitura das perspectivas teóricas que haviam sido aplicadas à GERH. Eles apresentaram a VBR como uma perspectiva que justificava como os recursos humanos de uma empresa podiam representar uma fonte em potencial de vantagem competitiva sustentável. Essa visão se apoiava muito naquilo que, na ocasião, era um documento de trabalho, mas que, depois, se transformaria no trabalho de Wright, McMahan e McWilliams (1994) descrito mais adiante.

Quase que ao mesmo tempo, Cappelli e Singh (1992) apresentaram, no âmbito das publicações sobre relações industriais, uma análise das implicações trazidas pela VBR para a GERH. Mais especificamente, eles observaram que a maioria dos modelos de GERH embasados na realização de ajustes partem do princípio de que (1) determinada estratégia empresarial demanda um conjunto único de comportamentos e atitudes por parte dos empregados e que (2) determinadas políticas de recursos humanos produzem um conjunto único de respostas por parte dos empregados. Eles sustentaram ainda que muitos estudiosos no campo da estratégia partiram do princípio implícito de que é mais fácil proceder à reorganização dos ativos/ recursos complementares, conhecida a escolha da estratégia, do que proceder à reorganização da estratégia, conhecido o conjunto de ativos/ recursos, mesmo que a pesquisa empírica implique aparentemente o oposto. Dessa forma, eles propunham que a visão baseada em recursos era capaz de fornecer justificativas teóricas sobre por que os RH tivessem talvez implicações na formulação da estratégia, bem como na sua implementação.

Pouco tempo depois, foram publicados dois artigos alegando implicações quase que totalmente contrárias sobre o potencial das práticas de RH, no sentido de que elas poderiam constituir uma fonte de vantagens competitivas sustentáveis. Wright e outros autores (1994), acima mencionados, estabeleceram uma distinção entre os recursos humanos de uma empresa (isto é, o seu acervo de capital humano) e as práticas empresariais de RH (aqueles instrumentos de RH empregados para gerir o acervo de capital humano). Ao aplicar os conceitos de valor, raridade, inimitabilidade e substituibilidade, eles argumentaram que as práticas de RH não poderiam formar a base para vantagens competitivas sustentáveis, pois qualquer prática individual de RH poderia ser facilmente copiada pelas empresas concorrentes. Em vez disso, eles preconizavam que o acervo de capital humano (a mão-de-obra altamente qualificada e altamente motivada) detinha maior potencial para constituir uma fonte de vantagem competitiva sustentável. Esses autores observaram que, a fim de poder constituir uma fonte de vantagem competitiva, o acervo de capital humano precisa dispor tanto de altos níveis de habilidade quanto de disposição (isto é, motivação) para manifestar um comportamento produtivo. Essa distinção entre habilidade e comportamento aparece como uma temática bem consistente no âmbito desses artigos.

Em contraposição, Lado e Wilson (1994) preconizavam que as práticas de RH de uma empresa poderiam vir a ser uma fonte de vantagem competitiva sustentável. Adotando uma perspectiva de explorar a influência do papel desempenhado pelos RH sobre as competências empresariais, eles aventaram a ideia que os sistemas de RH (em contraposição às práticas individuais) podem ser únicos e, em uma relação de causa e efeito, ambíguos e sinérgicos no modo pelo qual reforçam as competências empresariais, não permitindo, assim, quaisquer imitações. Dessa forma, enquanto Wright e outros autores (1994) argumentaram sobre a possibilidade de imitação das práticas individuais, Lado e Wilson observaram que seria impossível imitar um sistema de práticas de RH, com todas as complementaridades e interdependências entre o conjunto de práticas. Esse ponto de vista parece ter obtido boa aceitação dentro do atual paradigma da GERH (Snell, Youndt & Wright, 1996).

Boxall (1996), mais tarde, construiu com base no paradigma VBR/GERH, levantando a hipóstese de que a vantagem dos recursos humanos (isto é, a superioridade da gestão de RH de uma empresa sobre outra) é composta por duas partes. Primeiro, a vantagem do capital humano diz respeito ao potencial para captar um estoque de talentos humanos excepcionais, "com possibilidades criativas latentes" (p. 67). A vantagem advinda do processo humano pode ser entendida como uma "função de processos ambíguos, da complexidade social e de evolução histórica em uma relação de causa e efeito, tais como o aprendizado, a cooperação e a inovação." (p. 67). Boxall (1998) fez então um desdobramento em cima desse modelo básico, apresentando um modelo mais abrangente da gestão estratégica de RH. Ele argumentou que a principal tarefa das organizações é o gerenciamento da mutualidade (isto é, do alinhamento de interesses) visando a criar uma mão de obra talentosa e comprometida com a empresa. A realização exitosa dessa tarefa resulta em vantagens de capital humano. A segunda tarefa é promover o desenvolvimento dos empregados e das equipes de trabalho de modo a criar uma organização capaz de realizar um aprendizado no âmbito e através dos ciclos industriais. A realização exitosa dessa tarefa resulta em vantagens no processo organizacional.

Mais recentemente, Lepak e Snell (1999) apresentaram uma abordagem arquitetural da GERH que se fundamentava, pelo menos parcialmente, na VBR. Eles preconizavam que, dentro das organizações, havia uma variação considerável tanto quanto à singularidade, quanto ao valor das habilidades. Fazendo uma justaposição dessas duas dimensões, eles construíram uma matriz 2 x 2 que descrevia diferentes combinações entre as correspondentes relações empregatícias e os sistemas de RH. A maior implicação desse modelo era que alguns grupos de empregados são mais artífices em termos de vantagens competitivas que outros. Em consequência, eles demonstram mais propensão para serem geridos de maneira diversa. Se a premissa da perspectiva arquitetônica está arraigada na pesquisa existente nos campos de RH (comparar com Baron e outros autores, 1986; Osterman, 1987; Tsui, Pearce, Porter & Tripoli, 1997) e estratégia (comparar com Matusik & Hill, 1998), Lepak e Snell (1999) ajudaram os pesquisadores do campo da GERH a reconhecer que existem discrepâncias reais e válidas nas práticas de RH dentro da organização, e que o fato de se buscar uma estratégia de RH pode mascarar importantes diferenças nos tipos de capital humano disponibilizado nas empresas (comparar com Truss & Gratton, 1994).

Em essência, o desenvolvimento conceitual no campo da GERH potencializou a VBR com o objetivo de chegar a algum consenso sobre as áreas dentro da arquitetura de recursos humanos nas quais podem ser alcançadas vantagens competitivas sustentáveis. A Figura 14.1 retrata esses elementos de composição.

Primeiro, o acervo de capital humano diz respeito ao estoque de habilidades dos empregados que existe dentro de uma empresa em qualquer dado momento. Os teóricos centram o enfoque na necessidade de desenvolver um acervo de capital humano que possua níveis de habilidades (empresariais gerais e/ ou específicas) mais elevados ou que consiga promover um melhor alinhamento entre as habilidades representadas na empresa e aquelas exigidas em função da intenção estratégica empresarial. O atual estoque de capital humano pode e de fato muda com o tempo, e deve ser

**Acervo de capital humano**
Conhecimento
Habilidade
Aptidão

**Relacionamentos e comportamentos dos empregados**
Contratos psicológicos
Relacionados/Requeridos pelo trabalho
Arbitrários
Organizacionais
Cidadania

**Práticas de gestão de pessoas**

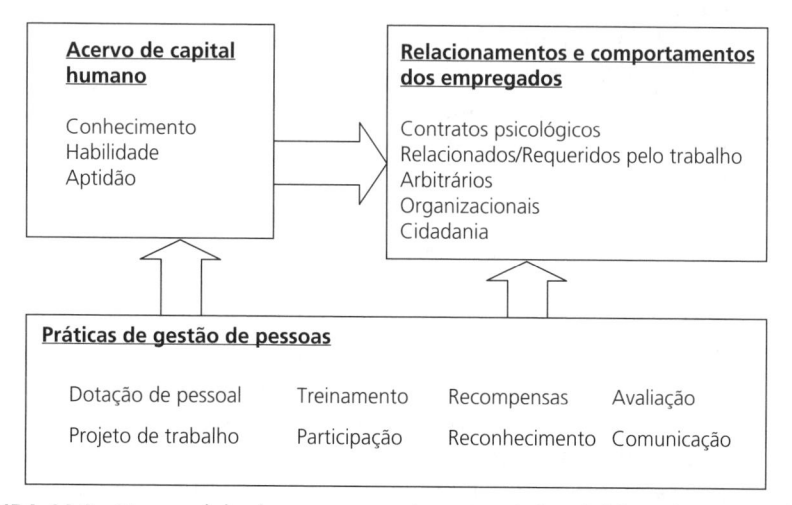

| Dotação de pessoal | Treinamento | Recompensas | Avaliação |
| Projeto de trabalho | Participação | Reconhecimento | Comunicação |

**FIGURA 14.1** Um modelo dos componentes estratégicos básicos da gestão de recursos.

constantemente monitorado para sua coadunação com as necessidades estratégicas da empresa.

Segundo, rege um consenso cada vez maior entre os pesquisadores sobre o fato de o comportamento dos empregados ser um importante elemento independente da GERH. Diferentemente das habilidades do acervo de capital humano, o comportamento dos empregados confirma que os indivíduos são seres cognitivos e emocionais dotados de livre arbítrio. Esse livre arbítrio permite-lhes tomar decisões relativas aos comportamentos com os quais eles vão se envolver e comprometer. Eis aqui uma distinção importante, mesmo que sutil. A premissa básica da teoria do capital humano é que as empresas não são donas desse capital; os donos desse capital são os próprios indivíduos. As empresas podem ter acesso a um valioso capital humano, mas, seja devido a um projeto de trabalho de má qualidade ou a uma má gestão das pessoas, elas podem não empregar esse capital adequadamente, de modo a alcançar um impacto estratégico. MacDuffie (1995), por exemplo, centra o enfoque no conceito de comportamento arbitrário. O comportamento arbitrário reconhece que, mesmo desempenhando os papéis organizacionais prescritos, os empregados demonstram uma liberdade de ação que pode ter consequências positivas ou negativas para a empresa. Dessa forma, o operador de um equipamento que ouve determinado "barulho" tem liberdade de ação para simplesmente operar o equipamento até que algo se quebre ou para resolver o problema imediatamente e, assim, economizar tempo ocioso. Similarmente ao conceito da "decisão de colaborar" desenvolvido por March e Simon (1958), o enfoque da GERH no comportamento arbitrário admite que só é possível alcançar uma vantagem competitiva se os integrantes do acervo de capital humano optarem por, de modo individual e coletivo, adotar um comportamento que beneficie a empresa.

Por fim, enquanto muitos autores descrevem a prática de RH ou dos Sistemas de Trabalho de Alto Desempenho, poder-se-ia chegar a uma conceitualização mais ampla simplesmente por meio do sistema de gestão de pessoas. Ao empregar o termo *sistema*, o enfoque recai sobre a importância de se entender as várias práticas de uso múltiplo que provocam um impacto nos empregados (Wright & Boswell, no prelo) em vez das práticas isoladas e de uso específico. Ao empregar o termo *pessoas* em vez de RH, faz-se um desdobramento das práticas relevantes para aqueles situados em outras funções que não a dos RH, tal como a da comunicação (tanto para cima como para baixo), do projeto de trabalho, da cultura, da liderança e de um grande número de outras que provocam um impacto nos empregados, modelando suas competências, experiências e atitudes. Os sistemas efetivos de gestão de pessoas evoluem por meio de trilhas históricas singulares e mantêm uma tal interdependência entre os elementos que os compõem que as empresas concorrentes não conseguem imitar com facilidade

(Becker & Huselid, 1998). Um aspecto importante desses sistemas é que eles são os meios que permitem à empresa continuar a gerar vantagens com o passar do tempo, à medida que os empregados entram e saem e que se alteram os comportamentos exigidos em função de alterações nas contingências ambientais e estratégicas. É através do sistema de gestão de pessoas que a empresa exerce influência sobre o acervo de capital humano e explicita o comportamento desejado dos seus empregados. Esse processo dinâmico, apesar de não ter sido retratado na Figura 14.1, será objeto deste documento mais tarde.

As implicações dessa figura e do modelo são que, se a empresa pode alcançar uma posição superior em qualquer uma das três esferas, a vantagem competitiva sustentável requer um posicionamento superior em todas as três.

Isso se deve a três razões. Primeiro, o valor que as habilidades e os comportamentos são capazes de gerar exige que essas habilidades e esses comportamentos estejam equipados uns com os outros (isto é, sem as habilidades, é impossível exibir determinados comportamentos, e o valor das habilidades só pode ser percebido pela exibição do comportamento). Segundo, é difícil conceber uma empresa com um acervo de capital humano que contenha tanto os mais altos níveis de habilidade quanto exiba excelentes comportamentos na falta de um sistema alinhado de gestão de pessoas. Por fim, os efeitos dos sistemas de gestão de pessoas estão sujeitos a deseconomias de tempo de compressão (Dierickx & Cool, 1989). Enquanto que esses sistemas podem vir a sofrer imitação imediata, haverá um retardo significativo antes que se entenda o impacto provocado por tais sistemas, o que encarece ou dificulta que as empresas concorrentes imitem o valor gerado pelo acervo de capital humano. Mais tarde, construiremos com base nesse modelo para explorar como o exposto se enquadra na organização maior.

## Resumo da literatura conceitual sobre a VBR

Em resumo, a VBR provou ser essencial na formação conceitual e teórica dos trabalhos publicados sobre a GERH. Uma breve revisão demonstra de que maneira a pesquisa sobre a GERH com base na VBR evoluiu na última década. Essa evolução começou quando os pesquisadores do campo de RH reconheceram que a VBR dava uma explicação convincente sobre por que as práticas de RH conduzem a uma vantagem competitiva. A garantia de um debate acadêmico sobre a mecânica específica dessa relação fez com que as publicações referentes à GERH evoluíssem até o seu estágio atual. O efeito líquido foi o alcance de um entendimento em maior profundidade da inter-relação entre a gestão de RH e a vantagem competitiva. O modelo retratado na Figura 14.1 demonstra que a sustentação de uma vantagem competitiva não é apenas uma função de um único componente ou de componentes isolados, e sim uma combinação de elementos integrantes do capital humano, tal como a formação de estoques de habilidades, comportamentos de relevância estratégica e sistemas de suporte da gestão de pessoas. Embora ainda haja muito espaço para a realização de avanços, pode-se dizer que a aplicação teórica da VBR foi exitosa no sentido de estimular uma quantidade substancial de atividades na arena da GERH. Feito o resumo da formação conceitual, voltamo-nos agora para as pesquisas empíricas.

## 14.4 A VBR E A PESQUISA EMPÍRICA NA ÁREA DA GERH

Além das muitas aplicações da VBR nos desenvolvimentos teóricos no âmbito da GERH, essa perspectiva também surgiu como um dos fundamentos mais populares na exploração das relações empíricas dentro da GERH. Na verdade, é difícil encontrar algum estudo empírico sobre GERH nos últimos anos que não faça no mínimo uma referência elogiosa à VBR. Para ser mais breve, será coberta uma amostragem de tais estudos que ilustram a aplicação de conceitos da VBR à pesquisa empírica sobre a GERH. Esses estudos foram escolhidos por buscarem especificamente construir em cima da teoria baseada em recursos ou por tenderem a ser citados com maior frequência no âmbito da literatura sobre a GERH e por dependerem, pelo menos no sentido longitudinal, da lógica baseada em recursos.

Em uma das propostas iniciais, Huselid (1995) sustentou em termos gerais que as práticas de RH poderiam ajudar a criar uma fonte de vantagem competitiva, em especial se estivessem alinhadas com a estratégia competitiva da empresa. Seu estudo revelou a relação entre as práticas de RH (ou Sistemas de Trabalho de Alto Desempenho) e a rotatividade dos empregados, a taxa bruta da rentabilidade sobre os ativos e a teoria Q de Tobin. Seu estudo recebeu considerável atenção por demonstrar que as práticas de RH poderiam exercer um profundo impacto tanto sobre a contabilização quanto sobre as medidas de aferição de desempenho baseadas no mercado.

Koch e McGrath (1996) adotaram uma lógica similar em seus estudos sobre a relação entre o planejamento de RH, o recrutamento e as práticas de dotação de pessoal e a produtividade da força de trabalho. Eles alegaram que "... é provável que a mão de obra altamente produtiva seja dotada de atributos que façam dela um ativo estratégico particularmente valioso" (p. 335). Eles aventaram a ideia de que as empresas que criam rotinas efetivas para a aquisição de ativos humanos acabam formando um estoque de talentos difícil de ser imitado. Eles constataram que esse tipo de práticas de RH estavam relacionadas à produtividade da força de trabalho em uma amostragem de unidades empresariais, e que essa relação mostrava-se ainda mais forte em organizações de capital intensivo.

Boxall e Steeneveld (1999) conduziram um estudo de caso longitudinal junto a participantes do setor de consultoria de engenharia da Nova Zelândia. Eles deram a entender que uma das empresas do setor alcançara uma posição competitiva superior em função da sua vantagem de recursos humanos em 1994, mas que, por volta de 1997, duas empresas concorrentes haviam alcançado a sua mesma posição no mercado competitivo. Os autores postularam que isso poderia significar que ou as duas empresas concorrentes haviam tido êxito e reproduzido a vantagem dada pelos recursos humanos dos antigos líderes do mercado ou que o antigo líder do mercado havia desenvolvido uma vantagem que mostrava-se ainda incerta no presente, mas que seria explorada no futuro.

Divergindo do enfoque nas práticas de RH, Wright, McMahan e Smart (1995) estudaram equipes de basquete masculinas da Associação Atlética Universitária Nacional dos EUA (NCAA) empregando, para tal, o sistema referencial da VBR. Eles centraram seu enfoque nas habilidades dos integrantes da equipe e na experiência do treinador e examinaram de que forma o ajuste entre as habilidades e a estratégia impactavam sobre o desempenho da equipe. Eles constataram que a relação entre determinadas habilidades e o desempenho da equipe dependia da estratégia com a qual a equipe estava comprometida. Os resultados indicavam, além do mais, que as equipes cujos treinadores haviam optado por adotar uma estratégia diversa da que eles teriam preferido apresentavam um desempenho menos satisfatório que as equipes nas quais o treinador conseguira utilizar a estratégia de sua preferência.

Recentes estudos empíricos com o emprego da VBR se constroem com base no sistema referencial arquitetônico de Lepak e Snell (1999) acima debatido. Lepak e Snell (no prelo) solicitaram aos executivos que descrevessem os sistemas de RH existentes para os cargos que ocupavam uma posição especial nos quadrantes do modelo proposto por aqueles dois autores. Eles constataram a existência de considerável apoio para a ideia de que o valor e a singularidade das habilidades estavam associados a diferentes tipos de sistemas de RH vigentes dentro de uma mesma organização. Havia muita consistência entre esses resultados e o modelo desenvolvido por Lepak e Snell (1999), sendo que os resultados davam suporte à proposição básica sobre a existência de diversas estratégias de RH nas empresas. Um estudo suplementar (Lepak, Takeuchi & Snell, 2001) indicou que a combinação do trabalho com conhecimento técnico e da força de trabalho contratada estava associada a um desempenho empresarial de mais alto nível. Tal descoberta não só levanta algumas ideias interessantes sobre a formação de valiosos recursos humanos, mas também salienta a importância das combinações de vários tipos utilizados em conjunto uns com os outros.

Em outro exemplo de análise do acervo de capital humano, Richard (2001) empregou a lógica baseada em recursos para verificar o impacto causado pela diversidade racial no desempenho empresarial. Ele argumentou que a diversidade confere valor no momento em que garante uma variedade de perspectivas, já que muito raramente umas poucas empresas alcançam níveis significativos de diversidade e que a complexa dinâmica social inerente à diversidade conduz à sua inimitabilidade. Ele constatou em uma amostragem de bancos que a diversidade demonstrava ter uma relação positiva com a produtividade, a rentabilidade sobre o patrimônio e o desempenho no mercado para as empresas comprometidas com uma estratégia de crescimento, mas uma relação negativa para as empresas em processo de corte de pessoal e despesas.

Em um esforço para enxergar mais além do que só o acervo de capital humano, Youndt e Snell (2001) estudaram os efeitos diferenciais provocados pelas práticas de RH sobre o capital humano, o capital social e o capital organizacional. Eles constataram que uma dotação intensiva/extensiva de pessoal, salários competitivos, sistemas intensivos/extensivos de treinamento e a promoção de políticas internas eram muito importantes para diferenciar os altos níveis de capital humano nas organizações. Em contraposição, políticas de amplas faixas salariais, salários reduzidos, estruturas em equipe, socialização, mentores e incentivos grupais diferenciavam aquelas empresas dotadas de grande capital social (isto é, de relações que promovam a troca de conhecimento), mas exerciam um efeito muito diminuto sobre o próprio capital humano. Por fim, o capital organizacional (isto é, os conhecimentos inseridos nos sistemas e processos de uma organização) se estabelecia majoritariamente por meio dos bancos de dados sobre as lições aprendidas e as políticas de RH que reforçavam a captação e o acesso aos conhecimentos.

**Resumo da pesquisa empírica embasada na VBR: limitações e orientações futuras** Recentes debates acerca da utilidade da VBR fornecem um importante comentário referente ao estado atual da pesquisa sobre a GERH (Barney, 2001; Priem & Butler, 2001a). Em resposta a alegações de que a VBR seria tautológica e incapaz de gerar hipóteses passíveis de comprovação, Barney reconhece que a maior parte das pesquisas aplicadas à VBR deixaram de testar seus conceitos fundamentais. Mais exatamente, ele observa que muitas das pesquisas existentes se utilizaram da VBR para "estabelecer o contexto de algumas pesquisas empíricas – por exemplo, que o seu enfoque recai sobre as implicações relativas ao desempenho de algum atributo interno de uma empresa – e que realmente não são testes diretos sobre a teoria desenvolvida no artigo escrito em 1991." (Barney, 2001, p. 46).

A maior parte das pesquisas existentes sobre a GERH insere-se nessa categoria. Embora a aplicação empírica da VBR tenha adotado variadas formas, que vão desde o enfoque em Sistemas de Trabalho de Alto Desempenho e em acervos de talentos até o ajustamento entre as habilidades dos empregados e a estratégia, empregou-se uma lógica básica comum: a crença de que as atividades de recursos humanos conduzam à formação de uma mão de obra capacitada e que se comprometa com um comportamento funcional em favor da empresa, constituindo, assim, uma fonte de vantagem competitiva. O resultado disso é um desempenho operacional de mais alto nível, que se traduz no aumento da lucratividade e, consequentemente, no aumento do preço acionário (ou aumento nos seus valores de mercado) (Becker & Huselid, 1998). Embora essa história teórica apresente atrativos, é importante observar que, nos últimos tempos, a maior parte dos estudos empíricos só examina duas variáveis: as práticas de RH e o desempenho empresarial.

Se o estabelecimento de uma tal relação fornece evidências empíricas sobre o valor em potencial dos RH para as empresas, ela deixa de analisar adequadamente a VBR quanto a dois aspectos importantes. Primeiro, não foi feita ainda nenhuma tentativa para realização de uma análise empírica sobre a validade da proposição de que as práticas de RH (ou STAD – Sistemas de Trabalho de Alto Desempenho) dependem do rumo da trajetória e são de uma ambiguidade causal, nem sobre a dificuldade real de imitação de tais práticas. Se esse campo parece ser intuitivamente óbvio e contar com o suporte de dados incidentais, ele carece de dados quantitativos e passíveis de comprovação que possam sustentar as afirmações feitas. De fato, as descobertas realizadas por Boxall e Steeneveld (1999) talvez sugiram que os sistemas de RH permitem imitações (ou, pelo menos, substituições) com mais facilidade do que acreditavam inicialmente os pesquisadores da área da GERH. Com certeza, esforços como aqueles realizados no estudo de King e Zeithaml (2001) para analisar a ambiguidade causal das competências poderiam ser replicados em relação às questões inerentes à GERH. Esses autores solicitaram a gestores que avaliassem as competências das suas empresas e as medidas de aferição da ambiguidade causal geradas com base naquelas respostas. Se a ambiguidade demonstrava uma relação negativa com o desempenho empresarial no estudo dos autores, eles dão um exemplo de como se pode tentar aferir algumas das variáveis no âmbito da VBR.

Segundo, foram feitas poucas tentativas no sentido de mostrar que as práticas de RH exercem realmente um impacto sobre as habilidades ou os comportamentos da mão-de-obra, e no sentido que essas habilidades e esses comportamentos estão relacionados a quaisquer medidas de aferição de desempenho. Arthur (1994) e Huselid (1995) conseguiram descobrir a relação entre as práticas de RH e a rotatividade empregatícia. Wright, McCormick, Sherman e McMahan (1999) constataram que as práticas de treinamento e avaliação estavam relacionadas à análise das habilidades por parte dos executivos e que as práticas compensatórias estavam relacionadas à análise que eles fizeram da motivação da mão de obra. No entanto, até agora nenhum estudo conseguiu demonstrar nada próximo a um modelo inteiramente causal, por meio do qual as práticas de RH sejam professadas de modo a afetar um firme desempenho.

Em resumo, um grande passo a ser dado em favor de publicações específicas sobre a GERH será ir além da simples aplicação da lógica da VBR às questões referentes aos RH, em direção a pesquisas que façam uma análise direta dos conceitos centrais da VBR. Para fazer justiça, esse estado de coisas não difere das tentativas que se propõem a estudar a vantagem competitiva no âmbito das publicações específicas sobre estratégia. Conforme apontado por Godfrey e Hill (1995), é impossível avaliar o grau de incapacidade de se observar algo inobservável e, dos recursos que não permitem imitações, diz-se muitas vezes que eles são inobserváveis. Assim, o que muitas vezes sobra para os pesquisadores de estratégias é a utilização de variáveis substitutas, que talvez não sejam válidas na aferição dos constructos básicos (Hoskisson, Hitt, Wan & Yiu, 1999).

No entanto, considerando-se os projetos de pesquisa realizados junto a um único entrevistado, projetos esses representativos e inerentes à grande parte dessa pesquisa, não se podem excluir as explicações alternativas dadas para a descoberta de relações empíricas. Por exemplo, Gerhart, Wright, McMahan e Snell (2000), e Wright, Gardner, Moynihan, Park, Gerhart e Delery (no prelo), ambos os grupos de autores constataram que as medidas de aferição das práticas de RH por meio da avaliação de um único entrevistado podem conter significativa quantidade de erros. Gardner, Wright e Gerhart (2000) também constataram evidências de teorias de desempenho implícitas, sugerindo que as pessoas que responderam às pesquisas de RH podiam ter baseado suas descrições das práticas de RH em suas avaliações de desempenho da organização. Isso levanta a possibilidade de que a pesquisa que pretendia conferir suporte à VBR por meio da demonstração da relação entre os RH e o desempenho possa resultar de relações artificiais, ou até mesmo de causação em reverso (Wright & Gardner, no prelo). Não se trata de subtrair a pesquisa significativa que foi conduzida até a presente data, mas sim de salientar a importância de estudos mais rigorosos e longitudinais sobre os RH a partir da perspectiva da VBR.

A compreensão mais a fundo da visão baseada em recursos da empresa no interior das pesquisas empíricas sobre a GERH implica centrar o enfoque primeiramente nas competências e nas capacitações das empresas e no papel que os sistemas de gestão de pessoas desempenham no desenvolvimento daquelas. Essa perspectiva exige o reconhecimento de que a inimitabilidade das competências possa se originar da incapacidade de se observar algo (ambiguidade causal, por exemplo), da complexidade (complexidade social, por exemplo) e/ou das deseconomias de compressão de tempo (dependência do rumo da trajetória, por exemplo). Isso implica que, em vez de simplesmente postular uma relação entre as práticas de RH e a vantagem competitiva sustentável, deve-se perceber que os sistemas de gestão de pessoas talvez produzam um impacto sobre essa vantagem de diversos modos.

Esses sistemas podem, por exemplo, desempenhar um papel na criação de culturas ou mentalidades que permitam a manutenção de competências singulares (o recorde de segurança da DuPont, por exemplo). Ou esses sistemas podem promover e manter relações socialmente complexas que se caracterizem pela confiança, pela divisão do conhecimento e pelo trabalho em equipe (a cultura singular da Southwest Airlines, por exemplo). Esses sistemas podem, por fim, resultar na formação de um acervo de capital humano de alta qualidade que não possa ser facilmente imitado em função das deseconomias de tempo de compressão (a capacitação em P&D da Merck, por exemplo). Qualquer que seja o caso, esse quadro com certeza preconiza uma visão mais complexa da relação entre os RH e o desempenho empresarial do que normalmente se demonstra na literatura empírica.

Some-se à visão mais complexa, que tal embasamento implicaria diferentes estratégias para estudo dos RH e da vantagem competitiva. Por exemplo, o reconhecimento das deseconomias de tempo de compressão implica abordagens mais longitudinais ou, pelo menos, históricas, que permitam uma análise da vantagem competitiva, em contraposição a estudos de amostragem representativa mais popular. O enfoque na ambiguidade causal e na complexidade social talvez evoque abordagens mais qualitativas do que simplesmente pedir a alguns sujeitos que façam um relato, por meio de uma pesquisa, sobre as práticas de RH existentes. Em suma, a pesquisa estratégica sobre a gestão de RH com um maior ancoramento na VBR da empresa teria uma aparência bastante diversa do que aquela que existe atualmente. No entanto, tal tipo de pesquisa lançaria luz tanto sobre questões relativas aos RH quanto sobre questões relativas à estratégia.

Estendendo ainda mais esse ponto, os estrategistas que abraçam a VBR ressaltam que a vantagem competitiva (em outras palavras, o cerne da competência) provém do alinhamento das habilidades, dos motivos e assim por diante com *os sistemas, as estruturas e os processos organizacionais* que logra capacitações no nível organizacional (Hamel & Prahalad, 1994; Peteraf, 1993; Teece, Pisano & Shuen, 1997). Com demasiada frequência, os pesquisadores da área de RH agem como se o desempenho organizacional se originasse exclusivamente das ações (agregadas) dos indivíduos. Mas a VBR sugere que os recursos estratégicos são mais complexos que isso, e mais interessantes. Empresas boas no desenvolvimento de produtos e inovações, por exemplo, simplesmente não contam com as pessoas mais criativas e capazes de continuamente gerar novas ideias. As capacitações para desenvolvimento de produtos estão inseridas nos sistemas e processos organizacionais. As pessoas executam tais sistemas, mas elas não são independentes dos mesmos. Então, ao mesmo tempo em que o cerne de competências se baseia no conhecimento, essas competências centrais não são apenas humanas. Elas são compostas por capital humano, capital social (isto é, relações e trocas internas/externas) e capital organizacional (isto é, processos, tecnologias, bancos de dados) (Snell, Youndt & Wright, 1996).

Isso não renega a importância dos RH; amplifica-a e distende-a. A VBR imprime um embasamento mais amplo para exploração do impacto causado pelos RH sobre os recursos estratégicos. Nesse contexto, os RH não se restringem aos efeitos diretos que causam nas habilidades e no comportamento dos empregados. Seus efeitos são mais abrangentes, no sentido de que ajudam a tecer aquelas habilidades e aqueles comportamentos no interior do tecido mais amplo dos processos, sistemas e, no fundo, das competências organizacionais.

Não obstante o enorme espaço para possíveis desenvolvimentos, fica claro, a partir da revisão precedente, que a aplicação conceitual e empírica da VBR produziu consideráveis avanços nas publicações sobre a GERH. Em um sentido mais amplo, a VBR causou um importante impacto no campo da gestão de RH de duas maneiras. Primeiro, a influência da VBR foi providencial para o estabelecimento de uma perspectiva macro no campo de pesquisas sobre a gestão de RH (Snell e outros autores, no prelo). Essa visão macro concedeu profundidade complementar a uma disciplina de dimensões historicamente micro e arraigada na psicologia. Em relação a isso, a segunda maior contribuição da VBR foi a fundamentação teórica e contextual que ela conferiu a um campo tantas vezes criticado por ser ateórico e por ter um número excessivo de aplicações na natureza (Snell e outros autores, 2001).

## 14.5 A CONVERGÊNCIA DA VBR E DA GERH: POTENCIAL DE CONTRIBUIÇÕES MÚTUAS

Até aqui, discutimos de que maneira a VBR prestou contribuições no campo da GERH. Conforme observado anteriormente, no entanto, a VBR também efetivamente colocou as "pessoas" na tela do radar estratégico (Snell e outros autores, no prelo). Em busca da vantagem competitiva, os pesquisadores do campo da estratégia prestam um reconhecimento cada vez maior ao capital humano (Hitt, Bierman, Shimizu & Kochar, 2001), ao capital intelectual (Edvinsson & Malone, 1997) e ao conhecimento (Grant, 1996; Leibeskind, 1996; Matusik & Hill, 1998) como componentes essenciais. Ao adotar essa posição, a VBR propiciou uma excelente plataforma para salientar a importância das pessoas em termos de vantagem competitiva e, assim, o fato inegável de que os pesquisadores das estratégias da VBR devem se debater com problemas relativos às pessoas ou aos RH.

De fato, recentes acontecimentos no campo da estratégia parecem evidenciar uma convergência entre aquele campo e o da GERH (Snell e outros autores, no prelo). Parece que essas áreas oferecem oportunidades únicas para as correntes interdisciplinares de pesquisa que propiciam grandes saltos em direção à base de conhecimentos. Debateremos o conceito do cerne de competências, o enfoque sobre as capacitações dinâmicas e as visões da empresa baseadas no conhecimento como potenciais elos de ligação entre os RH e as publicações específicas sobre estratégia. A escolha desses conceitos deveu-se tanto à sua popularidade no âmbito da literatura publicada sobre estratégia quanto à sua grande dependência das questões relacionadas aos RH.

## 14.6 CERNE DE COMPETÊNCIAS

Prahalad e Hamel (1990) com certeza conseguiram popularizar o conceito do cerne de competências no âmbito das publicações sobre estratégia. Eles afirmaram que o cerne de competências ou as competências centrais são "... o aprendizado coletivo feito pela organização, em especial no que diz respeito a como coordenar diversas habilidades de produção e a como integrar múltiplas correntes de tecnologia" (p. 64), e que elas envolvem "muitos níveis de pessoal e todas as funções" (p. 64). Ao mesmo tempo em que a diferenciação entre as competências centrais e as capacitações (Stalk, Evans & Schulman, 1992) parece difusa, mal se pode conceituar uma capacitação ou uma competência empresarial sem as pessoas que as compreendem e nem sem os sistemas que as mantêm.

Por exemplo, as competências e as capacitações dizem respeito aos processos organizacionais, nos quais há o envolvimento e o comprometimento das pessoas, e que resultam em produtos de superior qualidade, sendo que aqueles processos devem, em geral, ser resistentes ao tempo, já que empregados entram e saem da empresa. Um grande número de pesquisadores do campo da estratégia centram seu enfoque nas competências empresariais (por exemplo, King & Zeithaml, 2001; Leonard-Barton, 1992, 1995). Esses pesquisadores são unânimes em reconhecer a inseparabilidade da competência e das habilidades dos empregados que compreendem a competência. Some-se a isso o fato de que alguns desses pesquisadores (por exemplo, Leonard-Barton, 1992) também reconhecem especificamente o aspecto comportamental daqueles empregados (isto é, a necessidade que os mesmos apresentam de se envolver e comprometer com comportamentos que promovam a competência) e a natureza de prestar suporte dos sistemas de gestão de pessoas para a formação/manutenção da competência. Esses tratamentos, no entanto, começam muitas vezes de modo bem específico, por ocasião da análise da competência e do seu potencial competitivo dentro do mercado. No entanto, eles se tornam então mais genéricos e ambíguos às vezes, à medida que se aprofundam na investigação de conceitos mais específicos relacionados a pessoas, tais como conhecimentos, habilidades, aptidões, comportamentos e as práticas de RH.

Isso serve para ilustrar o potencial de sinergia que poderia resultar da profunda integração entre as publicações sobre estratégia e sobre gestão estratégica dos RH. Para alcançar um entendimento mais a fundo da competência, deve-se examinar (além dos sistemas e processos que embasam tais publicações) as pessoas que se envolvem no processo, as habilidades que elas devem possuir no sentido individual e coletivo e o comportamento com o qual devem se comprometer (de forma individual e interativa) a fim de conseguir implementar o processo. Some-se a isso que, para entender como se pode desenvolver e manter uma competência, é necessário que se verifique, pelo menos parcialmente, os sistemas de gestão de pessoas que garantem a manutenção da competência, mesmo que determinados empregados deixem a empresa e se traga novos empregados para ocupar suas funções. Isso, de novo, serve para explicitar a interação das pessoas e dos processos, já que eles compreendem as competências.

Ao centrar o enfoque de uma competência central nos elementos relacionados às pessoas, se evidencia um ponto de ligação entre as publicações sobre estratégia e RH. Os pesquisadores mais tradicionais do campo de RH se referem à uma "competência" como sendo um trabalho relacionado ao conhecimento, à habilidade ou à aptidão (Nordhaug, 1993) detida por determinado indivíduo. Isso não significa o mesmo que o cerne de competências ao qual os pesquisadores do campo da estratégia fazem referência. Nordhaug e Gronhaug (1994) sustentam que as empresas possuem indivíduos dotados de diferentes competências, às quais eles se referem como o portfólio de competências. Mais adiante, eles propõem a existência de um cerne (ou diferencial) de competências, no caso de a empresa conseguir reunir as muitas competências existentes no portfólio de forma colaborativa, por meio de uma maneira de pensar compartilhada, visando a obter um melhor desempenho em algo que as empresas concorrentes. Para os pesquisadores da área da GERH, isso implica a necessidade de desenvolver um entendimento a respeito das empresas, das atividades que integram sua corrente de valores e de uma relativa superioridade na geração de valor para cada uma dessas atividades. Para os pesquisadores do campo das estratégias, isso sugere a necessidade de um maior aprofundamento nas questões referentes aos indivíduos e aos grupos que compreendem a competência, e nos sistemas que formam e que comprometem os indivíduos a demonstrar e manter sua competência. O modelo produzido por Lepak e Snell (1999) fornece um instrumento para estabelecimento deste elo entre a competência empresarial, as pessoas que a compreendem e os sistemas que a mantêm.

## 14.7 CAPACITAÇÕES DINÂMICAS

A VBR muitas vezes centrou seu enfoque nos recursos e nas competências empresariais sob forma de um conceito estável, que se pode identificar em um determinado momento e que perdura ao longo do tempo. O argumento sustenta que, quando as empresas possuem grupos de recursos valiosos, raros, que não permitem imitações nem substituições, elas têm condições de implementar estratégias para a geração de valor, estratégias essas que as empresas concorrentes não conseguem duplicar facilmente (Barney, 1991; Conner & Prahalad, 1996; Peteraf, 1993; Wernerfelt, 1984, 1995).

No entanto, a atenção mais recente dispensada ao assunto centrou seu enfoque na necessidade sentida por muitas organizações de formar constantemente novas capacitações ou competências em meio a um ambiente dinâmico (Teece, Pisano & Schuen, 1997). Referência tem sido feita a tais capacitações como sendo "capacitações dinâmicas", e eis como elas têm sido definidas:

> Os processos empresariais que empregam recursos – mais especificamente os processos que visam a integrar, reconfigurar, obter e liberar recursos – para se coadunar às mudanças mercadológicas e até mesmo gerá-las. As capacitações dinâmicas são, assim, as rotinas organizacionais e estratégicas por meio das quais as empresas conseguem reconfigurar os recursos de novas formas, à medida que os mercados surgem, colidem, se dividem, evoluem e desaparecem (Eisenhardt & Martin, 2000).

Tais capacitações dinâmicas exigem que as organizações estabeleçam processos que, ao longo do tempo, lhes permitam alterar suas rotinas, seus serviços, produtos e até mesmo mercados. Enquanto teoria, pode-se facilmente postular de que maneira as organizações devem se adaptar às contingências ambientais em processo de mudança, mas, em realidade, é bem difícil realizar alterações de tal magnitude, e a dificuldade provém quase que inteiramente da arquitetura humana da empresa. A empresa pode exigir conjuntos de habilidades diferentes, implicando a dispensa de alguns dos seus empregados e a contratação de novos. A mudança impõe inevitavelmente diferentes processos organizacionais, que implicam em novas redes e em um novo repertório de comportamentos por parte dos empregados. As novas habilidades e os novos comportamentos devem, teoricamente, ser dirigidos por novos sistemas administrativos (isto é, de RH) (Wright & Snell, 1998).

Essa situação implica a centralidade das questões referentes aos RH para o entendimento e a formação das capacitações dinâmicas. Esse centralismo foi bem articulado por Teece e outros autores (1997), sendo que ele fez a seguinte observação:

"Se, de fato, o controle sobre recursos escassos é uma fonte dos lucros econômicos, pode-se então deduzir que fatores como o da aquisição de habilidades, da gestão do conhecimento e do *know how* e do aprendizado tornam-se questões estratégicas de fundamental importância. É no âmbito dessa segunda dimensão, que compreende a aquisição das habilidades, o aprendizado e o acúmulo de ativos organizacionais e dos ativos intangíveis ou invisíveis que, assim acreditamos, resida o maior potencial de contribuições a serem feitas para a estratégia" (p. 514–515).

## 14.8 TEORIAS DA EMPRESA BASEADAS EM CONHECIMENTO

Indiscutivelmente, as publicações sobre estratégia no âmbito do paradigma da VBR centraram muito da sua atenção no conhecimento. Os esforços para entender como as empresas geram, nivelam, transferem, integram e protegem o conhecimento passaram a ocupar a linha de frente nesse campo (Hansen, 1999; Hedlund, 1994; Nonaka, 1991; Sveiby, 1997; Szulanski, 1996). De fato, Grant (1996) argumenta em favor da teoria empresarial baseada no conhecimento, postulando que as empresas existem porque integram e aplicam conhecimentos especializados melhor do que os mercados o fazem. Liebeskind (1996), de maneira similar, acredita em uma teoria da empresa baseada no conhecimento, aventando que as empresas existem porque elas conseguem, melhor que os mercados, proteger o conhecimento contra expropriações e imitações.

O interessante é que a pesquisa sobre estratégias centradas no conhecimento inevitavelmente entra em confronto com uma série de questões da área de RH. A gestão do conhecimento exige que as empresas definam o que é o conhecimento, identifiquem as bases do conhecimento existente e ofereçam mecanismos que promovam a geração, a proteção e a transferência do conhecimento (Argote & Ingram, 2000; Henderson & Cockburn, 1994; Leibeskind, 1996). Enquanto que os sistemas de informação favorecem a criação de um repositório tecnológico do conhecimento, cresce o número de empresas que admitem que a chave para uma gestão exitosa do conhecimento requer que se atenda aos sistemas social e cultural da organização (Conference Board, 2000).

Faz tempo que o conhecimento figura como uma temática no âmbito das publicações específicas sobre RH, quer o enfoque recaísse sobre a análise dos candidatos quanto sobre seus conhecimentos relacionados ao trabalho (Hattrup & Schmitt, 1990), sobre o treinamento dos empregados para formar conhecimentos relacionados ao trabalho (Gephart, Marsick, Van Buren & Spiro, 1996), sobre o desenvolvimento de sistemas de participação e comunicação para transferência de conhecimentos (Cooke, 1994) ou sobre a concessão de incentivos para os indivíduos poderem aplicar seus conhecimentos (Gerhart, Milkovich & Murray, 1992). As maiores diferenciações entre as publicações sobre estratégia e sobre RH relacionadas ao conhecimento têm a ver com o enfoque e o nível do conhecimento. Enquanto que os trabalhos sobre RH voltaram seu enfoque para os conhecimentos relacionados ao trabalho, as publicações sobre estratégia voltaram seu enfoque para os conhecimentos de maior relevância no mercado, tais como o conhecimento relativo aos consumidores, às empresas concorrentes ou para os conhecimentos de maior relevância na geração de novos produtos (Grant, 1996; Leibeskind, 1996).

Fora isso, enquanto que os trabalhos publicados sobre RH tendem a tratar o conhecimento como um fenômeno individual, as publicações sobre estratégia e sobre as organizações percebem o conhecimento por meio de uma perspectiva mais ampla, como sendo algo dividido, acessível e transferível por parte da organização (comparar com Argyris & Schon, 1978; Brown & Duguid, 1991; Snell, Stueber & Lepak, no prelo). O conhecimento pode ser encarado como algo que caracteriza os indivíduos (isto é, capital humano), mas ele também pode ser compartilhado com outros grupos ou redes (capital social) ou institucionalizado em bancos de dados e processos da organização (capital organizacional).

Essas diferenciações representam algo como um ponto de partida para os pesquisadores do campo de RH. No entanto, os processos de geração, transferência e exploração do conhecimento oferecem um denominador comum nos dois campos, salientando novamente o potencial de convergência dos dois campos pelo paradigma da VBR. Embora teóricos como Argyris e Schon (1978) sustentem que todo o aprendizado principia em nível individual, ele é condicionado pelo contexto social e pelas rotinas vigentes nas organizações (Nonaka & Takeuchi, 1995). Coleman (1988), por exemplo, observou que o capital social exerce uma influência importante sobre a geração do capital humano. O que parece claro é que esses distintos "repositários do conhecimento" se complementam e influenciam uns aos outros ao definirem as capacitações de uma organização (Youndt & Snell, 2001).

Mas há diferenças substanciais entre os sistemas de RH que dão suporte ao aprendizado individual e outros que dão suporte ao aprendizado organizacional. Leonard-Barton (1992), por exemplo, comentou que o aprendizado e a inovação organizacionais foram construídos por meio de quatro processos inter-relacionados e seus valores correspondentes: (1) detenção/solução de problemas (igualitarismo), (2) integração dos conhecimentos internos (conhecimento compartilhado), (3) contínua experimentação (risco positivo) e (4) integração dos conhecimentos externos (abertura para o exterior). Cada um desses processos e valores opera com os demais de maneira sistemática, visando a inculcar o aprendizado e a inovação organizacionais. Cada combinação de processo e valor conta, por sua vez, com o suporte de diferentes sistemas administrativos (RH) que têm incorporados elementos da dotação de pessoal, do projeto de trabalho, do treinamento, da gestão de carreira, da avaliação e das recompensas. De novo, o conceito do conhecimento reúne os campos da estratégia e dos RH. Mas existe a necessidade de serem feitos muito mais trabalhos para que se possa integrar essas correntes de pesquisa. A teoria e a pesquisa sobre estratégia dão a base para entendimento sobre o valor que o conhecimento tem para a empresa e salientam a necessidade de geri-lo. O campo de RH carece de uma tal perspectiva, mas forneceu um volume maior de teorias e pesquisas referentes à maneira como o conhecimento é gerado, retido e transferido entre os indivíduos que compreendem a empresa.

## 14.9 INTEGRAÇÃO DA ESTRATÉGIA E DA GERH NO ÂMBITO DA VBR

Foram debatidos os conceitos do cerne de competências, das capacitações dinâmicas e do conhecimento como constructos de uma ponte que interliga os campos da estratégia e da GERH. Preconizamos a possibilidade de grandes benefícios para ambos os campos se estes compartilhassem suas respectivas áreas de *expertise*. De fato, mesmo correndo o risco de uma simplificação excessiva, as publicações sobre estratégia geraram um volume significativo de conhecimentos referentes a quem (isto é, os empregados/executivos ou grupos de empregados/executivos) é a fonte provedora de vantagens competitivas e o porquê. No entanto, fora do âmbito dos trabalhos publicados, há técnicas específicas para atrair, desenvolver, motivar, manter ou reter essas pessoas. A GERH, por outro lado, gerou conhecimentos relativos à atração, ao desenvolvimento, à motivação, à manutenção e à retenção das pessoas. No entanto, a GERH ainda não conseguiu ser particularmente exitosa na identificação de quem deveria constituir o foco desses sistemas e o porquê.

As publicações sobre estratégia também salientaram a importância do estoque e do fluxo de conhecimento para a formação de uma vantagem competitiva. No entanto, elas não exploraram em muitos detalhes de que maneira o papel desempenhado pelos indivíduos, assim como por suas interações com os outros, contribuem para aquele fim. De modo inverso, a GERH perdeu muito da visão organizacional do conhecimento, mas pode oferecer significativa orientação em relação ao papel desempenhado pelos indivíduos.

Esse estado de coisas clama por uma maior integração entre esses dois campos. A Figura 14.2 ilustra tal potencial de integração. Ao todo, a

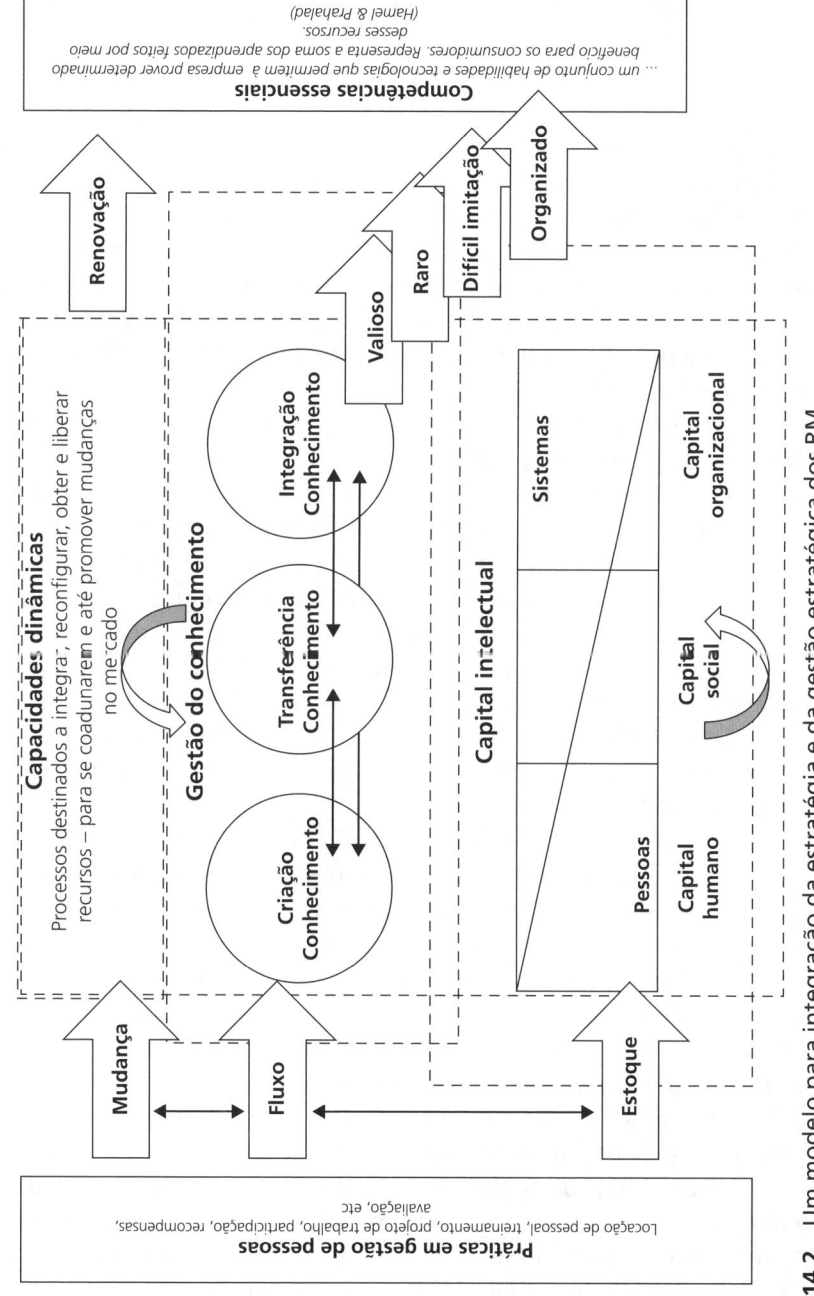

# CAPÍTULO 14  Recursos humanos e a visão da empresa baseada em recursos

**FIGURA 14.2** Um modelo para integração da estratégia e da gestão estratégica dos RM.

figura retrata sistemas de gestão de pessoas à esquerda, o cerne de competências à direita, o capital intelectual e a gestão de conhecimento como conceitos de aproximação entre os dois, e a capacitação dinâmica como um elemento de renovação que une todos os quatro conceitos com o passar do tempo.

Observe que os constructos básicos apresentados na Fig. 14.1 ainda aparecem no desdobramento desse modelo, mas com um conjunto muito mais detalhado de variáveis. No lado direito do modelo, colocamos o constructo dos sistemas de gestão de pessoas. Essa colocação não implica que toda a vantagem competitiva tenha início com os sistemas de gestão de pessoas, senão que isso representa o enfoque do campo de RH. Levantamos a hipótese de que os sistemas de gestão de pessoas geram valor até o momento em que eles causam impacto no estoque, no fluxo e nas alterações no capital intelectual/conhecimento que constituem a base do cerne de competências.

Em vez de simplesmente focar nos conceitos de "habilidades" e "comportamento", aventamos uma análise mais detalhada em relação ao estoque e ao fluxo do conhecimento. Para este fim, sugerimos que o conceito de "habilidade" possa ser expandido de modo a contemplar o estoque de capital intelectual da empresa, que congrega tanto pessoas como sistemas. Esse estoque de capital humano compreende um aspecto humano (as habilidades do conhecimento e as aptidões das pessoas), um aspecto social (as valiosas relações entre as pessoas) e um organizacional (os processos e as rotinas internas da empresa). Ele amplia o enfoque tradicional dos RH para além das pessoas simplesmente, a fim de explorar os processos e os sistemas maiores que existem no interior de uma empresa.

O conceito de "comportamento" no âmbito da literatura sobre a GERH pode, de modo semelhante, sofrer nova conceituação que o situe como o fluxo de conhecimento no interior de uma empresa a partir da sua criação, transferência e integração. Este comportamento da "gestão do conhecimento" cresce em importância à medida que a informação e o conhecimento desempenham um papel maior nas vantagens empresariais competitivas. É por meio do fluxo de conhecimento que as empresas aumentam ou mantêm seu estoque de capital intelectual.

No lado direito do modelo, dispusemos o cerne da competência, um dos principais enfoques das publicações sobre estratégia. Preconizamos que esse cerne da competência surge da combinação do estoque de conhecimento das empresas (capital humano, social e organizacional inserido tanto nas pessoas como nos sistemas) e do fluxo desse conhecimento mediante geração, transferência e integração de modo valioso, raro, organizado e passível de ser imitado. Isso permite que o sistema referencial explore de forma mais específica o componente humano nas competências centrais e forneça uma base para que se explore a ligação entre os sistemas de gestão de pessoas e as competências centrais por meio do gerenciamento do estoque e do fluxo de conhecimento de uma empresa.

Por fim, o constructo da capacitação dinâmica ilustra a interdependência na interação entre a mão de obra e o cerne da competência, à medida que ocorrem as mudanças, com o passar do tempo. Ele representa o processo de renovação pelo qual as organizações precisam passar para permanecerem competitivas. A capacitação dinâmica requer alteração nas competências, tanto por parte da organização quanto das pessoas que a compreendem. Ela é facilitada pelos sistemas de gestão de pessoas que promovem a alteração de ambos, do estoque e do fluxo de conhecimento no interior da empresa, que permitem que a empresa renove constantemente suas competências centrais.

Esse modelo não se presta, de modo algum, a ser um sistema referencial teórico bem desenvolvido, senão busca simplesmente apontar para as áreas de possível colaboração entre pesquisadores da área da estratégia e da área da GERH. Esses dois campos dividem interesses em comum por determinadas questões e trazem ainda um complemento de habilidades, conhecimentos e perspectivas para tais questões. A VBR salienta esses interesses comuns e provê um sistema referencial para o desenvolvimento de uma colaboração de esforços.

## 14.10 CONCLUSÃO

A VBR influenciou de forma significativa e independente os campos da estratégia e da GERH. O mais importante, no entanto, foi ter permitido uma aproximação teórica entre esses dois campos. Ao voltar a atenção em direção aos recursos internos, às capacitações e às competências da empresa, tais como o conhecimento, o aprendizado e as capacitações dinâmicas (Hoskisson e outros autores, 1999), a VBR fez com que os pesquisadores do campo da estratégia tivessem de encarar uma série de questões em relação à gestão de pessoas (Barney, 1996). Nossa conjetura seria que poucos pesquisadores de estratégias são tão bem versados nas bases existentes para pesquisas referentes à efetividade de vários instrumentos e técnicas específicas de RH para gerir as pessoas e, assim, abordar essas questões com a necessária especificidade.

Esse foco interno também já forneceu ao campo da GERH, tradicionalmente desprovido de teorias, uma fundamentação teórica a partir da qual foi possível começar a explorar o papel estratégico que as pessoas e as funções de RH podem desempenhar nas organizações (Wright & McMahan, 1992). Some-se a essa falta de teorias, essas publicações específicas também exibiram poucas visões sobre a estratégia ou, pelo menos, visões demasiado simplistas da mesma, limitando, assim, sua capacidade de contribuir para os trabalhos publicados sobre estratégia (Chadwick & Cappelli, 1998). A VBR propicia um sistema referencial que permite aos pesquisadores e àqueles que atuam na prática no campo de RH melhor compreender os desafios colocados pela estratégia e, assim, ser mais capazes de desempenhar um papel positivo na gestão estratégica das empresas.

Preconizamos que ambos os campos irão se beneficiar com uma maior interação entre eles no futuro. Essa interação deve se processar em níveis de maior profundidade que aquele da simples leitura de publicações específicas sobre as áreas de um e do outro, mais como a organização de conferências que visam a promover debates face a face sobre as questões e os desafios comuns. De fato, é nossa crença de que estudos futuros de pesquisas interdisciplinares conduzidos em conjunto por pesquisadores dos campos da estratégia e da GERH poderiam tirar proveito dos conhecimentos e da especialização singulares de ambos os campos e, com sinergia, prestar uma contribuição para a geração de novos conhecimentos referentes aos papéis que as pessoas desempenham para a geração de vantagens competitivas organizacionais.

## 14.11 REFERÊNCIAS

Argote, L., & Ingram, P. (2000). Knowledge transfer: A basis for competitive advantage in firms. *Organizational* Behavior and Human Decision Processes, 82 (1), 150–169.

Argyris, C., & Schon, D. A. (1978). Organizational learning: A theory of action perspective. Reading, MA: Addison-Wesley.

Arthur, J. B. (1994). Effects of human resource systems on manufacturing performance and turnover. *Academy* of Management Journal, 37 (3), 670–687.

Baron, J. N., Davis-Blake, A., & Bielby, W. T. (1986). The structure of opportunity: How promotion ladders vary within and among organizations. *Administrative Science Quarterly, 31,* 248–273.

Barney, J. (1991). Firm resources and sustained competitive advantage. *Journal of Management, 17* (1), 99–120.

Barney, J. (1996). The resource-based theory of the firm. *Organizational Science, 7,* 469.

Barney, J. (2001). Is the resource-based view a useful perspective for strategic management research? Yes. Academy of Management Review, 26, 41–56.

Becker, B. E., & Huselid, M. A. (1998). High performance work systems and firm performance: A synthesis of research and managerial applications. Research in Personnel and Human Resources Management, 16, 53–101.

Brown, J. S., & Duguid, P. (1991). Organizational learning and communities-of-practice: Toward a unified view of working, learning, and innovation. *Organizational Science, 2,* 40–57.

Boxall, P. F. (1996). The Strategic HRM debate and the resource-based view of the firm. *Human Resource* Management Journal, 6 (3), 59–75.

Boxall, P. F. (1998). Human resource strategy and industry-based competition: A conceptual framework and agenda for theoretical development. In P. M. Wright, L. D. Dyer, J. W. Boudreau & G. T. Milkovich (Eds.),

Research in personnel and human resources management (Suppl. 4, pp. 1–29). Madison, WI: IRRA.

Boxall, P. F., & Steeneveld, M. (1999). Human resource strategy and competitive advantage: A longitudinal study of engineering consultancies. *Journal of Management Studies, 36* (4), 443–463.

Cappelli, P., & Singh, H. (1992). Integrating strategic human resources and strategic management. In D. Lewin,

O. S. Mitchell & P. D. Sherer (Eds.), Research frontiers in industrial relations and human resources (pp. 165–192). Madison, WI: IRRA.

Chadwick, C., & Cappelli, P. (1998). Alternatives to generic strategy typologies in strategic human resource management. In P. M. Wright, L. D. Dyer, J. W. Boudreau & G. T. Milkovich (Eds.), *Research in personnel and human resources management* (Suppl. 4, pp. 1–29). Greenwich, CT: JAI Press, Inc.

Coleman, J. S. (1988). Social capital in the creation of human capital. *American Journal of Sociology, 94,* s95–s120.

Conference Board. (2000). *Beyond knowledge management: New ways to work.* Research Report 1262–00RR.

Cooke, W. (1994). Employee participation programs, group-based incentives, and Company performance: A union-nonunion comparison. Industrial and Labor Relations Review, 47, 594–609.

Conner, K. R., & Prahalad, C. K. (1996). A resource-based theory of the firm: Knowledge versus opportunism. Organization Science, 7, 477–501.

Devanna, M. A., Fombrun, C. J., & Tichy, N. M. (1984). A Framework for Strategic Human Resource Management, *Strategic Human Resource Management* (Chapt. 3, pp. 33–51). New York: Wiley.

Dierickx, I., & Cool, K. (1989). Asset stock accumulation and sustainability of competitive advantage. *Management* Science, 35, 1504–1511.

Drucker, P. (1954). *The practice of management.* New York: Harper.

Edvinsson, L., & Malone, M. (1997). *Intellectual capital.* Cambridge, MA: Harvard Business School Press.

Eisenhardt, K. M., & Martin, J. A. (2000). Dynamic capabilities: What are they? *Strategic Management Journal, 21,* 1105–1121.

Fiol, C. M., & Lyles, M. A. (1985). Organizational learning. *Academy of Management Review, 10,* 803–813.

Finkelstein, S., & Hambrick, D. (1996). Strategic leadership: Top executives and their effects on organizations. Minneapolis/St. Paul: West Pub. Co.

Fisher, S. R., & White, M. A., (2000). Downsizing in a learning organization: Are there hidden costs? *Academy* of Management Review, 25 (1), 244–251.

Gardner, T. M., Wright, P. M., & Gerhart, B., (2000). The HR-Firm performance relationship: Can it be in the mind f the beholder? Documento de trabalho, Center for Advanced Human Resource Studies, Cornell University.

Gephart, M. Marsick, V., Van Buren, M., & Spiro, M., (1996). Learning Organizations come alive. *Training and* Development, 50, 34–35.

Gerhart, B., Milkovich, G., & Murray, B., (1992). Pay, performance and participation. In D. Lewin, O. Mitchell, & P. Sherer (Eds.), Research frontiers in industrial relations and human resources. Madison, WI: IRRA

Gerhart, B., Wright, P. M., McMahan, G. C., & Snell, S. A. (2000). Measurement error in research on human resources and firm performance: How much error is there and how does it influence effect size estimates? Personnel Psychology, 53, 803–834.

Godfrey, P. C., & Hill, C. W. L. (1995). The problem of unobservables in strategic management research. Strategic Management Journal, 16, 519–533.

Grant, R. M. (1996). Toward a knowledge-based theory of the firm. *Strategic Management Journal, 17* (Winter Special Issue), 108–122.

Hamel, G., & Prahalad, C. K. (1994). Competing for the future. *Harvard Business Review, 72* (4), 122–129.

Hansen, M. T. (1999). The search-transfer problem: The role of weak ties in sharing knowledge across organization sub units. *Administrative Science Quarterly, 44* (March), 82–111.

Hedlund, G. (1994). A model of knowledge management and the N-form corporation. *Strategic Management* Journal, 15, 73–90.

Hattrup, K., & Schmitt, N. (1990). Prediction of trades apprentices' performance on job sample criteria. Personnel Psychology, 43, 453–467.

Henderson, R., & Cockburn, I. (1994). Measuring competence? Exploring firm effects in pharmaceutical research. Strategic Management Research, 15, 63–84.

Hitt, M. A., Bierman, L., Shimizu, K., & Kochhar, R. (2001). Direct and moderating effects of human capital on the strategy and performance in professional service firms: A resource-based perspective. *Academy of* Management Journal, 44, 13–28.

Hoskisson, R. E., Hitt, M. A., Wan, W. P., Yiu, D. (1999). Theory and research in strategic management: Swings of a pendulum. Strategic Management Journal, 25 (3), 417–456.

Huselid, M. A. (1995). The impact of human resource management practices on turnover, productivity, and corporate financial performance. *Academy of Management Journal, 38* (3), 635–672.

Jackson, S. E., Schuler, R. S., & Rivero, J. C. (1989). Organizational characteristics as predictors of personnel practices. Personnel Psychology, 42, 727–786.

King, A. W., & Zeithaml, C. P. (2001). Competencies and firm performance: Examining the causal ambiguity paradox. Strategic Management Journal, 22, 75–99.

Koch, M. J., & McGrath, R. G. (1996). Improving labor productivity: Human resource management policies do matter. Strategic Management Journal, 17, 335–354.

Lado, A. A., & Wilson M. C., (1994). Human resource systems and sustained competitive advantage: A competency-based perspective. *Academy of Management Review, 19* (4), 699–727.

Leonard-Barton, D. (1992). The factory as a learning laboratory. *Sloan Management Review, 34* (1), 23–38.

Leonard-Barton, D. (1995). *Wellsprings of Knowledge.* Boston: Harvard Business School Press.

Lepak, D. P., & Snell, S. A. (1999). The human resource architecture: Toward a theory of human capital allocation and development. *Academy of Management Review, 24,* 31–48.

Lepak, D. P., & Snell, S. A. (no prelo). Examining the human resource architecture: The relationships among human capital, employment, and human resource configurations. *Journal of Management.*

Lepak, D. P. Takeuchi, R., & Snell, S. A. (2001). An empirical examination of employment mode use and firm performance. Documento de trabalho, University of Maryland.

Liebeskind, J. P. (1996). Knowledge, strategy, and the theory of the firm. *Strategic Management Journal, 17* (Winter Special Issue), 93–107.

March, J., & Simon, H. (1958). *Organizations*, New York: Wiley.

MacDuffie, J. P. (1995). Human resource bundles and manufacturing performance: Organizational logic and flexible pro duction systems in the world auto industry. *Industrial & Labor Relations Review, 48* (2), 197–221.

Matusik, S. F., & Hill, C. W. L. (1998). The utilization of contingent work, knowledge creation, and competitive advantage. Academy of Management Review, 23, 680–697.

McMahan, G. C., Virick, M., & Wright, P. M. (1999). Alternative theoretical perspective for strategic human resource management revisited: progress, problems, and prospects. In P. M. Wright, L. D. Dyer, J. W.

Boudreau, & G. T. Milkovich (Eds.), Research in personnel and human resources management (Suppl. 4, pp. 99–122). Greenwich, CT: JAI Press, Inc

Miles, R. E., & Snow, C. C. (1978). Organizational strategy, structure and process. New York: McGraw-Hill.

Miles, R. E., & Snow, C. C. (1984). Designing strategic human resources systems. *Organizational Dynamics*, Summer, 36–52.

Nonaka, I. (1991). The knowledge creating company. *Harvard Business Review, 69* (6), 96–104.

Nonaka, I., & Takeuchi, H. (1995). The knowledge-creating company: How Japanese companies create the dynamics of innovation. New York: Oxford Press.

Norburn, D., & Birley, S. (1988). The top management team and corporate performance. *Strategic Management* Journal, 9, 225–237.

Nordhaug, O. (1993). Human capital in organizations: Competence, training and learning. Oslo/London: Scandanavian University Press/Oxford University Press.

Nordhaug, O., & Gronhaug, K. (1994). Competences as resources in firms. *The International Journal of Human* Resource Management, 5 (1), 89–106.

Osterman, P. (1987). Choice of employment systems in internal labor markets. *Industrial Relations, 26* (1), 48–63.

Peteraf, M. A. (1993). The cornerstones of competitive advantage: A resource based view. *Strategic Management* Journal, 14, 179–191.

Penrose, E. T. (1959). *The theory of the growth of the firm.* New York: Wiley.

Porter, M. E. (1980). *Competitive strategy.* New York: Free Press, 34–46.

Prahalad, C. K., & Hamel, G. (1990). The core competence of the corporation. *Harvard Business Review,* May/June 79–91.

Priem, R., L., & Butler, J. E. (2001a). Is the resource based "view" a useful perspective for strategic management research? Academy of Management Review, 26 (1), 22–40.

Priem, R., L., & Butler, J. E. (2001b). Tautology in the resource based view and the implications of externally determined resource value: Further comments. *Academy of Management Review, 26* (1), 57–66.

Richard, O. C. (2001). Racial diversity, business strategy, and firm performance: A resource-based view. Academy of Management Journal, 43 (2), 164–177.

Rumelt, R. (1984). Toward a strategic theory of the firm. In R. Lamb (Ed.), *Competitive strategic management* (556–570). Englewood Cliffs, NJ: Prentice-Hall.

Snell, S. A., Shadur, M. A., & Wright, P. M. (2001). The era of our ways. In M. A. Hitt, R. E. Freeman, & J. S.

Harrison (Eds.), *Handbook of strategic management* (pp. 627–629). Oxford: Blackwell Publishing.

Snell, S. A., Stueber, D., & Lepak, D. P. (2001). Virtual HR departments: Getting out of the middle. In: Robert L. Heneman & David B. Greenberger, Human resource management in virtual organizations (Information Age Publishing).

Snell, S. A., Youndt, M. A., & Wright, P. M. (1996). Establishing a framework for research in strategic human resource management: Merging resource theory and organizational learning. In G. Ferris (Ed.), *Research in* personnel and human resources management (Vol. 14, pp. 61–90).

Stalk, G., Evans, P., & Schulman, L. (1992). Competing on capabilities: The new rules of corporate strategy. Harvard Business Review, 70, 57–69.

Stewart, T. A. (1996). Human resources bites back. *Fortune,* May, 175.

Svieby, K. E (1997). The new organizational wealth: Managing and measuring knowledge based assets. San Francisco: Berrett-Koehler.

Szulanski, G. (1996). Exploring internal stickiness: impediments to the transfer of best practice within the firm. Strategic Management Journal, 17 (Winter Special Issue), 27–43.

Teece, D. J., Pisano, G., & Shuen, A. (1997). Dynamic capabilities and strategic management. *Strategic* Management Journal, 18 (7), 509–533.

Thomas, A. B. (1988). Does leadership make a difference in organizational performance? *Administrative Science* Quarterly, 33, 388–400.

Truss, C., & Gratton, L. (1994). Strategic human resource management: A conceptual approach. *Internationa* Journal of Human Resource Management, 5, 663–686.

Tsui, A. S., Pearce, J. L., Porter, L. W., & Tripoli, A. M. (1997). Alternative approaches to the employeeorganization relationship: Does investment in employees pay off? *Academy of Management Journal, 40,* 1089–1121.

Walker, J. (1978). Linking human resource planning and strategic planning. *Human Resource Planning, 1,* 1–18.

Wernerfelt, B. (1984). A resource-based view of the firm. *Strategic Management Journal, 5,* 171–180.

Wernerfelt, B. (1995). The resource based view of the firm: Ten years after. *Strategic Management Journal, 16,* 171–174.

Wright, P. M., & Boswell, W. (no prelo). Desegregating HRM: A Review and Synthesis of Micro and Macro Human Resource Management Research. *Journal of Management.*

Wright, P. M., & Gardner, T. M. (no prelo). Theoretical and empirical challenges in studying the HR practice-firm performance relationship. In D. Holman, T. D. Wall, C. Clegg, P. Sparrow, & A. Howard (Eds.), *The new* workplace: People technology, and organisation. New York: John Wiley and Sons.

Wright, P. M., Gardner, T. M., Moynihan, L. M., Park, H., Gerhart, B., & Delery, J. (no prelo). Measurement error in research on human resources and firm performance. Additional data and suggestions for future research. Personnel Psychology.

Wright, P. M., McCormick, B., Sherman, W. S., McMahan, G. C. (1999). The role of human resources practices in petro-chemical refinery performance. The International Journal of Human Resource Management, 10, 551–571.

Wright, P. M., & McMahan, G. C. (1992). Theoretical perspectives for strategic human resource management. Journal of Management, 18 (2), 295–320.

Wright, P. M., McMahan, G. C., & McWilliams, A. (1994). Human resources and sustained competitive advantage: A resource-based perspective. International Journal of Human Resource Managemen, 5 (2), 301–326.

Wright, P. M., Smart, D. L., & McMahan, G. C. (1995). Matches between human resources and strategy among NCAA basketball teams. *Academy of Management Journal, 38* (4), 1052–1074.

Wright, P. M., & Snell, S. A. (1991). Toward an integrative view of strategic human resource management. Human Resource Management Review, 1 (3), 203–225.

Wright, P. M., & Snell, S. A. (1998). Toward a unifying framework for exploring fit and flexibility in strategic human resource management. *Academy of Management Review, 23* (4), 756–772.

Youndt, M. A., & Snell, S. A. (2001). Human resource management, intellectual capital, and organizational performance. Documento de trabalho, Skidmore College.

# 15

# A competição baseada em recursos e a estratégia das novas operações*

STÉPHANE GAGNON
UNIVERSITÉ DU QUÉBEC À MONTRÉAL, CANADA

O presente artigo sustenta que as pesquisas sobre a estratégia de operações deveriam incorporar as recentes teorias da visão da gestão estratégica baseada em recursos. Indo além do modelo proposto por Hayes e Wheelwright, isso preconizaria o fim da visão baseada no mercado, na qual as estratégias de operação simplesmente seguem as orientações determinadas pela função de marketing. Enfatizaria a formação e a potencialização dinâmicas de competências e capacitações visando ao estabelecimento de novas estratégias de diversificação empresarial. Poderia provocar o surgimento de um novo paradigma em estratégia de operações, no qual os "princípios fundamentais de gestão", tais como o aprendizado e a cultura, seriam integrados de forma ativa nas operações, objetivando a transformação dos mesmo em fontes determinantes de vantagem competitiva. Em consequência, seria cada vez mais possível para a função das operações assumir a liderança na formulação das estratégias; criar "portfólios" de capacitações opcionais para estratégias de maior agilidade organizacional; e implementar com mais eficiência práticas de nível internacional mediante o emprego de sistemas estratégicos evolucionários.

## 15.1 INTRODUÇÃO

Desde que Skinner (1969) salientou a ausência de elos de ligação entre a função da manufatura e a estratégia dentre as empresas norte-americanas, verificou-se um rápido crescimento da Estratégia de Manufatura ou daquilo que ora se denomina Estratégia de Operações. Embora essa área de pesquisa permaneça restrita à disciplina de operações, repetidos apelos têm sido feitos no sentido de haver uma maior integração das pesquisas sobre estratégia de operações com as demais disciplinas relacionadas a ela, tais

---

* Artigo originalmente publicado sob o título *Resource-Based Competition and the New Operations Strategy*, no International Journal of Operations & Production Management, v.19, n.2, p.125-138, 1999.

como a gestão estratégica e a teoria das organizações (Adam e Swamidass, 1989; Miller e Roth, 1994).

Presenciou-se recentemente a realização de alguns interessantes esforços no intuito de expandir a estratégia de operações, recorrendo-se, para tal, primeiro à classificação genérica de estratégias formulada por Porter (1980, 1985), conforme movida por imperativos de mercado, tais como liderança em custos, diferenciação de produto e segmentação de mercado. Ward e outros autores (1996), por exemplo, estudaram as várias configurações de operações e de estratégias genéricas. Em outro exemplo, Chakraborty e Philip (1996) centraram o enfoque do seu trabalho na formação de fornecedores e na classificação de Porter. Os resultados de tais estudos representam um primeiro passo, confirmando que as operações poderiam ser uma peça essencial na configuração mais ampla das estratégias empresariais e dos contextos industriais.

A disciplina da gestão estratégica, no entanto, sofreu há pouco uma transição, passando da visão da competição empresarial "baseada no mercado" para a visão "baseada em recursos". A primeira perspectiva encara as operações como um sistema de enfoque perfeitamente ajustável, de modo a seguir com êxito as regras ditadas pelos mercados, enquanto que a última perspectiva apregoa que é mais rentável centrar o enfoque na formação, na proteção e na potencialização dos recursos e das vantagens operacionais singulares de uma empresa, para conseguir mudar as regras da competição. Essa mudança de paradigma teve início a partir das evidências de que a explicação primária para um desempenho de alto nível é a força dos recursos de uma empresa, e não a força da posição por ela ocupada no mercado (Rumelt, 1984; Wernerfelt, 1984). Foi só mais tarde que a visão baseada em recursos cresceu em importância, a partir da vigorosa ênfase dada por Prahalad e Hamel (1990) ao elo existente entre o cerne de competências e a competitividade.

Neste trabalho, discute-se uma série de novas possibilidades na formulação de teorias referentes à estratégia de operações na competição baseada em recursos. Não se fará, contudo, uma revisão extensiva das publicações específicas sobre estratégia com base em recursos, já que se pode facilmente recorrer a revisões feitas anteriormente (Barney, 1991; Mahoney e Pandian, 1992). Nossa preferência foi por abordar três questões de maior amplitude e relevância no contexto dos trabalhos publicados sobre operações, nos quais a visão baseada em recursos é capaz de auxiliar na formulação de uma teoria:

1. O ativo papel desempenhado pelas operações no âmbito da estratégia;
2. O desaparecimento dos *trade-offs* no contexto da hipercompetição; e
3. A implementação de práticas reconhecidas e aceitas em todo o mundo.

É interessante observar que as três questões a serem debatidas poderiam ser diretamente relacionadas àquilo que Voss (1995) denominou os três "paradigmas" da estratégia de manufatura. O paradigma da "competição pela manufatura", por exemplo, fundamentado no modelo proposto por Hayes e Wheelwright (1985), aponta diretamente para o papel desempenhado pelas operações no âmbito da estratégia, papel esse que ainda é muito ambíguo. O segundo paradigma, denominado "opções estratégicas de manufatura", que se concentra na realização de *trade-offs* estratégicos entre as prioridades operacionais, está sendo desafiado, em um momento em que a hipercompetição confere vida breve aos *order winners* e em que aumenta o rigor dos qualificadores de mercado. Por último, o paradigma das "melhores práticas", o qual se relaciona diretamente a uma questão mais fundamental, à implementação de novas abordagens na gestão de operações que, assim se espera, produzam um desempenho de nível internacional.

Como será visto, esses três paradigmas precisarão ser atualizados a fim de contemplar a visão baseada em recursos da estratégia, já que é possível que logo surja um quarto paradigma, que trate dos "princípios fundamentais de gestão". No âmago da economia baseada em conhecimento, essa nova estratégia de operação pode incluir questões tais como as da cultura e do aprendizado, que até então eram consideradas decisões de caráter secundário, relativas à "infraestrutura organizacional". Será visto o porquê de essas questões não só terem de estar "alinhadas" com as operações, como também serem totalmente gerenciadas, a fim de poderem tanto prestar suporte à excelência operacional como gerá-la. Isso pode mudar completamente o enfoque teórico da estratégia de operações, criando novos elos de ligação com as teorias mais "qualitativas" sobre a dinâmica organizacional e a regeneração estratégica (Tranfield e Smith, 1998).

## 15.2 O PAPEL ATIVO DAS OPERAÇÕES NO ÂMBITO DA ESTRATÉGIA

O ambíguo papel desempenhado pela função das operações no seio das organizações modernas já constava dentre as primeiras questões abordadas pela pesquisa sobre a estratégia de operações (Skinner, 1969). Mas o problema foi colocado de forma mais clara por Hayes e Wheelwright (1985), que propuseram um modelo evolucionário para explicar o papel desempenhado pela manufatura no contexto de uma empresa. Passando por quatro estágios, que vão desde a mera garantia de que as operações sejam coerentes com os objetivos empresariais, até o emprego das operações como uma arma-chave no processo competitivo, o modelo representava um dos mais forte apelos no sentido de se seguir em direção a uma excelência operacional sem precedentes. Além desse esforço para chegar a uma conceitualização, Hill (1989) formulou a proposta de um modelo completo, o qual ainda permanece como principal referência para a prática ativa da estratégia de operações, enfatizando uma interface direta entre as operações e o *marketing*. Juntamente com esses modelos, existem agora claras orientações sobre como as decisões operacionais podem melhor se refletir nas decisões corporativas.

## Novo teor para a estratégia de operações

Infelizmente, a aplicação desses conceitos às verdadeiras estratégias empresariais talvez não tenha bastado (Hayes and Pisano, 1994). Ainda hoje, é difícil detectar empresas que empreguem a função de operações como uma arma de competitividade. Uma das razões para tal é a dificuldade de "operacionalizar" o teor da estratégia de operações (Hum e Leow, 1996). Alterações fundamentais precisam ser feitas no trabalho da equipe gestora antes de se estabelecer uma estratégia corporativa de acordo com as principais fontes da excelência operacional. A análise estratégica e os "indicadores" de desempenho podem muitas vezes ser as principais falhas que conduzam à ausência de um comprometimento com as prioridades operacionais (Kaplan e Norton, 1996). Além do mais, para aqueles que tentaram aplicar uma rigorosa estratégia de operações, pode não ser possível a completa implementação dos modelos recomendados, já que as empresas podem centrar seu enfoque em apenas algumas poucas estratégias para vencer (Ahmed e outros autores, 1996).

As dificuldades relativas ao teor da estratégia de operações talvez sejam resultantes do fato de que a estratégia esteja congelada dentro de uma visão "baseada em mercado", e não "baseada em recursos". As contradições geradas em função desse fato podem ser vistas no modelo proposto por Hayes e Wheelwright (1985), onde o quarto estágio leva as empresas a se utilizar das operações como uma arma competitiva. Está claro que a passagem do estágio um ao três é simplesmente uma questão de um melhor "alinhamento" das operações com o *marketing*. Mas o movimento em direção ao quarto estágio requer uma perspectiva fundamentalmente diversa sobre qual é o papel desempenhado pelas operações, que passam de meras "seguidoras" a "líderes" ativas da estratégia. Mas, dentro de um contexto baseado em mercado, a ideia de se empregar as operações como arma competitiva, ou de se centrar o enfoque na excelência operacional, dificilmente encontraria algum gestor interessado nela, devido ao domínio agora reconhecido do *marketing* sobre a estratégia (Porter, 1996).

Talvez por isso seja necessária a visão baseada em recursos, visão essa na qual o principal objetivo da estratégia é formar e potencializar recursos a fim de criar novos qualificadores de mercado e novos *order winners*. Esse teor inovativo na estratégia de operações contaria com o suporte direto das capacitações operacionais mais importantes, capacitações essas profundamente arraigadas nos processos empresariais e nas rotinas organizacionais (Nelson e Winter, 1982; Stalk e outros autores, 1992; Tranfield e Smith, 1998).

A nova arquitetura da estratégia de operações se fundamentaria no conhecimento e nas habilidades de fato aplicadas ao longo dos processos, como também em tecnologias que constituam a base para o fornecimento de vários produtos e serviços (Prahalad e Hamel, 1990; Winter, 1987). O portfólio das competências centrais estaria vinculado a várias decisões operacionais que são normalmente ditadas pela estratégia baseada em mercado, mas que podem agora se tornar determinantes nessa composição (assim como projeto de produto e processo, investimentos tecnológicos estratégicos, etc.). Juntamente com as decisões referentes à infraestrutura organizacional, tais como recursos humanos e sistemas de gerenciamento de informações, essas decisões operacionais cruciais passariam a representar a expressão estrutural do cerne de competências, tanto na visão baseada em recursos quanto na estratégia de operações.

## Rumo a um processo emergente para a formulação da estratégia de operações

Enquanto que o "teor" da estratégia de operações pode ser relacionado a conceitos essenciais baseados em recursos, é possível encontrar algumas relações mais importantes no "processo" de formulação da estratégia. Uma das contribuições de caráter mais prático prestadas pela visão da estratégia baseada em recursos foi a recomposição de toda a análise "SWOT", direcionando-a para a formação e a potencialização dos recursos (Andrews, 1971; Ansoff, 1965). É interessante observar, por exemplo, que o modelo proposto por Grant (1991) se distingue por apresentar uma visão mais "comportamental" daquilo que ocorre nos modelos mais "estruturais" para formulação de uma estratégia de operações (Garvin, 1994). Isto é, esse modelo permite que, por meio da visão baseada em recursos, se visualizem aqueles aspectos que são de difícil conceitualização no âmbito dos modelos vigentes de estratégia de operações.

Conforme projetado por Grant (1991) e dentro dos mesmos moldes colocados por Hill (1989), o modelo baseado em recursos realiza primeiro uma análise extensiva daquelas capacitações e competências operacionais que são encontradas dentro da empresa. Segundo, a equipe gestora seleciona algumas capacitações centrais, de acordo com seus potenciais de "superior rentabilidade" (ou aquilo que é chamado de sua capacidade de "geração de renda"). Prossegue-se com a análise dessas capacitações por meio de extensivos "testes de mercado", a fim de garantir suas condições de prover vantagens competitivas efetivas e sustentáveis. Por fim, são formuladas a diversificação empresarial e as estratégias para desenvolvimento das capacitações, a fim de garantir que as operações sejam refeitas, respeitando as relações entre as fortalezas e as oportunidades identificadas por meio da análise estratégica (Collis e Montgomery, 1995). É uma integração de duas vias, em que as capacitações operacionais ditam o rumo a ser adotado pela estratégia, com o *feedback* dado pelos imperativos de *marketing* no que se refere àquilo que as operações poderiam fazer para sustentação da competitividade empresarial.

No entanto, esse processo "racional" de formulação da estratégia pode se defrontar com importantes problemas comuns tanto no planejamento estratégico baseado em recursos como nas operações (Platts e Gregory, 1994; Schulze, 1992). É possível que a identificação, por exemplo, do cerne de competências e capacitações, não seja tão fácil de fazer quanto teoricamente se imagine, já que a equipe gestora talvez não consiga chegar a um consenso quanto àquilo que é verdadeiramente estratégico (Lewis e Gregory, 1996; Marino, 1996; Schroeder e Pesch, 1994). A equipe gestora precisa ser altamente exímia e capaz para conseguir superar esta "ambiguidade estratégica" e para tirar proveito das confusas regras de mercado, visando à imposição de novas regras fundamentadas nas forças operacionais da empresa (Barney e Tyler, 1991; McGrath e outros autores, 1996). Consequentemente, o processo da estratégia de operações pode ficar muito mais evidente, situação na qual a contínua "produção" de estratégias inovadoras tornaria a empresa mais forte, tanto em suas estratégias quanto operações, face às incertezas (Mintzberg, 1993). A força para o surgimento desse processo deveria vir do forte comprometimento gestor com as prioridades operacionais (Ghemawat, 1991).

A utilização da visão baseada em recursos na reinvenção da estratégia de operações pode levar a consequências de amplo espectro na prática gestora. Ela talvez implique, por exemplo, que os gestores responsáveis pelas operações poderiam se tornar as melhores pessoas no sentido de "captar" com efeito qual estratégia baseada em recursos deveria ser empregada. Sendo aquele que está mais perto da ação em todo e qualquer empreendimento empresarial, o gestor responsável pelas operações futuras é quem melhor sabe até que ponto estabelecer metas de crescimento e "propósitos estratégicos" (Hamel, 1989). O surgimento, portanto, de um processo de planejamento estratégico, pode permitir que as operações aumentem efetivamente de papel no âmbito da estratégia, levando mais empresas a entrar no quarto estágio proposto por Hayes e Wheelwright (1985). Espera-se que tal impulso conduza muito mais além a uma forma de "competição pelo futuro" (Hamel e Prahalad, 1994; Hayes e Pisano, 1994). Mas, ainda além desse estágio, a versão enriquecida da estratégia de operações permitirá, necessariamente, que vários processos de formulação sejam empregados, sejam eles estruturados ou emergentes (Leong e Ward, 1995).

## O desaparecimento dos *trade-offs* na hipercompetição

Uma outra interessante contribuição prestada pela visão baseada em recursos está relacionada à questão dos "*trade-offs*" na estratégia de operações. Ao empregar a visão da estratégia "baseada em mercado", decisões como a de centrar o "enfoque na fábrica" costumavam ajudar as empresas a selecionar uma ou duas dimensões principais de competição e a solicitar então à gestão de operações para satisfazer os devidos *order winners* e qualificadores, presumindo-se um ambiente competitivo bastante estável (Skinner, 1976). No entanto, Schroeder e Pesch (1994) demonstraram que não é possível sustentar essa espécie de *trade-offs* por um longo período de tempo, pois, tão logo uma empresa tenha alcançado domínio sobre algum enfoque, o fato de acontecerem alterações no ambiente pode rapidamente diminuir sua relevância. Isso, de alguma maneira, marca a entrada da estratégia de operações na era da hipercompetição, na qual as estratégias e as capacitações terão inevitavelmente vida curta nos setores globais (D'Aveni, 1994).

Segundo a alegação de Corbett e Wassenhoff (1994), o único meio de manter a relevância da estratégia de operações no contexto da hipercompetição é esquecer dos *trade-offs*.

**A estratégia de operações como propulsora da agilidade competitiva** Em essência, existe uma necessidade de se descobrir os vários sistemas coerentes passíveis de serem formados a partir das muitas dimensões competitivas, bem como de se criar processos organizacionais que os manifestem todos nas devidas proporções necessárias para fazer face aos mercados hipercompetitivos. A formação de tais processos seria feita mediante a utilização de um recurso especialmente importante, isto é, de um profissional do conhecimento, que constituísse uma base para a sustentabilidade dos processos a longo prazo. Em um mundo onde seria cada vez mais difícil de se encontrar mercados de fomento, essa perspectiva demandaria, senão, estratégias criativas e capazes de nutrir as competências e as capacitações (Hamel e Prahalad, 1994). A estratégia de operações seria uma questão de "mudança de marchas" ou da realização de mudanças efetivas nas dimensões competitivas, conforme exigido pela hipercompetição e conforme possível, por meio de processos dinâmicos organizacionais para enfrentar o futuro (Hayes e Pisano, 1994).

É aqui que entra a visão baseada em recursos, prestando grande suporte à estratégia de operações. Os *trade-offs* foram o fundamento dessa área de pesquisa durante muitos anos e, no momento, devem ser retirados em função de decisões mais essenciais para a formação de recursos a longo prazo. Como sustenta Volberda (1996), a hipercompetição exige que as competências e as capacitações sejam dependentes de processos de mudanças organizacionais que permitam a flexibilidade. Isso vai além da mera flexibilidade operacional, já que acarreta inevitavelmente uma "agilidade organizacional", uma agilidade que depende cada vez mais das capacitações dinâmicas para fazer face à competição futura (Teece e outros autores, 1992).

Dentro dessa linha de pensamento, se uma empresa persistir com a visão da estratégia "baseada em mercado" no contexto da hipercompetição, ela corre o risco de ficar com inconsistências fundamentais em sua estratégia empresarial geral. Isto é, a empresa pode fracassar ao tentar combater a hipercompetição por meio de processos organizacionais "estáticos", que não conseguem materializar a agilidade e as características "dinâmicas" exigidas e necessárias para a formação das capacitações. Isto simplesmente significa que as condições competitivas não permitem mais que o *marketing* determine as prioridades, deixando então que haja uma adequação das operações. Por isso é que seriam necessárias estratégias competitivas baseadas em recursos para efetivar alterações na estratégia de operações. Senão, os vários elementos que integram a estratégia empresarial poderiam ficar em desalinho, o que conduziria a dramáticas consequências.

Alguns exemplos correntes de interesse desse descompasso na "estratégia de operações" podem ser encontrados em uma das mais importantes revoluções que se seguiram à hipercompetição, que é a da customização em massa (Pine, 1993). Em muitos setores industriais, os líderes mais tradicionais perderam suas altas posições em função de não aplicarem as tecnologias flexíveis "com flexibilidade" (Dean e Snell, 1996). Isto é, eles não conseguiram constituir os processos organizacionais exigidos e adequados que lhes permitissem tirar vantagem empresarial da flexibilidade que os mercados estavam pedindo. Essas organizações se depararam muitas vezes com aquilo que era percebido por McCutcheon e outros autores (1994) como uma "compressão do binômio responsividade-customização em massa". Na esperança de fazer uma incursão nos mercados a partir da perspectiva tradicional "baseada em mercado", essas empresas deixaram de responder a tempo às demandas porque tentaram estabelecer objetivos de customização em massa segundo as prerrogativas estratégicas de *marketing*, e então transformaram a função de operações da sua empresa em alguma missão impossível para fornecimento dos produtos. Em tais circunstâncias, era impossível uma liberação de todo o potencial das operações que lhes permitiria sobreviver face à hipercompetição. Tais empresas podem, em verdade, vir a se desmantelar devido ao emprego de estratégias de flexibilidade inadequadas.

### A estratégia de operações e a proteção dos recursos estratégicos
Uma vez que a estratégia de operações seja reforçada pela visão baseada em recursos da estratégia, faz-se necessário não só esvaziar a prática dos *trade-offs* e construir uma flexibilidade básica de recursos, mas também questionar a sustentabilidade das vantagens competitivas obtidas a partir de tal flexibilidade. As operações devem, em essência, contribuir para uma estratégia mais ampla de "proteção dos recursos" (Amit e Schoemaker, 1993; Barney, 1986a, 1991; Grant, 1996; Lei e outros autores, 1996).

Os gestores responsáveis pelas operações passam a ser os guardiães, garantindo que os recursos-chave da vantagem competitiva (tais como os processos para desenvolvimento de novos produtos) sofram contínua atualização, de modo que as empresas concorrentes não consigam copiá-los. A estratégia de operações poderia então centrar seu enfoque na realização de *trade-offs* na gestão dos "recursos" (ou vantagens, ou ativos), determinando a sustentabilidade das forças competitivas da empresa.

Por conseguinte, o papel das operações na visão baseada em recursos pode ajudar a empresa a alcançar mais vantagens competitivas sustentáveis dentro da "hierarquia" de recursos. Por exemplo, Collis (1994) levanta a hipótese da existência de três níveis dotados de um potencial crescente para o oferecimento de vantagens sustentáveis:

1. capacitações funcionais (tais como fazer o *layout* de alguma fábrica);
2. capacitações de mudança (tais como a reengenharia); e
3. gestão das capacitações (tais como um *insight* estratégico).

Outro exemplo pode ser encontrado nos trabalhos de Brumagim (1995), em que foi feita uma diferenciação dos recursos de acordo com seu nível de intangibilidade e sustentabilidade relativas, desde meros recursos financeiros a recursos puramente culturais. Bastante favorável a essa ideia, Hall (1992) oferece uma classificação apenas dos recursos e das capacitações intangíveis, dando, porém, clara envergadura das condições que determinam os valores estratégicos relativos dos mesmos. Dentre tais itens tão diversificados, constatamos desde patentes e licenças até reputação e *know-how*.

Infelizmente, mesmo que uma empresa tente estimar o valor estratégico dos seus recursos, parecem não existir vantagens competitivas "máximas". Conforme preconizado por Collis (1994), o problema seria de um "infinito regresso" em direção a níveis cada vez mais altos de competências dentro da hierarquia, à medida que as empresas competem em terrenos de maior dificuldade. Uma solução para enfrentar a hipercompetição é simplesmente não buscar alcançar os recursos mais estratégicos mas, em especial, "graduar-se", em direção ao alcance de capacitações "difíceis de serem copiadas" ou "difíceis de serem difundidas" (Slater, 1996; Zander e Kogut, 1995). A estratégia de operações deveria criar oportunidades que ajudem a tornar as competências e as capacitações centrais mais tácitas e intocáveis, para que a excelência operacional conduza a vantagens competitivas mais sustentáveis (Wright, 1996).

## A estratégia de operações como potencializadora de recursos

Uma vez que seja adotada a visão da estratégia baseada em recursos, as regras da análise, formação, proteção e potencialização dos recursos poderiam vir a alterar ideias fundamentais existentes por detrás da estratégia de operações. A força dessa estratégia dependeria da realização de *trade-offs* de maior importância na gestão das capacitações e no despontar das referidas capacitações como armas competitivas a longo prazo. É possível que surgisse uma nova estratégia de operações, menos estruturada, mais nos moldes de uma arte a ser praticada do que uma habilidade de pronta disposição. No final, talvez apenas algumas poucas empresas de excelência sejam capazes de "se graduar" até o topo da hierarquia e de sustentar as vantagens competitivas durante longos períodos de tempo.

Mas mesmo os líderes industriais de maior força ainda são vulneráveis aos rigores internos capazes de induzir à sua própria queda. Como Leonard-Barton (1993) bem sustentou, uma vez que as capacitações ingressem no cerne estratégico de uma organização, elas podem facilmente se transformar em rigores centrais. Isto é, as melhores práticas podem se transformar progressivamente em grandes impedimentos para a inovação operacional. De igual maneira, Miller (1993) demonstrou como a excelência operacional pode não só ser tolhida por rigores internos, mas, em especial, por estratégias carentes de alguma espécie de maior elaboração. Assim como quando uma empresa líder abusa de uma "fórmula para vencer" e por concentrar tanto o seu enfoque em tal fórmula, ela acaba perdendo contato com o ambiente em que se encontra.

Em consequência, a estratégia de operações pode vir a se transformar em um meio de potencialização dos recursos estratégicos de uma empresa, de modo que eles sejam constantemente renovados (Tranfield e Smith, 1998). A agilidade organizacional estaria em dependência direta da proficiência das operações na análise, formação e potencialização dos recursos, das capacitações e das competências. Dessa forma, a gestão de operações não seria uma mera questão de estruturação, mas especialmente uma atividade altamente planejada para assegurar que a empresa saiba bem quais os recursos tangíveis e intangíveis que ela possui, para onde tais recursos estão direcionados e a maneira de protegê-los, evitando a sua deterioração ou a sua estagnação.

## Implementação de práticas de nível mundial

Nossa revisão levantou as questões mais fundamentais relativas à estratégia de operações, tais como a sua importância no contexto da estratégia empresarial e as várias decisões exigidas a fim de garantir que as operações continuem cumprindo com seu papel estratégico. No entanto, talvez seja necessário examinar como a visão baseada em recursos pode ajudar a enfrentar os problemas que mais se fazem presentes na gestão das operações. Como indicado pela pesquisa sobre o "teor" da estratégia de operações nos últimos 10 anos, a agenda estratégica costumava se concentrar, em grande parte, na implementação de melhores práticas, tais como o sistema de administração da produção *just in time* (JIT), a gestão da qualidade total (GQT ou TQM – *total quality management*) e a reengenharia dos processos empresariais (RPE ou BPR – *business process reengineering*). Essa tendência, posta em ação principalmente pelos líderes gestores, está bem sintetizada no paradigma da produção enxuta, mais tarde seguido pela RPE e nela integrado, e cuja atualidade permanece, mesmo após vários anos de sua aplicação no setor (Womack e Jones, 1996; Womack e outros autores, 1990).

**A efetividade das melhores práticas na estratégia de operações baseada em recursos** Infelizmente, a implementação das melhores práticas não foi tão efetiva como de primeiro se esperava. Em meados dos anos 90, as pesquisas ainda indicavam altos índices de fracasso na implementação dos sistemas de GQT, RPE e JIT, com percentuais que variavam em até 66% para a GQT (Brown, 1994; Ramarapu e outros autores, 1995; Tippett e Waits, 1994). Isso pode ser um claro indício de algumas inconsistências de caráter fundamental na estratégia de operações, que deveria guiar tais esforços.

Supostamente, haveria uma razão comum para todos esses insucessos; é possível que um número demasiado grande de líderes empresariais tenha se voltado para a adoção dessas melhores práticas visando a encontrar uma solução do tipo "cura para todos os males", o que teria revelado deficiências básicas em nível de gestão (Gagnon, 1996). Isso teria levado à chamada "bolha de modismos administrativos", alimentada por um processo complexo no qual os consultores do campo da gestão ocupavam uma posição central (Abrahamson, 1996). Alega-se muitas vezes que tal processo representa um importante fator para um desempenho operacional insuficiente, pois afasta a administração dos princípios básicos para gerir uma organização e reduz a capacitação cognitiva da empresa, que se encontra nas mãos limitadas de alguns doutores em transformação (Mintzberg, 1996). No final, os líderes empresariais agem de maneira inadequada e deixam de perceber as revoluções básicas na área da gestão que existem por detrás dessas novas abordagens (Grant e outros autores, 1994).

É evidente que o processo de modismos administrativos vai contra os princípios básicos tanto da visão baseada em recursos quanto da estratégia de operações. Dentro de tal contexto, a estratégia de operações passou, de algum modo, a entrar em discordância com a estratégia empresarial, incitando um realinhamento radical. Conforme aventado por Garvin (1994), existem preocupações relativas à melhor forma de se implementar as novas abordagens na área da gestão, que vão além dos tradicionais processos de planejamento estratégico. O primeiro estágio seria desmascarar o problema dos modismos e dar início a projetos de melhores práticas apenas se eles estiverem de acordo com as forças e as fraquezas operacionais emergentes. A longo prazo, a integração dessas mesmas forças e fraquezas em forma de blocos permitiria uma maior diversidade e flexibilidade nas estratégias de operações e garantiria que as empresas obtivessem a máxima rentabilidade com suas várias iniciativas (Flynn e outros autores, 1995).

Essa abordagem conta ainda com o suporte da visão da estratégia baseada em recursos. Pesquisas recentes se debruçaram especificamente sobre o impacto do desempenho e sobre as condições de implementação de novas abordagens gestoras das operações, tais como os sistemas de GQT, JIT e de outras iniciativas para melhoria dos processos tecnológicos (Bates e Flynn, 1995; Dyer, 1996; Powell, 1995). Há fortes evidências indicando que as estratégias competitivas baseadas em recursos estão diretamente veiculadas à gestão estratégica das operações e que esta última se beneficia cada vez mais dos processos dinâmicos estabelecidos na visão baseada em recursos, de modo a permitir que novas competências sejam formadas e potencializadas.

**A estratégia de operações como um portfólio de recursos opcionais e melhores práticas**   Como a estratégia de operações baseada em recursos pode vir a centrar seu enfoque nos recursos e processos estratégicos de potencialização efetiva, talvez a construção de um portfólio mais abrangente, dotado de recursos opcionais, seja de utilidade, e isto em todos os estágios da cadeia de valores. Essa movimentação poderia ser impulsionada por aquilo que Mahoney (1995) denomina "aprendizado de recurso", no qual empresas, divisões e grupos empresariais distintos aprendem a trabalhar sob uma estratégia operacional. À medida que a potencialização dos recursos se torna a tarefa primária, as várias competências e capacitações não seguiriam apenas as instruções dadas pela gestão, mas iriam literalmente constituir seus respectivos potenciais e permitir a integração dos mesmos dentro de uma estratégia mais ampla e de maneira mais produtiva, visando a se transformar em uma cadeia de valores baseada em recursos de real competitividade.

A implementação das melhores práticas ajudaria a formar "opções estratégicas" de forma contínua, visando forçosamente ao exercício das mesmas e visando à promoção de uma mudança nas regras de mercado (Sanchez, 1993). A tarefa de formação de recursos por parte da estratégia de operações criaria tantas opções alternativas quanto possível, no sentido de favorecer o surgimento de novas capacitações competitivas. O valor relativo de cada opção ao enfrentar com agilidade a hipercompetição seria avaliado igual como se fosse um "portfólio de competências" (Hayes e Pisano, 1994). Essas capacitações opcionais talvez também possam ser utilizadas como uma espécie de "defesa estratégica baseada na competência" de uma empresa, na qual se permitisse o emprego da excelência operacional no intuito de prevenir outras empresas concorrentes de invadirem o território pertinente àquela empresa (Zeev e Amit, 1996).

Por fim, a estratégia de operações baseada em recursos tem condições de ajudar a reforçar a formação e o acúmulo dinâmico das vantagens competitivas. Kotha (1996), por exemplo, indica alguns mecanismos de aprendizado nos quais os sistemas operacionais de customização em massa propiciam um *feedback* direto entre as iniciativas operacionais de mudança, por um lado, e os esforços para a construção de competências dinâmicas, por outro. Em outras palavras, a estratégia de operações se torna o fator "integrador" de todas as iniciativas de mudança dentro da organização, à medida que as operações aprendem pouco a pouco como dominar as regras de mercado e como criar novas regras no âmbito da hipercompetição.

## 15.3 CONCLUSÃO

Essa revisão sobre publicações específicas da área identificou algumas questões-chave que talvez sirvam de base para uma "nova estratégia de operações baseada em recursos". Primeiro, a visão baseada em recursos pode ajudar as operações a chegarem até uma liderança em estratégia, garantindo que os recursos, as capacitações e as competências de uma empresa sejam devidamente utilizados como armas competitivas. Segundo, a visão baseada em recursos oferece uma série de lições na gestão de capacitações em meio a condições de hipercompetitividade, dando claras regras para a formação, a proteção e o nivelamento dos recursos de maneira dinâmica. Por fim, objetivando a superação das principais falhas na implementação de práticas de nível mundial, a visão baseada em recursos pode servir de auxílio à estratégia de operações para uma melhor integração das fontes de vantagens estratégicas dentro de um portfólio coerente de capacitações opcionais.

Em essência, as novas regras que estão surgindo a partir da competição baseada em recursos são capazes de alterar o papel fundamental desempenhado pela estratégia de operações. Talvez esse papel sofra, por fim, um desdobramento, deixando de meramente controlar o funcionamento dos processos e indo em direção à criação de novos sistemas que visem a gerir as vantagens estratégicas emergentes e necessárias para alcançar níveis mais elevados de excelência operacional.

Se a integração entre as publicações específicas sobre a estratégia de operações e a estratégia baseada em recursos está apenas começando, há razões para crer que ela pode vir a se tornar de grande importância para a área da pesquisa dentro de alguns poucos anos. Se formos além dos três paradigmas da estratégia de operações já esboçados nos trabalhos de Voss (1995), talvez sejamos capazes de inferir o surgimento de um quarto paradigma, que objetive centrar seu enfoque no desenvolvimento dos "princípios fundamentais da gestão" situados no âmago da excelência operacional. Essse novo paradigma talvez venha a se instalar no intuito de garantir que os investimentos na "infraestrutura organizacional" tanto deem suporte quanto gira a excelência operacional. Essa abordagem contrasta com a estratégia de operações anterior, na qual tais decisões eram consideradas secundárias (Hill, 1989).

Em consequência, é possível que vários novos itens de pesquisa se tornem objeto de abordagem dentro do paradigma dos "princípios fundamentais da gestão". Os pesquisadores poderiam, por exemplo, explorar de que modo a estratégia de operações é capaz de realizar uma melhor estimativa das prioridades competitivas em termos do impacto que elas provocam no ambiente natural e social e também do *feedback* positivo sustentado que a estratégia pode ter no desempenho operacional (Harrison e Storey, 1996; Hitomi, 1996; Newman e Hanna, 1996). De maneira idêntica, a estratégia de operações pode voltar suas preocupações para a criação de novas formas de culturas organizacionais, que permitam um melhor arraigamento das fontes-chave da excelência operacional (Barney, 1986b; Bates e outros autores, 1995; Mariotti, 1996; Maurer, 1992; Scott-Morgan, 1994). Por fim, objetivando imprimir um ímpeto mais forte para a melhoria dos princípios fundamentais da gestão, a estratégia de operações talvez forneça uma nova perspectiva ao projeto de sistemas operacionais de enfoque voltado para o aprendizado organizacional e a efetiva geração e difusão do conhecimento (Feurer e outros autores, 1996; Garvin, 1993; Karlsson, 1996; Lei e outros autores, 1996).

Para finalizar, se está surgindo um novo paradigma na estratégia de operações, no retorno às raízes operacionais dos princípios fundamentais da gestão, é possível que surja uma nova agenda de pesquisas integradas, situada entre as áreas da estratégia de operações e da estratégia baseada em recursos. Isso talvez ajude na superação de algumas das questões teóricas ainda sem solução na pesquisa sobre estratégias operacionais (Swink e Way, 1995). Mas, mais importante ainda, a visão baseada em recursos pode ajudar a dar um novo enfoque à estratégia de operações, fazendo dela uma atividade verdadeiramente criativa e orientada para o futuro, direcionada para a integração e a construção de novas vantagens estratégicas por meio do aprendizado e da regeneração operacional (Tranfield e Smith, 1998).

## 15.4 REFERÊNCIAS

Abrahamson, E. (1996), "Management fashions", *Academy of Management Review*, Vol. 21 No. 1, January, p. 254-85.

Adam, E.E. and Swamidass, P.M. (1989), "Assessing operations management from a strategic perspective", *Journal of Management*, Vol. 15 No. 2, p. 181-203.

Ahmed, N.U., Montagno, R.V. and Firenze, R.J. (1996), "Operations strategy and organizational performance: an empirical study", International Journal of Operations & Production *Management*, Vol. 16 No. 5, p. 41-53.

Amit, R. and Schoemaker, P.J.H. (1993), "Strategic assets and organizational rents", *Strategic Management Journal*, Vol. 14, p. 33-46.

Andrews, K.R. (1971), *The Concept of Corporate Strategy*, Irwin, Homewood, IL.

Ansoff, H.I. (1965), *Corporate Strategy*, McGraw-Hill, New York, NY.

Barney, J. (1986a), "Strategic factor markets: expectations, luck, and business strategy", *Management Science*, Vol. 32 No. 10, October, p. 1231-41.

Barney, J. (1986b), "Organizational culture: can it be a source of sustained competitive advantage?", Academy of Management Review, Vol. 11, p. 656-65.

Barney, J. (1991), "Firm resources and sustained competitive advantage", *Journal of Management*, Vol. 17 No. 1, p. 99-120.

Barney, J. and Tyler, B. (1991), "The attributes of top management teams and sustained competitive advantage", in Lawless, M. and Gomez-Mejia, L. (Eds), *Managing the High-Technology Firm*, JAI Press, Greenwich, CN.

Bates, K.A. and Flynn, E.J. (1995), "Innovation history and competitive advantage: a resource-based view analysis of manufacturing technology innovations", *Academy of Management Best Papers Proceedings*, August, p. 235-9.

Bates, K.A., Amundson, S.D., Schroeder, R.G. and Morris, W.T. (1995), "The crucial interrelationship between manufacturing strategy and organizational culture", *Management Science*, Vol. 41 No. 10, October, p. 1565-80.

Brown, D.H. (1994), "Benchmarking best practices", *Computer-Aided Engineering*, Vol. 13 No. 7, July, p. 86.

Brumagim, A.L. (1995), "Toward a non-economic centered resource-based view of the firm: continuing the conversation", *Advances in Strategic Management*, Vol.12B, JAI Press, Greenwich, CT, p. 183-92.

Chakraborty, S. and Philip, T. (1996), "Vendor development strategies", *International Journal of Operations & Production Management*, Vol. 16 No. 10, p. 54-66.

Collis, D.J. (1994), "Research note: how valuable are organizational capabilities?", *Strategic Management Journal*, Vol. 15, p. 143-52.

Collis, D.J. and Montgomery, C.A. (1995), "Competing on resources: strategy in the 1990s", *Harvard Business Review*, Vol. 73 No. 4, July-August, p. 118-28.

Corbett, C. and Van Wassenhove, L. (1994) "Trade-offs? What trade-offs? Competence and competitiveness in manufacturing strategy", *California Management Review*, Vol. 35 No. 4, p. 107-20.

D'Aveni, R. (1994), Hyper-Competition: Managing the Dynamics of Strategic Maneuvering, Free Press, New York, NY.

Dean, J.W. and Snell, S.A. (1996), "The strategic use of integrated manufacturing: an empirical examination", *Strategic Management Journal*, Vol. 17, p. 459-80.

Dyer, J.H. (1996), "Specialized supplier networks as a source of competitive advantage: evidence from the auto industry", *Strategic Management Journal*, Vol. 17, p. 271-91.

Feurer, R., Chaharbaghi, K. and Wargin, J. (1996), "Developing creative teams for operational excellence", International Journal of Operations & Production Management, Vol. 16 No. 1, p. 5-18.

Flynn, B.B., Sakakibara, S. and Schroeder, R.G. (1995), "Relationship between JIT and TQM: practices and performance", *Academy of Management Journal*, Vol. 38 No. 5, p. 1325-60.

Gagnon, S. (1996), "The rise and fall of TQM and BPR: a literature review", Working Paper, Université du Québec à Montréal, May.

Garvin, D.A. (1993), "Building a learning organization", *Harvard Business Review*, July-August, p. 78-91.

Garvin, D.A. (1994), "Manufacturing strategic planning", *California Management Review*, Vol. 35 No. 4, p. 85-106.

Ghemawat, P. (1991), *Commitment: The Dynamic of Strategy*, Free Press, New York, NY.

Grant, R.M. (1991), "The resource-based theory of competitive advantage: implications for strategy formulation", *California Management Review*, Spring, p. 114-35.

Grant, R.M. (1996), "Prospering in dynamically-competitive environments: organizational capability as knowledge integration", *Organization Science*, Vol. 7 No. 4, July-August, p. 375-87.

Grant, R.M., Shani, R. and Krishnan, R. (1994), "TQM's challenge to management theory and practice", *Sloan Management Review*, Winter, p. 25-35.

Hall, R. (1992), "The strategic analysis of intangible resources", *Strategic Management Journal*, Vol. 13, p. 135-44.

Hamel, G. (1989), "Strategic intent", *Harvard Business Review*, Vol. 67, p. 63-76.

Hamel, G. and Prahalad, C.K. (1994), *Competing for the Future*, Harvard Business School Press, Boston, MA.

Harrison, A. and Stovey, J. (1996), "New wave manufacturing strategies: operational, organizational and human dimensions", International Journal of Operations & Production *Management*, Vol. 16 No. 2, p. 63-76.

Hayes, R.H. and Pisano, G.P. (1994), "Beyond world class: the new manufacturing strategy", *Harvard Business Review*, January-February, p. 77-86.

Hayes, R.H. and Wheelwright, S.C. (1985), "Competing through manufacturing", *Harvard Business Review*, January-February, p. 99-109.

Hill, T.J. (1989), *Manufacturing Strategy: Text and Cases*, Irwin, Homewood, IL.

Hitomi, K. (1996), "Manufacturing excellence for 21st century production", *Technovation*, Vol. 16 No. 1, p. 33-41.

Hum, S-H. and Leow, L-H. (1996), "Strategic manufacturing effectiveness: an empirical study based on the Hayes-Wheelwright framework", International Journal of Operations & Production *Management*, Vol. 16 No. 4, p. 4-18.

Kaplan, R.S. and Norton, D.P. (1996), "Linking the balanced scorecard to strategy", *California Management Review*, Vol. 39 No. 1, Fall, p. 53-79.

Karlsson, C. (1996), "Radically new production systems", *International Journal of Operations & Production Management*, Vol. 16 No. 11, p. 8-19.

Kotha, S. (1996), "Mass-customization: a strategy for knowledge-creation and organizational learning", International Journal of Technology Management, Vol. 11 No. 7-8, p. 846-58.

Lei, D., Hitt, M.A. and Bettis, R. (1996), "Dynamic core competencies through meta-learning and strategic context", *Journal of Management*, Vol. 22 No. 4, p. 549-69.

Leonard-Barton, D. (1993), "Core capabilities and core rigidities: a paradox in managing new product development", *Strategic Management Journal*, Vol. 13, p. 111-25.

Leong, G.K. and Ward, P.T. (1995), "The 6 Ps of manufacturing strategy", *International Journal of Operations & Production Management*, Vol. 15 No. 12, p. 32-45.

Lewis, M.A. and Gregory, M.J. (1996), "Developing and applying a process aproach to competence analysis", in Sanchez, R., Heene, A. and Thomas, H. (Eds), *Dynamics of Competence-Based* Competition: Theory and Practice in the New Strategic Management, Pergamon, New York, NY, p. 141-64.

McCutcheon, D.M., Raturi, A.S. and Meredith (1994), "The customization-responsiveness squeeze", Sloan Management Review, Winter, p. 89-99.

McGrath, R.G., Tsai, L., Venkataraman, S. and Macmillan, I.C. (1996), "Innovation, competitive advantage, and rent", *Management Science*, Vol. 42 No. 3, March, p. 384-403.

Mahoney, J.T. (1995), "The management of resources and the resource of management", *Journal of Business Research*, Vol. 33, p. 91-101.

Mahoney, J.T. and Pandian, J.R. (1992), "The resource-based view within the conversation of strategic management", *Strategic Management Journal*, Vol. 13, p. 363-80.

Marino, K.E. (1996), "Developing consensus on firm competencies and capabilities", *Academy of Management Executive*, Vol. 10 No. 3, p. 40-51.

Mariotti, J.L. (1996), The Power of Partnerships: The Next Step beyond TQM, Reengineering, and *Lean Production*, Blackwell Business, Cambridge, MA.

Maurer, R. (1992), Caught in the Middle: A Leadership Guide for Partnerships in the Workplace, Productivity Press, Cambridge, MA.

Miller, D. (1993), "The architecture of simplicity", *Academy of Management Review*, Vol. 18 No. 1, p. 116-38.

Miller, J.G. and Roth, A.V. (1994), "A taxonomy of manufacturing strategies", *Management Science*, Vol. 40 No. 3, March, p. 285-304.

Mintzberg, H. (1993), *The Rise and Fall of Strategic Planning*, Free Press, New York, NY.

Mintzberg, H. (1996), "Ten ideas designed to rile everyone who cares about management", *Harvard Business Review*, Vol. 74 No. 4, July-August, p. 61-7.

Nelson, R.R. and Winter, S. (1982), *An Evolutionary Theory of Economic Change*, Balknap Press, Harvard University Press, Cambridge, MA.

Newman, W. R. and Hannan, M.D. (1996), "An empirical exploration of the relationship between manufacturing strategy and environmental management: two complementary models", International Journal of Operations & Production Management, Vol. 16 No. 4, p. 69-87.

Pine, J. (1993), *Mass-Customization*, Harvard Business School Press, Boston, MA.

Platts, K.W. and Gregory, M.J. (1994), "A manufacturing audit approach to strategy formulation", in Voss, C. (Ed.), *Manufacturing Strategy: Process and Content*, Chapman & Hall, London, p. 29-56.

Porter, M. (1996), "What is strategy?", *Harvard Business Review*, November-December, p. 61-78.

Porter, M.E. (1980), *Competitive Strategy*, Free Press, New York, NY.

Porter, M.E. (1985), *Competitive Advantage*, Free Press, New York, NY.

Powell, T.C. (1995), "Total quality management as competitive advantage: a review and empirical study", *Strategic Management Journal*, Vol. 16, p. 15-37.

Prahalad, C.K. and Hamel, G. (1990), "The core competence of the corporation", *Harvard Business Review*, Vol. 68 No. 3, p. 79-93.

Ramarapu, N.K., Mehra, S. and Frolick, M.N. (1995), "A comparative analysis and review of JIT implementation research", International Journal of Operations & Production Management, Vol. 15 No. 1, p. 38-49.

Rumelt, R.P. (1984), "Toward a strategic theory of the firm", in Lamb, R.B. (Ed.), *Competitive Strategic Management*, Prentice-Hall, Englewood Cliffs, NJ, p. 556-70.

Sanchez, R. (1993), "Strategic flexibility, firm organization, and managerial work in dynamic markets: a strategic options perspective", *Advances in Strategic Management*, Vol. 9, p. 251-91.

Schroeder, R.G. and Pesch, M.J. (1994), "Focusing the factory: eight lessons", *Business Horizons*, September-October, p. 76-81.

Schulze, W.S. (1992), "The two resource-based models of the firm: definitions and implications forresearch", Academy of Management Best Papers Proceedings, August.

Scott-Morgan, P. (1994), *The Unwritten Rules of the Game*, McGraw-Hill, New York, NY.

Skinner, W. (1969), "Manufacturing: the missing link in corporate strategy", *Harvard Business Review*, May-June, p. 136-45.

Skinner, W. (1976), "The focused factory", *Harvard Business Review*, May-June, p. 113-21.

Slater, S.F. (1996), "The challenge of sustaining competitive advantage", *Industrial Marketing Management*, Vol. 25, p. 79-86.

Stalk, G., Evans, P. and Shulman, L.E. (1992), "Competing on capabilities: the new rules of corporate strategy", *Harvard Business Review*, March-April, p. 57-69.

Swink, M. and Way, M.H. (1995), "Manufacturing strategy: propositions, current research, renewed directions", International Journal of Operations & Production Management, Vol. 15 No. 7, p. 4-26.

Teece, D.J., Pisano, G. and Shuen, A. (1992), "Dynamic capabilities and strategic management",Working Paper, August, University of California, Berkeley, CA.

Tippett, D. and Waits, D. (1994), "Project management and TQM: why aren't project managers coming on board?", *Industrial Management*, Vol. 36 No. 5, September-October, p. 12-15.

Tranfield, D. and Smith, S. (1998), "The strategic regeneration of manufacturing by changingroutines", International Journal of Operations & Production Management, Vol. 18 No. 2, -p. 114-29.

Volberda, H.W. (1996), "Toward the flexible form: how to remain vital in hyper-competitive environments", *Organization Science*, Vol. 7 No. 4, July-August, p. 359-74.

Voss, C.A. (1995), "Alternative paradigms for manufacturing strategy", *International Journal of Operations & Production Management*, Vol. 15 No. 4, p. 5-16.

Ward, P.T., Bickford, D.J. and Leong, G. K. (1996), "Configurations of manufacturing strategy, business strategy, environment, and structure", *Journal of Management*, Vol. 22 No. 4 p. 597-626.

Wernerfelt, B. (1984), "A resource-based view of the firm", *Strategic Management Journal*, Vol. 5, p. 171-80.

Winter, S. (1987), "Knowledge and competence as strategic assets", in Teece, D. (Ed.), *The Competitive Challenge: Strategies for Industrial Innovation and Renewal*, Ballinger, Cambridge, p. 159-84.

Womack, J.P. and Jones, D.T. (1996), "Beyond Toyota: how to root out waste and pursue perfection", *Harvard Business Review*, Vol. 74 No. 5, September-October, p. 140-9.

Womack, J.P., Jones, D.T. and Roos, D. (1990), *The Machine that Changed the World*, RawsonAssociates, New York, NY.

Wright, R.W. (1996), "The role of imitable vs. inimitable competences in the evolution of thevsemiconductor industry", in Sanchez, R., Heene, A. and Thomas, H. (Eds), *Dynamics of Competence-Based Competition: Theory and Practice in the New Strategic Management*, Pergamon, New York, NY, p. 325-48.

Zander, U. and Kogut, B. (1995), "Knowledge and the speed of the transfer and imitation of organizational capabilities: an empirical test", *Organizational Science*, Vol. 6 No. 1, January-February, p. 76-92.

Zeev, R. and Amit, R. (1996),"Competence-based strategic defense", *Academy of Management Best Papers Proceedings*, August, p. 56-60.

# Índice

## B
Barney, Jay, 69-96
Butler, John E., 267-298

## C
Capacidades dinâmicas, 211-240, 214
  como processos específicos e identificáveis, 215
  dinamismo de mercado, 220
  discussão, 231
  evolução das, 227
  idiossincrasia em detalhes, 217
  visão baseada em recursos, nova perspectiva da, 231
Capacidades dinâmicas e gestão estratégica, 167-210
  eficiência *versus* poder de mercado, 198
  implicações normativas, 201
    caminhos futuros, 203
    diversificação, 202
    estratégias de entrada, 202
    foco e especialização, 203
    mudança de estratégia, 201
    tempo de entrada, 202
    unidade de análise e foco analítico, 201
  introdução, 167
  modelo de capacidades dinâmicas, 179
    aprendizagem, 187
    ativos complementares, 188
    ativos estruturais, 189
    ativos financeiros, 189
    ativos institucionais, 190
    ativos mercadológicos (estruturais), 190
    ativos reputacionais, 189
    ativos tecnológicos, 188
    capacidades dinâmicas, 180
    capacidades estratégicas e de mercado, 181
    competências essenciais (*core competence*), 180
    coordenação/integração, 184
    fatores de produção, 179
    fronteiras organizacionais, 190
    oportunidades tecnológicas, 193
    posições, 188
    processos e posições organizacionais, 195
      imitabilidade dos, 195, 197
      replicabilidade dos, 195
    processos organizacionais e gerenciais, 184
    processos, posições e caminhos, 183
    produtos, 180
    reconfiguração e transformação, 188
    recursos, 179
    rotinas organizacionais/competências, 180
    terminologia, 179
    trajetória empresarial (*path dependence*), 191
  modelo de estratégia que enfatizam
    eficiência, 174
      capacidades dinâmicas, 177
      perspectiva baseada em recursos, 174
    poder de mercado, exploração do, 170
      conflito estratégico, 171
      forças competitivas, 170
Competição baseada em recursos, 432-449
  introdução, 432
  papel ativo das operações no âmbito da estratégia, 434
    desaparecimento dos *trade-offs* na hiper-competição, 438
    estratégia como portfólio de recursos opcionais e melhores práticas, 443
    estratégia como potencializadora de recursos, 440
    estratégia como propulsora da agilidade competitiva, 438
    estratégia e a proteção dos recursos estratégicos, 439
    implementação de práticas de nível mundial, 441
    novo teor, 435
    práticas na estratégia de operações baseada em recursos, 442
    processo emergente para a formulação da estratégia, 436

Christensenc, H. Kurt, 369-401
Collis, David J., 122-142

## D

Dinâmica visão baseada em recursos, 241-266
　ciclo de vida da capacidade, 246
　CLC, 242
　estágios de um ciclo de vida inicial da capacidade, 247
　　desde a fundação até a maturidade, 252
　　estágio da fundação, 247
　　estágio da maturidade, 252
　　estágio do desenvolvimento, 249
　　transformação da capacidade e capacidades dinâmicas, 253
　introdução, 241
　ramificação e transformação da capacidade, 254
　　ameaças à capacidade, 257
　　capacidades dinâmicas, 260
　　oportunidades da capacidade, 259
　　ramos do ciclo de vida, 255
　　sequenciamento de ramos, 261
　　sobrevivência das capacidades, 261
　recursos e capacidades organizacionais, 244
Dunford, Benjamin B., 402-431

## E

Eisenhardt, Kathleen M., 211-240
Estratégia das novas operações, 432-449
　introdução, 432
　papel ativo das operações no âmbito da estratégia, 434
　　desaparecimento dos *trade-offs* na hipercompetição, 438
　　estratégia como portfólio de recursos opcionais e melhores práticas, 443
　　estratégia como potencializadora de recursos, 440
　　estratégia como propulsora da agilidade competitiva, 438
　　estratégia e a proteção dos recursos estratégicos, 439
　　implementação de práticas de nível mundial, 441
　　novo teor, 435
　　práticas na estratégia de operações baseada em recursos, 442
　　processo emergente para a formulação da estratégia, 436
Estratégias lucrativas, 122-141
　histórico, 123
　implicações estratégicas, 133
　　alavancagem de recursos, 139
　　aprimoramento de recursos, 137
　　investindo em recursos, 134
　　quadrantes cachorros e as vacas-leiteiras, 135
　recursos de valor competitivo, 127
　　teste da adequação, 130
　　teste da durabilidade, 130
　　teste da impossibilidade de imitação, 127
　　teste da possibilidade de substituição, 131
　　teste da superioridade competitiva, 131

## F

Faheyb, Liam, 369-401

## G

Gagnon, Stéphane, 432-449
Gerenciamento de recursos empresariais, 299-332
　agrupamento de recursos, 313
　　contexto ambiental e os processos de agrupamento, 316
　　enriquecimento, 314
　　estabilização, 314
　　exploração, 315
　base teórica, 301
　debate e implicações, 325
　estruturação do portfólio de recursos, 308
　　acúmulo, 310
　　alienação, 311
　　aquisição, 308
　nivelamento das capacidades, 317
　　contexto ambiental e os processos de nivelamento, 323
　　coordenação, 321
　　implantação, 322
　　mobilização, 319
　　nivelamento das capacidades nos diferentes mercados, 318
　processo de, 303
　　dinâmica da estrutura, 305
　　dinâmica das receitas setoriais, 305
　　dinâmica dos limites, 305
　　escassez ambiental, 307
　　estabilidade da demanda de mercado, 306
　　instabilidade da demanda de mercado, 306
　　probabilidade da ocorrência de choques ambientais, 307
Gestão estratégica, teoria e pesquisa de, 3-54
　direções futuras, 38
　　metodologias, 41
　　teorias, 38

economia organizacional, 23
  economia dos custos de transação (ECT), 24
  metodologias intermediárias, 27
  teoria da agência, 25
  teorias intermediárias, 24
organização industrial (OI), 12
  dinâmica competitiva, 17
  grupos estratégicos, 14
  metodologias intermediárias precoces, 20
  modelo estruturado-conduta-desempenho, 14
  teorias intermediárias precoces, 14
panorama histórico, 5
  desenvolvimento precoce, 8
  metodologias precoces, 10
  teorias precoces, 9
visão baseada em recursos (VBR), 29
  liderança estratégica e teoria da decisão estratégica, 33
  metodologias atuais, 36
  teorias atuais, 30
  visão baseada em recursos da empresa, 30
  visão baseada no conhecimento (VBC), 34
Gestão estratégica *ver* Capacidades dinâmicas e gestão estratégica
Grant, Robert M., 97-121

## H
Helfat, Constance E., 241-266
Hitt, Michael A., 3-54, 299-332
Hoskisson, Robert E., 3-54

## I
Ireland, R. Duane, 299-332

## M
Marketing, 369-401 *ver também* Visão baseada em recursos e marketing
Martin, Jefrey A., 211-240
Miller, Danny, 335-366
Montgomery, Cynthia A., 122-142

## P
Pesquisa de gestão estratégica, 267-298 *ver* Visão baseada em recursos
Peteraf, Margaret A., 143-163, 167-210, 241-266
Pisano, Gary, 167-210
Priem, Richard L., 267-298

## R
Recursos, competindo com, 122-141 *ver também* Estratégias lucrativas
Recursos da empresa, 69-96
  aplicando o modelo, 86
    planejamento estratégico, 87
    reputações positivas, 90
    sistemas de processamento de informações, 88
    vantagem competitiva sustentada, 87
  conceitos fundamentais, 72
    recursos da empresa, 72
    vantagem competitiva, 73
    vantagem competitiva sustentada, 73
  discussão, 90
    vantagem competitiva sustentada, aptidão da empresa e, 92
    e bem-estar social, 91
    e teoria da organização e comportamento, 91
  recursos homogêneos e perfeitamente móveis, 74
    homogeneidade e barreiras à entrada e à mobilidade, 76
    homogeneidade e vantagem competitiva sustentada, 75
    homogeneidade e vantagens do primeiro jogador, 75
    mobilidade dos recursos e barreiras à entrada e à mobilidade, 76
    mobilidade dos recursos e vantagem competitiva sustentada, 75
    mobilidade dos recursos e vantagens do primeiro jogador, 75
  vantagem competitiva sustentada, 78
    ambiguidade causal, 82
    complexidade social, 84
    condições históricas singulares, 80
    possibilidade de substituição, 85
    recursos de difícil limitação, 80
    recursos raros, 79
    recursos valiosos, 78
Recursos humanos, 402-431 *ver também* Visão da empresa baseada em recursos

## S
Shamsie, Jamal, 335-366
Shuen, Amy, 167-210
Sirmon, David G., 299-332
Snell, Scott A., 402-431
Srivastavaa, Rajendra K., 369-401

## T

Teece, David J., 167-210

## V

Vantagem competitiva, pilares da, 143-163
  introdução, 143
  modelo baseado em recursos, 155
    estratégia corporativa, 158
    estratégia da empresa individual, 156
  modelo de vantagens competitivas, 145
    heterogeneidade, 145
    limites *ex ante* para a competição, 153
    limites *ex post* para a competição, 148
    mobilidade imperfeita, 151
    pilares das vantagens competitivas, 154
    rendas monopolistas, 148
    rendas ricardianas, 145
Vantagem competitiva, teoria baseada em recursos da, 97-121
  desenvolver a base de recursos, 116
  formular estratégia, 114
  identificar e avaliar capacidades, 104
    capacidades como rotinas organizacionais, 105
    complexidade de capacidades, 106
    economias de experiência, 106
    relacionamento entre recursos e capacidades, 106
    *trade-off* entre eficiência e flexibilidade, 106
  identificar lacunas de recursos, 116
  obtenção de lucro, avaliar o potencial de, 112
  recursos, avaliar o retorno potencial dos, 107
    capacidade de transferência, 110
    durabilidade, 108
    imobilidade de capacidades, 111
    imobilidade geográfica, 110
    informações imperfeitas, 110
    recursos específicos por empresa, 110
    replicabilidade, 111
    transparência, 109
  recursos da empresa, inventariar os, 102
    identificar os recursos, 102
    oportunidades para economizar, 102
    utilização de ativos, 103
  recursos e capacidades como base para a estratégia, 99
    como fonte de direção, 99
    para a lucratividade corporativa, 100
Vantagem competitiva sustentada, 69-96 ver também Recursos da empresa

Visão baseada em recursos da empresa, 55-68, 402-431
  aplicação da VBR na GERH, 404
  capacitações dinâmicas, 419
  cerne de competências, 417
  convergência da VBR e da GERH, 416
  gestão dinâmica de recursos, 61
    bases para a expansão, 66
    entrada sequencial em diferentes mercados, 62
    explorar e desenvolver, 65
    matriz de recursos-produto, 62
  integração da estratégia e da GERH no âmbito da VBR, 422
  introdução, 55, 402
  recursos, 57
  rentabilidade, 57
    barreira à propriedade de recursos, 58
    capacidade da máquina, 59
    efeitos gerais, 57
    experiência de produção, 59
    fusões e aquisições, 60
    lealdade do cliente, 59
    recursos atrativos, 59
    tecnologias, 60
  teorias baseadas em conhecimento, 420
  VBR e a pesquisa empírica na área da GERH, 410
    limitações e orientações futuras, 412
  VBR e a teoria da GERH, 405
    literatura conceitual sobre a VBR, 409
Visão baseada em recursos da empresa em dois cenários, 335-366
  descobertas, 356
    recursos baseados em conhecimento, 360
    recursos baseados em propriedade, 359
  discussão, 362
  hipóteses, 341
    recursos discretos baseados em conhecimento, 344
    recursos discretos baseados em propriedade, 341
    recursos sistêmicos baseados em conhecimento, 345
    recursos sistêmicos baseados em propriedade, 343
  metodologia de pesquisa, 347
    amostragem e eras históricas, 347
    análises, 355
    índices de desempenho, 354
    recursos discretos baseados em conhecimento, 353

recursos discretos baseados em propriedade, 351
recursos sistêmicos baseados em conhecimento, 353
recursos sistêmicos baseados em propriedade, 352
tendências da demanda, 354
variáveis, 351
natureza dos recursos, 336
quadro conceitual, 338
categorização dos recursos, 338
contrastes, 340
propriedade *versus* conhecimento, 338
recursos baseados em conhecimento, 339
recursos baseados em propriedade, 338
Visão baseada em recursos e marketing, 369-401
agenda de pesquisa, 393
ativos baseados no mercado, 374, 383
ativos intelectuais, 375
ativos relacionais, 374
ativos e processos baseados no mercado ao desempenho financeiro, 384
capacidades baseadas no mercado, 377, 382
durabilidade, 390
gerando valor para o cliente, 379
inimitabilidade, 388
aprimorando a inimitabilidade dos recursos, 389
capacidade de imitação pelos rivais, 389
introdução, 369
oportunidades no mercado, 379
percebendo o valor para o cliente, 380
possibilidade de substituição, 391
processos baseados no mercado, 376
projetando o valor para o cliente, 380
raridade, 386
recursos específicos do marketing, 371
sustentando o valor para o cliente, 385
traduzindo o valor para o cliente, 380
vinculando a VBR com o marketing, 371
valor para o cliente, 377
atitudes, 378
atributos, 377
benefícios, 378
efeitos de rede, 378
Visão baseada em recursos (VBR), 267-298
analisando como teoria, 272
condicionais generalizadas, 275
conteúdo empírico, 275
leis generalizáveis, 274
lógica, 278
necessidade comum, 277
definição, 268
difusão, 268
discussão, 287
formalização da VBR, 288
incorporação do componente temporal, 289
integração da VBR com modelos de heterogeneidade da demanda, 290
respondendo às perguntas do tipo como, 288
falácia básica da, 279
pesquisa estratégica, 282
abordagens estáticas e dinâmicas à VBR, 285
caixa preta do processo e a VBR, 285
características da estratégia e a VBR, 282
fronteiras da VBR, 283
recursos abrangentes, 284

## W

Wan, William P., 3-54
Wernerfelt, Birger, 55-68
Wright, Patrick M., 402-431

## Y

Yiu, Daphne, 3-54